"十三五"国家重点图书出版规划项目

# 异质的会计史

## 中西方会计史的差异性及会计史观研究

HETEROGENEOUS ACCOUNTING HISTORY

A Study of the Origins and Divergent Perspectives of Chinese and Western Accounting History

中国会计史专题研究·第一辑

宋小明 ○ 著

图书在版编目(CIP)数据

异质的会计史：中西方会计史的差异性及会计史观研究 / 宋小明著. —上海：立信会计出版社，2023.10
（中国会计史专题研究丛书. 第一辑）
ISBN 978-7-5429-6717-6

Ⅰ.①异… Ⅱ.①宋… Ⅲ.①会计史－世界 Ⅳ.
①F23-091

中国版本图书馆 CIP 数据核字（2021）第 274183 号

策划编辑　孙　勇
责任编辑　方士华　孙　勇
美术编辑　徐俊霞　王玲芳

**异质的会计史：中西方会计史的差异性及会计史观研究**
YIZHI DE KUAIJISHI ZHONGXIFANG KUAIJISHI DE CHAYIXING JI KUAIJI SHIGUAN YANJIU

| | |
|---|---|
| 出版发行 | 立信会计出版社 |
| 地　　址 | 上海市中山西路 2230 号　邮政编码　200235 |
| 电　　话 | (021)64411389　传　真　(021)64411325 |
| 网　　址 | www.lixinaph.com　电子邮箱　lixinaph2019@126.com |
| 网上书店 | http://lixin.jd.com　http://lxkjcbs.tmall.com |
| 经　　销 | 各地新华书店 |
| 印　　刷 | 常熟市人民印刷有限公司 |
| 开　　本 | 710 毫米×1000 毫米　1/16 |
| 印　　张 | 30.25　插　页　4 |
| 字　　数 | 610 千字 |
| 版　　次 | 2023 年 10 月第 1 版 |
| 印　　次 | 2023 年 10 月第 1 次 |
| 书　　号 | ISBN 978-7-5429-6717-6/F |
| 定　　价 | 118.00 元 |

如有印订差错，请与本社联系调换

# HETEROGENEOUS ACCOUNTING HISTORY

## A Study of the Origins and Divergent Perspectives of Chinese and Western Accounting History

**Song Xiaoming**

从过去照见未来

PRAETERITA ILLUMINANT POSTERA

# 自 序

对历史的记录和研究,向来是人类文明的重要组成部分,其价值,正如新史学创始人鲁滨孙所言:"历史是一种研究人类过去事业的广泛的学问。"[①]

人类文明的精髓,莫不潜藏于历史之中。

我们研究历史并非只是因为可以从过往的经验中获得种种教训,还因为我们可以根据历史明白现在的问题。唯有历史可以说明现在各种制度。[②] 当我们以往关于历史的研究和观点因为时代的局限以及出于种种研究者个人的原因而存在诸多缺憾乃至谬误时,以批判的眼光重新审视和考察历史显得更为必要。

因此,不论从哪种意义上来讲,治史皆是一项反思的学问。[③] 克罗齐认为"一切真历史都是当代史"[④],正是指明每一代人都需要站在当前时代,创造性地揭示历史对人类生活的真正意义,站在新时代知识的制高点,重新认识和思考人类社会生活的各个方面。我们无须否认历史的借鉴性意义[⑤],但从更深的层次来讲,历史

---

[①] 鲁滨孙:《新史学》,何炳松译,广西师范大学出版社,2005,第1页。
[②] 同①,译者导言第5页。
[③] 有人可能对此表示异议,因为直观地看,历史是对各种正在发生的事项的记录。但需要注意的是,记录本身并不一定构成历史,构成历史的是时间和选择性记忆。所谓"治史",更多的是指研究的意义层面,是指从对历史材料的分析整理及研究中获得识见的过程。
[④] 贝奈戴托·克罗齐:《历史学的理论和实际》,傅任敢译,商务印书馆,1982,第3页。这是意大利学者克罗齐1917年提出的一个著名命题,对此,人们有各种各样的解读。1947年1月,朱光潜先生在《克罗齐的历史学》一文中对这一命题做了如下阐发:"没有一个过去史真正是历史,如果它不引起现实的思索,打动现实的兴趣,和现实的心灵生活打成一片。过去史在我的现时思想活动中才能复苏,才获得它的历史性。所以一切历史都必是现时史……着重历史的现时性,其实就是着重历史与生活的联贯。"
[⑤] 关于历史的借鉴价值,中国自古以来有许多经典的阐述。但对关于借鉴历史的观点,在20世纪初期就已经有人提出批判。比如,鲁滨孙所写的《新史学》一书的译者何炳松在1921年为此书所写的译者导言中就已经提出:"历史的功用,在于帮助我们来明白我们自己同人类的现在及将来。从前以为历史是前车之鉴,这是不对的。因为古今状况断不是一样的。就个人而论,我们要明白自己的现在,我们不能不记得我们自己的过去。历史就是个人记忆的推广。我们要研究历史,并不是因为过去可以给我们种种教训,实在因为我们可以根据历史的知识来明白现在的问题。"

研究的真正价值,在于"探索人类存在的结构"①,历史研究是一种认识人类自身的特殊功夫。

本书沿袭了我一贯的反思性风格,但并非为了否定过往成就或传统。本书的目的在本质上是建设性的,旨在在追究过往的基础上,看清楚未来的路该怎样走。它也不是专门写给研习会计历史的人来看的,尽管其内容广泛地涉及有关会计历史研究问题的讨论。本书的读者可以是关心会计变革与发展,与会计学科相关的人士,或者完全与会计不相关,却喜欢思考人类社会发展变革的各种问题,进行时代性反思的人士。今天的现实即明天的历史,昨天的历史中包含许多有关今天和未来的信息。社会发展的速度越是加快,研究历史的意义就越是重大,历史也越是紧密地和每个人的生活联系在一起。看到历史,即看到我们的今天、明天,乃至更为久远的将来。我们关心未来,就不能不留意当下;留意当下,则不能不注意作为当下之由来的历史。更值得我们关注的,则是恰当看待历史的观念及方法。用适宜的观念和方法,从过往历史中解读出切实的信息,理解人类社会结构、理解人类的生活与生存,乃我们必修的功课。

了解历史,把握历史中所隐藏的未来意义;了解历史,研究前人在历史的体系构造与解读中所犯的错误,亦可以帮助我们更好地把握当下,谋划未来。

概而论之,历史是一种关乎人类存续的宏大智慧。

宋小明

2012 年 4 月 30 日初志于兰州

2023 年 8 月 26 日终定于上海松江

---

① 尤金·韦伯:《沃格林:历史哲学家》,成庆译,吉林出版集团有限责任公司,2011,第 3 页。历史哲学家埃里克·沃格林(Eric Woegelin)认为:"探询历史不仅是对往事及其内在关联的探索,也是在探究人类存在的结构,这个结构是一个分享存在的过程。这意味着,这种历史研究在本质上是一门哲学。"

# 目　录

引论 ……………………………………………………………… 1

第一章　探究会计历史的必要性 ………………………………… 9

第二章　会计史研究溯往 ………………………………………… 15

第三章　以往会计史研究的缺憾与不足 ………………………… 37

第四章　会计历史的异质性 ……………………………………… 79

第五章　异质性之解释——地理决定论 ………………………… 133

第六章　异质性之解释——文化的影响 ………………………… 181

第七章　异质性之解释——技术的促进 ………………………… 227

第八章　异质性之解释——政治的力量 ………………………… 323

第九章　异质与同一 ……………………………………………… 371

第十章　21世纪会计新史学 ……………………………………… 394

后记 ………………………………………………………………… 460

参考文献 …………………………………………………………… 462

# CONTENTS

Introduction ································································· 1
Chapter 1　The Necessity for Exploring Accounting History ············ 9
Chapter 2　Retroactivity of Accounting History Research ··············· 15
Chapter 3　Defects and Deficiencies of the Previous Accounting History Research ································································· 37
Chapter 4　Heterogeneity of Accounting History ························· 79
Chapter 5　Explanation of the Heterogeneity—Geographic Determinism ··· 133
Chapter 6　Explanation of the Heterogeneity—Influence of Culture ········ 181
Chapter 7　Explanation of the Heterogeneity—Facilitating Effect of Technology ································································· 227
Chapter 8　Explanation of the Heterogeneity—Power of Politics ········· 323
Chapter 9　Heterogeneity and Identity ·································· 371
Chapter 10　New Accounting Historiography of the 21st Century ········· 394
Postscript Note ································································· 460
Reference ································································· 462

# 引 论

我研习会计至今,感触至深处莫过于三点。一是会计技术论观点所造成的巨大局限。自20世纪初期起,基于现代科学和学科发展的需要,会计被当成一种具有科学属性的实用工具,会计界重视会计的技术性而忽略了其社会意义。这种技术论观点迄今依然根深蒂固地体现在会计教育、会计实务及学术研究中,极大地限制了人们对会计本质的认识、理解及面向未来的视界扩展。二是会计界对会计历史及会计史研究由来已久的轻视。因为轻视,会计史研究始终处在边缘的境地,无法得到认同和重视,从社会历史的角度对会计做深入的理解和研究受到限制。面对时下财务机器人、大数据等新技术及现实环境变化所带来的巨大冲击,会计人除了担忧行业被取代外无所措手。[①] 三是各国会计及其历史发展之间存在的巨大差异。这种差异既造成会计国际协调与趋同的困难,也限制了会计历史相关研究的国际合作与交流,制约了学者们对会计本质的理解及研究。在功利的现实中,诸多领域以短期利益为导向,忽视对历史及人类社会存在的深度考察,固属必然。但这种短视,却对人类社会造成巨大的伤害:盲人骑瞎马,夜半临深池。其危甚矣!

近年来,随着社会各界对文化的日益重视,学术界对会计历史文化的研究与反思逐渐兴起,尽管在视野和方法论乃至哲学观念等方面依然存在许多不足和亟须探讨及改进之处,但毕竟已经在发生改变。迄至今日,最成问题且不为多数人所理解的,则在各国会计的差异方面。

要说会计界对各国会计的差异毫无察觉,自然也非实情。

早在20世纪60年代,因为国际贸易和国际投融资的发展,会计界就已经发现

---

[①] 2017年5月,"德勤财务机器人"诞生,引起财务人员的恐慌,纷纷表示担心财务机器人取代自己,会计职业消亡。一时之间,整个行业笼罩在为未来前途担忧的愁云中。2018年10月底笔者参加广东财经大学华商学院承办的会计教育会议,现场感受了来自全国各地各类型院校会计专业教师的焦虑和努力。

各国会计制度和实务之间的差异。1962年,在纽约召开的以"会计、审计、财务报告和世界经济"为主题的第8届世界会计师大会(World Congress of Accountants, WCOA)就已经注意到会计面临的国际挑战,并开始着手讨论国际会计统一化的意义和可能性。1966年,在英格兰和威尔士特许会计师协会会长亨利·亚历山大·边逊爵士(Sir Henry Alexander Benson)倡议下,英、美、加三国会计师协会联合成立了会计师国际研讨组(Accountant International Study Group, AISG),旨在对美、英、加三国的会计实务和会计准则进行比较研究。1972年,在悉尼召开的第10届世界会计师大会上,与会主要成员方代表经过协商,提出了设立国际会计准则委员会的方案。1973年6月,国际会计准则委员会(International Accounting Standards Committee, IASC)正式成立,开始实质性地推动会计准则的国际协调,尝试制定以全球通行为目标的国际会计准则(International Accounting Standards, IAS)。在这个过程中,人们看到了世界各国会计之间现实的差异,并力图通过包括制定和推行国际会计准则在内的各种方式努力消弭这种差异。但对于差异的历史及其原因与状况,除了少量国际会计相关著述中有所提及,少有深入的讨论或分析研究。

差异导致了实务和理论上的诸多误解及谬失,以及沟通交流上的困难。虽然人们热烈讨论并追求会计的国际趋同,且形成一种蓬勃的世界性趋势,但从实际结果来看,却似乎是"差异既大,隔阂亦多"。同样是会计,为什么各国之间会有如此大的差异?究其原因,除了世界格局变化及各国对政治、经济方面的利益考虑,一个重要的原因,当是各国会计本来就存在巨大差异,以及人们对会计包括会计历史发展有着极不相同的认识及理解。这让人不由得去想:一种从理论上来讲本质相同的东西,为什么会存在如此巨大的差异并使趋同成为一项世纪性主题?人们热衷于趋同,对世界各国会计间的差异及原因究竟了解多少?此类差异归因何处,是否属于人类社会发展的历史必然?

当远古文明中的人类在地球的不同区域不约而同地以简单刻记、直观绘图记事及结绳记事等方式开启会计文明的旅程时[①],有谁会想到,在其后数千年的社会历史演进中,在世界的不同地域,会计的发展会有如此不同,并导致今天不同地域中会计文化、制度规范、技术方法、理论观念等方面巨大的差异!造成这种差异的

---

① 需要说明的是,这一表述并不意味着不同地域的人类文明是从一个同一的时间起点开始沿着时间轴同向向前,进而产生差异,就像万人马拉松那样。事实告诉我们,人类不同文明的时间起点是不同的,其发展的进程和形式也各异。所以,此处所强调的是其初始形式上的相同或类似,并非时间。

原因,更是一道巨大的谜题,并且鲜有人去进行认真的探究。

对于会计的历史发展,有许多既成结论。许多结论深入人心,产生了巨大影响。

A.C.利特尔顿(Ananias Charles Littleton)①的"15世纪和19世纪重视说",认为人类会计的发展以15世纪复式簿记的产生和19世纪复式簿记扩展成会计为重点。

迈克尔·查特菲尔德(Michael Chatfield)认为,不同时期会计著作介绍的重点不同,在文艺复兴时期,几乎以介绍意大利为主;在17至19世纪,主要介绍英国;在20世纪,主要介绍美国。②

日本学者从通史角度,提出"世界会计一周论",认为不同的国家在不同时期对会计发展做出了不同的贡献:14至15世纪主要贡献者为意大利;17世纪主要贡献者为荷兰;19世纪主要贡献者为英国;20世纪主要贡献者为美国和德国。③

中国学者文硕进一步发展这些分期方法,提出"会计重点转移论",他认为:"一部世界会计发展史表明,会计发展落后的国家不一定永远落后,会计发展先进的国家不一定永远先进。在文明古国时代,历经会计发展'黄金岁月'的是中国、埃及、巴比伦、印度、希腊和罗马;到文艺复兴时期,意大利人取而代之,成为会计发展的导师和领路人;进入17世纪以后,随着世界商业中心移至荷兰,荷兰王国成为世界会计发展的旗手;借助工业革命的东风,19世纪的英国跃到了会计发展的最前列;进入20世纪以后,人类又形成了以美国为会计发展中心的格局。"④

这些学者站在全世界的角度对会计历史发展大势及其中最精彩的节点进行概

---

① A.C.利特尔顿(Ananias Charles Littleton,1886—1974,有时也简称利特尔顿或A.C. Littleton或Littleton),美国著名会计学家,也是世界上最杰出的当代会计学家之一,是现代会计理论的奠基者之一,他或独著或与他人合著了多部具有重大国际影响的会计理论著作,包括《基础会计绪论》(1919)、《1900年前会计的演进》(1933)、与威廉·A.佩顿合著的《公司会计准则绪论》(1940)、《会计理论结构》(1953)、与B.S.耶梅合作主编的《会计史论文集》(1956)和《会计学论文集》(1961)、与V.K.齐默尔曼合著的《会计理论:连续性和变革》(1962)、与M.穆里茨合编的《会计学优秀论文集》(1965)等。他在《1900年前会计的演进》第22章末尾谈道:"有关会计演进部分历史的故事至此已然讲完。它为我们提供了一份有关商业扩张和经济环境变化之影响的现实画卷。其重点之一为15世纪,当时,由于商业和贸易快速增长的压力,人们将账务记录扩展为复式簿记;重点之二为19世纪,类似压力(这次压力来自商业和工业方面)导致人们将复式簿记扩展为会计。此乃永无止息的历史长河的又一个横断面,其中'……所有事件、条件、制度、个性,皆直接源自先前的事件、条件、制度、个性'。"会计界通常将这一论断称为"15世纪和19世纪重视说"。

② 迈克尔·查特菲尔德:《会计思想史》,文硕等译,中国商业出版社,1989,著者原序第1页。迈克尔·查特菲尔德是国际知名会计史学家,其《会计思想史》为同类论著中的经典。

③④ O.腾·海渥:《会计史》,文硕、付磊、杨健译,中国商业出版社,1991,译者前言第3页。O.腾·海渥的中文名也有直接译为海渥的,如《会计史》的封面署名即为海渥,后文不再区分。

括,虽然他们关于重点的选择有所不同,但所使用的观察历史的观念和方法,却差不多是一致的。需要进一步思考的是,这样的观察和结论,是否准确地代表了世界会计发展的真实情况?对于会计历史,除了观察其中不甚多见的会计发展高潮,我们是否需要把眼光放得更远、把眼界放得更广一些,从那些不是高潮的时代和环节中,去探寻更为丰富的内容?这涉及一个最具根本性的问题:我们研究会计的历史,是应该把其当成一种反应性的技术系统,考察其技术层面的进步,还是应该把它视作一种适应性的社会管理体系,探索其社会适应性以及对社会管理和经济体系的促进作用,深入考察其与不同文明和族群共存共生的事实?或者,我们可以有完全不同于以往的别样的观察及解释?

每当读到有关会计及会计历史的著述,我总是在想,来自不同国度的人们所讨论的会计,究竟是不是同一个东西?当西方的理论家努力将会计打造成一门科学,用科学的方法去研究会计问题并痴迷于其种种"重要"发现及发明时,我总是在想,为什么在古代中国,不论是《周礼》中的财计制度,还是影响深远的上计制度,人们总是习惯于将它们(会计)作为一种社会管理和控制体系,将会计的功用深深根植在国家制度设计及文化涵养之中?我也在想,当20世纪90年代初,会计准则成为一种压倒性的会计规制横扫世界,中国的统一会计制度黯然离场时[1],在几千年中央集权和强调大一统的中华文明中,统一会计制度是否有其存在的必然理由及制度优势,用准则来替代它,究竟是顺应历史发展的趋势,还是一种有违事物本性的人为选择?

在西方语境中,会计通常是被当作一种微观组织记录和报告财务信息的技术系统来描述和讨论的,所以我们可以观察到,在经典的会计史著作中,不论是美国会计史家迈克尔·查特菲尔德的《会计思想史》、荷兰学者O. 腾·海渥(O. Ten Have[2])的《会计史》,还是苏联索科洛夫的《会计发展史》,多是从"簿记"核算的角度进行阐述;而A.C.利特尔顿的经典之作《1900年前会计的演进》,则通篇讨论"簿记"向"会计"的历史性转换。

西方语境下的会计,与中国文化中人们所认识的"会计",究竟是不是同一回事?

---

[1] 中国会计向来以"统一会计制度"为其基本的制度规范。从20世纪七八十年代打开国门学习和引进西方会计,"会计准则"就开始引发关注。1992年年底,财政部颁布"两则两制"(《企业会计准则》《企业财务通则》和13个行业会计制度、10个行业财务制度),开始放弃"统一会计制度",转而采用源自美国的"会计准则"作为根本性会计制度规范。

[2] O. 腾·海渥(O. Ten Have,1899—1974),蔡传里,许家林认为他"是一位在会计史方面有着重大贡献的荷兰学者"。他著有《会计史》《17与18世纪之间荷兰王国的簿记史》《簿记史鸟瞰》等会计史相关著作。

由此进一步引出的问题是:会计史究竟应该是"簿记"的历史还是"会计"的历史,或者是"簿记"加"会计"的历史?会计究竟是一项技术,还是一个社会体系?基于21世纪全新的环境需求,作为会计人,我们究竟应该如何应对会计发展变革所面临的种种挑战与机遇?我们是该继续强调会计的技术特性,对会计进行单纯的技术上的改进,还是该把会计纳入社会和企业的组织制度或结构体系的规划之中,作为社会宏观管理和微观企业运营的一个重要部分重新架构和设计?我们是否有可能设计并推广一种普遍适用于全球各个国家和地区的统一的会计制度(准则)、理论及方法体系?或者按照一般的说法:真正实现全球会计的协调与趋同?

面对诸多问题,我陷入了一种莫名的迷茫,思虑多年未得其解。直到某日读《庄子·逍遥游》,见到如下故事,方有所悟:

惠子谓庄子曰:"魏王贻我大瓠①之种,我树之成而实五石。以盛水浆,其坚不能自举也。剖之以为瓢,则瓠落无所容。非不呺②然大也,吾为其无用而掊之。"庄子曰:"夫子固拙于用大矣。宋人有善为不龟手之药者,世世以洴澼絖③为事。客闻之,请买其方百金。聚族而谋曰:'我世世为洴澼絖,不过数金;今一朝而鬻技百金,请与之。'客得之,以说吴王。越有难,吴王使之将,冬与越人水战,大败越人,裂地而封之。能不龟手,一也;或以封,或不免于洴澼絖,则所用之异也。今子有五石之瓠,何不虑以为大樽而浮乎江湖,而忧其瓠落无所容?则夫子犹有蓬之心也夫!"

——《庄子·内篇·卷一上·逍遥游》

五石之瓠,非其无用,用之殊也。

同一个药方,于此为谋生之技,于彼为裂地封侯之利器。非其功异,用使之然也!

《晏子春秋》有云:"橘生淮南则为橘,生于淮北则为枳,叶徒相似,其实味不同。所以然者何?水土异也。"

推及会计及其历史发展与当今形势,可知世界各地会计之间存在差异,非因其本源或本质不同,而是因为在世界各地不同的环境背景和人文条件之下人们对会计使用不同。而使用上的差异,又是源自文化背景、观念及认识上的差别。

引而申之,可知对于会计及其历史,需要深入世界各国不同地域、不同文化、不同政治经济乃至地理环境去进行研究。而经过长期历史演进的会计,从世界范围

---

① 瓠(hù):一年生草本植物,茎蔓生,夏天开白花,果实长圆形,嫩时可食。
② 呺(xiāo)然:庞大而又中空的样子。
③ 洴澼絖(píng pì kuàng):在水上漂洗棉絮。

来看,其本身是一种异质而同一的存在。

会计之功用,近世以来实颇为世界所倚重。复式簿记之世界性传播,会计科学之昌明,会计教育之发达,20世纪六七十年代以来会计的国际协调与趋同,以及会计学术的国际性交流,莫不为之确证。①

在人类社会发展的每一个重要环节,总有会计的进步与之相配合,互为表里。比如,意大利文艺复兴时期商品经济发展过程中借贷复式簿记的产生与发展,公司制企业组织形式发展过程中执业会计师的出现,产业革命时期工业会计和成本会计的发展,20世纪初期大型公司发展和科学管理运动中预算控制、管理会计的发生与发展,与证券市场发展、规范相伴随的会计准则体系建设,国际贸易和国际投融资发展中国际会计的发展,以及20世纪末期以来社会责任会计、环境会计、网络会计等新兴会计分支的发展。

然而,会计的功用究竟为何?其本身的功用,与在世界各国不同条件下由于不同的使用而产生的实际效用,究竟有何差异?在人类文明进步的过程中,会计究竟经历了怎样的发展与演进,发挥了什么样的作用?环境因素究竟如何影响甚或决定了会计不同的发展路径和水平?

在世界的东方,尤其在中国,会计的历史发展和实际功用与西方各国究竟有何不同?在世界的不同区域(国家、地区),会计的功用和发展演进又有什么样的差别?

自20世纪60年代以来,随着国际贸易和国际投融资快速发展,会计的国际化趋势日渐突出。20世纪90年代后国际互联网的兴起,更是给整个世界的一体化发展插上了腾飞的翅膀,如此才有会计的国际协调与趋同甚嚣尘上,而会计领域的国际研讨与交流也日益为更多人所倡导及关注。然而,于我个人而言,自20世纪90年代开始研究会计的发展与变革——尤其是知识经济时代会计理论和方法体系的构建以来,就一直有一个根本性问题萦绕在心,即会计的实质究竟是什么?为什么今天我们所看到的世界各国的会计会存在如此巨大的差异,从而导致国际协调与趋同上极大的困难?

为了回答这些问题,我尝试进入会计历史研究的领地,进行有关会计本质、功用以及人类会计体系发展演进的探索与研究,开始注意以往研究者开展会计史研

---

① 复式簿记的产生,大约是在13世纪,按照欧洲历史的分界来讲,其实是在中世纪晚期。其世界性传播,在15世纪末卢卡·帕乔利(Luca Pacioli,1445—1517,很多人称他为帕乔利)《簿记论》出版前后即已开始。此处之所以用"近世"一词,是因为"会计"作为一种专业和科学真正得以在全球范围内传播,应当是从18世纪注册会计师的出现及产业革命中工业成本会计的萌芽开始。

究的视角、思路、方法乃至结论的差异。经过近20年的思考与探索,发现了一些之前未曾注意过的问题,也发现了前人研究中一些不足及误失。[①] 我发现:人们视为一项实用技术,并在20世纪努力将其打造成一门科学的会计,实质上具有重要的社会控制和管理的功能,是宏观和微观领域内不可或缺的重要的管理控制体系;[②]我们今天所看到的"会计"(accounting)一词,在古代和今天、西方和东方,乃至在西方各个不同的国家(如意大利、德国、法国等),皆有着极不相同的含义,其意思演进历程也不同;之前关于会计及其历史的研究,存在着诸多局限、不足乃至谬误;更重要的则是,我们将其视为同一进行研究和探讨的东西,早已因为各方面条件的不同演化为异质的存在,经历了异样的发展,发挥了异样的作用,并于今时今世表现为极具差异的状态。在当今整个世界正快速进入知识经济时代,世界的交流和沟通日益频繁之时,对于世界会计异质的历史做深入考察,求得对现时世界的深刻理解,乃是恰当地规划未来,建立适应未来世界会计发展的全新理论、观念、方法和制度规范体系所必需。

本书以《异质的会计史》为题,强调会计的异质性。所谓"异质"(heterogeneity, heterogeneous),重在强调会计及其历史由来已久的差异性。

英语中"heterogeneity"一词,在生物学上称为异质性,在化学上称为不均匀性、多相性,是指物质外观上不同的表现形式,以及内涵方面的异成分混杂。heterogeneous作为heterogeneity的形容词,主要作为化学术语,指物质在性质上是多相的、异种的、不均匀的、由不同成分构成的。本书将其引入关于会计历史差异性的研究中,意在概括世界会计一种真实的状态。

本书所讲的会计的异质性,有四个方面含义:

(1) 从东西方社会以及不同地区文明的比较角度来看,会计有着异质的历史,其产生和发展演进的历程各不相同;

(2) 在东西方各种语言中,"会计"一词的含义有所不同,其产生与演化的历史亦各不相同;

(3) 在东西方社会的会计历史研究中,由于研究者观念、方法相异,研究结论也各有不同;

(4) 尽管国际趋同正在让整个世界变得越来越小,越来越相似,但国家存在一

---

① 需要强调说明的是,此处讲不足及误失,以及后面讨论一些研究成果,并无一丝对前人的不敬。治史不易,治会计史更难。在会计史及各种与史相关的研究方面的各种努力,都值得敬重。所谓误失,可能只是世界观、思维及观察问题的角度不同导致的,可能是研究者对方法论重视不够所造成的。

② 概而言之,是《周易·系辞下》里"上古结绳而治,后世圣人易之以书契"中所包含的"治理"实质。

天,世界的差异就将继续存在,而会计和今后会计历史的差异,亦将是长久的和世界性的。

Things are seldom what they seem.①——事物很少如其表象所示。

揭示事物内在的实质,看到会计及其历史发展本源上的特征,对一些人们公认正确但实际上却存在谬误和不足的观点与结论做出一定程度的梳理乃至修正,总结适应未来世界发展的有关会计的认知,分析导致会计差异的各种根由,思考并总结适于当今时代及未来发展的会计史观念,考察会计史研究的方法论问题,为本书主旨。

---

① Things are seldom what they seem, Skim milk masquerades as cream; Highlows pass as patent leathers; Jack daws strut in peacock's feathers — Gilbert W. S., Pinafore HMS. 转引自 Chambers R.J., "*The Poverty of Accounting Discourse*," ABCUS, 1999, Vol.35, No.3: 241-251。

# 第一章

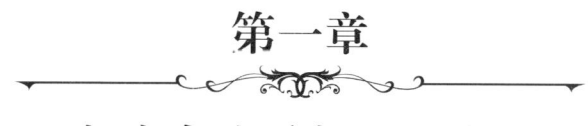

## 探究会计历史的必要性

关于历史及历史研究的重要性，人们早就有诸多极为深刻的认识。学者们盈帙满笥的历史著述，以及近世以来史学研究的勃兴，足可为此明证。具体到会计史方面，情况却似乎有所不同。在学习会计史及参与中国会计博物馆建设的过程中，我被问得最多的两个问题：一个是，会计有历史吗？另一个则是，有必要建会计博物馆吗？那种惊异，让人感觉十分无语。每当听到有关历史，包括有关会计史及其功用的各种言论时，我总是在想：我们是否真的理解历史，理解历史对于人类社会的真实意义，以及对于人们眼前生活及未来发展的价值是什么？

作为一种关乎人类认知的理性学科，历史让人们在观察和反思过往的基础上，以更为深刻、客观和切实的态度去认识世界，了解其发展变化的特点与规律性，以更好地应对各种现实问题并规划未来。然而，我们是否能够始终以科学、客观而且恰当的历史观念来观察过往历史，认识和把握现时世界各个方面发生的种种变化与变革，合理地规划和把握未来，却始终是一个值得深入探究的问题。这个问题在会计这样一门长久未能获得足够重视的学科中显得尤其突出。

早在20世纪80年代初，中国著名会计史学家郭道扬教授就曾经指出，"随着电子技术在生产上的广泛运用和发展，现代会计将面临一场深刻革命"①，并命之曰"人类历史上会计的第五次大革命"，预言人类将进入"通过经济信息全面控制社会经济的时代"。② 目前世界正在经历由工业经济时代向知识经济时代的转变，我们所面对的许多基本事物正在发生根本性变化。然而，在这样一个至为剧烈的变化过程中，我们认识世界的思想观念和方法，乃至对现实世界中诸多问题的认知与把握，依然惯性地延续了工业经济时代的模式，以致在应对现实世界各种问题时左

---

① 郭道扬：《中国会计史稿》（上册），中国财政经济出版社，1982，前言第1页。
② 郭道扬：《会计发展史纲》，中央广播电视大学出版社，1984，结束语，第481-482页。

支右绌,问题频出。进入21世纪以来,会计欺诈、金融危机频发,在一定程度上是社会巨变造成原有道德及社会规范体系变化的必然结果,也是因为我们未能以恰当的、符合新的时代特征的历史观念去认识和观察世界,悉心领悟已经发生或正在发生的种种变化①,并在解决问题时做出态度和措施上的及时调整。

在客观上,"每个历史时期都有它自己的规律。一旦生活经历了一定的发展时期,由一定的阶段进入另一阶段,它就开始受另外的规律支配"。② 美国历史学家斯塔夫里阿诺斯反复强调"新世界需要新史学",或者正是基于同样的理由:"每个时代都要书写它自己的历史。不是因为早先的历史写得不对,而是因为每个时代都会面对新的问题,产生新的疑问,探求新的答案。"③面对今天这样一个全球化和信息化的新时代,面对日益快速的技术进步所带来的观念变革及现实变化,我们比以往任何一个时代有更多疑问和困惑。反观过往历史及相关历史研究,获得对于人类历史及文明的通达理解,是解开这些困惑必备的锁钥。

我们需要对历史和历史观念做更深入的考察,需要更为深刻的、切实的、符合新时代现实条件和需求的历史观念,还因为以往的考察和研究,由于历史局限性及研究者认识水平的局限,存在种种缺陷和不足。斯塔夫里阿诺斯强调"全球史观",是因为"我们渐渐不情愿地认识到,在今天这个世界上,传统的西方导向的历史观是落后于时代潮流并有误导性的。为了理解变化了的情况,我们需要一个新的全球视角"。④对会计史研究而言,全球视角同样重要,除了因为以往会计史研究同样由西方导向的历史观所造成的误导影响,还因为至为重要且迄今很少受到关注的世界各地会计历史巨大的差异性。时代的巨变给了我们重新认识世界、认识过往历史观念和结论的契机及认知上的区位优势,使我们可以站在更高层次,以更为宽广的视野来研究和总结以往的历史知识及经验积累,从而获得对社会历史、社会现实及我们自身更为深刻的理解与把握,做出必要的观念及行动上的调整,从而更好地应对和处理未来发展中的各种问题。

再回到关于历史以及历史研究价值的拷问上来。

中国人向来具有重视历史的传统。然而,自19世纪中期以来,因为各种至为惨痛的经历,在国人眼中,历史的价值经受了前所未有的缩水,历史的价值受到质疑,历

---

① 除了物质、技术等显见的外在变化,还有社会环境、文化、人们心理及观念等内在的变化。
② 中共中央马克思恩格斯列宁斯大林著作编译局:《马克思恩格斯全集(第二十三卷)》,人民出版社,1972,第33页。
③④ 斯塔夫里阿诺斯:《全球通史:从史前史到21世纪(第7版)》,董书慧等译,北京大学出版社,2005,第17页。

史甚至沦为一些人眼中"被人任意打扮的小姑娘"。5 000年文明在一些人眼里不再是自豪的资本,而成为一种负担,把他们压得沉重,以致他们羞于提及。以往关于历史价值的种种赞誉和肯定,乃至人们广为流传和确信的镜鉴之说,也受到严重的质疑。

因为世界的变化表现出许多前所未有的特点,关于借鉴的历史观,可能确已无法满足自傲的当代人现实的需要。当今人类拥有前所未有的知识储备,科技的发达使我们能够进入宇宙太空,自由地探索许多未知的领地。包括量子理论在内的许多全新的理论和观念、计算机网络及各种数字化媒体的快速普及,以及智能机器人带来的巨大冲击和震撼,足以让有些人自傲地认为自己的知识水平和信息占有早已凌驾于过往,远超任何时代及先哲明达,从而从根本上忽视甚至否定历史的价值。也是因为如此,我们在面对历史,开展历史研究时,不得不首先认真地拷问:除了借鉴,历史是否还有其他更为显著和重要的价值?

"岁月之井,深不可测",托马斯·曼(Thomas Mann)在其《约瑟夫和他的兄弟们》(*Joseph and His Brothers*)一书的开篇中如是说。① 他把历史描绘成一眼无底的深井,我们对它努力地探察,以便从中发现深邃处的资源。对于每个时代的人,包括孜孜以求地从事历史研究的学者们,这个深井属于永远也无法回去的过往,而其所承载的复杂的意义,其对现实及未来的价值,属于永远无法穷尽的秘藏。它作为一种"回忆"(anamnesis),既指向了历史的过去,也指向了当下历史的内部。因此,按照历史哲学家埃里克·沃格林(Eric Woegelin)的观点,"探询历史不仅是对往事及其内在关联的探索,也是在探究人类存在的结构,这个结构是一个分享存在的过程。这意味着,这种历史研究在本质上是一门哲学"。②

由此可以断言:"历史研究是一种哲学性的探究。"③其最大的功用在于探查人类存在的本质结构。时间在流动,事物在变化,但人类存在的本质,却是一种探之弥深的永恒。人类在不同时点上,基于不同的时代观点和不同的材料所得进行不同的探究,不断地书写每一代不同的历史。④ 历史本身所代表的是,人类随着时代的发展不断地认识自我,认识人类存在的努力。人类通过这种努力,将过去的事实与"现在生活的一种兴趣打成一片,它就不是针对一种过去的兴趣而是针对一种现在的兴趣"。⑤

---

① ② 尤金·韦伯:《沃格林:历史哲学家》,成庆译,吉林出版集团有限责任公司,2011,第3页。
③ 尤金·韦伯:《沃格林:历史哲学家》,成庆译,吉林出版集团有限责任公司,2011,第4页。
④ 所谓"一切真历史都是当代史"(克罗齐,《历史学的理论和实际》),也正是代表了这样一种观点和必然。
⑤ 贝奈戴托·克罗齐:《历史学的理论和实际》,傅任敢译,商务印书馆,1982,第2页。

因此,本书持这样一种主张:历史并非人们通常所认为的,是对过往发生的事实的一种呈线性或平面性的概念性结论或记叙,而是一种对人类存在结构的探究。

历史是一种智慧,是对人类世界永远的指引。

认识自己,是一个人生命内在的需要;探究人类存在的结构,则是人类社会总体的需求,也是学术研究根本的使命。

在会计学科中,会计史是迄今最不被人重视的方向。这种轻视一方面源自长期以来人们视会计为一项应用技术,强调其技术层面而不甚注意它与它所处的社会经济环境之间的关系;另一方面则是因为当今时代许多研究多被现实的功利目标所驱使和左右。实用主义的功利导向,使一切无法快捷地带来现实利益的研究,毫无例外地遭到多数人的唾弃。不可否认的是,以往的会计史研究本身存在一些问题:重视会计技术的方面,从偏狭的视角,较多地探究会计技术进步发展的史实,而脱离会计"生长"其间并与其相互影响的社会经济环境,缺少对会计本质的深入探究,尤其缺少对会计与人类社会及人类文明发展与成就之间关系的探查。

然而,这一切,仅仅是人们观念上的局限所致,并不意味着否定历史研究本身对会计的重要性。

依照美国会计学家 A.C.利特尔顿的观点,我们需要研究会计史,是因为:

其一,历史于人大有教益,且具有充分的感召性。每当紧要关头,唤起对历史的回忆,对于认识不断变化的事物皆大有助益。我们总有必要对各种思想观念不断做出哪怕是很谨慎的修正,对各种方法进行耐心细致的调适与修复。除了历史,我们还可从何处获得更多觉悟?

其二,历史亦锤炼人的洞察力,从而使人借此做出更好的权衡……

其三,就会计史而言,和一般历史一样,在其整个过程中,各种事件是彼此相连的,并以变化为其永久性特征。或许,在这个特殊领域中,不像在国家事务中那样对洞察力有着极高的要求。然而,会计仍处在演进之中——而当今可能正处在一场伟大变革的中心。如果我们不具备很好的历史洞察力,势必无法了解这一趋势。如果无法明了这一趋势,我们将无法在整个发展中自信地做出明智的反应。因而,即便在今天这样一个忙碌的世界中,我们仍然有必要掌握一些有关过去簿记与会计发展的颇为有趣的历史知识。①

早在1904年,C.W.哈斯金斯(C.W. Haskins)就曾指出,会计史"有助于我们更好

---

① A.C.利特尔顿:《1900年前会计的演进》,宋小明等译,立信会计出版社,2014,前言第1-2页。

地了解当下并预测或控制未来"。① 加里·D. 卡内基(Garry D. Carnegie)和克里斯托弗·J. 纳皮尔(Christopher J. Napier)则认为"历史将过去、现在和未来联结为一体,使我们能够对当代会计思想和实务做出鉴别"。②

研究会计历史的必要性,可以从其对会计学科发展的重要性上来观察。一方面,开展相关历史研究是一门学科走向成熟的重要标志;另一方面,历史研究对于学科理论研究具有重要的先导性意义。③ 更重要的则是,通过历史研究,运用通彻的眼光,可以帮助我们看清会计的实质,理解其在人类社会发展及人类生活中所具有的特殊意义,在于"通过对大量历史现象的分析与研究,揭示会计的发生、发展规律,以指导现时的会计工作,并适应历史环境的变化,适时进行改革,最终把会计工作推进到一个新的历史阶段"。④ 从这个角度来讲,研究会计历史的意义并不局限于会计学科本身。将会计的历史与人类社会的发展演进结合起来进行研究,我们会发现,会计的萌芽、发展、发挥功能,以及其自身的革命性进步,始终密切地与人类社会经济的发展、文化和技术的进步紧密地结合在一起:会计从其产生伊始,便是作为一个社会系统发挥作用,因而其发展历史也必然构成人类社会历史的一部分,两者相互结合,相互影响。这与近现代兴起的技术论观点不同。

会计作为一个社会系统,根植于一定的具体的社会经济、历史、文化、法律及制度环境。观察目前世界各国会计发展的现状,我们会发现,无论是在会计的总体发展水平、会计的思想观念方面,还是在会计法律制度规范建设以及会计的国际协调与趋同方面,每个国家各有自己不同的状况和选择,不同国家的会计间存在许多根深蒂固的差异。这种差异直接影响各个国家现实的政策选择,也影响到其会计在未来发展中的国际地位和方向。因此,从社会历史的不同角度弄清各国会计差异的根源,不但具有重要的理论意义,而且具有突出的实际价值。研究会计问题,恰当地把握会计在社会发展中的实际功用,合理地评价和规划会计(包括会计法律制度)的发展与改革,必须始终立足于对环境因素的恰当把握。

当今社会处在重要的历史变革时期,正在经历由工业经济时代向知识经济时

---

① C. W. Haskins, *Business Education and Accountancy*, NY: Harper & Brothers, 1904: 53.

② Garry D. Carnegie, Christopher J. Napier, "Accounting's Past, Present and Future: The Unifying Power of History," *Accounting, Auditing & Accountability Journal*, 2012, Vol. 25, Issue 2: 328-369.

③ 郭道扬教授认为:"会计史是研究会计发生、发展过程及其运行规律的科学,它既是会计学科的一个重要组成部分,也是进行会计理论研究的先导。事实上对于任何一个重要会计理论问题的研究,都不能脱离历史考察与研究这一课程,对任何一个重要会计事件的认识,都必须进行历史的回顾、思索、分析与论证。"见郭道扬:《试论会计史研究》,《财会月刊》1997年第12期。

④ 郭道扬:《试论会计史研究》,《财会月刊》1997年第12期。

代的重大变革。这次的变革,无论从技术的角度,还是从社会结构、社会文化及社会观念的角度,都与以前的各种变化有很大不同。适应这一变革,我们需要针对知识经济时代新的特点和现实需求,充分利用科技发展和广泛的国际(跨文化)交流所带来的知识和视野上的优势,对过往的会计史研究做一整体上的梳理和考察,发现其中的问题与不足,并在此基础上建立新的适合知识经济时代特点的会计历史观念及方法体系。这必然是一个反思和纠偏的过程:通过反思,深刻把握会计的本质,发现以往的谬误;通过纠偏,校准会计历史的叙述逻辑,弥补会计史研究方法论上的不足和缺憾,书写符合历史真实和适应当下认知的会计历史。

清代思想家龚自珍有曰:"出乎史,入乎道,欲知大道,必先为史。"[①]
欲知会计,亦需于史图之。这是本书的理念基础。
鉴于此,本书拟重点探究以下问题:
(1) 研究会计历史的意义;
(2) 以往会计历史研究中存在的问题与不足;
(3) 中西方会计史存在的重大差异;
(4) 造成会计及其历史差异的原因;
(5) 适应知识经济时代特点的会计史学、会计史观及方法论体系的构建。

---

① (清)龚自珍:《龚自珍全集》,上海古籍出版社,1975,第84页。

# 第二章

## 会计史研究溯往

越来越多的人认识到,会计并非一种孤立的现象,社会、政治、经济诸方面因素,都可能成为会计变革的基础,在影响会计变革的过程中发挥重要作用。

——Anthony George Hopwood, "Accounting and Organization Change," *Accounting, Auditing & Accountability Journal*, 1990, 3(1): 8-17.

关注自身历史是人类一种历史悠久的习惯。早在公元前5世纪,古希腊历史学家希罗多德①就把自己的旅行见闻及第一波斯帝国的历史记录下来,形成史学史和西方文学史上具有重要意义的《历史》②一书。中国古代自殷商开始,即设史官负责记录王室事务。东周时期各诸侯国皆撰写本国编年史,燕、齐、宋、鲁诸国皆重其事,唯一得以留传的,却只有鲁国史官所记、经孔子整理而成的《春秋》。著"史"的习惯得以延续,人类文明的许多重要成就因此得以保留。不过,将历史作为一种专门的学问,尤其是开展各种专门史的研究,则是很久以后的事了,会计史研究便是晚近兴起的。

**1. 早期偶发性的会计史探究(Early Incidental Exploring of Accounting History)**

据目前材料,最早关注会计历史的,当属荷兰数学家西蒙·斯蒂文(Simon Stevin)(图2-11)。1605年,西蒙·斯蒂文出版《数学惯例法》(*Wisconstighe Ghedachtenissen*),其中的第七章"古代簿记探测"对会计历史进行了回顾与总结,为迄今所见最早的会计史探究。不过,这种探究只是偶发的个人行为,并未形成风

---

① 希罗多德(Herodotus,约公元前484年至前425年),古希腊作家、历史学家,他把旅行中的所闻所见,以及第一波斯帝国的历史记录下来,著成《历史》一书,该书成为史学史和西方文学史上第一部完整流传下来的散文作品。

② 希罗多德的《历史》,希腊语是"Ηρόδοτος Ιστοριαι",本意是"希罗多德的调查报告"。

气。其后直至19世纪末的数百年间,再也难觅此类探究的踪迹。在此期间,会计被当作一项具体工作受人关注,人们更多地注意如何通过教育使簿记知识在商业的发展中得到更好传播,并不断地进行会计技术方法的改进与完善,而不甚注重对其发展历史的探究。造成这种缺失的一项原因则是,直到十八九世纪,现代科学总体上还处在极其简单的状态,如亨利·R.哈特菲尔德(Henry Rand Hatfield)所注意的,即便"在一流的美国大学,所谓科学还只不过是各种谬误和奇谈的集合"。①

图2-1 荷兰数学家西蒙·斯蒂文(1548—1620),第一位探究会计历史的学者

"19世纪末,人们对经济史和会计史的兴趣有所增加"。② 若考察世界各国会计的发展,间或可以发现在19世纪末已经有一些基于理解实务撰写的会计史研究著述。日本会计史学家西川孝治郎(Kojiro Nishikawa)考察西式簿记引入日本的历史时发现,1886年,日本铁路公司(Nihon Railway Company)职员海野力太郎(Rikitaro Unno)出于业余爱好编著了一些会计书籍,其中包括一部名为《簿记学起源考》(*Bokigaku Kigenko: Origin of Book-keeping*)的会计史著作,这本39页的小册子,被西川孝治郎认为是世界上最早的簿记史出版物之一。③ 在荷兰,沃尔默(Volmer)教授于1896年出版了《由J.V.与C.V.R.译成荷兰文的帕乔利的商业簿记论文和J.G.Ch.沃尔默的简明传记》,O.腾·海渥称之为早期会计史研究的代表作。按照O.腾·海渥的观点,最初的研究面向早期簿记体系的结构,只是研究与簿记方法有关的事实的记录,而没有进行更深入的探讨,对早期运用的簿记方法也未做分析性解释。直到1927年,德·威尔的《从帕乔利到斯蒂文》一书出版,荷兰文献才对经济史与簿记史的相互关系进行阐述。④

美国最早出版的会计史研究著作是1852年本杰明·F.福斯特(Benjamin Franklin Foster)的《簿记的起源与进展》(*The Origin and Progress of Book-*

---

① Henry Rand Hatfield, "An Historical Defense of Bookkeeping," *The Journal of Accountancy*, 1924, No.4: 241-253. 参见A.C.利特尔顿:《1900年前会计的演进》,宋小明等译,立信会计出版社,2014,第6页。

② O.腾·海渥:《会计史》,文硕、付磊、杨健译,中国商业出版社,1991,第3页。

③ 其英文表达为"one of the earliest printed works on bookkeeping history in the world",参见Kojiro Nishikawa, "The Introduction of Western Bookkeeping into Japan," *The Accounting Historians Journal*, 1997, Vol. 4, No. 1: 34。

④ O.腾·海渥:《会计史》,文硕、付磊、杨健译,中国商业出版社,1991,第4页。

keeping），这本内文仅 22 页的小册子，属于对史实的一般性描述。像其他国家 20 世纪之前的会计史著述一样，其内容属于个人开展的偶发性探究。

加拿大学者理查德·马蒂西克（Richard Mattessich）[①]认为，早期人们对会计史的关注，并非源自学术上的兴趣，仅仅是因为古玩商或收藏家对早期会计记录和著作感兴趣。其后一些会计师关注会计史，是因为在他们看来，会计史就像一个隐藏的储藏室，收藏着许多有关会计思想和实务的人类遗存，有助于解决目前的现实问题。[②] 持这样态度的典型人物，莫过于爱丁堡特许会计师理查德·布朗（Richard Brown），他从 1890 年开始在欧洲大陆收集会计古籍，并作为主编和参与者于 1905 年出版了《会计与会计师历史》（A History of Accounting and Accountants），该书是为纪念苏格兰会计师协会成立 50 周年编辑出版的论文集，目的在于追溯与会计、审计、簿记相关的职业历史，主题包括古代会计系统，早期意大利会计师，苏格兰、英格兰、爱尔兰、欧洲（其他地区）、英属殖民地、美国会计，以及会计职业之未来。该书由理查德·布朗本人担任主编，书中论文的作者包括 John S. Mackay，Edward Boyd，Row Fogo J.，Joseph Patrick，Alexander Sloan 等。这一时期类似的研究，还有英国人亚瑟·H. 沃尔夫（Arthur H. Woolf）1912 年在伦敦出版的《会计师和会计学简史》（A Short History of Accountants and Accountancy）。

**2. 20 世纪二三十年代：作为学术的会计史研究兴起（1920s—1930s：The Rise of Accounting History as an Academic Discipline）**

会计史真正作为一门学问为人们所关注，始于 20 世纪 20 年代，当会计课程进入大学课堂，一批早期会计学者在担任教职讲授会计学课程的同时，开始从事会计学术研究，会计历史研究成为其中一项科目。

这一时期与会计史研究相关的最值得一提的人物，莫过于罗伯特·H. 蒙哥马利（Robert Hiester Montgomery）和亨利·R. 哈特菲尔德（Henry Rand Hatfield）。罗伯特·H.蒙哥马利对会计史研究的贡献，在于他抢救性地收藏了会计历史文献。和爱丁堡特许会计师理查德·布朗一样，罗伯特·H.蒙哥马利很早就开始收集世界各地的会计古籍资料和手稿。1926 年，他将自己数十年辛苦收集的一大批会计账簿、古籍、手稿及各种历史资料捐给了哥伦比亚大学，这批史籍资料成为该

---

[①] 加拿大学者，著有《会计研究二百年：国际视角下的人物、思想与成就》（Two Hundred Years of Accounting Research: An International Survey of Personalities, Ideas and Publications）。

[②] Richard Mattessich, "Accounting representation and the onion model of reality: A comparison with Baudrillard's orders of simulacra and his hyperreality," Accounting, Organizations and Society, 2003, Vol. 28, Issue 5: 443-470.

校珍稀图书和手稿图书馆的珍藏。这批珍贵的史籍资料时间跨度从14世纪至20世纪,包括各种珍稀账簿、契约、销货发票、税单、遗嘱、日记等①,其中马萨诸塞州普利茅斯殖民地主约西亚·温斯洛(Josiah Winslow)1690—1730年的账簿,英格兰国王爱德华三世(Edward Ⅲ)的家计账,法王路易十四(Louis XIV of France)的费用支出账,比萨Von Moscha银行家族始记于1331年的账目,英法两国东印度公司账目、贩奴船账目等,皆属无比珍贵的会计史料。罗伯特·H.蒙哥马利通过自己的努力为会计史研究保留了许多不可再生的史料资源。尽管他本人并未致力于会计历史研究,但他堪称20世纪初期最具历史眼光的会计学者。

亨利·R.哈特菲尔德的《簿记之历史性辩护》(*An Historical Defense of Bookkeeping*),堪称20世纪初最重要的历史性会计著述。这篇发表于1924年的论文,以为会计和时代辩护的宏大气魄,广征博引,对社会上普遍轻视会计的现象进行有力的批判。他用"现代会计学之父"(father of modern accounting)卢卡·帕

---

① 参见 Robert Hiester Montgomery codex manuscripts, 1300-1941. https://findingaids.library.columbia.edu/ead/nnc-rb/ldpd_4079126/。该项收藏现存于哥伦比亚大学珍稀图书和手稿图书馆(Rare Book & Manuscript Library),以下是图书馆网页对该收藏范围及内容的说明:Manuscript account books and documents which illustrate and document the history of accounting and business procedures from the 14th century into the 20th century. The earliest item is Ms. 18, a Papal bull relating to notaries and appointing Julius de Gentilibus as a notary; the latest is an invoice book from 1941. The types of volumes contained in this collection include instruction books, daybooks, waste books, journals, bank books, ledgers, receipt books, storage books, invoice books, registers, ships' logs, letter books, diaries, town books, tax roll books, articles of agreement, bills of sale, deeds, wills, and many other significant items. The material originated in many countries around the globe, and represents a range of business and occupations from household to trading company [e.g., English (East India Company) and French East Indian Company (Compagnie des Indes orientales) volumes], and from itinerant laborer to lawyer and physician. The majority of the manuscripts are English and American of the 17th, 18th, and 19th centuries. The earliest American account is Ms. 75, 1690—1730, Josiah Winslow, Plymouth, Mass. Also in the collection are the household accounts of Edward III, King of England, an account of the expenses of Louis XIV of France for maintaining his armies in southern France and northern Italy, 1691—1697, and the accounts of the Von Moscha banking family of Pisa, beginning in 1332. There are several multivolume manuscripts, such as Ms. 1, the Belasyse family, 1577—1740 (23 v.); Ms. 239, the accounts of the John H. Howland and Son shipping firm, 1795—1850 (71 v.); and the Heilner coal company, 1874—1941 (Ms. 682, 46 v.). Other accounts include those of John Flaxman (Ms. 301), 1809, in which are detailed his dealings with leading artists and architects, the Villiers manuscript (Ms. 65) which relates to the second Duke of Buckingham, and a number of manuscripts pertaining to the British Exchequer. A majority of the American manuscripts are from New England and New York State and concern general stores, thus giving a significant insight into everyday life in the area and period; other accounts relate to places as far away as Alabama and California. Many of the manuscripts have a bearing on the social and political history of Europe and the Americas. All 747 individual titles in this collection can be browsed by searching "Montgomery Manuscripts" in the author field in CLIO, Columbia's online catalog。

乔利出版第一部会计著作,在佩鲁贾大学快速晋升,在那不勒斯、比萨、佛罗伦萨、博洛尼亚多所大学任教的经历,以及1514年被教皇利奥十世(Leo X)任命为基督教世界最高学府的数学教授,与艺术大师达·芬奇(Leonardo di ser Piero da Vinci)合作等诸多事实,佐证簿记无比荣耀的历史地位。在文章中,他为提供证据,回顾了会计著述的发展、商业扩展对会计的影响、注册会计师职业的发展、加法机的发明等诸多相关史实。尽管该文并非一篇专门研究会计历史的文章,但却用历史的眼光及材料展开论证。更重要的是这篇雄文所产生的实际影响,虽然我们无从细稽这篇文章发表后究竟引发了什么样的波澜,但在 A.C.利特尔顿的经典著作《1900 年前会计的演进》扉页,赫然写着"谨以此书献给亨利·R.哈特菲尔德,其名作《簿记之历史性辩护》为本书带来灵感并成为本书效仿的楷模"①,足以作为这篇文章影响之实证。

1933 年,美国会计学家 A.C.利特尔顿《1900 年前会计的演进》(*Accounting Evolution to 1900*)出版发行,该书为这一时期会计历史研究的代表性成果,也是会计史研究中一座无可逾越的巅峰。尽管该书作者在前言中表示,他"并不渴望自己能够写出一部簿记史""也未曾希冀将本书写成一部会计史"②,但该书讨论簿记向会计转变的历史,纵横捭阖,其研究之精深,视野之开阔,以及对后世研究所产生之影响,皆是其他著述无法比拟的。许家林教授认为:"该书充分体现了他特别擅长运用历史发展的观点来研究会计问题的特点,是会计史领域的经典之作。"③因为该书在会计文献方面所做出的杰出贡献,A.C.利特尔顿于 1934 年荣获 Beta Alpha Psi 奖。郭道扬教授高度评价该书,称之为"系统而深入研究会计史的著作",认为该书"兼顾史实表述与史论两方面,其研究格局具有开创性,在研究内容处理方面体现了继承和发展。具体讲,它所显示的研究价值在于:①系统地阐述了复式簿记的发展史,并揭示其历史运行规律;②立足于对历史环境的分析,阐明了簿记阶段向会计阶段发展转变的根本原因;③研究了审计发展史,并揭示其历史运行规律;④阐明了成本会计的起源与初步发展的原因,其结论客观,史论性强,影响大"。④

---

① 原文为:*To Henry Rand Hatfield whose An Historical Defense of Bookkeeping provide the inspiration and model for this book.* 见 A.C.Littleton 所著 *Accounting Evolution to 1900* 一书的扉页。
② A.C. 利特尔顿:《1900 年前会计的演进》,宋小明等译,立信会计出版社,2014,前言第 2 页。
③ 许家林等编:《西方会计名家传略》,立信会计出版社,2013,第 115 页。
④ 郭道扬:《二十世纪会计大事详说(十二)——二十世纪会计史研究和会计史学的创立》,《财会通讯》1999 年第 11 期。

在 A.C.利特尔顿之前，威尔默·L.格林（Wilmer L. Green）在 1930 年就已经出版了一部具有一定通史意义的著作——《会计史概观》(*History and Survey of Accountancy*)。Routledge 网对该书的推介词说:"本书考察了从古代社会到 20 世纪初现代会计方法的历史发展。其包罗甚广，从古埃及、古罗马会计，直至欧洲、南美的会计职业立法，以及会计职业道德和教育，无所不包。凡想扩展有关专业的历史知识的学生和职业人士，皆可使用本书。"①尽管这部书影响远不及 A.C.利特尔顿的著作，但其宽广的视野却是值得称道的。这一时期的会计史著述，还有英国学者 H.J.埃德里奇（H.J. Eldridge）的《簿记学的演进》(*The Evolution of the Science of Bookkeeping*, London: Gee & Company, 1931)、美国学者大卫·莫里(David Murray)的《簿记、会计及商业算术之历史篇章》(*Chapters in the History of Bookkeeping, Accountancy & Commercial Arithmetic*, Glasgow: Jackson, Wylie & Co., 1930)、E.格里尔（E. Grier）的《芝诺纸草中的会计》(*Accounting in the Zenon Papyri*, New York: Columbia University Press, 1934)。

文献表明，20 世纪二三十年代的会计史研究已经摆脱了早期研究仅仅关注注册会计师行业发展史的视野局限，开始了对会计包括簿记发展历史的全面考察及其发展演进中环境影响的分析研究，进入了具有学术意义的会计史研究的初创时期。更为重要的是，在这一时期，对会计历史的关注和研究，已经从之前会计工作者个人的偶发性行为，演变为与会计学科和学术的发展相关联的与会计教授的专业研究相关的系统性、学术性行为。研究视野的扩大，促进了各种具有广泛意义的研究成果出现。

**3. 20 世纪 50 至 80 年代：会计史研究著述的繁盛与会计史研究机构的建立(1950s—1980s: The Boom of Accounting History Research Works and the Establishment of Accounting History Institutions)**

经过数十年孕化和积累，从 20 世纪 50 年代开始，在欧美各国，会计史研究著述进入普遍开花的繁盛时期。这一时期以英文出版的代表性成果如表 2-1 所示。

---

① 参见 https://www.routledge.com/History-and-Survey-of-Accountancy-RLE-Accounting/Green/p/book/9781138976078。原文为：This volume presents a survey of accountancy from early times through to modern accounting methods of the early twentieth century. Covering everything from accounting in Ancient Egypt and the Roman Republic through to legislation for the accountancy profession in Europe and South America, as well as ethics and education in the accountancy profession, this volume will be of use to both students and professionals who wish to extend their historical knowledge of their profession。

表 2-1　　1950—1979 年各国以英文出版的会计史代表性著作

| 出版时间 | 国别 | 作者 | 书名 | 出版社 | 备注 |
|---|---|---|---|---|---|
| 1950 年 | 意大利 | F. Melissa | 《会计史》(Storia della Ragioneria) | Bologna：Dott. Cesare Zuffi | |
| 1954 年 | 美国 | Paul Garner | 《1925 年前成本会计的演进》(Evolution of Cost Accounting to 1925) | Alabama：University of Alabama Press | 2014 年中文版出版 |
| 1956 年 | 美国 | A.C.Littleton Basil S. Yamey | 《会计史论文集》(Studies in the History of Accounting) | Homewood Illinois：Richard D. Irwin | |
| 1963 年 | 美国 | R.G.Brown K.S.Johnson | 《巴其阿勒会计论》(Paciolo on Accounting) | New York：Mcgraw-Hill | 1988 年中文版出版 |
| 1965 年 | 美国 | Harvey T. Deinzer | 《会计思想的发展》(Development of Accounting Thought) | New York：Holt, Rinehart and Winston | |
| 1966 年 | 美国 | Charles Weber | 《直接成本法的演进》(The Evolution of Direct Costing) | University of Illinois | |
| 1968 年 | 美国 | Michael Chatfield | 《会计思想演进的当代研究》(Contemporary Studies in the Evolution of Accounting Thought) | Belmont，Cal.：Dickenson Publishing Company | |
| 1973 年 | 美国 | Ellis Mast Sowell | 《标准成本理论和技术的演进》(The Evolution of the Theories and Techniques of Standard Costs) | Alabama：University of Alabama Press | |
| 1974 年 | 美国 | Michael Chatfield | 《会计思想史》(A History of Accounting Thought) | Chicago：The Dryden Press | 1989 年中文版出版 |
| 1974 年 | 荷兰 | O.Ten Have | 《会计史》(The History of Accountancy) | California：Palo Alto | 1991 年中文版出版 |
| 1978 年 | 美国 | Basil S. Yamey | 《会计史论文集》(Essays on the History of Accountancy) | New York：Arno Press | |
| 1979 年 | 美国 | Gary John Previts Barbara Dubis Merino | 《美国会计史：会计的文化意义》(A History of Accountancy in the United States: The Cultural Significance of Accounting) | New York：John Wiley & Sons, Inc. | 2006 年中文版出版 |

资料来源：根据中国会计博物馆馆藏资料及其他相关资料整理编制。

注：因资料及语言阅读上的限制，本表所列仅限于以英文出版的著作，希望将来能够补充其他国家和各种不同语言的研究成果。

经过数十年的磨砺和探究，会计史学者的兴趣逐渐深入会计历史的许多不同方面，并从最初的关于史实、史事的考证和叙述，扩展到一些理论性和思想性的探查。

史学研究的进步，同时也激发了会计史学者开展学术交流的兴趣。20世纪60年代末期，在一些会计史研究者的大力推动下，建立会计史研究机构在美国会计学界被提上了议事日程。

1968年，为了促进会计史研究和教育的发展，美国会计学会（American Accounting Association，AAA）在其下设立了会计史委员会（Committee of Accounting History）。1969年，该委员会提交了一份专门报告，希望学会能对会计史研究及会计史课程的设立提供包括财务在内的多方面支持，却并未获得期望中的回应。这种冷遇让以加里·J. 普雷维茨（Gary John Previts，也译作加里·约翰·普雷维茨，如中文版《美国会计史——会计的文化意义一书的署名》）和保罗·加纳（Paul Garner）等为代表的一些会计教授萌生了另起炉灶，通过设立独立的会计史研究组织来为有志于从事会计史研究的人提供服务的想法。[1]

1973年夏，加里·J.普雷维茨写信给一些会计史研究者，就成立筹备委员会以负责筹建新的会计史小组之事征询意见。他联系了加拿大大学的H. 托马斯·约翰逊（H. Thomas Johnson）教授，希望拉瓦尔大学（Laval University）提供场地，召开一次有关成立会计史研究小组的专门会议。1973年8月15日，理查德·P.布里芬（Richard P. Brief）、保罗·加纳（S. Paul Garner）、H. 托马斯·约翰逊（H. Thomas Johnson）、加里·J. 普雷维茨、阿尔夫莱德·R. 罗伯特（Alfred R. Roberts）、威拉德·E.斯通（Williard E. Stone）、詹姆斯·O.温吉恩（James O. Winjum）、斯蒂芬·A.泽夫（Stephen A. Zeff）等8人组成的委员会于AAA年会期间在位于加拿大魁北克市的拉瓦尔大学相聚，成立了会计史学家学会（Academy of Accounting Historians）。会议选举加里·J.普雷维茨为学会主席，阿尔夫莱德·R.罗伯特为秘书长。出席成立会议的人员总共有20人[2]，其余12人成为学会

---

[1] 参看爱德华·N. 考夫曼（Edward N. Coffman）、加里·J.普雷维茨（Gary John Previts，国内也有学者将其译为加里·约翰·普雷维茨）等有关会计史学家学会组建和发展历史的系列文章，包括："A History of the Academy of Accounting Historians：1973—1988," *The Accounting Historians Journal*, 1989, Vol. 16, No. 2; "A History of the Academy of Accounting Historians：1989—1998," *The Accounting Historians Journal*, 1998, Vol. 25, No. 2; "A history of the Academy of Accounting Historians：1999—2013," *The Accounting Historians Journal*, 2014, Vol. 41, No. 2。

[2] 参加成立大会的20人名单，见爱德华·N. 考夫曼、加里·J.普雷维茨等有关会计史学家学会组建和发展历史的系列文章中的第一篇："*A history of the academy of Accounting Historians：1973—1988*," The Accounting Historians Journal, 1989, Vol. 16, No. 2。

首届会员。1973年12月28日,会计史学家学会作为非营利组织在美国阿拉巴马州办理了注册登记。1974年,学会的第一份快报《会计史学家》(The Accounting Historians)出版,不久后学会又有了另一份出版物《工作论文系列》(Working Paper Series)。同年,学会设立会计史学家学会"主席沙漏奖"(President's Hourglass Award),以褒奖对会计史文献做出突出贡献的会计史研究者。自1974年开始,《会计史学家》以季刊形式出版,1977年1月改为《会计史学家杂志》(The Accounting Historians Journal)。

1974年年末,加里·J.普雷维茨牵头组建了一些指导小组(steering groups),目的在于筹备第2届世界会计史学家大会(Second World Congress of Accounting Historians)并开展其他一些工作。与此同时,会计史学家学会又设立了研究委员会、翻译委员会、分类及文献编目委员会;1976年又组建了档案委员会、会计史课程开发委员会、会员委员会;1976年出版了会计史专著系列图书(Monograph Series),1977年出版了会计史经典系列(Accounting History Classics Series)。1978年,另一份会计史快报(半年刊)创刊,名为《会计史学家笔记》(The Accounting Historians Notebook)。

会计史学家学会作为最早成立也是全球最重要的会计史学家专业组织,尽管其发起者多为美国学者,总部设在美国,但却是实实在在的国际性会计史研究组织。其创建和卓有成效的活动,极大地促进了全球会计史研究、出版、学术交流及会计史教育的发展。它除了通过出版两种刊物(《会计史学家杂志》发表学术性文章;《会计史学家笔记》发表短文章,如项目通报、研究方法信息等)为促进学术研究和交流提供了极大便利,还在组织和引导全球会计史研究、学术交流等方面开展了许多卓有成效的工作。迄至2016年,已成功组织召开了14届世界会计史学家大会。学会会员包括个人会员和团体会员两类,从1973年到1988年,经过15年的发展,会员总数已超700人。在1988年之后的10年中,会员数发展到800人以上,并呈现团体会员增加、个人会员减少的趋势。1999年以后,受研究者年老退休及数字化技术发展的影响,会员总数持续下降。到2013年,会员总数已经从最高峰时的800多人降至500人。与团体会员继续下降不同,个人会员人数在2010年后已停止下降,趋于稳定。①

继会计史学家学会之后,全球多个国家和地区(英国、法国、比利时、意大利、日

---

① Edward N. Coffman, Alfred R. Roberts, Gary John Previts, "A History of the Academy of Accounting Historians:1999—2013," *The Accounting Historians Journal*, 2014, Vol. 41:1-74.

本、中国、土耳其、澳大利亚、新西兰等)先后建立了各自的会计史研究机构,并注意建立彼此之间的学术交流机制,极大地促进了世界范围内会计史研究的进步。

**4. 20 世纪 80 年代:研究视野的社会化转向与批判性会计史研究的兴起(1980s: The Socialization Turning of Research Horizons and the Rise of Critical Accounting History)**

研究机构的建立和刊物的创办,促进了会计史研究文献数量的增长,也促进了会计史研究的视角向更广泛的方面扩展。一个至关重要的变化是会计史研究逐步从技术的角度转向社会、环境及文化方面。

自 20 世纪 70 年代起,学界对会计的认识开始发生重要转变。这一变化始于斯蒂芬·A.泽夫教授广受关注的文章《"经济后果学说"的兴起》(*The Rise of "Economic Consequences"*)。其根源在于,"自 20 世纪 60 年代开始,美国会计界意识到'外部力量'对会计准则制定过程的影响日益增强"。① 斯蒂芬·A.泽夫教授认为,"有关经济后果的论辩,代表了会计思想上一场名副其实的革命"(The economic consequences argument represents a veritable revolution in accounting thought.)。② 这场革命影响到人们对会计的认识,也影响到会计史研究视角和重点的改变:一是会计史研究开始注意会计的社会影响及文化意义;二是批判性会计史研究兴起。

1979 年,美国会计史学家、会计史学家学会首任主席加里·J.普雷维茨教授与巴巴拉·达比斯·莫里诺(Barbara Dubis Merino)合著的《美国会计史:会计的文化意义》(*A History of Accountancy in the United States: The Cultural Significance of Accounting*)出版发行,为会计史研究之文化转型树立了榜样。该书前言明确指出,20 世纪 70 年代末期"作为一个学术领域的'会计史',还处于萌芽阶段。那时的历史学家主要关注的是技术性和描述性的,而非环境联系和分析性的"。③ 这一观点明显抓住了当时会计史以及一般会计学术研究中最关键的问题。

20 世纪 80 年代,以对传统会计史研究的反思为起点,一个国际性的批判性会计史学者团队开始崛起,按照理查德·K.弗里茨曼(Richard K. Fleischman)等的

---

① Stephen A. Zeff, "The Rise of 'Economic Consequences'," *The Journal of Accountancy*, 1978, No. 12: 56-63.

② Stephen A. Zeff, "The Rise of 'Economic Consequences'," *The Journal of Accountancy*, 1978, No. 12: 56.

③ 加里·约翰·普雷维茨,巴巴拉·达比斯·莫里诺著:《美国会计史:会计的文化意义》,杜兴强、于竹丽等译,中国人民大学出版社,2006,第 8 页。

说法,其目的在一定程度上是对抗美国的主流会计研究。① 一些具有社会学、政治学、教育学、法学、历史学等多学科背景的研究者聚集在一起开展会计史研究,会计史研究因此成为各种新理论和新方法的交集,由此形成所谓"新会计史学"(New Accounting History)。

1991年,彼得·米勒(Peter Miller)、曲弗·霍珀(Trevor Hopper)、理查德·拉夫林(Richard Laughlin)三人率先在其合作的论文《新会计史学导论》(*The new accounting history: an introduction*)中使用了"新会计史学"(New Accounting History)一词。② 其后,许多学者参与其中,采用新的视角和方法展开研究,其影响不断扩大,最终汇聚成一股磅礴的气势,理查德·K.弗里茨曼等称之为"怒吼的90年代"。③ 新会计史学家认为,自己有着坚实的理论基础,反观"传统"会计史学者,则是"partial, uncritical, atheoretical and intellectually isolated"(偏狭的、缺乏批判精神的、非理论性的、智识上的孤立)。他们认为北美的主流会计史学家们对其研究的客观性过于自信,研究程式单一,墨守成规。

米勒等人在其有关新会计史学的文章中开宗明义:"在不到10年中,会计史在会计学科中占据了重要位置。这不只是量的问题,而是多年的潜心研究得到了回报。"④他们把这种成就归因于新会计史学的出现,因为它"对诸如进步、演进之类的既有观念提出质疑","扩展研究范围","对使会计实务显得重要的语言和理由给予了新的关注","关注的重点从簿记员、决策者转向了与会计知识在更大范围内传播相关的人员"。至为重要的是,新会计史学的实践者不再只是传统意义上的会计史学者,他们来自许多不同的领域,包括人类学、经济学、科学史、组织理论、社会学等领域。

20世纪90年代初,《会计、审计与受托责任学刊》(*Accounting, Auditing & Accountability Journal*, AAAJ)出版了两期会计史专刊(1991,1993)。在第二期专刊上,彼得·米勒(Peter Miller)和克里斯托弗·J.纳皮尔(Christopher J. Napier)撰文倡导用更"sociologically informed"(具有社会学意义)的方法研究会计史,建议采用法国哲学家、社会思想家米歇尔·福柯(Michel Foucault)的理论作为研究的基础。这些努

---

① Richard K. Fleischman, Vaughan S. Radcliffe, "The Roaring Nineties: Accounting History Comes of Age," *The Accounting Historians Journal*, 2005, Vol. 32, No. 1: 61-109.

② Peter Miller, Trevor Hopper, Richard Laughlin, "The New Accounting History: An Introduction," *Accounting, Organizations and Society*, 1991,Vol. 5/6: 395-403.

③ Richard K. Fleischman,Vaughan S. Radcliffe, "The Roaring Nineties: Accounting History Comes of Age," *The Accounting Historians Journal*, Vol. 32, No. 1: 61-109.

④ Peter Miller, Trevor Hopper, Richard Laughlin, "The new accounting history: An introduction," *Accounting, Organizations and Society*, 1991,Vol. 5/6: 395-403.

力极大地促进了会计史研究理论基础和视野的扩展。理查德·K.弗里茨曼和沃恩·S.拉德克利夫(Vaughan S. Radcliffe)在其2005年6月刊发于《会计史学家杂志》上题为《怒吼的90年代:会计史的时代已经来临》的文章中指出:"会计史研究作为一门学术,已经经历半个世纪的发展,但其获得实质性的拓展并趋于成熟,则是在20世纪最后10年。"[1]其重要标志是,越来越多非英语国家的会计史研究者和实务人员加入会计史研究队伍中来,一起参加有关会计史研究范式及方法论问题的讨论。而会计史研究时代到来的最重要的标志是会计史研究成果发表的机会剧增。[2]

克里斯托弗·J.纳皮尔对《会计、组织与社会》(Accounting, Organizations and Society, AOS)杂志1976—2005年30年间刊发的会计史研究论文的统计分析(表2-2),印证了理查德·K.弗里茨曼和沃恩·S.拉德克利夫的观点。

表2-2  《会计、组织与社会》杂志中会计史研究文章占比分析(1976—2005年)

| 年份 | 文章总数 | | 会计史文章数 | | 会计史文章占比 | |
| --- | --- | --- | --- | --- | --- | --- |
| | 篇数 | 页数 | 篇数 | 页数 | 篇数 | 页数 |
| 1976—1980年 | 141 | 1 662 | 4 | 46 | 2.8% | 2.8% |
| 1981—1985年 | 144 | 1 995 | 9 | 144 | 6.3% | 7.2% |
| 1986—1990年 | 182 | 2 917 | 22 | 492 | 12.1% | 16.9% |
| 1991—1995年 | 187 | 3 713 | 46 | 1 203 | 24.6% | 32.4% |
| 1996—2000年 | 190 | 3 854 | 34 | 651 | 17.9% | 16.9% |
| 2001—2005年 | 161 | 3 861 | 28 | 808 | 17.4% | 20.9% |
| 合计 | 1 005 | 18 002 | 143 | 3 344 | 14.2% | 18.6% |

资料来源:根据Christopher J. Napier的"Accounts of Change: 30 Years of Accounting History Research"一文整理而得,表中对数据作了简化整理。参见Accounting, Organizations and Society, 2006, (31), 第445-507页。

克里斯托弗·J.纳皮尔在文章中强调,新会计史学的出现代表了对会计变化的理解。这种理解最突出的特征则是突破了以往会计研究注重技术性方面的局限,将对会计的观察(包括会计史研究)置于更大的社会环境之中,这是一种具有重要意义的时代性转变。

---

[1] Richard K. Fleischman, Vaughan S. Radcliffe, "The Roaring Nineties: Accounting History Comes of Age," *The Accounting Historians Journal*, Vol. 32, No. 1: 61-109.

[2] 理查德·K.弗里茨曼和沃恩·S.拉德克利夫的文章中列出了6种刊发会计史研究成果的期刊,包括:*Accounting, Business & Financial History* (ABFH)(U.K.);*Accounting History* (AH)(Australia/New Zealand);*Critical Perspectives on Accounting* (CPA)(U.S./Canada);*Accounting, Organizations and Society* (AOS)(U.K.);*The Accounting Historians Journal* (AHJ)(U.S.);*Accounting, Auditing & Accountability Journal*。

**5. 20世纪90年代:会计史研究国际合作与交流的勃兴(In 1990s: The Flourish of International Cooperation and Exchange in Accounting History Research)**

1994年,在时任会计史学家学会主席阿什顿·C. 毕肖普(Ashton C. Bishop)的推进下,会计史学家学会设立了国际研究工作组(International Research Task Force),专门研究如何更好地服务来自世界各国的会员,促进不同国家、持不同观点的会计史学家之间的合作研究。1994年也是"现代会计学之父"卢卡·帕乔利的《簿记论》出版500周年,为纪念这一重大事件,会计史学家学会与英国会计学会、苏格兰特许会计师协会共同组织,于1994年3月3日在爱丁堡皇家医学院(Royal College of Physicians in Edinburgh)举办了一场会计史学术会议,讨论自帕乔利《簿记论》出版以来会计的发展。来自17个国家(地区)的150位专家学者参加了会议。参会论文结集于1996年出版,书名为《从文艺复兴到当下之会计史:纪念卢卡·帕乔利》(Accounting History from the Renaissance to the Present: A Remembrance of Luca Pacioli),该书由汤姆·A.李(Tom A. Lee)、阿什顿·C. 毕肖普、罗伯特·H. 帕克(Robert H. Parker)任主编。

1994年6月下旬,国际帕乔利协会在"现代会计学之父"卢卡·帕乔利的故乡意大利托斯卡纳省圣塞波尔克罗镇(Borgo Sansepolero)举办《簿记论》出版500周年纪念大会,来自中国、美国、加拿大、印度、意大利、英国、日本、荷兰、澳大利亚、新西兰、瑞士、俄罗斯、希腊等13个国家的90名会计学者参加盛会,缅怀卢卡·帕乔利的丰功伟绩,探讨会计历史发展问题。① 这一活动引起了学界对会计历史文献资源的极大关注。1995年,美国会计史学家迈克尔·查特菲尔德(Michael Chatfield)和理查德·凡杰米奇(Richard Vangermeersch)主编的《国际会计史百科全书》(The History of Accounting: An International Encyclopedia)出版,书中不仅收录了世界各主要国家的会计史文献,而且列示了近500年来在会计史研究方面做出贡献的130位专家。不过,正如在表2-2中我们所看到的,在20世纪90年代之后,《会计、组织与社会》杂志上会计史类文章的占比,已经从最高点回落。这在一定程度上印证了会计史研究在繁荣的同时面临实际困难。

**6. 中国会计史研究(Accounting History Research in China)**

与各国学者对会计史研究的关注相类似,在中国,自20世纪30年代起,也有学者开始关注和探讨中国会计的历史,如冯抑堂的《吾国古代之会计制度》②《中国

---

① 张锦秀、中国赴会代表团:《500年一次的世界会计盛会——帕乔利簿记论发表500周年纪念会纪实》,《财会月刊(上)》1994年第9期,第3-6页。
② 冯抑堂:《吾国古代之会计制度》,《会计杂志》第1卷第6期(1933年6月),第1-13页。

账簿之由来及其改革之成功》①、徐永祚的《东西洋簿记法之源流及其分野》②、陆善炽的《复式簿记源流考》③、张心澄的《吾国会计史第一页之研究》④、潘序伦的《我国会计学术与会计职业之回顾与前瞻》⑤、林道俊的《我国历代政府会计制度之演进研究》⑥等。此类研究是在一个革故鼎新的特殊时代基于个人兴趣和现实变革需求而进行的基础性研究,着力于对簿记源流和中国政府会计起源与演进的分析考证,包括对西式复式簿记历史源流的介绍性探讨。当时中国会计界关注的重心在于引进西式会计,实现中式簿记的改造(改良)与发展。1949年之后,中国会计界则是在基于社会主义计划经济体制需求的会计体系建设方面进行努力和尝试。从1949年到1978年,中国会计界除在新中国成立初期向苏联学习过之外,中国会计的发展基本处于与世隔绝的状态,其关注点在于实务及制度建设方面,完全缺乏对会计历史的关注。直到1978年党的十一届三中全会后实行改革开放,有意识的会计史探索和研究才逐渐拉开帷幕。

1978年年初,中华人民共和国商业部拟在湖北咸宁召开会计学术会议,给财经专科学校(中南财经政法大学的前身)会计系9个科研课题,其中包括自新中国成立以来首次发布的"中国会计发展史"课题。这一具有很大难度的研究课题,最终落到当时年仅38岁的郭道扬身上。经过4个月夜以继日的奋战,郭道扬完成了9万字的论文《中国会计发展史》,参加了在咸宁召开的商业会计学会年会,该文获得与会专家学者的一致好评,被认为是该年会的重要学术研究成果。

1978年11月,中国财政经济出版社去函商请郭道扬在论文《中国会计发展史》的基础上扩大篇幅,编著中国会计史书。郭道扬经过思考,接受了这项任务。他历经多年的艰苦努力,完成了82万字的会计史专著《中国会计史稿》,分为上、下两册,先后于1982年、1988年出版面世,结束了中国会计长达2000年无专史的局面。⑦

随着会计史研究工作的推进,会计史研究组织也在中国成立。1983年5月,中国会计学会第二届理事会决定筹建中国会计学会会计史研究组,将中国古代会计史、

---

① 冯抑堂:《中国账簿之由来及其改革之成功》,《会计杂志》第3卷第1期(1934年),第71-73页。
② 徐永祚:《东西洋簿记法之源流及其分野》,《会计杂志》第3卷第1期(1934年),第91-94页。
③ 陆善炽:《复式簿记源流考》,《会计杂志》,第3卷第1期(1934年),第75-90页。
④ 张心澄:《吾国会计史第一页之研究》,《会计杂志》第7卷第2期(1936年),第137-138页。
⑤ 潘序伦:《我国会计学术与会计职业之回顾与前瞻》,《正谊会计月刊》民国二十九年(1940年)10月,创刊号,第20-22页。
⑥ 林道俊:《我国历代政府会计制度之演进研究》,《商学期刊(厦门)》,第1卷第1期(1937年),第99-121页。
⑦ 康均、李国运:《开拓者的足迹:记国际知名会计学家、博士生导师郭道扬教授》,《财会月刊》1995年第6期,第26-30页。

中国近代会计史、中国革命根据地会计史、中国社会主义会计史研究列入中国会计学会的学术研究计划中。1989年12月,中国会计学会在天津召开中国会计学会会计史研究组(现改为中国会计学会会计史专业委员会)成立暨理论讨论会,这标志着中国会计史学研究由分散、自发研究状态步入有组织、有计划、有步骤研究的新阶段。

会计史研究组的成立,极大地推动了会计史研究的发展。付磊教授在《会计史研究三十年》[1]一文中,系统分析和整理了改革开放之后的30年中国会计史研究取得的成果,本书以该文为基础,结合其他材料整理出"中国会计史研究著作类成果汇要(1982—2021年)",见表2-3。

表2-3　　　中国会计史研究著作类成果汇要(1982—2021年)

| 类别 | 书名 | 作者、出版社及出版时间 |
| --- | --- | --- |
| 中国会计通史类（9种） | 中国会计史稿(上、下册) | 郭道扬,中国财政经济出版社,1982(上)、1988(下) |
| | 中国会计发展简史 | 高治宇,河南人民出版社,1985 |
| | 中国会计简史 | 李宝震、王建忠,经济科学出版社,1989 |
| | 中国古代会计审计史 | 赵友良,立信会计图书用品社,1992 |
| | 中国审计史 | 李金华,中国时代经济出版社,2004 |
| | 中国审计史稿 | 方宝璋,福建人民出版社,2006 |
| | 中国审计简史 | 李宝震、王建忠,中国审计出版社,1989 |
| | 中国审计史纲要 | 肖清益、谭建立,中国审计出版社,1990 |
| | 中国古代审计史话 | 方宝璋,中华书局,1995 |
| 世界会计通史类（4种） | 西方会计史（上） | 文硕,中国商业出版社,1987 |
| | 简明西方会计发展史 | 杨宗昌、王海民等,辽宁人民出版社,1992 |
| | 世界审计史 | 文硕,中国审计出版社,1990[2] |
| | 会计发展史 | 孙邦治,光明日报出版社,1989 |
| 会计思想史类（8种） | 新中国会计思想史 | 陈信元、金楠,上海财经大学出版社,1999 |
| | 会计思想史探索 | 王海民,世界图书出版公司,1999 |
| | 中国会计思想发展史 | 刘常青,西南财经大学出版社,2005 |
| | 世界会计思想发展史 | 刘常青,河南人民出版社,2006 |
| | 中国会计思想史 | 韩东京,上海财经大学出版社,2009 |

---

[1]　付磊:《会计史研究三十年》,《会计研究》2008年第12期,第24—30页。

[2]　本书曾三次再版:企业管理出版社1996年1月、1998年1月两次再版,立信会计出版社2018年8月出版了精装版。

(续表)

| 类别 | 书名 | 作者、出版社及出版时间 |
| --- | --- | --- |
| 会计思想史类（8种） | 中国注册会计师制度思想与制度变迁研究：1918—1949 | 喻梅，中国社会科学出版社，2016 |
| | 民国会计思想研究 | 宋丽智，武汉大学出版社，2009 |
| | 民国审计思想史 | 方宝璋，中央编译出版社，2010 |
| 近现代中国会计史类（7种） | 新中国会计制度发展演变研究 | 付磊等，立信会计出版社，2021 |
| | 中国近代会计审计史 | 赵友良，上海财经大学出版社，1996 |
| | 新中国企业财务管理发展史 | 黄菊波，经济科学出版社，1996 |
| | 新中国会计50年 | 项怀诚，中国财政经济出版社，1999 |
| | 新中国会计制度史 | 付磊等，立信会计出版社，2015 |
| | 1949—1992年中国会计制度的演进 | 杨时展，中国财政经济出版社，1998 |
| | 延安时期财会工作的回顾 | 陈俊岐，中国财政经济出版社，1987 |
| 会计专门史类（5种） | 文明古国的会计 | 文硕，经济科学出版社，1986 |
| | 产权会计史研究 | 康均，中国财政经济出版社，2006 |
| | 中国古代官厅理财思想史研究 | 杨智杰，经济科学出版社，2009 |
| | 成本会计史研究 | 宋小明，立信会计出版社，2014 |
| | 以史为镜——注册会计师职业发展史 | 余玉苗，中国经济出版社，1997 |
| 比较研究类（3种） | 中外会计史比较研究 | 李孝林等，科学技术文献出版社，1996 |
| | 比较会计史学 | 李孝林等，中国财政经济出版社，2007 |
| | 基于简牍的经济、管理史料比较研究 | 李孝林，社会科学文献出版社，2012 |
| 教材类（4种） | 会计发展史纲 | 郭道扬，中央广播电视大学出版社，1984① |
| | 会计发展史 | 王建忠，东北财经大学出版社，2003② |
| | 会计史研究——历史·现时·未来（1、2、3卷） | 郭道扬，中国财政经济出版社，1999、2004、2008 |
| | 会计史教程（第一卷） | 郭道扬，中国财政经济出版社，1999 |

---

① 本书为中国最早出版的会计史教材，日本学者曾将其翻译为日文版在日本出版。
② 本书为中国使用最广的会计史教材，曾于2007年、2010年、2016年再版发行。

(续表)

| 类别 | 书名 | 作者、出版社及出版时间 |
|---|---|---|
| 译著类<br>(9种) | 会计思想史 | 迈克尔·查特菲尔德著,文硕等译,中国商业出版社,1989 |
| | 会计发展史 | 索科洛夫著,陈亚民等译,中国商业出版社,1990 |
| | 会计史 | O.腾·海渥著,文硕、付磊译,中国商业出版社,1991 |
| | 美国会计史:会计的文化意义 | 加里·约翰·普雷维茨、巴巴拉·达比斯·莫里诺著,杜兴强、于竹丽等译,中国人民大学出版社,2006 |
| | 管理会计兴衰史:相关性的遗失 | 托马斯·约翰逊、罗伯特·卡普兰著,金马工作室译,清华大学出版社,2004 |
| | 世界会计史:财务报告与公共政策(共四卷:美洲卷,欧洲卷,亚洲与大洋洲卷,欧亚大陆、中东与非洲卷) | 加里·J.普雷维茨等主编,陈秧秧译,立信会计出版社,2015 |
| | 1900年前会计的演进 | A.C.利特尔顿著,宋小明等译,立信会计出版社,2014 |
| | 1925年前成本会计的演进 | 保罗·加纳著,宋小明等译,立信会计出版社,2014 |
| | 会计简史 | 托马斯·金著,周华、吴晶晶译,中国人民大学出版社,2018 |
| 其他类<br>(17种) | 敦煌寺院会计文书研究 | 唐耕耦,台湾新文丰出版社,1997 |
| | 会计史专题 | 中国会计学会,经济科学出版社,2005、2009、2010、2013、2015 |
| | 晋商会计史研究 | 吴秋生,山西经济出版社,2015 |
| | 近代中国鉴证类中介业研究:上海的注册会计师 | 杜恂诚,上海财经大学出版社,2008 |
| | 黑龙江龙垦会计史 | 吕雄峰,黑龙江人民出版社,2000 |
| | 招商局会计史(上、中、下) | 交通部财务会计局,人民交通出版社,1994 |
| | 会计大典·第二卷·会计史 | 郭道扬,中国财政经济出版社,1999 |
| | 会计历史与理论研究 | 王光远,福建教育出版社,2004 |
| | 中国会计史料选编(中华民国时期)(四册) | 中国会计学会,江苏古籍出版社,1999 |
| | 中国会计文化 | 赵丽生,高等教育出版社,2018 |

(续表)

| 类别 | 书名 | 作者、出版社及出版时间 |
| --- | --- | --- |
| 其他类<br>(17种) | 民国中产阶级账本:体面地用好每一文钱 | 黄英伟、袁为鹏,社会科学文献出版社,2021 |
| | 晋商会计 | 李锦彰,中华书局,2012 |
| | 西方财务理论发展史 | 谈多娇,中国财政经济出版社,2013 |
| | 西方理财思想史 | 谈多娇,中国财政经济出版社,2008 |
| | 新中国海南金融会计发展史话 | 大杨,海南出版社,2008 |
| | 友谊农场会计史 | 翟永生、冯砚清,黑龙江人民出版社,2000 |
| | 中国远洋运输集团会计史 | 中国远洋运输集团总公司,人民交通出版社,2002 |
| 合计66种 | | |

**7. 21世纪:会计史研究的最新进展(The Latest Development of Accounting History Research in the 21st Century)**

21世纪的会计史研究,机遇与挑战并举。尽管有学者在讨论20世纪90年代会计的发展时曾信心满满地认为"会计史的时代已经到来"(accounting history comes of age)①,会计史学家学会会员人数下降的客观事实却表明,会计史研究的状况并不是那么乐观。一项显见的事实是,尽管依然有一些人在为推进会计史研究及国际合作与交流而不懈地努力,然而,随着老一辈会计史学者年事渐长或者故去,会计史研究后继乏人的状况日益严重。令人欣慰的是,在世纪之交,一种反思的潮流、大量史料的披露以及数字技术的发展带来的可用数字化资源的膨胀,吸引了经济史、社会史、法律史等其他领域的学者参与会计史相关研究,会计史研究的视野因而获得了实质性扩展。未来会计的发展变革,需要史学研究提供更为深刻的识见作为指引。因此,对未来会计史研究的发展,我们依然充满信心,并报以极大的期望。

进入21世纪以来,会计史研究获得了多项重要进展,在此概括叙述几方面事实,它们代表了会计史研究由以国别研究为重心进入以全球化视角开展和国际交流广泛而频繁的全新时代。

---

① Richard K. Fleischman, Vaughan S. Radcliffe, "The Roaring Nineties: Accounting History Comes of Age," *The Accounting Historians Journal*, 2005, Vol. 32, No. 1: 61-109.

**事实1　加里·J.普雷维茨教授等主持编纂的四卷本"世界会计史：财务报告与公共政策"丛书(*A Global History of Accounting, Financial Reporting and Public Policy*)出版发行**

进入21世纪之后，基于"为会计及其他学科的专业人士、大学教授、监管机构以及学生提供一类可持久参考的历史资料"的目的，加里·J. 普雷维茨(Gary John Previts)、皮特·沃顿(Peter Walton)、皮特·沃尼泽(Peter Wolnizer)教授参照皮特·沃顿(Peter Walton)教授1995年编辑的《欧洲财务报告：历史》(*European Financial Reporting: A History*)的范式，组织编辑了"世界会计史：财务报告与公共政策"丛书(*A Global History of Accounting, Financial Reporting and Public Policy*)包括美洲卷，欧洲卷，亚洲与大洋洲卷，欧亚大陆、中东与非洲卷共四卷。28个国家的52位学者作为撰稿人参与了该套丛书写作。该套丛书采用统一的体例，在考察各国特定政治、经济环境的基础上，概述各国会计与财务报告方面法律的发展与演变历程，考察会计准则制定与国际趋同情况，阐述各国主要的会计与财务报告原则、特征及在经济发展中的作用。中南财经政法大学郭道扬教授、许家林教授、张锦秀教授、康均副教授、彭岚副教授参与了中国部分的写作。该套丛书的编写是各国会计史研究者通力合作的一次重要创举，体现出会计史领域国际合作的良好前景与巨大潜力。书中提供的材料让更多人有了通过一套书来了解各国会计历史与制度现状的可能。立信会计出版社2015年出版发行了该书中文版，该套丛书在学术界产生了重要影响。中国人民大学商学院的尤希琦撰写书评，赞该书为"世界会计史中的智慧之光"。①

**事实2　美国会计学会将会计史学家学会(Academy of Accounting Historians)纳入其下，会计史学家学会的地位得到美国官方正式认可**

会计史学家学会是全球最具影响力的会计史研究组织，其会员来自全球许多国家，属于实质性的会计史研究国际组织。该组织自设立之始以民间组织的身份开展活动，取得了很多成绩，但民间组织的身份也对其发展构成一定局限。2016年6月25日至27日第14届世界会计史学家大会(14th World Congress of Accounting Historians)期间，美国会计学会主席布鲁斯·贝恩(Dr. Bruce Behn)代表美国会计学会宣布了两项重要消息：①自2017年6月1日起，会计史学家学会将被纳入美国会计学会，成为美国会计学会一个正式部分；②《会计史学家杂志》成为美

---

① 尤希琦：《世界会计史中的智慧之光——〈世界会计史〉(四卷本)评介》，《新会计》2019年第5期，第61-64页。

国会计学会(AAA)的官方出版物。这一改变,标志着会计史学家学会多年来卓有成效的工作终于得到了美国会计学会的官方认可。而会计史研究也将可能借助美国会计学会这一重要的官方平台得到更大的支持,由边缘走向舞台的中央。

**事实 3   郭道扬教授作为首席专家主持的《中国会计通史》重大研究项目取得成功**

2010 年 2 月,中华人民共和国财政部(财会[2010]6 号文件)将中南财经政法大学郭道扬教授关于《中国会计通史》的研究项目列入财政部科研重点项目(项目编号:2010KJA003)。① 2011 年 10 月,由郭道扬教授作为首席专家主持的"中国会计通史系列问题研究"国家社科基金重大项目正式立项。此次立项是中华人民共和国成立以来,会计界的课题研究首次获得国家级别的重大立项。《财会通讯》刊登题为《中国会计发展史上的重大事件——党和国家以国家社科基金重大立项为会计人员写史》的文章,特别指出:"自古以来,中国因贱商、病商而轻视会计,直至现代社会这种思想病根犹存。2011 年 10 月 25 日全国哲学社会科学规划办公室正式通知,以中南财经政法大学郭道扬教授为首席专家的'中国会计通史系列问题研究'国家社科基金重大项目正式立项,这一重大事件便从根本上改变了中国历史上的这种不良状况!重大立项所显示出来的意义向全国乃至全世界表明,党和国家高度重视会计工作,特以国家社科基金重大项目立项的方式,出资为中国古代、近代、现代及当代会计工作者写史,为历代会计工作领导者、管理者,以及理财家树碑立传。这一重大立项不仅坚定不移地确定了中国会计工作与会计学的历史地位,而且揭开了中华人民共和国会计发展史上的崭新一页,它将对当代中国会计文化的发展起着持续的、强有力的推动作用。"②

经过 8 年孜孜不倦的艰苦努力,郭道扬教授以一人之力完成了 5 卷本共 300 万字的《中国会计通史》的研究和写作,目前书稿已进入出版程序。《中国会计通史》全书共计 12 篇 36 章,分作远古与上古、中古(上、下)、近代、现代等 5 卷,按计划,该书在出版中文版的同时,还将在 2024 年以前译成英文出版,作为对第 16 届世界会计史学家大会的献礼在全球发行。

该书从史前中国的原始计量记录时代开始,一直写到中华人民共和国的会计 60 年(1949—2009 年),上下贯通为一体,以历代考古成果与历史文献为证。全书

---

① 中南财经政法大学会计研究所:《〈中国会计通史〉的写作进展》,《财务与会计》2011 年第 5 期,第 77 页。

② "中国会计通史系列问题研究"课题组:《中国会计发展史上的重大事件——党和国家以国家社科基金重大立项为会计人员写史》,《财会通讯(综合版)》2011 年第 12 期(上),第 138-139 页。

图文并茂,共使用图片 140 余幅。第一卷为"导论",第五卷以"中国会计通史的五十大运行规律"作为结束,这也是全书的落脚点。上至原始社会,中到魏晋南北朝与辽、金、西夏,下至元、明、清,郭道扬教授同时还对中国少数民族会计史进行了系统研究,使一部《中国会计通史》真正成为整个中华民族的会计通史。

**事实 4　会计史批判蔚为风尚**

批判和反思是学术进步的巨大助力。自 20 世纪 90 年代新会计史学出现,批判性会计史研究以及对会计史研究的反思与批判渐成风气。

2016 年 4 月,《会计史学家笔记》(*The Accounting Historians Notebook*)推介了会计史学家学会会员的两部最新力作,其中包括日本会计史学家、大阪经济大学荣休教授渡边泉(Izumi Watanabe)的《簿记见证会计历史的真实》(*A Historical Critique of Currently Accepted Accounting Theory*)。推介部分摘引该书第一章标题阐明该书的批判性价值。该书以独特的视角,对当代会计理论的诸多问题进行了深入批判,是一部具有较高理论价值和反思精神的会计学术力作。

渡边泉教授多年来坚持进行会计的批判性反思和研究,先后出版了《历史见证公允价值会计》(森山书店,2013)、《会计的历史性探究:从过去到未来》(同文馆,2014)、*Fair Value Accounting in Historical Perspective*(《历史见证公允价值会计》,森山书店,2014)、《簿记见证会计历史的真实:所谓理论的错误》(同文馆,2016)、《会计学的诞生:复式簿记改变世界》(岩波书店,2018)、《会计学者的责任:来自历史的信息》(森山书店,2019)等研究著作。

除此而外,中国、澳大利亚、英国、意大利等国会计史学者积极开展反思和批判性会计史研究,推动会计史研究由早期的技术性视角向更为广泛的社会文化层面迈进。

**事实 5　中国会计博物馆(China Accounting Museum)建成开馆**

2013 年 11 月 23 日,由中国现代会计事业的开创者之一的被誉为"中国现代会计学之父"的潘序伦先生所开创的"产学研三位一体"的立信会计事业三家单位(上海立信会计学院①、立信会计师事务所、立信会计出版社)共同筹建的中国会计博物馆建成开馆,成为中国会计史事业发展道路上一项具有重要意义的史实。中国会计博物馆作为全球第一家融学术与实务为一体的会计专业博物馆,以弘扬会计历史文化、促进会计史研究为己任,充分发挥博物馆收藏、展览、教育、研究及文化推广等功能,积极开展会计历史文物和文献资源的收集、整理与研究。中国会计博

---

① 2016 年,上海立信会计学院与上海金融学院合并,上海立信会计金融学院成立。

物馆在广泛收集世界各国会计历史文献遗存的同时,开展会计历史文献资源数据库平台建设,推动会计史研究方面的合作与交流,编辑出版《会计史学刊》,举办学术会议和研讨交流,吸引更多来自不同领域的专家学者参与对会计史资料的研究和讨论。

尤需注意的是,近年来,在中国政府大力推进文化建设的大背景下,社会各界共同努力,广泛开展会计相关博物馆(包括专题展示和陈列馆)建设。目前建成开馆的有中国财税博物馆会计展厅(浙江杭州)、中国审计博物馆(江苏南通)、云南财经大学中国少数民族财会博物馆(云南昆明)、中国注册会计师行业史料陈列馆(北京)、山东会计博物馆(山东潍坊)、南京审计大学审计文化与教育博物馆(江苏南京)等。此外,还有正在筹建中的中南财经政法大学会计史文博馆等。中国会计学会会计史专业委员会召集各博物馆和收藏单位开展了会计史料的整理编目,成效逐步显现。

会计类博物馆的勃兴,为会计史料的收集、整理和研究,以及会计历史文化的普及与推广提供了重要的平台。各大博物馆利用网络多媒体技术和平台,从史料基础和学术、文化交流入手,推动会计史研究进入新的阶段。

### 8. 小结(Conclusion)

学术性会计史研究自20世纪20年代兴起,迄今已逾百年。百年沧桑,珠玉频现,学界对会计史研究的关注时有加强。然而,一方面,由于一贯被轻视,会计史研究本身的深度和作用依然有限;另一方面,受技术论观点影响,会计史研究的视野受到较大局限,尚未涉及许多基本性问题,尤其体现为重要的方法论系统构建阙如。

概而言之,迄至今日,会计史学并未真正做到成为会计理论研究的基础和引领。会计史研究任重而道远。为此,作为会计史研究者,有责任大声疾呼:认识会计,认识世界,认识我们自己!

# 第三章

# 以往会计史研究的缺憾与不足

> 人是能够思想的苇草。……我们全部的尊严就在于思想之中。正是由于这一点,我们必须站立起来,而并不是由于空间和时间。因为我们无法使其充实。所以,要努力正确地思想。这其中有道德的原则。
>
> 帕斯卡:《能够思想的苇草》,王子今译,上海三联书店,1997,第149页。

**1. 反思之必要(The Necessity for Reflections)**

治史难,治专业史更难。稍有不慎,即可能陷入万劫不复之境地。

荷兰会计史家O.腾·海渥在其《会计史》的开篇第一句,即感叹治会计史之不易:"会计史学家总是处于一种易受攻击的地位,这一点有实例为证。研究历史的簿记人员因而面临着类似的危险。"① 虽然我们无法确知他如此感叹究竟因何而起,但我却十分认同他随后的结论:"如果一个人做这项工作,就总会伴随着缺点。"② 就目前所见,大部分会计史著述,差不多都因存在一些不足、瑕疵甚至缺陷,曾经遭人诟病。更为特殊的是,从某一角度或为某一人物大为肯定之处,从另一个角度或在另一个人眼里,却恰可能成为弊病而遭受挞伐。由此可见,除了历史研究本身不易,对历史研究成果的认识和评价,同样十分艰难。克罗齐言"一切真历史都是当代史",除了时代进步的因素,每个治史者的识见及其所处环境,应该也是认识和评价历史研究成果重要的影响乃至决定因素。因此,对历史研究的成果,更应该带着宽容的、发展的、善意的和理解的眼光去学习、评价或批评。

当然,这样说并不是否定批判和反思。恰恰相反,本书极力倡导并肯定学术批判和反思的价值。对学术而言,有批判才能有进步。尤其是在一些不太习惯学术批评的环境中,更是需要大力倡导并鼓励学术批评,学术方能获得更大进步。但我

---

①② O.腾·海渥:《会计史》,文硕、付磊、杨健译,中国商业出版社,1991,第1页。

们同时也反对用完全理想化的态度,即脱离具体情境去批判甚或吹毛求疵,反对以个人或许是坐井观天、一叶障目、完全自我的观念去评价或批评别人的研究。

所有的学术研究,出于多方面原因,难免存在各种不足乃至缺陷,这是客观使然。本章关注以往会计史研究的缺陷与不足,并非要对过往的研究或者某一个人的具体研究给予总体上的批判或否定,而是为了尽可能分析并厘清其中的利弊得失,更好地思考如何把会计史研究做得更好。为达此目的,不得不首先对以往的会计史研究做一个较为全面的观察,用批判的眼光发现并指出其中可能存在的问题及不足。需要说明的是,这必将是一项十分艰难而且危险的工作,稍有不慎,即可能使自己陷入舆论的漩涡,或者犯其他更为严重的错误而不自知,且始终难免有哗众取宠之嫌。因此,在具体开展有关评论和批判之前,本章首先列举几个有关评判的事例,分析其中的问题所在,一方面是说明做会计史的不易,另一方面也是说明对会计史研究进行评论可能存在的问题及风险,借此表明即便是别人做过类似的事情,也不见得做得有多好。这勉强算是以一种并不高明的方式,为自己后续所做工作可能存在的误失事先做个铺垫,希望读者朋友能够体谅其中的苦衷与良苦用心。

**2. 证明批评不易的两个具体事例(Two Examples of the Difficulty of Criticism)**

**例一:《中国会计史稿》出版之初遭受质疑**

1982年,郭道扬教授的开创性著作《中国会计史稿》(上册)出版发行,引起巨大反响,赞誉之声不绝于耳,但同时也有质疑。最大的质疑来自上海财经大学赵友良教授。[①]

赵友良教授是会计界耆宿,学养深厚,他本人也从事会计史方面的研究。[②] 1985年年底,他在上海财经大学主办的《财经研究》[③]第6期上发表署名文章《对〈中国会计史稿〉的几点质疑》[④]。文章在肯定《中国会计史稿》"在我国会计科学研究上是一个创举"的同时,从"关于史料的运用问题""关于古代词语的解释问题""关于史料的引申、推论与逻辑问题""关于历史人物和历史事件的评价问题""关于

---

① 赵友良教授1913年出生于浙江诸暨,为上海财经大学教授。
② 赵友良教授从事中国会计、审计史研究,他在81岁高龄时出版了《中国古代会计审计史》(1992年),4年后,又出版了《中国近代会计审计史》(1996年)。
③ 《财经研究》是由中华人民共和国教育部主管、上海财经大学主办的面向中国国内外公开发行的综合性经济理论刊物。创刊于1956年9月,1961年因学校合并停刊。1980年复刊。1982年由季刊改为双月刊。1986年由双月刊改为月刊。
④ 赵友良:《对〈中国会计史稿〉的几点质疑》,《财经研究》1985年第6期,第39-43页。

我国会计的发生、发展问题"等五个方面提出质疑。以下摘要列出其中部分观点：

（1）正确地理解和运用史料，是研究历史的一个先决条件。《史稿》在这方面需要商讨的问题并不是个别的。

（2）严格地说，历史著作，应当完全以历史事实为依据，不应当任意地加以引申和推论。不过有些事件，由于史料缺乏，不易确定它的性质，而在已经掌握了的可靠资料的基础上，作些引申、推论，进行合乎逻辑的判断，也不是绝对不可以的。但《史稿》中对有些史料的引申和推论，缺乏逻辑性，因而没有说服力。

（3）研究历史，不免涉及对历史人物和历史事件的评价。从会计来说，需要评价的应当是对我国会计的发生和发展产生过一定影响的人物和事件。但在我国封建社会并未产生过有影响的会计学家和重大的会计事件，个别的政治家和理财家，偶尔提到会计问题，也谈不上是会计著作和会计思想，这也是我国古代会计史难写之处。笔者以为，没有就干脆不写，宁缺毋滥。《史稿》却对一些与会计并无直接关联的人物和事件作了评价。而且，有一些评价是否恰当，还值得研究。

（4）最后，还要提一笔的是，《史稿》前言虽然说到该书涉及财政史、财计制度和财计理论，以及较多涉及统计和其他学科内容的主要原因，但正如作者自己所说，这方面的涉及，"未免失之过宽"了。笔者以上所提五个方面，就有许多其实都不是会计史或与会计史没有直接关系的内容。这就造成了《史稿》内容不够集中精炼，甚而某些方面有点庞杂和累赘之感。①

在学术研究中，对问题有不同见解，有所质疑、商榷甚至批评皆属正常。但像该文这样洋洋万言，从多个方面全面质疑，力度之大，言辞之激烈，在中国会计学术界似乎并不多见。随后，曹大宽、管国忠、王雄发表名为《关于〈对《中国会计史稿》的几点质疑〉之质疑》的文章②，对赵教授的质疑做出回应。赵友良教授再发名为《答〈关于《对〈中国会计史稿〉的几点质疑》之质疑〉》的文章，并将着力点放在了具体史料的解释和运用方面。但从总体上来看，质疑的关键，更多地在于研究会计史的视角和方法论方面。

其一，对会计及会计史应包含范围的理解和界定问题。这是研究会计史必须首先明确的问题，也是在 20 世纪困扰了许多会计史学人的根本性问题。究竟应该是从狭义的技术角度理解会计，以此来划定会计史研究的范围，还是从社会财计管

---

① 以上引自赵友良《对〈中国会计史稿〉的几点质疑》。
② 曹大宽、管国忠、王雄：《关于〈对《中国会计史稿》的几点质疑〉之质疑》，《财经研究》1987 年第 10 期，第 54—59 页。

理的角度广义地理解会计,从较为广阔的视角探讨会计与财政、财务、审计、统计以及社会经济制度、文化等方面的关系,并非一个简单的"宽"或"窄"的问题,而是涉及如何看待会计、理解其构成体系及社会功能的问题。在这方面,可以说是千人千面、言人人殊①,迄今没有一种能够为人们所普遍认同和接受的结论或观点。相关的历史研究体现着每个研究者个人的理解和观点。就此而言,用自己的观点去批判甚或否定别人的观点,虽然不能说全无意义,但却不一定十分合宜。

其二,史料的来源、选择、解释及使用问题。选择史料时,只能使用传世文献,还是可以广泛地使用考古发现的新材料?这表面上是个材料的选择问题,实质上是历史研究的方法论及史观问题。20 世纪考古学的昌明,是 20 世纪学术进步和人类文明史研究的重要影响因素。史学领域的重要发展和进步,无不与新材料、新方法的使用密切相关。郭道扬教授的《中国会计史稿》之所以能在诸多研究成果中脱颖而出,最终得到世界性认可,一个重要原因,在于书中采用了诸多考古发现的最新材料(包括殷墟甲骨、秦汉简牍、敦煌吐鲁番文书等),以及大量档案史料(包括孔府档案、近现代工商业档案史料等),这些材料生动具体,使整个研究获得了充分的材料(也是更为直观的证据)支持。为了收集研究资料,郭道扬教授花了大量时间跑遍各地,向各方面专家学者求教,到考古及相关研究、收藏机构学习交流,到各种材料所在地和史实的发生地进行田野调查,与相关领域的专业人员进行交流讨论,从而极大地提升了对会计历史发展的总体把握,也掌握了大量生动的细节性材料。②对照而言,大多会计史研究者仅从传世文献中寻找相关材料,依据个人的经验对一些重要方面做出推演性和概括性结论,

---

① 语出《史记·曹相国世家》:"参尽召长老诸生,问所以安集百姓,如齐故(俗)诸儒以百数,言人人殊,参未知所定。"意思是每个人说法都不相同,指对同一事物各有各的看法。

② 我始终认为,郭道扬教授的会计史研究之所以出类拔萃、大获成功,除了他坚韧的精神、出众的才识以及对会计史研究的痴爱,使用考古发现的最新材料和各种传世文献,进行会计考古,包括走访各地进行田野调查和访问,也是重要原因。但我却始终不明白为什么他会用这种特殊的方法。直到读郭道扬教授的《中国会计通史》之后记,才终于明白了其中原委。后记中写道:"1980 年,沈平馆长批准我进书库查书,入库不到一月,我从尘封多年的一叠书的最底层发现了《居延汉简甲编》。一翻开书,我眼前一亮,看到了汉代官厅在简册上所记账目。随着汉代简牍会计的发现,我进入会计考古领域,以汉代简牍为起点往前取证于春秋的'孙子兵法简'与战国的'湖北包山楚简''河南新蔡葛陵楚简'等,往后又陆续以'睡虎地秦墓竹简''里耶秦简''流沙坠简''长沙走马楼三国吴简''尹湾汉墓简牍'以及'西陲汉晋木简'等,作为考证会计史的依据。简牍会计成为会计史研究中的一大突破。此后,遵循中国考古发现层次,又从两汉一直往前追溯到商周时期的龟甲兽骨与青铜礼器中的会计,往后又寻找到一系列考古发现及传世的纸质文书,诸如'敦煌吐鲁番文书''黑水城文书'以及'徽州千年契约文书'与'晋商文书',这些考古成果和文书发现使中国会计史研究有血有肉,从而建立起官厅会计演进的基本框架,阐明了会计发生、发展的历史脉络,并依此确定出中国会计发展的历史划期。"

缺少第一手材料的佐证与支撑。其研究难免陷入《四库全书总目·史部·史评类》序中所描述的那种浮泛的境况。①

其三,关于史料真实性、可用性的判别、理解及引申、推论问题。对史料真实性、可用性进行判别,是极为复杂的事情,并不存在客观、通用,或明晰的判别标准,因而成为极具个性特色的史家个性化行为,一定意义上完全是个取决于史家个人修养的个性化选择、判断过程。古人治史强调才、学、识、德四长,根本上即是强调史家的个人素质和修养。于史家个人而言,固然需要特别警惕并注意四长之养育,而对于历史著作的评论,亦需特别持审慎和善于理解之态度。在当今考古发掘及各种传世材料不断涌现,数据库及网络数字化系统使各种档案资料得以大量公布并为研究者所见的情况下,对材料本身的判别、选择和使用的能力,业已成为历史研究者必须修炼的基本功夫,也是需要深入研究和探讨的重要问题。

其四,关于我国封建社会是否产生过有影响的会计学家和发生过重大会计事件,一些政治家和理财家的思想、主张是否可以看作会计思想,以及对历史人物和历史事件的评价等问题。这些问题可以归结为对会计本质、会计内涵与外延的理解。可以肯定地说,正如马克思关于簿记的著名论断②所揭示的,在人类社会发展中,会计是一种必不可少的重要存在,随着人类社会的发展进步而不断发展提升,并留下了许多重要的文化及思想遗存,人类社会也实实在在地出现过许多与会计历史发展相关的重要人物和事件。赵教授之所以得出否定的结论,在于他严格乃至机械地套用现代会计的学科观念去理解古代会计,对于历史研究,这并不可取。③ 当然,我们也经常看到,很多研究者,包括一些著名的历史学家,按照现代科学的学科区分和概念硬性地去套古代的现实,而忽视了古代社会发展的综合性、一体化特点,由此得出不甚恰当的结论,亦属必然。

令人欣慰的是,郭道扬教授的会计史大著,并未因长者的权威质疑而遭到扼杀。《中国会计史稿》因其在中国会计历史研究方面的创造性贡献,被国外同行专家誉为"东方第一部会计史学专著",并被美国国会图书馆、日本国立图书馆及20多个国家的一些

---

① 《四库全书总目·史部·史评类》序有曰:"至于品骘旧闻,抨弹往迹,则才繙史略,即可成文,此是彼非,互滋簧鼓。故其书动至汗牛。"堪为著史者戒!

② "过程越是按社会的规模进行,越是失去纯粹个人的性质,作为对过程的控制和观念总结的簿记就越是必要。因此,簿记对资本主义生产,比对手工业和农民的分散生产更为必要,对公有生产,比对资本主义生产更为必要。"见马克思:《资本论》(第二卷),人民出版社,1975 第152页。

③ 本书后面各章将通过大量的分析讨论来说明古今会计的种种差异,以及套用现代观念理解古代会计的问题所在。

重要大学图书馆作为重要藏书。① 该书视野之宏大,材料之广博,方法之先进,论证之翔实,堪为典范。仅从史料和方法论角度而言,其亦堪称会计历史研究的楷模。

**例二:书评者对加里·J.普雷维茨教授等《美国会计史:会计的文化意义》的批评**

加里·J.普雷维茨(Gary John Previts)是具有重要国际影响的美国会计史学家、国际会计史学家学会的创始人、会计史研究和交流的领军人物。他与巴巴拉·达比斯·莫里诺合著的《美国会计史:会计的文化意义》(*A History of Accounting in America：An Historical Interpretation of the Cultural Significance of Accounting*)②于1979年出版发行,是美国会计史研究的经典著作,先后被翻译成中、日等多种文字,产生了重要的国际影响。该书准确地抓住了会计史研究重技术轻文化的关键症结,将会计史研究从传统的技术论视角引向文化层面,具有重要的导向性意义。然而,《美国历史评论》(*The American Historical Review*)1981年6月号(第86卷第3期)刊登的埃德温·J.帕金斯(Edwin J. Perkins)所撰书评,对它却是大加挞伐,认为:

> 本书主要是写给职业人士而非史学家看的。其内涵远远小于其标题所应有的范围,因为加里·J.普雷维茨和巴巴拉·达比斯·莫里诺所讨论的只是公共会计(CPAs)的兴起,完全忽略了管理或成本会计。其副标题旨在探讨会计的文化意义,也是极不适当的,这样,该书对副标题的选择在我看来完全是莫测高深。该书有三个主题:理论和实务的演进,职业的兴起及对其特殊地位的法律认可,最后是会计师作为公司所发布财务报表的审计者和解释者应有的作用。然而,他们却未曾讨论会计行业的结构,也未曾解释为什么只有很少一些事务所——所谓八大所——统治了整个公共会计行业。这种忽视是很莫名其妙的。③

---

① 美国会计学家保罗·加纳教授认为:"要了解中国的会计,就要读郭道扬教授的作品。"日本名古屋商科大学的津谷原弘教授、九州大学的西村明教授也曾评论指出,《中国会计史稿》的问世,填补了世界会计史库中的空白,是东方第一部会计史学专著。英国社会人类学家、历史学家,剑桥大学社会人类学教授杰克·古迪(Jack Goody)在其《西方中的东方》(*The East in the West*)中肯定了《中国会计史稿》的世界性贡献,及《中国会计史稿》研究的客观性、科学性及其所作研究结论的公正性,认为该书改变了西方对东方会计的错误观点。

② 该书中文版由杜兴强、于竹丽等翻译,中国人民大学出版社2006年12月出版。中文版是根据1998年第二版翻译的。

③ 原文为:This book was written primarily for accounting professionals rather than historians. It is less comprehensive than the main title implies, since Gary John Previts and Barbara Dubis Merino discuss almost exclusively the rise of public accounting (CPAs) and largely neglect managerial or cost accounting. The subtitle, which promises an investigation of the cultural significance of accounting is likewise inappropriate, and given the nature of this study, I found its choice unfathomable. Three important themes are the evolution of theory and practice, the rise of the profession and legal recognition of its special status, and finally the role of accountants as auditors and interpreters of financial statements issued by businesses. They do not discuss, however, the structure of the accounting industry nor attempt to explain why only a few firms — the so-called Big Eight — came to dominate the public accounting field; it is an inexplicable omission.

## 第三章 以往会计史研究的缺憾与不足

作为书评人,埃德温·J.帕金斯对作者最好的评价是:作为企业史学家,他们总体上是成功的,其所列出的参考书目是值得称道的。①

如此结论,几乎等于对作者努力的全盘否定。然而,该书是否真的如此不堪?

作个类比分析可知,埃德温·J.帕金斯之所以得出这样的结论,与赵友良教授批评郭道扬教授的《中国会计史稿》颇相类似,反映出在评价历史研究成果时一个突出的问题,即评判的标准、态度和视角问题。

书评作者埃德温·J.帕金斯任职于南加州大学(University of Southern California),属于资深的美国经济史和商业史学家,其研究兴趣是在美国经济及商业史、美国早期历史和殖民地史方面。埃德温·J.帕金斯1969年就已经加入美国历史学会(American Historical Association),在美国经济史和商业史研究方面卓有建树。然而,从书评所反映的情况来看,他并不了解当时会计史研究的状况以及加里·J.普雷维茨教授的研究。

加里·J.普雷维茨著作的前言,题记引用了亚瑟·H.沃尔夫(Arthur H. Woolf)《会计师和会计学简史》中的一句话:"……会计……是人类文明的表现形式之一,……会计历史演进的法则,也即是人类进步所遵循的法则。"②这句话大有深意,但却似乎不是所有人都能有深刻的领悟。

《美国会计史:会计的文化意义》前言中明确指出,该书不是专为会计职业界而写,而且,与其他历史书一样,它必然需要随着时间的推移和证据的增加而不断修正。因此,该书在讨论美国会计在不同时期的发展时,每一章都考虑了各个时代的社会、政治、经济、个人等因素。这实质上是该书作者作为会计史研究者真正的重心所在。它代表了一种态度,代表了会计史观念上一种重要的时代性转变。

会计的社会意义,自20世纪70年代起即为敏锐的学者所关注。斯蒂芬·A.泽夫(Stephen A. Zeff)"经济后果学说"的兴起(The Rise of "Economic Consequences")就是典型证据。加里·J.普雷维茨的著作充分体现了这种变化,把会计史研究放在深刻而广泛的环境分析基础之上。而书评者本人却未曾了解也无法体会会计研究中这种变化的深意。书评中说"该书对副标题的选择在我看来完全是莫测高深",实则因为他根本不了解会计的内涵及环境条件的变化。这样的

---

① 原文为:As primarily business historians, they are generally successful. The extensive bibliography is praiseworthy。

② 原文为:"... accounting is ... one of the manifestations of civilization and ... the laws that govern the history of accounting are those which govern the progress of the human race."

书评,除了误导,我不知道还能有多少价值。①

本章的核心意旨,是对过往的会计史研究进行评判,以便在评判的基础上对如何更好地认识会计历史的本质及特点,更有效地开展会计史研究,提出一些看法和意见。这本身是极具风险的。正如本章所举的两例中我们所能看到的,稍有不慎,就可能是站在错误的立场,用自己或许并不恰当的认知及经验,对别人的创新、优点,乃至别有深意的精心制作作出错误的点评。因此,本章在具体开展评判之前,先要阐明这样一种观点:

就会计史研究而言,每一个人会在不同时间点做自己想做或认为自己该做之事。本就无需去评判什么对错,因为本就没有什么对错可言。每个人做自己该做、想做的,即能给会计史研究的知识储备增加一项具体的积累点,将无数个点累积起来,构成会计历史文化的海洋,塑造会计历史的整体面貌。批评和质疑,只是努力使每一个点能够绽放出更多的光华。

我勉强来开展批评和反思,发现其中的问题,并不是针对具体某一个人或某一件事,更不是要显示自己有超越别人的判断或识见,而只是从另外一个或许有所不同的角度,或者是在另外一个时间点,来完成在这个点上的使命。做自己的发现,也如同其他每一个人,在不同时间做自己该做的事,发现自己的发现。

## 3. 会计史研究总体上的缺憾与不足(Defects and Deficiencies of Accounting History Research as a Whole)

会计史研究是会计学术的重要组成部分。尽管在会计学术圈里会计史研究并未受到充分重视,但在客观上,从20世纪初期开始,总有一些会计学人投身于这一领域,板凳甘坐十年冷,在寂寥的会计历史海洋中苦苦求索,勾画会计的历史框架,使之逐渐明晰;发现会计的真实,使之不至于在喧嚣的世界中完全迷失。他们的精神可被称为会计学术的荣耀之光。他们通过艰辛的努力,奉献出一部部影响深远

---

① 对埃德温·J.帕金斯教授的书评意见,我曾专门发邮件问询加里·J.普雷维茨教授的看法。得到的回答是:书评者不是会计人,完全不了解会计史研究方面所发生的很多事,包括会计史学家学会的组建、《会计史学家杂志》的出版,以及从20世纪70年代以来已经举办多届的世界会计史学家大会的情况。所以他只能是作为一名企业史学家,从一个不同的方面做出一些无关宏旨的评论。"他是个好人,但他看待我著作的态度和我本人全然不同。所以,我一直在了解他的关注点,但他的关注丝毫没有影响到我的观点。"(加里·J.普雷维茨的原话为:Ed is a good citizen, but not necessarily looking at my work as I would see it. So I continue on being aware of his concerns but not necessarily influenced by them on all points.)

的专门著作,产生了重要的国际性影响。他们是值得敬佩的殉道者(martyr)①,是会计不灭的理性之光。②

尽管缺乏确切统计,但根据全球最具影响力的会计史研究者国际组织——会计史学家学会个人会员总数曾经在20世纪80年代末达到800人以上的事实,可以估计全球从事会计史研究的学者约有千人之数。这是一支不可忽视的学术力量。由该学会组织主办的世界会计史学家大会(World Congress of Accounting Historians,WCAH)每4年举办一届,成为全球会计史学者交流的国际盛会,至2016年共举办了14届。这些学者中的许多人,在功利的现实中顶住来自实证研究趋势的巨大压力,坚持理性地研究和思考,以深刻的社会历史审视,研究和拷问会计的历史真实,为会计的现实发展提供指引。

一个世纪的会计史研究取得了不少成果,但总体来看,尤其是与史学研究的其他领域相比较,会计史研究仍比较薄弱,甚至可以说在很多方面尚未成熟。其研究状况、所获成果、人员队伍等依然问题多多。会计史研究者多为会计学专业出身,缺少系统的史学知识和方法训练,研究中难免存在各种问题。本章的目的就是对过往研究中存在的缺憾和不足进行分析,以求未来有所改进。以下分几个层面进行分析。首先讨论的是会计史研究总体上存在的一些缺憾和不足。这属于未来会计史研究中需要校正的关键部分。

**缺憾之一:思想匮乏(Lack of Thoughts)**

学术的真意在于思想。

17世纪法国哲学家帕斯卡(Pascal)认为人是"会思想的苇草",思想决定了人的伟大。我们全部的尊严就在于思想。③ 黑格尔(Hegel G.W.F.)认为:"'思想'确是人类必不可少的一种东西,人类之所以异于禽兽者以此。所有在感觉、知识和认识方面,在我们的本能和意志方面,只要是属于人类的,都含有一种'思想'。"④"要想了解历史和理解历史,最为重要的事情,就是取得并且认识这种过渡里所包罗着

---

① 殉道者(martyr),来自希腊文martys,本意为见证、作证的人。初期教会用此词时,均与"宗徒"一词相关连,引申为凡信耶稣基督是天主子及复活的救主而为此信仰作证、受苦殉道的人。本书使用这一带有宗教意义的词汇,是因为我所看到的许多会计史研究者,大多带有对会计学术的宗教般的虔诚,以及强烈的奉献和牺牲精神。故以此一词,致敬所有从事或曾经从事会计史研究的学人。

② 史学研究代表一门学科的理性思考。在20世纪中期以后,当会计学术研究被实证研究压制到只剩下数理模型的分析和推导,会计实务在各类新技术和社会现实突飞猛进的发展中陷入造假和欺诈的泥淖,会计史学者坚忍的回望与思考,让会计学术保留了一份清灵。

③ 帕斯卡:《能够思想的苇草——帕斯卡论集》,王子今译,上海三联书店,1997,第149页。

④ 黑格尔:《历史哲学》,王造时译,上海书店出版社,2001,第8页。

的思想。"①

历史研究被视为学科研究的先导,对学科发展具有引领性意义。此种意义,必赖于思想。

20世纪会计界曾遭逢两大不幸:一个不幸是在科学化进程中,会计被视为技术遭到肢解,会计、财务、审计三个源于一体的成分被人为地割裂开来,互争互掐而愈行愈远,全然忘却了其本来出处和必然的内在联系;另一个不幸是因为证券市场发达,会计的重心被裹挟到上市公司财务报告方面,20世纪上半期曾经兴盛的会计基础理论研究,在世纪中叶遭受准则研究和实证研究的双重碾压,终被裹挟至误入歧途。其后所谓"会计理论",只是以概念框架的形式对财务报告所需遵循观念与原则基于实用目的的解释,实质上只关乎会计庞大体系中对外报告这么小小的一块。大行其道的实证研究仅仅关注以细节问题为核心的检验与验证,而缺少系统的会计思想和体系构建。每年大批量的会计专业硕博论文,完全蜕化成制度经济学的财务孑遗。社会日进千里而会计却只是局限在技术和报告规制的狭小空间里死死纠缠,完全无法与知识经济时代全新的社会需求和环境变革相适应。

会计虽生,思想已死。②

早在1987年,澳大利亚会计学家加夫金(Gaffikin M. J. R.,全名为 Gaffikin Michael John Renny,也有人叫他 Michael Gaffikin)就曾撰文指出:"对会计方法的发展进行考察会得出这样的结论:这门学科缺乏想象力,缺乏智慧。它既没有发展出自己的理论,也没有自己的哲学。事实上,它经常拒绝这样做。它的大多数'理论家'都只是其他学科方法的卫道士。如果像瓦茨(Watts)和齐默尔曼(Zimmerman)所暗示的那样,发展出一种独特的基础方法是一门学科趋向成熟和智慧的标志,那会计是没有这个资格的。从方法论上来讲,会计是不完善、甚至是原始的。"③

我们自然不必完全采信加夫金的观点,当然也不应该因为他说的只是一家之言就否定其价值。20世纪中期以后会计理论著述的世界性匮乏早已无可辩驳地证明了这种状况的真实。会计学科中的思想匮乏,也直接映射在会计史研究中。

---

① 黑格尔:《历史哲学》,王造时译,上海书店出版社,2001,第79页。
② 在修改这一部分内容之时,我的一位好友发来一位美国学者的会计新书的资料,书名为《会计的没落与复兴》,英文标题为 The End of Accounting and the Path Forward for Investors and Managers。排除本书标题为了吸引眼球的可能,会计真的已经没落或者又复兴了吗?
③ Gaffikin M. J. R., "The Methodology of Early Accounting Theorists," ABACUS, 1987, Vol. 23, No. 1:17-30.

一方面,已有的会计史研究中浅表层次的史实、史事记述较多,缺乏深入的基于社会基础的研究性叙事;另一方面,直至 20 世纪 90 年代后,批判性(解释性)会计史研究才逐渐兴起,而其重点却错误地①放在了基于其他学科理论的会计史实解释方面,而甚少基于理解会计社会意义的系统性研究。一种研究失去了思想,也就失去了灵魂,而灵魂之所以丢失,西方会计界惯常的技术性观点难辞其咎。

加里·约翰·普雷维茨教授 20 世纪 70 年代撰写美国会计史时,特别使用"会计的文化意义"(The Cultural Significance of Accounting)作为副标题,实质上是对会计包括会计史研究中技术性观点占统治地位这一现状的批判和拷问。该书第二版前言讲到:"20 世纪 70 年代末期,时值美国建国 200 周年庆,我们写作了本书的第一版。当时作为一个学术领域的'会计史',还处于萌芽阶段。那时的历史学家主要关注的是技术性和描述性,而非环境联系和分析性。我们 1979 年的写作是采纳后者的一次早期的尝试。时至今日,一些会计史学家,在非会计史研究者的合作下,提出了历史调查的环境角度,并对会计学科的社会作用提供了一种更为广阔的阐释。"②

客观上,"提出历史调查的环境角度……对会计学科的社会作用提供了一种更为广阔的阐释"等,只是为闭锁的会计史研究打开了一扇思想之门。真正思想之复活,尚有待来时。

**缺憾之二:观念误失(Wrong Concepts)**

适宜的观念是历史研究的质量基础。吴承明先生说"经济史首先是史"③,推及于此,同样应该强调:"会计史首先是史,需要治史的观念与方法。"

凡治会计史,除掌握会计专业知识外,更需下大功夫养成恰当的历史观念、研习治史的专门方法、学习历史知识。古人讲史家四长,即德、才、学、识,无一项可以忽视。否则,若因为受观念所害,于不经意间出现各种问题,使一项先导性的学问错弊丛生而不自知,势将贻害无穷。

历史观既影响对总体历史的观察,也涉及对历史材料的解释、判断及结论的推演。治史最常见的问题在于研究者视野局限,以偏概全,脱离事实和具体史料进行推测、推演乃至虚构与臆造,更有甚者,则对历史功能完全误置。

大多数时候,历史研究者实如在黑暗中摸索的盲者,在已经过去了、不可能

---

① 至少也是不甚恰当的。
② 加里·约翰·普雷维茨、巴巴拉·达比斯·莫里诺:《美国会计史:会计的文化意义》,杜兴强、于竹丽等译,中国人民大学出版社,2006,前言第 8 页。
③ 吴承明:《研究经济史的一些体会》,《近代史研究》2005 年第 3 期,第 247-251 页。

再回复的过往中独自探索,寻找证据和材料,据以做出种种分析、判断乃至推测,获得对历史的灼见。我们看到许多具象的历史表达都是这种摸索的结果。摸索涉及一个至关紧要的问题,如同盲人摸象故事中的盲人,我们依据什么来判断我们所摸索或感知到的便是事物的全部真相?当我们借自己的认识去批判他人,校正他人的错误,又是如何判定我们的批判是确实有理有据的?如何判定我们自己不是在制造另外一种错误,用新的错误代替旧的错误?

在相关研究中经常会看到一些十分让人震惊的表述,比如下面这段描述:

> 翻开二十四史来看,描写一个王朝没落的情况,是令人毛骨悚然的,如白骨遍野,饿殍载道,人相食,十室九空,千里无人烟,等等,在这样的情况下,不论官厅会计或民间会计,都无意义,也不起作用。人们能够苟全性命于乱世,已经很幸运了,谁还有兴趣和心情去做好经济管理和财物收支的记录工作?事实上也没有什么经济要管理,没有什么财物收支可记录。这就是我国封建社会长期停滞,从而影响会计发展曲折而缓慢的关键问题。直到封建社会晚期,产生了资本主义萌芽,工商业有了一定的发展,突破了旧的封建生产关系,我国会计才逐步走向科学化的发展道路。①

对中国会计几千年历史发展的宏大叙事,该书竟然以这样一种方式,寥寥数语就交代了!实属可叹。

先不说中国历史上究竟是否有过很多个那样凄惨至极的情况,导致封建社会长期停滞,会计发展缓慢(稍微关注一下古代中国社会实际,就该知道这完全不是事实!)。只是说因为乱世,就无人有心情去记录,也没有财物值得记录,官厅会计和民间会计都失去存在的必要,这种完全凭空推想出来的奇葩境况竟然被堂而皇之写到研究性著作里,让人不能不慨叹作者对中国历史实际着实缺乏了解。② 即便在极其严重的战争或灾荒期间,人们也依然要生存和吃饭,也在实实在在地发生各种经济活动,因此,也一直在做各种收支管理及记录。战争从来离不开物资的支

---

① 这段话引自一本公开出版的著作,此处不标明具体出处,请读者朋友见谅。
② 这种凭想象进行推理判断的情况,事实上并不少见。比如,对20世纪六七十年代的中国会计,很多人都自然地推想,那时候的会计一片混乱,会计倒退到了完全可有可无的状态。然而,近些年发现的各地人民公社和农村生产队的账簿记录资料证明,在那个时期,虽然条件十分艰苦,但依然在很认真地坚持会计核算。有些科目设置详细具体到了让人惊讶的程度。尽管我迄今未能详细考察并证实在中国古代历史上是否真的出现过上面文字所描述的那样完全没有财物可记,因而不存在会计的真空状态,但却有许多资料证据证明,在战乱时期,会计不但存在,而且发挥了更为重要的作用(中国会计博物馆收藏的抗战初期涉县贡村战勤所账簿,以及解放大军进入上海时的军队后勤账簿等相关史料,可为此证)。

持,也离不开核算和管理。而中国会计,不论是官厅会计还是民间会计,从来没有停止过发展进步。中国的工商业,也绝对不是到了资本主义萌芽时期才开始有一定发展。

同样,那本书中还写道:"历朝的统治者大多不注意保存史料,总结经验,不知研究改进,因而会计、审计专门科学无从形成。"事实上,即便在号称科学昌明的西方国家,如美国,现代意义上的会计、审计科学也是当代学科发展的产物。美国著名会计学家哈特菲尔德直到1923年还在大声呼号,为簿记学科做"历史性辩护",岂可将没有形成会计、审计专门科学的板子打到中国历朝统治者身上,怪他们不注意保存史料,不知研究改进? 事实上,我们可以通过一些史料看到中国历史上存在许多努力改进会计和财计管理的事实。比如:简牍和敦煌吐鲁番文书中大量尝试改进会计方法的材料;唐宋法律制度中会计相关部分的完善;以及唐代计账、国计簿、宋代会计录的编制;等等。

已有研究在关于历史发展的判断中,通常强调历史的一贯性和连续性,且很多时候会得出诸如"我国会计审计的发展是十分缓慢的"之类的结论,想当然地认为会计历史是应该不断快速发展的。然而,考察整个人类文明的发展进程,我们会看到很多文明是断裂的、非连续的。断裂是常态,连续是个别现象。此外,按照一贯的观点,我们总是要求会计的发展是不断进步和向前的。但事实上事物的发展不可能是一贯和匀速、一直向上的。很多时候社会实际只是一种客观的存在状态,人类生活的本来面貌,只是一种存在,进步和发展是一种存在的形式,但并非必然结果或必然状态。观察不同地域的人类文明,我们会发现,很多时段里人类可能只是在一种简单的状态下重复简单的生活。我国云贵高原的一些少数民族地区,直到20世纪中期,依然处于一种简单原始的日出而作的生活状态,这种状态已经存在了许久,如果不是被外来因素干扰和打断,可能还会延续下去。基于全球文明的视角,历史研究需要多面的社会观察和多样的思考,而不是简单机械地推演和归纳。

休齐格(Huizinga)说:"历史是精神的产物。"[①]精神的产物必然带有诸多精神的特征。历史研究者需努力不使精神变为神经,方不失为学之道。要做到这一点,只能静下心来深入学习、研究和思考历史与人类社会的实质,学习和实践历史研究与历史叙事的各种专门观念、方法及技术。

会计史首先是史,而不是会计与史的机械组合,也不是会计史实或史料的简单归纳和复述。史学的要义在于思想。唯有思想,方可深入人类存在和各种活动的

---

① 转引自O.腾·海渥:《会计史》,文硕、付磊、杨健译,中国商业出版社,1991,第2页。

内在实质,由实质方能引申出对各种现象的系统归纳及认知,并成为学科发展的根本性引领。恰当的历史观念和方法则是思想的指针。唯有方向和路线对了,才可能趋达目标。否则,南辕北辙、歧路亡羊。不可不察,不可不慎!

**缺憾之三:学科分割(Disciplinary Fragmentation)**

过度的学科分割是一种现代病,危害甚烈。中国人民大学高德步教授所著的《世界经济通史》前言有云:"长期以来,我们的经济史研究有一个很大缺陷,这就是学科分割,以至于画地为牢。这种分割既包括时间上的分割,也包括空间上的分割。"①作为由西方哲学主导的现代学科发展的一种客观需要,学科细分普遍地存在于各种学科门类,极大地促进了对各个学科的精深化研究。然而,学科分割人为地割裂了各种学科之间的内在联系,影响了人们对很多重要问题的系统化理解。因此,20世纪90年代以来,跨学科、多学科研究逐渐兴起,成为一种新的趋势。此类研究通过超越以往分门别类的研究方式,实现对问题的整合性研究。

会计史研究中的学科分割体现在学科之间及学科内部,是一种更为惨烈的双层分割状况,其具体表现在两个方面:一方面,已有研究在处理会计、财务、审计,甚至审计中内部审计与外部审计的关系方面左右支绌,难以自处;另一方面,相关研究将会计作为一个技术体系,将会计抽离其存在的环境,仅仅描述会计核算技术方法(账、表、凭证)的历史。

我无意否定现代学科发展的成就和必然性,但一个不可否认的事实确是,过于细致的学科区分割裂了学科之间的内在关联,使旨在探索学科发展历史及其内在规律与发展机理的历史研究,难以进行相互关联的、深入的发掘;因为习惯于会计、审计、财务、财政,以及会计与数学、统计等方面的区别,让我们在回归古代社会现实时,实难从复杂的现实中恰当地分理出会计历史的踪迹。对会计过于偏狭的理解,也同样影响我们对会计起源及发展方面许多问题的解释。受现代学科区分的观念制约,许多从事会计史研究的学者无法对古代会计的现实做基于社会实际的整体上的观察、分析和理解,而从现代学科的学术概念出发,从古代实际或历史文献资料做按图索骥式的搜寻,导致许多研究只能成为局部化、碎片化的图景拼凑,难以还原历史的真实,从而难以对古代会计的社会实质做深入的考察和探究。

《中国古代会计审计史》即是一部典型的按现代学科概念研究会计历史的成果。作者把会计和审计当作两门各自独立的学科,其整个研究也自然地变成在古

---

① 高德步:《世界经济通史(上卷)传统经济的演进》,高等教育出版社,2005,前言第1页。

代史料中寻找和梳理与"会计""审计"各自相关的资料,并将两者做成机械的组合。但基于现代学科体系的概念划分,这显然是不太适合用于理解古代社会会计实际的。

在西方学者的会计史研究中,也普遍存在类似问题。前述埃德温·J.帕金斯在书评中称加里·J.普雷维茨教授的《美国会计史:会计的文化意义》只写了注册会计师的历史,而未包括成本会计和管理会计的历史①,这是因为在作为经济史和商业史专家的埃德温·J.帕金斯看来,会计是一个包括许多具体科目(包括成本会计和管理会计)的综合性体系,因此,他心目中的会计史研究,应该包括更广大的范围。而作为会计史研究者,则需要根据自己的研究目的确定其会计史研究所应涉及的具体范围,在诸多内容中做出具体的选择。这些内容从会计主体和核算范围的角度来分,可能包括国家(政府)会计、教会会计、庄园会计、企业会计、政府及非营利组织会计、私人家计等(在中国民间还有寺院会计、会社会计等);从专业的角度来分,包括簿记、会计、政府审计、民间审计(注册会计师行业)、财务等;从现代会计科目的角度来分,包括财务会计、成本会计、管理会计、国际会计、审计、财务管理,以及一些新兴的科目如环境会计、绿色会计、人力资源会计、社会责任会计等。对如此繁多的内容,如何在一项研究中做出恰当的安排,确实是令人头痛的问题。中文版《美国会计史:会计的文化意义》是根据1998年出版的原书第二版译出的。在这一版中,我们看到其内容十分广泛,复式簿记的起源、政府会计、公共会计师、会计师教育、会计实务、成本会计、管理会计、会计教育和实务、非营利组织会计、会计理论、执业准则、会计报告、通货膨胀会计、公司社会责任、外部审计、会计学术、财务会计准则委员会等许多与会计的近现代发展相关的内容都包含在内。将诸多的概念结合在一起,在内容的安排上实则有极大的困难。该书作者应该也是认识到了这一点,所以在第二版前言中特别说明:"我们很清楚这本书所涉及的范围太大,所以我们期待能有机会接受大家的不吝批评。我们欢迎公开辩论,以促进大家了解历史在会计学科和会计职业中所起的作用。"②学科分割对许多会计史研究者造成现实的困扰,也是会计史研究中无法回避的重要问题。

学科分割也直接影响会计史研究者对"会计"具体含义的理解,从而影响他们

---

① 针对埃德温·J.帕金斯教授的这一指责,我专门查阅了《美国会计史:会计的文化意义》1979年第一版的内容,发现其中包括成本会计和管理会计的内容,比如第2章第30页有"Managerial Accounting",第4章第113-118页有"Cost and Managerial Accounting"。

② 加里·约翰·普雷维茨、巴巴拉·达比斯·莫里诺:《美国会计史:会计的文化意义》,杜兴强、于竹丽等译,中国人民大学出版社,2006,前言第10页。

对史料的选择、解读和研判。一个典型的事例是对鄂伦春人猎物分配资料的解释。《中国古代会计审计史》第38页引用了《鄂伦春社会的发展》中一个乌力楞①对打到的一只犴的分配办法。该资料反映,他们对打获的动物的骨肉做了极为仔细的分配和计算。赵友良教授因为他们的猎物被一次分配完毕而认为,"没有剩余,显然没有记录这种经济行为的必要",因而也认为即便那时候"产生了数量和质量概念,但不能(将此)理解为会计的起源"。② 问题是,怎么可以因为某一次的收获物被全部分完就断定他们平常没有剩余?鄂伦春人处在寒冷的东北,为了度过漫长的冬天,必须储备必要的食物。很难想象对一次分配都这样精细计算的他们,不会对过冬食物做仔细的计算和管理。这里所涉及的另一个实质性问题是,计算和分配是否属于会计的内容?如果计算和分配不属于会计的内容,是否意味着会计仅仅等同于"记录"?在西方会计史研究中,很多时候会计的历史被写成"簿记"的历史,实质原因是人们对簿记与会计内涵及关系的理解不同,这依然属于学科分割和观念上分裂的问题。③

事实上,每一位学者致力于会计史问题研究时,都必然面临对研究范围也即"会计"内涵与外延的界定问题。在西方的观念中,会计的历史基本上是一种"簿记"加"会计"的历史,因此,学者们对早期会计历史的探究多重视"簿记"的技术性方面,后期才扩展到会计学科的各个方面,如会计、财务、审计(政府审计、社会审计、内部审计),乃至成本会计、管理会计、国际会计等。也有研究者在对现代会计发展史的研究中,仅仅盯着以对外财务报告和会计准则为核心的现代财务会计。迈克尔·查特菲尔德的《会计思想史》堪称处理此一问题的典范。作者在中文版序中明确指出:"本书论述的是会计思想的历史,而不是会计史实与事件的编年史,旨在将会计史料整理成册,以揭示当今会计问题的历史渊源。"④该书明确地将"为探讨当代会计问题提供论坛"作为研究会计史的目标,因此,在4 000年簿记历史中选择20世纪作为研究的重点,并"以专攻会计学的学生为对象,进一步探讨已广为人

---

① 鄂伦春社会中一个自给自足的基本经济单位。
② 赵友良:《中国古代会计审计史》,立信会计图书用品社,1992,第39页。
③ 或许是受西方"簿记"(bookkeeping)一词的影响,很多人(包括中国学者)习惯于把早期会计简单地等同于"簿记"乃至"记账",因此,把会计狭义地理解为"记录",在考察会计历史时只是把关注的重点放在记录方面。而事实上,从《易经·辞系下》"上古结绳而治,后世圣人易之以书契",到禹"大会计",再到《周礼》"司会"体系,中国古代会计实质上都是计算与记录的综合。而从词源上讲,"会""计"二字都包含了明显的"计算"之意,因此,才有清代学者焦循"零星算之为计,总和算之为会"之说。这些证据,无疑都在说明,将会计简单地等同于"簿记"和"记录"是错误的,起码是不完全正确的。
④ 迈克尔·查特菲尔德:《会计思想史》,文硕等译,中国商业出版社,1989,中文版序第1页。

知的概念深度和逻辑框架,为会计理论、审计学、成本会计和国际会计的研讨会提供资料,并追寻它们发展到现在的轨迹"。①

自然地,迈克尔·查特菲尔德可以有自己的界定、自己的选择,面对同样问题,其他人又该如何?

**缺憾之四:视野促狭(Narrow View)**

1997年,澳大利亚悉尼科技大学(University of Technology Sydney)Andrew Chew和麦考瑞大学(Macquarie University)Susan Greer在AAAJ(*Accounting, Auditing & Accountability Journal*)发文称:"近年来,有人认为主流会计研究的基础过于狭隘,限制了我们对会计实务的理解,倡议采用各种替代性方法来扩展会计研究。"②

从全球范围来看,过往的会计史研究视野局限较大,影响了人们对许多问题的理解。

著名会计史学家帕克·R.H.(R.H. Parker)于1993年在《算盘》(*ABACUS*)杂志上发文,讨论会计史研究的视野问题。罗伯特·H.帕克研究发现,尽管人们对会计史研究的兴趣有所增加,但在全球刊物上发表的会计史类文章,一直以来自英语国家的作者对私营机构会计的讨论为主。给人的印象是只有英语国家有会计史,尤其是美、英、澳等少数国家。很少有人注意19世纪以前的会计,特别是政府会计,也几乎无人研究会计国际化的历史和殖民时期会计(colonial accounting)。③

意大利学者卢卡·赞(Luca Zan)也注意到类似问题,他痛惜地认为:"缺少地区多样性是一般的会计学研究,特别是会计史研究存在的最大局限之一。奇怪的是,无论新派会计史(研究)还是老派会计史(研究)都是如此,其研究课题(以及研究兴趣)都严格地局限在英语背景下。语言障碍并非不可逾越,但会计史的研究却忽略了最近几十年以及20世纪及之前在其他地区出现的争论、传统(包括思想、概念、不同的概念框架和方法)以及文献。"④卢卡·赞特别注意到一种情况,就是在有关意大利会计史的研究中,几乎所有的著述都会提到卢卡·帕乔利,但认为自卢卡·帕乔利之后,意大利会计史上就再无其他,再也不提其他意大利作者和意大利

---

① 迈克尔·查特菲尔德:《会计思想史》,文硕等译,中国商业出版社,1989,著者原序第1页。
② Andrew Chew, Susan Greer, "Contrasting World Views on Accounting Accountability and Aboriginal culture," *Accounting, Auditing & Accountability Journal*, 1997, Vol. 10, No. 3: 276-298.
③ R.H. Parker, "The Scope of Accounting History: A Note," *ABACUS*, 1993, Vol. 29, No. 1: 106-110.
④ 卢卡·赞:《会计史的撰写:来自非正统音乐思想史的启示》,薛清梅译,《会计之友》2015年第5期,第2-7页。

会计史上的事实。真实情况显然并非如此,意大利会计史上并非"帕乔利以后就什么都没有了"(after Paciaolo, nothing)。①

会计史研究的视野促狭,似乎源于这样一个事实:会计史研究者普遍有一种观念上的倾向,即大多数人在大多数情况下的研究关注焦点为少数国家和地区、极少数具有"重大影响"或"历史意义"的人物、事件或事实(或者称之为"进步""成就")。这样,我们所看到的会计历史,就成了一种超级简化的由少数重要人物和事件的发展等串起来的一个"完整"甚至"完美"的叙事(乃至于故事)。然而,这种美好的叙事却与真实的历史之间存在巨大距离,有违历史研究"探究人类存在结构"的本意。

卢卡·赞对"帕乔利以后就什么都没有了"的历史观念感到愤慨,是因为他深知,在帕乔利之后,意大利会计的历史仍在继续。②在德·鲁弗(de Roover)看来,卢卡·帕乔利不过是机缘巧合地头一个成功地发表了关于复式簿记方法的作品而已。卢卡·赞发现,在研究12世纪之前的会计历史时,人们习惯于通过档案资料考察会计实务的发展;对13至15世纪的情况,则重点关注意大利复式簿记法的产生。16世纪之后,会计史研究对实务的兴趣完全消失,代之以会计思想史(或者说仅仅是会计著述的历史)。更奇怪的是,像梅利斯·弗(Melis F.)③这样的研究者,在其《会计史》一书中对远古时期埃及、古希腊、古罗马会计的实务都做了很多研究,提供了许多细节材料,对中世纪以后商人和实践者的情况却未提及。

在中国会计史研究中,也存在不少令人遗憾乃至甚为不解的状况。比如,敦煌文书中数千份社会经济文书蕴含的有关我国古代会计历史的无数珍贵信息少有人重视,会计史研究者仅仅把目光放在四柱结算方面,似乎除此而外别无他物!许多时候,会计史研究者的目光只是盯在个别问题如复式簿记方法方面,而对我国会计几千年发展演进中无数问题和成就视而不见。

促狭的视野导致研究者如同坐井观天,既看不到会计久远的过去,也看不到除眼前一亩三分地之外广大的世界,又如何能打破观念的局限性,深入会计的本质,获得可以扩展到未来世界的深刻理解及智慧?

**缺陷之五:以今套古(Applying Modern Terms to Ancient World)**

将现代会计概念和术语硬性地套用于古代实际,或者按照现代的专业概念,从

---

①② 参见 Luca Zan, "Toward a History of Accounting Histories: Perspectives from the Italian Tradition," *The European Accounting Review*, 1994, 3(2):255-307。需要说明的是,"现代会计学之父"卢卡·帕乔利之名,英文翻译一般写为 Luca Pacioli,Luca Zan 文章中按意大利人的习惯写为"Paciaolo",本书原样引用。

③ Melis F.: *Storia Della Ragioneria (Accounting history)*, 1950, Bologna: Zuffi.

古代生活和管理实际中按图索骥,是会计史研究中极为常见的弊病。

荷兰会计史家 O.腾·海渥 1972 年就已经注意到了这个问题:"在会计史的文献中,你会经常发现,有的作者将我们现代的观念'强加'给几个世纪以前的商人。"[①]他在《会计史》中举了具体的事例来说明此类问题,比如,为什么威尼斯的巨商们只有在账簿记满时或售完商品时才清账?为什么帕乔利时代没有积极地实施系统地编制定期财务报表的做法?诸如此类的问题,实在让人无语。

正如 O.腾·海渥注意到的荷兰学者斯托姆伯格和其他一些人的习惯,会计史研究者惯于将现代思维方法运用到不同时期的古人身上,用现代的观念去解释古代的现象与行为。事实上,我们目前所看到的许多文化现象及专业术语,通常是长时期演进的结果,且许多概念和术语皆具有时代性特点。比如,会计、簿记、账簿、报告及其他诸多概念和用语,基本都是经历长时期的演进形成的。研究者将作为演进结果的现代思维和观念套用到古代,必然产生种种误解或误读,并可能做出各种似是而非的结论,产生对一些材料、史实的曲解,甚至臆想式的解释或编造。

古希腊哲学家赫拉克利特曾讲过"人不能两次踏进同一条河流",这正是历史研究者客观上必然面临的一种尴尬处境。

从事会计史研究的学者大多分为两类。一类是会计专业出身的学者,他们受过正规的会计专业训练,现代会计的知识结构和概念体系在他们的思想中根深蒂固,形成一种固定的观念模式。他们通常缺乏史学专业训练,对原始材料的阅读使用和考证非他们所长,所以他们多习惯于根据古人记录和原始材料中一星半点的发现,构筑出用现代会计语言和逻辑讲述的会计故事。另一类是专业背景为经济史、历史学、文献学或其他专业的学者,他们注意到了会计史料和事实的学术意义,独立或与会计专业出身的会计史研究者合作开展研究。他们具有史学功底,长于原始材料的使用,但却缺乏会计专业知识,因而在用一些会计专业概念和知识进行材料分析与解读时可能并不十分到位。这两类人皆常犯以今套古的错误。

客观来讲,过去已逝,我们永远无法完全地回到过去。然而,历史研究的责任在于回归过去,从过往的材料中发现社会及事物的真实。为此,历史研究者需要学习如何"进入"所研究的古代文化时期,了解和熟悉该时期的社会环境和人文条件,尽可能以角色扮演的方式做切入式的体验,尤其应注意深入地研读第一手原始材料,或者返回到历史发生的具体场所,以尽可能深入地了解当时可能的真实情境,了解相关术语、方法及其真实意义,深入领会当时社会的知识结构、技术及方法体

---

① O.腾·海渥:《会计史》,文硕、付磊、杨健译,中国商业出版社,1991,第 5 页。

系,当时的制度文化。总体而言,从事历史研究需要做足还原的功夫,而非进行"古代事实的现代化解读"!①

**4. 通过分析典型著作讨论会计史研究中需要注意的一些问题**(Discuss Some Issues to Which More Attention Should Be Paid in Accounting History Research Through the Analysis of Typical Works)

会计史研究成果通常由著作和论文两种方式展现。两种成果展现方式各有特点,优势各不相同。近几十年来,受学术评价体系影响,学术界普遍存在重论文轻著作的现象。论文之长,在于它可针对一个具体的题目或问题做深入研究,其内容大多属于点状的深入挖掘,有利于弄清或解决具体问题,但其篇幅和容量有限,无法展开宏大的叙事。著作一般针对较长时段或具有总体性意义的专题进行较为广博的研究,其篇幅不受约束,因而更利于思想的表达和主题的扩展,具有论文无法替代的功能。从长远来看,真正具有较大影响、能够为人们长期记住并使用的,多为专著性成果,因而,就目前实际来讲,更需要强调专著的意义。但以写专著的方式做精深的研究,涉及宏大的主题和篇幅,把握起来难度很大。

本小节选择几部典型的中外会计史著作做一专门分析。选择这些著作并不意味着对它们有什么特别的看法抑或褒贬,而在于通过它们引出一些会计史研究和写作中需要注意的问题并作专门研讨。本书观点亦属一管之见,难免有所误失,如有不当,希望不会对读者诸君形成误导。

**例一:O. 腾·海渥的《会计史》**(*The History of Accountancy*, authored by O. Ten Have)

荷兰学者 O. 腾·海渥所著《会计史》是 20 世纪具有世界性影响的会计史研究著作。其初稿是 1971 年发表在荷兰《企业管理与组织》杂志上,为纪念该刊创刊 75 周年而写的一组介绍会计发展各阶段历史的文章。文章在发掘史料的基础上阐释了作者对会计历史的一系列思想和观念,发表后大受欢迎,作者因此决定对文章进行修改补充后以书籍形式出版。荷兰文版的《会计史》(*De Gesehiedenis van het Boekhouden*)于 O. 腾·海渥去世的当年(1974 年)正式出版发行,随后由美籍荷兰人、旧金山市立大学凡·塞沃特(van Seventer)教授翻译成英文,于 1976 年在美国出版。著名会计学家贝斯尔·S.亚梅(Basil S. Yamey)在撰写的英文版前言

---

① 方宝璋教授在《论中国审计史研究中的两种偏差:兼与刘云、吴泽湘等先生商榷》中也讨论了这一问题,认为:"如果作者不是从历史的实际出发,而是以现代人的审计理论素养,对历史上的一些审计名称进行解读,其得出的结论就显得牵强附会,与历史原貌显然不符。"参见方宝璋:《论中国审计史研究中的两种偏差:兼与刘云、吴泽湘等先生商榷》,《审计研究》2003 年第 1 期,第 53-57 页。

中,认为该书"内容严谨、简洁、富于启发性,而且题材广泛,充分说明作者成熟的洞察力和良好的判断能力",并将其誉为"一位著名的研究者奉献给人们的不朽的金字塔"。①

该书出版后广受好评,译者也因为该书获得会计史学家学会1977年度时杯奖。该书由文硕、付磊、杨健译为中文,被纳入"世界会计审计名著译丛",于1991年由中国商业出版社出版发行。全书7章的篇幅,中文译文仅有11万多字。尽管O.腾·海渥自己和英文版前言的撰写者贝斯尔·S.亚梅皆称之为"会计通史著作",但其内容体系确实并不算大,作者能在如此小的篇幅中容纳下"会计通史"这样一个主题,其通达的视野和超卓的掌控能力,确实值得称道。本书获得多方面赞誉,也绝非幸致。

该书中文版译者前言对作者O.腾·海渥及其作品给予了很高评价。认为O.腾·海渥有成熟的历史观,而本书作为他最后一部著作,凝结了他对自己以往著述的再思考,丰富并扩展了他过去研究的内容。

O.腾·海渥作为一位优秀的历史研究者,从人类文明的制高点探索会计发展史,把一部会计史写成了一部简要的文明发展史,这是其优势所在。该书反映了作者对历史实质与历史撰述的深入思考,这是许多注重会计技术演进的会计史研究者所不具备或者未能在著作中表现出来的。历史的观点和对历史撰述的掌控,是历史研究者需要具备的重要能力。O.腾·海渥能在很小的篇幅中构造出一部通史的框架,其对内容的总体掌控能力和材料使用上的功力极其深厚。从导论最后一部分"史料的结构"中所写内容可见,他采用的是一种点线结合的历史框架结构。

从导论1.10"各领域出现的簿记"可知,作者注意到,"在人类活动的各个范围,均在书写着会计史",其文虽简,展现的却是广博的历史视野。作者进一步根据自己的目的将人类活动的范围分为商业、工业、银行业、政府、大土地所有者5个方面。作为史学家,他注意到了对"史实进行批判性筛选"。② 正是因为这种筛选,作者能够在短短7章10余万字的篇幅内,高屋建瓴地勾勒出会计历史发展的简略框架,并就其中一些关键性问题发表自己的见解,为世界提供了一部难得的了解全球会计通史的权威而简明的读本。

作者在导言中写道:"历史的编写,紧密依赖于撰写历史的人;而这个人又受限于他所处的文化、周围环境的社会结构和本人的个性。"这些实质上涉及了一个有

---

① O.腾·海渥:《会计史》,文硕、付磊、杨健译,中国商业出版社,1991,第12页。
② O.腾·海渥:《会计史》,文硕、付磊、杨健译,中国商业出版社,1991,第15页。

关历史研究极为本质的问题:研究者个人观念和条件对研究的决定性意义。"历史是精神的产物",所以历史的撰写受撰写者个人精神状态和观念所左右。从有关作者生平的介绍中我们知道,从小在一个边境小镇生活的O.腾·海渥,他的父亲是一位历史学教授,O.腾·海渥从小耳濡目染,对历史产生了浓厚兴趣。成年后担任会计师和在荷兰统计局担任社会经济部统计部长的经历,使他培养了一种强烈的国际感,也使他能在行政工作之余将主要精力放到会计史学的学习和研究方面。他1933年撰写了以"17和18世纪之间荷兰王国的簿记史"为题的博士论文。随后又出版了只有80页的《簿记史鸟瞰》,该书因其权威性而成为参加会计学教师考试的必备参考书。O.腾·海渥师从荷兰著名会计史学家沃尔默(J.G.Ch. Volmer),具有良好的史学功底,并有浓厚兴趣在业余从事会计史研究和著述。其会计史研究著作虽然影响深远,但皆属篇幅较小的简括之作,这应该和他从事政府行政工作有一定的关系。这也决定了他的研究是其在他人研究成果基础之上所作的分析和总结。O.腾·海渥在导言中直言不讳地说明:"我要重申,在本书中没有做出什么新的研究。也就是说,由于没有对关于过去的新资料进行考证,我的写作依赖于'历史学家'近30年来关于会计史问题的研究成果。在我看来,这些'学者'在对过去做出解释时,更接近我们的时代,因而也接近'真实',而我们正是要解释'过去'这个可变的概念,所以,我们只借鉴历史作家的成果,是经过深思熟虑的。此外,我还受限于自己的语言能力,即阅读能力,还受限于只能阅读不会难以理解的学术论文。"①

O.腾·海渥的著作引发人们思考一个重要问题,即历史(会计史)研究如何依赖他人研究成果和使用第一手材料。

O.腾·海渥在导言1.1"历史的一般解释"中,反复使用了"混沌"(chaos)一词,并说明"混沌的过去是一个巨大的领域,它正等待着历史学家们去开拓"。这个意识,当是O.腾·海渥以鸟瞰和通史方式勾画会计历史的根源。O.腾·海渥经过深思熟虑,"只借鉴历史作家的成果",所以,"没有对关于过去的新资料进行考证"。这种做法也确实使O.腾·海渥发挥出自身的优势,使他能够在很短的时间内贡献出一部简明的通史类著作,这在他那个时代本身是个创造性的成就。而从该书内容来看,因为高超的资料选择和掌控能力,全书多方面论述并未有显见的误失。但从会计史研究方法论的角度来讲,却不能不说存在一种缺憾。更为遗憾的是,O.腾·海渥在讨论"会计史料的来源"时,为自己这种选择找了一个特别的理由。他

---

① O.腾·海渥:《会计史》,文硕、付磊、杨健译,中国商业出版社,1991,第2页。

说:"即便是基于事实的信息,也从未描绘出表示过去的图画。不过,要透过搜寻几个世纪簿记的演变过程,并从可资利用的材料中得出其发展趋势,只要运用某种想象力就足够了。"①这实在是一种可怕的观点!尽管历史研究中难免会使用一些想象,但想象毕竟不是现实,而通常的一个现实是,对于很多脱离原始材料的想象,作者往往难以把握分寸,乃至滑落到臆想的深渊。这是真正的历史研究必须特别注意避开的一个巨大陷阱。而避开这个陷阱的唯一办法,就是尽可能多地搜集和利用第一手原始材料,坚持从材料出发,了解和发现历史的真实,这是获得历史真知的几乎唯一的出路。

O.腾·海渥"只借鉴历史作家的成果",忽视第一手原始材料的价值,过于强调想象的作用,事实上代表了会计史研究中一类作者的观点,这实在是一种不小的缺憾。因为这个缺憾,他对许多问题的见解和批评,只能借助于一个高明的历史学者的见识和逻辑推理,而缺乏更多的原始材料支撑,不能不说这是其著作的一个不足之处。

更进一步来说,O.腾·海渥的这种历史研究和撰述方式,可用范围是相对狭小的,不足以作为一般的具有较为普遍意义的史学研究方法,难以作为大家学习或模仿的榜样。同时,他依赖其他历史学者的既有成果,很难辨识并消除别人成果中的弊漏,稍有不慎即可能以讹传讹,贻误后学。

**例二:迈克尔·查特菲尔德的《会计思想史》(*A History of Accounting Thought*, authored by Michael Chatfield)**

美国会计史学家迈克尔·查特菲尔德的《会计思想史》(*A History of Accounting Thought*)被誉为"世界会计学园地的一颗明珠,具有国际水平的会计史学名著"。② 该书中文版译者前言对其做了高度评价,认为该书有四方面特色。

第一,作者采用宏观分析方法,在文明和经济两大背景下,为我们精彩地描绘了从文明古国到 20 世纪 70 年代会计发展的基本轮廓,是西方世界较有影响的会计思想发展通史类著作。

第二,作者采用厚今薄古的方法,对古代会计的发展轻轻一笔掠过,而对产业革命前后的财务审计、管理会计和会计理论的发展,则进行了浓墨重彩的论述。

第三,作者在书中引用的史料极为丰富,不仅有大量最新的会计史料,而且有许多涉及政治、经济、管理、法律和档案的历史文献。

---

① O.腾·海渥:《会计史》,文硕、付磊、杨健译,中国商业出版社,1991,第 2 页。
② 迈克尔·查特菲尔德:《会计思想史》,文硕等译,中国商业出版社,1989,译者前言第 1 页。

第四,作者在书中提供了不少关于古代中国会计和审计发展的资料,并表达了对古代中国优秀会计文化的崇敬之情。这在西方会计史学专著中还是第一次。①

思想是隐藏在行为背后的实质性动机。对思想及其演进历史的研究,是深入了解一种社会行为的基本需要。在有关会计思想史的为数不多的研究中,迈克尔·查特菲尔德教授的《会计思想史》无疑是佼佼者。

《算盘》(ABACUS)杂志曾刊登 M.C. 威尔斯(M.C.Wells)撰写的书评,认为"迈克尔·查特菲尔德很惊奇地抓住了事物的核心,并对他所讨论的问题的重大方面做了很好的消化。"② 书评也指出了该书的不足,认为在其 299 页的篇幅中,迈克尔·查特菲尔德只是描述了耶稣诞辰之前至现在会计实务的发展。"尽管该书作者称其强调的重点是会计思想,但迈克尔·查特菲尔德却主要是对实务进行了描述。它只是整体上综合了布朗(Brown)、德·鲁弗(de Roover)、亚梅(Yamey)、利特尔顿(Littleton)、梅(May)、爱德华兹(Edwards)、加纳(Garner)、亨德里克森(Hendricksen)等人对会计历史的描述。他在会计思想这一主题下所涵盖的只是那些作者的观点,而不是会计理论发展中所内含的一致的东西。"③书评同时还指出,该书的大部分内容并不涉及古代历史,而是"最近的事实"。甚而,该书对当代理论家贡献的处理也是极为简略的,对迪克西(Dicksee)、哈特菲尔德(Hatfield)、佩顿(Paton)、坎宁(Canning)、利特尔顿(Littleton)等人的贡献,只是分别用一小段来描述,对斯威尼(Sweeney)、斯普劳斯(Sprouse)、莫尼茨(Moonitz)、爱德华兹(Edwards)、贝尔(Bell)、钱伯斯(Chambers)、马蒂西克(Mattessich)等人的贡献也只是用了大约一页的篇幅。

书评人一语中的,切中了该书——也是通常思想史研究论著的要害——描述实务,即思想的标题下涵盖的只是对别人观点的陈述,而不是实务和理论发展中所内含的一致的东西。

思想史研究是每个学科研究中最为复杂和艰难的部分。正如在现实中,我们很容易观察到一个人的行事——察其言、观其行即可,但要厘清其言行背后潜藏的

---

① 迈克尔·查特菲尔德:《会计思想史》,文硕等译,中国商业出版社,1989,译者前言第 1-2 页。

② Wells M.C., "Book Review: A History of Accounting Thought," ABACUS, 1974, Vol. 11, Issue 2: 194-195.

③ 这段话的英文原文为:Although the emphasis is said to be on accounting thought (Preface, P. iii), Chatfield's treatment is primarily with descriptions of practice. It is a synthesis of a whole array of past histories such as those of Brown, de Roover, Yamey, Littleton, May, Edwards, Garner, Hendricksen and others. The accounting thought referred to in the title appears to relate to those authors' views rather than any coherent or consistent development of theories of accounting.

## 第三章 以往会计史研究的缺憾与不足

思想,准确地勾勒出其思想发展演变的线索,却很不容易。因为思想总是深藏在行为和言论的背后。一种事物的演进,是包容诸多不同思想和观念的综合性选择,属于环境与时代共同作用的结果,其思想基础更为复杂。思想史研究之所以重要,是因为它是我们理解事物的基础,我们所希望探究的是事物发展演变的内含逻辑,即事物及其发展背后所内含的一致的东西——潜在的原因与逻辑。因此,思想史研究必须建立在对诸多事实深刻分析和研究的基础之上,需要研究者具备高超而准确的把握能力,需要对前人行为及内在世界的深刻体悟,以及强大的逻辑表达能力。这必将是一项极为艰难、很容易误入歧途而失败的事情,但其重要性却是毋庸置疑的。

从会计学术的角度来看,迈克尔·查特菲尔德的《会计思想史》无疑是上乘之作,达到了作者预设目的。但作为思想史著作,它却依然存在较大不足。正如 M.C.威尔斯书评中所言,其未能揭示古代实务和近现代会计理论发展中内含的一致的东西,也即失了思想史的真意。当然,严格说来这也并非迈克尔·查特菲尔德之过,如 M.C.威尔斯书评中所言,"迈克尔·查特菲尔德所承担的是一项极为艰难的工作,他不可能让所有人都感到满意。而本书的所有缺憾,可能皆因为该书是第一次尝试着去处理一项具有悠久历史且极为复杂的课题"。[①]

迈克尔·查特菲尔德之失,大概还有另外一个原因,即在历史观方面,他过于强调内容与现代问题的相关性。迈克尔·查特菲尔德在 1976 年 12 月为该书撰写的序言(preface)中就曾强调,该书"旨在将会计学史的基本原理整理成册,以展示它们与现代会计学问题的关系。……探讨与现代问题的相关性,乃是本书内容的主要尝试"。[②] 在 1988 年 5 月撰写的中文版序中,他更是直接指出,"会计人员对会计史感兴趣,与其说是出于学术上的需要,毋宁说是出于实用上的需要",并说明,"全书共 20 章,涉及 4 000 多年的簿记历史,其重点放在 20 世纪",最后更是宣称:"文艺复兴时期的人文主义者认为,历史研究乃是哲学研究的范例。我们或许还应该添加一句:会计史研究为探讨当代会计问题,提供了论坛。"[③]

中文版译者将作者这种倾向概括为"厚今薄古"。这种观念通常被当作历史研究的一项重要原则为许多人接受并实践。迈克尔·查特菲尔德的著作确实极好地践行了这一原则,他还通过体例和内容安排来特别加强其著作与现代问题的相关

---

① Wells M.C,"Book Review: A History of Accounting Thought," *ABACUS*, 1975, Vol. 11, Issue 2: 194-195.

② 迈克尔·查特菲尔德:《会计思想史》,文硕等译,中国商业出版社,1989,著者原序第 1 页。

③ 迈克尔·查特菲尔德:《会计思想史》,文硕等译,中国商业出版社,1989,中文版序,第 1 页。

性。他这样选择,自然有其理由,因为他著作的目标受众是美国大学专攻会计学的学生,所以他把重点放在20世纪,尤其是20世纪会计理论的发展。如此增强对现实的关照,有助于引发学生的兴趣及贴近感。问题在于,本书主题乃"会计思想史",思想的形成和演进,必然是一个长久的过程,需要关注这个长久过程的各个方面。从这一点上来看,该书选择厚今薄古,以20世纪为重点,而且"主要介绍那些对当时的经济发展有主要影响的国家"(文艺复兴时期以意大利为主,18—19世纪主要介绍英国,20世纪主要介绍美国),并非恰当的选择,至少与思想史研究的目的是不相称的。对于会计的历史发展而言,思想是一种普遍的存在,发达国家或地区、发达的时代有发达的会计思想,不发达国家或地区、不发达的时代同样具有与之相适应的可能不甚发达但同样具有重要意义的会计思想。从一定意义上来讲,世界各国的会计,在大多数时间段里,大多处在一种缓慢演进的状态。对于研究真实的会计思想史,会计缓慢演进时期的思想同样具有重要意义,甚至在一定意义上可能内涵更丰富,更具有挖掘的价值。真实的、有价值的会计思想,既体现在快速变化的时代和事件中,也蕴含在会计相对稳定的缓慢演化过程中。会计思想史研究最终呈现的,应该是全面反映真实而完整的会计历史的会计思想史,而不是撮要反映发达国家某些快速变化或变革的时代或具体时点上的会计思想,更不是某几个理论家或名人的理论或思想。

所谓"厚今薄古",应是强调历史研究有用性的结果。但对历史研究(包括思想史研究)而言,以这种方式来体现或迎合有用性需求,本身是值得怀疑的!历史的价值并不限于解释当下,也在于通过对事物长时段演化过程中内在逻辑的分析研究,了解人类社会结构和人类存在的实质。这个任务只有通过长时段的考察才能被较好地完成。而对人类思想的形成而言,越是早期简单蒙昧的萌芽时期的实践,越是包含思想的真谛。思想的种子往往都是在最初的实践中孕生出来并被播种的。人类行事往往有一种习性,一开始目的明确,走着走着却忘了本意是要做什么,并极有可能半道走入歧途,忘了初衷。因此,要发现真思想,更应该厚古薄今,而非反其道而行之。

研究思想史者,多习惯于像迈克尔·查特菲尔德这样把注意力集中在近现代理论家身上,从近现代理论著述中寻找思想。然而,会计理论的出现不过是近一两百年的事情,而会计文明的起源却在几千年之前。据近百年来的理论寻数千年会计思想之根,岂非缘木求鱼?罗伯特·H.蒙哥马利(Robert H. Montgomery)1938年为爱德华·佩拉加略(Edward Peragallo)《复式簿记的起源与演进:对

14世纪意大利实务的研究》(*Origin and Evolution of Double Entry Bookkeeping: A Study of Italian Practice from the Fourteen Century*)所作的序言中有言:"自复式簿记出现之后数世纪内,会计师、会计教师和会计作者所关注的不是理论,而仅仅是商业交易及其在账户中的描述。会计理论最早在19世纪出现,随后开始流行一种所谓的会计制度——它们中大部分是非常奇妙的,但就实用目的而言却是毫无用处。"①罗伯特·H.蒙哥马利的这个发现具有重要意义,原因在于会计皆是人类实践的产物。在会计理论出现之前的数千年里,会计一直在实践中演进,自有其内含的逻辑与意义。尽管我们不否认现代会计理论的价值,但却时刻不能忘记,理论作为一种人为的结果,可能受理论家个人一时一地的观念局限的影响。真正的思想和真知乃是来源于实践,理论充其量只是实践的总结或延展。因此,真正的思想史研究,应该是面向实践的研究。面向实践,向古而寻,当是思想史研究的基础逻辑。

**例三:李孝林、罗勇、孔庆林的《比较会计史学》(*Comparative Accounting History*, authored by Li Xiaolin, Luo Yong, Kong Qinglin)**

李孝林教授是我国老一辈会计学者中专注会计史学研究的重要学者之一。他提倡建立比较会计史学,率领团队集中研究中国、韩国、日本简牍中的会计史料,在简牍会计史料的挖掘整理、会计史比较研究、比较会计史学构建等方面做出了重要成绩,出版了《中外会计史比较研究》(1996)、《比较会计史学》(2007)、《基于简牍的经济、管理史料比较研究》(2012)等著作。

《比较会计史学》是在《中外会计史比较研究》的基础之上建立比较会计史学的尝试性著作。郭道扬教授为该书作序,认为其"在总体上体现了研究结构设计与研究方法应用上的创新","将把比较会计学的研究推进到深入而系统的阶段"。② 全书共4篇14章,探索如何运用比较研究的方法对会计历史和会计史学进行比较研究的理论,就史立论,史论结合。书中综合运用了比较研究和跨学科研究的方法。国家社科基金后期资助项目评审专家在评价并通过该项目的书面意见中指出:"对简牍,过去主要是考古与历史工作者研究,做出了许多成果。但如何更深入发掘简

---

① 英文原文为:For centuries after the first signs of double entry appeared, accountants and teachers and writers of accounting were concerned, not with theory, but exclusively with business transactions and their description in the accounts. Accounting theory first appeared in the nineteenth century, and there followed an epidemic of so-called systems of bookkeeping — most of them fantastic and utterly useless for practical purpose. 见 Edward Peragallo, *Origin and Evolution of Double Entry Bookkeeping: A Study of Italian Practice from the Fourteen Century*, American Institute Publishing Company, 1938。

② 李孝林、罗勇、孔庆林:《比较会计史学》,中国财政经济出版社,2007,序(郭道扬)第1页。

牍所包含的历史价值,尤其是从多学科的视野观察、分析、提出问题,前者由于知识结构的限制,如有关经济、管理方面(诸如统计、审计、会计),难于充分利用简牍资料,不能充分研究中国古代社会。申请者则有此方面之专长。据初审所见……较全面地推进了研究,是一个专业的同时也是跨学科的研究。"①

《比较会计史学》以出土简牍文书为主要研究对象,开展多方面比较研究,如简牍文献与传世文献的比较、简牍文献中事物与中外历史中的同类事物比较、简牍文献中事物与当代中外的同类事物比较。该书比较异同、比较发展程度,务求深透,深入分析原因和影响,探索发展历程和规律。全书在探索构建比较会计史学基本理论和框架的同时,进行了多方面的比较研究,包括古代会计核算方法史比较、古代会计控制史比较、会计基础理论发展史及会计教育史比较。

正如该书第一章所引彭卫、孟庆顺在《历史学的视野》中的观点,在20世纪80年代,"提倡比较史学的呼声逐渐由弱到强,用历史比较方法研究历史的人从少到多,历史比较的内容也由浅入深。比较史学的浪潮冲击着国际史学界,成为史学发展最新、最重大的趋势之一"。②《比较会计史学》是在会计史学界运用比较研究法,创建比较会计史学的一次重要尝试。书中大量引用简牍史料作为比较研究的基础,是迄今所见运用简牍史料进行会计史研究最为精深的著作,在挖掘古代史料遗存的会计史价值方面具有示范性意义。

从方法论的角度来看,比较研究无疑是一种很有价值的研究方法,但在历史研究中如何恰当地运用比较研究,把握好比较的尺度,妥善估计和处理可比性问题,摆正比较的目的,却需要深度思考和妥善的处理。该书在这些方面进行了有益的尝试,但在有些方面也需要做进一步的思考和推敲。

(1) 关于一些重要史实发生时间的界定问题。

《比较会计史学》第三章"复式记账法",运用古今中外大量资料,讨论复式簿记的产生、发展及复式簿记理论史,对与复式记账法相关的许多具体问题进行了研讨,提出了我国复式簿记产生于西汉的说法。复式簿记的产生和发展确实是会计史研究中的一个重要问题,通过比较研究可以为深化对这一问题的研究提供许多重要的启示。但是,要对这一问题做出恰当结论,尤其是准确地确定中式复式记账法产生的时间、标志等,却非易事。复式记账法作为会计方法发展到一定历史阶段的产物,其产生和发展必然与一定的社会历史条件相关联,不能简单地将某一具体

---

① 李孝林、罗勇、孔庆林:《比较会计史学》,中国财政经济出版社,2007,前言第3页。
② 李孝林、罗勇、孔庆林:《比较会计史学》,中国财政经济出版社,2007,第3页。

标志(如反向记账符号)的出现作为判定标准,需要综合考虑各种因素。对复式簿记的历史研究来讲,问题更为复杂,其原因在于复式簿记的产生和完善经历了一个长时期逐渐发展演进、从不完善到逐渐实现体系化的过程。

学者们在历史研究中经常会有一种倾向,即着力将各种创造发明的时间往前推,好像不提前不足以证明先进与发达。这是一种极其有害的观念。日月经天,江河行地;四季更替,万物生发。世间万物,自有其自然之道。无论是自然产出还是人类的发明创造,归根到底都是一定具体环境条件的产物,在条件尚未出现或成熟之前,极难有超越时代的发明创造出现。这方面存在着一种客观之道。历史研究者需要深刻体会这个道理,需要深入细致,运用超卓的思维和手段,理解分析事物发展变化的自然之道,求得对其中因果及生发之道的透彻理解,而不能脱离环境条件一味地追求把一些事物的出现时间提前。

(2) 比较对象是否属于同一类型,是否具有可比性的问题。

比较研究中最容易出现的问题在于,忽略事物之间的差异,对不具有比较基础的事物进行比较。《比较会计史学》前言中讲:"全书使用的有关简牍文献及其分析材料10万字以上,并参阅最新出版的国外研究资料,如韩国、日本、欧洲等会计史资料进行比较研究,提出了许多新论,如'龙门账',流行观点是明末清初说,查无实据,人们不仅发掘出元朝至治二年(1322年)的龙门账,欧洲14至16世纪的龙门账,还发掘出高丽11世纪用汉字书写的龙门账。"[①]在中国会计历史上,"龙门账"是一个很复杂的公案。迄今为止,能见到"龙门账"一词的早期文献寥寥,就连"龙门账"究竟是一种账簿,还是一种结算方式都无确凿证据,又如何能去判断别的国家的什么东西是否是"龙门账"?《比较会计史学》第六章第四节"龙门账探索"首先介绍了"对龙门账的七种不同认识",用事实材料证明对于什么是"龙门账",人们的观点是大不相同、莫衷一是的。尽管作者经过分析之后认定:"龙门账专指双轨结算盈亏合龙门,它是在三脚账或四脚账的基础上,运用一定的会计核算形式,编出《月结草稿》或'账略'进行的。"[②]但这个认定本身就是有问题的,比如,究竟是在三脚账还是四脚账的基础上进行结算?运用的是什么样的会计核算形式?为什么是编出《月结草稿》或"账略",而不是年结册、清单或者其他什么形式的报告文件?在连"龙门账"究竟是什么都尚未有确切认知的情况下,就得出结论"龙门账作为一种

---

① 李孝林、罗勇、孔庆林:《比较会计史学》,中国财政经济出版社,2007,前言第4-5页。
② 李孝林、罗勇、孔庆林:《比较会计史学》,中国财政经济出版社,2007,第183页。

科学的会计方法,国外也早已采用"①实在有欠妥当!而该书所引国外采用"龙门账"的例子,是1521年出版的德国最早的簿记著作——海因里希·施雷贝尔的《新技术著作》中介绍的两种损益计算方法,"前者类似于我国的登销轧彩账,后者类似于捞锅底账。将两种方法结合,检查损益类似我国的龙门账"。②这样的比较研究结论,令人难以苟同。该书第190页在讨论"欧洲的龙门账"时,运用了同样资料,但结论表述稍有改变,认为"将两种方法结合以检查损益,显然是龙门账,虽然他们没有我国的这个称谓"。③随后又举例论证了西班牙14世纪的损益表、古罗马的财务成果确定,以及韩国"四介松都治簿法"的"龙门账"性质,似乎只要涉及与差额计算相关的损益计算,都可以等同于"龙门账",这里面所包含的比较研究的观念和逻辑,是很值得怀疑的。首先,损益结算是古今中外会计业务中普遍存在的事实,其基本理念自然是相通的,而"龙门账"是近现代中国民间会计中一个专用词语,把这样一个名词推广运用到对世界各国会计事实的判断,是否恰当? 其次,在中国,"龙门账"究竟为何物,迄今尚未有能够让业内普遍认可的结论,也未发现确凿的实物证据。由陈稼轩编著,商务印书馆1935年出版的《商业词典》中,"三脚账""四脚账""合龙"等皆有专门词条,唯独不见"龙门账"。多年来,我曾从各方面仔细搜寻,迄今未曾发现任何原始记录材料中使用"龙门账"一词,可知在清末民国时期,"龙门账"并不一定是一个使用广泛的专门词汇,实在不适合以之行国际比较。

(3) 古今项目的异同与比较项目设计问题。

古代会计核算方法史比较,无疑是会计比较研究的重要部分,也是构建比较会计史学的核心问题。该书第二篇"古代会计核算方法史比较"具体分为"复式记账法""会计凭证史""会计账簿史比较""盈亏计算法及龙门账史比较""会计报告史"几个部分。会计中的凭证、账簿和报告是在漫长的历史发展中逐渐形成的,最终定型于20世纪会计理论和方法体系的构建过程。在早期会计中,大多数情况下并不存在明确的凭证、账簿和报告之分。一项记录资料可能同时兼具后世的凭证、账簿和报告的功能。比如,在唐宋时期的敦煌寺院会计文书中,就存在大量便物历,便物历是账目资料,同时便物历上面也有便物(粮)人的签名及住址等信息,属于凭证与账簿一体化的会计资料。如果基于现代会计的凭证、账簿、报告功能进行历史的比较研究,很容易陷入尴尬的境地。比如,《比较会计史学》举例作为"凭证"的商代

---

①② 李孝林、罗勇、孔庆林:《比较会计史学》,中国财政经济出版社,2007,第187页。
③ 李孝林、罗勇、孔庆林:《比较会计史学》,中国财政经济出版社,2007,第190页。

甲骨文记录①,究竟是"凭证"还是"账簿",如何区分?举例使用的青铜器铭文资料,又如何能证明其属于"凭证"还是"账簿"?书中大量使用的汉代简牍资料,同样是很难区分清楚是"凭证""账簿"还是"报告"的。简而言之,这种按照现代会计概念进行古代会计比较研究的方法是不可取的,也是行不通的。历史性的比较研究,必须注意不同历史时期的条件特点,以及具体术语内涵的差异与演变。

**例四:索科洛夫的《会计发展史》**(*Development History of Accounting, authored by Sokolov*)

由苏联会计史学家索科洛夫著,陈亚民等译,中国商业出版社1990年出版发行的《会计发展史》,是国内唯一的由苏联会计史专家撰写的会计史研究著作,代表了会计史研究一个特殊的思路和视角,发人省思。

对于历史研究,思路和视角永远具有重要意义,因为它们决定了在什么程度上、用什么样的观念来观察和研究会计历史,构造历史叙事。索科洛夫的《会计发展史》之所以被认为视角独特,是因为该书对整体的会计史观察和研究,是以"核算"为核心的,而"核算"则是20世纪上半期苏联社会主义会计体系和会计思维的核心概念。该书的会计史观察和研究是当代会计史观察和研究中有别于西方国家以企业微观信息系统为核心的一个不一样的体系,这个体系同时又区别于中国以国家宏观财计管理为中心的会计史观察和研究。

该书作者在中文版序中特别指出,会计产生于人类文明的曙光之中,是为处理经济事项而采用的各种方法之综合,它有一系列完善的方法:①对参加经济活动的人们之间相互关系的监督方法;②计算企业财务经济活动的最终成果。为达到这些目标要求建立起专门的和相当复杂的系统,它不是简单地、像镜子那样反映企业的经济活动,而是能够从中分解出管理决策机构所要求的内容。所有这一切导致在19世纪后半叶会计逐步演变为与法律和政治经济学相联系的科学,并成为经济思想史上值得注意的重大事件之一。②

索科洛夫有宏大的历史视界,所以能得出铿锵结论:"会计是人类文明的组成部分,是促进人类进步的因素,它一旦产生之后将永远存在,与世长存。"③

作者自言写此书用了二十多年,花费了巨大的精力,但依然承认此书"仍有很多不尽人意之处,其中最大的缺陷是缺少有关中国会计核算发展历史的章节"。④

---

① 李孝林、罗勇、孔庆林:《比较会计史学》,中国财政经济出版社,2007,第94页。
② 索科洛夫:《会计发展史》,陈亚民等译,中国商业出版社,1990,中文版序第1-2页。
③④ 索科洛夫:《会计发展史》,陈亚民等译,中国商业出版社,1990,中文版序第2页。

作者这种对于历史研究的坚持、客观和冷静的自省,是会计史研究者需要学习借鉴的宝贵财富。

历史研究不管处理的是什么样的主题,采用的是什么样的方法,总是需要有深入扎实的分析、精到的归纳和总结。在这方面索科洛夫做了很好的示范。在该书前言中,他用生动简捷的语言说明了:①历史学研究的作用;②撰写会计史的方式;③历史学家的资料来源。他给予我们最大的启示是:历史研究者首先应该是一个冷静的思想者,必须明确自己所做的事情有什么实在的意义,该用什么样的方式去完成,以及有哪些材料可以用来完成任务。冷静客观地审视和分析可资利用的材料资源,是历史研究者工作的重要前期。

从"核算"角度来观察会计史是索科洛夫这一研究的特点。这一特点体现的是苏联社会主义会计理论和制度的特色,与强调微观管理的西方会计史研究形成鲜明对照,提供了观察会计历史的另外一种可能路径。索科洛夫的著作共有7章内容,其中,5章的标题包括"核算"一词。由此可以看到一个以"核算"为中心构建的会计史叙事体系。也正是以"核算"为中心,造成了索科洛夫会计史观的局限,即重核算而忽视了会计的其他成分,这使一部会计史最终被写成了一部会计核算史。

这并非作者本人的个性化选择,而是苏联社会主义会计观在索科洛夫个人研究中的映射,可以将其视作意识形态影响学术的一个典型例证。

苏联的会计制度和会计实践,是一种十分特殊的状况。一方面,苏联作为欧洲国家,它继承了欧洲文化中注重微观和科学的传统;另一方面,它创建社会主义制度,探索建设社会主义经济管理制度,形成以国家为中心、宏观与微观兼顾的国民经济核算体系——这个体系由统计、会计、业务三大部分构成。索科洛夫的《会计发展史》综合体现了以上两方面的影响。

(1) 在有关古代会计文明的简要探索中,直接使用有关古埃及、美索不达米亚、波斯、古希腊、古罗马等文明的考古发现,分析了其具体核算的各方面史实。

(2) 考察了复式记账法的起源、在欧洲的传播及其科学化。该书将会计核算的科学化作为重要议题,并以一章半的篇幅进行专门探讨。

(3) 比照西方资本主义国家的核算,重点讨论苏联国家经济核算及其中的会计核算,尤其是社会主义条件下的会计核算。

索科洛夫的《会计发展史》,实质上是一部按照苏联社会主义经济核算观点进行规划,兼具微观和宏观观察特点的会计核算史。其在理解会计核算的具体内容方面颇为深入,给我们以很大启示,但通常会计体系中十分重要的审计及会计制度的内容,完全不在其研究范围之内,不得不说这是这种观察视角的缺憾。①

正如"一千个人眼中有一千个哈姆雷特",在一千个会计史学者眼里,就会有一千种不同的会计史。索科洛夫此书让我们看到了研究视角的不同对会计史构造的实际影响。

**5. 对典型问题的反思与质疑**

**问题一:对复式簿记的重要性评价过高?(Has the Importance of Double Entry Bookkeeping been Overrated?)**

在历史研究中,如何准确评价一项事物或一个人物的历史贡献和地位,总是有较大难度。一是个人因视野和资料的局限,难以把握评价的准确度和客观性;二是在专业评价中,研究者受个人价值偏好和观念倾向影响,很容易作出过高评价某一事物价值的行为;三是史学者在历史研究中存在一种"拔高"或"简化"的倾向,总是自觉或不自觉地突出一些人或事,以得出一个简化、特点突出、引人注目的历史框架或结论,最终构造出一种表面看来简单明了、重点突出、结构明晰的历史叙事,实则脱离历史真实,并可能严重歪曲历史的真意。对复式簿记历史地位的评价即为其中一例。

意大利借贷复式记账法的出现和传播,是全球会计历史发展中具有重要影响的历史事实。第一个在公开出版的著作中记载了威尼斯簿记方法的意大利僧侣卢卡·帕乔利也因此而获得殊荣,被誉为"现代会计学之父",被全球会计人顶礼膜拜。

德国著名社会学家、经济史学家沃纳·松巴特(Werner Sombart)在其《现代资本主义》(*Der Moderna Kapitalismus*)一书中指出:"产生伽利略和牛顿体系的精神,也就是产生复式簿记的精神。复式簿记类似于现代物理学和化学学说。它使用相同的手段,将各种各样的现象构建成巧妙的系统,而且,人们可以将它作为以机械学思想原理为基础构建的第一座宇宙建筑物加以论述。"②沃纳·松巴特不但将复式簿记视为一项影响经济发展的因素,甚至接受了这样的观点,即:如果没有复式记账,历史的进程将会是另一番景象。德国诗人、文学家、哲学家J.W.歌德(J.W.Goethe)形容复式簿记是"人类智慧的绝妙创造之一,每一个精明的商人从事经营活动都必须利用它"。英国数学家奥瑟·凯利(Arthur Cayley)则认为,复式簿记原理"像欧几里德的比率理论一样,是绝对完善的"。日本会计学家黑泽清在《改

---

① 在具体研究中涉及了有关"监督"的一些内容,但并不能等同于审计。
② 转引自O.腾·海渥著:《会计史》,文硕、付磊、杨健译,中国商业出版社,1991,第10页。

订簿记原理》中写道:"在复式簿记出现以前,世界上不存在所谓'资本'的概念。或者说,倘若没有复式簿记,就没有'资本'的出现。"①

迈克尔·查特菲尔德在《会计思想史》中更是明确指出:"会计史上具有决定意义的事件,乃是复式簿记的出现。卢卡·帕乔利(Luca Pacioli)于1494年论述的'威尼斯簿记法'已经包括了现在正在使用的簿记的绝大部分要素,但是,这种复式簿记法又全然不同于以前存在的簿记方法。所以,会计史可以分成两大不同的时代,即复式簿记出现以前的500年和复式簿记出现以后的500年。这两个时代截然断开,前一时代的事件看起来似乎只有某些历史意义,与现代会计上的问题没有什么联系。"②

O.腾·海渥在其著作中认为,沃纳·松巴特对复式记账的重要性做了总体过高的评价。事实上,对复式簿记的过高评价,在会计史学界更为常见。A.C.利特尔顿认为,15世纪,由于商业和贸易快速增长的压力,人们将账务记录扩展为复式簿记,这一时期也因此成为会计发展史上的重要阶段。其他会计史学家对会计历史的论述,也几乎毫无例外地将复式簿记的产生视为会计史上革命性的重大事件③,在有关14世纪至19世纪数百年的会计发展变革中,复式簿记的传播几乎成为唯一的重大主题。这种历史观点,显然是值得商榷的。

在人类历史上,会计的演进过程中曾发生过许多大大小小的属于不同时代的不同的创新,这些创新对于不同的时代,皆具有重要意义而且是各不相同的。从历史的角度来看待问题,对任何一项事物或创造发明的价值做过高的评价都是不适当和有违客观的。

既然说沃纳·松巴特对复式簿记的评价是过高的,那么,如何才能对复式簿记乃至整个簿记的地位做出恰当的评价?这是一个需要认真研究的重要问题。需要考虑簿记方法与其产生的社会历史背景之间的关系,更需要考虑不止一个国家簿记发展的历史——也即是说需要考察簿记方法在世界不同区域(国家)传播和不同区域(国家)相互交流、影响的过程,更需要了解簿记——作为会计体系中基本的记录部分——与会计体系其他部分之间的关系,包括与报告体系、簿记及报告的审查

---

① 以上人物对复式簿记的评价,转引自葛家澍教授为立信会计图书用品社1988年版《巴其阿勒会计论》所作中文版序第1页。
② 迈克尔·查特菲尔德:《会计思想史》,文硕等译,中国商业出版社,1989,著者原序第3页。
③ 关于复式簿记历史意义的观点,广泛地见于有关会计历史的种种著述。葛家澍在为《巴其阿勒会计论》一书所写的"中文版序"中,集中论述了各种评价。参见R.G.布朗、K.S.约翰斯顿:《巴其阿勒会计论》,林志军等译,立信会计图书用品社,1988,中文版序第1-7页。

(审计)体系、制度规范以及会计资料的社会性使用与规制等方面。

**问题二:"龙门账"与中式复式记账法的历史叙事,是神话还是真实?** ("Longmen zhang" and the Historical Narration of Chinese Double Entry Bookkeeping, Myth or Reality?)

由英国伦敦政治经济学院睿嘉·麦克菲(Richard Macve)教授等撰写的一篇文章[①]引发的对"龙门账"和中式复式记账法的质疑,是令中国会计史学人汗颜的记忆。之所以在这里将"龙门账"问题作为一个典型问题来说,是希望借此对会计史学者研究会计历史的观念形成一种警醒。

中式复式记账法的历史叙事,以"龙门账"为核心,形成了从"三脚账"到"龙门账",再到"四脚账"的叙述格局。然而,对此人们却多有疑惑。赵丽生教授研究认为"龙门账的创建问题还是一个悬而未决的疑案"[②],凯斯·霍斯金(Keith Hoskin)、马德斌(Debin Ma)、睿嘉·麦克菲(Richard Macve)等在研究中西方会计的理性(rationality)时,发现中国会计史学界关于"龙门账"的叙事完全是一个"神话",并认为,从逻辑和史学的角度来看,这一"神话"包含了三大陷阱。

第一,中国会计史学界关于"龙门账"的叙事,未能清楚地证明它代表的是西式的复式记账法。它可能只是中国长期使用的用于记录个别账户的四柱法(four-column system)的一种更为复杂的变形,目的是解决定期计算利润的问题(这种情况在西方即便是在复式记账法发明之后也是经常发生的)。对于被认为属于龙门账的各种账目(比如,Auyeung 等人 2005 年研究的自贡井盐账目)需要做进一步的调查。

第二,迄今为止相关研究所引用的所有证据都只能说明,山西的银行家们可能在 20 世纪初期使用过"龙门账"。认为"龙门账"起源于 17 世纪的说法,只是一项基于山西票号可能起源于 17 世纪这一观点的猜测。

第三,事实证明,上述观点(第二点)现在可能被完全否定。虽然山西人经商由来已久,但山西票号作为一个全国性的银行业务和汇款活动网络,始于 19 世纪初期。更具体地来讲,第一家山西票号,极可能是在 1823 年建立的。这个时间节点具有重

---

① Keith Hoskin, Debin Ma, Richard Macve, "A Genealogy of Myths about the Rationality of Accounting in the West and in the East," *SSRN Working Paper*.

② 赵丽生:《龙门账的创建问题:中国会计学界的一个悬案》,《会计之友》,2006 年第 12 期,第 4-6 页。作者曾就此与赵教授联系,被告知,他曾花 10 年时间寻找有关龙门账的实际证据而未获得任何结果。

要意义，因为"龙门账"的复式记账法特点，是与山西票号的银行业务紧密相关的。①

令人汗颜乃至惊悚的是，学界有关"龙门账"的叙事，多采用"据说""比较一致的说法"等类似陈述，已有研究缺乏实际史料的支撑与客观的证据或基于第一手史料的分析，不仅使"龙门账"历史成为悬案，而且使以之作为基础的中式复式记账法的整体历史叙事受到质疑。

2017年11月中国会计博物馆举办"丝路会计历史文化国际研讨会"期间，英国伦敦政治经济学院睿嘉·麦克菲（Richard Macve）教授、韩国启明大学郑基淑教授、荷兰阿姆斯特丹自由大学谢斯·坎佛曼（Kees Camfferman）教授、中国台湾暨南国际大学许紫芬教授、中国湖南大学陈敏副教授等对"龙门账"及中式复式记账法历史问题给予了高度关注。会后，中国会计博物馆经多方联系，于2018年4月8日和9日举办"龙门账"与中式复式记账法历史中外专家现场研讨会，力求：①基于第一手实际史料的科学、规范的论证分析，厘清有关"龙门账"的基本史实，解决与之相关的各种未决问题，还原历史真相。②用科学的方法和观念，重述有关中式复式记账法的历史。③通过广泛的国际合作，解决复式记账法历史研究中的一些重要问题，包括：第一，通过与意大利借贷复式记账法历史发展与传播的比较研究，弄清复式记账法的内容构成、判定标准、演进和发展特点等基本问题；第二，通过与日本、韩国等周边国家和中国香港、中国台湾学者的合作，借助不同国家或地区所藏史料与史实的比较及交互研究，解决关于东亚地区复式簿记早期历史及不同地域相互影响的诸种问题。

不论是中式复式簿记还是西式复式簿记，其发展演进都是一个复杂的过程，非短时期内简单的研究可以说清。需要注意的关键问题在于，为什么在中国会计史研究中会有这样的神话出现？类似的神话究竟还有多少？如何避免类似的神话再次出现？

破除神话，从观念上放弃先入为主的"龙门账"叙事方式和格局，以史料为基础，结合各方面材料，重构中式复式簿记的历史叙事，开展理性、客观的会计历史研究，可能是中国会计史学界需要认真面对的一个重要问题。

**问题三：古罗马人曾经将古代会计推到了顶点吗？（Did The Ancient Romans Pushed Ancient Accounting to Its Zenith?）**

古代文明中的会计是多部会计史经典著作关注的焦点。相对于其他文明古国

---

① Keith Hoskin, Debin Ma, Richard Macve, "A Genealogy of Myths about the Rationality of Accounting in the West and in the East," SSRN Working Papers.

## 第三章 以往会计史研究的缺憾与不足

的会计,经典著作对古罗马会计的评价颇多溢美之词。

O.腾·海渥《会计史》第二章"古代会计"第三小节标题为"古代簿记发展的顶点",该节认为"古罗马人在公元前后几个世纪内,将古代会计推到了顶点"。很难理解他作为一个历史学家,如何可以轻易地做出有关"顶点"的结论。我们来看他得出这一结论的一些基本条件(证据):

(1) 作为银行从业者的金融家帕西奥(Pasion)公元前370年的账目——为每个客户登记了账目;

(2) 驻守在古埃及的两个罗马士兵的工资记录(公元83年或84年);

(3) 西塞罗在法庭上为演员罗斯塞乌斯(Roscius)辩护时提到日记账和现金出纳账。

客观地讲,O.腾·海渥是一位相对比较谨慎的会计史学家。所以,尽管他认为古罗马人把古代会计推到了顶点,但他并未过分高估古罗马会计的水平,反而认为:"如果认为罗马簿记系统是古代世界发展最完善的会计系统,那么与中世纪意大利的簿记系统相比,古代的簿记系统是何其原始。"①他还用了一些文字来研究为什么许多作者会过分强调古代这些簿记系统,并认为"如果就此推断当时已存在账户系统,或推论这些记录已构成复式簿记的最早萌芽,则未免离题太远"。②

从以上资料中,我们看到O.腾·海渥研究历史的认真和严谨,但即便如此,他依然得出了关于"顶点"的判断性结论。这所反映出的,实际上是会计史研究乃至其他一般的历史研究中经常出现的一个问题,就是根据局部资料做出整体性的评判结论。此类结论往往很容易存在问题。问题的基础则是判断的逻辑,即中国古人所谓的管窥蠡测,至为严重的就是井蛙之见。

古罗马的鼎盛时期,大致相当于中国的汉代。在世界文明的历史中,古罗马会计相对引人注目,在于从时间上来看,古罗马文明相对较晚,而晚出的会计资料相对较其他古代文明(如古巴比伦、古印度、古埃及、古希腊)较多,这很容易导致会计史学者对古罗马会计文明做出较高评价,但这种评价在一定意义上可能只是因为其时间较晚、史料较多,因此,人们能够看到更多与之相关的东西。③但因此而得出古罗马会计文明将古代会计文明推到顶点的结论,却很容易让人们误以为古罗

---

①② O.腾·海渥:《会计史》,文硕、付磊、杨健译,中国商业出版社,1991,第37页。

③ 当然,除此之外可能还有一种内在的逻辑,就是社会是发展进步的,所以后来者一定比前者水平更高、更优秀。但这一点事实上也是不尽然的。

马会计文明高于其他文明,而事实却不见得一定如此。一个根本的理由是,某些时候,在我们感觉"极有把握地"得出结论之时,或许并没有足够的材料让我们能够充分了解除我们所看到的之外的东西。举个极端但却客观的例子:假如在做出判断的当时,O.腾·海渥教授已经如今日的我们,能够看到出土的30万枚简牍所反映的大致与古罗马处于同一时期的中国秦汉时期的会计,那么古罗马与古代中国会计文明孰高孰低,又该如何做出评判?

本书无意争论古罗马会计文明与中国古代会计文明的长短,只是想说明,对于历史的研究,在获得和了解较为全面的资料之前,若要得出一些比较极端的结论,必须慎而又慎。

**问题四:古代簿记的目的非常有限?(Was The Purpose of Ancient Bookkeeping Limited?)**

O.腾·海渥《会计史》第二章第二小节讨论"计数制和货币的影响"时,认为:"古代簿记的目的是非常有限的。当时,人们仅仅希望对管理者进行审计,所以,相对来说,用物品数量反映的记录是最有效果的。"①

作为一项历史论断,O.腾·海渥的这个观点,至少从三方面来看是有失严谨的:

(1) 以什么为根据,可以认为古代簿记的目的是非常有限的?这个"有限"是针对后来某一时期甚至今天的现实而言,还是针对当时的社会实际而言?

(2) 根据什么说"人们仅仅希望对管理者进行审计"?难道簿记本身没有任何意义?

(3) 凭什么说"用物品数量反映的记录是最有效果的"?

就在他得出这种结论时,他所使用的两份材料——古希腊建筑过程账和罗马士兵工资账都是采用货币计量的!②

历史的发展是一个长时期的、复杂的过程。在这个过程的不同阶段,各有不同的环境条件和不同的需求。存在的即是合理的,不论是古代还是近现代,会计的根

---

① O.腾·海渥:《会计史》,文硕、付磊、杨健译,中国商业出版社,1991,第33页。事实上,不只是O.腾·海渥,许多研究者都有按照当代概念不甚恰当地评价古代会计的问题。比如,美国学者雅各布·索尔(Jacob Soll)在《账簿与权力》(中信出版集团2020年版。其英文版为 The Reckoning: Financial Accountability and the Rise and Fall of Nations,2014年出版于纽约)中就认为:"会计核算在古代的美索不达米亚、希腊和罗马等地发展缓慢,直到中世纪的意大利将其改造成复式记账法,才成为资本主义企业进行利润核算和政府管理的强大工具。""数千年来,中世纪的人们沉浸在会计账户的世界中,创新却始终乏善可陈。""古代记账的范围仅限于店铺核算,也就是基本的存货盘点。"见该书中文版第12页。

② 尽管这个事实可以被理解为特例,不能用于证明O.腾·海渥教授的结论缺乏证据支持。但一个必须注意的问题是,任何的历史研究结论都必须特别注意逻辑自洽,以及可能来自反方面的证据。

本职能是一贯和相通的,但其具体表现出来的现实作用却可能各有不同。这是研究会计历史需要特别注意的地方。会计的外表形式和具体内容不断在发展变化,这个进程有快有慢,但会计的本质却是始终如一的。

古代簿记的目的究竟是什么,这是一个需要深入讨论的问题。

此处讨论 O.腾·海渥的这一观点,是因为在历史研究中,经常看到一些作者拿某领域目前的进展来证明以前的原始和落后,这种做法不但是无用的而且是有害的！当今时代,会计记录已经进入电算化网络系统,我们是否可以因此否定之前的手工系统,指斥其原始、落后？每个时代会计所能达到的技术水平,总是由多种因素所决定,以能够适应当时的实际需求。当旧的方式不能适应发展的需要,新的发展即可能随之到来。作为历史研究者,应该客观地评价不同时期的事实和发展水平,应该尽最大可能回归历史的现场,做"同情的理解",而不是以今非古,妄下褒贬。

**问题五:高峰与演进,孰重？(Peak vs. Evolution, Which is More Important?)**

会计史研究中有一种颇为突出的趋向,即对"高峰""顶点"之类特殊状态的偏爱,好像每个研究者都以发现一个或几个"高峰"为能事。①

除了上文谈到的 O.腾·海渥认为古罗马人把古代会计推到顶点,还有许多类似说法,仅举两位名家名著中的观点为例。

在古代社会,中国会计的发展较之近东国家,似乎更加缓慢,持续的时间更长。在周王朝时代(公元前1122—公元前256年),官厅会计发展到最高峰,直至19世纪复式簿记技术的引进,这种会计制度几乎没有任何改进。

——迈克尔·查特菲尔德《会计思想史》第1章 "古代社会的会计"

有关会计演进部分历史的故事至此已然讲完。它为我们提供了一份有关商业扩张和经济环境变化之影响的现实画卷。其重点之一为15世纪,当时,由于商业和贸易快速增长的压力,人们将账务记录扩展为复式簿记;重点之二为19世纪,类似压力(这次压力来自商业和工业方面)导致人们将复式簿记扩展为会计。此乃永无止息的历史长河的又一个横断面,其中"……所有事件、条件、制度、个性,皆直接源自先前的事件、条件、制度、个性"。

——A.C.利特尔顿《1900年前会计的演进》第22章 "会计的演进"

这种对"高峰""顶点"的偏爱,从道理上来推测,大概与历史研究本身的特点相关。如休齐格(Huizinga)所见:过去是一个时间概念,在对其有一般的理解之前,

---

① 请原谅在批评他人时我自己也做出具有类似性质的判断,可知著史之难。

它处在一种混沌的状态。① 历史研究的用处,就在于通过研究者个人的努力,使历史从混沌走向有序。因此,作为史家,总是期望通过一些重要的发现,通过对一些特殊时点、事件或人物的突出,来形成醒目的历史镜像。这在一定意义上是历史研究和叙事中"高峰""顶点"偏好的逻辑性根源。从历史叙事的目的来讲,这种偏好也是有一些道理的。问题在于:一方面,这种偏好很容易导致研究者过度拔高从而简化甚至歪曲历史;另一方面,一旦这种偏好成为一种习惯,很容易导致研究者对历史的误解,最极端的状况,则是研究者最终呈现给人们的是一种纯属臆造的历史。而这种臆造之物,是无法发挥人们所寄望于历史研究的真实作用的。而其最大的影响则是完全毁灭了真实的历史,并对人们理解社会和真实生活造成极大的误导。谎言多了,真实就是一种罪恶。

深入地来看,许多人们认为的"高峰""顶点",实则并非真实的存在,充其量不过是出现了一些新事物,是一种新的方向或趋势的开始,其所引出的依然会是一种相对缓慢的发展进程。正如在浩瀚的海洋上,除了偶见的岛屿,难有山峰的存在。真实的历史的进展,往往远比我们想象的要漫长、缓慢得多。许多被今人认为十分重要甚至具有革命性意义的发明,其逐渐被采用,进入大众的生活,也大多经历了相对较长的时间。比如,人们向来不吝溢美之词的意大利借贷复式簿记的产生及其世界性传播,从13世纪左右开始,经历了六七百年时间。在历史叙事中,我们习惯上以1494年作为一个关键的时间点,并以此来做出许多重要的区分,并有意无意地营造出包括卢卡·赞所批判的"after Paciaolo, nothing"的认知,以及想象中复式簿记因为其先进性及与商业经济的密切关系而很快在全世界快速传播的景象。但这只是"想象的历史"!其一,帕乔利《簿记论》的发表,事实上并未在历史上构成任何具有实体意义的"高峰",它的出现,产生了一些影响,但并不像我们想象的那样巨大。② 而

---

① O.腾·海渥:《会计史》,文硕、付磊、杨健译,中国商业出版社,1991,第2页。
② 帕乔利的著作出版之后确被多方学习借鉴,并被译成荷兰文、意大利文、德文、法文、俄文和英文等6种文字流传(《巴其阿勒会计论》,立信会计图书用品社1988年版,第26页)。但帕乔利之名和他的原作,也确曾销声匿迹达数百年之久。关于帕乔利著作的实际影响,也有不同意见。英国会计学家贝斯尔·S.亚梅(Basil S. Yamey)就曾撰文认为《簿记论》满是迷惑,并有许多不足"既非商人有效的参考书,也不是可供其子孙使用的满意的教材""尽管这无损于帕乔利和《数学大全》在会计史和数学史上的地位"。见 Basil S. Yamey, "The Market for Luca Pacioli's Summa De Arithmetica: Some Comments," *Accounting Historians Journal*, 2010, Vol. 37, No. 2, PP. 145-154。睿嘉·麦克菲(Richard Macve)教授在《帕乔利的遗产》一文中,引述了贝斯尔·S.亚梅对《簿记论》缺陷的论述之后,进一步说明"除了这些缺陷之外,帕乔利的处理还有三个可批评之处"(To these deficiencies one can add three further criticisms of the range of Pacioli's treatment)。详见 Richard Macve, "*Pacioli's Legacy*",原文载于 T.A. Lee, A.C. Bishop, R.H. Parker, "*Accounting History from the Renaissance to the Present: A Remembrance of Luca Pacioli*," Garland, 1996:3-30。

随后，这部著作和帕乔利本人也如同历史上许多曾经极其重要的人和事一样，淹没在历史的尘埃之中，寂寂无闻。直到 400 多年后，偶然之间，某人在档案馆一个尘封的角落中发现并发掘了这部书，这个人、帕乔利才因该书瞬间在会计界"封神"。其二，意大利复式簿记也并不是 1494 年这个时间点上突然出现的一个不同的发明，其产生经历了一个长时间的、复杂的过程，而且迄今没有很确定的结论。从 13 世纪威尼斯簿记的产生算起，到 1494 年被写入帕乔利的《数学大全》，簿记经历了两三百年的发展。在随后的几百年间，它逐渐地发展、完善，并渐次传入其他国家和地区，包括明治时期的日本以及 20 世纪初的中国。在漫长的世界性传播过程中，它同样经历了不断地发展完善以及适应性改造。从客观记史的角度，我们实在不能过高地估计它的价值，以及人们使用它的迫切性和热诚！一个具体的证据就是，直到 1789 年，一位叫做托马斯·萨琼特(Thomas Sarjeant)的人，才写了美国历史上第一部由美国作者编写的簿记教科书，全面地讲述了传统意大利方法。[①] 而美国直到 19 世纪后半期，依然未能全面采用复式簿记。索科洛夫在《会计发展史》中也写到，在 19 世纪后半叶德国克鲁布最大的企业仍采用单式会计。[②] 需要注意的是，这已经是在帕乔利《簿记论》发表的大约 400 年之后。

类似情况并非仅此一例。会计历史上的许多重要发展，如注册会计师职业的出现、工业成本会计的发展等，都经历了长时间渐进的发展。

因此可以说，偏好"高峰""顶点"的历史叙事，如果不是哗众取宠，便是出于便利的需要，但却是不符合历史真实的。真实的历史如时间流水，汤汤不绝。许多真实的意义，存在于平淡的时光和真实的生活之中。演进的历史实质上重于"高峰""顶点"的历史。

## 6. 小结(Conclusion)

荷兰史学家彼得·盖尔(Pieter Geyl)有云："历史是一场永无休止的辩论。"(History is an argument without end.)本章让我处在辩论的辩论之中，难以自处。常言说"史无定法"，如何评价过往的历史研究，则更是没有确定的标准可以遵循，这是治史最大的困难所在。

总括起来，以上讨论中所见之会计史研究的缺憾与不足，大概包括如下表现：

（1）重史实而轻思想，导致研究的深度不足；

（2）用当代的观点和学科知识体系（概念）推及古代的事物，进行对照性查找

---

[①] 书名为《算账机构的介绍》。

[②] 索科洛夫：《会计发展史》，陈亚民等译，中国商业出版社，1990，第 31 页。

和判断；

（3）脱离具体材料，凭想象虚构历史，想当然地得出结论；

（4）带着强烈的个人偏好发表结论，不恰当地评价某一历史事件或人物的价值；

（5）"高峰""顶点"思维，不甚恰当地简化历史；

（6）脱离实际条件前推事件的发生时间。

概括而论，会计史研究是一个极具挑战性的领域，陷阱密布。稍有疏忽就可能深陷其中难以自拔。身处这一领域，如果想要有所作为，必须要深入理解历史的意义，熟悉历史研究的各种方法和技能。更重要的，则是深刻理解会计的本质、社会功能及构成。会计史学者应深入思考和理解会计史研究作为史学研究的一个分支必须具备的内涵意义，构建适宜的会计史观念，建设会计史学框架体系，用极大的努力推动会计史学的发展。

最后，援引加里·D.卡内基（Garry D. Carnegie）和克里斯托弗·J.纳皮尔（Christopher J. Napier）1996年为《会计、审计与受托责任杂志》（*Accounting, Auditing & Accountability Journal, AAAJ*）"21世纪会计史"（*Accounting history into the twenty-first century*）专刊所写发刊词中的几句话作为本章的结束语：

研究会计历史的动因及寻求理解，会计不仅仅是计量、计算和控制经济现象的一套永恒的技术。尽管会计史研究的是过去的遗存，但它却是面向现在和未来的。[①]

---

[①] Christopher J. Napier, Garry D. Carnegie, "Editorial," *Accounting, Auditing & Accountability Journal*, 1996, Vol. 6 No. 3: 4-6.

# 第四章
## 会计历史的异质性

最近的研究中,人们越来越认识到各个国家的会计传统有明显差异。人们不再将会计看作一种整体的、为国际共享的整体知识,而是开始努力反映这些差异意味着什么。

——Luca Zan, "Toward a History of Accounting Histories: Perspectives from the Italian Tradition," *The European Accounting Review*,1994,3(2):255-307.

**引子——《滔滔小河》与历史的多样性(Introduction: *The Mighty River* and the Diversity of History)**

1934年,瑞典考古学家、探险家沃尔克·贝格曼(Warlock Bergman)从塔克拉玛干逃生后,向西方世界介绍了他的惊世发现——神秘的小河墓地。由此,一个震惊世人的千古谜题的神秘面纱逐渐被揭开。

沃尔克·贝格曼发现的小河墓地被认为是考古史中最难解的人类文明谜题之一。最让人们震惊的是一具有欧罗巴人特征的美女干尸,竟出现在距离欧洲万里之外新疆腹地3 800年前的墓地中。她是谁?从哪里来?为何会在豆蔻年华逝去?小河公主与其神秘的微笑,把许多难解之谜留给了世人。

三集电视纪录片《滔滔小河》为我们讲述了小河墓地的故事。其结束语用了这样一段深情的告白:

塔克拉玛干浩瀚像海洋一样,无边的沙漠还沉没了多少人类的家园,为什么一系列故国遗址,今天大多远离人类社会,沉没于没有生命的大漠中?人类就像地球上一个个孤独的行者,总是被历史追赶,在浩瀚时空中穿梭,一生都在寻找落脚的家园。塔克拉玛干是欧亚大陆最平坦宽广的胸膛,世界文明在这里相遇碰撞,受孕融合。那金灿灿的沙漠,现在的死亡海洋,过去是人类家园,文明的欢聚之地。一种文明如夏花一样绚丽一时,又被另一种文明如洪水般瞬间覆盖。今天,当它再次浮现的时候,向人们演说着历史的多样性,证明着人类的种种可能性。人类文明可以达到的高度和拓展的空间,远没有现在想象的狭小。地球是一个人类共同的家园。

《滔滔小河》讲述的是一个人类文明的千古之谜。在人类文明的历史上,又有多少这样让我们难以开解的谜题! 我们之所以感到难以理解,一方面因为许多过去的事实早已埋没在亘古荒野中;另一方面则是因为许多既有的知识固化了我们对历史和人类文明的理解。我们真正最难理解的,并非过去的历史事实,而是历史之中的事实之间所存在的巨大差异,是史实极大地超出了我们的预想或设定的界限。我们习惯了用简单的线性思维去看待历史,而忽略了人类历史巨大的复杂性和多样性。

历史是多样的,人类文明中存在着无数可能。岁月如刀,剔除了许多记忆的细节,因此,无论我们如何努力,都无法窥知人类文明和生活的全部真相,而只能在探索的道路上蹒跚前行。

会计历史同样存在着种种差异,即本章所谓"会计历史的异质性"。在过去百年来的会计史研究中,我们固然已经获得了许多重要的发现和成就,但当上升到认识论和历史观的层面,我们却惊异地发现,我们在构建和叙述会计历史的同时,也在关闭从另外的角度观察会计历史的一扇扇大门,在一条局促的通道上渐行渐远。本书探讨会计历史的异质性,力图从不一样的角度,打开一扇扇新的观察会计历史之门,借此尝试在认识人类会计文明的旅途上获得一些可能具有突破性的进展,至少是在目前会计正发生世纪性变革的关键性节点上,在会计这一池春水上吹起一丝波动的涟漪。

**1. 会计是什么——基于两个实例的体悟(What is Accounting? — The Understanding Based on Two Examples)**

要理解会计历史的异质性,需要首先搞清楚会计是什么。

尽管我们知道会计无处不在,读者诸君也可能和我一样以会计为业,或者与它打了多年交道。但我们是否真的知道会计究竟是什么? 或者换个问题:我们一直以来所信服的关于会计的观点和认识,是否反映了会计的本质和真实?

在生活中我们很多时候会感到迷茫和无助,往往是因为现实世界中的许多问题让我们感到难以理解。而我们之所以感到难以理解,多是因为我们对世界的认识出了问题,因为惯有的观念和常识蒙蔽了我们。因此,任何时代的进步和突破,必然是以对一些基础性问题的反思作为开始的。打破目前会计发展的世纪困局,也需要以对会计的重新认知作为开始。

什么是会计？这是一个根本性问题。在此，我想从一个小故事开始有关会计的思悟之旅。

话说江苏南通有一个叫做万善寺的寺院，里面住了一个名为道禄的和尚。37岁出家的道禄，本来是普贤寺的和尚，某一天，因为一个偶然的机缘，道禄开始用自己出家前做生意赚得的钱财救助一些怀孕的未婚女子，帮助她们打消堕胎的念头并生下孩子，孩子出生后道禄收养他们。这件事越做越大，引起了一些人的非议，导致道禄被普贤寺以违反寺规的名义开除。无处可去的道禄和尚无奈之下进入久已废弃的万善寺自任住持，继续进行救助，并把出家前留给女儿的别墅开辟成了收留未婚妈妈和孩子们的"后院"，命名为"护生小居"，免费提供给单身母亲用于待产。网上有多篇微信推文讲述道禄的故事。其中有这样一段文字如下：

> 志愿者在负责寺院的财务，管理每日获得的善款。道禄有一个超过250人的微信救助群，群里都是他救助过的人和想参与救助的信众，她们时常在群内行善——发红包并注明"全家助养""用以放生"之类的善念。一段时间内，道禄每天能收到400多元救助款。财务每晚在群内公布当天善款的收支与结余，每月15日结算当月收支，并公布财务报表。①

道禄一开始是以一己之力进行救助，所以虽然花了不少钱，但故事中并没有讲他是否记账或进行核算。那确实是他自己的事情，自己的钱自己用，记不记账，是否有会计没有关系。当他的救助涉及其他人的捐助时，虽然这种捐助是通过微信群这样一个松散的非正式组织的形式，但却涉及了其他人的利益，也关乎其中的主要关系人道禄如何自证清白，这样，会计就是必需的了。从这段文字中我们看到如下与会计相关的事实：

(1) 有志愿者负责寺院财务（其实就是这项事业的财务，因为这家寺院只有道禄一个和尚），管理善款；

(2) 每晚公布当天善款收支与结余情况；

(3) 每月15日结算当月收支并公布财务报表。

从这个十分简单的事例中，我们看到了会计的必要性，看到了会计的实际运用。但是，从这个事例中，我们能否确切地看到或者知道会计究竟是什么？

会计是记账吗？在这一段文字中，我们有没有看到"记账"？我们看到有志愿者在负责"财务"，在"管理每日的善款"。那么，"财务"是"会计"吗？"管理每日的

---

① 这段文字引自一篇微信公众号推文。感谢不知名的作者，提供了这些材料。目前网上已经无法搜索到该文，因此，恕我无法标注出处。

善款"又是什么？还有更多问题："公布当天善款的收支与结余"是什么？是"会计""财务"，还是"报告"？公布善款是为了向捐赠者报告，还是为了回应可能来自外界（包括网友、其他公众等）的质疑、自证清白？抑或是为了更好地进行资金的使用调度？为什么要每月结算？为什么要公布财务报表？公布的又会是什么样的财务报表？

从理解会计实质的角度，我们是该从这里找出属于会计的内容，还是应该把全部相关内容都归结到会计的范畴之内？

显然，根据现有的会计理论和知识体系，我们很难简单直接地对以上问题做出回答。

道禄打造的这样一个体系，固然包含不少技术的成分，除了通过手机收款转账、计算收支外，还涉及结算账目、编制报表。但这些真的只是一个提供财务信息的信息系统吗？如果说是，那么是谁的信息需求影响或者决定了这个系统的技术构建？是住持道禄，还是负责财务的志愿者或者无数有名或匿名的网上捐赠者？促使这样一个体系生成的，究竟是什么样的环境、制度乃至社会心理机制？

在现实社会中，我们可以见到无数个类似这样或正式或非正式的需要会计的组织、机构或者活动，我们从中能看到会计的普遍存在。但是从这些存在和具体事实中，我们却很难获知会计的真意，很难对会计究竟是什么做出恰如其分的回答。如果再把财务、审计（内部审计、外部审计）等概念混在一起，则更难搞清楚会计的意义，更难看到会计真实、准确的样貌。

比如，如图4-1所示，在中国最大的非上市民营企业——华为公司的财务系统图中，我们能否分得出来，哪些成分属于我们理解的通常意义上的会计？

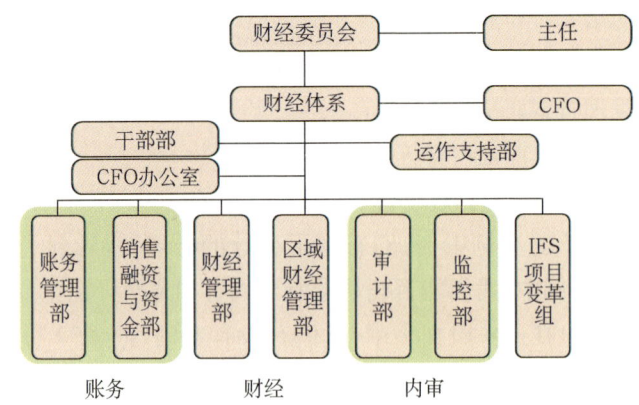

图4-1 华为公司财务系统图

资料来源：华为公司CFO孟晚舟演讲资料。

82

如果把华为公司财务系统图放入图 4-2 所示的公司组织架构中,我们又该如何来判别"会计是什么"?

图 4-2 华为公司组织架构图

资料来源:华为公司官网之"公司治理概述"。①

本书无从获知有关华为公司财务系统的更多细节性资料。但从各种公开资料中可以发现,自 2003 年迄今,在华为公司创始人任正非先生之女孟晚舟女士主持下,华为公司的财务会计系统经历了多次升级与变革,这一事实表明会计并非一个确定的事物,而是一个不断变革、与时俱进的重要存在。

(1) 2003 年,孟晚舟开始着手建立华为的财务组织,从组织架构到业务流程、再到 IT 平台,不断优化改进,以使财务系统跟上华为的发展速度。

(2) 2005—2009 年,在孟晚舟主导下,华为建立起 5 个财务共享平台,推动覆盖和支撑全球业务的会计核算工作,推动华为全球集中支付中心在深圳落成,推动这家中国最大的民营企业进行全球财务系统一体化和标准化。

(3) 2007 年,孟晚舟负责实施华为集成财经服务变革项目。该项目的实施为华为各级经营组织提供了更完善、更准确、更有价值的财务数据,促使华为持续为客户提供高品质的综合解决方案。

(4) 2016 年,华为营业收入超过 5 000 亿元,然而当时华为财务审批流程复杂,引起了业务部门的不满。任正非公开怒斥女儿管理的财务团队:"不知从何时

---

① 来源于华为公司官网之"公司治理概述",详见:https://www.huawei.com/cn/about-huawei/corporate-governance/corporate-governance。网页上说明了此为截至 2017 年 12 月 31 日的组织框架。

起,财务忘了自己的本职是为业务服务、为作战服务,什么时候变成了颐指气使?皮之不存,毛将焉附。"这引发了华为更大力度的财务变革。①

孟晚舟在2017年新年致辞中讲道:"传统的财务服务,早已不再是我们孜孜以求的目标。那个驼着背、弯着腰、端着水杯、戴着老花眼镜的账房先生,绝不再是我们的形象代言人。财经已经融入公司所有业务活动之中。从合同概算到项目回款、从产品规划到市场分析、从出差申请到费用报销、从资产管理到存货管理、从销售融资谈判到融资规划落地、从税务筹划到定价设计……伴随公司的成长,财经组织从'非常落后'走到了'比较落后',又从'比较落后'走到了'有点先进'。"②

按照孟晚舟女士的说法,正如舒婷在《致橡树》里写的一样,财经组织与业务组织的关系,就像橡树与木棉那样,既相互独立,又相互依偎。与其他互联网科技公司中IT部门是核心部门不同,在华为,财经部门是公司的核心部门。

华为公司打破常规,在一系列创新性观念指引下,对财经系统进行整体性重构与变革,积极尝试自动化、智能化系统,取得了许多重要突破。

(1) 将标准业务场景的会计核算工作交给机器完成。年平均120万单的员工费用报销,在员工自助报销的同时,机器根据既定规则直接生成会计凭证。

(2) 98个国家和746个账户实现互联互通,支付指令可以在2分钟内传递至全球任一开户银行。

(3) 在全球实施RFID(Radio Frequency Identification,射频识别)物联资产管理方案,目前已经覆盖52个国家、2 382个场地、14万件固定资产。

(4) 充分发挥共享中心的时差优势,账务核算实现了全球7×24小时循环结账机制。在同一数据平台、同一结账规则下,共享中心接力传递结账作业,极大地缩短了结账的日历天数。

(5) 系统24小时自动滚动调度结账数据,170多个系统无缝衔接,每小时处理4 000万行数据,共享中心"日不落"地循环结账,以最快的速度支撑着130多个代表处及时获取经营数据。

(6) 全球259家子公司均要按照所在地会计准则、中国会计准则、国际会计准则的要求,分别出具三种会计准则下的财务报告。

(7) 按产品、区域、业务单元、客户群等维度分别出具责任中心经营报告,这些报告都可以在5天之内高质量输出。③

---

① 以上资料取自孟晚舟演讲的网上公开资料。除个别字句外,本书在引用时尽量保持了材料原貌。
② 该致辞被引做为华为管理三部曲收官之作《价值为纲:华为公司财经管理纲要》一书的代序。见黄卫伟:《价值为纲:华为公司财经管理纲要》,中信出版社,2017,"代序",第XXII页。
③ 黄卫伟:《价值为纲:华为公司财经管理纲要》,中信出版社,2017,代序,第XXI页。

我们不禁要问：这样一个庞大、复杂而且日新月异的系统，代表的还是我们熟悉的那个会计吗？孟女士和华为的官方语言中经常使用的"财经"一词，是否隐藏着什么有关会计演变的特殊密码？

本书列举以上两个极不相同的实例，是要联系现实来说明，对于我们自认为十分熟悉的"会计"这样一个专业概念或社会存在，如果离开理论范畴，在实际中对其进行考察，我们将会惊讶地发现，原来我们自己以为很清楚、很明白的东西，事实上却并不那么清楚。正如每个人心目中都会有一个不一样的哈姆雷特，同样，我们每一个人心目中，也可能有一个不一样的会计。事实上，会计在整个世界范围内，就是一种异质的存在。你心目中的会计和我心目中的会计，可能并非同一的存在。自古以来不同地域、不同人基于自身理解而建立的有关会计的理论、方法、观念、制度规范体系，以及有关会计历史的叙述和讨论，客观上成为一种异质的存在，也即本书所书"异质的会计史"。

本章的主旨在于逐渐展示异质的会计史的真实样貌。

## 2. 会计是什么？—— 基于现实和理论的理解（What is Accounting? — An Understanding based on Reality and Theory）

会计是什么？之前中国社会的一般认知把会计等同于记账、算账，或者更专业一些，再加个报账。记账、算账、报账就是标准的会计——其实是我国20世纪50年代学习苏联社会主义经济核算体系下的理论和实务时形成的对会计的认识。在此基础上扩展开来的，还有"查账"等于"审计"，"理财"（经济活动分析）等于"财务"。学过一些会计史的人，还可能引用清代儒者焦循在《孟子正义》中对"会计"二字的解释——"零星算之为计，总合算之为会。"说到底，会计不外乎"算账"。

葛家澍、林志军在《现代西方会计理论》中认为："会计的产生是基于人类生产活动和对生产活动进行记录的需要。根据考古资料，会计（或记录）活动的历史可以上溯至四五千年以前。古巴比伦、古埃及、古罗马和古代中国等文明古国对会计（记录）活动的产生与发展都有过重大的促进影响。"[①] 这基本上是将会计等同于"记录"。

20世纪80年代，随着改革开放后西方会计学知识和理论的引入，中国会计学界发生了一场有关会计本质的讨论，"管理活动论"和"信息系统论"两种观点激烈交锋。最终，源自西方的"信息系统论"胜出，成为占统治地位的主流观点。从此，学习和从事会计工作的人皆以为会计就是一个以提供财务信息为主的信息系

---

① 葛家澍、林志军：《现代西方会计理论》，厦门大学出版社，2001，第1页。

统——一种纯粹的技术性构造。这一认知从20世纪八九十年代开始,影响了会计界数十年,成为学界与实务界关于会计的基础性认知。

在西方,以美国为中心,人们对会计的认识从20世纪初开始即集中在对会计到底是艺术还是科学的争论上。会计的定义经历了由分类艺术向信息系统的转变。

1941年,美国注册会计师协会名词委员会发布《会计名词公告》第1号《回顾与展望》("Review and Resume", Accounting Terminology Bulletin No.1, AICPA),对会计做出明确定义:"会计是用独特方式并以货币对至少部分具有财务特征的交易和事项进行记录、分类和汇总,并对结果予以解释的艺术。"[①]

这是基于传统观念对会计"分类""记录"特征的认识而做出的描述性定义。20世纪60年代,随着会计基本理论研究的深入,基于构建会计基本理论的需要,美国会计学会在《会计基本理论说明书》(A Statement of Basic Accounting Theory, 1966)中对会计做出新的定义:"(会计)是对经济信息进行确认、计量和表述的过程,以便于信息使用者能做出判断和决策。"[②]

20世纪70年代以后"信息系统论"一统天下,如西德尼·戴维森(Sidney Davidson)主编的《现代会计手册》(Handbook of Modern Accounting, 1977)中认为:"会计是一个信息系统,它旨在向利害攸关的各个方面传输一家企业或其他个体的富有意义的经济信息。"[③]

之后理论、实务各界基本是按信息系统的需求进行会计制度和理论构建。在对会计本质的认识上,理论界转向将会计界定为一种"服务活动"。艾哈迈德·里亚希-贝克奥伊(Ahmed Riahi-Belkaoui)在《会计理论》(Accounting Theory)中认为,将会计定义为服务活动,意味着会计是与技能不可分离的,并认为会计在特定领域是有用的。[④] 他还引用《会计手册》(The Handbook of Accounting)中的观点,认为会计在财务报告、税务筹划、独立审计、数据处理和信息系统以及管理咨询等方面是十分有用的。"这一长串名单下会计的用处在一些令人感兴趣的新进展方面还在扩展,如国际会计、行为会计、社会—经济会计、政府会计、非营利组织会计

---

① 中文译文引自艾哈迈德·里亚希-贝克奥伊著:《会计理论》(第4版),钱逢胜等译,上海财经大学出版社,2004,第31页。
② American Accounting Association, A Statement of Basic Accounting Theory, 1966.
③ 西德尼·戴维森:《现代会计手册(第一分册)》,娄尔行译,中国财政经济出版社,1982,序言第1页。
④ 艾哈迈德·里亚希-贝克奥伊:《会计理论》(第4版),钱逢胜等译,上海财经大学出版社,2004,第32页。

以及第三世界会计,等等,不胜枚举。事实上,会计的研究和实务已经将会计带入新的领域,从而使会计完完全全地成为一个令人信赖的社会服务。"①

艾哈迈德·里亚希-贝克奥伊对会计的分析,同样陷入一些理论家共同面对的尴尬之中,因此,在接下来近两页的篇幅中,他详细讲述了会计服务(其实是注册会计师行业)的扩展,说明:"除传统的审计服务之外,会计人员还能提供许多与会计质量相关的服务。如广为人知的鉴证服务,就是一项旨在提高信息质量,以帮助信息使用者做出决策的独立的专业服务。"②显而易见的是,作者仔细描述的会计服务内容的扩展,只是作为会计一个部分的注册会计师行业(独立审计,或称"社会审计")的业务内容扩展,并非会计的全部。因此,作者随后的讨论,又回归到有关会计的基础性问题——会计是一门艺术还是一门科学——上来,引用了罗伯特·毘·莫茨(Robert Kuhn Mautz)提出的"会计完完全全是一项令人信赖的社会服务活动"的观点。③

然而,这种"社会服务活动"观却不见得恰当。艾哈迈德·里亚希-贝克奥伊注意到,因为这一观点渗透到会计学术和研究环境的方方面面,促成了一些部门和职业的分离:"有充分证据表明的就是会计实务和学术群体的分离,其主要特征是共同利益的丧失。"④这是极为严重的后果。艾哈迈德·里亚希-贝克奥伊引用美国注册会计师协会成员的一些反应来说明这一点,发人深省:

注册会计师教育面临的最主要问题是会计学术与会计职业离得太远;

现在的许多会计研究与会计"现实世界"没有关联;

教育者往往与实务人员缺乏交流。⑤

这些观点所反映的实际上是会计学术、会计实务、会计教育相互隔绝,会计理论研究严重脱离实际的一种令人尴尬的状况。

这也是目前会计界真实的状况,一种陷入死胡同、难以解脱的困境。

---

①② 艾哈迈德·里亚希-贝克奥伊:《会计理论》(第4版),钱逢胜等译,上海财经大学出版社,2004,第32页。

③ 莫茨认为:"会计处理的对象是企业,企业肯定就是社会的一部分;会计所关注的是具有社会后果和影响会计关系的交易和其他经济事项;会计所制造的知识对在复杂社会中从事活动的人们是有用的和有意义的;会计从性质上讲主要是思维方面的。在现有指南的基础上,会计是一门社会科学。"引自艾哈迈德·里亚希-贝克奥伊:《会计理论》(第4版),钱逢胜等译,上海财经大学出版社,2004,第34页。

④ 艾哈迈德·里亚希-贝克奥伊著:《会计理论》(第4版),钱逢胜等译,上海财经大学出版社,2004,第34页。

⑤ American Institute of Certified Public Accountant Planning and Research Division, Education Members Survey, 1989: 102-103。

近年来一些学者已经强烈地意识到这种情况。2016 年,美国会计学者巴鲁克·列夫(Baruch Lev)和谷丰(Feng Gu)完成名为 *The End of Accounting and the Path Forward for Investors and Managers* 的著作,中文版译名为《会计的没落与复兴》,书中揭示:"最近这数十年来,尽管各国的监管当局为改善会计报告的质量而不遗余力,但作为投资者最重要的信息来源——公司财务会计报告却丧失了大部分的有用性。"①他们发现:"会计和财务报告体系年年都有新的变化,看起来好像在不断地与时俱进,但是仔细一一对照古今的财务会计报告,你就会吃惊地发现,在过去的一百多年间,公司向股东报送的财务会计报告的基本结构——资产负债表、利润表和现金流量表,甚至各报表中具体的栏目,居然一成不变!"②当然,该书的重点在于用大数据实证的办法证明会计的没落,并用他们开出的处方来挽救会计,使之实现复兴。书中所指的会计,其实只是"财务报告体系"——会计庞大体系中一个具体甚至可以称之为微小的部分。尽管 20 世纪后半期以来在许多人的观念中,"财务报告体系"等同于会计,但这个体系究竟在多大程度上能够代表会计,却是一个需要认真探讨的问题。如前述华为公司的例子中所见,对于这样一家拥有 18 万员工、业务遍及全球 170 多个国家和地区,拥有 259 家子公司,却并非上市公司的巨无霸企业,其财务系统经过多次改造,已经实质性地"融入公司所有业务活动之中",而它根本就不是上市公司,无须向证券市场监管机构提交会计报告、审计报告等报告文件,还可以仅仅视其财务系统为一个"财务报告体系"吗?综观全球,又有多少公司的会计系统仅仅是作为"财务报告体系"提供服务的呢?

托马斯·金(Thomas A. King)所著 *More Than A Numbers Game: A Brief History of Accounting*,中文译名为《会计简史》③,也是一部进行会计反思和批判的著作。作者在书中指出:"从某种意义上说,经过近百年的演化与发展,会计已经从美国铁路企业向远在英国的投资者展示企业良好状况的沟通媒介,变成了企业进行财务欺诈的工具。"④尽管作者指出:"时下的会计著作大多关注财务会计,忽略了成本会计、税务会计和监管会计,但事实上,这些分支都是会计学的有机成分。"⑤也注意到大部分学生和实务工作者通常只关注"如何做账"的问题,导致其在进行财务分析时往往拘泥于按照书中的方法,机械地计算并使用每股收益等财

---

①② 巴鲁克·列夫、谷丰:《会计的没落与复兴》,方军雄译,北京大学出版社,2018,作者序第 v 页。
③ 托马斯·金:《会计简史》,周华、吴晶晶译,中国人民大学出版社,2018。
④ 托马斯·金:《会计简史》,周华、吴晶晶译,中国人民大学出版社,2018,第 1-2 页。
⑤ 托马斯·金:《会计简史》,周华、吴晶晶译,中国人民大学出版社,2018,第 2 页。

务指标,但作者关于该书的设计,依然是"本书将着重阐述'为什么这么做账'的问题"。① 因此,尽管该书在讨论许多具体问题时提供了一些独到的见解,但在对会计的认知这个根本性问题上,依然是较为狭隘且不得要领的。

20世纪初直至今日,会计的整体发展一直受到两个方面的约束,导致人们对会计本质及其所涵盖范围的认知浮于表面,无法接触其内在实质,也无法恰当地理解和安排会计工作的丰富内容。一方面,由于学科发展的需要,从20世纪初期开始会计即被当作一种科学来进行规划,会计界基于由此产生的"信息系统论"观念,将整个会计体系的建设局限在信息系统的技术层面,无法体现会计与多样化现实需求之间的内在关系,以及实务中会计和财务工作的许多重要的实质性扩展;另一方面,各个层面以证券市场发展为核心,上市公司对外财务报告的体系被视为会计体系的核心,会计理论、实务和制度建设的重心仅仅围绕上市公司财务报告,尤其是信息质量控制来展开,极大地局限了会计的视野,而结果却又与初衷背道而驰,财务信息最终成为"财务欺诈"的工具,财务信息对投资者决策的有用性和相关性快速且持续恶化。② 在会计理论研究方面,自20世纪60年代末开始,实证研究疯狂生长,完全挤占了基础性研究(规范性理论研究)的空间,会计研究蜕化为仅对理论及实务中细节问题的量化检验,缺少系统的会计思想和体系构建,硕果仅存的所谓理论研究,不过是围绕上市公司信息披露相关的概念性研究(以财务会计概念框架为中心)。社会日进千里、技术飞速发展,而会计却依然停留在工业化时代基于纸质条件而构造的复式簿记理论框架体系中难以突破,被社会寄予众望的注册会计师行业在一定程度上逃避审计的责任(将审计业务转包给小公司而将更大的精力放在更赚钱而风险较小的管理咨询方面),更有甚者则与不良公司沆瀣一气,共谋造假和欺诈。业界对会计的认识和理解更是促狭到了无以复加的地步,完全无法与新时代的技术发展和环境需求相配称。

或许是受视野所限,本书作者迄今为止尚未发现任何一种从整体上全面系统地讨论会计各个方面——包括企业会计实务及其扩展、注册会计师行业(公共会

---

① 托马斯・金:《会计简史》,周华、吴晶晶译,中国人民大学出版社,2018,第1页。
② 巴鲁克・列夫、谷丰著作中甚至提到:"几位会计界领军学者所做的一项研究,系统地检验了财务会计准则委员会自成立以来到2009年为止发布的所有会计和报告准则(总共达到惊人的147项)对投资者的影响。研究显示,这些内容复杂、实施成本高昂的会计准则中的75%对受影响公司的股东没有任何效用(信息质量的改善通常会提升股东价值);而且令人难以置信的是,其中13%的准则还损害了投资者价值,仅12%的准则给投资者带来升值。因此,会计监管当局三十多年的辛勤付出所获为零。"参见《会计的没落与复兴》,北京大学出版社,2018,第9页。

计)、政府会计、非营利组织会计、财务预测和分析以及新兴会计学科门类之间(如国际会计、环境会计、网络会计、社会责任会计、绿色会计、人力资源会计、衍生金融工具会计等)相互关系的专门著作,未能发现从总体上对会计本质及职能作用的讨论。很遗憾,20世纪后半期以来,会计界在会计的基础性研究方面集体失声。我们只能偶尔从一些主要来自实务界人士的著作中,获得一些有关会计发展的新的认识。我们还能够指望谁来告诉我们,会计究竟是什么? 未来会计究竟应该走向何方?

**3. 会计是什么? —— 相关词汇及概念的历史分析(What is Accounting? — Historical Analysis of Related Vocabulary and Concepts)**

上面分析中涉及一种颇让会计界尴尬的情形,即不论是中国还是西方,人们对会计的总体认识和理解,较多地停留在表面,或者只进行意向性的观念体系构建,而缺乏基于社会历史的分析和研究。更为尴尬的是,当会计实务工作突飞猛进,各种创造和创新不断涌现时,理论界却局限在固有观念体系的约束中无所适从、踟蹰不前。在一定意义上甚至可以说,今日之会计理论界,实际上完全处在一种整体迷失的状态。

类似情况同样存在于对会计和相关概念历史演进的观察与理解方面。

英国会计学家安东尼·G.霍普伍德(Anthony G. Hopwood)在其1987年所写的《会计制度考古》一文中即已发现一种颇为重要的事实,我们来看他的陈述:

> 会计并不是一种静态的现象。随着时间的推移,它不断地发生变化。因此,在会计的历史发展中,我们看到这样一种趋势:会计不断变化,与其初始时的面貌日益向远。作为一种流动性的、自然生发的人类制造之物,其技术及与之相伴而生的现象,以多种不同的方式体现在组织和社会变革中。然而,不幸的是,对于会计变化的过程人们所知甚少。直至现在,我们对会计的各种观念赖以产生的条件、促使会计产生变化的具体力量、会计流程细化和扩散的具体过程以及会计机制变化加之于人类、组织和社会的不同后果了解十分有限。尽管我们花费很大力气研究会计历史,但是,大多数研究都只是采用技术性观点来描述过去会计的残留物,而不是更积极地探讨其背后的过程和力量。人们信奉古物至上,但却在很大程度上忽略了对组织赖以存在的更广泛的经济和社会背景进行考察的重要性。[①]

---

① Anthony G. Hopwood, "The Archaeology of Accounting Systems," *Accounting Organizations and Society*, 1987, Vol. 12, No. 3: 207-234.

1) "会计"(accounting)一词的历史演化与异同

英语中"accounting"一词大致出现在"bookkeeping"向"accounting"转换的初始阶段(14世纪末至15世纪初)。汉语中"会计"一词,则始见于大约成书于战国时代(公元前475—公元前221年)的《周礼》①一书,其实际被使用的时间可能更早。② 尽管现代学科发展中我们用了"会计"一词作为"accounting"的对等物,但两者实际意义其实有所不同。词义的演变与转换以及两种不同语言中语义上的差异,存在颇多需要分析考证之处。

见诸《史记》的关于禹和会计的描述,是"会计"一词可能在原始社会末期即已在用的文献证据。《史记·卷二·夏本纪第二》有曰:"自虞夏时,贡赋备矣。或言禹会诸侯江南,计功而崩,因葬焉,命曰会稽。会稽者,会计也。"③ 由此可以推想,大禹时代可能已经在使用会计一词。360百科"会稽"条有如下解释:会稽,古地名,绍兴的别称,故吴越地,因绍兴会稽山而得名。癸未八岁,即公元前2198年,大禹大会诸侯于此。会稽山原来叫做茅山。因大禹在此召集全国诸侯,"大会计,爵有德,封有功",会后禹病死而葬于此,为纪念大禹的功绩,诸侯"更名茅山曰会稽。会稽者,会计也"。④ 司马迁在《史记·太史公自序》中说他自己"二十而南游江、淮,上会稽,探禹穴"。⑤ 在经过认真细致的实地考证后,司马迁在《史记》中记载了禹"大会计"之事,可见此事并非空穴来风。除《史记》外,其他古代典籍也有类似记录。《越绝书》有"禹始也,忧民救水,到大越,上茅山,大会计,爵有德,封有功,更名茅山曰会稽"。⑥ 王充在《论衡》引吴君高⑦之语:"会稽本山名。夏禹巡狩,会计于此山,因以名郡,故曰会稽。"⑧ "会稽"音"kuai ji",与"会计"同,其意义也相同,为

---

① 《周礼·天官冢宰第一·司会》有曰:"司会掌邦之六典八法八则……而听其会计。"关于《周礼》的成书年代,学术界看法不一,一般多认为其成书于战国时期。
②③ (汉)司马迁:《史记·卷二·夏本纪第二》,中华书局,1997,第11页。
④ 引自360百科,https://baike.so.com/doc/5231534-5464286.html,文字有个别删减。
⑤ (汉)司马迁:《史记·卷一百三十·太史公自序第七十》,中华书局,1997,第833页。
⑥ 《越绝书·越绝外传记地传第十》。
⑦ 吴平,字君高,东汉会稽人,王充的同乡。与袁康合著《越纽录》,即今《越绝书》。
⑧ 见王充《论衡·书虚篇第十六》。王充引吴君高之言,但并不认同其说。引言之后是一大段思辨性语言,辨析禹会稽山大会计的不可靠。其辞曰:"夫言因山名郡,可也;言禹巡狩会计于此山,虚也。巡狩本不至会稽,安得会计于此山?宜听君高之说,诚会稽为会计,禹到南方,何所会计?如禹始东死于会稽,舜迹巡狩至于苍梧,安所会计?百王治定则出巡,巡则辄会计,是则四方之山皆会计也。百王太平,升封太山。太山之上,封可见者七十有二。纷纶湮灭者,不可胜数。如审帝王巡狩则辄会计,会计之地如太山封者,四方宜多。夫郡国成名,犹万物之名,不可说也,独为会稽立欤?周时旧名吴越也,为吴越立名,从何往矣?六国立名,状当如何?天下郡国且百余,县邑出万,乡亭聚里,皆有号名,贤圣之才莫能说。君高能说会稽,不能辨定方名,会计之说,未可从也。巡狩考正法度,禹时,吴为裸国,断发文身,考之无用,会计如何?"

"会而稽考"。也即是说,中文"会计"一词最初的含义,并非今人理解的"会计核算"(记账算账),而是把大家召集到一起,考校功过(大禹会集诸侯,考其功过,以定赏罚)。

大约成书于战国时期的《周礼》一书,是迄今所见最早记载"会计"一词的古代典籍。《周礼·天官冢宰第一·司会》:"司会掌邦之六典八法八则……而听其会计。"这是"会计"一词作为专门词汇第一次在典籍中出现,其含义在禹会计的基础上有了进一步发展。《周礼》除了以"会计"一词总体上概括以特定方式进行的、以官员治绩考核为核心的国家财计考察(以逆群吏之治而听其会计)外,更分别赋予"会""计"二字以更具体的意义。其中"会"有两种含义:一指年终"计最之簿书",相当于今天的年度报告①;二为稽考或一种考核仪式,多指年终稽考(所谓"岁会"是也),但也有月终稽考称"会"者。② 至于"计",《周礼》中有"官计""月计""三年大计"(三岁则大计群吏之治而诛赏之)之说。汉司农郑康成对《周礼》"司会"的注释是"司会主天下之大计,计官之长,若今尚书。〈疏〉汉之尚书亦主大计",且有"汉时考吏谓之计吏"。此后,汉之"上计"、唐之"上计""计账""四时勾会"③等,皆沿用了"会""计"二字"钩考"之意。迄至宋代,仍有"月计""岁会"及"上计"之制。④《宋史·食货志·会计》载:"淳化元年诏曰:'周设司会之职,以一岁为准;汉制上计之法,以三年为期。所以详知国用之盈虚,大行群吏之诛赏,斯乃旧典,其可废乎?三司自今每岁具见管金银、钱帛、军储等簿以闻'。"上计制度直至明清一直沿流不绝。自宋代以降,编撰《会计录》蔚为风尚。在这种以"使国计大纲了然在目。庶乎量入为出,国计不亏"⑤为目的的分析研究报告中,"会计"一词还是沿用了原来综合性国家财计"钩考"的含义。

宋度宗咸淳时(1265年至1274年),处州缙云(今属浙江)人潜说友撰《咸淳临安志》,该书卷八《诸司诸军审计司》中载《监察御史吴博古记诸司题名》,极好地解

---

① 《周礼·天官》中有小宰"以官府之八成经邦治……八曰听出入以要会"。郑司农云:"要会,谓计最之簿书,月计曰要,岁计曰会。"

② 《周礼·天官》中掌皮、内宰、典丝等皆有"岁终则会"之说,唯宫正"月终则会其稍食,岁终则会其行事"。稍食,音(shāo shí),指古代官府按月发给官员的官俸。《周礼·天官·宫正》:"几其出入,均其稍食。"贾公彦《疏》:"稍食,禄稟者。稍,稍稍与之,则月俸是也。"另,《周礼·天官》职内条有"及会以逆职岁与官府财用之出而叙其财以待邦之移用",可见会为一种比较正式的检查形式。宋代郑伯谦《太平经国书·卷十一·会计》中有"自太宰而下其出纳移用之权尽总于太府而司会至掌皮则不过纠察钩考之而已"。

③ 《旧唐书·职官志》谈及卫尉寺中的守宫署的职掌亦有"会其出入"之说。参见郭道扬《中国会计史稿(上册)》,第300页。

④ 《宋史·职官志》:"比部郎中、员外郎,掌勾覆中外账籍,凡场务、仓库出纳在官之物,皆月计、季考、岁会。"

⑤ 郭道扬:《中国会计史稿(下册)》,中国财政经济出版社,1988,第75页。

释了早期中国"会计"的意义及与"审计"之关系。

审计非古官也,而原于古。古者凡官府皆有要会,而财用稍食之会尤详。国初以三司使总邦计,司各有院,以乘中外泉谷出入之政,盖会计之府也。然案牍丛委,典者不能遍察而奸容焉。淳化三年始用户部使樊知古奏,剔其冗籍,复别为院,置官专领之,以听稍食之要贰。置院之初,特掌骑兵、徒兵给受之数,犹未及诸司也。元丰三年合步骑两院为一,遂以其一主诸司。自宫禁朝廷,下至斗食佐史,凡赋禄者,以式法审其名数,而稽其辟名者。唯郊赐给已乃审,禄有疑予,则诏以法。凡四方之计籍上于大农,则逆其会。凡有司议调度、会赋出,则诹①焉。设员二,曰左右厅;分案六,史八人。然夷考县官禄赐之费,月长岁滋,如江河下流,愈远愈阔,其浸淫未易堤障也。自至道末,岁给中都官吏不过十数万缗。熙宁月四万,今又倍之。百司吏禄又糜耗特甚,盖居兵费四之一,岂据券涉笔者,曾无救于经费。抑端本澄源,不在有司欤?然粮审为大农关纽,倘据会要而观,则幸穿必有蹊,蠹藏必有穴,损益本末盖可睹已。院故无记,前人名氏不传,三山林君湜、建安周君晔,断自南渡,绪次官簿镵之石,亦不苟于其职矣,故为书职掌大略于其端,以谂来者。院旧曰专勾,中兴避御嫌名,更今名云。淳熙十四年九月既望。②

综合各种文献及研究,关于古代中国"会计"一词,本书做如下归纳。

其一,"会计"一词起源甚早——其在实际中的应用最早可追溯到大禹时代。"会计"一词在文献中其最早出现在《周礼》中,即便考虑到该书出现较晚的因素,结合其他典籍也可知会计在文献中的使用不晚于春秋战国时代,但其作为一个词汇在古代中国历史中被使用的频率并不很高。按照古文的语言习惯,古代很多时候都是将"会""计"二字分开使用,尤以"计"字为多。综合各种文献资料和研究可知,使用"会计"一词的地方,除涉及"禹会计"的各种记述及《周礼》中对"司会"的解释外,还有《孟子·万章下》中的"孔子尝为委吏矣,曰:会计当而已矣";宋神宗熙宁七年诏置三司会计司,宋时编撰《会计录》③,明万历九年户部尚书张学颜主编《万历会计录》四十三卷,汪鲸编《大明会计类要》十二卷,清内务府所属七司中设会计

---

① 诹,音(zōu),在一起商量事情,询问。
② (宋)潜说友:《咸淳临安志》,中华书局 1990 年版,第 3367-3369 页。
③ 关于《会计录》计有:景德四年三司使丁谓上《景德会计录》六卷;大中祥符九年三司使林特上《祥符会计录》三十卷;庆历中三司上《庆历会计录》二卷;皇祐二年三司使田况撰《皇祐会计录》六卷;治平四年九月三司使韩绛上《治平会计录》六卷;元祐初年户部尚书李常及苏辙等主编《元祐会计录》三十卷;宣和七年两浙转运使程昌弼编纂《宣和两浙会计总录》;南宋绍兴五年撰有《绍兴会计录》;绍兴三十年户部以绍兴二十九年之实为准,类编《绍兴会计录》;乾道六年至淳熙六年间撰有《乾道会计录》;此后还类编有《绍熙会计录》《庆元会计录》,以及南宋末年的《端平会计录》等。详见郭道扬:《中国会计史稿》(上册),中国财政经济出版社,1982,第 412-426 页。

司、刑部主事李希圣编纂《光绪会计录》、户部主事刘岳云撰著《光绪会计表》以及《玉海》《古今图书集成》等类书中设有"会计"条等。其他古籍中"会计"一词并不多见。

其二,在古代,"会计"作为一个词汇使用时,其意义与现代会计概念有很大差异,意指综合性的财计考察,而不是会计核算。

总体来看,自周至清,贯穿有文字可考的大部分中国历史,"会计"一词,基本上一直保持了"钩考"这一基本含义,虽然其间有内涵上的丰富、发展与转借,但却无根本性变化。"会计"作为社会财计管理的一个重要组成部分,不论是《周礼》中的司会制度,还是以后的"上计"制度,都不仅仅体现为一个职务设置或一种单纯的检查行为,而是一个应用于整个社会的财计管理控制体系。这种管理控制融入整个社会机体,构成国家机器有效运转的重要支撑。这一点通过分析《周礼》中的财计管理体系——一个包括有关法律制度,自上而下明确的职责分工及合理的职责牵制,司会的专属之责,严格的钱、账、物分管,体系完备的定期报告、内部稽核,有序的月计、岁会、三年大计,乃至"九府出纳,统由司会监督"等多种管理控制机制的完整体系,以及汉代"上计"制度可以找到极好的证据。

在这种体系中,"簿记"(周及秦称"籍书",以后则多称"簿""簿书""账"等)作为一个以记录经济活动为核心的体系,大多数情况下是需要依附于其他职能的,直到明清时期才作为一个相对独立的部分独自成型。虽然它与作为管理控制体系的会计有着非常密切的联系,但就功能地位而言,它远不能与"会计"相比。① 何时"会计"有了今天这种含义,并与"簿记"几乎成了同一回事,由于缺乏具体资料佐证,难以考证。目前所知的是,清代儒者焦循在解释《孟子·万章下》"孔子尝为委吏矣,曰:会计当而已矣"句时,以"零星算之为计,总合算之为会"来阐释"计""会"二字的含义。② 或许在他的时代,人们已不太注意这两者的区别。清朝末期,西学东渐,中国会计学者在引进和介绍西方借贷复式记账法时,已在用本原意义模糊了的"会计"一词作为对现代会计的专门表达,并将其与"簿记"一词并用,或在某些情况下将其与簿记相互替换使用。③ 在引进西学的过程中,中国会计学者逐渐以"会计"

---

① 孙邦治:《会计发展史》,光明日报出版社,1989,第17页,在分析"会""计"二字的含义后作者认为,"这时的会计已包括簿记和审计这两方面的内容"。
② (清)焦循:《孟子正义》(第二十一卷),中华书局,1987,第697页注释。
③ 蔡锡勇先生的《连环帐谱》作为中国第一部研究借贷复式记账法的专著,仍以"账"为名。其子蔡璋在《连环帐谱后述》中谈道:"窃见司会计者,繁而寡,……"可知这一时期"会计"与"簿记"已可通用。进一步的情况可参阅郭道扬教授所著的《中国会计史稿(下册)》中的有关内容。

"簿记"分别作为英文"accounting""bookkeeping"的对译词。① "会计"一词由此转化为较为狭义的企事业单位会计核算。直至今日,提到会计,人们自然而然想到的是记账、算账、报账,并在潜意识及日常中视之为"小会计",乃至如华为孟晚舟女士所指"那个驼着背、弯着腰、端着水杯、戴着老花眼镜的账房先生"的样貌(人们通常印象中会计的标准形象),与大禹时代的"大会计",以及其后"上计""计账""会计录"等,已有天壤之别。社会对会计的歧视达到极致,乃至直至今时,会计界人士还要为争取会计成为一级学科而奔走呼号!尽管在20世纪的学科发展中,"会计"的词义因为学科门类的细化和扩展而在另一个层面上得到了延展,但它作为宏观层面管理控制的意义却在多数情况下被大多数人视而不见,其中是非曲直,实难以评说。

其三,"会计"一词以国家财计"钩考"为核心,在一定意义上,如上文《监察御史吴博古记诸司题名》中所阐明的,"会计"是国家财计审查的总称,在词义上大致可将它与"审计"等而视之。但将《周礼》财计体系的内涵和体系构成、后世中国财计管理的实际内容,以及财计管理与国家制度建设的关系等结合起来考察,可以发现"会计"的内涵,远比"审计"更为广泛,"会计"是一个综合了许多不同内容,与组织的结构体系建设、制度建设和业务发展密切相关的一个极为重要的功能体系。而且,这个体系作为一个"反应性系统",具有突出的与时俱进的特点。这个体系既可用于作为一个大型组织机体的国家,也可用于地方政府和民间各种组织机构(包括企业),乃至一些非营利组织、非正式组织以及家庭和个人财计管理(家计)。

这样一个体系究竟因何而生,又缘何而发展进步,其与各种组织机体的存在和发展之间究竟是一种什么样的关系,其各个相关部分(比如审计、财务、内部控制、预算、簿记、分析预测、准则制度等)之间究竟是什么样一种关系,是笔者多年来一直在努力思考和研究的问题。基本上,任何一个人类组织,因其不可避免地面临对资源和利益的占有、使用、分配、耗费与增值保值,其间又涉及人的权责和利益分配、行为管理与控制、绩效考核与评价等问题,因此,必须有这样一个被称为"会计"的系统,通过以量化指标为核心的记录、计算、分析、考核、控制、预测

---

① 参见潘序伦:《会计名辞汇译》,立信会计图书用品社,1941。该书1934年12月出版,至1937年2月出版时已为第六版,1941年发行改定版。初版搜罗会计名辞约2 200个,改定版增至2 700个。其中"accounting"译为"会计,会计学","accountant"译为"会计员","bookkeeping"译为"簿记,簿记学","bookkeeper"译为"簿记员"。潘序伦为改定版所撰《绪言》中对会计名词翻译的前因后果有详细说明。

等，进行全方位的资源、利益、责任等管理，以及相关信息的处理与传输。这是一个功能极其复杂的系统，并且因历史、环境、知识和技术进步、设计及使用者习惯等因素的不同而呈现出不同的形式及特点。对这样一个系统，确实很难简单地把它与其他自然或人类构造的系统相类比。如何恰如其分地认识和理解这样一个系统，是一项重要而且复杂的事情。笔者从36年前大学毕业初任教职时，即开始接触会计实务并考虑对会计本质的认知问题，迄今难以做出较为满意的总括性结论。研究中更倾向于将会计与组织的关系类比为气血系统与人体，其内涵意义在于以下方面。

第一，会计（财计）系统是任何一个人类组织机体都必须具备的必要成分。对人类活动而言，"财"如气血。人无气血则亡，组织无财则败。①

第二，将组织中的财计系统比喻为人体中的气血系统，核心意义在于强调其与组织合为一体，密不可分，其遍布组织全身，与组织休戚与共。②

第三，《黄帝内经·素问·调经论》篇曰："人之所有者，血与气耳。"气、血是人体内两大基本物质，在人体生命活动中占有很重要的地位。气对人体有推动调控作用、温煦凉润作用、防御作用、固摄作用及中介作用；血对人体有濡养作用及化神作用。对于组织而言，会计并不是一个简单的记录系统（核算系统），而是具有多样复杂功能的系统，其功能大体可与气血对人体的作用相类比。结合当今时代会计之现实，本书认为会计对组织的作用不限于以下方面：通过长期规划、资本运作及重大的内外关系构建，谋划组织的长远发展；通过财务计划和预算，进行内外资源的有效配置和调度，同时也对各类业务和活动未来发展进行方向性调节；通过财务控制、报销及各种相关的业务审核，实现有效的内部控制，保障财产安全及业务的顺利进行；通过核算、分析、预测，提供内外各方面所需的各类有用信息；通过内外审计，保障数据真实、业务合规、财产安全、权责明晰；通过合理有效的制度设计，保障相关业务中权责清楚，各方遵纪守法；建立合理有效的人员绩效计量和考评系统，实现有效的正向激励，完善奖惩制度等。

第四，对于组织而言，除了各种有形的资源和财产外，还有一些很重要的无形

---

① 《周易》（系辞下）："天地之大德曰生；圣人之大宝曰位。何以守位？曰仁。何以聚人？曰财。理财正辞、禁民为非曰义。"意思是说，自然界的最大功德是滋养万物；当权者的最好宝贝是权力地位。怎样保住这地位呢？只有依靠爱护老百姓。怎样才能吸引人才呢？只有依靠物质利益。管理好财政，制定出合理的法令，制止少数人肆意妄为，这才是当权者应当做的最适宜、最合理的事。

② 前文中提到任正非批评华为财务"忘了自己的本职是为业务服务、为作战服务，什么时候变成了颐指气使，皮之不存，毛将焉附"。这种皮与毛的关系比喻，可以说与气血系统的比喻异曲同工。孟晚舟说的如今的华为，"财经已经融入公司所有业务活动之中"，正是体现了这样一种关系。

的存在,如同人体中的经络与气,虽非可见之物,却是无法缺少的存在。本书将财计系统比作人体中的气血系统,亦在强调:对于人类组织而言,除了有形的财产物质、内外资源、制度规范以外,还有许多无形的东西,同样具有重要意义,是不能忽视的存在。比如,从《周礼》财计体系设计中各种具体的职司划分、会计报告与检查的设计等有形之物,我们可以注意到其中一些内含的精神与气韵。如同一个人,除了可见的身高体型、外貌形象之外,还包括别人虽无法看到但却可以感知的风度气质,其实是学识修养、德行育化、思想观念的外在体现。一个良好的财计体系,也必然包含这样一些东西,这是研究中不可忽略的。①

  西方语言中的"会计"一词,英语为"accounting",法语为"comptabilité",德语为"buchhaltung",意大利语为"ragioneria",其渊源和含义各不相同。

  据《牛津英语词典》(The Oxford English Dictionary)所述,14 世纪末(1387年)的文献中就已出现"accounting"一词的雏形,也有过多种变体,以 accounts 和 accomptes② 最为常见。到 19 世纪中期,文献中则已比较规范地使用了"accounting"(account + ing),意为:①counting, reckoning(计算,"reckoning"一词更含有"算账""清算"的意思);②keeps accounts(记账)。③ 作为其词根的"account",始见于 14 世纪初期的文献,其含义一为"计算",一为"计算钱款收支的账户"。根据《在线词源词典》(Online Etymology Dictionary)所汇集的资料,"account"有名词和动词两种形式,皆出现于 14 世纪,源自古法语中的"acont"(意为"计算""期末支付")和晚期拉丁语中的"computus"(意为"计算")。从 14 世纪晚期开始,作为动词的"account"意思有所发展,为"计算付出或收到的钱,进行清算"(to reckon for money given or received, render a reckoning),并由此衍生出"解释、证明",以及对某人或某事"给出一种解释"(17 世纪 70 年代)等意思。在后来的古法语中又复拉丁化为 "acompter"(近代法语用" accompter"),中古英语中用了" accompten"。

  "accounting"作为"account"的动名词表达,起初表示"计算数字"(reckoning of

---

 ① 关于此类无形的东西,很难做具体的描述,但却是确实需要注意的。这里可以举两个方面的例子做一简单说明:一个是《周礼》财计制度中内部控制体系的内含思想和观念,如王和王后的多方面支用皆纳入"会"的范围,实质上体现了一种全面从严管理的思想;另一个是华为公司财经体系建设中,任正非批评财务"颐指气使,皮之不存,毛将焉附",从而形成的财务服务于业务的理念。此类事例说明,财计(会计)系统并非只是简单冰冷的技术和制度规则的集合,而是包含思想和系统性思维的有温度的系统。

 ② 在1569年英国人詹姆士·皮尔(James Peele)所著的《借贷会计入门》(The Pathewye in the Accomptes of Debitour and Creditour)中,"会计"一词即用了"accomptes"。

 ③ 此种解释及上述资料(包括下面关于 account 的解释),皆取自 The Oxford English Dictionary, Oxford: Clarendon Press, 1989。

numbers），自 1855 年起始有"管理财务"（management of financial affairs）之意。历史上曾有过一段"accounts"和"accounting"混用表示"会计"的时期①，直至 20 世纪初，这种混用依然存在。1907 年出版的美国会计学家查尔斯·斯普拉格（Charles Ezra Sprague）的名著 *The Philosophy of Accounts*（《会计哲学》），也是用"accounts"表示"会计"。②

与"accounting"相关的词，还有"accountant"，最早出现在 15 世纪中期，指"会计员，提供账目之人"（accounting officer, one who renders accounts），源自古法语"acontant"（现代法语为"accomptant"）。accountant 自 16 世纪 30 年代开始有一种新的意思，为"职业做账人"（professional maker of accounts）。accountant 一词最初是指一般的做账人，到后来则有了更重要的发展，一个是英国的特许会计师（Chartered Accountant），另外一个是美国的注册会计师（Certified Public Accountant）。两者皆代表独立于企业，以独立的第三者身份承担以查账为核心的各类业务的专业人士，因其面向社会公众提供服务，因此，一般称为"公共会计师"（Public Accountant），属于"独立执业"的职业人员。③ 一般认为，这一职业的出现源于 1720 年英国著名的南海公司破产案。④ 需要注意的是，公共会计师作为一种新兴职业，并未从这一时间点开始立刻获得很快的发展。一个重要的原因是，由于南海公司案的发生，英国政府颁布了著名的《泡沫法》（Bubble Act of June 11, 1720，也译为《泡沫公司取缔法》）。《泡沫法》影响公司发展达一百年，会计师职业的发展也因此迟滞百年之久。直到 19 世纪中叶，会计师职业才迎来英国历史上较

---

① 在英国人约翰·柯林斯（John Collins）1653 年所著的《商人会计入门》（*An Introduction to Merchants Accounts*）、英国法庭律师艾萨克·普雷斯顿·科里（Isac Preston Cory）1839 年所著的《实用会计论文》（*Practical Treatise on Accounts*）中，"会计"一词都是用"Accounts"。

② 国内习惯上将该书名翻译为《账户的哲学》，其实不甚准确。

③ 职业会计师的职责在不同历史时期有很大不同。《美国会计史：会计的文化意义》中引用的从业者 Keister 1896 年的描述："职业会计师是调查者，是寻找漏洞者，是解剖者，用最受欢迎的词语来讲，他还是侦探。他必须具备有关不动产及其建筑物以及其他财产的充分的知识。他的职业就是审核哪些是正确的，察觉并揭露哪些是错误的；发现和报告存在的事实，而不论这些事实是否清晰无误地记录并进行明白的表述，也不论这些事实是否被狡猾的流氓或者似是而非的数字安排所隐藏，甚至是像频繁发生的案例一样，在记录中完全被遗漏。"加里·约翰·普雷维茨，巴巴拉·达比斯·莫里诺著：《美国会计史：会计的文化意义》，杜兴强、于竹丽等译，中国人民大学出版社 2006 年版，第 139-140 页。

④ 一般认为，南海公司破产案发生后，应英国议会特别委员会的要求，伦敦市彻斯特·莱恩学校的习字教师兼会计师查斯·斯内尔对南海公司旗下索布里奇商社的会计账簿进行检查，于 1721 年提交了一份审计报告书。查斯·斯内尔因此被认为是民间审计职业的先驱者，世界上第一位受聘于股份公司的会计记录进行审查的会计师。南海公司破产事件，揭开了民间审计走向现代的序幕。参见文硕：《世界审计史》，企业管理出版社 1996 年版，第 223-224 页。

为快速的发展期。① 而注册会计师作为一种职业真正开始在美国发展,则是迟至1896年,这一年纽约州颁布了第一个承认并确立注册会计师称号的州法律。②

将"会计"(accounting)与"簿记"(bookkeeping)区分,是西方会计发展史上重要的转变,标志着西方会计从强调记录的簿记时代转向重视计算、分析、预测的会计时代。其中原因,在于随着商业和海上贸易的兴盛乃至资本主义经济的发展,单纯的记录已无法满足现实的需要,而必须进行大量计算、分析乃至预测。进而,随着企业规模扩大、股份有限公司的发展,由于两权分离、受托责任关系及企业业务日益复杂化,会计逐渐演变为一个包含记录、计算、报告、分析预测、内部牵制与管理控制、内外审计、责任考核、效绩考评、法律制度规范等多重复杂职能与关系的管理控制体系。需要强调的是,虽然在现实中人们很多时候实际上是把会计作为一个具有很大宏观意义的管理控制系统来设计和规范(统一会计制度的制定、会计准则的制定与实施、上市公司信息披露的规范等即是典型例证),但在理论研究中,在许多重要场合,以及在许多人的观念中,会计依然等同于簿记,许多人仅仅将它作为一个组织进行内部管理的基本工具(信息系统也依然只是一个工具)。这种观念是错误且十分有害的,这一错误本质上源自一种习惯。③

以上内容较为概略地讨论了中英两种语言中"会计"(accounting)一词各自的渊源与差异。需要强调说明的是,通过这一分析,我们可以看到,中国历史上所称"会计",是一个以国家财计管理为核心的综合性体系。这一体系在很早时期即确定了其广大的体系构成,并在长期的历史演进中获得了许多重要的细节性发展。而西方世界的会计,历史地来看,却基本上可以归结为一种"簿记"(记录)加"会计"(记录、计算、分析、预测、控制等)的特殊构成。④

需要注意的是,世界上有许多种不同的语言,每种语言中与会计相关的词语各

---

① 文硕:《世界审计史》,企业管理出版社,1996,第230页,"伦敦市会计师人数表",以及232页"英国民间审计组织简表"。亦可参见A.C.利特尔顿:《1900年前会计的演进》,宋小明等译,立信会计出版社,2014,第255页"旧时名录中列出的会计师人数"(表16-1),以及第16、17、18章相关内容。

② 加里·约翰·普雷维茨、巴巴拉·达比斯·莫里诺:《美国会计史:会计的文化意义》,杜兴强、于竹丽等译,中国人民大学出版社2006年版,第139-153页。

③ 孔狄亚克在谈论错误的原因及真理的起源时曾经谈道:"把符号和事物连接起来的做法对我们已经变得这样自然,在我们还无法估量其价值的情况下,我们就已经习惯于把一些名称联系到一些客体的实体本身上去了,而我们也就信以为,这些名称都能尽善尽美地说明客体的本质"。

④ 实际上,作为西方文明先导的古希腊、古罗马,其会计也是较多地发挥了宏观管理控制的功能,但因为文艺复兴和资本主义兴起以来以私营企业为核心的经济发展格局,人们自然地看到并更多地关注了企业会计的微观意义,并以之作为对会计的基本观察,影响到后来会计理论、方法及制度体系的一系列构建。

有自己不同的演化经历,这些词语在不同时期的实际意义也各有不同。这是开展会计史研究必须予以关注的。因为词义的差异,本身即代表了不同环境、不同文化中人们对会计的认识及会计的实际作用与地位的不同,这种差异属于世界会计的一种客观存在,并导致了各国会计巨大的差异,也即本书所称"会计的异质性",以及因之而产生的异质的会计历史。

意大利博洛尼亚大学卢卡·赞(Luca Zan)教授就曾注意到,意大利语中的"ragioneria"一词被翻译成英语的"accounting"实际上是有问题的。虽然这两个词意思上有相同之处,但意大利语中"ragioneria"一词的含义更为宽泛,同时包含簿记和会计两方面的意思而无严格区别。从总体上来讲,这反映了一种认识论上的问题,根源主要是大陆会计和盎格鲁-撒克逊会计传统之间的差异,在这种情况下,很显然,不同环境中的人对"会计"一词可能产生多方面的误解。[1] 中南财经政法大学郭道扬教授在考证"簿记"向"会计"转化问题时也注意到,德语"buchhalten"一词,在古代和近代指"簿记",而在现代指"会计"。并说明"在19世纪由近代会计向现代会计演化过程中,德语中的 buchhalten 的内在含义也处在演化过程中,这是不少学者认为马克思在这一研究结论[2]中所讲的'簿记'实际上是'会计'的基本原因"[3]。

再推广至世界其他语言,比如日语、韩语、法语、俄语、西班牙语、葡萄牙语、阿拉伯语乃至非洲等地存在的各种土著语言、少数民族语言,"会计"一词究竟有多少不同的含义,不同语言中的会计又有过多少相互之间的借鉴、吸收与影响?笔者在研究中注意到东亚地区中、日、韩三国会计文化及词语上存在相互借鉴与交流。对于未来会计历史文化的研究与理解,文化语言方面的差异自然也是学者们需要关注的重要主题。

2)"簿记"(bookkeeping)、"账簿"(account-book)等相关词汇的异同与历史演化

"簿记"(bookkeeping)是近现代会计中一个使用频率极高的词汇。在西方世界,由"bookkeeping"向"accounting"转化的过程代表了会计的现代化过程。在中国历史上,"簿""籍""账""簿书""账簿""簿籍"等字词十分常见,但我们基本可以确

---

[1] Luca Zan, "Toward a History of Accounting Histories: Perspectives from the Italian Tradition," *The European Accounting Review*,1994,3(2):261.

[2] 指马克思《资本论》中有关簿记的著名论断:"簿记对资本主义生产,比对手工业和农民分散生产更为必要。"

[3] 郭道扬:《由"簿记"向"会计"命名转化考析》,《财会月刊》1997年11月,第3-4页。

定"簿记"一词却是19世纪晚期以来西学东渐的舶来品。① 20世纪初期,不论是西方还是东方,皆曾有过一段"簿记"(bookkeeping)与"会计"(accounting)并用的时期。前者指填制凭证、登记账簿、结算账目、编制报表等基本的核算工作,被认为是会计工作的初级阶段。后者则是"随着会计循环理论的建立和会计职能作用的不断扩大,会计工作从单纯的记账、算账,发展到对经济活动的事前预测、决策,事中控制、监督,事后分析、考核,簿记就成为会计工作的一个组成部分"。②

西方文献中最先出现的并非"book-keep"或"bookkeeping",而是"bookkeeper",时为16世纪50年代,意指"记账之人,其职业是在账簿中对金钱交易作出正式的平衡式记录"(person who keeps accounts, one whose occupation is to make a formal balanced record of pecuniary transactions in account-books)。"bookkeeping"始见于17世纪80年代,指"登记账簿的工作"(the work of keeping account books)。直到1886年,西方才以逆成法(back-formation)构造出动词"book-keep"。

英语"account-book"(也有写为"accounts-book")汉语翻译为"账簿"。根据维基百科资料,在单式簿记体系(single-entry system)下,主要用一本现金账(cash book)进行账务记录。复式簿记体系(double-entry system)下则有流水账(day book)、小额现金账(Petty Cash Book)、日记账(journal)、分类账(ledger),这些账构成一个完整的账簿体系。分类账又具体分为总分类账(general ledger)、销货账(sales ledger)、进货账(purchase ledger)。美国殖民地时期还使用一种"草账"(waste book),用以临时记录日常收支及交易。③

中国历史上"账簿"一词最早是在明代小说杂记中大量出现。郭道扬教授在《中国会计史稿(下册)》中讲道:"明代官厅十分忌讳'账簿'之称,然而'账簿'之称历经千余年之演变,恰好在明代民间得以确立,并得到普及运用。"④郭道扬教授还举了《金瓶梅》《初刻拍案惊奇》《二刻拍案惊奇》中的词句来说明这一事实。⑤明代之前,"账簿"的称谓曾有过多种不同形式。商周时期称为"册""籍",春秋至秦代称为"籍"或"籍书",汉代则名之为"籍""簿""簿书"等。

我们最需注意的是"籍"与"簿"的区别。"籍",出现于"簿"之前,字形如多篇竹

---

① 360百科"簿记"词条中有讲到"中国簿记一词最早见于宋代",但未找到出处。郭道扬教授认为:"中文与日文所用'簿记'系由英文'bookkeeping'翻译过来的。"见郭道扬:《由"簿记"向"会计"命名转化考析》,《财会月刊》1997年第11期,第3页。

② 引自360百科"簿记",https://baike.so.com/doc/6015289-6228278.html。

③ 参看 https://en.wikipedia.org/wiki/Bookkeeping。

④⑤ 郭道扬:《中国会计史稿(下册)》,中国财政经济出版社,1988,第88页。

简卷束成捆,叠置搁放之状。西汉时"籍"与"簿"既密切相关,又有一定区别:凡文献典册称为"籍",如与财政经济相关、具有统计性质的户籍、名籍等;凡与会计方面相关的记录,则称为"簿"或"簿书"。此后直至唐宋,关于"籍",基本沿用了这个用法,如户籍、名籍,皆属具有统计意义的名录。① 敦煌文书中有多件名为"籍"的文书,如:ДX1382号《河西都僧统应管一十六寺僧尼籍》②,斯0113号《西凉建初十二年(416年)敦煌郡敦煌县西宕乡高昌里籍》等。

在敦煌文书所代表的时代,"帐"③字有了较为广泛的使用,如"写帐日""写帐人""帐讫"等。据郭道扬教授考证,"帐"最早用以表示帷幕或床帐,用其代指会计帐目始于魏晋南北朝时期(220—589年)。当时,皇帝与达官显贵热衷于巡游,每次巡游都要在沿线每隔一定距离置一个筛帐作为休息享受之用。筛帐内往往陈设各种贵重精良的用品用具。为了保管好这些财物,要为每一筛帐委派专人进行记录。凡登记筛帐之内的财物,简称为"记帐",而把作成的书面记录称为"帐"。这样,幕帐、床帐之"帐"便约定俗成被人们引申为与会计相关的"籍帐""计帐"乃至"簿帐"。至唐代,一直沿用计帐之法。④ 而相应地,"帐"字也被作为会计帐目的代称,广泛地运用于社会经济生活,在敦煌文书中多有出现。不过,在敦煌文书中,"帐"字只用来指称一般性帐目,而未用于具体帐簿的定名。敦煌文书中的会计帐册,原始标题中皆用"历"定名,而未有用"帐"的。

南宋时期谢深甫监修的《庆元条法事类》,包含了南宋建炎元年(1127年)至庆元年间(1195—1200年)颁布的敕、令、格、式和随敕申明,今存残本有职制、选举、文书、榷禁、财用、库务、赋役、农桑、道释、公吏、刑狱、当赎、服制、蛮夷、畜产和杂门共十六门,涉及大量会计相关资料。其中"账"字的使用分为两种情况,一种是作为一般账目(如前账、今账);另一种则是作为上呈的账目报告(如"账状""季账"等)。"历"则依然用于指称具体账簿,并有"交历"(交接记录)、"门历"(出入库记录)、"账历""簿历"等多种说法,表明当时对"历"文书的类型区分更趋细致。其卷三十六

---

① 郭道扬:《中国会计史稿(上册)》,中国财政经济出版社,1982,第191-192页。
② 《释录》卷四第214页,该文书仅有题名。
③ 据郭道扬教授考证,最早出现和使用的是"巾"字边的"帐"而不是"贝"字边的"账",故此处特用"帐"字。详见郭道扬:《帐(账)的应用考析》,《会计研究》1998年第11期,第47-49页。在20世纪90年代,关于会计账簿究竟该用"帐"字还是"账"字,曾经有过一段时间的争论,目前出版物中通常使用"账"字,但在早期文献中多用"帐"字,故本文中根据情况,分别采用"帐"和"账"。特此说明。
④ 西魏时苏绰创"计帐"之法,唐代沿用之。《新唐书·食货志》有曰:"凡里有手实,岁终具民之年与地阔狭为乡帐。乡成于县,县成于州,州成于户部。又有计帐,具来岁课役,以报度支。"所谓计帐法,就是预计次年的赋役概数,公之于众。相当于现在的财政概算。

《库务门》中,更有《州县场务收支历》,是对场务会计账记录及结账形式的规定,这表明在南宋时期,依然以"历"作为具体账簿的名称,并有关于"历"保管不当的罚则。① 例如,其中言明"遇有收支即时注历,每日转计都数,监官书押。在州者旬赴知州以次签书旧历,限十日缴申州勘磨",这表明直至南宋,"历"依然作为具体会计账簿的名称与作为会计(账目)报告的"账"相区别。同时也说明,将"历"用作账簿名称,并非敦煌等特定的地区性习惯,而是全国皆然。

中国古代负责记账的人员究竟作何称谓,迄今未见系统的分析考证。在民间,除了敦煌文书中出现的"写账人"外,郭道扬教授在《中国会计史稿》中注意到,元代杂剧《看钱奴买冤家债主》中提到的坐馆看账的"门馆先生",可能是民间"管账先生"的最初称呼。《至正直记》中的"掌事",明代政府基层组织中的"书手""书办""司计"之类,也有类似意思。② 近现代多见的"账房",以目前所见,则以《博山县志》所载清初博山煤矿的情况为最早。③

3)"审计"(auditing)相关词汇的历史沿革

在上古文明时代,账目审查是官府财计管理的基本需求。古埃及曾设"监督官"(superintendents)负责对"作为政府会计官的记录官(scribe)和其他各类官吏编制的会计账簿和收支计算书进行严格的审查"。④ 古罗马从公元前443年起设立"监督官"(censor)。有研究认为"监督官实际上就是当时的审计官,审计工作只是检查工作的一部分"。⑤ 古希腊则设有被称为"罗基斯塔埃"(logistae)的官员,负责500人议事会官员卸任时的经济责任审计,"罗基斯塔埃"配有10名被称为"埃乌苏诺衣"(euthunoi)的官员,负责审核官员报送的财产目录、证据文书和会计账册,编写审计意见并报告给"罗基斯塔埃"。

自罗马帝国消亡之后,古代文明国家以国家财计管理为核心的监督审查制度随着其实施国地位的降低在西方文明中基本消失,代之而起的是官方以"听"计方式进行的账目审查,而听的方式也与中世纪晚期意大利城市国家中

---

① "诸仓库收支历辄不封锁交受若收留私家经宿者各徒二年。""诸收支官物不即书历及别置私历者各徒二年(应所属用印给付而辄自用本处印者亦是)。若无专置文历而以名色相类附入别历者,不坐缴申旧历违限杖一百。""诸收支官物文书有空缺处及剩纸而不勾抹若赤历内预先虚收者各杖一百,本行吏人仍降一资。已支官物旁贴之类不勾抹者准此。"

② 郭道扬:《中国会计史稿》(下册),中国财政经济出版社,1988,第15、第24页。

③ 富申:《博山县志》(卷四上),参见郭道扬:《中国会计史稿》(下册),中国财政经济出版社,1988,第87页。

④ 文硕:《世界审计史》,企业管理出版社1996年版,第12页。

⑤ 富申:《博山县志》(卷四上),参见郭道扬:《中国会计史稿》(下册),中国财政经济出版社,1988,第16页。

向法庭提交账目作为证据的实践相关联。由此出现了与"auditing"相关的词汇。

较早出现的其实并非"auditing",而是名词"auditor",首见于 14 世纪初,意指"接受并检查账目的官员"(official who receives and examines accounts)。"auditor"一词于 14 世纪末有了"听证员"之意(a hearer, one who listens),源自英法(Anglo-French)的"auditour"一词和拉丁文"auditor"(听众、学生、学者、门徒,中世纪拉丁语中是指法官、查账员)。

"audit"一词最初是作为名词出现的,时为 15 世纪初,意为"官方审核账目"(official examination of accounts),源自拉丁文"auditus",本意为"听"(a hearing, a listening)。"auditus"是动词"audire"(to hear)的过去分词。官府检查账目最初采用的是口头听计的方式,所以口头听计也有官方听证、司法听证或检查等意。"audit"15 世纪中期出现动词用法,意思是"检查并核实账目"(examine and verify accounts)。

以"audire"(听)的方式审查账目,进行官员绩效考评,是各种古代文明中一种颇为常见的形式。《周礼》司会"掌邦之六典、八法、八则之贰……以逆群吏之治而听其会计",冢宰"听其致事而诏王废置",小宰"听出入以要会",《韩非子·外储说右下》"王自听计,计不胜听"等,皆为此类。可知在早期文明中,可能由于书面材料的报送和审查多有不便,因而采用听取口头汇报的方式进行综合性的财计检查。有史料表明,14 世纪的英国,政府审计工作依然是通过"hearing the account"的方式进行的。

"auditing"作为"audit"的动名词形式,其被广泛使用是在 18 世纪之后。公共会计师(public accountant)的出现对其发展是一大促动。霍华德·F.斯特塔勒(Howard F. Stettler)教授在其《审计原理》(Auditing Principles)一书中曾做如下解释:

> 据以生成认证报告的审核工作被称为"审计"(audit),因此,从事该项工作的会计师通常被称为"审计师"(auditor)。由于许多企业本身也任用一些审计师,为了区分清楚两类审计师,通常将公司审计师称为"内部审计师"(internal auditors),而使用"独立审计师"(independent auditors)一词来指审核公司财务报表的公共会计师(public accountants)。……"auditor"一词的字面意思是"倾听者"(one who hears),其历史可追溯至仅凭听取账目和交易报告即可接受并核准公共账目的时

代,负责审查和核准账目之人,称为 auditor。①

按维基百科上的解释,"auditor"(审计师)是指由公司指定执行审计的人或企业。一个人必须经会计和审计监管机构认证,或具有某些特定的资格,才能担任审计师。通常,要担任公司的外部审计师,必须获得监管机构颁发的执业证书。

审计师通常分为外部(法定)审计师(external auditor/ statutory auditor)和内部审计师(internal auditor)。外部审计师以独立的第三者身份执行公司财务报表审计、内部控制审计、鉴证审计、尽职调查、管理咨询等业务。内部审计师属于其所在组织(政府机构、上市公司以及所有行业的非营利性组织)的内部职员,执行内部审计。

中国审计自古以官厅审计为主,以官员绩效考核和官府各类收支账目与各类财产物资(粮食、军备等各类物资)库藏及安全管理为核心,形成了功能强大的制度和实际操作体系。中国古代审计中影响最为深远的是"上计"制度,按照江西财经大学方宝璋教授的观点:"至迟在春秋时期,国君对官吏的考核已正式称为'上计'。秦汉时期,随着中国统一的封建中央集权制的建立,上计制度进一步完善。上计包含很大成分的审计职能,因此,春秋战国时期,在与审计有关的活动中,最能反映审计活动的用语是'听计'。"②

除了以各级官员政绩考核为中心,以考课殿最为表征的"上计"制度外,古代官厅还涉及大量财产物资经管责任和收支账目报告(所谓"场务、仓库出纳在官之物""百司经费""四方财赋""诸路财赋出入"等)的审查,其内容和形式复杂多样,因此,在很长时间内,我国古人曾用"稽""考""课""计""会""比""勾""覆""校""检"等单字,以及"考课""课校""勾检""勾覆""勾磨""钩考(勾考)"等词语作为其专门用语。

---

① Howard F. Stettler, *Auditing Principles*, Prentice-Hall, 1977: 5. 原文为: The examination upon which the report of attestation is based is known as an audit, and consequently the accountant doing such work is usually referred to as the "auditor". Because many businesses also have auditors in their own employ, the two types of auditors are usually distinguished by referring to the company auditors as "internal auditors", and using the term "independent auditors" to designate the public accountants who are engaged to examine the company's financial statements. … The term "auditor" means literally "one who hears" and dates back to the days when public accounts were accepted and approved on the basis of merely involved hearing the accounts and transactions, and the person or persons who were responsible for examining and approving the accounts were known as auditors.

② 方宝璋:《论中国审计史研究中的两种偏差:兼与刘云、吴泽湘等先生商榷》,《审计研究》2003 年第 1 期,第 53-57 页。

南宋建炎元年(1127年)五月,宋高宗赵构即位,为了避帝名之讳,改"专勾司"为"审计司"。与此同时,"勾""勾检""勾覆""勾磨""钩考(勾考)"等用语也一同消失,取而代之的是"驱磨""磨勘""点磨""稽考""审覆""点检""检察"等。这是"审计"一词第一次在中国历史上出现,但其使用范围却十分有限,仅用于审计机构的名称,如"审计司""审计院",并不用于泛指一般的审计活动。①

元朝一方面恢复了唐和北宋时期以"勾"为中心的审计用语;另一方面通过机构的调整和增设,创造了一系列新的审计相关用语:①中央和地方皆设检校所兼职执行审计职能,因此,从事与审计有关的活动时常使用"检校""检核""检勘""照勘"等用语。②上自中书省、六部、宣政院、宣徽院,下至地方行中书省、诸路总管府,均设有"照磨"一官,主要负责磨勘钱谷出纳之事。照磨官在审计中也有自己的常用语如"磨勘""磨算""照算"。③御史通过照刷文卷进行财政财务的终审,常用"照刷""刷磨""稽照"等词语。

明清时期,中央集权空前强化,皇帝为了更全面直接地监督臣子,干脆取消专职审计机构,把绝大部分审计职能并入科道监察系统,审计用语因此又发生了一系列变化。据《万历会典》载,明代科道官在开展与审计有关的活动时,常用"查算""查盘""查对""查验""稽查""稽考""磨算"等词语。② 另据《光绪会典事例》载,清代科道官在开展与审计有关的活动时,常用语为"稽察""稽查""稽核""察核""察销""盘查""查核""磨对"等。20世纪初,随着辛亥革命的胜利,中华民国时期的北洋政府和南京国民政府等在中央设审计院(或审计部),在地方设审计分处或审计处等。由于这种近代新型专职审计机构的设置,以及西方审计思想的传入,中国对审计活动的描述才真正地固定在以"审"为中心字的"审计""审查""审核"以及以"稽""核""查"为中心字的"稽核""稽查""稽察""查核""核定""核对""核销"等用语上。③

以上分析说明,"中国古代虽然在南宋已经出现了以审计命名的审计机构——审计院(或审计司),但'审''审计'始终没有成为审计活动中的审计用语。只有到了近代中华民国时期,由于西方审计思想的传入和新型国家专职审计机构的建立,

---

① 《宋会要·职官二十七》记载:"高宗建炎元年五月十一日,诏诸司专司、诸军专司,专字下犯御名同音者,改作诸军诸司审计司。"详情参阅方宝璋:《宋代审计机构若干史实之考证:兼与肖建新先生商榷》,《中国史研究》,2002年第1期,第85-95页。

② 这种用语似乎也影响到了民间会计的发展,在徽州文书中就有使用"查算""盘查"等词语的文书资料,如《万历程氏染店查算》《程鸣记盘单》等。

③ 此部分资料引自方宝璋:《论中国审计史研究中的两种偏差:兼与刘云、吴泽湘等先生商榷》,《审计研究》2003年第1期,第53-57页。

才真正开始出现了以'审'为中心字的审计用语"。① 此外，与西方自民间审计出现后的审计体系由政府审计、民间(社会)审计、内部审计三部分构成有所不同，中国的审计从上古时期直至清朝末期，基本都是官厅审计独自发展，直至1918年6月北洋政府农商部和财政部批准时任中国银行总会计谢霖先生呈请执行会计师业务的上呈，并于同年9月颁行由谢霖受两部委托起草的《会计师暂行章程》10条，会计师制度才开始在中国大地上生根发芽。② 其后我国审计体系和制度建设，更多地学习和参照西方模式。但在20世纪50年代后半期至80年代初，我国曾经历一个完全取消各类审计的特殊阶段。

4) 小结

世界各国历史文化和发展演进的路径各不相同，导致其会计实践、相关观念和具体的用词用语也各不相同。在通常的会计史研究中，受传统史观和研究者对会计及会计历史基本认知的影响，人们更多地把关注的重点放在"记录"上面，研究记录技术的发展变化，导致会计史通常被写成簿记技术史。本书以上部分结合中外会计相关概念的历史发展进行的分析和观察，旨在说明对会计的历史发展而言，记录只是表象。对于一个具有悠久历史的社会系统，最重要的是考察它为什么存在，发生了哪些变化，以及因为什么而变化。

以上关于概念的分析说明，会计并不是一个简单且被动的记录系统，也不单纯以提供信息为目的。从社会历史的角度来看，会计是与各类组织及其发展演变的功能需求相关联的一个复杂的财计管理体系。它与时俱进而且形式多样。

### 4. 异质的会计史(Heterogeneous Accounting History)

世界各国的历史存在巨大差异，早就是一种被人们广泛认知的事实。西方"近代史学之父"兰克认为，每个国家都有其个性，代表一种个别的精神，而无共同的历史可言。③ 兰克这一论断对于会计历史自然也是适用的且并无任何不妥。

本书认为世界各国的会计及其历史是一种异质的存在。如何观察和分析这种异质性，却是一个很大的难题。比利时会计史学家格....德维林克在

---

① 此部分资料引自方宝璋：《论中国审计史研究中的两种偏差：兼与刘云、吴泽湘等先生商榷》，《审计研究》2003年第1期，第53-57页。

② 需要说明的是，在明清时期民间商业的发展中，商号内部、包括有多家分号的商业机构如晋商票号等，也曾有内部查账的实际业务。

③ 参见吴承明：《论历史主义》，《中国经济史研究》1993年第2期，第2页。

为文硕《西方会计史》所撰的序言中讨论了会计历史的划分,重点介绍了一些学者对会计发展所做的以下五个时期的划分,为我们观察会计的历史差异提供了一些参考。

一、会计前史:记数制度的形成

石子计数——算盘和棋盘的发明。

刻痕计数——木签和财产清单的发明。

结绳计数——"基普"的发明。

结果:财产盘点——人口调查——计算——统计——图表。

职业:记录员——书写员——基普结绳员。

二、簿记的诞生

货币和信用的发明;金融业的兴起;应收应付账户的设置。

结果:记录现金账户——记录第三者账户。

职业:对作为其雇主的金融家承担受托财务责任的出纳员。

三、欧洲时期:发现新大陆

资本主义的萌芽——遗产及其保护的思想——追求利润——海上贸易。

结果:主人账户(或资本账户)的记录——法律实体的发明——临时合伙企业的出现——团体——成果账户的记录。

职业:航海人员——运输商——保险人——公证人——非独立的会计师和独立会计师。

四、大发明时期:机器的广泛使用

结果:成本会计核算——工业会计——预估和折旧的发明及应用。

职业:工程师——工业会计师。

五、全球化时期:第三世界的觉醒

石油的影响——社会推动——公司合并——会计多样化。

结果:管理会计——反通货膨胀会计——社会会计——宏观经济会计——会计日益复杂化。

职业:特许会计师——审计师——商业工程师——各种管理者。[1]

埃尼斯特·斯德维林克所述的是一种以西方为中心的世界会计史观察,概括

---

[1] 引自文硕:《西方会计史》(上),中国商业出版社,1987,"序"(埃尼斯特·斯德维林克),第19-20页。本书对个别词句根据原文做了重新翻译。

说明了世界会计发展演进的主要阶段性特征及动因,也在一定程度上展示了世界会计历史的时代性差异。

其一,从纵向的时间线索来看,不同的历史时期,基于不同的环境条件和社会演化,会计表现出不同的水平和层次特点,获得了不同的发展和进步。从这个演进过程中可以看到,会计并非一种孤立的存在,而是与社会环境条件的变化密切相关,其技术、观念以及职业人员,皆与时代的进步及其他职业相关联。

其二,作为一种专业(职业)的会计,其名称和工作内容随着时代的演进经历了不断的变化。从最初承担综合性记录责任的记录员(scribes,见于古埃及文明中,也有译为"书记员"的)、书写员(antic writers)、基普结绳员(quipucamayoks)①,到簿记诞生时期为金融家承担受托责任的出纳员(cashiers),再到欧洲时期(大航海时代)非独立和独立的会计师(dependent accountants and independent accountants)、大发明(大机器)时期的工业会计师(industrial accountants),全球化时期的特许会计师(chartered accountants)、审计师(auditors)等,表现出巨大的时代性变革,其涉及的范围、工作内容和特性、专业化分工等不断变化。显然,这样的变化,并不是同样或均等地发生在各个国家、各个地区(地域)、各种文明之中。

其三,关于会计历史的观察,虽然在总体上采用世界性观点,但其内容却显示出"欧洲中心论"历史观的特点,中间三个阶段(时期)完全是基于欧洲社会的观察,第五个阶段"全球化时期",英文原文表述为"worldwide period (or cycle)-awakening of the third world",虽然标题是注意到了全球除欧洲以外其他国家(尤其是第三世界国家)的兴起,但所述具体内容依然是西方发达国家的会计发展。这一阶段的标题还揭示出了全球会计历史发展中的另外一个重要事实:很多第三世界国家和地区,在之前的发展及历史叙事中,基本上被当作世界会计文明之外的存在。当然,这并不一定意味着对第三世界的歧视,而是可能表明:许多第三世界国家的会计,事实上的确并未经历如同西方国家这样的发展历程。也因为受发展水平、文化,尤其是语言的限制,对欠发达国家和地区会计史的研究,一直未能进入被英语等少数几种语言所统治的会计学术领地。这本身是"异质的会计史"在世界范围内的表现之一。

其四,与当代会计史研究中多注重企业会计的技术性发展不同,埃尼斯特·

---

① Quipucamayok 是印加帝国的一个官员,负责监督税收和人口调查统计,担负着印加帝国宫廷会计兼秘书的工作。其职责类似于古埃及的"记录官"、中国商王朝的"作册"。基普(quipu)是印加人用来记录和记事的彩色绳子。

斯德维林克关于会计历史时期划分的观点,明显采用了广大的社会视角,在对会计前史时期计数制度形成的观察中,注意到了古代文明国家的人口调查和统计,实际上体现了会计的社会性(宏观)意义。在对后来各个时期的观察中,突出会计与时代变革的关系,以及因时代变化而产生的会计新需求,是会计时代性和环境意义的切实体现。世界不同国家和地区文明的进程不同,具体的环境和社会条件不同,会计的进展也必然有所不同,这是理解会计历史异质性的重要基础。

会计历史的异质性就其根源及层次性质,可以概括地分为以下几种类型。

1) 会计本身的异质性

从人类文明和社会发展的角度来考察,会计的产生和演进,如同人类生活中其他一些基本成分或元素如饮食、服饰、生产及生活用品(用具)、钱币等,是基于人类组织的存在和发展以及个人生活各方面的内在需求。如同世界各地人的存在一样,虽然自然环境、遗传与血统等多重因素导致各地人种不同,人的生活习性各异,但人的一些基本需求却是一致的。人是一种社会性的动物,人类活动通过各种不同的集体组织形式进行。因此,我们在世界各地能普遍地看到从远古时期的氏族社会、部落和部落联盟,到进入文明时代以后的国家、宗教机构、民间会社、工商企业以及各种非营利组织等不同规模、不同性质和形式的组织机构的存在。每种组织的生存和发展,都离不开资源(财产),相应地,每个组织需要采用一定的组织管理形式和手段来保证其有效运行,会计则是与组织资源及相关活动管理,如人员管理和绩效考评相关的一种以量化记录为基础的综合性管理体系,通常可以概括性地将其称为"财计管理"。

从古代文明中会计运行的实际来看,早期会计基本上具有共同的特征:简单刻记、结绳记事(计数)、象形文字、国家作为整体进行会计组织管理和制度设计。但同时也有一些具体的差异,比如,古巴比伦人用泥板记录楔形文字,古埃及人在纸草上记录象形文字,古代中国人则从最初的结绳而治,发展到在甲骨上用文字记录,随后又使用简牍记录、纸质材料记录。总体而言,尽管文明初始时期社会的基本需求相同,但因为地理条件、气候环境、技术手段、人文及政治等多方面的差异,世界各种古代文明中的会计,从一开始就在内在需求一致的基础上表现出一定形式上的差异。随着时间的推移、时代的进步,世界各地文明发展的路径和程度差异日益增大,各地的会计也日益采用了各不相同的具体形式,演化成为异质的存在。① 在不同的时期,如果我们有可能将全球各地各个国家或族群的会计文明做一个横截面上的观察,所看到的必然会是很不一样的存在,其差异可能表现在(但并不局限于)以下方面:

① 会计的使用范围、组织形式和体系设计;

② 会计的思想、观念;

③ 会计表现得最发达的领域——宏观或者微观,政府或者民间,工商企业或者社会组织、家族;

④ 会计记录的具体形式:记录载体,书写工具,计数体系及计算工具(简称算具),文字形式,记录格式,记账符号,账务检查、平衡及结算方式,记账规则,账簿、报告的外观(外表)形式;

⑤ 账簿组织及账务处理程序;

⑥ 会计控制及质量保障,内外审计;

⑦ 报告与审核;

⑧ 计划、预算、分析、控制、预测等财务管理机制;

⑨ 人才培养、教育及人员管理;

⑩ 法律制度(规范)体系;

⑪ 文化交流及影响。

2) 会计历史发展演进的异质性

会计历史发展演进的异质性,取决于世界不同地区、不同国家历史发展本身的差异。

英国会计史学家克里斯托弗·J.纳皮尔(Christopher J. Napier)在其 2006 年所写的《会计史研究 30 年的变化》(*Accounts of change: 30 years of historical accounting research*)一文中引用了霍普伍德(Hopwood)1976 年发表的观点:

> 虽然人们承认会计的重要性,但是,会计却一直被视为一种静态的、纯技术的现象。……会计的目的、流程和技术,其在人类生活、组织和社会中所扮演的角色,以及人们对其所产生信息的使用方式,从来都不是静态的。……其过去的演化与

---

① 此处需要强调说明的是,通常的历史观察习惯于沿着时间轴来观察各种文明的发展程度并作出比较和评价。然而,从全球史的角度来看,首先需要做到的一点就是在一定程度上打破这种从同一时点出发沿时间轴进行考察的历史观,关注全球各地各种文明起点不相同,进展也相异的事实。比如,迄今为止,在世界各地,尚有许多处于原始状态的人类聚落存在;又如,在大航海时代,美洲、澳洲以及其他一些地区被相继发现之时原始的土著文化与欧洲文明的差异。此类差异,在不同时期、不同地区都不同程度地存在,是历史研究(包括会计史研究)中需要重视的基本事实。

组织所处的经济、社会、技术和政治环境的变化密切相关,而且还会继续按此方式进一步演化。①

美国著名会计学家 A.C. 利特尔顿认为会计是一种"反应性系统",他在《1900 年前会计的演进》最后一章中指出:

> 会计是在已知情境下为满足已知需求而产生;它与其环境协同地演进并发展;其任何变化皆可从源自当时环境的压力中找到解释。如此则可以确定地说,会计是进步且具有相关性的。其产生有其原因,其发展也有其目标。②

会计的环境依赖性以及它满足环境需求并与环境协同演进发展的特性,决定了世界各国会计的历史必然是异质的历史。其根源在于,我们所处的这个星球上人类文明的孕育和发展,因为地理环境、气候等原因,从来就不是一个均衡、同一或一致的状态。人类历史的发展,也并非按照时间同步地推进。

具体来讲,即便在今天这样一个知识经济发达的网络化时代,在快速奔向 5G 和人工智能时代的世界大潮中,我们依然看到发达国家与发展中国家之间存在的巨大差异。当曾经落后挨打的中国在代表当今时代最先进技术的 5G 领域引领时代高歌猛进时,在世界的另一端,在非洲、南美洲以及太平洋一些岛屿上,依然有一些族群和部落尚处在原始时代,过着刀耕火种、与世隔绝的生活,完全地游离在现代化、全球化进程之外。世界各国技术、文化、制度及发展水平更是千差万别。各种事实决定了世界各个国家的历史和道路各不相同。相应地,其会计及会计历史,也必然地存在诸多差异。

过往的会计史研究习惯于将会计作为一种独立的专业存在,将其单独拎出来,将其突出的发展阶段串联成一种发展进步的会计历史。这就是我们今天通常所看到的,从古代文明中的会计开始,到意大利复式簿记,再到工业会计和注册会计师职业的出现,直至 20 世纪的会计理论和实务成就,尤其是会计准则和对外财务报告会计的巨大发展,这些构成了一种得到一般认同的有关世界会计历史的基本叙事。

---

① Christopher J. Napier: *Accounts of change: 30 years of historical accounting research*, Accounting, Organization and Society, 2006(31): 445-507. 原文为: Although recognized as important, all too often accounting has been seen as a rather static and purely technical phenomenon ... The purposes, processes and techniques of accounting, its human, organizational and social roles, and the way in which the resulting information is used have never been static ... They have evolved, and continue to evolve, in relation to changes in the economic, social, technological and political environments of organizations.

② A.C. 利特尔顿:《1900 年前会计的演进》,宋小明等译,立信会计出版社,2014,第346页。

前一章中本书曾提到卢卡·赞(Luca Zan)教授反对"帕乔利以后就什么都没有了(after Paciaolo, nothing)"的历史观；反对会计史学界把研究兴趣仅仅局限在英语背景之下，开展缺少地区多样化的研究；反对在会计史研究中仅仅关注少数重大的发展而忽视大量细节。这确实是一种需要会计史学界深刻反思的现象。客观地讲，世界上不同国家和地区，皆有其不同的历史发展进程和环境条件，因而也有不同的会计历史。对于作为一门学科（或者说科学）的会计史，如果我们跳出既有观念的限制，不再像原先那样把关注的焦点放在少数国家和地区、极少数具有重大影响或历史意义的人物、事件上，不再以构造一种简化的、由少数重要人物和事件等串起来的一个完整甚至完美的历史叙事为目的，而是注意探究人类会计文明的结构，从大量的史实和细节中发现真实，则可能有全然不同的发现。历史的真实存在于细节之中。

我们需要采用全球的、地区的、国别的、行业的乃至更局部的历史视角，去开展不同的历史研究，在反映各主体真实历史的过程中，获得有差别的知识，从差别中找到破解会计文明的密码。

3）会计史研究（叙事）的异质性

我们通常所读到的历史，并非过去的时间和空间里所发生的事件和事实的真实自现，而是记史者和历史研究者个人眼中所见，是一种选择性重构。如同一切的人类构建，如各类建筑物、艺术品、工具等，构成它们的基本材料可能有一些或部分相同，但其最终呈现的却永远是经历了选择、分析、思考、创见和构筑的结果，从内涵到外延，从内在实质到外表形式，无不表现得千差万别。差异的根源，则在于研究者治史的观念、对事物的看法和表达的方式，以及其所处环境及文化的影响。

中国人治会计史多从遥远的古代开始，由于深受现代会计学科分类和知识的影响，会不自觉地去注意会计与审计、会计与簿记、会计与财政等方面的关系，并可能着眼于会计凭证、账簿、报告等具体事物，但总体上会体现一种综合的观念，注意长历史。西方人治会计史，多注重问题研究，注重会计的技术方面，注意探索会计与社会（环境）的关系，注重会计发展中的突出事件和事实，比如复式簿记、公共会计师职业、成本会计、管理会计等，注意历史上一些重要的转变如从单式簿记到复式簿记、从簿记向会计的转换，从商业会计到工业会计，从工业会计核算到成本会计、管理会计，等等。

我见即我知。研究者总是习惯于从眼前事物开始，而各种识见，无一不是环境、文化、教育及习惯的"出品"。

关于治史的方法和眼界、对历史作用的认识，中西方文化本来就存在差异，这种差异在不同国家、不同地区、不同学派乃至不同个人身上，也是表现得十分突出。既表现在个人对世界的认知即史观上，也表现在个人治史的具体态度和方法方面。比如，在对待历史的延续性问题上，中西方观念就有很大不同。中国的史学传统是重视连续性，在历史观上强调"通古今之变"，无不注重历史的"借鉴"意义。早期西方史学研究成果却多是一个个的故事，互无关联。詹姆斯·H.鲁滨逊（James H. Robinson）在《新史学》中提到，直到文艺复兴时代，史学中时间错乱的现象还司空见惯，历史连续性的概念是19世纪才建立起来的。但在后现代主义者的观念中，历史是非连续性的。后现代主义的领袖人物福柯（Foucault）号召历史学家寻找历史上"断裂的现象"和"转换的原则与结果"。他在批判19世纪历史学时认为，这一时期的历史学设定了一个永恒的真理，把追求合理性作为人类的目的，加之受进化论影响，排除断裂现象，把历史写成人类不断完善自己、理性不断增强的历史。19世纪末的西方史学界更是把社会归结为某种单一的形态、某种同质的文明，排除个体，把历史抽象化。

不论是连续还是断裂，都代表了历史发展中一种真实的状态。换个角度来说，这只是著史者观察世界的视角和观念差异的一种表现。用全球文明的眼光看，我们自然能看到延续与断裂，看到的是多种形式并存的情况。这种情况，自然也决定了历史叙事的多样化形态，意味着多样的会计史。

**5. 人类文明的地域性差异与会计的差异（Regional Differences of Human Civilization and the Differences of Accounting）**

归根到底，会计历史的异质性决定于人类文明演进的特点。从客观实际来看，像中华文明这样持续数千年不断的实则是人类文明中的一种特例。文明演进的常态多是一种文明如夏花般绚丽一时，又被另一种文明如洪水般瞬间覆盖。

黑格尔认为，世界历史多样性的一个根本原因是地理基础。地理的差别不但影响甚至决定了一个地区居民的生活习惯、外表体质，而且影响乃至决定居民的内在精神和性格，并最终决定不同地区文化上的差异。据《星球世界》专题节目介绍，在巴西丛林中，迄今生活着七十多个与世隔绝的部落[①]，巴西政府土著文化保护部门专家需要在广袤的雨林上空搜索才能发现他们的踪迹。可以想见，在现代文明的足迹很难进入的雨林深处，这些部落的生活与文化会经历什么样的演变？

这就是我们生活的世界。我们活动在一个存在巨大环境差异的星球上，不同

---

① 这方面的消息多年来一直在网上不断地出现。

的地域因为不同的自然环境,出现了不同的生物种类,进而呈现出不同的发展程度与发展形势(路径),也自然地出现了社会历史文化和社会制度(包括会计文化和会计制度)的种种差异。客观上,地球上不同地域的人类各有自己生存发展的条件与轨迹,或者独立,或者在不同时间、不同地点或阶段发生交集并形成文化上的互动或互相影响(借鉴、交流、渗透、强力进入、取代等),有时甚至会导致一方的发展进程被阻断或完全改变。

在世界各个不同的地方,人类生存和发展的时间进程和路径各不相同:远古人类在各地出现的时间不同①,不同地区居民作为特定人种的进化程度不同,不同地区居民的生活方式和文化也各不相同。

(1) 亚洲——黑格尔称"'精神的光明'从亚细亚洲升起,所以'世界历史'也就从亚细亚洲开始"。② 相对封闭的自然环境、适宜的耕作条件让这里的居民容易定居下来并以农耕作为生存的根本,而"农业在事实上本来就是指一种流浪生活的终止。农业要求对于将来有先见和远虑,因此,对于普遍的东西的反省觉醒了,所有权和生产性实业的原则就孕育在这当中。中国、印度、巴比伦都已经进展到了这种耕种的地位。但是占有这些耕地的人民既然闭关自守,并没有分享海洋所赋予的文明,既然他们的航海——不管这种航海发展到怎样的程度——完全没有影响他们的文化,所以他们和世界历史其他部分的关系,完全只由于其他民族把他们找寻和研究出来"。③ 对欧洲来讲,在很长时间内,亚洲也是一个完全的未知的世界,所以当13世纪马可·波罗首先到那里做了探寻之后,他的报告曾经被看作荒诞不经的无稽之谈。

在中国这个"世界上唯一持久的国家",稳固而富于内省的文化精神,使其文化、制度具有严密、精细的特质,这个"国家规定的无所不包的严密组织,实在使欧洲人为之咋舌;而尤其使人惊叹的,便是他们的历史著作的精细正确。因为在中国,历史家的位置是被列入最高级的公卿之中的"。④ 这个国家最突出的特征,按照中国人自己的说法,是"中央集权的大一统"。⑤ 这个国家的会计文化,从一开始

---

① 这一认识如今受到挑战。人类学的基因研究认为,当今人类都是十万年前从非洲走出。不过,即便这一结论属实,我们依然看到,世界几大古代文明发生和发展的时间路径各不相同。
② 黑格尔:《历史哲学》,王造时译,上海书店出版社,2001,第102页。
③ 黑格尔:《历史哲学》,王造时译,上海书店出版社,2001,第104页。
④ 黑格尔:《历史哲学》,王造时译,上海书店出版社,2001,第119页。
⑤ 通常人们把秦帝国的建立作为中国大一统的起始点。本书认为,早在三皇五帝时期,上古先哲们就在探索一个大的地域范围内的一体化国家框架。所谓的西周"封建",不过是大一统框架下"分权"管理的一种尝试,并不改变国家的大一统性质。如同现代大型公司制企业,其可以采用事业部制等分权形式,但并不改变其总体上统一的性质。

就和国家的制度及威权的建设联系在一起。从传说中的禹"大会计"到《周礼》以司会为中心的财计制度体系,再到后来于汉代达到顶峰而后绵延不绝的"上计"制度,中国的会计文化和会计历史始终是和国家财计联系在一起的,从而形成了独特的"官厅会计"文化。各朝除正史、法律制度等档案史料之外,留下了包括秦汉简牍、敦煌吐鲁番文书、黑水城文书等大量具有重要价值的早期历史记录资料。在古代中国,国家或政府始终是最强大的存在,尽管近世以来出于各种原因学界对古代中国有诸多的批判乃至否定,被贴上"专制""落后"等负面标签,但其维系一种文明延续数千年,并在数千年中大多数时间能够保持较长时期的阶段性统一和稳定,对于生活于其中的民众乃至整个世界,实则是莫大的福祉。

从地理的角度来观察,延续数千年的亚洲文明,是一种以农耕文明为特征、相对稳定而统一的文化体。在以欧洲为核心的海洋文明席卷全球之前,以中国为核心,亚洲会计文化形成一个相对独立自主发展的体系。自唐宋以降,中国会计文明成就通过多种渠道传入朝鲜、日本及周边其他国家,构成一个以官厅会计为核心的东亚会计文化圈(也涉及部分南亚国家),其影响延续至 20 世纪初期。

除了以中国为核心的东亚文化圈外,在亚洲还存在两个重要的文化圈:一个是位于南亚次大陆以印度为中心的文化圈;另一个是联通亚、欧、非三大洲,作为文明枢纽的西亚文化圈。作为东西方交通的要道,西亚地区既孕育了古巴比伦文明,也是后世影响巨大的波斯文明、伊斯兰文明的发祥地。这里是东西方文化交流碰撞的谜之世界,许多重要的文化沟通和流变在这里发生,具有重要的会计史意义。

(2)欧洲——对世界文明的演进,欧洲无疑是最具影响力和最为活跃的地理区域。不仅因为它本身的特殊性和发达,而且因为它在改变世界、推进文明进程的过程中所迸发的强大力量。这里被以西方史学家为主的史学界长期称为世界历史的中心,"西方中心论"迄今深深影响着世界历史包括会计史的研究。这里的文化总体上是断续和外向的。在倡导自由民主的前提下,个体经济始终是其社会经济的主要成分。在古罗马时代,古罗马作为庞大帝国,在军事上具有强大的力量,但帝国经济上的重要支撑,除了来自战争掠夺的财富之外,便是由奴隶主贵族所占有和经营、主要依靠奴隶劳动的私人庄园。罗马帝国灭亡之后,西欧大地被许多大大小小的蛮族国家所占据,欧洲社会进入黑暗的中世纪。在长达几个世纪的时间里,欧洲经济凋敝,民生艰难。但这块土地上的居民天生具有的外向性格和强调实用的品性使其具有很强的技术创造性,并能将技术的优势发挥到极致。自从十字军东征打开了通向东方世界的大门,无尽的好奇与欲望被极大地激发出来,于是在不断寻求通向外部世界(主要目标为东方)的通道的过程中,以商品贸易为基础,欧洲各国展开了一场近乎疯狂的竞技。大航海时代及其后殖民时代对整个世界的掠夺,使欧洲成为世界最强大的部分,差不多成为之后多个世纪中整个人类世界的主宰。在这个过程中,簿记作为商品经济重要的支撑性工具获得了长足的进步,并以复式簿记的形式经历了长达数百年的世界性传播和完善发展的过程,其历史、发展历程及世界性影响,是独一无二的。

会计史研究除了应注意整体的欧洲文明对世界会计历史发展的巨大促进,以及欧洲国家间的会计交流和互动之外,同时需要注意由于历史原因形成的欧洲国家文化上的差异。这种差异使这些国家的会计及其发展表现出明显且巨大的国别差异。

(3) 美洲——自从作为一个新大陆被发现,它过往的历史就随着土著居民被消灭而基本消亡。[①] 所以,美洲的文化是一种印第安土著文明被斩断之后嫁接形成的殖民文化,其根本来自欧洲,融合了欧洲各个民族的文化成分。在美洲开发和淘金热以及第二次世界大战时期人口和资源的迁移流动中,吸纳了世界更多民族的文化成分,形成了一种富有生机、富于创新的文化。这片在19世纪初就被黑格尔预言为"乃是明日的国土"的土地,果然不负众望。20世纪初欧洲大陆上接连发生的两次世界大战,在削弱欧洲各国的同时给了美国极大的机会,使之一跃成为世界发展的领头羊。这个世界里公众的基本性格,被黑格尔总结为"个人没有不追求商业利润、盈余和营利的,私人的利益占了优势,仅仅为了私利而服从公益"。[②] 所以这里形成了追逐个人最大利益的环境和风气,在这种风气下,"亚美利加商人常被指摘为藉法律的保护来行使欺诈"。[③] 所以当20世纪20年代末,欺诈最终演化为严重的经济危机之时,以会计准则为创新形式的会计规制建设和会计理论培育渐成气候,最终形成了一种影响世界的新型会计文化。美国在随后通过其强大的政治经济影响力把这种文化的影响传遍世界。但美国的会计历史终究是短暂的,具有典型的外来文化特征,过于看重会计的技术性而忽视了其社会文化意义。这种趋势直到20世纪70年代才开始有所改变。

---

① "因为美洲的土著,自从欧罗巴人在美洲登陆以后,就渐渐地在欧罗巴人的活动气息下(被)消灭了。在北美合众国里,全体公民都是欧罗巴人的后裔,一般老土著不能够和他们同化,都给(被)他们驱逐到内地去了。"见黑格尔:《历史哲学》,王造时译,上海世纪出版集团、上海书店出版社,2001,第84页,括号内为编者注。

② 黑格尔:《历史哲学》,王造时译,上海书店出版社,2001,第87页。

③ 黑格尔:《历史哲学》,王造时译,上海书店出版社,2001,第88页。

在大航海时代之前,相对于相互连接的欧亚非大陆,同样具有庞大地理区域的美洲大陆大致也可以视为"孤悬海外"——至少以欧洲人对待文明的态度来说是这样。这种孤立,因为缺乏外来的促动和刺激,使其本地土著文化的演进相对缓慢。在其广大的土地上,直至哥伦布的到来,大部分区域内依然是原始的部落文明占据主要地位。当然,在这里也曾孕育出谜一样的玛雅文明、印加文明。我们迄今难以获得有关玛雅文明中会计发展的任何证据,如同我们对玛雅文明的突然消失一样困惑。印加文明的基普文化,是结绳记事的模范样本,并且,结绳这样一种对许多文明而言只是一种早期过渡性技术的人类创造,在印加人那里却发展到了极致,具有许多复杂的、极其丰富的文化意义,是一个亟须深入挖掘的会计文化宝库。

(4) 非洲——作为世界第二大洲,非洲对于人类文明的历史而言,是一个极为奇特的存在。关于"非洲"("阿非利加洲"的简称,英文名为 Africa)之名的由来,有多种说法,其中有两种关系到这个大洲的特点:其一是说"Africa"一词来源于拉丁文"aprica",意思是"阳光灼热"的地方;其二是说"Africa"一词是由阿拉伯文"afar"一词变来的,意思是"尘土",以该大陆气候干燥,风沙大而得名。黑格尔称非洲为与世界历史有关的三大洲(亚洲、欧洲、非洲)之一,并将其分为三部分:在撒哈拉沙漠南面的非洲本部、撒哈拉沙漠北面的"欧罗巴的阿非利加"(一片沿海地)、尼罗河区域与亚洲毗连的"阿非利加洲绝无仅有的平原地"。黑格尔认为:"自有历史以来,阿非利加洲本部,对于世界各部,始终是在闭关之中;它是拘束于自身之内的黄金地——幼年时代的地方,还笼罩在夜的黑幕里,看不到自觉的历史的光明。它孤立的性格不但由于它的热带性,而在本质上也是由地理环境所造成。"①

非洲历史悠久,是人类文明的发祥地之一。南部非洲的古代历史基本上没有文字记载。仔细阅读黑格尔《历史哲学》中的描述,结合非洲地理及环境条件,我们就容易理解非洲大陆长期处在世界历史、会计历史的范围之外,究竟是因为什么了。

史蒂夫·劳伦斯(Steve Lawrence)在《国际比较会计》(*International Accounting*)一书中专门讨论了发展中国家的会计问题,他认为,即便对于那些需要为每天的食物而劳心的人群,也需要会计在其中扮演一定角色。对于会计史研究而言,非洲大陆如同其迷人的自然风光一样,具有极大的吸引力。其多样的存在状况,为会计史的多样化研究提供了极好的样本。

---

① 黑格尔:《历史哲学》,王造时译,上海书店出版社,2001,第 94 页。

(5) 大洋洲——位于太平洋西南部和南部的赤道南北广大海域中,包含大小1万多个岛屿。大洋洲有14个独立国家和10个地区,部分地区尚在美、英、法等国管辖之下。在大航海时代之前,这里属于绝世独立的原始存在。其中最大的一块土地,即今日之澳大利亚。大约距今4万年前,澳大利亚的原始居民跨海来到这里,以狩猎和采集为生。他们技术简单,主要依靠木材、骨头和石器,大多数人讲几种语言。① 葡萄牙、西班牙、荷兰和英国探险家在1770年以前发现了这个岛屿,而库克船长发现了东海岸并声称该岛属于英国。当时土著居民人口达到75万,构成500多个部落。1788年1月26日,菲利普船长率领的第一舰队登陆悉尼并于2月7日宣布建立新南威尔士殖民地,其后直到1851年的掘金潮,澳大利亚人口、财富和贸易迅速增长。

与美洲相类似,澳洲文化也是土著文明被斩断之后嫁接的外来文化。如今的澳大利亚被认为是一个典型的移民国家。每7个澳大利亚人中就有2个是在外国出生的。通常认为,澳大利亚是一个兼容并收的国家,文化的多样性已成为澳大利亚的民族特色。土著人的文化遗产、英国人的殖民历史、世界各地移民的文化价值观、对多种文化的包容,使澳大利亚成为一个具有多元文化的社会。

因为外部力量的侵入,从原始部落时代直接进入近现代并发展工商业的澳大利亚,其会计文化具有典型的引入式文化的特点,因此,格雷姆·迪安和弗兰克·克拉克有关澳大利亚会计历史的简短回顾,直接从19世纪八九十年代职业会计机构的创建开始。澳大利亚财务会计实务传统上则一直受英国法律与会计发展的影响。② 不过,或许是受多元文化影响也或许是因为与世界其他大陆相距甚远,这里的会计学者养成了善思的特点。作为进入美国会计名人堂的为数不多的外籍学者之一,雷蒙德·约翰·钱伯斯(Raymond John Chambers,1917—1999)的会计理论研究独立而深刻,在会计史研究方面,澳洲还有迈克尔·加夫金(Michael Gaffikin)、李·D.帕克(Lee D. Parker)、加里·D.卡内基(Garry D. Carnegie)等优秀学者。对会计史研究而言,这确实是一块值得关注的神秘土地。

---

① "澳洲大陆是世界上最与世隔绝的大陆。……当首批英国移民于18世纪后期来到这里时,当地土著人仍处于旧石器阶段。"(美)斯塔夫里阿诺斯著:《全球通史:从史前史到21世纪(第7版)》,董书慧等译,北京大学出版社2005年版,第331页。
② 加里·J.普雷维茨等主编的《世界会计史:财务报告与公共政策》(亚洲与大洋洲卷)中收入了格雷姆·迪安和弗兰克·克拉克所著"澳大利亚"一章,说明"澳大利亚会计、财务报告以及与之密切相关的基本监管制度的进化式发展开始于19世纪中后期"。见加里·J.普雷维茨等:《世界会计史:财务报告与公共政策》(亚洲与大洋洲卷),陈秧秧译,立信会计出版社,2015,第1页。

(6) 世界其他尚未进入文明时代的未知区域——"世界是平的"①,同时也是立体的。"世界是平的"强调技术进步导致人们可以空前地彼此接近。"世界是立体的"则是想说明,即便是在科技发达、交通便利的今天,世界的发展依然是不平衡的、多面的,多空间并存,差异巨大。一个极端的例子是,迄至今日,在地球的某些区域,依然存在着不为人知、神秘原始的人类活动。

2011年6月23日,许多媒体曾争相转发这样一条消息:

据澳大利亚《每日电讯报》6月22日报道,巴西政府本周证实称,他们在亚马逊雨林西南部地区发现了一个与世隔绝的新部落。

巴西全国印第安基金会(National Indian Foundation)称,此前通过卫星确认了亚马逊雨林西南部有三大块空旷地域。4月份,巴西土著人权益机构FUNAI使用飞机收集更多数据后,证实那里有人类生存。巴西政府对待土著部落的政策是:不会主动与这些部落接触,但会预防有人入侵部落土地,以保留他们的自治权利。FUNAI估计,亚马逊雨林中共有68个与世隔绝的部落。

最近确定的这个新部落,大约有200人,种植玉米、香蕉、花生以及其他作物……②

此处之所以不厌其烦地引用这条新闻,并不是为了猎奇,而是作为一种提醒,提请会计史研究者注意人类存在的多样性。这种多样性为我们研究不同地域、不同文化中的会计历史文化提供了多样的样本,证明了会计历史,并非只有发达会计文明的历史,还有多样化的、异质的存在。如若有机会对此类部落的民众生活进行专门的研究,对于我们了解远古时代其他文明中的早期人类会计行为,真正理解会计的多样性及其实在意义,或许会有很大帮助。

**6. 会计历史发展异质性的总体观察(An Overview of the Heterogeneity of Accounting History)**

会计是社会经济发展中一个重要体系,其产生、发展、演进和变革,始终与社会经济环境变化有着极为密切的关系。经济越发展,会计越重要。不过,就其相对重要性而言,会计对古代社会的重要性并不比今天逊色多少。

---

① "世界是平的"(The world is flat)是美国作家托马斯·弗里德曼(Thomas Friedman)的畅销书 *The World is Flat: A Brief History of the Twenty-first Century* 的主标题。该书描述了当代世界发生的重大变化:科技和通信领域如闪电般迅速的进步使全世界的人们可以空前地彼此接近,并且形成了赢者更赢、输者愈输的残酷现实,直接冲击人们对价值观的理解。

② http://news.cri.cn/gb/27824/2011/06/22/2805s3285120.htm.

国家产生以前的会计基本上处于一种混沌状态，与原始时代人类简单而朴素的需求相适应，属于一种较低水准的综合性计量记录行为，是基于原始条件的记录与管理相结合的尝试。自国家产生，混沌初分，会计散布于社会结构之两端，分为官厅和民间两个部分，相互独立又相互影响地发展。在很长时期内，由于整个社会经济是以国家经济为主，会计体系也相应地表现为以官厅会计为主，民间会计屈处从属地位并随着官厅会计的发展演变而缓慢演进。但在中西方社会①，因为国家政治、文化以及经济发展的具体情况各有不同，会计的发展与实际状况各异。

（1）在早期人类文明时代，中西方各种古代文明在不同的地域空间各自萌芽并发展，既有共通之处，也形成各自的特点。其中，中国会计——尤其是以《周礼》财计制度为代表的官厅会计——从一开始就以大一统框架下的宏观管理需要为基础进行总体性设计，形成官厅会计占优乃至一定意义上独大的格局。

（2）自中世纪开始，欧洲大陆因为外来民族入侵，民族国家割据等多方面原因，整个社会民生凋敝，政府的权力也只是局限在一个个孤立的庄园里，会计的发展空间受到限制。而同时代的中国，因为大一统中央集权国家制度建设和财计管理的需要，会计成为整个社会管理控制体系（不只是财计管理，还关乎土地等各种资源管理、政府及相关方面的人员管理、各种事务管理等）的一个重要部分，经历了高度辉煌，积累了丰富经验，并有许多重要创造。汉唐盛世中官厅会计的发展高潮迭起，"上计""计账"以及以隋唐时期"比部"为代表的专职审计机构的设立，"国计簿""会计录"的编制等，也得益于思想文化、数学、计算工具（从算筹到算盘）的发展以及纸张与印刷术等的发明。对这一时期中西方会计状况及差异性的比较研究，对于认识会计的社会意义及实质具有重要意义。当时的制度成就对未来会计发展及制度建设亦可提供许多有益的启示。

（3）中世纪末期，资本主义在欧洲萌芽，极大地改变了世界，也改变了全球会计的格局。在资本主义发展的初始时期，我们看到政府力量的强势表现，如大航海时代东印度公司的冒险活动背后的政府力量，但这种状况很快便随着民间企业的异军突起成为过眼烟云。在意大利文艺复兴带动的资本主义工商业发展的背景下，民间会计获得了很大发展，复式簿记方法作为一种时代性发明出现，通过数学

---

① 世界是多极且复杂的，此处讲"中西方社会"，并无贬低其他人类文明和人类存在的意思，只是为了方便理解而保持了符合人们惯常认知的叙述习惯。特此说明。本书作者一贯坚持认为人类是平等的存在，所谓发达或文明与否，只是存在的状态有所差异，并无实质性的高低之分。

家的著作和商人的交流而广泛传播,首先是在欧洲,随后则在世界范围内获得了广泛传播。与民间(企业)会计的地位日益突出相伴随,政府会计地位相对下降。但这并不排斥政府参与经济管理,从广阔的范围内进行社会总的财计管理与监督控制这一基本事实。事实上,政府始终是会计管理中重要的力量。

(4) 对于会计的历史发展而言,工业革命与公司制企业的出现具有重要的革命性意义。工业革命导致大机器的使用、资本集中、企业规模扩大及组织形式变化,公司制成为至关重要的企业组织形式,企业在集聚大量民间资本的同时,实现了所有权与经营权的分离,为会计师职业的出现创造了现实的条件和需求。工业会计与商业会计分离以及成本会计的出现,则使会计中出现了许多前所未有的问题,促进了会计方法、观念的进步和理论的发展。从欧洲到美洲、澳洲直至亚洲和非洲的一些国家和地区,企业会计的发展风起云涌,在会计体系中占据了主要地位。企业会计经过不断地演化与裂变,成为一个包含许多不同分支及成分的庞大体系。20世纪的企业会计更是经历了巨大的辉煌,在证券市场规范、国际贸易、国际投融资及大规模跨国经营中发挥了重要作用。

(5) 工业革命前后的东方,以中国为代表,会计体系依然延续着官厅会计占优的传统。虽然中国民间经济获得了很大发展,明清时期以晋商、徽商、浙商、潮汕商人四大商帮为代表的商人空前活跃,在会计方面有了许多重要的创造和发明,但总体上却并未改变中式会计以官厅会计为主的格局。对这一时期中式会计的研究和总结,迄今依然很不充分,对许多重要的问题和事实,我们尚需通过大量原始材料进行研究、总结和实证,最终获得全新的认知,实现对近世中国会计发展(尤其是民间工商业会计、非营利组织会计和个人家计等)的历史重构。19世纪末期,西学东渐,西方会计逐渐进入中国。1918年中国开始会计师制度建设。20世纪30年代初中国会计改良派与改革派论战,发动中式簿记改良运动。同时,西式会计以很快的速度进入东部沿海发达地区的企业。但总体来看,在除沿海发达地区之外的广大内陆腹地、广大的农村地区,依然是传统的中式会计占据主要地位。

(6) 在世界会计的历史发展进程中,20世纪后半期是一个需要特别关注的重要时期。在整个世界范围内,美国经济一枝独秀,美国会计也因此成为全球会计发展的领头羊,成为全球最具影响力的会计体系。但与此同时,也需要特别注意英、法、德、意、荷、日、韩等发达国家会计的特殊性及其发展,以及国际会计准则委员会〔International Accounting Standards Committee,简称 IASC。IASC 2001 年年初完成全面改组后改称国际会计准则理事会(International Accounting Standards Board,

简称 IASB)]、欧盟、联合国等地域性、国际性组织在会计国际协调方面的努力。这一时期的中国,自 1950 年开始学习苏联建立社会主义计划经济体制,相应地在会计方面经历了近 30 年的摸索。改革开放后学习美国,改革会计制度,以会计准则取代传统的统一会计制度,积极参与会计的国际协调与趋同。但总体来看,却依然采用了一种以国家管理为主的具有统一特色的会计体系。

以上是对中西方会计历史发展及其特点一个十分简略的概括性分析。总体来看,可以认为,中国会计具有以官厅(国家)会计为主的特点,西方各国则以企业会计的发展为主。这是中西方会计历史一个最大的区别。需要说明的是,会计的发展是一个十分复杂的过程,许多重要的细节尚需花费大量时间和精力去做进一步的研究和探索。另外,需要强调的是,我们必须用历史的、发展的眼光去看问题,必须看到世界经济发展的不均衡性,以及各个国家不同的环境、制度、文化背景,如此才能对会计进行恰当的观察与评价。

为了更便于理解中西方会计历史发展的总体状况和特点,本书用两个简单的图来概括说明中西方会计的基本情况。

(1) 大一统框架下中国社会"大会计"的历史演进,如图 4-3 所示。

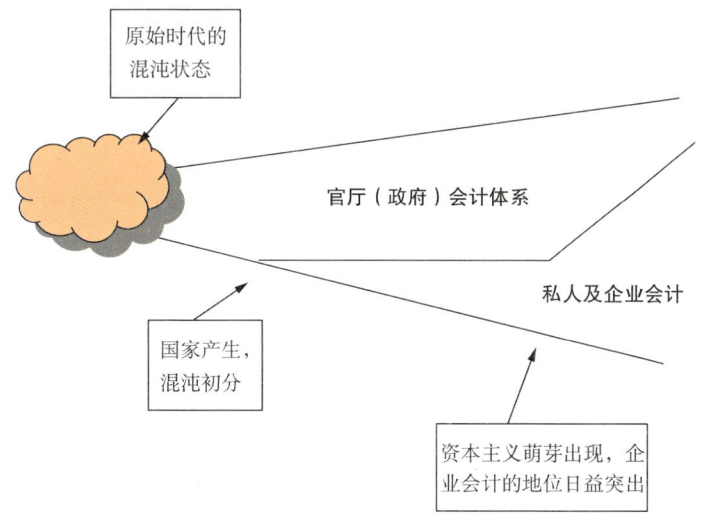

图 4-3 大一统框架下中国社会"大会计"的历史演进示意图

说明:

① 图 4-3 区分三个重要的时期(点)(原始时代、国家产生后、资本主义萌芽出现后)从总体上观察中国会计历史发展的特点,以便对中国会计的历史发展获得一

个明晰的印象。

② 国家产生以前的会计,基本上处于一种混沌状态。所谓混沌,是指事物在一个可能较长的时期内,自在而简单地延续着一种较低水准(乃至于原始)的状态。就会计而言,在尚未有文字和数字的条件下,人类以简单刻记、结绳记事、直观绘图记事等多种不同的形式进行记录、计量的尝试,在这种尝试中,形成简单的管理控制理念。

③ 国家产生后,混沌初分,会计自然地分为官厅和民间两个部分,各自演进发展。在很长一个历史时期内(从国家产生到资本主义萌芽),由于整个社会经济是以国家经济为主,会计体系也相应地表现为以官厅会计为主;民间会计则处于从属地位,随着官厅会计的发展而缓慢演进。

④ 中国资本主义的萌芽究竟出现在什么时候,迄今说法不一。诸多资料表明,在明代中晚期,以工商业为主的民间经济获得了较大发展,因此,本书主张以明代中晚期作为中国资本主义萌芽出现的时间。在这一时期,企业经济快速发展,民间会计(企业会计、民间会社等非营利组织会计、个人家计等)的水平快速提升。中式民间会计在借鉴吸收官厅会计中四柱结算等方法、理念的同时自主地发展,创造了许多重要的技术、制度、文化、方法及观念。随着民间会计的发展,政府会计的地位相对下降。但这并不能否定政府参与经济管理,从广阔的范围内进行社会总的财计管理与监督控制这一基本事实。

(2) "簿记"加"会计",以民间(企业)会计为主的西方会计的历史演进,如图 4-4 所示。

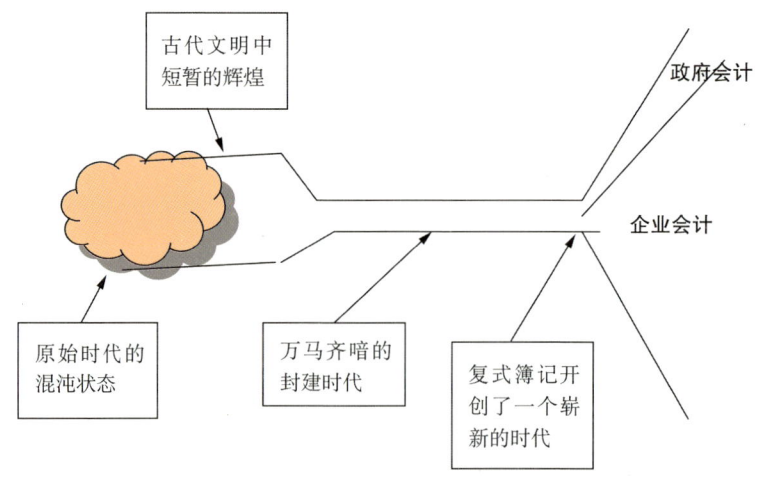

图 4-4　西方会计的历史演进示意

说明：

① 图4-4区分四个重要的时间段（点）（原始时代、古代文明时期、封建时代、复式簿记产生后）从总体上观察西方会计的历史发展。需要说明的是，通常所谓"西方"，普遍指位于西半球、北半球的国家，包括欧洲全境、美国、加拿大、澳大利亚和新西兰。[①] 对此本书不做特别界定，而只是笼统地使用这一概念，作为一种参照系。自然，这种参照不包含任何对其他地域和文明的歧视。

② 西方学者的会计史观察较多地注意会计的技术性方面。因此，从"簿记"到"会计"的转化，成为西方会计史研究中一个重要议题。A.C.利特尔顿的《1900年前会计的演进》（Accounting Evolution to 1900）一书，通篇都在讨论这一主题[②]，并提供了大量资料及佐证，包括：第一，一些前所未有的重要观念开始在会计中出现，并逐渐形成体系；第二，折旧、报表编制等会计处理方法或程序不断发展；第三，以责任控制和信息质量保证为目的的外部审计以新的形式得到更大发展；第四，成本会计出现。由于这些发展变化，"会计"与"簿记"开始出现重大分野，逐渐成为一个综合多种手段和职能的控制体系。而且，由于公司社会关系的复杂化，会计的社会关系也日益复杂。这些改变是在复式簿记的发展和传播过程中逐渐发生的，反映了新的时代的特殊要求。或许这正是西方学者给予复式簿记极高的评价，并十分关注簿记向会计转化的主要原因。因此，本书将西方会计的历史总体上解释为"簿记"加"会计"的历史。

③ 原始时代的西方世界，与世界文明的其他部分一样，同样处在一种混沌的状态，在混沌中开始刻记记事、直观绘图记事等初步的探索。

④ 被西方社会视为其文明开端的古希腊和古罗马文明，是古代会计文明中的佼佼者。古希腊的财政公开观念，古罗马以人口统计为核心建立的家计账簿体系，既是人类会计文明的重要成就，也是西方会计文明的重要指引。

⑤ 封建时代的西方会计（以西欧为中心），因为经济萎缩，商业凋敝，基本处于万马齐暗的状况。虽然庄园经济的管理中管家责任报告也具有一定的研究价值，但相对于前后其他时期会计发展的成就，却是大大失色。

⑥ 复式簿记出现于商业资本主义的萌芽时代，成为西方也是全球会计发展史

---

① 法国学者菲利普·尼摩（Philippe Nemo）在其《什么是西方》中指出，五个关键基本要素或称"五大奇迹"构筑成当今的西方，它们是：(1) 希腊民主制、科学和学校；(2) 古罗马法律、私有财产观念、人的个性和个人主义；(3)《圣经》的伦理学和末世学革命；(4) 中世纪教皇革命的人性、理性将雅典、罗马和耶路撒冷三要素融合；(5) 启蒙运动的自由民主改革。

② 该书分为两大部分，第二部分题为"由簿记向会计的扩展"。第一部分谈复式簿记的演进，实际上是簿记向会计扩展的另一个层面的阐述。

上具有划时代意义的事件。尽管我们需要避免过分高估复式簿记的历史意义,但它的产生确实顺应了资本主义产生和发展的时代需求。可以说,复式簿记的产生打破了封建时代会计万马齐喑的局面,由此开始,企业会计以蓬勃的态势大放异彩,在短短几百年中,经过不断地裂变和扩展,形成一个庞大的体系,并在整个社会经济中占据了超出以往任何时代的特殊地位。

需要说明的是,这种"簿记"加"会计"的历史概括,一定程度上确实反映了西方会计的历史真实。但从另外一个层面来看,它又未尝不受西方学者从技术论观点出发观察会计历史的观念所影响。西方(尤其是美国)学者多从微观信息处理的技术角度来看待和研究会计问题,包括对远古文明时代会计的解释,也多从微观的视角注意其技术层面,无形中将会计降到了簿记的层次。在近现代经济发展中,会计的触角越伸越远,会计的作用越来越大,然而,西方学者却依然大多习惯于用割裂式的狭隘眼光来看待会计。正如郭道扬教授分析认为的那样,在他们眼中,会计始终被看作纯粹服务性的工作,"从来都未曾摆脱过作为'工具'的命运"①。因此,我们甚至可以说,西方会计学者所描述的会计历史,实际上是簿记的历史。他们所关注的核心一直是会计(记录)资料的处理,从原始时代的简单刻记、直观绘图记事到纸质时代的手工账簿记录,再到电子计算机乃至网络化处理,其内核是同一的。在复式簿记产生之后的很长时间内,西方会计学者关注的依然是账簿记录方式、账户设置和分类、账目结算、试算平衡以及报告编制,直到工业成本会计时代,才开始更多地将注意的焦点转移到计算与分析,如 20 世纪的预算、控制、预测、资本运作等方面;开始关注会计与簿记的区别,但这种区别一定程度上仅仅是簿记系统在方法及内容上的扩展(虽然一定程度上也有理论的构建与变革)。也正因为如此,会计体系中各个组成部分(或者说是相关部分)如会计、财务、内部控制与牵制、内部审计、外部审计等之间的关系,乃至于组织内部核算与会计法律制度规范体系及相关监管之间的关系,一直处于混乱且难以名状的状态,没有恰当的结论。

值得注意的是,在考察古代会计史时,西方学界也曾有人采用广义的"会计"观念,比如《会计思想史》作者迈克尔·查特菲尔德对文明古国会计发展的讨论,即是从宏观控制的角度展开,只是在具体的考察中将目光转向了簿记的微观层面。因此,也可以认为,西方学者的会计史研究,也曾经历"会计—簿记—会计"的转变。

**7. 各国会计的差异——基于国际会计学的分析(Analysis of Accounting Differences Based on the International Accounting)**

会计界关注各国会计的差异,始于 20 世纪 60 年代。第二次世界大战后国际

---

① 郭道扬:《世界会计职能论研究(上)》,《财会月刊》1997 年第 2 期,第 3-8 页。

贸易和国际投融资的发展、跨国公司的兴起,促使会计界一些人开始关注并研究与国际业务相关的会计问题。1973年国际会计准则委员会成立,会计的国际协调成为一项新的国际性课题。在此背景下,国际会计学和会计国际比较研究勃兴。多种国际会计著作从不同方面揭示了各国会计的重要差异。本小节以美国学者弗雷德里克·D.S.乔伊(Frederick D.S. Choi)、卡罗尔·安·福罗斯特(Carol Ann Frost)和加利·K.米克(Gary K. Meek)合作编著的《国际会计学》(*International Accounting*)为基础,说明各国会计差异的情况。

1) 各国会计差异产生的原因及各国会计的模式划分

按照弗雷德里克·D.S.乔伊等人的观点,"每个国家的会计准则和实务都是经济、历史、制度和文化因素之间复杂的相互作用的结果。任何两个国家之间的这种组合几乎都不可能相同,因而差异是必然的"。[①] 影响每个国家会计制度、技术、思想、文化及发展历史的因素则更为多样和复杂。弗雷德里克·D.S.乔伊等列出了8项影响会计准则和实务的具体因素,包括法律制度、筹资来源、税收、政治和经济联系、通货膨胀、经济发展水平、教育水平、文化。

关于会计国际差异的另外一种研究,是对各国会计的模式划分,即根据不同的指标,把各国会计区分为各种不同的类型。其中,国际会计研究的先驱者格哈德·G.缪勒(Gerhard G. Mueller)1967年在《国际会计》一书中,提出了西方市场经济国家会计的四种趋向(模式),属于会计模式划分的基础性研究。

(1) 宏观经济模式——在这种模式下,企业会计实务从国家的经济目标中派生出来并为其服务。瑞典会计几乎完全遵循这种模式。

(2) 微观经济模式——这种模式将单个企业的生存作为关注的焦点,将会计学作为企业经济学的一个分支,从经济分析中派生出会计概念与相关应用。这种模式的核心概念是会计过程必须从真实意义上保全企业资本。荷兰会计属于这种模式。

(3) 独立学科趋向——会计被看作一项服务职能,会计的概念及原则是从其所服务的经营过程中推导出的,而不是从经济学等其他学科中派生出来的。会计成为一门在判断和反复测试的基础上发展起来的独立学科。英国和美国是将会计作为独立学科发展的国家。

(4) 统一会计趋向——在统一会计趋向下,会计被标准化并用做中央政府管理控制的工具。一般常见于政府强烈干预经济计划的国家。采用《会计总计划》

---

① 弗雷德里克·D.S.乔伊、卡罗尔·安·福罗斯特、加利·K.米克:《国际会计学》,周晓苏、方红星主译,东北财经大学出版社2000,第34-35页。

(Plan Comptable General，PCG)的法国是统一会计趋向最明显的国家。

缪勒更首创性地对全球范围内的会计实务做了分组，确定了能够考察会计实务的 10 个不同的组别。包括：①美国、加拿大、荷兰；②英联邦（除加拿大以外）；③德国、日本；④欧洲大陆（除德国、荷兰和斯堪的纳维亚国家以外）；⑤斯堪的纳维亚国家；⑥以色列、墨西哥；⑦南美洲；⑧近东和远东的发展中国家；⑨非洲（除南非以外）；⑩社会主义国家。

2) 发达国家会计规范差异的比较分析

国际会计比较研究中，通常将美国、英国、法国、德国、日本、荷兰 6 个发达国家作比较，从会计相关的主要法律制度、会计计量、财务报告等方面来分析说明其异同。这种分析虽然选择的国家数量有限，并将关注的重点放在会计制度规范方面，但却实质性地揭示出会计的现实差异。表 4-1 简要说明了 6 国会计规范方面的差异。

表 4-1　　　　　主要发达国家会计规范差异比较分析

| 国别 | 会计规范形式及来源 | 会计准则及其效能 | 会计准则的制定及职业界的影响 | 发展趋势 | 特色说明 |
|---|---|---|---|---|---|
| 美国 | 以公认会计原则(GAAP)作为会计基本规范 | GAAP，是对美国上市公司的基本会计规范 | 会计准则由职业界主导的机构制定，职业界在会计规范制定中始终具有重要作用 | 由规则导向转向原则导向 | 拥有体系庞大的会计准则；具有很强的世界性影响 |
| 英国 | 以公司法为核心的法律制度作为会计的基本规范 | 会计准则的法律效力较弱 | 会计职业团体一直没有组成全国性组织，职业界在准则制定中的作用很微妙 | 欧盟①指令的影响日益增大，会计准则及其制定过程日益权威 | 会计实务由法律支配；要求准则与法律保持一致 |
| 法国 | 法典式会计，以《会计总计划》作为会计和报告的核心，会计制度源于商法、公司法、税法等多种法律 | 无会计准则 | 会计职业规模很小，会计职业团体在会计事务中并无太大权威 | 会计和财务报告正在更坚定地融入国际资本市场和跨国投资中，但法国政府并无意放弃《会计总计划》 | 国家统一会计的首要倡导者；强调会计报表的社会经济目标 |

① 本部分内容描述的是英国脱欧之前的情况。

(续表)

| 国别 | 会计规范形式及来源 | 会计准则及其效能 | 会计准则的制定及职业界的影响 | 最新发展 | 特色说明 |
|---|---|---|---|---|---|
| 德国 | 典型的立法或法规会计。会计规范分散在公司法、商法和税法的有关条文中 | 会计准则作为公司法相关规定的解释，无独立规范和指导作用 | 会计职业界及其组织德国注册会计师协会的力量都不够强大 | 根据欧盟的协调要求对会计的相关规定进行了调整。部分上市公司开始按 IAS 或 GAAP 提供财务报表 | 以公司利益为导向；极端稳健且不要求充分披露；形式胜于实质 |
| 日本 | 会计惯例基本上服从法律要求，受税法、商法、证券交易法管辖 | 会计准则与来自税法、商法、证券交易法的规定共同构成对会计的规范 | 会计准则由大藏省下设的企业会计审议会制定，会计职业界对财务报告的影响很弱 | 2001 年模仿美国成立制定会计准则的民间团体机构（ASBJ），揭开了由民间团体制定会计准则的序幕 | 第二次世界大战前受德国影响；第二次世界大战后受美国影响 |
| 荷兰 | 会计惯例以法律规定为基础，商法和年度报表法具有重要作用 | 会计准则与其他法律制度规定一同对会计进行规范 | 会计准则由三方会计准则委员会制定；注册会计师协会不直接发布会计准则或建议，而是通过在三方会计准则委员会中的成员发挥作用 | 根据欧盟指令修订对法定会计的要求 | 强调现值计量；强调经济学理论对会计的指导作用；民法中包含有关会计原则和报表体系的规定 |

资料来源：根据相关国际会计教材内容整理编制。

下面对表 4-1 反映的各国会计情况做一简要说明。

美国——美国会计在传统上深受英国会计的影响，从 20 世纪 30 年代中期开始，随着美国在会计准则制定方面的不懈努力，公认会计原则成为美国最基本的全国性统一会计规范，以它为基础，美国形成一个包括财务会计概念框架与具体会计准则等在内的内容庞大的会计规范体系。随着 20 世纪后半期美国影响逐步扩大，公认会计原则也成为全球最具影响力的会计规范形式。

英国——英国作为老牌资本主义国家，对近现代会计的发展曾经发挥重要的推动作用。英国会计以公司法作为其最基本的规范。英国会计作为一个独立的学科发展，反映了公司的需要。长期以来，连续的公司立法增添了许多细致的规范性要求，但依然允许会计师在运用专业判断时具有相当的灵活性。[①]

法国——"法国是世界上国家统一会计的头号倡导者"。[②] 从1947年9月会计标准化委员会(Commission de Normalisation de la Comptabilité)发布第一份正式的《会计总计划》[③]（*Plan Comptable General*）起，《会计总计划》的推行即成为法国会计的最大特色。《会计总计划》中规定了全国统一的账户表，并对相关术语做出定义和解释，其他如会计计量原则、财务报表的格式、可接受的成本会计方法等，也都是《会计总计划》的内容。除《会计总计划》外，商法典和税法也对法国会计发挥重要作用。

德国——德国是典型的法典式国家，德国会计是一种极为特殊的情形。一方面，商法典规定了许多"守法簿记"的原则，作为公司会计规范的基础。另一方面，"德国并没有英语国家所理解的那种财务会计准则制定……英美意义上的会计职业在德国也不存在"。[④] 德国会计完全依附于税法，并坚决遵循法规和法院判决。其他任何东西都不具有类似的约束力和权威性。极端稳健且并不要求充分披露，成为德国会计突出的特点。

日本——"日本的会计和财务报告反映了一系列国内和国际影响的混合。……在20世纪上半叶，会计思想反映了德国的影响；而在下半叶，美国的观念接踵而至。更近一段时期，已经可以感受到国际协调运动的影响。"[⑤]

荷兰——荷兰会计独具特色。其法定会计和财务报告要求比较随意，但有着高度专业化的实务准则。荷兰是一个成文法体系国家，但其会计却以"公允反映"为导向。在荷兰，会计被看作公司经济学的一个分支，因此，经济学的许多思想被应用于会计方面，经济学术思想对会计实务有着重要影响。由于荷兰会计在应用计量规则方面具有灵活性，所以荷兰会计实务中存在拉平收益[⑥]的机会。倡导现值计价也是荷兰会计的一大特色。

---

① 弗雷德里克·D.S.乔伊、卡罗尔·安·福罗斯特、加利·K.米克：《国际会计学》，周晓苏、方红星主译，东北财经大学出版社，2000，第75页。

② 弗雷德里克·D.S.乔伊、卡罗尔·安·福罗斯特、加利·K.米克：《国际会计学》，周晓苏、方红星主译，东北财经大学出版社，2000，第59页。

③ 也有人将其翻译为《会计总方案》。

④ 弗雷德里克·D.S.乔伊、卡罗尔·安·福罗斯特、加利·K.米克：《国际会计学》，周晓苏、方红星主译，东北财经大学出版社，2000，第64页。

⑤ 弗雷德里克·D.S.乔伊、卡罗尔·安·福罗斯特、加利·K.米克：《国际会计学》，周晓苏、方红星主译，东北财经大学出版社，2000，第66-67页。

⑥ 也称为"收益平滑"(earnings smoothing)。

**8. 会计历史发展的模式划分（Model of the Historical Development of Accounting）**

为了便于进一步研究和理解会计历史的异质性，本书尝试按不同标志将世界各国会计的历史发展做如下模式划分。

1）按历史发展是否具有连续性划分

（1）连续模式——具有较强的稳定性和一贯性，长期连续发展，未曾间断，具有代表性的国家是中国。

（2）间断模式——发展过程时有间断，断而复起，一种文明的精神在另外一种文化中复起，具有代表性的国家是印度。

（3）植入（嫁接）模式——本土文化的发展被截断，外来会计文化完全地植入，具有代表性的国家有美国、加拿大、澳大利亚、新西兰、南非以及南美多国。

（4）断裂（消亡）模式——一种文明未能获得充分发展即消亡或被完全消灭，不具备历史延续性，具有代表性的国家（文明）有古巴比伦、古希腊、古埃及、玛雅文明、印加文明等。

2）按获得会计文化与方法的路径划分

（1）以自主创造为主的模式——以本土文化为基础，创造性发展会计文化和会计方法，形成独特的自主创新体系，虽然也吸收外来文化，但终难改自主创新的基本特征，具有代表性国家有中国、英国、意大利等。

（2）以引入学习型为主的模式——以引入、学习作为获得会计文化的主要方式，可能本来就没有属于本土原创的会计文化，因而积极引进、学习和吸收外来的会计文化，会计文化最终表现出较强的外来文化特征。在个别情况下也有本土原有的东西，在引入、学习外来会计文化之后获得提升和融合，具有代表性的国家有世界上的大多数国家（包括殖民地国家）都属于此种类型，如日本、韩国、南非、澳大利亚、新西兰等。

（3）引入学习与自主创造兼具型模式——引进吸收外来先进会计文化和方法，并结合自己的文化特色进行改造，在改造的基础上获得创造性发展，具有代表性的国家有美国、法国、德国、荷兰等。

**9. 小结（Conclusion）**

会计历史具有异质的特性，其根源及表现在于三方面：会计本身的异质性、会计历史发展演进的异质性、会计史研究（叙事）的异质性。

在这个星球上，不同人处在不同的地点，面对不同的环境，自然有不同的际遇、不同的发展路径及经历。这就导致了人类世界各种存在的巨大差异性。研究真实世界历史的一个基本点就是客观地正视这种差异。

　　本书着力于对会计历史异质性的研究，乃是寄望于通过对人类文明和会计历史尽可能客观而且现实的整体观察，倡导恰当的会计史观念。然而，客观上，"我们这一代人是在西方主导的历史观中成长的，我们也生活在一个西方主导的世界里"。① 尽管如斯塔夫里阿诺斯所说，"在今天这个世界上，传统的西方导向的历史观点是落后于时代潮流并有误导性的"②，但要减轻甚或消除这种影响，建立更加切合实际、更适应未来发展需要的新的会计史观，却注定是十分艰难的。我们需要为此而努力，这是我们的责任所在。

　　本书正是基于对这一责任的理解，而致力于一种努力的尝试。

---

①② 斯塔夫里阿诺斯：《全球通史：从史前史到 21 世纪（第 7 版）》，董书慧等译，北京大学出版社，2005，第 17 页。

# 第五章

## 异质性之解释——地理决定论

与任何社会因素一样,会计代表的是一种地域化的"历史及地理"结果,但这并不意味着会计为空间或时间的某一特定点上的孤立体。

——Garry D. Carnegie and Christopher J. Napier, "Exploring comparative international accounting history," *Accounting, Auditing & Accountability Journal*, 2002, Vol. 15, No. 5: 689-718.

**引子——红土地上的历史回响(Introduction Echoes of History on the Red Earth in Southern-west China)**

人类在地球上出生、成长、发育、发展,地理环境具有重要乃至决定性影响。它不但决定了个体的肤色、体质状况,而且决定了其性格、生活习惯、语言、思想观念,决定了人类组织活动的特点、范围、强度、行为习惯,以及人类社会组织的规模、体制结构、法律规范、管理方式等诸多方面。

我们知或不知,古往今来,浑身上下无不满载地理环境的影响。

在江南水乡,我们能听到、看到和感受到的是丝竹管弦吴侬软语、水乡女笑意嫣然、甜软入骨的温柔;在北方,我们常听到、看到和感受到的,则是狂放四野、擂鼓声声、骏马奔腾、粗豪汉子、醉酒狂飙,黄土高坡上唱着信天游、赶马走西口的后生,大漠苍凉、天高云淡、黄沙漫天、草原辽阔。

2014年,为筹备西南少数民族地区会计文化专题展,我们远赴云贵高原收集材料,接触到大量极具地域及民族特色的会计历史文化遗存。在那块山高谷深、地形破碎、偏居西南一隅的红土高原上,地理条件的特殊性所导致的文化差异,让人印象深刻,也发人深省。

在那里我们看到了世界上唯一依然"活着"的象形文字——东巴文;看到了用

东巴文写成的交易契约;看到了20世纪上半叶少数民族民众使用的结绳账目(见图5-1)①、刻木记事(见图5-2)②;看到了直至20世纪60年代当地还在使用的记事竹简;也看到了贵阳、昆明、大理等现代化大城市大厦林立、车水马龙中穿着民族服装穿梭往来的少数民族民众。在高山丛林中,则依然是静谧的村寨,原始、安静,宛如世外桃源。

**图5-1　云南省普洱市西盟县佤族民众使用的结绳账目(图片拍摄于云南民族博物馆)**

**图5-2　云南省红河州元阳县哈尼族买卖田地付款木刻③(图片拍摄于云南民族博物馆)**

---

①　20世纪三四十年代,在云南一些少数民族地区,人们还在使用结绳的方式来记录账目。图5-1为云南省普洱市西盟县佤族民众使用的结绳账目,上(左)端3个大结,代表借出3元滇币,中间一个大结一个小结(两个结打在一起),代表半年的利息为1.5元滇币,下(右)端3个大结代表已借出3个半年。除了佤族以外,还有元阳县哈尼族民众的结绳账目,怒江州贡山独龙族怒族自治县怒族、独龙族结绳记事,怒江州傈僳族养育结绳记事,结婚结绳记事。

②　罗江文:《谈云南少数民族记事木刻的文化内涵》,《曲靖师范学院学报》2006年第1期,第38-41页。

③　20世纪上半叶,刻木记事在云南一些少数民族地区依然广泛地被使用。藏族、基诺族、佤族、独龙族、哈尼族等少数民族都有使用。图5-2为民国时期云南省红河州元阳县哈尼族买卖田地付款木刻。买卖田地时,买卖双方刻此木刻,各执一半为依据。木刻正面的O代表100元,+代表50元,每一横刻代表10元,每一个洞代表1元。旁边3个小洞代表3个中间人。本段解释文字来自云南民族博物馆,由于图片角度问题,具体描述从本图中未必能一一识别出来。

在这里,云贵高原的高山峡谷、莽莽丛林,奇妙地把看似属于不同时空的东西挤压在了同一片区域,不同时代的文明在同一时空中接触、碰撞、共生。这里是证明地理环境影响文明进程——包括会计文化——活化石般的存在,引发了我们对文明进程等问题的深度思考。

### 少数民族会计文化的活化石——基诺族木刻账簿

基诺族是生活在我国西南地区的一个古老民族,主要分布在云南省西双版纳傣族自治州景洪市基诺乡。1979年6月基诺族经确认成为中国第56个民族。基诺族长期处于原始状态,直到1949年新中国成立以前,基诺族社会尚处于原始社会末期向阶级社会过渡阶段,以"刀耕火种"为主要手段和特点的山地农业依然是其经济生产的主要形式。① 基诺族没有文字,过去多以刻木、刻竹(此处我们统称为木刻)的方式记事。基诺族用木刻账簿记账,其木刻账簿是我国境内目前发现的唯一成系统的木刻账簿。

基诺族的记账木刻用厚实、坚硬的竹片做成。一般村社都有8副木刻,1副叫值勤木刻,是村寨值勤人员值勤时行使权力的凭据,其余7副是村社用来记账的木刻。记账木刻分为总木刻(又叫公差木刻)、马料木刻、蔬菜木刻、粮食木刻、肉类木刻、食盐木刻、货币木刻7种。木刻的长度根据刻记内容多少而定,长短不等。总木刻刻记的内容多,长度约3尺②,为7副木刻中最长者。货币木刻记的内容少,长度约1.5尺,是7副木刻中最短的一副。7副木刻都用下端带竹节的竹片做成,由村社负责保管的人员统一制作。竹片一般分成刀把形的一大半和长条形的一小半。平时,呈刀把形的那片由村社负责保管的人保管,呈长条形的那一小半由各户自己保管。到缴纳物品时,户主把自己保存的有关木刻和实物一起拿到保管员那里,保管员也把自己所保管的该户的相应的另一半木刻找出来,将两半木刻合在一起,若完全吻合,保管员便同时在两半木刻上刻划上代表所缴纳物品数量的符号。刻完后,仍按照原来的规矩,保管员和户主各保存一半。

各类不同内容的木刻,每年要总结一次,达到一定整数的就移到总木刻上去。所以,总木刻实际是记载各类物品的总账本。在总木刻上还记载出公差的数字,所以总木刻又叫公差木刻。每年"特毛且"(过年)后的第四天,由村社长老组成三至五人的服务组,召集各户户主开会,核对木刻,清查各户对各种节日和祭祀集体活动分派任务的缴纳情况。没有完成的户要补足交齐,交多了的户则由村社退还部

---

① 参见360百科"基诺族",https://baike.so.com/doc/5331635-5566873.html。
② 一尺约33.33厘米。

分。清查毕,由村社布置新一年的各种任务,重新发新木刻。

除上述记账木刻外,基诺族民众日常生活中还使用一种借贷木刻,由一根长约2尺的竹片制成,一式两半,由借贷双方分别保存。木刻上方刻着的缺口表示借贷的数字,右下方的缺口表示利息。每年缺口以元为单位计还是以十元或百元计,由借贷双方商定。借贷期满还清本利,则将借贷双方保存的木刻当场折毁;若借方只能还清利息,那么债主将两半木刻合拢并用刀把右下方的缺口削平,表示第一年利息已还清,第二年利息为多少,由双方商定后在未削平的左边继续刻出缺口来表示。如果借方还利息仍有困难,则利变本,在左上方加刻缺口。这种方法,直至20世纪20年代初期还在使用。①

## 1. 地理因素的影响——概论(The Influence of Geographical Factors — An Introduction)

黑格尔在《历史哲学》(*Philosophie Der Weltgeschichte*)中讨论"历史的地理基础"时,开宗明义地讲:"助成民族精神的产生的那种自然的联系,就是地理的基础。"②对于历史的发展,地理因素具有重要的影响乃至决定性意义。我在读了《历史哲学》后开始注意地理因素对于中国,以及对于世界各个文明中重要历史发展的意义,包括在大的地理环境下文明的冲突与借鉴及交流。

地理的差异导致了人本身包括人类活动许多的不同,因此,地理的差异可以解释人类文明中许多事实,包括不同地域、不同地理环境条件下文明进展的差异与多样的存在。

人类的生存与发展需要一定的地理环境条件作为基础。一定的地理环境条件本身的文明承载能力也是有限的。环境因素不但决定人们的生活供应,决定人们的生存和生活方式,也决定人类文化和思想观念的孕育与演进。按照现代科学研究的分类,环境的构成是多样化的,而对整个人类来讲,环境的因素首先是自然的,也即地理环境的因素。

黑格尔的《历史哲学》细致地研究了地理环境因素对人类文明(历史)的影响,这种影响是深入人类精神和现实生活的诸多方面。按黑格尔的说法:"我们所注重的,并不是要把各民族所占据的土地当做是一种外界的土地,而是要知道这地方的自然类型和生长在这土地上的人民的类型和性格有着密切的联系。"③

---

① 以上内容由作者根据相关研究资料整理而得。
② 黑格尔:《历史哲学》,王造时译,上海书店出版社,2001,第82页。
③ 黑格尔:《历史哲学》,王造时译,上海书店出版社,2001,第82页。

## 第五章 异质性之解释——地理决定论

从大的地球自然地理的环境角度来看:"有好些自然的环境,必须永远排斥在世界历史的运动之外,也是我们首先不加以注意的。在寒带和热带上,找不到世界历史民族的地盘。因为人类觉醒的意识,是完全在自然界影响的包围中诞生的。……在极热和极寒的地带上,人类不能够作自由的运动,这些地方的酷热和严寒使得'精神'不能够给它自己建筑一个世界。"因此,"历史的真正舞台所以便是温带,当然是北温带,因为地球在那儿形成了一个大陆,正如希腊人所说,有着一个广阔的胸膛。在南半球上就不同了,地球分散、割裂成为许多地点……各种天然的形态也就各有个别的特征,彼此相差很大。"[①]

人类文明总是在适宜人类生存繁衍的自然环境里生根发芽。地球环境的总体特点决定了人类文明发展的基本环境,决定人类文明必然只能在北温带这个广大的区域里获得最好的发育和发展。而促成这种发展的一个重要因素,是广大的地域上便利的迁移所造成的文化交流。

许多人类学和民族研究中的例证可以证明,哪怕是一个相对较小的区域,如果它完全地与世隔绝,那么其文明进步的进程必将延缓。在南太平洋岛屿上,在南美洲、非洲等地,至今存在一些尚处于原始状态的部族或群落,与中华人民共和国成立前我国西南、东北某些少数民族处于原始生活状态颇相类似。由于地理上的阻隔,这些部族或群落在很长时期内完全处在一种隔绝的、独立的存在形态,一种相对静止的绝世独立状态。

在大航海时代之前,不论在美洲大陆、非洲,还是澳洲大陆周边,这种状况是一种普遍的存在,这表明人类文明绝不像人们习惯性以为的那样,是从一个同一的时点开始,沿着同样的时间线轴同步向前推进。倘若我们能够任意选择一个具体的时点,做一个全球性文明进程的截面观察,无疑会吃惊地发现多种异样的存在。在人类历史的很长一个时期内,异样(多样化)文明的存在始终是一种常态。即便在公认的高度全球一体化的今天,如果做这样的截面观察,我们依然会发现文明状态与发展程度等方面的巨大差异。

对于人类文明的孕育和发展,欧亚非大陆这个庞大的联通区域具有重要意义。它使在一个巨大的地理区域内进行广泛交流成为可能。虽然在远古时代,过远的距离会客观上成为大规模交流的阻碍,但人类不同族群、民族和国家之间的交流,在这片大陆上从来就未曾断绝过。而且,很多交流不论是范围还是深度,皆远远超出我们所能想象的程度。比如,在塔克拉玛干沙漠中发现的小河文明,就很难让人

---

[①] 黑格尔:《历史哲学》,王造时译,上海书店出版社,2001,第82-83页。

理解,在亚洲大陆的腹部,数千年前,为什么会有欧罗巴人种存留?对于谜一样的丝绸之路,我们也难以想象,在那个久远的时代,人类仅仅靠双腿,加上骆驼、马匹等畜类并不十分强大的运载能力,竟然能够在几千年的时间里,连通从遥远欧洲大陆的意大利到东方大陆尽头,直至朝鲜乃至海上日本的物质和文化交流之途。当然,这个世界上本来就潜藏着无尽的秘密,超出我们想象和认知的极致,需要我们不断地去发掘和探究。这正是人类历史文化研究的谜之所在。

在世界文明的发展中,通过贸易、迁徙、战争等多种方式,人类的迁移与交流成为文明及文化流变的重要形式,这种交流从未断绝且日新月异。在人类历史包括会计史的研究中,第一不能忽视的就是这种地理环境所决定的各种文明之间的交流与特定条件下的相对隔绝状态。

文明之间的交流很多时候可能采用的一种残忍、惨痛的方式。例如,通过战争,通过种族灭绝使一种文明完全消亡,而代之以另一种文明。这种惨烈的"交流"——实质上是一种强力的取代或更替,从上古时代起,这种"交流"就不断地在世界各地上演。引发这种特殊行为的地理基础,在于如下几个方面。

(1)人类作为一种高级动物,天生地具有占据和扩大地盘的本能,扩张和占领的欲望时时膨胀。走向远方未知的世界,从那里发现更大的地盘,发现更加优渥、相对安全的生活及生存空间,几乎成为人及人类族群的一种本能。

(2)世界地形地貌等地理条件的多样性,导致了多样化的物产。不同地方的物产不同,引出了交换和交流的需要,也自然地刺激或激发人们对远方未知世界的欲望。人是有贪欲的动物,为了更多地占有,在缺乏有效制约的条件下,可能会无所不用其极地对外扩张、占有、攫取。在很多时候,抢劫和战争可能成为最简单、最粗暴但最有效的资源获取方式,包括对人本身的占有。奴隶制以及其他形式的人身占有便由此而生。在一定意义上,人本身也是资源的一种,人能够出产一种特殊的物产——人类劳动。人可能拥有可作为资源使用的种种特殊的技能。

(3)地理条件的局限或某些地理范围内灾难多发的特点,可能导致某些族类高强度的危机意识,这种意识也成为他们通过殖民、战争等方式向外寻求扩展的强大动能。

(4)对物质的欲求、对异域生活的浪漫想象及渴望,促使人成为一种善于流动的种群,这种流动同样成为文化交流的重要推动力。

对于整个人类文明而言,从总体上来看,文明演进从来就有多种不同的形态,断绝和断续乃是更为普遍和常见的情势。在这个过程中,最为惨痛的是无所不用其极的残酷杀戮和争斗,乃至各种规模的战争以及种族灭绝。对于习惯了自身延续性历史的中国文化来讲,认识这一点或许更有意义。而对整个人类来讲,这是值得认真对待和深入思考的重大问题。尤其在当今全球一体化的形势下,如何对待其他不同的文明和种族,是一个残酷且现实的重大问题。构建人类命运共同体,不再只是一个概念,而是实实在在的使命。我们对会计的历史与发展,也需要认真研究和探索。

**2. 与会计史研究相关的重要历史地理事实及需要强调的重点(Important Historical Geography Facts Related to the Study of Accounting History and the Highlights Should Be Emphasized)**

在人类历史上,近现代工商业经济的发展,尤其是大规模工业和国际贸易的发展只有区区数百年历史,需要强调指出,对会计历史的研究,需要在广阔的时间和空间范围之中进行广泛的考察,并特别注意其中几项对会计史研究而言十分重要的事实。

其一,根据目前考古发现的史实,在公元前3000年前,人类活动的范围限于欧亚大陆的核心区域,即中东区域和亚洲大陆北部地区,这是地球北温带宽广胸膛中最适宜人居住的区域。它们处在北半球几大河流的冲积平原,水源丰富,气候温和,便于农业耕作。从时间上来讲,中东地区核心部位——两河流域的美索不达米亚平原——文明发育最早也最为发达。这些区域孕育了早期人类会计文明,相应的会计实践更是具有重要的区域性特点。由此扩展开来,到古埃及文明、古希腊文明、古罗马文明,再到古代波斯文明、古代中国文明、古印度文明[①]、玛雅文明和印加文明,构成人类古代文明的璀璨链条,是研究早期人类会计文明的资源富矿。

其二,11至19世纪,是西方文明发展中一个十分重要的阶段。在经历了中世纪漫长的黑暗之后,十字军东征打开了西欧社会长期闭锁的大门,激发了欧洲社会蓬勃的商业经济欲望,引起了新的社会结构变迁。这是人类历史上一个持久而剧烈的社会大变革时期。十字军的铁蹄为中世纪欧洲黑暗的沉寂画上了句号。随后,贸易的发展和海上通道的开辟,促使商业争战不断升级。商业的发达带动了工业的发展及城市和农村社会结构的改变。在封建庄园小手工业的基础上,新的工业逐渐兴起。随着生产和交易规模扩大,生产的组织形式由家庭手工作坊向行会及包买商控制下的工场、制造厂,乃至后来的公司制企业转变。欧洲文明之火也在

---

① 古印度文明最早在印度河流域兴起,是人类最古老的文明之一。

残酷的杀伐与暴利血腥的香料、奴隶、棉布及鸦片贸易中渐成燎原之势,最终借助工业革命的强大动能,推动整个世界登上了飞速旋转的现代经济的摩天巨轮。这一时期所孕育的种种思想观念、制度文化,成为后来社会发展的基石。在追逐商业利益的熙熙人潮中,在巨大的社会变迁中,强劲的资本主义产生了。资本的力量经过数百年的酝酿,弥漫在欧洲大陆,在大航海时代,搭乘各国东印度公司的远洋货轮,鲸吞了美洲、澳洲、非洲大陆,并最终侵入亚洲。与资本主义相伴而生的欧洲会计文明,以最早源于意大利的借贷复式簿记为代表,一步步完成了其体系发展和完善,并沿着西方资本势力进军世界的路线,最终完成了其世界性流传。

其三,15 世纪中期,奥斯曼帝国阻断了欧洲诸国与东方的陆上贸易通道。为了开辟通往东方的新商道,地处欧洲大陆西端、地中海和大西洋交汇处的西班牙、葡萄牙借地利之便,将目光投向大海。达迦玛、麦哲伦、哥伦布等著名航海家开启了大航海时代,并由此开始了开发美洲、发展世界市场的全球性冒险。1500 年因此被视为世界历史一个重要的分界点。按照美国著名全球史学家斯塔夫里阿诺斯的观点,整个世界区分为"1500 年以前诸孤立地区的世界和 1500 年以后西方的兴起并占优势的世界"。① 在这个时间点上兴起的意大利借贷复式簿记②,属于人类会计历史上重要的创造,极大地促进了人类会计文明交流和交互影响的进程。从那时起,随着复式簿记在世界范围内的传播,人类会计文明开启了广泛的世界性交流,许多重要的发展也随之而起。

其四,18 世纪中期开始的工业革命以英国纺织业为代表。工业革命促进了世界范围内大市场的形成。欧洲列强基于寻求更广大海外市场、原材料、劳动力资源的动机,把欧洲、美洲、亚洲、非洲乃至大洋洲串联在了一起,极大地促进了欧洲会计文化的世界性传播。在这方面,我们通常较多地注意工业成本会计和公共会计师职业的形成,而忽略了一个重要的方面——伴随文明碰撞而发生的会计文明的侵入与本土会计文明进程中许多细节性问题,它们是解开人类会计文明演进问题的关键锁钥。在这个过程中,各种本土会计文明的坚持和坚守,也是一种值得特别关注的社会历史文化现象。

其五,从会计史研究的角度,需要特别注意并重视欧洲的地位及影响。自

---

① 斯塔夫里阿诺斯:《全球通史:从史前史到 21 世纪(第 7 版)》,董书慧等译,北京大学出版社,2005,推荐序第 4 页。

② 意大利复式簿记最初是在 13 世纪意大利威尼斯商业活动中产生。1949 年意大利数学家卢卡·帕乔利的《簿记论》出版,被认为是世界会计史上具有里程碑意义的事情,并被认为是现代会计学的开端,卢卡·帕乔利也因此被誉为"现代会计学之父"。

11世纪开始,伴随着商业贸易及资本主义的发展,欧洲(尤其是西欧)成为全球最具活力的地理区域。因为地缘及地理位置的优势,意大利、葡萄牙、西班牙、荷兰、英国,相继成为引领世界经济的经济体,法、德、俄等国亦不甘落后。在十八九世纪,先后完成工业革命的欧洲列强,携强大的政治、经济及技术力量,完成了面向全球的殖民争夺。19世纪末期,当亚、非、拉美等殖民地和半殖民地基本上被瓜分完毕时,列强之间为了争夺世界霸权和利益而产生的矛盾冲突日趋激烈,最终导致欧洲大陆在短时间之内接连发生两次世界大战。当欧洲大陆各国最终斗得遍体鳞伤,远在美洲大陆的美国却因战争而获得了良好的发展机遇。一方面,孤悬海外远离战场的美洲,成为欧洲大陆争战中各国许多富人(尤其是富有的犹太人)躲避战乱的最佳庇护所,美国因此获得了大量的财富和人才资源;另一方面,美国成为最大的战时物资供应商,战争的需要促进了美国经济的繁荣和技术的进步,并因此促进了美国企业科学管理的发展。美国最终参与解决欧洲和亚洲两大战场的决战,奠定了其对世界政治、经济领域的领导地位。美国会计也在吸收和继承欧洲传统会计文化的基础上,在会计准则建设、会计学科建设、会计教育、会计理论和方法发展方面形成引领性力量,影响整个世界。

其六,自20世纪60年代起,世界贸易和国际投融资规模的扩大、国际会计的形成以及国际会计的协调与趋同,整体上改变了全球会计发展的面貌,促使会计由国别文化变成更具全球性意义的重要文化现象,涉及许多重要的政治、经济、制度及文化因素,也涉及网络经济时代会计的未来发展和适应性变革。

其七,与欧洲面向世界的开放性和外向性不同,处在亚洲大陆东部的中华古国,因为特殊的地理环境,从数千年前开始,便走上了一条内向性的、在一个庞大的地域范围内建立一个以大一统中央集权为关键性特征、结构完整的文明国家的道路。中华文化讲究天人合一、道法自然、万物并生与和谐,形成了一个特殊的、数千年延展不断的文明体系。中华会计文化以文明国家的财计管理为核心,全面深入地融入国家治理的整个体制和各种细节之中,形成了独具特色的制度、观念、技术以及方法体系,并与各类工商业活动以及各种民间会社、社团、宗教组织和家族(宗族)的财计管理相联系,形成官厅、企业、民间会社及非营利组织(包括寺院等宗教机构)、家族会计四部分并存的会计文化体系。自古留存或考古发现的大量古代会计文物和甲骨、简牍、碑刻以及各类纸质文书,成为研究古代社会会计文化的史料宝库,具有重要的文明意义。中国古代会计文化还对周边各国产生影响,形成庞大的地域性会计历史文化遗存,是未来值得深入研究的重要领域。

其八,历史研究的根本价值在于认识和理解人类社会存在及其结构,为解决目前及未来发展问题提供借鉴。从这个意义上来说,其关注点不应该只放在比较发达的国家或地区,更不应该只是去总结或研究一些特殊的、重要的事件或发展。而是应该广泛地深入人类文明的各种不同的存在之中,发现并解构出其中蕴含的文明密码。因此,人类世界的各种会计文化遗存,都应该是会计历史研究的关注点。

在研究全球会计文明发展的过程时,需要注意地理因素造成的发展的差异性。这方面上一章已经有所提及,此处从大的地理因素的角度再做如下强调。

(1) 北半球由地中海及其周边区域连接起来的欧亚非大陆,是人类文明最重要的活动区域。正如英国知名社会学家、"全球化"概念首倡者之一阿尔布劳·马丁(Albro Martin)所言:"坐落于纬度之间的最大片的土地有益于富有活力的人类活动。"①这个连成一体的陆地,构成人类文明孕育、演化的最佳温床,也是文明最活跃的区域。从古代文明时期直至当代,这里一直是各种利益交织的中心地,也是各种文明交汇、流变的关键。人类会计文明孕育发展的许多重要密码潜藏在这一区域的文明遗迹之中,亟待我们通过更多的努力予以发掘,重点包括该区域内会计发展演进的历史事实和这一区域发生的文化碰撞与交流的具体情况。

(2) 从地理的角度来看,全世界七大洲,除了人迹罕至的南极洲外,在地理大发现之前,南北美洲、大洋洲基本可以视为孤立的存在,那里虽然很早就有人类的足迹或文明的孕育,但由于孤立的环境,并未能够形成典型的文明,除了南美洲曾经形成水平较高但却神秘消失难以为继的玛雅文明、印加文明②外,其他区域很长时期内处于相对原始的状态。欧亚非三洲连成一体,适宜的环境和气候使其成为人类文明最重要的发源地。③ 这些地区数千年积累的文明成果和文化遗存,是研究全球会计文明的重要资源。过往的会计历史研究较多注重国别研究从而在事实上割裂了文明演化的内在联系,也忽视了会计文明的多样性和细节性。今后的研究需要更广阔的视野,从全球文明和地域性文明演进的角度做更多的挖掘。

---

① Albro Martin:"Introductory Essay: Transportation and the Evolution of the American Economic Republic," *Business History Review*,1984,Spring:1.

② 根据 360 百科"印加文明"条,印加文明是指南美洲古代印第安人文明,以印加帝国为中心。印加为其最高统治者的尊号,意为太阳之子。印加帝国自 15 世纪起势力强盛,极盛时期的疆界以今秘鲁和玻利维亚为中心,北抵哥伦比亚和厄瓜多尔,南达智利中部和阿根廷北部。16 世纪初由于内乱日趋衰落,1532 年被西班牙殖民者消灭。详见 https://baike.so.com/doc/5330620-5565794.html。

③ 黑格尔《历史哲学》中指明的:"历史的真正舞台所以便是温带,当然是北温带,因为地球在那儿形成了一个大陆,正如希腊人所说,有着一个广阔的胸膛。"见黑格尔著:《历史哲学》,王造时译,上海书店出版社,2001,第 83 页。

(3)从会计历史和会计文明研究的角度,世界文明的多样性是一个需要注意的重要议题。多样的存在为我们从不同角度研究会计的历史实质提供了无尽的可能。在会计史研究中,除了研究高度发展的文明和具有重要意义的重大创造和发展外,还需注意不同环境条件下不同的存在,以更好地理解人类会计文明的实质。我们需要认识到:"历史在这个星球上不是按同一个速度进行的。"[①]因此,需要从不同的角度探求整个世界历史进程中时间与空间的契合点。基于文明差异的事实,建立符合实际的会计历史阐释体系。恰当地看待和解决人类会计文明演进的时间进程与历史分期问题,而不是把关注的重点放在判定谁先进谁落后、谁优谁劣方面。

地理环境的影响除了体现为地理环境所造成的世界不同地区大的文化差异之外,也体现为局部小范围内的地理等自然环境以及因其所影响的交通便利程度对区域性文化的影响。这种影响在世界各地随处可见,不但导致文化的民族个性化差异、地区(地域)性差异,也导致不同区域文化发达程度的不同。

有一种观念习惯于根据所谓现代化的程度来判断一种文化的先进与落后,并自然地希望用所谓先进文化改良或改进落后文化。在这种观念指导下甚至会发生极端社会达尔文主义的种族灭绝与文明替代。这是极不可取并且十分有害的。事实上,文化最突出的特性,在于其适应性,在于以更为开放和宽容的态度,理解和包容差异的文化,而不是一味地以现代化的名义追求文化的进步乃至同一,最终导致很多重要文化现象和文化遗存完全消失,使文化丧失多元和多样化特征。斯塔夫里阿诺斯在其《全球通史》中,曾引用传教士雅可布·比格特(Jacob Baegert)18世纪五六十年代对加利福尼亚印第安人的描述:"根据我已经介绍的关于加利福尼亚人的情况,也许会有人认为他们是人类祖先最悲惨、最可怜的孩子。但是这种推论完全错了,我可以向读者保证……毫无疑问他们过着比欧洲人更快乐的生活。"[②]

当然,此处我并非要赞赏原始生活是更快乐的,并以此作为阻挡或否定进步的理由,而只是强调人类文明本身具有巨大的差异性。差异不仅存在于世界各个大的不同的地理区域,也存在于一个区域、一个国家内不同的部分。

### 3. 地理因素的会计影响(The Influence of Geographical Factors on Accounting)

地理作为影响人类文明发育和演化的一项重要的基础性条件,通过多种不同的形式,直接或间接地影响会计文明的孕育和发展。

---

[①] 斯塔夫里阿诺斯:《全球通史:从史前史到21世纪(第7版)》,董书慧等译,北京大学出版社,2005,推荐序第4页。

[②] 斯塔夫里阿诺斯:《全球通史:从史前史到21世纪(第7版)》,董书慧等译,北京大学出版社,2005,第16页。

对会计发展而言,地理因素既可能成为一种推进,也可能成为一种阻隔。

1) 大的地理环境分布及地理构成对会计文化发育与发展的总体影响

系统完备的会计文明的孕育和发展,需要能够促成文明孕育、交流和发展的地理条件。人类文明的重要发展大多发生在由欧亚非大陆构成的巨大的地理区域内。与此相应,人类会计文明史上一些重大的发展,也主要发生在这一区域。在人类开辟海上通道进而连通整个世界之前,孤悬海外的大洋洲以及被认为是"新大陆"的美洲,并未能孕育出体系化演进并达到一定高度的会计文明。①

在欧亚非大陆上,以三洲交界的区域为中心,基于巨大地理空间的文化容量,多样的文化相互交流,不同力量互相刺激、促动,它们在文化交流过程中不断吸收和补足,这块地方也因此成为会计文明生长发育的最佳温床。在这个过程中,我们看到大的地理环境分布和地理构成所产生的几种重要的作用:一是巨大的地理空间、大江大河的冲积平原所形成的对文明尤其是农耕文明发育的极大便利;二是多种文明交汇、交融和交流对发展、进步的促动;三是地域性竞争带来发展动力。

在中华文明的孕育发展中,地理环境的影响具有至关重要的地位。中国是世界文明古国,人类的发源地之一,也是到目前为止世界上发现旧石器时代人类化石和文化遗址最多的国家。随着文明的演进,人口数量增加,地理环境对人类生活和发展的意义日趋重大。黄河中下游宽广的平原地带,自然地成为培育古代中华文明的最佳温床。以此(通常称为中原地区)为中心,向北、向西、向南扩展的巨大空间里多样的地理和其他自然条件,为文明的扩展和繁衍提供了宽广的地域空间和良好的环境及物产条件,东面的海洋,西、南、北三面的崇山峻岭或广阔的高原、草原,构成一个相对闭锁的环境空间,使中华文明能够在很少受到外来侵扰的条件下稳定地独自繁衍、自成体系。中华文明之所以能够数千年延续不断,除了内生的各种因素之外,这种地理的屏障作用也是一项重要条件。

与地理空间相关的一种重要的人类社会产出是国家的体系。人类活动,尤其是人类的生活和生产,往往采用有组织的方式进行。这就导致了最早时期的家庭、氏族、部落和后来的部落联盟、部族以至国家。这个过程是各种文明和文化孕育发展的组织基础。地理的因素对于这个过程产生了重要的甚至决定性的作用。在国家产生之后,国家的体制和制度构建极大程度上也与地理基础密切相关。

通常认为,中国的大一统中央集权是从秦始皇统一六国并建立基于郡县制的中央集权国家开始的。但是,如果我们抛开先入为主的观念,从古代国家建立的历史实

---

① 对于这些地方土著的会计究竟发展到什么程度,目前缺乏充分的证据。在外来文明进入之时,这些地区尚不存在发达的会计文明,却是确定的。

际来观察，就可以发现，早在三皇五帝、大禹时代，我们的远祖所做的一切努力，就在于建立一个基于广大地域范围的统一国家。从《尚书·禹贡》《周礼》以及《史记》等古代典籍的记录中我们可以看到，中国大一统的国家地理和文化框架，就是从那时候开始一步步确立的。而与之相伴而生的中国会计，从一开始就采用了"大会计"的观念和体系，并且中国会计在早期系统设计的基础上，经过长期的发展育化，保持了数千年自己独特的体系，尤其在国家（官厅）财计管理中发挥了重要作用。①

当远处东方的中国汉朝正在进行大一统国家体制建设的实践之时，在世界的另一头——地中海周围，一个被称为"大秦"的庞大国家，也在进行一种名为"行省制度"②的大型国家的制度实践。尽管这种制度随着476年罗马帝国的衰亡而最终瓦解，但其作为人类制度史上一次伟大的制度实践，具有重要的研究意义。

与地理相关，产生了一项对人类生活而言至关重要的物资交流方式——商业贸易。沟通大的地理区域并使之互通有无的长途贸易是文明和文化交流的重要方式。在世界范围内，我们可以看到几次巨大的人类文明升级基本都与贸易相关，而贸易的发展往往会促进商业会计的发达。其典型例证有两个：一是中世纪资本主义萌芽时期意大利商业发展及借贷复式簿记的产生；二是大航海时代所开启的世界贸易与对应的复式簿记的世界性传播。历史学家在描述黑暗时代欧洲社会状况时，总是不忘提及"交通断绝，商业凋敝"。商业交往一方面使不同区域互通有无，另一方面带动大范围内的人员、资源及文化交流。在中国，以晋商、徽商为代表的商帮文化的发展，促进了明清以来我国数百年的商业发展及对外贸易。之前学界多以这些商帮作为地域性商帮，并以地理区域为之命名。后来的资料和研究则表明，这些商帮的活动区域远

---

① 关于这方面情况，将在第八章做更详细的讨论。
② 古罗马行省制度（Provincial System of Ancient Rome）是古代罗马奴隶制国家为统治征服地区而建立的一种管理制度。"行省"一词源于拉丁文 provincia，有"委托"之意，原指意大利境内的行政区或境外由罗马官员治理的地区，后专指意大利境外那些必须向古罗马纳贡的属地。古罗马的行省设置始于公元前3世纪下半叶，至公元前130年前后已建立9个行省。随着古罗马的领土扩张，行省数目不断增加，相应的管理制度也逐渐形成。古罗马每建一个行省，都由元老院制定治理该行省的法规，确定该行省的区域范围、城镇数目及行省居民的权利和义务，规定该行省应缴纳贡赋的品种与数量。行省的土地、资源等被宣布为古罗马国有财产，由国家经营、转让或出租。元老院向每个行省委派总督1人，副总督3人和财务官1人。总督通常由卸任的执政官担任，在行省内拥有生杀予夺的权力。共和末期，恺撒（公元前100年至公元前44年）改革行省管理制度，扩大行省公民权的授予范围，整饬行省的吏治，实施自治市法，给行省城市以自治权。至奥古斯都（公元前27年至14年在位）时，行省被分为元首直辖与元老院直辖两类。前者由元首指派总督管理，总督有权指挥境内驻军；后者由元老院任命总督管理，总督没有兵权。至帝国时代，行省发展很快，行省贵族亦逐步跻身于统治者的行列，同时行省的公民权得到进一步扩大。戴克里先在位时（284年至305年），为便于统治，缩小行省辖区，使行省数量增至100个，分属12个大行政区管理；他还将行政权与军权分开，使行省总督和军事指挥官相互制约。——以上引自百度百科"古罗马行省制度"词条，有删减。https://baike.baidu.com/item/古罗马行省制度/9964770?fr=aladdin。

不止用于给他们贴标签的这些地区,商帮通过几乎纵贯南北东西如蛛网般密布的商道网络,在沟通中国大陆内地广袤地域的同时,一并连通了北至蒙古、俄罗斯,东至日本、朝鲜,南至东南亚的广大区域,并通过海上通道连通中国与遥远的中东乃至欧洲大陆。

在中国历史上,先人们早在先秦时期就已经开始了与西域及海外世界的交通往来。横贯欧亚大陆的陆上丝绸之路在汉代就已经成为沟通中国与西亚、欧洲乃至印度半岛的重要通道;沟通我国西南地区与藏区、南亚诸国的茶马古道促进了汉藏文化与南亚文化的交融;从泉州、广州等沿海城市出发,沟通太平洋岛国以及阿拉伯世界的海上丝绸之路,早在大航海时代之前就已经成为沟通中外文明的要道。自明代开始,经山西通向蒙古高原的商道,则孕育了晋商文化,晋商会计文化乃是近现代中式会计演进成就的集中体现。

贸易的根本原因在于地理差异造成的物产、资源及相应的物质需求的差异。从中国来看,一方面,因为幅员辽阔、地形各异,每个地方皆有不同的资源和物产,形成了小范围短途商业贸易的基础。另一方面,西部和北部广大草原和高原地带游牧民族的物质需求,以及其他地方民众对马匹、牛羊、皮毛、肉类及奶制品等的需求,激发了巨大的贸易需求,长途贸易能够带来巨大的商业利润,更是充分调动了人的求利本能,使商人阶层成为这个世界上最能动、最积极的力量之一。商业贸易也是促进文明和文化交流的一种重要手段。

地理条件的人口承载能力也是影响甚至决定文明发育水平的关键。人类几个重要的文明基本都是在大江大河所形成的冲积平原上形成的,其中重要的机理在于:一方面,河流能满足人畜的生活用水需求;另一方面,只有条件良好的河流冲击平原地带有足够大的地域空间发展农耕,满足人类的食物和生活需求,而大规模农业也需要一个基本条件,就是适宜的灌溉条件。在研究文明演进的历史时,我们必须要注意到土地和资源的人口承载能力。客观上来说,文明发育的规模和程度,是与人口数量呈比例的。如同近现代公司制企业的内部组织一样,只有规模较大、员工较多的公司,才可能形成充分的专业化分工。一个社会也只有达到一定人口规模,才便于朝不同的专业化分工方面发展。也只有在这样的前提下,才可能孕育形成体系完备、内容丰富的会计文明。

2)区域地理特点的会计影响

区域地理特点对会计文明的孕育和发展具有重要影响。中世纪后期借贷复式记账法在意大利产生并在西欧传播,就是一个具体例证。斯塔夫里阿诺斯说:"地理因素是促使欧洲在中世纪超越其他地区的重要原因。这其中关键的一点是欧洲处在一个非常有利的位置上。欧洲因地处欧亚大陆西段而使它在公元1000年后免遭侵略。……由于免遭蛮族入侵的蹂躏,西欧同更易遭受侵略的东方地区相比无疑享有极大的优势。"①对复式簿记产生之后会计的发展而言,西欧的地理优势更在于西欧各国紧密的地理关系便利通商和人员往来,这使复式簿记十分便利地在西欧各地流传。所以,我们看到意大利复式簿记在德国、荷兰、法国、英国等西欧国家的传播以及本土化发展。

在中国历史上,也随处可见区域地理特点影响会计的例证,此处试举二例。

例一:唐宋时期的敦煌寺院会计。

1900年面世的敦煌文书是震惊世界的文化瑰宝。在大约6万件文书中,除了大量佛经和佛教文化用品外,以敦煌寺院会计文书资料最为耀眼。曾经的敦煌作为丝路重镇,受战乱影响,或在吐蕃统治之下,或孤悬西域。其寺院会计因而成为代表地理特色的典型。①受战乱或灭佛影响,大量僧尼集聚这里,成为敦煌社会文化和经济中的重要力量。② 寺院经济的发展,促进了寺院会计的繁荣发展。敦煌文书中遗留的敦煌寺院会计文书,成为研究唐宋时期中国民间会计的文化瑰宝。②高度发达的寺院经济,使寺院僧众、僧官、寺户③形成一个特殊的群体,这个群体与敦煌社会经济相融合,形成了敦煌地方特色的会计工作体系,包括写账日、写账人制度、直岁、年终筭会,以及严格的契据手续等。③因为偏安一隅,货币基本退出了民众生活,大量的民间借贷、往来交易、税赋缴纳皆采用实物结算、实物计量。在数千件敦煌社会经济文书中,只有一件来自异地的文书使用货币计价。④

例二:商帮之首晋商的晋商会计。

明清晋商是以地域及血缘关系为纽带形成的松散的地方商人群体。⑤ 晋为山西的简称。山西是一个十分特殊的省份,其地接塞外,拥有同少数民族交易和多方

---

① 斯塔夫里阿诺斯:《全球通史:从史前史到21世纪(第7版)》,董书慧等译,北京大学出版社,2005,第278页。
② 佛教和佛教教团在敦煌社会结构及官民生活中占据重要地位,不仅官府有专门管理宗教事务的机构和僧官,僧尼人数占当地总人口的比例也很大。高峰时期达1/20,寺院数量达到十六七家。有研究发现,佛教教团人口在吐蕃占领敦煌初期(8世纪末)为400多人,以后快速发展,到张氏归义军时期,敦煌佛教教团的人数增加到1000人左右,僧俗所占比例约为1/30;到曹氏归义军初期发展到1500至1600人,僧俗比例在1/20左右;曹元忠时期,由于社会经济发展,人口大量增加,出度僧尼的限制也相对放松,因此,僧尼人数增加到2000多人。
③ 归义军时期称"常住百姓",是依附寺院、租种寺院土地,或依赖寺院其他产业生活的一般民众。
④ 尹伟先:《从敦煌文书看唐代河西地区的货币流通》,《社科纵横》1992年第6期,第50-54页。
⑤ 张正明:《晋商兴衰史》,山西古籍出版社,2001,第4页。

位营销贩运商品的区位与历史优势。① 早在西汉时期,汉武帝就曾命令山西马邑人聂壹与匈奴交易。清末在今山西灵石县曾掘得古罗马铜钱 16 枚,为罗马梯拜流斯至安敦皇帝时代(相当于汉代)所铸,证明山西商人与西域胡商的交易由来已久。明初实行"开中制"②,招山西商人代为边关输粮,成为推动晋商兴起的契机。按照晋商研究专家张正明先生的观点,"山西地临北方边镇,这一制度一实行,山西商人便以开中制为契机,利用地理优势,捷足先登,兼粮、盐商于一身而兴起于商界。"③晋商凭借地利之便,承担了沟通内地与北部蒙古草原乃至西伯利亚广袤腹地的货物贸易,其贸易网络和经营的触角不断扩展。明朝末期,一些山西商人以张家口为基地往返关内外,从事贩贸活动,为从东北起家的满族贵族输送物资。在清朝的崛起中,一些山西商人充当了重要的资源供应角色。"顺治初年,清政府将山西旅蒙富商范永斗召为内务府皇商,人在内务府,赐产张家口,受朝廷委托,往来关内外,岁输皮币内府。"④晋商创立票号,"汇通天下",执中国金融业之牛耳,除了其高超的经营能力,也与其为清廷代垫代办汇兑军协饷、筹借汇兑抵还外债、代理部分省关的财政金库等有密切关系。在商业及票号业务发展中,晋商创造了灿烂的会计文化,其体系完备的账簿,规范的会计结算及报告方式,在商号、票号经营中形成的各种制度,如著名的"顶身股"制度、票号的分号管理制度等,以及见诸《交易须知》《立账簿头绪》等史料的会计教育知识,是研究近代中式会计发展的文化瑰宝,也是区域地理特点影响地方会计发展的典型例证。

区域地理环境对会计的影响,也表现在人类早期的会计技术及观念方面。远古人类不论身处何地,几乎都不约而同地尝试各种可能的记录载体,他们在岩壁、动物骸骨、鹿角、各种器具、树皮、兽皮、竹木材料等几乎所有可能的物质材料上,刻下或画下各种符号或图画。在这方面,各种文明并无太大差异。及至进入古代文明,情况就发生了明显变化,体现出独特的环境影响。

3) 地理环境影响会计技术及文化

在作为人类文明先驱的美索不达米亚文明中,两河流域河水泛滥过后河滩干裂形成的泥板,自然地被古人选择作为记录的载体。"管理事务和账目都用削成三

---

① 张正明:《晋商兴衰史》,山西古籍出版社,2001,第 4 页。
② 《明史》(食货志):"召商输粮而与之盐,谓之开中。"
③ 张正明:《晋商兴衰史》,山西古籍出版社,2001,第 9 页。
④ 360 百科"晋商",https://baike.so.com/doc/4988373-5211981.html。

角尖头的芦苇秆(杆)刻写在泥板上,然后将泥板烘干,以便于保存。"①河流的泥土和丛生的芦苇,成了他们保持记录最便利而且取之不尽的工具。他们的文字,也因为芦苇(杆)书写的笔势形如楔子而被称为"楔形文字"(Cuneiform Script)。

研究表明,公元前3500年左右,苏美尔人在两河流域揭开了奴隶制时代会计文明的序幕。他们就地取材,以泥板当纸,以芦苇(杆)或木棒当笔,留下了大量黏土板(Clay Table)记录,黏土板成为考察古代会计的重要物证。古巴比伦人爱好组织管理,对簿记工作非常重视。古巴比伦神殿、中央和地方政府雇用了数百名记录官(Scribe)作为行政官,履行会计及相关职责。考古发掘中发现的以黏土板为载体的神殿账户记录,反映了工资支出、现金收入、贷款利息和不动产之类的交易事项。

关于苏美尔人的寺庙会计及其需求,V.G.柴尔德(V.G.Childe)在《远古文化史》有一段颇为精彩的描述:"一个苏美尔的庙宇,拥有许许多多的产业、羊群、牛群和庞大的收入等。它用垫付和贷款的方式,来帮助它那些信徒,从而花销了,并且增加了那份财富。管理那种收入的祭司,必须把他们处理神的财产的情形,向他们的神明主人报告,且须保证他那些产业可以保全并增加。在此之先,从未有过这么大的一宗财富集中于一个人支配之下。祭司为牢记神的税收和用项,不敢相信自己的记忆。……祭司可能在他主人的贷款还不曾得到偿还以前,就死去了,他那追还债款的职责,需由一个同事或继任的人来完成。神的执事,必须记录下来:他垫付出去了几瓮种子,是什么性质的;他交付了好多头绵羊给一个牧人,是什么样的品种。而记录这些事项,必须用一种这样的办法:即不仅要为一个祭司所能解释,而且还须为凡任祭司之职的都能解释。……一言以蔽之,社会公认为一种记事制度的文字,在使寺庙账目保管得圆满一点上,是很重要的。"②

苏美尔人的文化深受地理环境影响,还表现在受底格里斯河和幼发拉底河每年河水泛滥的影响,他们形成了对自然不可抗力深深的恐惧。因为恐惧,他们专注地致力于对环境的观察和研究,创造了最早的计时、计量、测量距离和面积的方法,并将其用于畜群计算、谷物计量及土地测量。计量的结果记在泥土板上,形成大量的记录资料。这些资料通过考古发掘被发现,被收藏在欧美多国的博物馆、图书馆中。如斯塔夫里阿诺斯所述:"经营地产时要记下详细的账目,像从佃耕的农人那里收到的地租、牧群的头数、牲畜所需饲料的数量、下次播种所需种子的数量,以及

---

① 斯塔夫里阿诺斯:《全球通史:从史前史到21世纪(第7版)》,董书慧等译,北京大学出版社,2005,第60页。

② 柴尔德:《远古文化史》,周进楷译,中华书局,1958,第169-170页。

关于灌溉设施和灌溉计划所有繁杂的细节,都得上账或记录。"①河水泛滥加上永远存在的外族入侵的威胁,让美索不达米亚人的人生观带有强烈的恐惧和悲观色彩。因此,"美索不达米亚人试图通过编纂完备的法典来减轻笼罩着他们的不安全感,而《汉谟拉比法典》就是其中最杰出的一部"。②

与属于城市文明的美索不达米亚文明不同,古埃及文明是一种帝国文明。斯塔夫里阿诺斯认为,"这一文明之所以能够非常稳固且延续很长时间,主要得益于其地理环境"。③尼罗河流域地理环境颇为特殊:东为阿拉伯沙漠、南为努比亚沙漠和尼罗河大瀑布、西为利比亚沙漠、北为三角洲地区没有港湾的海岸,构成天然的屏障。尼罗河贯穿南北,平缓的水流极大地便利了航运,促进了整个流域地区在约公元前 3100 年时的统一,而这种统一基本持续到公元前 525 年埃及被波斯征服,其间约 2 500 年的时间,给一个统一的中央集权文明的孕育和发展提供了广阔的时空。

对这一文明发育造成影响的一种重要物产是古代埃及曾经盛产的纸草。纸草学名为 cyperus papyrus,是一种生长在沼泽中的植物,曾广泛分布于尼罗河两岸。公元前 3000 年左右,古埃及人利用纸草发明了莎草纸,它质轻、便宜、易造、耐用、可卷折、便于运输。大批量生产的莎草纸,不仅成为本地文明的载体,也被当地人作为垄断产品向地中海国家出口,成为近 4 000 年时间里周边国家和地区最受欢迎的书写材料。④近 100 年来发现的莎草纸文书中有公元前 2700 年至公元 900 年间用十几种文字书写的文件,书写文字包括希腊文、阿拉伯文、埃及文、科普特文、拉丁文、阿拉米文和希伯来文等。古埃及之所以能够成为我们今天了解的记录最丰富的古代文明,与莎草纸的广泛使用是分不开的。它不仅把古埃及文明本身流传下来,而且记载了其他文明。

自从公元前 3000 年左右古埃及人学会了制作莎草纸,把经济事项记到草纸手稿卷上的习惯就已经开始。手稿卷上最初记载的内容是资产清册。在埃及第一王

---

① 斯塔夫里阿诺斯:《全球通史:从史前史到 21 世纪(第 7 版)》,董书慧等译,北京大学出版社,2005,第 59-60 页。

② 斯塔夫里阿诺斯:《全球通史:从史前史到 21 世纪(第 7 版)》,董书慧等译,北京大学出版社,2005,第 62 页。

③ 斯塔夫里阿诺斯:《全球通史:从史前史到 21 世纪(第 7 版)》,董书慧等译,北京大学出版社,2005,第 64 页。

④ 后来,随着对野生纸草的采伐以及气候和地理条件的变化,埃及的莎草纸产量锐减。莎草纸慢慢地淡出了人们的视线。中国的植物纤维纸在 8 世纪传入中东,在 12 世纪又传入了欧洲,逐渐成为全球最重要的书写、印刷材料。

朝和第二王朝时期,每两年就要对动产和不动产进行一次盘存。到第四王朝时期,间断的盘存被连续的例行核算所取代。盘存的目的主要是核对银子、面包等财产收付情况,具体手续由三个人完成:第一个人在纸莎草纸上记下预定拨付的财富数额,第二个人在旁边填上实际拨付数,最后由第三个人把上述两项数字进行比较,然后登记两者的差异。

大量的记录工作都是由被称为"记录官"(scribe)的专门人员负责完成。"记录官"一词由"书写"一词演变而来。据第五、第六王朝时期成书的《金字塔文》记载,记录官根据具体职务分工不同,可分为财政记录官、书信记录官、军队记录官、国王记录官和圣书记录官。他们或在农庄中掌管文书、账目,或在政府机关中负责财政事项的记录和印信、公文、档案的保管。① 记录官用削尖的芦苇杆蘸着由胶、水和烟渣调成的墨水,在莎草纸上记录各种收支事项。图 5-3 便是一种典型记录。

图 5-3 古埃及记录官(Scribe)阿美斯(Ahmoes)所写的《莱因德数学纸草书》(*Rhind Mathematical Papyrus*),是迄今所见最早的明确知道作者姓名的数学作品,大约写成于公元前 1550 年。② (图片来自维基百科)

---

① 文硕:《西方会计史》(上),中国商业出版社,1987,第 14 页。
② 参见维基百科:https://en.wikipedia.org/wiki/Ahmes。大英博物馆官网上有该文书全图,其介绍文字说明为:"Rhind Mathematical Papyrus — The papyrus is probably a mathematics textbook, used by scribes to learn to solve particular mathematical problems by writing down appropriate examples. Eighty-four problems are included in the text covering tables of divisions, multiplication, and handling of fractions; and geometry, including volumes and areas. The scribe, Ahmose, dated it in year 33 of Apophis, the penultimate king of the Hyksos 15th Dynasty. The other side of the papyrus mentions 'year 11' without a king's name, but with a reference to the capture of the city of Heliopolis."详见 https://www.britishmuseum.org/research/collection_online/collection_object_details/collection_image_gallery.aspx?assetId=366139001&objectId=110036&partId=1。

古老的尼罗河孕育了中央集权高度发达的奴隶制文明。以奴隶制国家财政经济管理的需求为核心,古埃及会计在职官设置及各种职责的内部牵制方面取得了很高成就。以记录官为核心的发达的会计体系,为保障奴隶主统治集团的利益发挥了重要作用。

图 5-4 描绘了古埃及农民因为无力纳税而遭到逮捕的情形,一边是数位农民遭逮捕,另一边则是数位记录官坐等记录。

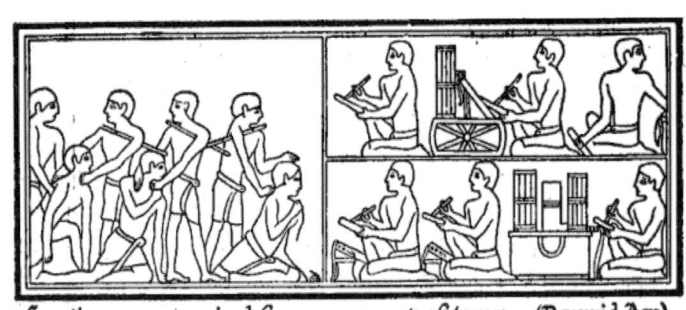

图 5-4　因拖欠税款受到鞭笞的古埃及农民(图片来自网络)

对这种情形,现藏于荷兰莱丁博物馆的莱丁草纸也有记载:"古埃及官吏盘坐在席上,手里拿着芦苇秆,面前摆着纸草卷,奴隶一个个都要到这里来交税算账;一部分箱子里放着征税账表,上面详尽无遗地记录着奴隶的姓名、土地数量、牲畜头数……另一部分箱子里放着奴隶负债记录的账表;对于那些交不起税或无力还债的人,官府就派爪牙去催促并逮捕他们,要不就用棍棒给他们一顿痛打。"①

考古发现的古代中国会计史料中,也处处显现着地理的影响。比如,图 5-5 中被定名为《劳边使者过界中费》的简牍文书,就是地理因素影响会计的显著证据。这件出土于汉代中国西陲边关,今甘肃省金塔县肩水金关遗址的汉代简牍文书②,以典型的汉代中国文字记录形式,记录了劳边使者经过该地时的生活物资消耗。文书共有 9 枚木简,完整地记录了肩水金关吏员 27 人,随从人员 55 人,共 82 人

---

① 文硕:《西方会计史》(上),中国商业出版社,1987,第 28 页。
② 肩水金关位于今甘肃省金塔县,为汉代边塞关城,因金有固若金汤之意,故名金关,是进出河西、南北通往的咽喉。1930 年西北科学考察团在此发掘汉简 850 枚。1973 年甘肃省居延考古队又在此发掘汉简 11 577 枚和其他文物 1 311 件。金关出土的实物很多,有货币、残刀剑、箭、镞、表、射钚、积薪、铁工具、铁农具、竹木器械、各类陶器、木器、竹器、漆器、丝麻、毛、衣服、鞋、帽、渔网、网梭、小麦、大麦、糜、谷、青稞、麻籽等,还有启信、印章、封泥、笔、砚、尺、木板画和麻纸等。肩水金关汉简主要为文书类、册简类和历书类。肩水金关汉简忠实地记录了汉代居延地区的屯戍活动和兴衰历史,再现了昔日西北屯戍的风貌和生活情景。

耗用米、羊、酒、盐豉、姜的数量及价值,总值1470文。从图5-5中可以隐约看出简边缘的树皮残留,以及简身上一些结疤,表明这些简是就地取材,用比较细小的树木枝条加工制成的。其中多枚木简保持了自然的弯曲状态,属于西部边塞汉简的常见情况。简册中所记食物也具有西部特色。需要特别注意的是,简册中不仅记录吃用的食物数量,而且以货币作为统一的计价标准分项记录其价值,并进行了加总。这说明这一关隘的物资耗用,是纳入官府统计报告系统之中的,参照其他同时代简牍,我们知道采用大一统中央集权的西汉王朝,其管理的触角向外一直延伸到偏远的西部边陲,

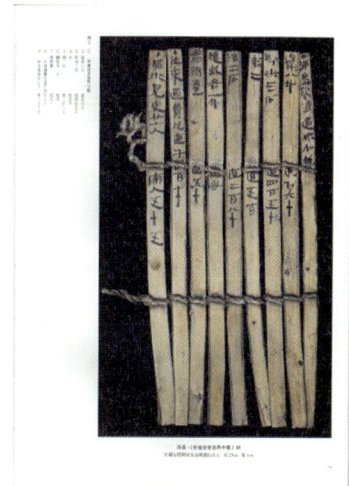

图5-5 肩水金关汉简《劳边使者过界中费》

向下深入具体的烽燧关隘,对各处的生活物资、武器耗用及实存情况实行严格管理。不论居延汉简、悬泉汉简、敦煌汉简,还是此处所涉及的肩水金关汉简,都采用比较规范的记录和报告方式。

**4. 中国大一统会计框架的地理成因(Geographical Causes of China's Unified Accounting Framework)**

对比中国古代各个统一朝代的地图,我们会发现一个非常有趣的事实:在大多数时期,我国古代疆域版图如明代地图描绘的那样。这一疆域的地理情况,与《尚书·禹贡》所勾画的地理边界大体吻合。造成这个状况的根本原因应该是地理地形结构特点:以黄河中下游冲积平原为核心的中原地带在中华文明中处于核心地位,以此为中心,向南、北、西三面扩展出去是天然的地理屏障。

1) 地理环境构成的大一统决定性

为什么中华民族从古到今具有强烈的统一愿望,而其他文明多以小邦国的形式存在?从古希腊、古代玛雅文明,到中世纪的意大利,乃至独立后的美国,多实行城邦、城市共和国或联邦制形式,实在是一个有趣的问题。很多人讨论玛雅文明时都提到"没有形成一个统一的国家",其根本原因究竟何在?城邦可能是基于地域、族群的集团组织,本身是一个利益的集合体。"玛雅地区同时存在着众多弱小的、对立的城邦,相互之间既有联合也有斗争。"[①]唯有中华文明,数千年一贯地追求统

---

[①] 冯慧娟:《玛雅文明》,吉林出版集团有限责任公司,2015,第32页。

一,在统一与分裂的轮回中,形成最初的夏、商、周,其后的秦、汉、隋、唐、宋、元、明、清,今日的中华人民共和国等多个统一的多民族国家(朝代)。从时间上来看,自秦汉以来 2 000 多年中,统一的时间加在一起约 1700 年,堪称人类文明史上的奇迹。其原因究竟何在?①

剑桥大学中国史教授胡司德认为:"我们必须了解,中国幅员辽阔,人口众多。汉朝的领土从朝鲜一直延伸到越南。但民众间的交流并不频繁,因此,商品的流通、皇室专用物品的流通以及统一的文字,便成为帝国统一的象征。你也许无法同帝国其他地方的百姓碰面,但各地产物的流通能让你我找到身属一个庞大帝国的认同感。"②《尚书·禹贡》详细列出了各地贡物,皆为各地所出特产,它们除了满足中央政府的使用需求外,也体现了一个庞大地域范围内实施统一管理的现实意义。

关于中国的地理区划及大一统国家的体制建构,从《史记》等史籍的记载来看,自三皇五帝时期即已开始。③ 到大禹随山刊木、制五服、划九州、任土作贡,一个以中原大地冀州为中心的大型国家集中统一管理的基本框架初步确定。商朝曾以殷墟④为都城,统御四方。从西周开始,今陕西(关中地区)成为文明发展的中心地带。秦汉隋唐以咸阳、西安为中心建都,得益于关中的地理特点:西、北面黄土高原沟壑纵横,更有黄河天险环绕东、北边界,南面秦岭屏障,中间是号称"八百里秦川"的关中平原。这里自古灌溉发达,盛产小麦、棉花等,是中国最早被称为"金城千里,天府之国"的地方。据《史记》记载,秦始皇徙天下富豪于咸阳 12 万户。按每户 6 口人计算,就有 72 万人,再加上咸阳原有的至少 40 万人,秦时咸阳城的人口便有百万之巨。隋唐时期,因为经济发展、人口膨胀,关中之地已不足于供给都城及西、北边防之需,因此,隋炀帝开挖大运河,营建东都洛阳,帝国发展的重心开始向东、

---

① 通常认为,秦始皇统一中国是中国实行大一统中央集权制度的开始。我认为,该观点有其理由,但并不能真正代表对古代中国社会结构形式的准确认识。从三皇五帝时期,至夏、商、周三代,古代先哲一直在进行一个大的地理区域内国家统一架构的思想、观念及制度准备。最为突出的是大禹时代划九州、制五服、设官建制、制定贡赋制度等努力,以及西周时期周公治礼的努力,无不是为了建立一个统一的国家而努力。对于西周时期所谓的"封建"(分封诸侯),深入分析其实质后,我们应该视其为相当于现代分权结构下的组织管理方式的一种早期尝试。

② 尼尔·麦格雷戈:《大英博物馆世界简史》,余燕译,新星出版社,2014,第 210 页。

③ 《史记·卷一十五帝本纪第一》记载,轩辕黄帝战蚩尤于涿鹿之野,"擒杀蚩尤,而诸侯咸尊轩辕为天子",巡行天下,"置左右大监,监于万国"。其后颛顼、帝喾、尧、舜等,皆有巡行天下、设官分职、和合万国等举动。

④ 殷墟,古称"北蒙",甲骨卜辞中又称为"商邑""大邑商",是商朝晚期都城遗址,位于今河南省安阳市区西北小屯村一带,距今已有 3 300 多年历史,因出土大量甲骨文和青铜器而驰名中外。殷墟是中国历史上第一个有文献可考并为考古学和甲骨文所证实的都城遗址,由殷墟王陵遗址、殷墟宫殿宗庙遗址、洹北商城遗址等构成。

向南移动。然而,不论哪一个朝代,其统一的战略区划总是从宏大地域范围之内中央集权大一统国家的发展、安全、内外交流及资源供应等多方面来考虑设计的,因此,历代形成了规模宏大的相关设施,比如邮驿系统、道路交通系统、以大运河及内陆河流为中心的水路运输系统、仓储及战略储备系统、城防关隘守卫系统(包括以长城、烽燧为主体的防卫及信号传递系统)、政府行政管理系统、盐铁酒榷等官营工商业及税收系统、以土地和户口管理统计为核心的农业税收征管系统、社会保障(救济)系统等。

在这样一个庞大的中央集权的国家管理体制之下,有一个与之相配合的财计(会计)管理体系。自大禹时代的"大会计",到《周礼》司会制度体系,再到后世一以贯之并不断丰富完善的"上计""计账"等相关制度及体系设计,形成了包括官厅财计管理,各种机构及事业中的财计事务管理在内的庞大的会计文化体系。除了上文提到的以简牍记录为基础的汉代边关会计记录及报告、审查体系外,也形成了其他各种专门会计,如邮驿系统会计、仓曹会计等。① 其中,以户口与土地记录、报告与调查为基础的核算管理体系,保障了国家税收及财计管理,形成了一个典型的农业国家的国家治理的数据基础。

2) 河流、交通与国家财计管理

交通从来是文明发展的关键要素。便利的交通是国家行政的基本需要,也是早期采用实物贡赋的条件下贡赋征收与输送的基本条件。中华大地地域广阔,地理环境复杂,为统治带来许多不便。为此,历代王朝都非常重视交通运输问题。大禹之前,基本上还是处于部落同盟时代,尽管有同盟之设,但各部落基本还是各自为政,相互间的交往并不频繁,交通运输的矛盾也不是很突出。一个统一国家一旦

---

① 在古代中国的国家治理中,有许多重要的治理成就,目前尚缺乏系统深入的考察研究。比如,古代的仓储及救济系统、官营工商业、大型项目(如运河、长城、关隘城池、水利工程、帝王陵墓等)建设的会计核算与管理等,皆具有重要的研究价值。古代的法律制度,如宋朝的《庆元条法事类》中,对于国家库藏管理有严格细致的规定。20世纪70年代于洛阳含嘉仓出土的含嘉仓刻铭砖,记录了唐代仓窖贮粮情况,是研究古代粮仓管理的重要史料。含嘉仓是中国古代最大的粮仓,也是大运河最重要的配套设施之一。该仓位于今河南省洛阳市老城北,始建于605年(隋大业元年),是隋代大运河粮食转运重要的配套设施。该仓从唐朝开始大规模存粮,成为国家的大型粮仓,历经唐至北宋500余年。现代考古证实仓城东西长612米,南北宽710米,总面积43万多平方米,共有圆形仓窖400余个。大窖可储粮1万石以上,小窖也可储粮数千石。唐天宝八年(749年)总储粮量约为5 833 400石。含嘉仓不仅供应洛阳城里的粮食,还起着关东和关中之间漕米转运站的作用,后来,它逐渐取代当时最大的粮仓——洛口仓,成为天下第一大粮仓。含嘉仓的管理制度极为严格,《旧唐书》(官职三)记载:"凡凿窖窨屋,皆铭砖为庾斛之数,与其年月日,受领粟官吏姓名。"后人在发掘仓窖过程中,的确发现了一些铭砖,砖上内容十分详尽,有粮窖位置、粮食来源、数量、品种、存放日期、管理官吏姓名等。

形成,则必须解除交通上的困扰:一是强化统治,便于用兵征伐、巡狩及政令信息的上传下达;二是方便贡赋缴纳;三是便利不同地区之间的相互往来,方便商业交往,以及官方出于各种目的的资源调度。关于大禹治水的功绩,以前主要看到的是他如何解决水患问题。据《尚书·禹贡》所载,大禹消弥水患与疏畅交通并重,并在统一国家的体制结构建设(包括公平负担的贡赋制度)方面做出了巨大努力。

《尚书·禹贡》讲禹"随山浚川""随山刊木",是说他疏通河道,并给陆路作了标志,使之能够连通起来,方便行旅和国家政令的上传下达、物资及军事力量调度。在古代,陆上交通作为物资运输的基本方式,不仅速度慢,而且费用高,而水路运输则要便利和经济得多。中华大地河流遍布,为发展水上交通提供了良好的条件。然而天然河流不一定便于通航,必须经过人工疏导和改造,并配以相应的仓储设施,才能成为便利的交通通道,方便物资供应及转运。大禹的功绩,在于他不但率人治理了水患,而且变害为利,他经过整治将各条河流改造成便利的水上通道,使之成为一个贯通全国的便利的交通网,使各地的贡赋能够顺畅地到达都城所在地。这就如同一个生物机体拥有了畅通的血液通道一样。这是一项艰巨的工程,为此,禹"劳身焦思,居外十三年,过家门不敢入。薄衣食,致孝于鬼神。卑宫室,致费于沟淢。陆行乘车,水行乘船,泥行乘橇,山行乘檋。左准绳,右规矩,载四时,以开九州,通九道,陂九泽,度九山。令益予众庶稻,可种卑湿。命后稷予众庶难得之食。食少,调有余相给,以均诸侯。禹乃行相地宜所有以贡,及山川之便利"。① 将《尚书·禹贡》关于各州物产进贡渠道的说明归总起来,就是一幅从四面八方向处于中央位置冀州的都城进贡各地特产物资的路线(贡道)图②,其中河流为构成贡道的主体。③ 部分路段采用水陆联运方式。在陆上运输不发达的古代社会,这显然是最经济的选择。

自然,大禹时代通畅交通,并非只是为了贡赋利益,而是将交通作为国家体系建设的一项基本条件。基于这个条件,一个庞大地域范围内国家的框架体系和运行管理制度逐渐成型,与之相配套的,则是被视为"大会计"的国家财计管理体系。《史记·卷二·夏本纪第二》:"太史公曰:禹为姒姓,其后分封,用国为姓,故有夏后氏、有扈氏、有男氏、斟寻氏、彤城氏、褒氏、费氏、杞氏、缯氏、辛氏、冥氏、斟戈氏。

---

① (汉)司马迁:《史记·卷二·夏本纪第二》,中华书局,2006,第 7 页。
② 详参《尚书·禹贡》相关内容。《史记·卷二·夏本纪第二》中也有相关记载,详见《史记》,中华书局,2006,第 7-8 页。
③ 《尚书·禹贡》的叙述中,紧接一段关于水上贡道介绍之后的,是关于"导山"(开通道路)的记录,史籍讲大禹"随山刊木",即指此。可见大禹在注重开通水道的同时,也使陆上交通成了体系。

孔子正夏时,学者多传夏小正云。自虞夏时,贡赋备矣。或言禹会诸侯江南,计功而崩,因葬焉,命曰会稽。会稽者,会计也。"①这段话作为总结,强调了两方面事实:一是大禹分封诸侯国及中国早期姓氏的来源;二是大禹于江南会集诸侯计功,以及去世后人们为了纪念他而改茅山为"会稽山"的原因,也指出了改山名为"会稽"的理由,即"会稽者,会计也"。这是古代中国"大会计"体系的根由。

其后历朝历代的制度建设,都是在这样一个大框架的基础之上不断发展。自《周礼》从国家官职制度设计和建设的角度建立以司会为核心的财计体系起,国家的财计管理便在这样一个大一统的框架内不断细化和完善。在秦汉简牍中,我们看到诸多涉及"上计"的资料,包括居延汉简、悬泉汉简中的审计简,尹湾汉墓"集簿"(上计报告)等,表明自秦汉起,国家财计管理作为一个庞大的体系,其触角深入延展至全国各地,远至西域河西走廊边关烽燧和驿置,形成十分具体而细致的财产物资及业务管理制度。20世纪面世的敦煌文书、吐鲁番文书、黑水城文书等文书中的内容表明,在各个朝代,政府财计管理都是细致而影响深远的,形成一个与庞大的中央集权国家的宏观管理和各种业务开展相关的管理控制体系。

**5. 隔绝环境中的会计——以西方移民进入前后澳大利亚会计为例(Accounting in an Isolated Environment — the Case of Australia before and after Western Immigration Entered)**

与亚洲(尤其是中国)、欧洲及欧亚非三大洲交界处会计的发达不同,澳洲作为一个孤悬海外的独立大陆,那里会计的发展表现为完全不同的情况,可作为隔绝环境下会计发展情况的一个典型例证。按照斯塔夫里阿诺斯的说法,澳洲大陆是世界上最与世隔绝的大陆。那里的情况与新中国成立之前中国西南边陲一些少数民族的情况有些类似,同样因为地理的隔绝,其文明几乎处在一种停滞(或者说是缓慢进展)的状态。

Australia一词出自拉丁语 Terra Australia Incognito,意为"未知的南方大陆"。最新的考古发现表明,至少在50 000年前,就有3个不同的种族从东南亚渡海来到澳洲大陆,但在其后几万年的时间里,却完全处在与世隔绝的状态。在16世纪之前,欧洲世界就已经存在关于"未知的南方大陆"的想象。16世纪时欧洲人绘制的世界地图上,有时会绘出一片与南极洲相连的大陆。直到1768年,库克船长(Captain Cook)从英国出发前往南太平洋探险,才发现澳洲大陆,并于1770年占领澳洲大陆东岸一带,开始了对澳洲大陆的殖民开发。这时,澳洲大陆

---

① (汉)司马迁:《史记·卷二·夏本纪第二》,中华书局,2006,第11页。

的土著居民依然处于旧石器时代的食物采集阶段。虽然维基百科英文版关于澳大利亚的介绍中说明,"澳大利亚土著文化是地球上最古老的持续不断的文明之一"①,但这种文明直至18世纪末期,依然处于十分原始的状态。

被欧洲人占领之前的澳洲大陆共生活着500多个部落75万多土著人②,用木、石、骨、贝等制作简单工具,以采集狩猎为生。库克船长发现澳洲大陆后不久,因为美国独立,英国只好另觅地方流放罪犯,遥远的澳洲因此成为英国新的罪犯流放地,欧洲向澳洲移民的历史也由此开始。随后,至少有2万土著人死于土地冲突,许多土著人沦为奴隶,大部分土著人被赶往不毛之地。生活资源缺乏加上移民带来的大量疾病,导致土著人数量锐减。1944年人口普查时,澳洲土著仅剩71 895人。直到20世纪中叶,随着国际上反对殖民主义浪潮和国际人权呼声逐渐高涨,澳大利亚政府以种族隔离为内容的"白澳政策"逐步瓦解,土著人的命运才开始出现转机。到2006年,澳大利亚土著人人口总数才达到约45万人,约占澳大利亚总人口数的2.4%。

澳大利亚土著人相信祖先神灵在"梦时代"创造了世间万物。所以,他们的歌舞、绘画、篮艺、雕刻充满了宗教色彩,反映了"梦时代"所发生的一切。澳大利亚土著文化强调对土地和口头传统的尊重。③ 他们在绘画和音乐方面有很多独特的创造,土著人的文化和智慧以历史、故事、歌曲等形式口头相传并世代留存,但却没有发展出一套文字系统。④

我在写作本书过程中曾经尝试寻找有关澳大利亚土著会计研究的资料,却未获结果。唯一找到的三篇有关澳洲土著的会计文献⑤,关注的都是殖民时代之后会计与土著的关系,从中未曾找到有关土著会计的任何资料。由于澳大利亚的土著没

---

① 原文为"Aboriginal Australian culture is one of the oldest continual civilizations on earth",见 https://en.wikipedia.org/wiki/Australia。

② 澳洲在欧洲人到来之前大约有250种方言,现在仅存100多种,真正在使用的只有20多种。大部分的土著已使用英语作为他们的第一或第二语言。许多种语言只有老一辈人才会说。土著语言面临着断代的危险。

③ 据斯蒂文·德拉波塔(Steven Dellaportas)教授介绍,澳洲土著对人与土地及自然界的关系有很特殊的理解。他们认为,人是自然之子,人属于土地和自然,而不是反过来,人是土地的所有者。他们的文化中未留下会计记录,可能与此有关。

④ 以上材料参考了维基百科的资料,https://en.wikipedia.org/wiki/Australian_Aboriginal_culture。

⑤ 这三篇文献是:Andrew Chew, Susan Greer, "Contrasting World Views on Accounting: Accountability and Aboriginal Culture," Accounting, Auditing & Accountability Journal, 1997, Vol. 10, Issue 3: 276-298; Sonja Gallhofer, Andrew Chew, "Introduction: Accounting and Indigenous Peoples," Accounting, Auditing & Accountability Journal, 2000, Vol. 13, Issue 3: 256-267; Susan Greer, "In the Interests of the Children: Accounting in the Control of Aboriginal Family Endowment Payments," Accounting History, 2009, Vol. 14, No. 1-2: 166-191.

有文字,在目前所能看到的资料中,我们只能见到口头相传的文化形式,却无法获知任何有关他们会计文化的信息。根据澳洲土著擅长音乐、绘画的特点,可以大略推断,处于原始的食物采集阶段的澳洲土著,尚未开始系统和理性地记录,其文明很可能属于比 20 世纪上半叶中国西南少数民族更为古老的文明阶段。因为殖民者的进入,在这块土地上出现了从西方移植而来的近现代社会经济、制度及会计文化。

因此,概括起来,澳洲的会计文明是一种隔离环境下发展独特的另外一种典型。首先,因为极度的隔绝,其土著文明独自进展,直至 18 世纪 60 年代末欧洲人踏入之前,尚未走出原始文明时代,尚未发展出属于自己的会计文明。其次,当该大陆在 1770 年后成为欧洲的殖民地时,随着欧洲移民进入、殖民政权的建立及商贸活动的逐步开展,欧洲会计文明被植入这块土地,逐渐生出近现代会计文明之花——一种典型的移植的会计文明。在后来的发展中,无论是在政府会计管理、商事会计,还是会计准则建设方面,在许多本土人士包括会计学者的努力之下,在大量吸收西方会计文明成就的基础上,具有澳洲本土特色的现代会计文化逐渐成型。

## 6. 会计文化和技术传播的地理基础(Geography Basis of Accounting Culture and Technology Dissemination)

当一种优势文化或新技术形成之后,通常会为周边其他地区或地域的民众学习、引用,发生跨地区传播,从而产生更大范围的影响。在人类文明发展中,我们可以看到许多会计文化和相关技术跨地区传播的典型事例。比如,阿拉伯数字(Arabic Numerals)的世界性传播[1]、借贷复式记账法的世界性传播、公共会计职业[2]和业务的世界性传播、中式簿记的亚洲(东亚为核心)传播、珠算的传播、各种会计实用工具和技术(如支票机、簿记机等)的传播、会计准则及近现代会计理论的世界性传播等。此类传播,如同人类其他各种知识、技术及文化的传播一样,不论是传播的路径、顺序、范围、广度、速度,皆毫无例外地与地理因素密切相关。由于之前关于这方面的研究甚少,迄今我们难以说明许多重要传播的细节。以下仅举三个不同层次的传播例证,做一些粗浅的讨论。

---

[1] 阿拉伯数字是当今世界通行的最重要的数字系统。最初由古印度人发明,后由阿拉伯人传向欧洲,欧洲人将其现代化。因为阿拉伯人的传播成为该种数字最终被国际通用的关键节点,所以人们称其为"阿拉伯数字"。据研究,0 的概念是 7 世纪左右在印度确立的,十进制则是 9 世纪左右在印度确立后被传播到阿拉伯世界的。1202 年,列昂纳多·斐波那契(Leonardo Fibonacci,1170—1250)在其《珠算原理》(*Liber Abbaci*,或《算盘书》)一书中,向意大利人介绍了阿拉伯数字(Arabic Numerals),使其在欧洲得到了广泛传播。参见渡邉泉:《会计学的诞生》,岩波书店,2018。

[2] Public Accountant(公共会计师),最早产生于英国,称为"Chartered Accountant"(特许会计师),传入美国后称为"Certified Public Accountant"(CPA,注册会计师)。

### 1) 借贷复式簿记法的世界性传播

借贷复式簿记法的世界性传播是近现代世界会计发展中具有深远影响的事实,几乎串联起了从15世纪末期以来整个世界500多年的会计及经济发展。对复式簿记,人们向来不吝赞美之辞。诗人歌德曾称赞复式簿记是人类智慧绝妙的创造。20世纪享有盛名的经济学和社会学作者熊彼特认为:"资本主义实践将货币单位转换成为合理的成本——利润计算的工具,复式簿记是它高耸的纪念塔。"[①]

然而,尽管有许多学者研究复式簿记的起源问题[②],但是,因为多方面原因,对于意大利复式簿记起源的确切情况,迄今尚无定论。一般认为,现存关于使用复式簿记的最早记录可追溯到1300年前后两家佛罗伦萨商户Rinieri Fini & Brothers和Giovanni Farolfi & Co.。大约100多年后,复式簿记被威尼斯银行界广泛采用。关于其起源及传播还有许多问题需要进一步研究考证。我们确切知道并具有重要意义的是:1494年,意大利数学家卢卡·帕乔利的《数学大全》首次以公开出版物的方式介绍了意大利威尼斯商人采用的复式簿记,1494年被视为近现代会计学的开端。由此开始,这种革命性的簿记方法,开始了其漫长的世界性演进和传播的过程。其一路流传,逐渐点燃了世界各地会计文明近现代进步之火,推动了会计学科的现代化发展,为人类文明的现代化进程发挥了巨大的、无可替代的作用。

概而言之,借贷复式簿记法的产生和传播,首次以一种会计方面的创造影响了世界政治、经济和文化的发展。其产生的时间节点与全球性传播的时间、路径及方式,明显地显示出地理因素的作用。

476年,由于蛮族入侵,西罗马帝国灭亡。曾经的古罗马文明毁灭殆尽,西欧自此进入漫长的"黑暗的中世纪",交通断绝、商业凋敝,通过中东咽喉地带与东方的商贸往来被完全切断。直到11世纪十字军东征,闭锁的欧洲才再次打开通向东方世界的大门。地处地中海中心区域,连通欧亚非三洲的意大利凭借地利之便,首先开始发展贸易,由此带来本地工商业乃至政治、经济、文化格局的变化。也是在这种变化中,划时代的复式簿记取代传统的单式簿记,逐渐成为商业记录的主流。新的簿记方法成为意大利(威尼斯)商人征服世界的有力武器,也成为周边国家争相效仿学习的对象。值得注意的是,在帕乔利之后,意大利相继出版了一系列有关

---

[①] 熊彼特:《资本主义、社会主义和民主主义》,顾准译,商务印书馆,1979,第154页。
[②] Alan Sangster列举了相关研究,包括 Rossi (1896), Besta (1909), Littleton (1927, 1931, 1933), Peragallo (1938), Melis (1950), Zerbi (1952), de Roover (1971), Lee (1972, 1973a, 1973b, 1977), and Martinelli (1974) 等研究。参见 Alan Sangster, "The Genesis of Double Entry Bookkeeping," *The Accounting Review*, 2016, Vol. 91, No. 1: 299-315。

复式簿记的著作,形成一股巨大的簿记文化洪流,携带着不同职业和阶层人士对于商业和会计问题的思考及研究,借助理性及科学之光,浸润并影响欧洲大地。其中具有较大影响的包括以下几种。

1525年,乔瓦尼·安东尼奥·塔利恩特(Giovanni Antonio Tagliente)的《以威尼斯的惯例为基础的复式簿记法(上、下)》(*Considerando io Ioanni Antonio Taiente quanto e necessaria Cosa a li nostri magnifici*)出版。

1534年,威尼斯数学和簿记教师多梅尼科·曼佐尼(Domenico Manzoni)在威尼斯出版的《威尼斯式总账和分类账》(*Quaderno Doppio Col Suo Giornale*)。

1534年,数学教师乔瓦尼·斯福尔图蒂纳(Giovanni Sfortunati)出版的《新式会计》(*IL Nuovo Lume*,或译为《新光》)。该书是一部实务性很强的著作。

1539年,身为医生的吉罗拉莫·卡尔达诺(Girolamo Cardano)出版的《算术和测量的非凡实践》(*Practica Arithmetica et Mesurandi Singularis*)。该书尝试用数学方法解决会计方面的问题,并大胆指出了帕乔利在某些数学上的错误。

1573年,贝内代托·科特鲁依(Benedetto Cotrugli)出版的《商业和精明商人》(*Della mercatura et del mercante peryetto*)。该书完成于1458年,被认为是意大利乃至全球最早完成的论及复式簿记的专门著作,遗憾的是该书直至115年之后的1573年才正式出版。

1586年,唐·安杰洛·彼得拉(Don Angelo Pietra)出版的《会计人员有规则地记录复式簿记的指针,即最有秩序的教育》(*Indrizzo degli economi o sia ordinatissima instruitione da regolatamente formare qualunque serittura in un Libro doppio*)。

复式簿记在全世界的传播,是一个复杂的过程。以下仅以各国相关著作的出现为标志,结合社会经济变化的一些基本事实,做一概括性梳理。

(1) 意大利复式簿记在欧洲的传播。

德国——德国是欧洲大陆上较早引进和学习意大利复式簿记的国家。其原因在于11到14世纪之间,欧洲大陆上逐渐形成两个最大规模的贸易区,一个是自古以来就存在的地中海贸易区,另一个则是波罗的海和北海贸易区。两个贸易区之间又有陆路和海路相通;在陆地上,意大利商人早在十二三世纪就找到了通过阿尔卑斯山到达西欧、北欧的道路;在海上,威尼斯和热那亚的帆船在13世纪就已到达北海各港口。13世纪初,德国北部几个沿海城镇为了共同防御和保护商业利益而联合起来,结成著名的"汉莎同盟"(Hanseatic League)。该同盟到14世纪中叶逐渐扩大,盟约城市多的时候有200多个。因为多方面措施,同盟成为一股强大的商业兼政治力量。德国商人是同盟的主力。1518年,维也纳一位算术教师海因里希·施雷贝尔(Heinrich Schreiber)出版了一部名为《新技术著作》(*Ayn New Kunstlich Buech*,又译为《新技术簿记》)的书,成为德国第一部簿记方面的著作。该书的可取之处有二:一是通过数学方式验算会计记录的最终结果;二是运用货币计量单位进行综合计算。随后,约翰·戈特利布(Johann Gottlieb)于1531年出版了德国第二部簿记著作:《简明德国簿记》(*Ein Teutsch Verstendig Buchhalten*)。这两部著作反映的是本土汉萨同盟商人固有的簿记方法。1549年,意大利簿记作者多梅尼科·曼佐尼的传人沃尔夫冈·施韦克(Wolbgang Schweiker)从威尼斯回到德国,出版了根据曼佐尼著作编译的《复式簿记》(*Zwifach Buchhalten*),成为德国介绍意大利复式簿记的第一部著作。该书虽为编译版本,却考虑到了德国的实际需要,"从形式和内容两方面将德国式簿记又向意大利式簿记法推进了一大步,因而在当时大受欢迎,至为轰动"。① 1570年,萨巴斯丁·卡姆马斯菲尔德(Sebastian Gammersfelder)的《两账簿的意大利式簿记》(*Buchhalten Durch Zwey Bücher Nach Italianischer Art Vnd Weise*)在德国出版。德国学者在学习引进意大利复式簿记的同时对其进行改良,并结合德国实际进行理论和实践上的创新,使德国会计随后成为世界会计重要的影响力量。

荷兰——荷兰是近代欧洲乃至世界发展中的重要力量。地处佛兰德地区(今荷兰、比利时)的布鲁日、根特、安特卫普诸城市(尤其是布鲁日②)在贸易的促进下获得了很好的发展。在一定意义上,这一地区的贸易乃是在地中海贸易的辐射影响之下,作为地中海贸易的巨大市场和资源集散地而发展起来的。这里是连接陆上通道与英国及斯堪的纳维亚半岛国家的桥头堡,形成了一个具有重要战略意义的经济贸易区。借交通之便,荷兰很早就与意大利保持了密切关系,也是欧洲大陆较早引进意大利复式簿记的国家。1543年,荷兰安特卫普商人简·英平·克里斯托弗尔(Jan Ympyn Christoffels)的《新教程》(*Nieuwe Instructie*,又译作《簿记论》)在荷兰问世,作为荷兰第一部介绍意大利复式记账法的译著,"剧烈地震动了以往平静如水的荷兰会计界。掀起这股巨流的龙头——克里斯托弗尔,带头向荷兰固有的簿记法宣了战"。③《新教程》的出版"不仅使英平名震遐迩,而且还使帕乔利和曼

---

① 文硕:《〈复式簿记〉:德国第一本复式簿记专著》,《中国会计报》2009年4月3日。
② 布鲁日(Brugge),位于今比利时西北部弗兰德平原,距北海14千米,素有"小威尼斯"之称。布鲁日是佛兰德语"桥"的意思,十二三世纪这里是西欧的第一贸易港。
③ 文硕:《〈新教程〉:荷兰第一本新式簿记译著》,《中国会计报》2009年4月17日。

佐尼的簿记思想,赖有他的这本译著而传布益广。它不仅将荷兰人从狭小的圈子里,带到了一个崭新的会计世界,而且还大大地打开了法国人和英国人的眼界,使他们更深切地体会到了世界会计发展的大趋势"。[①] 在整个 17 世纪,荷兰成为意大利簿记传播和发展的中心。这一时期,荷兰出版了许多优秀的簿记著作,其中对后世会计发展影响最大的是荷兰数学家西蒙·斯蒂文(Simon Stevin)编著的《数学惯例法》(*Wisconstighe Ghedachtenissen*,又译作《传统数学》),该书于 1605 年出版拉丁语版,1608 年出版法文版。该书集数学与簿记于一体,与帕乔利的著作并驾齐驱,成为数学与簿记学相互结合的典范。西蒙·斯蒂文致力于在荷兰境内推广意大利复式簿记法,并企望用这种新式簿记法管理王室财政,以巩固王室财政的基础,促进新生国家荷兰经济的发展。而荷兰在 17 世纪的发展,也没有辜负他的希望。这个被称为"海上马车夫"的低地国家,牢牢把握住了新航路开辟后的大好时机,利用自己出色的造船技术和商业技巧,在海上贸易方面独树一帜,曾经一度几乎垄断了海外贸易。复式簿记也被它带到了印尼等海外国家。

英国——与荷兰、比利时、法国等国隔海相望的英国也借助波罗的海和北海贸易区的地利之便,较早地引进了意大利复式簿记。1543 年,英国就出版了第一部簿记著作,即休·奥尔德卡斯尔(Hugh Oldcastle)的《有益的论文》(*A Profitable Treatise*)。与其他国家不同的是,在此后的数十年中,英国相继有多部具有重要影响的簿记著作密集出版。

1547 年,圣·佛郎西斯科·布赖恩特(San Francisco Bryant)的译著《著名和非常优秀的著作》(*A Notable and Very Excellente Woorke*)。

1553 年,詹姆斯·皮尔(James Peele)的《健全的计算与记录方法与格式》(*The Maner and Fourme How to Kepe a Perfecte Reconyng*),又译作《如何把账记好的方法与格式》。

1567 年,约翰·韦丁顿(Johan Weddington)的《简明簿记教程》(*A Breffe Instruction*)。

1569 年,詹姆斯·皮尔(James Peele)的《借贷会计入门》(*The Pathwaye to Perfectnes, in th' Accomptes of Dibitour and Creditour*)。

1588 年,约翰·梅利斯(John Mellis)的《简单的指导与方法》(*A Briefe Instruction and Maner*)。

英国人不断努力,还出版了许多基于本土文化的会计著作,以及改进意大利簿

---

[①] 文硕:《〈新教程〉:荷兰第一本新式簿记译著》,《中国会计报》2009 年 4 月 17 日。

记的著作。本书在此也列出一些供读者参考。

1632年，约翰·卡彭特（John Carpenter）的《最优秀的教程》（*A Most Excellent Instruction*）。

1635年，理查德·达伐纳（Richard Dafforne）的《商人宝鉴》（*The Merchants Mirrour*）。

1682年，斯蒂芬·蒙蒂基（Stephen Monteage）的《借贷会计指南》（*Debtor and Creditor Made Easie*）。

1718年，亚历山大·麦吉（Alexander Macghie）的《簿记说明原理》（*The Principles of Book-keeping Explained*）。

1731年，理查德·海斯（Richard Hayes）的《近代簿记》（*Modern Bookkeeping*，又译作《改良意大利簿记法》）。

1735年，赫斯特勒拉夫特·斯蒂芬斯（Hustcraft Stephens）的《意大利式簿记》（*Italian Bookkeeping*），是爱尔兰早期著名的簿记文献。

1741年，约翰·梅尔（John Mair）的《意大利式商业簿记》。

1789年，本杰明·布思（Benjamin Booth）的《健全的账簿体系》（*A Complete System of Book-keeping*）。

1796年，爱德华·托马斯·琼斯（Edward Thomas Jones）的《琼斯的英国式簿记》（*Jones' English System of Bookkeeping*）。琼斯的著作具有里程碑式意义。作者倡导"英式簿记法"（English Bookkeeping），对当时的会计理论和实务产生了重要影响，作者琼斯也因该书而名垂青史。[①]

1800年，J.W.富尔顿（J. W. Fulton）的《不列颠与印度簿记》（*British-Indin Bookkeeping*）出版，本书是宗主国向殖民地国家传播复式簿记知识的有效尝试。

俄国——从地理上来看，俄国与作为商贸中心的意大利和佛兰德地区相隔了较远距离。地理的阻隔，延迟了俄国引入复式记账法的时间。最早将复式簿记引入俄国的是1762年出版的《阿姆斯特丹商业》，这是一部根据法语版图书翻译的商业用书。之后是1783年译自英语版的《商业秘诀》（*Cluch Commercii: The Key of Commerce*），该书是约翰·霍金斯（John Hawkins）在1689年撰写的英文教材的翻译本。1788年，俄国又根据德语版著作翻译出版了《俄罗斯商人必备指南，青年更为需要的教程》。直到1809年，才有伊万·艾哈迈托夫（Ayan Akhmetov）的

---

① 许家林、黄茜：《英式簿记系统创始人：爱德华·托马斯·琼斯》，《财会通讯》2013年第13期，第121-124页。

《意大利式会计学》(Italian Accounting Style)出版发行。从这几部书的情况可以看出俄国引进新式簿记时明显受地理影响：①首先引进的是荷兰、英国、德国而非意大利的著作，是因为早在13世纪初，汉莎同盟商人就在诺夫哥罗德①建立商站，把这一区域纳入了西欧、北欧巨大的商业网络，使俄国在较早时期就参与了波罗的海和北海贸易区贸易，并与荷兰、英国、德国等国家保持了较为密切的文化往来；②先后翻译出版不同语言版本的书籍，有利于多文化相互交融与吸收。不同语言版本著作的翻译出版，也反映出俄国作为一个传统的封建大国积极向新兴商业资本主义国家学习的态度。

(2) 复式簿记在美洲的传播。

在美洲，复式簿记最早是跟随欧洲殖民者的脚步进入北美殖民地区的。在随后两百多年的时间内，随着各殖民国家逐渐独立，本地商业和经济的发展，复式簿记完成适应性变革，最终落地生根。

加里·J.普雷维茨教授等在其《美国会计史：会计的文化意义》一书中，详细讨论了复式簿记进入美国前后的各种事实及材料。书中写道："当载着102名男女老少组成的五月花船队开始他们的旅程时，会计问题就产生了。"②在16世纪的北美殖民地，"已经有一些关于复式簿记的书籍用英语及其他语言出版，其中包括欧德卡索(Oldcastle, 1543)、皮尔(Peele, 1553)、威丁顿(Weddington, 1567)、梅利斯(Mellis, 1588)的著作。所有这些书籍都是直接或者间接翻译自帕乔利的《综合性论文》(1494)。之后，许多有关复式簿记的书开始陆续出版，这些书的作者大部分是学校老师"。③

1774年，纽约的拜尔利(Byerley)和戴伊(Day)刊登广告称，将按照"意大利记账法演变而来的簿记方法和最正规的算账机构的实务操作"讲授簿记，说明当时意大利簿记方法已经在美国广泛传播，成为学校教育的必要内容。

1789年，本杰明·沃克曼(Benjamin Workman)的《美国的会计师》(The

---

① 诺夫哥罗德(Новгород)是俄罗斯一个古老的城市，始建于859年。历史上是贸易、文化和宗教中心。该城地处俄罗斯最北端，位于圣彼得堡与莫斯科之间河湖纵横的大草原上，也在黑海和芬兰湾的水路交通线上，船运忙碌的沃尔霍夫河穿城而过，水运交通便利。1229—1320年，汉莎同盟相继建立了诺夫哥罗德(俄罗斯)、布鲁日(佛兰德)、卑尔根(挪威)、斯蒂尔亚德(英国伦敦泰晤士河畔)四大商站。通过商站及其下辖的子商站，汉萨同盟在西欧、北欧地区组建了一个庞大的商业网，成为这一地区的垄断性力量，诺夫哥罗德商站是其重要的组成部分。
② 加里·约翰·普雷维茨，巴巴拉·达比斯·莫里诺：《美国会计史：会计的文化意义》，杜兴强、于竹丽等译，中国人民大学出版社，2006，第23页。
③ 加里·约翰·普雷维茨，巴巴拉·达比斯·莫里诺：《美国会计史：会计的文化意义》，杜兴强、于竹丽等译，中国人民大学出版社，2006，第23页。此处所谓《综合性论文》，应该是指帕乔利的名著《数学大全》。

American Accountant)出版,被认为是美国人自己编写的第一部会计教科书。紧接着,1796年,费城的著名学者威廉·米切尔(William Mitchell)完成《新而完善的簿记系统》。

1818年,纽约簿记教师詹姆斯·贝内特(James Bennett)的《美国实用簿记制度》出版。随后又有托马斯·琼斯(Thomas Jones)的《簿记原理与实务》,C.C.马尔苏(Marsh C.C.)的《复式簿记科学》(1830)等出版发行。1853年,马尔苏的另一部著作《单式簿记的实务教程》出版发行,该书被列为当时中小学教育的优秀簿记教科书,多次再版。马尔苏的这两部著作20年后被日本人翻译引进,成为见证复式簿记传入日本的重要材料。

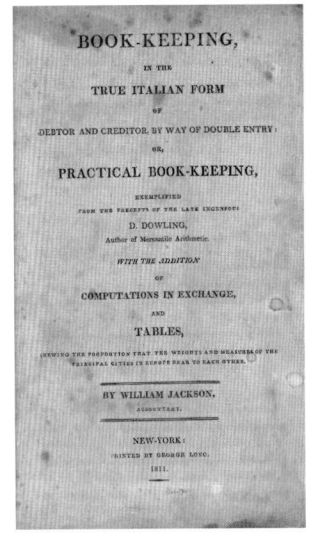

图5-6 1811年出版于纽约的一部簿记教材的封面
(中国会计博物馆藏)
　　封面文字为:"簿记学,采用真正意大利式借贷复式账法,或曰'实用簿记',书中举例来自已故天才D.道林的教训,他是《商业算术》的作者。书中附有货币兑换及相关表格,显示的是欧洲各主要城市度量衡之比例,会计师威廉·杰克逊著,乔治·朗印刷,1811。"

(3)复式簿记在亚洲的传播。

西方复式簿记进入亚洲,总体上是大航海时代之后西方势力海外扩张和殖民的结果。影响深远的东印度公司是这一变化最初的推手。"在东印度地区展开的商业贸易将欧洲与亚洲连接在了一起,葡萄牙、法国、英国等不少国家都参与其中。"①

1498年,怀揣对东方"黄金国"的梦想,痴迷的葡萄牙航海家瓦斯科·达·迦马(Vasco da Gama)率船队发现了真正的印度,西方冒险家由此开始进入古老东方梦想中的财富乐园。从17世纪初开始,各国相继成立东印度公司,以其作为代理

---

① 浅田实:《东印度公司》,顾珊珊译,社会科学文献出版社,2016,第2页。

者开展东方冒险和殖民扩张。"到了18世纪中叶,来自欧洲(主要为英国、法国)的影响已经十分显著,尽管一些沿海地区也受到荷兰、丹麦与葡萄牙的影响,但是,后者的势力十分微弱。到了18世纪晚期,英国通过东印度公司表现出来的支配性地位相当显著。正是英国的影响,无论是通过东印度公司,还是通过英国的治理,将西方商业记录方法带至印度。"①前文介绍复式簿记在英国的传播历史时提到1800年J. W. 富尔顿(J. W. Fulton)出版的《不列颠与印度簿记》(British-Indin Bookkeeping),便为英国向殖民地国家传播复式簿记的典型。

拉麦迪·姆旺图(Rahmadi Murwanto)等为《世界会计史:财务报告与公共政策(亚洲与大洋洲卷)》撰写的有关印度尼西亚会计历史的介绍中,大略地提到西方会计在印度尼西亚的传播。印度尼西亚作为荷兰的殖民地,其会计的近世发展深受荷兰影响。"一些关于印度尼西亚会计史的研究已经指出,荷兰东印度公司(Vereenigde Oost-Indische Compagnie,简称 VOC)的出现是印度尼西亚现代会计发展的起点。苏克哈索纳与贾菲金(Sukoharsono 和 Gaffikin,1993b,第9页)主张,1609年荷兰东印度公司(VOC)在印度尼西亚群岛的最初建立标志着万丹地区(Bantam)设立总会计室与最早贸易站以后,开始采用现代簿记技术。"②事实表明,至少在17世纪中叶,现代簿记实务已经在印度尼西亚经常性地开展起来。

在东亚,西方复式簿记的进入要晚许多。尽管1600年4月荷兰"博爱号"就已经漂流到日本,但因为日本在17世纪30年代至19世纪50年代实行"闭关锁国"政策,荷兰在日本的贸易活动被限定在长崎一块小范围的保留地里。不过,即便是这小规模的交流,也至少打开了日本看向世界的孔道。其中一个重要标志是代表西方先进文化的"兰学"在日本兴起。

日本启蒙思想家、现代教育之父,也是亚洲引进西式簿记的第一人福泽谕吉,即是在兰学的滋养中开始认识世界的。按照工藤荣一郎(Eiichiro Kudo)、冈野浩(Hiroshi Okano)的说法,福泽谕吉作为当时最重要的思想家和教育家,意识到了西方复式簿记是国家现代化过程中的一个重要因素,而他恰好曾在明治维新之前三次游历欧美,与西方文明有直接接触。为了引入西方的技术、制度及思想,他翻译了许多书籍和文章,包括翻译出版亚洲历史上第一部介绍西方复式簿

---

① 加里·J.普雷维茨等:《世界会计史:财务报告与公共政策(亚洲与大洋洲卷)》,陈秧秧译,立信会计出版社,2015,第92页。
② 加里·J.普雷维茨等:《世界会计史:财务报告与公共政策(亚洲与大洋洲卷)》,陈秧秧译,立信会计出版社,2015,第124页。

记的著作《帐合之法》①(见图 5-8)。

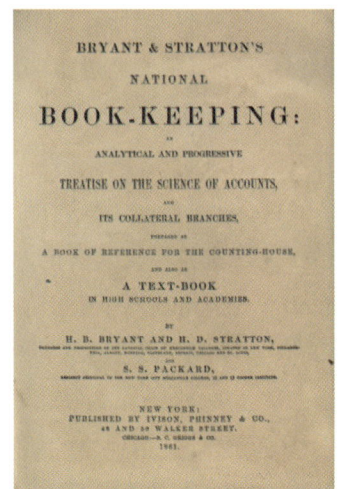

图 5-7 布兰特(Bryant)与斯图拉特(Stratton)合著之簿记教材,1861 年版
(中国会计博物馆藏)

福泽谕吉从美国带回了纽约布兰特—斯图拉特商校使用的簿记教材,由该校创始人布兰特(Bryant)和斯图拉特(Stratton)合著的《公立学校簿记》,并以之为蓝本编译了亚洲第一部介绍西方复式簿记的著作《帐合之法》。明治六年(1873 年)六月,《账合之法》初编二册出版,次年又出版续编二册。这部开创性的著作,"是一部为普通民众准备的会计相关教材"②,在日本广泛采用。以此为先例,许多与西方复式簿记相关的书籍相继在日本出版,在快速建立起来的日本学校教育体系中作为教材被采用。

与许多殖民地国家被动地接受西方技术和文化不同,日本引入西式簿记时,显示出极大的主动性。尤其是作为教育家和启蒙思想家的福泽谕吉亲自翻

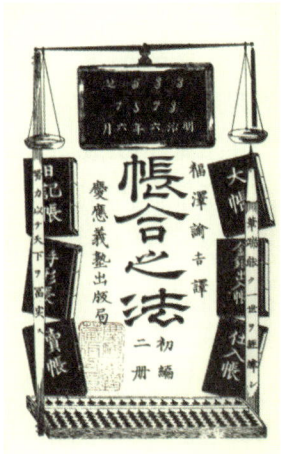

图 5-8 福泽谕吉翻译的《账合之法》初编二册的扉页(中国会计博物馆藏,2001 复刻本)

---

① 加里·J.普雷维茨等:《世界会计史:财务报告与公共政策(亚洲与大洋洲卷)》,陈秧秧译,立信会计出版社,2015,第 154 页。

② 加里·J.普雷维茨等:《世界会计史:财务报告与公共政策(亚洲与大洋洲卷)》,陈秧秧译,立信会计出版社,2015,第 154 页。

译教材,具有很强的示范效应。除了学者的努力之外,日本政府也积极推动西式簿记的传播和普及。致力于维新的明治政府引进大量外国专家主导各方面改革,包括"请来曾经任职于汇丰银行(Bank of Hong Kong and Shanghai)的苏格兰人亚历山大·艾伦·尚德(Alexander Allan Shand),并请在香港出生的葡萄牙人文森特·布拉加(Vincent Braga)到新成立的铸币局(Bureau of Mint)工作。这些外国人将以复式簿记为基础的西式会计实务带至日本"。① 为了向财政部职员讲授复式簿记方法,尚德撰写了一部名为《银行簿记精法》的教材,经大藏省五位官员翻译,于1873年12月出版发行。该书记述的银行复式簿记法,被当时的日本第一国立银行及其他一些银行所采用,并进一步进入工商企业。随后,美国学者C.C.马尔苏(C. C. Marsh)的《复式簿记科学》经小林义秀翻译,以《马尔苏氏记簿法》为名,于明治八年(1875)三月、十月分作二册出版,这两册著作的内容是马尔苏著作中的单式簿记部分。明治九年(1876)九月,马尔苏著作的复式簿记部分分为上、中、下三册,以《马尔苏氏复式记簿法》为名出版发行。"马尔苏的簿记著作,不仅成为日本的通俗读物在民间广为流传,而且受到日本会计学界普遍重视。日本的许多学者著书立说,都以它作为必读参考书。"②

西式复式簿记传入中国,始于1840年鸦片战争之后。据麦克斯韦·艾肯(Maxwell Aiken)和陆薇(Lu Wei)《簿记在中国的演进:西方影响与历史趋势之结合》(The evolution of bookkeeping in China: integrating historical trends with western influences)一文的研究,西式借贷复式记账法最早于1840年第一次鸦片战争后在中国海关、铁路、邮政系统使用。其在私营部门的使用则自银行开始,之后它逐步进入实业部门。③ 其大规模进入中国,则是在20世纪二三十年代的中式簿记改良运动中。④

主动引进西式簿记的中国人,当推谢霖为首。⑤ 谢霖(1885—1969),字霖甫,江苏武进人。少年时东渡日本,入明治大学攻读商科。有感于日本现代银行业之

---

① 加里·J.普雷维茨等:《世界会计史:财务报告与公共政策(亚洲与大洋洲卷)》,陈秧秧译,立信会计出版社,2015,第154页。
② 郭道扬:《会计发展史纲》,中央广播电视大学出版社,1984,第460页。
③ 从中国近代史料中,可以看到西式复式簿记随着外资银行进入中国;也可以看到官办商业中引入西式管理(包括聘请西人做西式会计),并专设翻译部进行翻译等事例。
④ Maxwell Aiken, Lu Wei, "The Evolution of Bookkeeping in China: Integrating Historical Trends with Western Influences," ABACUS, 1998, Vol.34, No.1: 140-162.
⑤ 从时间上来看,蔡锡勇的《连环帐谱》(1905)在谢霖、孟森合编的《银行簿记学》(1907)之前出版,但从所做工作及实际影响来看,显然谢霖当排首位。特此说明。

发达,以及西式簿记方法之便利,学生时期的谢霖便与同乡孟森①合作编纂了《银行簿记学》一书,于光绪三十三年四月(1907年)在东京刊行。该书以森川镒太郎所著《银行簿记学》中的理论为基础,举例则用早稻田大学商科所用的账簿格式,同时参考了米田喜在银行班授课所用的簿记学课本。该书为国人最早编著的银行簿记学著作,也是继蔡锡勇《连环帐谱》之后第二部介绍西式簿记的著作。遗憾的是该书在东京出版,国内学人知者寥寥。谢霖1909年学成归国后,颇受当局器重,先后担任大清银行②总司账、交通银行总会计、四川总督署文案委员、四川劝业道商务科长等职。他任职大清银行总司账期间推行簿记改革,卓有成效。其后举办商务传习所讲授复式簿记,培养新式会计人才。在总结两行(中国银行、交通银行)会计改革实践经验的基础上,编著完成《实用银行会计》一书,由商务印书馆于1912年分为上、下两册出版,他还为小商店设计了"改良中式帐"。

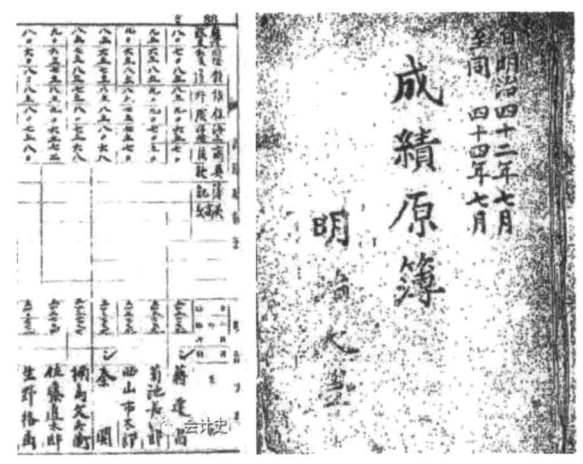

图 5-9　谢霖在明治大学读书时的成绩单(图片来自网络)

---

①　孟森(1869—1938),字莼孙,号心史,江苏武进人,是公认的中国近代清史学科的杰出奠基人。其史学著作被认为代表了我国近代清史学科第一代研究者的最高水平,是近代清史研究的一个重要里程碑。他留学日本期间曾关注簿记,与谢霖合编《银行簿记学》。他为该书所撰《银行簿记学叙》中详述了编著该书的因由,并说明:"吾簿记学,不出于学校,出于委巷里耳所遍设之簿记学会。会甚伙,吾所厕之会名正则,会长为大阪高等商业教头原圭南君。"谢霖终身从事会计教育及实务,皆以"正则"为名(正则会计师事务所、正则会计补习学校,概源于此)。

②　清光绪三十一年八月廿九(1905年9月27日),依户部财政处奏准,清政府在北京设立"户部银行",设总办和副总办各一人负责。户部银行为我国最早由官方开办的国家银行。1908年2月,经度支部(即官制改革前的户部)奏准,自同年7月1日起,大清户部银行总、分行各机构一律改名为大清银行。1912年中华民国成立后,各地大清银行相继停业,在上海组织大清银行总清理处,办理结束事宜。后经参议院决议公布,大清银行改称"中国银行"。

中国最早出版的介绍西式复式簿记的著作,则是蔡锡勇编著的《连环帐谱》。

蔡锡勇,福建省龙溪县(今漳州市龙海区)人。道光二十七年(1847年)出生于广州,1864年考入广东同文馆,成为我国近代第一批正规学习外语的汉人子弟。1867年从广东同文馆毕业赴京应试,以考试成绩第一名获授监生称号,并获准充任翻译官差使,成为我国第一位由官方批准任命的翻译官,曾随同陈兰彬(荔秋)出使美国、秘鲁、日本,对西式簿记有了一定了解。在襄助张之洞办理洋务的过程中,深知西式簿记对于发展实业之价值,遂立志著述,数经寒暑,终于写成《连环帐谱》,但他在生时未能将其付梓。他身故之后,其子蔡璋赴日本考察,对该书进行了增补,并与胞弟蔡琦一同校订全书。《连环帐谱》于1905年由湖北官书局印行。郭道扬教授认为该书"取西式簿记之精华,补中式簿记之短处,既行引进之举,又有承前之志。中西结合,设计实例加以说明,其内容充分体现了改良中式簿记之精神"。[①]

20世纪20年代,随着越来越多的人留洋归来,他们或在大学充任会计教授,或在实务界开展服务,西式簿记在上海、天津、广州等沿海城市的影响日益增大。处于长江入海口的上海因为工商业发达,吸引了许多新型会计人才集聚于此。20世纪30年代初,知名会计师徐永祚在上海发动了一场声势浩大的中式簿记改良运动。同一时期发生的"改革派"与"改良派"的论战,极大地推进了新式簿记知识的普及和传播。

(4) 复式簿记在澳洲及其他殖民地国家和地区的传播。

复式簿记伴随着殖民者的侵略被传入各个殖民地国家,这是毫无疑问的,这也是人类文明发展史与会计方法世界性传播中一项值得注意的事实。一直以来,因为研究者研究视野的限制以及资料缺乏,迄今难见比较全面的关于这方面的研究。

《算盘》杂志1996年第2期发表的拉塞尔·克雷格(Russell Craig)和萨拉·詹金斯(Sarah Jenkins)的文章,讨论了澳大利亚殖民时期的会计史。[②] 文章对有关1788—1817年澳大利亚会计史的三种猜想进行分析。三种猜想都涉及复式簿记在澳大利亚的使用:①在1817年之前,澳大利亚已经在使用复式簿记;②复式簿记是由海军上尉约翰·帕默(Lieutenant John Palmer)于1788年引入的;③有关复式簿记在澳大利亚的教学,可以追溯到1804—1806年。论文开宗明义地讲:"有关澳大利亚早期会计史的描述和分析是不完善的,"并指出:"现有文献都是从1817年澳大利亚第一家银行——新南威尔士银行(Bank of New South Wales)——开始经营

---

[①] 见郭道扬教授为立信会计出版社2009年再版发行的《连环帐谱》所写前言第2页。
[②] Russell Craig, Sarah Jenkins, "Conjectures on Colonial Accounting History in Australia," *ABACUS*, Vol. 32, No.2, 1996:214-236.

之日算起来考察殖民会计史。"① 不过,文章也提到了许多学者更为深入的研究,包括吉布森 R.W.(Gibson R. W.)提出"有理由认为在 1790 年之前,在新南威尔士军需部的政府商店中,已经在使用复式簿记"。② 帕克 R.H.(Parker R. H.)认为早在 1804 年,殖民地就已经在使用"意大利式会计"或者复式簿记在开展会计教学。③ 塞尔·克雷格(Russell Craig)和萨拉·詹金斯(Sarah Jenkins)的研究虽然核实了海军上尉约翰·帕默受命担任新南威尔士殖民地军需官,其账目通过了英国财政部审核等事实,却并没有确切的证据表明是他将复式簿记引入了新南威尔士,也没有证据证明在 1817 年之前澳大利亚新南威尔士采用过复式簿记。关键的原因是,在 1817 年之前,不论是民间还是官方(比如军需部),业务都是十分简单,没必要使用复杂的复式簿记。尤其是当时的商业经营规模很小,经营者同时就是所有者,没必要采用复杂的会计方法。因此,作者认定,在 1810 年前澳大利亚殖民地尚未引入复式簿记,并将最早使用复式簿记定为 1817 年新南威尔士银行开始经营之时。同时,作者确定了最早为该银行提供服务的两位会计师,一位是因贪污公款被流放澳大利亚的约翰·科劳艾克(John Croaker)④,另一位是本地土生土长的约翰·亨利·布莱克(John Henry Black)。至为重要的是,直到殖民地的商业发展到较为成熟的时期,才发生了由单式簿记向复式簿记的发展转变。

因贪污公款被流放到澳大利亚的约翰·科劳艾克帮助新南威尔士银行建立了复式簿记会计制度。有趣的是,因为信誉有亏,银行董事会驳回了约翰·科劳艾克的任职申请,只是以付费的方式让他帮银行建立制度。而他也确实很好地完成了任务。1822 年约翰·科劳艾克遇到特赦,次年 4 月登船返回英国,却在返程中死在了海上。

可以肯定地说,在 20 世纪中期以后直至今时,世界绝大多数国家和地区,采用起源于意大利的西式借贷复式簿记作为会计记账的基本方法。然而,因为语言方面的障碍,以及史料缺乏,我们迄今无法确切获知世界大多数国家和地区采用复式簿记的具体史实。本书试图尽可能全面地勾画出世界各国采用借贷复式簿记的详细情况,但遇到了极大困难。以下根据《世界会计史:财务报告与公共政策》各卷中的资料,简要列出一些殖民地国家采用复式簿记的情况。

---

① Russell Craig, Sarah Jenkins, "Conjectures on Colonial Accounting History in Australia," *ABACUS*, Vol. 32, No.2, 1996:214-236.

② Gibson R. W, "Two Centuries of Australian Accountants," *The Accounting Historians Notebook*, 1988, 11(1):17-26.

③ Parker R. H, "Bookkeeping Barter and Current Cash Equivalents in Early New South Wales," *ABACUS*, 1982, Vol.18, No. 2: 139-151.

④ 文中记载,约翰·科劳艾克(John Croaker)作为伦敦一家银行的职员,因挪用前雇主 3 000 英镑而被判处流放 14 年,1816 年 10 月到达悉尼。

第五章 异质性之解释——地理决定论

南非:"迄今,南非没有发现荷兰人到来之前有关会计或簿记实务的任何痕迹。本地居民以拥有牲畜的头数来衡量财富多少,负责管理牲口或其他财富形式的管事口头地核算其管辖权限之内的物质财产。正式的书面记录出现于1652年,也就是荷兰东印度公司在好望角开设一个饮食店的时候。东印度公司的簿记员引入了从意大利'威尼斯方法'演变而来的荷兰会计技术,后来采用的则是英国统治者推行的会计方法。"①

图5-10列示了复式簿记的世界性传播概况。

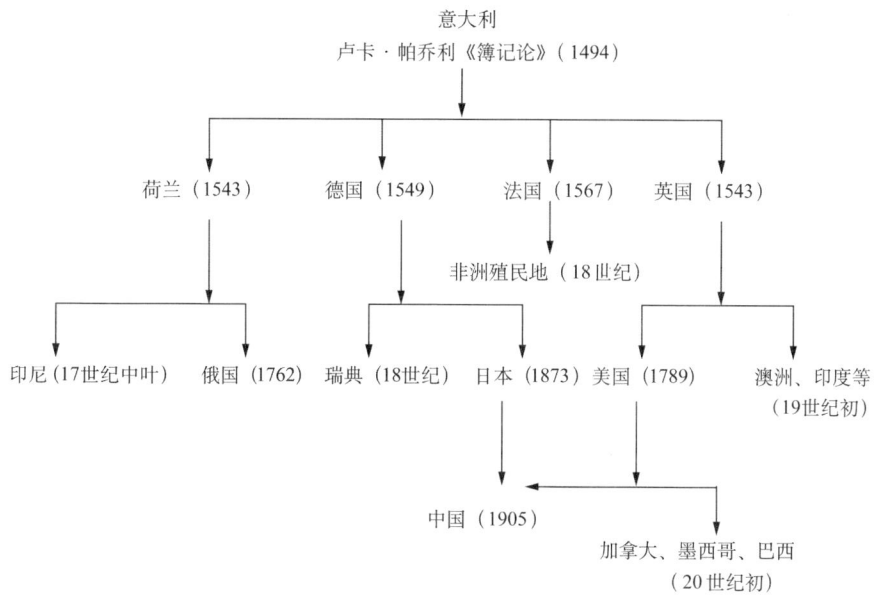

**图5-10 复式簿记的世界性传播略图**

2) 地区性(东亚)会计文化圈的形成

除了包括复式簿记在内一些技术的世界性传播之外,需要注意的另一个层次是地区性(区域性)会计文化圈的形成。在全球会计的发展中,我们可以看到不同时期出现的许多地区性会计文化圈。比如,中世纪的西欧会计文化圈、当代的欧盟会计文化圈、澳洲(澳大利亚、新西兰)会计文化圈、东亚会计文化圈等。其共同的特点是,在一个相对较小的地理区域内,人们基于地理所形成的相对便利的往来条件,通过各种形式的交流,形成一种相对独立且趋于一致的会计文化。在此仅以由中国、日本、韩国三国构成的东亚会计文化圈为例做一分析性说明。

---

① 加里·J.普雷维茨等:《世界会计史:财务报告与公共政策(欧亚大陆、中东与非洲卷)》,陈秧秧译,立信会计出版社,2015,第132页。

中国、日本(古称"东瀛""扶桑"等)、韩国(古称"新罗""百济""高句丽"等)是一衣带水的邻邦,自古以来就有密切的文化往来。三国借助使者、贡纳、商业贸易、移民以及多种其他形式的社会文化往来,逐渐形成一个关系密切的会计文化圈。近世日、韩会计中,从文字、书写方式到数字、计算方法、账簿记录形式,保留了许多中国传统会计的元素,形成了丰富的历史文化积累。在现代西式簿记进入时期,则发生了由日本向中、韩的文化流传。20世纪上半期中国会计的许多专业词汇就是经日本转译而来。早期西式簿记的传播者如谢霖、杨汝梅(予戒)等,也都有留日背景。区域性会计文化交流是一种正常的文化形态,是需要注意的历史事实。

从目前证据来看,中日韩之间的会计文化交流始于隋唐时期的"遣隋使""遣唐使"。以日本为例,使者带回了中国官厅会计制度文化,以之为基础,构建了日本的官职体系,引入了"计账"及"租庸调"制度。日本史书《日本书纪·卷第二十五·天万丰日天皇·孝德天皇》中就有"其三曰:初造户籍、计账、班田收授之法"①,为引进学习唐代"计账"制度的直接证据。日本迄今仍保留在正仓院的8世纪时期的账簿及"计账"史料,是研究当时东方会计文化的史料瑰宝。其后各个时期,尤其是元明时期,通过官、私之间的各种往来,代表中国会计文化的许多东西,如算盘、商用会计方法等在日、韩流传,促进日韩形成具有汉字记录特点的会计文化,其记录方式、术语及观念皆有深刻的中国渊源。根据中国会计博物馆所藏日本账簿史料分析,直至20世纪三四十年代,日本民间工商业组织依然大量使用传统账簿,大量使用汉文文字和数字,用毛笔在传统账簿上进行会计记录。

图 5-11 是奈良时代·天平胜宝八岁(公元 756 年)《法隆寺献物帐》。

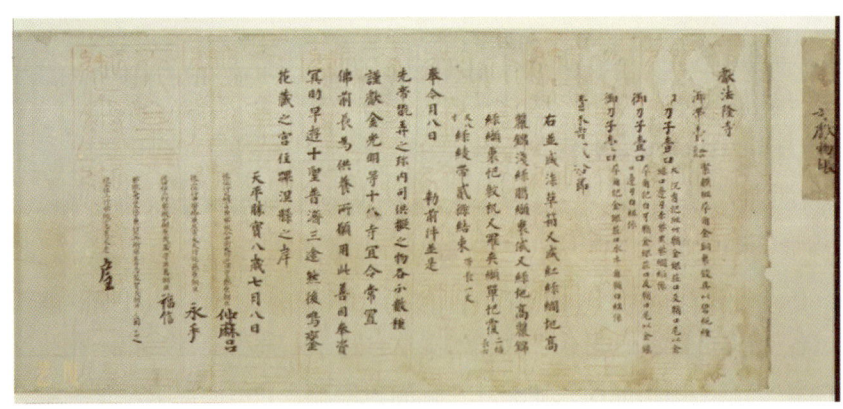

图 5-11　奈良时代·天平胜宝八岁(公元 756 年)《法隆寺献物帐》(日本正仓院藏)

---

① 舍人亲王:《日本书纪》,四川人民出版社,2019,第 350 页。

从历史资料的收集和比较文化史研究中,我们可以发现日本会计从账簿内容、形式、文字,到制度形式、计算工具与技术等方面对中国会计的学习和继承发展的证据。一方面,我们通过这些资料可以补正中国会计历史中某些遗失的环节;另一方面,我们可以发现文化交流的许多细节性事实。

明代数学家程大位的《算法统宗》和算盘知识在东亚流传,也是会计文化地域性传播的重要事实。数学史家严敦杰先生在为《算法统宗校释》所写的序言"新编直指算法统宗一书的流传"中提到:"算法统宗还流传到朝鲜、日本及东南亚各国,尤其在日本,影响颇大。日人毛利重能曾奉丰臣秀吉之命,于明末来华学算,携算法统宗而归。后著《归除滥觞》二卷,教授国人。一六二七年日本数学家吉田光由著《尘劫记》,跋文称该书依据汝思(即程大位)之书。随后在日本便出现上一珠下四珠的菱珠算盘,一直到今天仍在使用。"①

3)中国会计知识和技术与方法的国内传播及地区性(商帮)会计文化的形成

在古代中国,会计知识及相关的技术与方法是如何在全国各地或某一商帮、行业范围内形成、传播的?又是如何形成具有地方性、行业性特色的体系化成就的?这是有趣且复杂的问题,它广泛地涉及各种形式的文化和技术传播:传播渠道、可能的阻碍、商业及文化交往的沟通需求、技术和知识的保密问题、传播方式(印刷出版、人员往来)的局限等。迄今为止,尚未见到有关中国会计文化传播的专门研究。此处提出这一问题,并概略说明一些本人在研究中注意到的一些材料和事实,作为对未来进一步研究的提示。

(1)从西周官学"六艺"(礼、乐、御、射、书、数)中的"书""数"(有些史料提到"书计"),到后世民间私塾、店铺中的基本计算、算盘及记账等基础知识的传授,古代中国一直存在一个基础的会计(簿记)教育体系,承担着传播会计基础知识的职责。

(2)古代官员的异地就职、升迁调动,以及与此相伴的辅助人员(比如"师爷")的地域性流动与异地之间的相关公文、文书往来,是影响会计知识和技术跨地区传播的因素之一。敦煌文书中留存的一些外地官员的文书就可能是此类例证。比如,《S.76V/2 某年正月四日攝茶陵縣令譚□状》(见图5-10)②,反映的是代行茶陵县令之职的谭姓官员送给上级官员米、鹅等物品和官员归宅(回乡)途中所耗的文书(状)。该文书以规范的会计记录形式,详细记载了所送物品种类、数量及用

---

① (明)程大位著:《算法统宗校释》,梅荣照、李兆华校释,安徽教育出版社,1990,第4页。
② □表示字迹不清,无法识读。

途。其后有日期、上状人官职及签押。随着官员跨地区流动,这样的文书很难说对会计知识的传播没有任何意义。

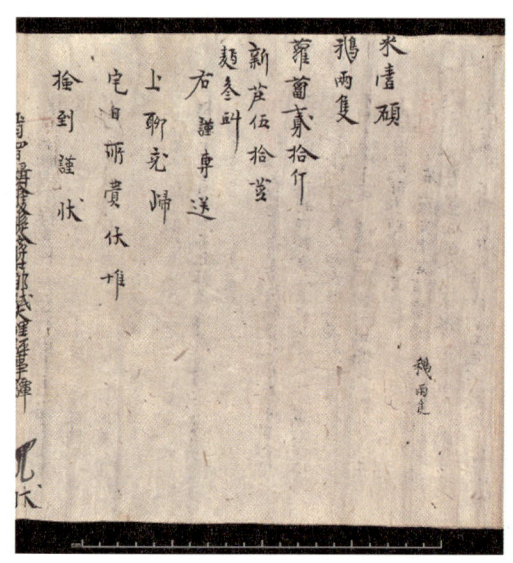

图5-12　S.76V/2 某年正月四日攝茶陵縣令譚□状

(3) 除了官员的流动以外,屯戍、商贸、大型工程建设、宗教活动等所造成的人员流动,也是影响会计知识和方法传播的重要因素。边塞汉简、敦煌文书、黑水城文书等材料,以及一些古代人物的旅行日记、个人笔记中也都包含相关信息。敦煌文书中包含数量众多的年终算会材料,日本僧人圆仁《入唐求法巡礼行记》中也多处提到江南寺院的年终算会,可知唐及唐后时期,"年终算会"相关的会计知识,同样获得了较广泛的传播。

(4) 对于知识的传播,书籍具有举足轻重的作用。自宋代发明活字印刷术后,中国从抄本时代进入了印刷时代。印刷业的发展促进了文化的普及。遗憾的是,我们迄今尚未发现会计方面的清代之前的出版物。作为教材的晋商《交易须知》①,是迄今发现最早的中国会计相关著作。其书面署明的时间是"光绪贰拾年"(1894)。该书原作者(未署名)所作序言署明日期为"道光八年岁在戊子嘉平之

---

① 《交易须知》是一部四卷本手抄本晋商教材,讲授从事商业交易具体业务所需具备的各种专门知识。其一至五章讲述会计相关内容,为迄今发现的最早的中式簿记教材。其剩余内容为客商规则、银色、天平及斛斗计量、船脚费用等诸般知识(见扉页及目录),亦与会计密切相关。在未发现更早、更完备的材料之前,可初步确定它为中国第一部会计教材。参看山西省晋商文化基金会所编的"晋商史料系列丛书·商业读本卷(一)"《交易须知》,中华书局、三晋出版社2013年版。

吉",可知其底本的完成约在道光八年(1828年)十二月。书中举例亦有用到"咸丰"年号,因此,对该书的成书时间目前尚存疑。但该书为清代商业簿记教材,当属无疑。因作者未署名,所以很遗憾我们无从得知作者的背景和基本情况,但从序言和书中内容可以得知,作者是一位从事经营的好学之人:"自经营以来,凡遇名公,即细心请教,故将平生所闻于老成先辈者,写此本。"也即是说,他将向经验丰富的先辈们请教所得的各类知识,以自己对从事贸易经营的诸种需求的理解为基础,经过整理之后编写成此书,作为初学者的知识读本。他的初衷是有感于两项事实:其一,是因为一般少年读书时并不留心于贸易所需的诸般知识;其二,更重要的,则是"当事者之不示以准绳"。自古以来,经营之道包括簿记之法,往往为商人的不传之秘。各商号和账房私传密授,并不以其法示人,以至准绳之法不传。不过我们观察同时代晋商会计史料发现,无论账簿设置还是票据的使用、清单的编制,皆有颇多规范和共通之处。不知此书及其流传是否发挥了作用?或者尚有其他会计(账簿)知识的传播方式?因材料所限,对于晋商会计教育及相关知识流传的细节尚无更多细致的考察。希望今后会有更多的材料和研究能够揭示出更多细节,逐渐还原晋商会计教育及簿记知识传播的历史真实。

(5) 中国是一个地域广大的国家,在近千万平方公里(目前为960万平方公里,历史上有些时期领土面积在1 000万平方公里以上)的土地上分布着数十个民族(目前为56个民族),数以亿计的民众在这里繁衍生息。地理等多方面的条件差异,孕育出了丰富多彩的文化,会计文化也同样丰富多彩。尽管存在本章开头所述西南少数民族地区会计在中华人民共和国成立之前处于几近原始状态的情况,各地的会计文化也曾表现出丰富多姿的情态。这种情况最突出地体现在近世以来各地商帮会计的差异方面。通常认为,旧时中国有十大商帮,以地域命名,分别为广东粤商(分潮商、广商)、山西晋商、安徽徽商、陕西秦商(关陕商人)、福建闽商(分闽南商帮和闽东商帮)、江西赣商、江苏苏商、浙江(宁波/龙游)浙商、湖南湘商、山东鲁商等。这些商帮,虽以地域命名,但它们中的大多数其实是在全国广大的地域范围内从事商业贸易,其业务甚至远达海外及周边各国。只是,客观上,中国人外出向来有同乡"抱团"互助的习惯,遍布各地的会馆,更是给各地商帮真正成帮提供了极大的便利。商帮会馆也成为一些制度规范的制定之所以及协调解决矛盾冲突的机构。长此以往,不同商帮则形成了不同的会计文化,在账簿体系、专业术语、会计观念、结算与报告方式、信息沟通、组织结构及人员管理等方面形成各具特色的体系。从目前所见的晋商、徽商、浙商、粤商、苏商等商帮史料文书中,我们可以看到一些商帮会计文化的地域特色。自然,我们在看到各商帮会计文化地域特色的同时,也可以看到一些共同性的东西。20世纪三四十年代日本学者在所做的商事调查中,也发现了一些商帮会计文化的差异。这些商帮文化究竟是如何各自成型,它们相互之间又有过什么样的交流和互通?商帮内部会计的交流和体系的形成究竟经历了什么样的过程,基于地理条件所形成的地域文化的差异(包括语言文字、生活习俗、观念、地方文化的发达程度等)究竟在多大程度上影响了商帮会计的形成?都是需要未来进一步研究的问题。

### 7. 小结(Conclusion)

物竞天择,适者生存。

人类社会的存在既是地理选择的结果,也是人类有意识地进行地理选择的必然。有意识地选择、适应以及改造地理环境,导致了不同地域人类文明的不同状态,也导致了人类的不断流动与迁移。这既是一种自然的结果,也包含了人类不断努力的因素。人类会计也是一种自然因素和社会因素双重作用的结果。地理环境条件的多样性决定了人类会计必然具有异质的存在形式和异质的历史进度。综观全球,这是一种十分复杂的历史地理和社会文化状态。对此我们应该采取的态度是客观地认识、认可并正视这种差异,同时也正视造成差异的原因。

笔者曾读过一篇十分有趣的文章,文中谈道:"世界很大,足够复杂,在许多时候,我们常怀无力之感,人类学家更是这样,到田野中去,在一片含泪的微笑中,打破一些幻象,让思想的边界清晰地显现。而这也正是人类学的价值与意义所在,人类学最终所倡导的是文化包容之心。"①撰写本章时,笔者时时感受到的也是进入地理环境这一广大无垠的"田野"中时所经历的巨大的无力感。尽管笔者尽了最大努力来探讨地理环境的影响,探讨其差异形之于会计的各个方面重大而复杂的影响,但却真实地感受到,想要清晰地显现出相关思想之边界,厘清其内涵意义,是何其艰难。

研究会计及其历史,需要耐心地把握其根脉所在,细心体悟其每一处发展变化所体现的各种因素——包括地理环境的持续性影响,如此才可能看到一个真实的会计世界,并深刻理解会计所存在的诸多差异。

作为本章的总结,有三点需要进一步说明。

其一,本章讨论地理的影响,首先需要对地理及其对于人类生存的意义有基本

---

① 黄劲草:《并不遥远的人类学——读〈天真的人类学家〉》,《上海科普教育》2013年第4期,第1—20页。

的了解。更重要的是,真实的历史意义上的地理并不是我们眼下看到的这样一种实在,不可以将其视为一种恒久不变的存在。真实的历史意义上的地理,是"沧海桑田",是在时间的长河中随着气候等自然条件以及其他各种条件而不断改变的状态。而地理距离、高山大川、荒漠高原等各种实质性的阻隔,可能随着时间的推移、人类知识的积累及技术的进步而发生改变,天堑会变通途,时空距离会缩短。因此,在会计史研究中考察的地理因素应该是考虑了时间和自然等多方面因素影响的一种历史的地理观念,而不是当下的状况。

其二,在相对固定的地理环境中,人是一种流动的存在。如果基因人类学关于当今人类起源于10万年前非洲的同一个祖先的说法成立,也就意味着在大约10万年的时间里,人类经过不断地迁移,借助自觉的迁徙、战争、商贸、移民等多种不同形式,通过各种不同的交流,如不同族群和人种之间的通婚,形成如今人类的全球性分布状态。那么,我们在今时今日过分强调国别界限,在会计史研究中仅仅关注国别会计及其发展,就是短视甚至可笑的。也就是说,在关于会计历史的研究中,应该尽可能跨越国别界限,关注更大的地域范围内会计的交流与融合,以看到更真实和深刻的历史实迹。

其三,地理对于人类思维的影响可能是较大的固化作用。笔者在阅读亚里士多德[①]《政治论》时曾惊讶地发现,亚氏著作的大部分篇幅,只是在讲自然人的政治归属(人类自然是趋向于城邦生活的动物,人类在本性上是一个政治动物)、家庭财产,在讲增加财富、交易、钱币,以及家主、家务管理者、政治家、城邦管理者获取财富的技术。联想到古希腊城邦的地理条件——那些如珍珠般落在蓝色爱琴海浪漫颈项之上的数百个被称为"小国寡民"的城邦[②],就很容易明了,为什么他不像《周礼》那样去讲国家的体制框架、上下结构与职能划分,也不像大禹那样劳心费神地去"随山刊木",疏导河流。在一个零散、局促的地理空间中,是断难孕育出具有宏大结构的体系架构设计的。因为国家小,所以古希腊政治关注的焦点从城邦直接到家庭。甚至在讨论政治这样宏大主题的著作中,直接论及"治产致富有两种方式:一种是同家务管理有关系的部分农、牧、渔、猎;另一种是指有关贩卖的技术经商"。[③] 亚氏饶有兴致地举了例子来说明哲学家凭智慧赚钱的例子。[④] 尽

---

[①] Aristotle,公元前384—前322年。
[②] 希腊半岛地形零乱,没有大片的平原,只有很多小的谷地,山坡地较多,最多的是海岸和海湾。正因为这样的地形,形成了大大小小的城邦。希腊城邦小者如厄齐那只有100平方千米,较大者如斯巴达,领土为8 400平方千米。雅典面积是2 550平方千米,在其全盛时代,居民约40万人。
[③][④] 亚里士多德:《政治学》,陈虹秀译,台海出版社,2016。

管这本身无可厚非,但却不能不让人感叹地理之于人及社会的影响,真是深而又广!

  基于这些理解,为了人类共同的福祉,为了人类能够作为一个物种存活下去,活得更好,我们在通常所习惯的"物竞天择,适者生存"的基础之上,更需要倡导:在地理等各种因素所决定的这个存在差异的世界中,包括尚处在十分原始状态中的所谓落后的部族,每个人都有生存的权利。所以我们需要反对任何形式的霸凌,反对一切以"文明"取代"野蛮"或者"落后"的企图,反对一切的不平等和实质的不自由。万物并生,和谐与共,才是自然之道,也是在日益恶化的地球环境中人类繁衍生息、存活下去的根本。

# 第六章

## 异质性之解释——文化的影响

人类,且只有人类,能够创造一个自己想要的环境——这一人化的环境被称为文化,因为只有人类能够从现实生活中观察到或抽象出概念和事件;只有人类能笑;只有人类才知道自己会死去;只有人类才思索宇宙及其起源,才考虑自己在宇宙中的位置和自身今后的命运。

——斯塔夫里阿诺斯:《全球通史:从史前史到 21 世纪(第 7 版)》,董书慧等译,北京大学出版社 2005,第 6 页。

此处引用斯塔夫里阿诺斯这一观点,有两层意思:一是认同他的说法,即所谓"文化",确是人类自己创造的一个"人化的环境";另外一层意思则是,就像我们很难知道是否"只有人类能笑;只有人类才知道自己会死去"一样,对文化这种东西,虽然人们研究很多,却依然很难说清楚道明白。

2020 年新冠疫情期间,笔者偶然看到一位德国女士在网上谈她对文化的理解,她说:"我一开始了解不同国家的思想,就发现,无论是什么国家,什么文化,都有道理,都值得学习。"[①]她所说的虽然平实,却是触及了有关文化至关重要的东西。概言之,不管你认为文化是什么,或者注意到它的哪些方面,最重要的是承认人类生活及存在的多样性,尊重并重视各种不同的文化。不贬斥、不轻视,于和谐共存中求得理解,此为本章讨论文化问题的总纲。

### 1. 文化与会计的文化意义(Culture and the Cultural Significance of Accounting)

文化是人类社会演进中至关重要的生成和积累。其如血液,流布于一个国家、一个种族、一个任何形式的人类聚集地或组织体以及其中每个个体的机体之内,成为个体区别于其他机体的关键性成分,构成个体生存、生活及发展的基础。

---

① 转录自抖音视频,抖音号 babykate,网名:德国小姐姐 kate。

文化是灵魂,指引前行之路。

美国社会哲学史家查尔斯·A.爱尔乌德(Charles A. Ellwood)在《文化进化论》中有言:"如果我们要了解人和生活的性质,及其可能的发展,即了解他的起源、方向和命运等,那么,我们必须了解文化这个特殊要素,和支配人生前途的文化的发展。"[1]

所谓文化,其实是一个极难解释清楚的范畴。按照《辞海》的解释,文化有广义与狭义之分:"广义指人类在社会实践过程中所获得的物质、精神的生产能力和创造的物质、精神财富的总和。狭义指精神生产能力和精神产品,包括一切社会意识形式:自然科学、技术科学、社会意识形态。有时又专指教育、科学、文学、艺术、卫生、体育等方面的知识与设施。"[2]

这样一种解释,事实上不论是对内涵还是外延,并未能构成一个令人满意的界说。因此,几乎所有相关的研究者,都在试图努力对其作出属于自己的解释。美国人类学家克罗伯A.L.(Kroeber A. L.)和克拉克洪C.(Kluckhohn C.)于1952年研究列举了从1871年至1951年80年间关于文化的定义,竟然有161种之多![3]

"知识界一般将古希腊和古罗马文化视作西方文化之源。这从'文化'一词的来源可见一斑。"[4]古希腊作家使用"样式、方式""气质、精神""习惯、法规""智力、教育"等词汇来表示其文化观念。古罗马人继承了古希腊人的文化遗产,开始使用文化一词的语言形式,其拉丁语词"colere"有"耕耘""培植"之意。公元前1世纪左右,古罗马政治家西塞罗赋予文化以新的意义——"智慧耕耘"(cultura mentis),将文化与"智慧"相结合。到18世纪的法国,在伏尔泰等思想家的努力下,在法语中文化一词被赋予全新的独立意义:"文化指人类经训练和修炼心智(或思想,抑或趣味)的结果和状态。""由此,'文化'一词被用以形容受过教育的人的实际成就——良好的风度、文学、艺术和科学,所有这些东西都被称为'文化'。简言之,'文化'被认为是通过教育能够获得的东西。"[5]19世纪中期,英国历史学家泰勒(Edward B. Taylor)在其《原始文化》中对文化概念做出了被视为经典的解释:"文化是一个复杂的整体,它包括知识、信仰、艺术、道德、法律、习俗以及作为社会成员的个人获得

---

[1] 转引自陈安仁:《中国文化演进史观》,民国丛书第四编(38),上海书店,1992,第38页。
[2] 《辞海》,上海辞书出版社,2009,第4117页。
[3] 张广智、张广勇:《史学:文化中的文化》,上海社会科学院出版社,2003,第1页。
[4] 解光云、陈恩虎:《西方文化概论》,合肥工业大学出版社,2006,第1页。关于西方文化的此种渊源,该书有较好的梳理,此处不再赘言。
[5] 解光云、陈恩虎:《西方文化概论》,合肥工业大学出版社,2006,第1-2页。

的任何能力和习惯。""文化是人类由生活经验所获得的智慧,使他们与其他动物有所分别。"①

中国古代典籍中的"文化",乃"人文化成"之缩写。语出《易经》贲卦象辞:"刚柔交错,天文也;文明以止,人文也。观乎天文以察时变,观乎人文以化成天下。"在近代中国,"文化"一词是大约19世纪末从日文翻译过来的,而日文中的文化,又源于拉丁文"colere"。"如今,国内学者在使用'文化'一词时,基本是沿用欧美学界的解释。"②然而,这种解释却完全不符合中国传统上对文化乃"人文化成"之习惯性理解,由此导致关于文化的学术及实践各领域的混乱,以及关于文化问题各种极度表面化的理解。

关键的问题是:我们究竟为什么关注文化?

我们关注文化,实在是因为这种谜一般的存在,对于我们赖以存在的这个世界以及我们的生活与存续,有着远超我们想象的巨大影响乃至决定性力量。

我们关注文化,更是因为,人类自认为人类区别于甚至高于自然界中其他物种的地方,在于自己可以思想,通过思想构建出一个在物质世界之上的理性世界;在于诸多的理念在指引我们行动和生活的同时,本身即构成我们存在的一个必然部分;在于存在于物质之上的,另外一个更为丰富且复杂的精神世界。③

文化是行为之本,理性之源。

对于会计史研究而言,我们关注文化,是因为其基于不同环境的起源和演化,导致了世界各个国家、各个地方民众和族群生活、观念、人生态度等诸多方面巨大的差异性。而这些差异性,也最终影响甚至决定了不同的会计系统、观念和制度的基本设置,以及会计在现实中所表现出来的巨大差异。

同时,会计本身是一个文化体系,是一个在不同社会环境条件下,基于不同层次组织治理的需要而生长起来的观念、技术、方法以及制度规范的总合。

**2. 文化的一般意义(The General Meaning of Culture)**

理解会计的文化意义在当今时代具有特别重要的意义。在20世纪百年发展的大部分时间里,乃至当下大部分人的观念中,会计只是一个信息系统,一种进行

---

① 解光云、陈恩虎:《西方文化概论》,合肥工业大学出版社,2006,第2页。
② 解光云、陈恩虎:《西方文化概论》,合肥工业大学出版社,2006,第3页。
③ 关于这一点,钱穆先生在其《国史新论》中从中西文化比较的角度有过一些论述。他认为:"西方文化,实仅停止在社会财货生活一阶段上,并未能进入更高层,如中国人所谓治国、平天下,大群集体人生中之政治道义阶段上去。故近代西方民主政治,仅社会一时多数人意见,而并无超社会以上更高一层之规矩道义可言。以此较之中国文化传统中之治平大道,其相间之距离,实甚相远,未可并论。……正因民主政治的背后,没有一个更高的理想在指导,则个人自由很直捷便转落到物质享受上。"

财务信息分类处理的技术手段。这种观念严重忽视了会计的社会及文化意义。更为危险的是,当下会计发展的引领者——大数据和人工智能时代会计变革的倡导者,大多具有计算机或数据技术背景,他们只是从新技术的角度出发设计和指引会计的发展与变革。而以会计准则为核心的会计制度体系的设计者,也仅仅关注会计行为的技术性控制,忽视经济事项及各种业务背后的人,忽视参与其中,或与各种事务及制度执行相关的人的思想、观念以及道德方面,使整个会计成为一个完全物化的体系,进而在面对现实中各种事实上决定于人的社会问题时表现得手足无措。其遗患无穷,令人深为戒惧!

"人类自有历史以来,文化即从之发轫。历史表见人类经过的事实,从人类经过与事实之中,可寻出文化之辙迹。"① 其根本的原因在于人类的一切活动,在行为的表象之后,存在着潜藏的观念和意识,也就是所谓"文化"的作用。

对于文化,我们通常习惯于做泛化的理解,将一切事物可见之外在表象,皆一概言之曰"文化"。我们习惯于从社会历史的角度,或者根据许多特定的细节,尤其是文学艺术等人为创造的被视为高于生活的创造物来定义文化。而事实上很多文化成分的差异,也体现在社会人——一般民众的日常生活的细节之中。在这方面,英国哲学家罗素(伯兰特·阿瑟·威廉·罗素,Bertrand Arthur William Russell,简称罗素)在20世纪初访问中国之后,凭借其敏锐的观察做了一些详细的比照分析,可以视为从生活细节中发现文化差异与特色的典范。② 其中关于中国人"面子"问题的一段,可为典型参考:

中国人的"死要面子",经常使在中国的外国人感到荒唐可笑。然而,中国人仅仅是要求实现与他们社会生活方式相一致的个人尊严。每个人都要"面子",甚至连社会地位最卑下的乞丐也是如此。如果你不想严重触犯中国人的道德规范,那你就不要使他丢面子,不然你就是在羞辱他。如果你用违反中国道德规则的方式和一个中国人讲话,那他一定会嘲笑你;如果中国人不想把你的行为看作是一种冒犯,那你的话必定被他们当作了笑料。有一次,我认为我教的一些学生不像我期望的那样用功,我就像以前对我的英国学生那样谈了些看法。但我很快发现自己犯了一个错误。这些学生都很不自在地笑了。我对此感到很惊讶,后来我才搞清楚了其中的原因。中国人,甚至那些最文明的人远比我们西方人

---

① 陈安仁:《中国文化演进史观》,民国丛书第四编(38),上海书店出版社,1992,第4页。
② 罗素:《中国人的性格》,《罗素自选文集》,商务印书馆,2006,第181-193页。

更讲究客套。①

爱面子,甚至"死要面子",迄今依然是一个虽广受挞伐,却依旧"顽强"的中国人的性格(也可以说是文化)特点。要面子有各种表现,并且几乎是随处可见。但作为一种文化,"面子文化"所包含的却是人内在之中对"尊严"的追求。无关地位高低,一个人哪怕是极其穷困,到了不得不去乞讨为生的地步,面子依然是要的。抛开"死要面子活受罪"的困窘不谈,对社会整体而言,却未尝不是一种好的风尚。简而言之,一个人人讲求尊严的社会,不论怎样,总比一个人人都不顾尊严、没脸没皮,甚至寡廉鲜耻要好得多吧。"面子"意味着羞耻之心,意味着可以选择有所为而有所不为。"面子"的问题,与人类生活中其他许多文化现象一样,基本都属于社会环境的产物,是一种生存的哲学。我们可以不理解它,但不好简单而轻易地否定它,甚或带有恶意的贬斥它。只有怀着有"同情之理解",才可能获得更多的平等交流和对话的机会。

回到对文化本身的观察。现在很多人以文化人自居,所以文化一词被极度泛化,有五种表现。第一种情形是把人类几乎所有的事情,吃喝玩乐生存发展,所有的一切,都贴上文化的标签,甚至有"厕所文化"。当然,这并不是否认上厕所的价值或者说文化只能用于各种"高大上"的事情方面。按照中国古人"人文化成"的观念,人类各种存在的外表形式,正如古人或狩猎族群在身体上涂绘的各种纹样一样,皆可作为文化的表征。也就是说,被泛化理解的文化,本身是一种代表多样性存在的符号系统、各种表征的集合,是可以广泛地指称的。第二种情形是把文化与教育等同起来,认为接受过一定程度教育,习得了一定文字和知识者,就是有文化的代表。但是,按照中国人一般的理解,这又是混淆了"知识"与"文化"的界限。通过教育和学习所获得的,更可能是"知识"而非"文化",所以世间有很多"有知识没文化"的存在。显然,此处所指的"文化",是比"知识"高一级的存在。第三种情形是把文化与艺术类事物联系在一起,如书法、绘画、音乐、歌舞、雕塑、文学等文化艺术类创造,把这些视为文化的具体表现。第四种情形是把文化等同于人类过往历史的遗存和积累。第五种情形则是把文化等同于人类精神活动的产物,比如宗教信仰、伦理道德、价值观念等。② 各类泛化,固然有其道理和必然性,然而无尽地泛

---

① 本段引文源自网络,本书认为网上这段翻译比商务印书馆版 2006 年版的《罗素自选文集》中的翻译更生动实际一些。

② 从各类有关文化的著作中,可以明显看到这种泛化的各种影响。比如,解光云、陈恩虎主编的《西方文化概论》,该书章节目录中就包括西方神话、西方宗教、西方哲学、西方政制、西方经济、西方军事、西方法制、西方语言文字、西方文学、西方新闻出版、西方教育、西方史学、西方艺术、西方科技、西方生活习俗等。

化,最终使文化成为一种无所不在、无所不包的存在,我们反而搞不清其真意究竟何在了。

从总体上来分析,今天人们理解文化,多注意其外在形式,把重点放在一些具体的、表象化的形式方面。然而文化的实质性意义,其真正的价值所在,却是表象背后所潜藏的观念,在于表象后的内在实质,也即一些形而上的方面。

比如,中国历史的持续性向来是颇受人们关注的话题。中国这种历久不衰、倒而复起的特性,根源于中国文化强大的内聚力、融合力与生命力。正如美国历史学家罗兹·墨菲在《亚洲史》中所言:"一代又一代王朝兴起又衰亡,但中国社会的基本制度继续存在。"①中国历史上朝代更替频繁,但在大多数情况下,新的继任者很少试图改革制度,而仅仅关心自己如何在原制度下管理和统治。因此,在这个国家几千年持久的存续中,其庞大机体赖以运行的基本制度及思想观念体系,在上古时期三皇五帝时代,在大禹划九州、制五服、行"大会计"之时即已萌生。在西周至秦汉时期国家结构体系和治理框架即已成型,而且是一个极为完善且稳固的体系。在其后很长时期,各个王朝最大的努力在于尽量忠实地实施之,而非有所改进、创造或重构。其文化基础,更是数千年一以贯之,并且深入家、国、天下等不同层级的制度设计、治理及现实活动之中。

在国家体制的形成和维持中,权力的来源是个很重要的因素,也是构成文化的重要因素。与印度、波斯以及中世纪欧洲国家"神权"占统治地位不同,在中国的体制中,作为大家长的"皇帝"具有无上的权力,尽管每个朝代也都为说明其权力的正统性而强调权力神授(受命于天),且夏商周三代最高权力者称为"天子",但在中国文化中,宗教的力量始终未能占据统御性的地位。不管是源自本土的道教,还是从异域引入又经过改造发展的佛教,都是统治者维护其统治的一种工具。而在一定意义上也被视为宗教的"儒教",其实并不具有宗教的特质,而是一种服务于国家统治的文化体系。

黑格尔曾在《历史哲学》中以生动的语言描述波斯文化及波斯统一的特点。②与波斯那种"各分子自由生长、无拘无束地扩充和分殖""最粗野的肉欲、最

---

① 罗兹·墨菲:《亚洲史》,黄磷译,商务印书馆,2005,第192页。
② "波斯的统一不是中华帝国那种抽象的统一;这个统一适应于统治许多不同的民族,把它们联合在'普遍性'的、温和的权力之下,如像一轮暖日烘照着万物——唤醒它们的生命和促进它们的生长。这个普遍的原则——仅是一个根本——容许各分子自由生长、无拘无束地扩充和分殖。在这些民族的组织方面,生命的各种原则都获得了完全的发展,能够继续在一起生存。在这一大群不同的民族中,我们首先便看到漂泊的游牧民族;在巴比伦和叙利亚等处又看见十分兴旺的工商业、最粗野的肉欲、最放肆的骚乱。"见黑格尔著:《历史哲学》,王造时译,上海书店出版社,2001,第116页。

放肆的骚乱"不同,中国文化自产生伊始就强调统一意志和同化,用礼法制度建立从上至下各个阶层无所不及的、包容的秩序,不断地用诗书仪礼文化艺术来柔化社会和生活,运化而成一种温和、内敛、包容的农耕文化,与外向的西方(欧洲)海洋文化形成鲜明的对照。

谈到中国人和中国文化,则不能不提到中国人对和平的热爱。与某些族群好战,甚至将战争、掠夺和侵占视为获取财富及生活的必需不同,温和的性情决定了中华民族是一个不好战的民族。如罗素在论及中国文化时所认为的:"如果在这个世界上有哪个国家'骄傲得对打仗不屑一顾',那这个国家肯定是中国。中国人天生就具有宽容友爱、以礼待人、礼尚往来的态度。如果中国人愿意的话,他们会成为世界上最强大的国家。但是中国人只是追求自由,而无意于'支配'。如果其他国家逼迫中国为自由而战,那么他们可能会尝到帝国的滋味而失去自己的美德。但现在来看,虽然中国已有两千年的帝国史,可中国人对帝国的热衷仍非常淡泊。"[1]因此,"对于战争中或事业的胜利者,他们并不过于称羡。"[2]

自然,中国人对和平的这种热爱并非凭空而来,而是由多种复杂的原因所造就,最重要的可能原因是:一方面,他们世代生活的这个被誉为"地大物博"的巨大家园,让他们可以依赖自己勤劳的双手和不懈的努力,创造出富足美满的生活而无需他求;另一方面,他们注重历史、以史为鉴的习性,让他们能够通过保留下来的历史记忆,在现实中观照历史并反思,深刻地理解战乱所带来的苦难,因将统一、和平作为至上的追求。

中国人热爱土地,即便是在当今时代、在遥远的异国他乡,只要给他一方哪怕是小小的土地,他都可以快速地将其开辟成一个蔬果之园,享受种植和随之而来的鲜美食物带来的生活乐趣。只要有一个安定的环境,即便在十分艰苦的条件下,他们都可以用自己的勤劳和才智创造出惊人的成就。在每个统一王朝的开始时期,统治者基本都会采用休养生息的政策,从而在很短时间内实现国富民安,"盛世"光鲜。当此类事实成为常态,在国民性格中,对和平统一的热爱自然成为一种根植于内的文化记忆,一种源自生命深处本原的灵魂呼唤,也成为现实中他们各种行为的基本准则。

**3. 人类迁移的会计文化影响(The Cultural Impact of Human Migration on Accounting)**

20世纪的考古发现中,有许多难解之谜,比如罗布泊沙漠小河墓地中欧洲人

---

[1] 罗素:《罗素论中西文化》,杨发庭等译,北京出版社,2010,第90页。
[2] 罗素:《罗素论中西文化》,杨发庭等译,北京出版社,2010,第7页。

种的遗骸,三星堆考古中大量的海贝、象牙、造型怪异的青铜面具、金杖,山西、辽宁出土的古罗马钱币、器物,等等。很多事情让人们大呼不解。其中一个重要原因在于人们常会习惯性地认为,受交通条件及认知所限,古人活动范围有限,不可能到达遥远的未知地区。因此,当一些产自不同文明的器物或文化遗存出现在遥远的异国他乡时,自然地会被当成"不解之谜"。而所谓不解,其实是源于现代人按照现代的观念去理解古人的行为,而忽略了古人面对陌生世界的求知和为了生活而不断迁移的欲望。举个实在的例子,如果不是因为有《大唐西域记》,又有多少人会相信竟然有个叫玄奘的僧人,会跨越千山万水,冒着丧命的危险远赴天竺,只是为了求取一些经书?如同在大航海时代之前的意大利,有多少人会相信《马可·波罗游记》的真实性,相信书中描写的那个遥远东方富庶的国度,并不是编造或幻想中的存在?①

从人类文明演进的长时段历史来看,人本质上是一种好奇的动物,永远充满着对未知世界的好奇。人也是贪婪的动物,对物质财富、对不断扩大疆域的追求,促使他们不断地通过各种方式和途径对外迁移,导致全球范围内人类分布广泛及世界格局的不断变化。很多重要的地理区域成为争战的舞台,你方唱罢我登场。一次次的文明成果被泥沙和尘土掩埋,化作灰烬,然后又是不断地迁移或重生。

从 10 万年前第一批人类走出非洲,人类迁移的旅程就已经开启。大规模常发性的迁移采用多样的形式进行,构成人类文明和文化发展、交流与传播的重要因素,也可能带来导致文明或种族灭绝、战乱、冲突的病菌或瘟疫。

一部人类文明史,也就是一部人类迁移史,一部人类文化生成、移动、交流或者毁灭的历史。

(1) 基因人类学研究证明,现代人类最早起源于非洲,然后从这里迁移到其他各个大陆,这是人类最根本、最大的迁移;

(2) 远古时代的部落逐水草而居,随着人口增长,为了扩大生活尤其是食物获取区域而发生的迁移;

---

① 事实上,对《马可·波罗游记》的怀疑从未断绝。从 19 世纪开始,一直有学者从不同角度批判该书,质疑马可·波罗。德国学者徐而曼最早提出马可·波罗根本没有到过中国的论证,认为所谓他在元朝 17 年的经历完全是荒诞的捏造。1965 年,德国汉史学家福赫伯则列举了许多疑点如扬州做官、襄阳献炮等加以印证。1979 年,美国学者海格尔 J.W.(Haeger J.W.)翻检《马可·波罗游记》全文,撰成《马可·波罗到过中国吗——从内证中看到问题》一文提出质疑。1982 年,英国《泰晤士报》发表了英国学者克雷格·克鲁纳斯(C. Clunas)《探险家的足迹》一文,提出 4 条疑问对马可·波罗到过中国一说提出质疑。与此同时,中国国内学者也有不少人质疑马可·波罗。1995 年,英国学者吴芳思(Frances Wood)博士经过多年研究,把所有的疑问写成了一本书——《马可·波罗到过中国吗?》,成为"怀疑论者"的代表。

(3) 农业大扩展中的迁移；

(4) 战乱造成的迁移；

(5) 商贸或商业迁移；

(6) 古代因犯流放、发配等造成的人员流动或迁移；

(6) 官方因为各种原因而发起组织的移民(包括屯垦、戍边等)；

(7) 沧海桑田的环境改变如沙化、资源(包括水源)枯竭等和各种自然灾害如地震、河水泛滥等造成的迁移；

(8) 工业化、城镇化造成的人口迁移；

(9) 近现代国家因为各种原因而发生的移民。

各种迁移在历史上不断发生,从而造成文化的不断碰撞、改变、相互吸收、交融、分化等。

我们在历史研究中有两点需要注意。第一,需要肯定并重视人口迁移造成的变化和文化传播与交流；第二,需要在此基础上深入分析和研究迁移与传播所产生的实际影响。在此过程中,我们需要相信:古人通常有足够的时间和耐力,逐渐完成在目前观念中看似极不可能的远距离迁移。在历史分析和研究中,需要充分考虑人口迁移所造成的各种复杂的可能性。这种可能性,现实地将其作用的结果,带到各处异质的会计文化中。这也导致我们在研究会计历史的过程中,在分析总结大的同一性特征的同时需要考虑各种细节,分析会计文化构成中各种成分细致的来源,尤其是各种不同文化交流、交融的影响,如此才能获得鲜活生动的研究成果,并真正理解会计文化的现实意义及其历史渊源。

正如加里·D. 卡内基(Garry D. Carnegie)和克里斯托弗·J. 纳皮尔(Christopher J. Napier)所言:"与任何社会因素一样,会计代表的是一种地域化的'历史及地理'结果。但这并不意味着应该视会计为空间或时间的某一特定点上的孤立体。"[1]因为各种形式持续不断的人员迁移,会计作为一种社会存在,作为人类文明或文化的一个部分,永远处在不断地吸收、融合和变化的过程当中,在变化的过程中逐渐形成一些相对稳定的文化特征。因为这一原因,关于会计历史的研究,尤其是关于不同环境、不同文化中会计及其历史的研究,最不应该采取的就是过分强调一致性和稳定性的观念,而需要随时把握环境条件,尤其是外来文化以各种方

---

[1] Garry D. Carnegie, Christopher J. Napier, "Exploring Comparative International Accounting History," *Accounting, Auditing & Accountability Journal*, 2002, Vol. 15, No. 2:689-718.原文为：Like any social phenomenon accounting presents a "historically and geographically" localized result, but that does not imply that accounting should be view in isolation at a particular point of space or time.

式侵入产生的影响。"会计的发展可以从文化和环境两方面来解释。文化和环境都是塑造会计运作环境的因素"①，这些因素也塑造了会计和会计文化本身。因此，构成会计历史的所有材料，都可以看作文化的反映。不断的迁移与交流，造就了会计文化多样的特征。

**4. 中国统一会计制度体系的文化根源（The Cultural Origins of China's Unified Accounting System）**

中国文化中与会计相关的最具影响力的一个方面，是其强调体系化制度设计、组织体系建设及中央集权的大一统文化。通常认为，秦始皇统一六国，开创了大一统中央集权的封建制度，影响了中国历史两千多年。而在此之前被称为"先秦"的时代，除了被视为原始社会末期的三皇五帝时期因无可考史料证据而往往被忽略外，其后夏、商、周三代的大部分时期，按一般的社会分期方法被归结为奴隶社会，而从国家体制的实际形态上则属于实质上的"分封制"时代。需要特别注意的是，远古时期中国文化中的国家体制建设的基本观念中具有核心意义的"大一统""集权"等观念，从史籍的记载及历史实迹分析来看，并非始于秦汉。

《史记》作为中国历史上第一部纪传体通史，被列为"二十四史"之首，它以上古传说中的黄帝时代作为起点。《史记·卷一·五帝本纪第一》中有关三皇五帝时期的记载多为后世研究者所忽视，但其内容实质却是中国古代思想观念肇始和文化的基因承载，其关键就在于一个以"和合"为中心，注重体系设计和设官任职的大一统天下集权管理的系统设计。其中诸多材料莫不体现出这样的努力，例如：

轩辕之时，神农氏世衰。诸侯相侵伐，暴虐百姓，而神农氏弗能征。于是轩辕乃习用干戈，以征不享，诸侯咸来宾从。

——轩辕氏整顿武备，征"不享"（不来朝贡），以至"诸侯咸来宾从"。

轩辕乃修德振兵，治五气，蓺五种，抚万民，度四方。

——建立（国家）秩序的各种基础性准备。

东至于海，登丸山，及岱宗。西至于空桐，登鸡头。南至于江，登熊、湘。北逐荤粥，合符釜山，而邑于涿鹿之阿。迁徙往来无常处，以师兵为营卫。官名皆以云命，为云师。置左右大监，监于万国。万国和，而鬼神山川封禅与为多焉。获宝鼎，

---

① Garry D. Carnegie, Christopher J. Napier, "Exploring Comparative International Accounting History," *Accounting, Auditing & Accountability Journal*, 2002, Vol. 15, No. 2:689-718.

迎日推筴。举风后、力牧、常先、大鸿以治民。

——巡狩四方,立城池、和万国、设职官、治万民。治理天下的各种努力。

高辛生而神灵,自言其名。普施利物,不于其身。聪以知远,明以察微。顺天之义,知民之急。仁而威,惠而信,修身而天下服。取地之财而节用之,抚教万民而利诲之,历日月而迎送之,明鬼神而敬事之。其色郁郁,其德嶷嶷。其动也时,其服也士。帝喾溉执中而遍天下,日月所照,风雨所至,莫不从服。

——德治天下,垂范后世。

尧老,使舜摄行天子政,巡狩。舜得举用事二十年,而尧使摄政。摄政八年而尧崩。三年丧毕,让丹朱,天下归舜。而禹、皋陶、契、后稷、伯夷、夔、龙、倕、益、彭祖自尧时而皆举用,未有分职。于是舜乃至于文祖,谋于四岳,辟四门,明通四方耳目,命十二牧论帝德,行厚德,远佞人,则蛮夷率服。……三岁一考功,三考绌陟,远近众功咸兴。分北三苗。

——行天子政,由"未有分职"到设官分职,考功绌陟。治理天下的必要之举。

此二十二人咸成厥功:皋陶为大理,平,民各伏得其实;伯夷主礼,上下咸让;倕主工师,百工致功;益主虞,山泽辟;弃主稷,百谷时茂;契主司徒,百姓亲和;龙主宾客,远人至;十二牧行而九州莫敢辟违;唯禹之功为大,披九山,通九泽,决九河,定九州,各以其职来贡,不失厥宜。方五千里,至于荒服。南抚交址、北发,西戎、析枝、渠廋、氐、羌,北山戎、发、息慎,东长、鸟夷,四海之内,咸戴帝舜之功。

——古代中国的治理框架,岂不自此而成?

这一时期通常被视为神话传说时代,其中细节多被认为是不经的传说。或许司马迁在当时就已经注意到了这一点,因此,在卷末"太史公曰"中特别说明,为了考证相关历史,他"西至空桐,北过涿鹿,东渐于海,南浮江淮"采访故老,强调"其所表见皆不虚",并说明:"非好学深思,心知其意,固难为浅见寡闻道也。"细心体会,实大有深意!

以上文字与后世中国制度文化的演变相互参证。可以认为,这一时期的诸般努力,在实质上奠定了古代中国文化及国家(社会)治理(包括会计体系)的思想基础:

(1) 宏大的自然天下观;

(2) 基于广大地理区域的国家框架和体系构建;

(3) 崇文尚贤,德治天下;

(4) 和合世界,万类并生;

(5) 设官分职,选贤任能;

(6) 礼法并举,注重人治。

这是中国文化,也是中国古代会计文化的根本所在。而这种治理框架和思想的根源,则是古代中国哲学观念中对于天地万物、人和宇宙各种关联的理解。本书认为,这种理解最终归结于下面图画中潜藏的人生密码。

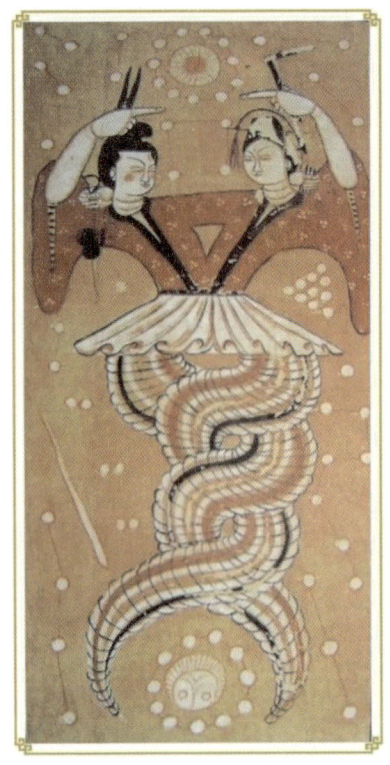

图 6-1　唐伏羲女娲图

(绢本,设色,纵 184 厘米,上宽 85 厘米、下宽 75 厘米)

1967 年吐鲁番市阿斯塔那 76 号墓出土

图 6-1 这张出土于新疆吐鲁番阿斯塔那 76 号墓的绢本设色伏羲女娲图凝结了中国古代文化基因密码。伏羲、女娲是中国创世神话中的人文始祖。古史传说中伏羲教人结绳记事,结网捕鱼,驯养动物,于是人们学会了计数,人们赖以生活的渔业和畜牧业也产生了。女娲抟土造人,炼五色石以补苍天。千百年来,伏羲和女娲兄妹成婚、繁衍后代的传说故事在民间广为流传。各地出土的汉代画像石(砖)中,就已经有各种伏羲女娲形象。更为神奇的是,这种文化发展到唐代,竟然在距离中原大地万里之遥的吐鲁番地区——当时的高昌古国,以墓葬绘画的形式出现。

据阿斯塔那古墓考古报告披露,同期出土的此类绢画有数十件之多。收藏于国内各博物馆,以及流散到美、日、韩、印度等国的伏羲女娲图有 117 幅之多。[①] 图中伏羲左手执矩,右手握准绳。女娲右手执规,左手握筭等,人首蛇身,蛇尾交缠。图片上方是象征太阳的一周画圆圈的圆轮,尾下是象征月亮的置于圆圈内的半月,四周星罗棋布。此类画作大多出现在夫妻合葬的墓穴中,被木钉钉在墓顶上,画面朝下,营造出一个天圆地方的宇宙氛围,把人的

---

① 资料数据源于《国家宝藏》(第二季)之《伏羲女娲图》。

生死置于宇宙苍穹之下,生死轮回,生生不息。

阿斯塔那墓出土的伏羲女娲图大同小异。伏羲和女娲作为华夏民族的共同始祖,象征万物之父、众生之母。有意思的是,这些图出现在远在西域的高昌古国,当时那里聚集生活着车师、粟特、匈奴、突厥、汉、回鹘等多个民族,而图中伏羲女娲的长相各不相同,既有卧蚕眉方脸膛的中原王公形象,也有络腮胡高鼻梁的西域人物形象。但无一例外地手中都握有矩尺圆规。意味着人可以不同,但规矩绝不能失。

古语云:"无规矩无以成方圆。"天地方圆是宇宙最大的规矩。到人类社会,则需要以有形的规、矩作为工具来立下各种无形的规矩,以规矩来规范秩序。女娲手中的筹筹代表"计算"之意,是规则精密化的基础。之前的讨论中,我们曾揭示古代中国会计中以"计算"来体现的治理实质,如《易经·系辞下》:"上古结绳而治,后世圣人易之以书契,百官以治,万民以察。"《吴越春秋·越王无余外传》:"(禹)周行天下,归还大越,登茅山以朝四方群臣,观示中州诸侯。防风后至,斩以示众,示天下悉属禹也。乃大会计治国之道,内美釜山州镇之功,外演圣德以应天心。遂更名茅山曰会稽之山。"

以会计行治国之道,在立规矩之外,还有赖计算之功。女娲手握筹筹,正为此意。自上古结绳记事始,后世各代莫不以计算为要务。《周礼》"六艺"中"数"列其一;《管子》"举事必成,不知计数不可",以及"不明于计数而欲举大事,犹无舟楫而欲经于水险也"。后世"上计""计账",直至明清时期的土地清丈、户口统计、赋役黄册、鱼鳞图册,莫不以"数"为治理之关键。其内核,皆体现文化观念的一贯性。伏羲女娲图是以图画的形式形象地表达了规矩和计数与文化繁衍、宇宙万物之关系,是为华夏民族精神世界核心观念的总引领,也是中华会计文化之根本。

在数千年文明演进中,在国家财计管理方面,中国始终采用统一会计制度的形式来实现庞大地域范围内国家的财计管理,除了受与文化及国家(社会)治理相关的思想观念影响外,更得益于超强的社会管理体系设计和细节管理能力。这一点是中国人往往习以为常从而视而不见的,但却具有重要的意义,也是中国会计系统功能发挥的重要基础。前一章在关于古代中国大一统的决定性地理因素的讨论中,曾大略提到地理区划及大一统国家的体制建构问题,提到与之相关的各种设施及制度建设,如邮驿系统、道路交通系统、以大运河及内陆河流为中心的水路运输系统、仓储及战略储备系统、城防关隘守卫系统(包括以长城、烽燧为主体的防卫及信号传递系统)、政府行政管理系统、盐铁酒榷等官营工商业及税收系统、以土地和户口管理统计为核心的农业税收征管系统、社会保障(救济)系统等。受篇幅所限,未能对其做进一步展开,但是需要注意,每一个系统的实现,都意味着一套与之相配合的会计核算、报告、监管(包括账目审计核查)系统,相关的手续制度以及人员配置、权责划分。这些方面的细节,在考古发现的各种史料,比如,秦汉简牍、敦煌吐鲁番文书、黑水城文书中都有反映,也见于唐代法律制度(律、令、格、式)、宋代的《庆元条法事类》和《元典章》《大明律》《大清律例》《大清会典》等法律制度之中。其中各种详尽的法律制度规定,设计精微周到的财产管理、权责划分、会计核算与报告、审查(审计)以及考核奖惩制度,属于重要的会计文化遗存,具有重要研究价值。

**5. 古希腊会计账目石碑的文化意义**(Cultural Significance of Ancient Greek Stone Inscriptions of Accounts)

在古代中国社会中,树碑立传是一种极为常见的文化现象,以石刻的方式永久性地铭记一些重要的人、事及文化遗存,也是文化及精神传承的一种实用手段。其中一类是功德碑,用来褒扬为修桥补路、兴学修庙以及举办各种公益性事业而捐献资财或做出各种努力的人士,并且会列明负责经费管理、收支的经办人员姓名。既有铭记功德、表扬善举、彰显榜样的作用,也是一种财务公开方式,表明受托经管责任,从而实现对财务收支的广泛的社会监督。从更深的意义上说,它是一种借助会计工具实现社会治理,鼓励人们积极向上、参与公益的社会机制,体现出会计的文化意义及社会治理功能。①

碑刻会计报告事实上并非古代中国所独有。以民主文化闻名于世的古希腊,早在公元前四五世纪就已经在用碑刻报告形式彰显其财务公开的文化主张。

荷兰会计史学家 O.腾·海渥在《会计史》中用了一些历史材料,其中就包括公元前四五世纪希腊帕特农神庙建筑成本报表。这份雕刻在大理石柱上并安放于雅典卫城中的建筑工程账目,"公众从中可了解到该神庙的造价情况"。② 事实上,古希腊以碑刻方式实现财务公开的并非只有这份建筑工程账目。希腊雅典卫城博物馆中展出过数件与该账目石碑类似的古典时期文物,表明这种石碑报告在黄金时期的古希腊是一种普遍的社会实践结果。陈立齐(James L. Chan)③教授在希腊旅

---

① 本书作者在建设中国会计博物馆期间曾广泛搜集各地的会计相关碑刻资料。从南到北,由西到东,在各地的寺院道观、文庙、工商会馆、碑林等许多场所,几乎都能发现不同时期的功德碑之类的资料。其中最重要的,当属苏州碑刻博物馆所藏的工商业史料碑刻、武威文庙的社会经济碑刻及牌匾(其中以牌匾方式保留的财务报告资料属于首次发现)。

② O.腾·海渥:《会计史》,文硕、付磊、杨健译,中国商业出版社,1991,第32页。

③ 陈立齐(James L. Chan),美国伊利诺伊大学芝加哥分校荣休教授(Professor Emeritus at the University of Illinois at Chicago),国际著名政府会计研究专家,教育部2011年度特批北京大学海外名师。曾任财政部财政科学研究所特聘教授及其他、中国、美国、欧洲十余所大学的客座教授。

## 第六章 异质性之解释——文化的影响

游期间发现了这些珍贵的会计史研究材料,并进行了专门的材料收集和研究考证。

公元前 5 世纪的古希腊黄金时期,雅典人将雅典城邦和寺庙的财政会计报告雕刻在大理石碑上,并将其展示在市中心的卫城及周边的公共场所。两千多年后,考古学家发现、修复和解读了许多幸存的石碑雕词,其中部分被作为希腊文化遗产在博物馆展出。为了发掘这些石碑资料的会计史价值,并探索一种考古学家、古代史学家和会计史学家的跨学科合作研究路径,陈立齐教授专门撰文并发表在中国会计博物馆主办的《会计史学刊》上。① 文章展示了 6 份财会报告石碑和一位古代抄写员石雕像的照片,讨论了两位历史学家对财会报告石碑和相关文件的解读,并说明 20 世纪 50 年代,德圣克劳(de Ste. Croix)最先将这些古希腊会计证据引入英语会计历史文献。图 6-2 是文中的公元前 408/407 年伊瑞克提翁神殿的建筑碑刻报告。

图 6-2　公元前 408/407 年伊瑞克提翁神殿的建筑碑刻报告
(Building Inscriptions of the Erechtheion in 408/407 B.C.)

资料来源:《会计史学刊》,2017 年第 1 辑,第 28 页。
摄影:Nikos Daniilidis, Socratis Mavrommatis。

古希腊文明肇始于新石器时代(约公元前 4500—公元前 3000 年)的克里特岛。到公元前 8 至前 6 世纪,随着希腊本土经济的发展,希腊人在爱琴海、黑海和地中海沿岸以及海上岛屿上建立了数以百计的城市国家。公元前 5 至前 4 世纪,希腊奴隶制城邦达到极盛,进入黄金期。公元前 478 年年底至前 477 年年初,为了对波

---

① 陈立齐(James L.Chan):《希腊古典时代的雅典石雕财会报告:考古学发现、博物馆展示与会计史论述》,载于《会计史学刊》,立信会计出版社,2017,第 23-64 页。

斯人实施报复,雅典与爱琴海岛屿和小亚细亚西海岸的许多希腊城邦结成同盟(史称"提洛同盟",Delian League),在提洛岛设置金库管理盟金。盟金作为同盟的共同资产,按规定可用于要塞建设、外交、公共教育、公共设施建设及维护、政府官员工资、对戏剧基金(theoric fund)的捐款等方面。为了加强对预算制定和执行的管理,雅典人制定了严格的预算管理制度。在工作完成之后,负责管理的官员必须提供有关的账务资料,证明他们确实是按照计划对有关财务事务进行管理的。那些石碑账目就是公开接受公民监督的账务资料。

值得注意的是,古希腊预算资金的使用体现了严格的预算管理要求,并充分反映出古希腊民主管理的特点。建筑项目的开支需经过严格的预算审批程序,古希腊以预算授权法令的方式规定其正当性。下面是《帕特农神庙及卫城山门建筑预算授权法令》的部分内容。

### 帕特农神庙及卫城山门建筑预算授权法令

公元前434年通过的卡里亚斯(Callias)第二号法令

(局部)

值科鲁珀(Cecropes)担任公民大会主持(prytanes),姆勒斯特(Mnesitheos)担任秘书。尤皮特(Eupithes)担任监督人之时,议事会与公民大会决定,由卡里亚斯负责建造石质底座的金质胜利女神像以及卫城山门。

这些项目建成之后,当从卫城的南面部分起进行维修工程。为此特准许每年从雅典基金中支用10 talents(或60 000 drachmas①),直至建筑建造及维修工程全部结束。

这些工作由雅典财政部总体负责。财政部应该责成建筑师像为卫城山门编制计划那样为其他建筑编制计划。建筑师应该与公共设施专员一同对这些工作进行监管,以使卫城能够用最出色、最辉煌的方式进行装饰,并使各项作业都能按时完成。

---

资料来源:Meritt, Wade-Gery, MacGregor, *Tribute Lists*, Vol.11, P.61。转引自George J. Costouros, "*Accounting in the Golden Age of Greece: A Response to Socioeconomic Changes*", *The Board of Trustees of the University of Illinois*, 1979, P.49。

---

① drachma是一种古希腊银币,6 000 drachma为1 talent。当今希腊货币单位也是drachmas,1美元大约等于272 drachma。

法令中明确揭示了与项目实施相关的各种细节,包括议事会及公民大会的决定权及负责人(主持人、秘书、监督人)、项目总负责人、项目工程范围、费用列支渠道及核定金额、项目实施的责任分配(财政部、建筑师)、项目监管、对质量及时间进度的要求等,是项目同时开工的法定凭据。当项目完成之后,还必须进行仔细地结算,将收支情况向公民大会作出详细报告,并勒碑立于卫城及周边公共场所,接受公众监督。这种严密细致的预算管理及财务公开制度反映了古希腊城邦管理的文化特色。

除被广为引用的"帕特农神庙建筑成本报表"外,乔治·J.考斯托洛(George J. Costouros)还在其著作中展示了另外几份有关雅典卫城建筑的支出报告表,包括"图表19,前440年建造菲迪亚斯(Phidias)①雅典娜神像支出表""图表20,前438年建造帕特农神庙支出表""图表21,前434年建造卫城山门支出表"②,表明公示大型项目的支出报表在当时是一种普遍的行为。海渥称之为"神奇天才的作品",它应该当之无愧。

**6. 特异的印度会计文化(The Special Indian Accounting Culture)**

世界上每个地区的文化,皆带有明显的地域性特征。在这方面,印度文化显得十分特别。

印度文明是世界六大原生性文明③之一。公元前2000年左右,南亚次大陆上印度河流域一带即萌生了灿烂的古代文明。然而,此后这块大陆就似乎成了各种文明角力的实验场,各种势力你方唱罢我登场:公元前1500年至前1200年雅利安人迁入;8世纪阿拉伯人入侵;大航海时代西方势力进入;1849年英国占领全境开始殖民统治,直到1947年8月15日印度宣布独立,成立自治领。④ 1950年1月26日宣布成立印度共和国,但属于英联邦成员国。不断地发生文明更替导致了印度文明时断时续的特点。因为这个特点,印度历史的很多地方"只留下了片段的资

---

① 菲迪亚斯(Phidias)是古希腊著名的雕塑家。
② 乔治·J.考斯托洛著作中有"图表22,前434年建造帕特农神庙支出表",所反映内容与O.腾·海渥在《会计史》中引用的帕特农神庙建筑成本报表基本相同,应属同一份报表,但其中部分项目及金额不完全相同,应是翻译所造成的。
③ 即尼罗河文明(埃及)、美索不达米亚文明(巴比伦)、印度河—恒河文明(印度)、长江—黄河文明(中国)、中美洲文明(阿兹特克,玛雅)、安第斯文明(印加)。
④ 以上只是列出了几次大的外族入侵。实际上,在整个印度历史上,外部力量的进入以各种形式通过不同方式不断发生着。雅利安人、波斯人、希腊人、斯基泰人、月氏人、匈奴人、突厥人、阿富汗人是从西北部山口进入的,而来自中国西南地区的移民多是从东北山区渐次迁移而来。早期的阿拉伯人和后来的欧洲人大多从海上来到印度。有一种说法是:印度次大陆犹如大海,外来文化不断汇入其中,最终形成了以包容与多样闻名于世的印度文明。

料,却使得历史学家在处理印度的整体历史和文化问题时,感到好像探究绣花挂毯上丝线针脚一样头绪纷繁。然而,地区性王国的再度兴起确实促进了构成印度社会组织的各地区丰富文化的持续发展。如果考虑到印度地域之大和地区特色的多样性,那么次大陆统一成单一帝国的时期比较短暂就毫不奇怪了"。①

特殊的环境造就了特异的印度民族。他们既不像中华民族那样能睿智地做超然于现实之外的哲学思考,还能深刻洞察人类社会及人本身种种至性的东西,把关注的重点放在现世生活,从而设计出合理有序而且实用的制度体系,长期维系一个庞大地域范围内统一国家的生存及延续;他们也不像古希腊或古罗马人那样长于对外扩张,醉心于艺术创造而对现实社会人际关系的细致处理却相对迷茫。印度民族是一个善思的民族,在解决最基本的温饱问题之后,这个民族中最优秀的一部分人把主要精力放到了思的方面,创造出了无与伦比的宗教意识。印度民族也是一个平和的民族,既可以宽容地接纳和吸收各种外来文明,也可以保持对自然万物的爱护,与其他生灵和谐共存。这种和谐不仅使印度文明饱含自然之美,而且铸就了一种印度民族的精神特质,崇尚和平,做事不求极端,待人谦和。

或许是根源于不断的外族入侵所带来的战争创伤和目睹各种文明成果毁于一旦形成的痛苦记忆,古代印度哲学中有这样一种占有重要地位的观点:在这个世界上,生活只不过是一座桥梁,唯有通过它,人才能到达目的地,而在桥上为自己建屋则是不明智的。古代印度文明的发展变化使古代印度人特别是文化人认为现实生活中的一切只不过是一刹那,并不是特别重要,而追觅人生的真谛和达到最高境界才是永恒的。在对待生死问题上,印度人的观念也与中国人有很大的不同。与古代中国人讲究厚葬和祭祀不同,在古代印度,人死了之后就会被烧成灰撒到河里,所以古代印度没有大的墓葬。对于印度考古界来说,地下没什么东西,除了功德碑,几乎很难有什么发现,这也导致了学界对于古代印度历史文化的研究,难以像对其他文明那样通过考古发掘发现重要的历史文化遗存。当印度人这种特殊的哲学观念与现实问题相遇时,就产生了特异的政治、经济和文化:"印度河流域的文明类型是保守型的,它具有浓厚的宗教色彩和高度的计划性。"②"控制这一纪律严明的社会的也许是一种精神上的力量,因为该文明没有留下军事装备和城防工事的遗迹。"③

---

① 罗兹·墨菲:《亚洲史》,黄磷译,商务印书馆,2005,第 105 页。
② 斯塔夫里阿诺斯:《全球通史:从史前史到 21 世纪(第 7 版)》,董书慧等译,北京大学出版社,2005,第 68 页。
③ 斯塔夫里阿诺斯:《全球通史:从史前史到 21 世纪(第 7 版)》,董书慧等译,北京大学出版社,2005,第 69 页。

## 第六章 异质性之解释——文化的影响

因为上述原因,印度历史上留存下来的最伟大的政书——考底利耶(Kautilya)的《政事论》(*Arthaśāstra*),以及同样伟大的《摩奴法典》,就有了特别的意义。

相传为孔雀王朝(Maurya Dynasty,约公元前324年至约公元前185年)开国大臣考底利耶所著的《政事论》,是一部伟大的政书。克劳德·小乔治在《管理思想史》中称该书为《阿色萨斯特拉》(国家组织学),认为其主题是国家的政治、社会和经济管理。书中讨论到的各种问题几乎涉及政府理论的每一个方面,包括国王、大臣和顾问的职责,政府各部门,外交,战争与和平。此外,书中还论述了贸易和商业的组织与管理、法律和法庭、市政府、社会习惯、结婚和离婚、妇女的权利、赋税和收入、农业、采矿业和工厂、市场、公司、人口调查、屠宰场等。[①] 在讨论一个王国的管理时,涉及国家的防务、财政、公共工程、城市事务以及法律和秩序等许多方面。

考底利耶认为,国家是人类进步在组织机构上的一种必要。因而,也需要按照组织设计的一般原理来进行国家的组织结构设计。该书第二卷第一章第十九节"农村设置"中有如下内容:

> 应给予他们粮食、牲畜和金钱的帮助,给予资助和免税要使国库充盈,而避免国库亏空。因为国库枯竭,国王则要压榨市民和村民。
>
> 应开发矿业,设置作坊,开辟资源林和象林,发展牧群,建设商路,开辟水路和陆路交通,并建立驿站。用天然水源和引来的水修建水利设施。对于他人兴建(上述工程)和朝圣地、园林,应在土地、道路、树木和工具方面给予资助。不参加修建公共水利设施者应派雇工和公牛帮助工作,且要负责支出的份额,但不可平均受益。
>
> 国王应豁免遭受敌军、森林部落蹂躏和被疾病、饥馑折磨地区的税收,并禁止奢侈的娱乐。应疏通被亲信、差役、强盗、边境守卫者所扰和被畜群所捣毁的商路。[②]

书中谈到,政务官(samāhartr,直译为总税务官)负责管理城堡、农村、矿产、灌溉工程、森林、畜群、商道。作为最高统治者的国王则必须在白天的第一个八分之一时间里听取防务、财政收支汇报。书中一个突出的特点是对税收从来源、支出、征管各方面都有十分详细具体的划分。

印度裔美国会计学家、耶鲁大学夏恩·桑德和曼珠拉·夏恩教授曾对考底利

---

[①] 克劳德·小乔治:《管理思想史》,孙耀君译,商务印书馆,1985,第24-25页。
[②] 崔连仲等:《古印度帝国时代史料选辑》,商务印书馆,1989,第35-36页。

耶《政事论》中的会计及商业活动做专门研究①,其中涉及一些王朝经济事务管理和会计的细节性问题,包括孔雀王朝的经济、财富的集中、商业交易、关税、国内贸易、对外贸易、会计与控制、财务报告、审计检查和关于情报网络、密报人(whistleblowers)等的特殊管理机制,以及结合国王、幕僚及公职人员多方面职责的治理体系。夏恩·桑德教授认为,《政事论》中用到了许多极具现代性的会计概念。除了按来源和用途分类定期编制收入和支出预算外,在应收账款、应付账款和递延收入中,还涉及权责发生制会计的使用。工厂账户中包括原材料成本、工资和薪金,还有关工作场地的成本,如因为增加厂(场)发生的租金或折旧。在制造过程中发生的材料重量或体积缩水也得到明确确认和考虑。会计核算中包括工人人数,产品数量、重量、体积,材料质量,容器大小等非财务信息。

为了加强对国库物资的安全管理,防止盗窃、灾害、隐瞒、盗用等情况发生,《政事论》中制定了严格的审计及审查程序。记录或审计办公室保存有关各部门活动与收入的记录,详细记录所有的生产要素。国有工厂的支出、各种货物计量器具的规范和标准、政府人员的薪金与福利、国王和王室其他成员的现金和实物收入,国王向外国统治者赠送和自己获赠的礼物和款项等,皆在审计检查范围之内。书中明确强调审计人员应注意 40 种形式的玩忽职守。例如,不执行项目、未能取得预期成果、不把收益交给财政部、从财政部借出货物以谋取个人利益、从事国有商品交易、隐瞒或者谎报纳税义务人的纳税期限、减少固定收入或者税收、增加国家支出、私用国王财产、擅用国王的商品、没有交付或记录应计收入等。记录或审计处处长应将其账目和结余的审计日期事先通知工作人员,确保工作人员提供记录和信息的完整性。为了防止两组工作人员串通,要求把账目放在密封的容器内,并不准工作人员互相交谈。审计人员需要在办公室检查收据的时间、地点、金额、来源、收款人姓名。对于费用项目,需要检查其发生的时间、地点、金额、类别、下单人、发货人、收件人。对货物,需要检查其地点、时间、数量、种类、特性等。

尽管《政事论》中的设计几乎到了事无巨细无所不包的程度,但在财政管理方面,印度却并不是很成功。其中原因,或许在于思想观念与具体行动的矛盾。如黑格尔所言,印度人"自从呱呱坠地,便被交付给了一种不可抵抗的命运,同时他们的'精神'又提高到了'理想性';所以他们的心头显出矛盾的、互相抵触的各种过程"。②

---

① Shyam Sunder, Manjula Shyam, "Appraising Accounting and Business Concepts in Kautilya's Arthaśāstra," *12th World Congress of Accounting Historians Congress Proceedings*, Vol. I: 69-81.
② 黑格尔:《历史哲学》,王造时译,上海书店出版社,2001,第 160 页。

这种习性使他们尽管不缺乏伟大的思想者,但却在思想付诸实践方面,尤其在现实世界治理体系的细节性设计与实施方面存在天然的不足。在处理复杂的现实问题时,不免习用一些简单随意的做法。比如,阿育王石刻诏书第三号中有:"顺从父亲和母亲是应当称赞的。慷慨地对待朋友、熟人、亲族、婆罗门和沙门是应当称赞的。放弃屠杀生灵是应当称赞的。少消费、少积藏也是应当称赞的。"①之所以会有这种"少消费、少积藏"的观念,或许是因为在思想深处,他们认为人不过是生活之桥上的过客。他们追求人生的真谛和达到最高境界实现永恒,但却无法很好地应付现实中的困难和矛盾。当然,这样的矛盾,本身也包含在考底利耶的著作中。比如,《政事论》中就颇为奇特地包含"补充国库"一节(第五卷第二章第九十节)。其中写道:"当出现经济困难时,没有库藏的(国王)应补充国库。应向不依靠雨水(灌溉)盛产谷物的地区,不论大小,征收四分之一或三分之一的谷物。"②这样的见解,一方面说明经济困难、国库空虚甚至在繁盛的孔雀王朝也是一种常态;另一方面说明在收税的标准(税率)方面,究竟四分之一还是三分之一,并不一定。同时,《摩奴法典》中一方面讲,"不保护人民的国王征敛贡税、赋税、商品税、日常贡物和罚金,(死后)立即堕入地狱"。另一方面又规定,国王应征收牲畜和金银的五十分之一,应征收谷物的八分之一或六分之一或十二分之一。正应了那句话:理想很丰满,现实很骨感。其税率有巨大的变动空间——一定意义上意味着税收原则的随意性,且总体上税负较高(与我国历史上大多数时间实行什一税相比③)。尽管法典中规定,国王应该每天过问事务集中的地方、车马随从、固定收支、矿山和国库,但却难以改变财政经济上的困窘。维持着庞大的军队却难以有效地保卫国家,使印度在历史上一直被征服,这与其财政上的困窘亦不无关系。

总体来看,印度的会计文化,毫无例外地显示出印度文明的特点。各种文明不断地侵入一次次打断了文明的延续,使印度会计文化成为由各种外来元素构成的复杂的混合,因此,我们无法看到一以贯之的会计文化观念的延续。巴格万·卡纳(Bhagwan Khanna)为《世界会计史:财务报告与公共政策(亚洲与大洋洲卷)》撰写的介绍印度会计的内容,明显地显示出此类特点。以下摘录其中一些文字,可以大

---

① 崔连仲等:《古印度帝国时代史料选辑》,商务印书馆,1989,第61页。
② 崔连仲等:《古印度帝国时代史料选辑》,商务印书馆,1989,第50页。
③ "十一税"是我国古代先贤倡导的税率原则,也为大多数朝代所遵循。《孟子》(滕文公):"夏后氏五十而贡,殷人七十而助,周人百亩而彻,其实皆什一也。"西汉初期实行休养生息政策,主要措施是降低田赋的税率,先规定十五税一,后又减至三十税一,并成为以后汉朝的定制。

致表明印度会计总体上的特性。

印度的会计活动可以追溯至久远的古代,历经政治、经济与法律的变革,内外部压力对文化的影响,以及时间推演进程中无法抵御的冲击与由此引发的变化。

虽然(就印度而言)会计历史可以追溯至远古时期,有关会计起源的判断与确切的支撑证据则因每一位著述者的个人倾向(或偏好)而有所不同……目前已经发现的证据足以使人得出一个结论,那就是早在公元前 6000 年至公元前 1000 年[一个普遍接受《吠陀》(*Vedic*)、《佛经》(*Sutras*)、《奥义书》(*Upanishads*)的时期],会计技艺及其实践活动已作为一套高度发达的体系流行于印度。

有关印度会计历史的讨论或著述几乎都会适当地仔细援引考迪里亚的《政事论》。……帝国各项制度运行的财务基础来自土地收入和少许贸易活动的收益。考迪里亚已经意识到经营性企业中会计方法的重要性。

在其他王朝时期,包括印度北部的笈多王朝(Guptas,320—540 年)、穆斯林霸权(Muslim Hegemony,1200—1526 年)、巴林王朝(Bahrain Dynasty,1347—1527 年)、维查耶那加尔帝国(Vijayanagar Empire,1336—1646 年)、非常短暂但仍然具有重要意义的苏瑞王朝(Suri Dynasty,1540—1545 年)以及莫卧儿帝国(Mughal Empire,1526—1761 年),行政治理与会计制度似乎一直延续下来,只是在体现各王室的偏好性差异时才作出一些很小幅度的改变。

到了 18 世纪中叶,来自欧洲(主要为英国、法国)的影响已经十分显著,尽管一些沿海地区也受到荷兰、丹麦与葡萄牙的影响,但是,后者的势力十分微弱。到了 18 世纪晚期,英国通过东印度公司而表现出来的支配性地位相当显著。正是英国的影响,无论是通过东印度公司,还是通过英国的治理,将西式商业记录方法带至印度。到了 1857 年,英国在政治上已经完全控制印度(Vangermeersh,1996)。

会计原则、标准与惯例通常是其所处经济状况与环境影响的直接产物,印度在独立当时存在的会计活动也不例外。从人们所归类的影响会计的 6 个历史渊源分析(也就是英国、法国-西班牙、葡萄牙、德国-荷兰、美国与共产主义国家),印度会计与英国模式(最)相似,表现出以管理责任或受托责任概念为基础的特征(Enthoven,1983)。英国对印度长达将近 200 年的殖民统治,成功地将印度会计制度与职业界在很大程度上塑造为英国会计模式。

基于作者的个人经验、对可获取资料的评述以及与印度特许会计师协会(ICAI)成员的面对面访谈,可以明确地得出以下结论:从理论及(或)与前述段落中描述的任何目标或愿景之间(实际或潜在的)相互作用的角度看,印度从未尝试对会计活动进行系统考察。独立时及其后 15~20 年间的主流会计(实务)无非是此前殖民政府(贫瘠或简陋的)的遗留之物。

在印度,准则制定的动机与明显的动力更多来自国际会计准则委员会(IASC)等外部影响,而非"体制"内部。……1976 年,鉴于印度作为国际会计准则委员会这一成立于 1973 年的国际组织的成员,印度特许会计师协会事实上才决定认真承担起制定会计准则的任务。

近年来,印度政府在公司财务报表编制问题上十分积极地促成国内企业使用的《印度会计准则》和《国际财务报告准则》(IFRS)之间的趋同。迄今为止,《印度会计准则》不仅反映了国家独立以来为提升人民生活水平、加速经济增长步伐而确立的社会经济政策,同时也留有殖民主义时代的烙印。①

除了考底利耶《政事论》及其他为数极少的文献资料外,我们很少能见到有关古代印度会计文明的原始材料,因此,很难对古代印度会计文化做深入地分析和研究。而目前所见的印度会计文化,正如上述引用材料所示,只是一种随着新势力的侵入而不断更替和变化的间断的文化层。

## 7. 美国会计的文化意义(The Cultural Significance of Accounting in the United States of America)

在 20 世纪,承继了欧洲尤其是英国会计文化遗产的美国,在会计的各个领域取得了长足进步,并在第二次世界大战后成为全球会计发展方面最具影响力的引领性力量。然而,20 世纪 30 年代大萧条之后,因为为统一会计制度规范建设的重任被交付于会计职业界,美国会计由此走向以技术性职业规范为核心的道路,一度兴盛的会计基础理论研究因此逐渐走向衰落,60 年代后基本销声匿迹,取而代之的是技术性的会计准则和以实证为特色的会计研究②,最终使会计行业总体上失去了系统的理论支撑和宏观制度设计上的支持,成为纯粹的技术性实践,并对其他一些国家形成误导。

基于这种状况,加里·约翰·普雷维茨与巴巴拉·达比斯·莫里诺合作撰写

---

① 加里·J.普雷维茨等:《世界会计史:财务报告与公共政策(亚洲与大洋洲卷)》,陈秧秧译,立信会计出版社,2015,第 88-112 页。书中将考底利耶译为考迪里亚。

② 这种研究关注的主要是资本市场数据和关系的各种检验,加里·J.普雷维茨认为这种研究"从实务角度看,即使不是毫不相关,也是关系遥远,不太可能对职业界的领导权威形成公开、持续的冲突"。见加里·J.普雷维茨,巴巴拉·达比斯·莫里诺:《美国会计史:会计的文化意义》,杜兴强、于竹丽等译,中国人民大学出版社,2006,第 389 页。

的《美国会计史:会计的文化意义》①于1979年出版,具有重要的时代性意义。该书作为第一部系统讨论美国会计历史的专著,从根本上打破了20世纪30年代之后从技术角度考察会计历史的习惯,将会计历史研究放回其所处的社会环境及时代背景之中,重点考察分析会计的文化意义。如该书第二版前言中所述:"20世纪70年代末期,时值美国建国200周年庆,我们写作了本书的第一版。当时作为一个学术领域的'会计史',还处于萌芽阶段,那时的历史学家主要关注的是技术性和描述性的,而非环境联系和分析性的。"②

加里·J.普雷维茨教授撰写该书的初衷在于改变会计史研究的"技术性"和"描述性"特点,从环境出发,挖掘和理解会计的社会文化意义。所以该书从哥伦布和"新世界秩序"讲起,详细讲述美国社会经济的进展,以各个重要的时代性变化作为分章标志,详细讨论各个时期会计面临的各种环境变化,从各种环境条件下会计教育、著述及理论研究(学术),实务及技术方法的发展,会计组织机构,会计职业界,法律制度(包括会计准则),审计等诸多方面展开讨论,全面深入地阐发会计的文化意义。

(1) 该书立足于自哥伦布发现新大陆之后美国社会和历史发展的基本史实,将有关会计历史文化的研究,用一种综合性的、联系的方法置于大的社会文化环境之中,彻底改变了传统会计史研究较多关注会计实操技术(凭证、账簿和报告等)的倾向,转而阐发会计的文化意义。正如该书前言中所强调的:"成为美利坚合众国的那部分大陆,不同于人类历史上的其他地方。在这个国家的环境里,在它的文化和地理环境里,以及在它的经济和政治环境里,会计人员与会计职业的故事,就是一个'会计的文化意义'的故事。"③

(2) 书中除导论外的8章,每章结尾皆有关于会计文化意义④的讨论,以下按中文版内容摘要列示其主要内容。

导论作为全书的开头部分,对全书的总体观点、会计(包括复式簿记)与资本市场的关系、产权理念的存在等进行了讨论。在讲述美国会计起始背景的基础上,重

---

① 该书第一版1979年出版,当时的书名为 A History of Accountancy in America: A Historical Interpretation of the Cultural Significance of Accounting。1998年第二版时改为 A History of Accountancy in the United States: The Cultural Significance of Accounting。

② 加里·约翰·普雷维茨,巴巴拉·达拉斯·莫里诺:《美国会计史:会计的文化意义》,杜兴强、于竹丽等译,中国人民大学出版社,2006,前言第8页。

③ 加里·约翰·普雷维茨,巴巴拉·达拉斯·莫里诺:《美国会计史:会计的文化意义》,杜兴强、于竹丽等译,中国人民大学出版社,2006,前言第9页。

④ 中文翻译版也有翻译为"会计的重要性"的,其英文原词"significance"翻译为中文可以用"意义""重要性""含义"等不同词汇。

点阐明了"会计与资本主义""资本市场时代与会计实务""会计与产权"的关系。正如导论最后一句话所言"沿着会计和资本市场演变的思路,关于财产权及其对于披露的内在启示的观点,为我们的'美国会计史'的写作指引了方向"。①

第1章,从发现美洲大陆到工业革命时期的会计(1492—1775)。本章从说明哥伦布出航时的船员中有一位西班牙国王指派的"监督有关远征历险的账簿记录"的会计师开始有关会计文化意义的研究。本章最后一小节"工业革命前会计的文化意义"指出"社会文化越是专门化,越是需要会计"。② 并具体说明,"随着合资企业的增加,早期的复式簿记和必不可少的企业会计得到了广泛采用。随着专业化的殖民地贸易和商业的发展,阐述专业化必要性和有效性的亚当·斯密的经济理论得到了人们的认可。美国会计似乎正兴旺发展"。③

第2章,国民经济的形成(1776—1826)。本章最后一小节"新国家中会计的重要性"中说明,美国的经济和民众无论从形式上还是实质上讲,都属于农业经济和农业人口。经济工业化和都市集中化才刚刚开始。获得正式教育还只是有钱人的特权。账务处理通常在商人的会计室内进行。人们在会计室里把它当作一项必备的管理技能来学习,并且,由于账务体系是为管理设计的,所以会计室里的账务处理变得越来越复杂。

第3章,美国公司制的起源(1827—1865)。这一时期在美国历史上具有至关重要的意义。"南北战争结束后,美国的政治体制得到了重整和统一。商业市场也随着交通运输网络的完善而不断扩张。在美国大地上,工业生产飞速发展,工厂如雨后春笋般涌现。"④尤其是大型铁路公司的发展,使这一时期的会计被有些作者称为"铁路兴盛时代的会计"。但在该书作者的眼光里,这一时期会计的发展,远不限于铁路会计方面。在本章最后一小节"会计的社会影响"中,作者引用了皮尔彻D.J.(Pilcher D.J.)文章中的观点:"从知识革新的角度来说,1860—1895年是美国会计历史上会计知识最高产的年代。"⑤

---

① 加里·约翰·普雷维茨,巴巴拉·达比斯·莫里诺:《美国会计史:会计的文化意义》,杜兴强、于竹丽等译,中国人民大学出版社,2006,第13页。
②③ 加里·约翰·普雷维茨,巴巴拉·达比斯·莫里诺:《美国会计史:会计的文化意义》,杜兴强、于竹丽等译,中国人民大学出版社,2006,第34页。
④ 加里·约翰·普雷维茨,巴巴拉·达比斯·莫里诺:《美国会计史:会计的文化意义》,杜兴强、于竹丽等译,中国人民大学出版社,2006,第69页。
⑤ Pilcher D. J., *Certain historic accounting facts and trends*, Certified Public Accountant, 1935, pp. 134-141.转引自加里·约翰·普雷维茨,巴巴拉·达比斯·莫里诺:《美国会计史:会计的文化意义》,杜兴强、于竹丽等译,中国人民大学出版社,2006,第105页。

**第 4 章,镀金时代的会计(1866—1896)**。在这段时期内,美国国内局势保持了较长时期的稳定,随着工业经济迅猛发展,资本主义经济由自由竞争向寡头垄断过渡,大量财富集中于少数垄断资本家手中,大财团、大富豪不断涌现,美国开始以一个世界强国的身份出现。加里·J.普雷维茨认为"这是一个国家臻于完善的时代,是一个证实了美国命运的时代"。①《美国会计史:会计的文化意义》一书中对这一时期的研究,重点放在大公司发展所导致的会计师职业的兴起、会计师高等教育以及管理会计和规模经济方面。本章最后一节"镀金时代会计的文化意义"中指出:"镀金时代的众多成就中,其中的一个就是,(会计)职业有能力开创自我认同的形式并且取得法律的承认。……会计学的作者们也开始在他们的著作中阐述一套可理解的会计学基本'原则',这比那些单独阐述会计技术方面的著作越来越受欢迎。"②此时,会计的文化意义已经从会计室本身延伸到商业本身,商业要取得成功,已经离不开会计了。同时,由于公司开始聘用专业审计人员取代股东现场调查式的年度审查,会计的重要作用正越来越受到金融界和商业界的承认。

**第 5 章,会计职业的形成(1897—1918)**。这一时期美国社会的总体特点是,在"进步主义运动"和"效率运动"的推动下,从政府到民间效率的提高与金融资本主义的崛起。因此,公司改革运动中会计师的作用大幅度提升。各州渐次成立公共会计师协会,推动了相关立法、教育、准则及理论的发展。这一时期出现了一种至关重要的观念,对后来的发展产生重要影响,该观念就是将会计定性为一门艺术。著名会计学家乔治·O.梅(George O.May)认为:"会计并非科学,而是一门艺术,一门具有广泛且多种用途的艺术。"③美国的实用主义和经济环境都支持执业者有关会计是一门艺术的看法,导致其后的美国会计制度建设也是以"建立技术准则"为核心。本章最后一节"会计职业形成期的重要意义"中描述了会计师职业得到重视的情况:"注册会计师法在几个关键的州得到了保护,商业课被引入大学课程,并且职业准则的问题得到了极大的重视。早期的大部分努力都用来提升该职业的公

---

① Pilcher D. J., *Certain historic accounting facts and trends*, Certified Public Accountant, 1935:134-141.转引自加里·约翰·普雷维茨,巴巴拉·达比斯·莫里诺著:《美国会计史:会计的文化意义》,杜兴强、于竹丽等译,中国人民大学出版社,2006,第 110 页。

② 加里·J.普雷维茨,巴巴拉·达比斯·莫里诺著:《美国会计史:会计的文化意义》,杜兴强、于竹丽等译,中国人民大学出版社,2006,183-184 页。

③ George O. May, *Financial Accounting: A Distillation of Experience*, Macmillan, 1943:189.转引自加里·约翰·普雷维茨,巴巴拉·达比斯·莫里诺著:《美国会计史:会计的文化意义》,杜兴强、于竹丽等译,中国人民大学出版社,2006,第 220 页。

共形象;这并不是说会计师们在成本或非营利会计领域就不活跃,但是这仅仅是承认主要的努力集中在审计领域。"①

**第 6 章,会计职业发展成熟:战争期间(1919—1945)**。"从第一次世界大战到第二次世界大战,是美国历史上最不稳定的一段时期。重大的社会经济变革和世界大战重塑了国家的社会结构。"②加里·J.普雷维茨认为,20世纪20年代这10年向会计人员提出了引人关注的挑战,当社会舆论再次肯定"美国传统信仰"时,促进"合作资本主义"的国家卸去了会计人员的第三方责任,认为商业达到了新的稳定水平,能够维护"社会公正"的信心,这大大降低了外在监督机制如独立审计的重要性。直到1929年的大股灾,公众强烈抗议企业背弃公众信任的行为,对会计职业的发展方向产生了重大影响。新的国家政策通过加强会计职业对企业所有者——股东的责任,恢复了会计人员对职业地位的要求。本章最后一小节"战争期间的重要性"中指出:"随着国家结束对战争的支援,会计职业稳固地建立起来。会计师保留了制定审计准则的权力,而且证券交易委员已将会计准则制定权转授民间部门。尽管由于法律环境的不确定和对商业的感情,会计师对扩大职业责任的要求反应消极,但是会计职业界仍然保留了自治权。尽管对审计和财务报告程序批评不断,但还是保留了保护股东权利的主要机制。"③

**第 7 章,扩张与争议:不确定时期的会计(1946—1972)**。这一时期被称为"不确定时期",是因为美国国内的社会、政治、经济结构再度发生了急剧变化。虽然冷战一度促使整个美利坚民族团结一心,但是技术革命的蓬勃发展也促使美国国内不同利益集团间的分歧日益明显。在这一时期,会计准则制定机构经历了由会计程序委员会(Committee on Accounting Procedure,CAP,1939—1959)向会计原则委员会(Accounting Principles Board, APB,1959—1973)的转换,其间批评之声不断,直到1973年,在惠特委员会(Wheat Committee)的建议下,一个基础更加广泛、自治的准则制定机构——财务会计准则委员会(Financial Accounting Standards Board,FASB)成立,会计准则制定才有了更为重要的改变。本章最后一小节"不确定年代中会计的重要性"中描述了特鲁伯鲁特报告——《财务报表

---

① 加里·约翰·普雷维茨,巴巴拉·达比斯·莫里诺:《美国会计史:会计的文化意义》,杜兴强、于竹丽等译,中国人民大学出版社,2006,第247页。

② 加里·约翰·普雷维茨,巴巴拉·达比斯·莫里诺:《美国会计史:会计的文化意义》,杜兴强、于竹丽等译,中国人民大学出版社,2006,第261页。

③ 加里·约翰·普雷维茨,巴巴拉·达比斯·莫里诺:《美国会计史:会计的文化意义》,杜兴强、于竹丽等译,中国人民大学出版社,2006,第318页。

的目标》(Objectives of Financial Statements)对财务报表目标的具体化——"向公司相关利益相关者(包括投资者和债权人)提供一系列内容更加广泛的财务报告(不仅是财务报表)"。同时还指出,经验研究越来越占据主要地位,令那些早已厌倦了学术批评的执业会计师们暂时松了一口气。有关会计属性的规范理论研究已经转变为检验会计数据对股票市场的影响的资本市场研究。这种转变,从实务角度看,即使不是毫不相关,也是关系遥远,不大可能对职业界的领导权威形成公开、持续的冲突。

**第8章,会计与全球资本市场:从特鲁伯鲁特报告到詹金斯委员会(1973—1995)**。作为全书最后一章,本章内容庞杂,反映了剧烈变动的全球环境中美国会计界经历的种种变化,包括会计师面对的诉讼增加、各种专门委员会(成本会计准则委员会、会计教育改革委员会、政府会计准则委员会)的成立、公司实务和执业环境的变化以及会计职业地位的总体上升等。本章最后一小节以"会计的继承与未来"为题,在说明"会计的局限性"的同时,阐明了"全球观点的挑战"。其中最具总结性意义的陈词,在于说明"会计真实的潜能存在于它的文化意义和它作为社会战略资源的重要性,会计作为一门职业,为了帮助提高全球资本市场体系下的生活质量,它运用其能力提供了数据,这些数据形成了对经济和社会投资选择至关重要的决策信息"。① 本节最后还借用源自会计中的"bottom line"一词在美国社会中被普遍使用的现象,强调说明了会计的重要意义,即作为一个普遍使用的表达方式,它"简洁地确定了我们的生活方式,我们的竞争价值与目标。……随着它的使用逐渐适应于全球资本市场的秩序,这一术语将继续标志着会计人员的作用是决定性的,也是以结果为导向的"。②

加里·约翰·普雷维茨和巴巴拉·达比斯·莫里诺的《美国会计史:会计的文化意义》,无疑是一幅从1492年至1995年约500余年间美国会计历史发展的巨型画卷,以美国社会经济、政治制度与文化波澜壮阔的历史发展为背景,描绘了美国会计从最初向欧洲学习借鉴到最终引领世界的整个过程。1989年,时任美国财务会计准则委员会主席丹尼斯·R. 贝瑞斯福(Dennis Robert Beresford)在一次报告中讲道:"我坚信,美国会计的进步并不仅仅是按照自然发展的过程产生的,这一进步是持久的、坚持不懈的、合作一致的努力的结果。在会计演进的每一步中都有良好的强有力的推动。发展国际会计准则需要同样的奉献、同样的努力、

---

①② 转引自加里·约翰·普雷维茨,巴巴拉·达比斯·莫里诺:《美国会计史:会计的文化意义》,杜兴强、于竹丽等译,中国人民大学出版社,2006,第478页。

同样的推动。"①

## 8. 根植于中国人生活的会计文化(Accounting Culture Embedded in the Life of Chinese People)

如本书第二、第三章所述,20世纪以来的百年会计史研究,取得了许多重要进展,但也存在一些缺憾,除过于重视会计的技术性而忽略其社会文化意义外,更在于较多关注官厅(政府)及企业会计,尤其是自资本主义萌芽以来工商业会计的成就。而事实上,从古今中外人类社会存在和发展的实际来看,会计作为一种社会治理和社会秩序的维系方式,具有普遍的社会及文化意义。简而言之,无处不会计,无事不会计。会计文化深深地根植于人类生活的各个方面,其本身也成为一种特殊的文化现象。尤其在中国人的生活和社会实践中,会计早已成为一种极其普遍的社会存在,具有丰富而深刻的社会文化意义。

笔者第一次深刻地对会计文化的普遍性意义感到震撼,是因为中国会计博物馆入藏的一批民俗账簿,下面是其中部分账簿的名称目录。

民国十六年十二月顺红养老宝账

光绪九年戒烟局烟民入局登记簿

瘟神会账

嘉庆十五年正月里田中义等祖先人账

嘉庆十六年十月二十日立司会宁天祥亲友首会账

光绪时期上坟支出账

道光十九年七月典契粮钱账

道光二十八年四月下旬立考妣发引亲友礼簿

光绪四年德善堂粮颗奉祭簿

大清光绪七年正月十六日蔚泰厚志庙会社火施舍册

光绪七年庸法堂记青苗老账

光绪十七年月新立会中生羊账本

光绪二十一年二月十一日北马社骡车老账

光绪二十一年三月吉日立始祖坟上六派借贷地亩银钱老账

光绪二十二年孚茂转饼油账

---

① 加里·约翰·普雷维茨,巴巴拉·达比斯·莫里诺:《美国会计史:会计的文化意义》,杜兴强、于竹丽等译,中国人民大学出版社,2006,第400页。

光绪二十三年方珞师账量入为出

光绪二十六年立万宝归源

光绪二十九年四月迎婚礼账

大清光绪三十二年六月二十九日立长男完婚礼簿

光绪三十四年药铺清抄账

大清宣统元年吉日绛州染房往来老账

宣统元年十一月立少筠公丧事

宣统元年清明节立郑东支记

大清宣统二年立孤子樊国桢谨志,先考出殡亲友祭礼簿

宣统庚戌胤年元月苗粮广进

宣统二年春月吉立益泰衣庄

民国时期益业银号往复老账

民国时期河北枣南县平均负担账

民国营工税宝钱循环簿

宣统四年二月十三日立正门祠堂家庙化费账

光绪卅九年二月六日炭账

民国三年三月吉立福茂堂记济民屯粮账

民国三年船客往来

民国七年吉立志立堂修房账

民国七年李氏家族杂支账

民国八年十月吉立公街行使分散铜元册

民国十年付龙王社等钱

民国十一年岭头村止善堂杂用账

壬戌年(民国十一年)磨房暂记账

民国十二年聂蔚祥本村揭银账

民国十三年新正月立平郡德泰和记东夥清算股份底账

民国十四年七月三十日立中华山社收布施费用簿

民国十五年正月十五日小活川二村魁星账

中华民国十七年三月四日立文福全记庙出殡显考三七告账

民国十八年吉立仁济粥厂收丛米簿

清代圣母庙土地粮银账

## 第六章 异质性之解释——文化的影响

清代七甲里书总传轮流当差账

我无法想象当您看到这个清单,会有什么想法。我自己真的是深深感到震撼。对于习惯了注意企业账簿和会计的我,从来没有想过在账簿背后,竟然会有这样一个丰富而复杂的世界。我由此生出疑问:这还是我们所熟悉的"会计"和"账簿"吗?更大的震撼则在于,当我用手去碰触一件件外表形式各异,但大多显得破旧的账簿实物,翻看其中内容,仿佛看到了活生生的旧时中国人的生活:婚丧嫁娶、借贷往来、工商经营、结社集会、值班当差、烧香拜佛、捐赠布施、分家立业、交粮纳税、人情往来、生老病死、烟酒食杂,几乎所有想象得到和想象不到的各种生活琐事和营生,都可以找到与之对应的账簿记录。所以,会计的功能和意义,岂是当代会计理论中最流行和权威的理论——"信息系统论",以及基于企业会计的其他理论规训所能解释得了的!

以下略举其中一些事例,概略分析说明会计(包括账簿)的社会文化意义。

**举例一:背负骂名的王道士,一份账簿能否为其正名?**

史学大师陈寅恪曾讲过:"敦煌者,吾国学术之伤心史也。"这句话如今被镌刻在敦煌莫高窟藏经洞(17号洞窟)前藏经洞历史陈列馆院子里的一块大石上,成为永久的记忆,游人至此,总难免要驻足凭吊感叹一番。与这段伤心史相关的最知名人物就是藏经洞的发现者——因为余秋雨《文化苦旅》中一篇《道士塔》①而背负百年骂名的敦煌道士王圆箓。这个人,敦煌当地人称他为"王阿菩",意思是他有菩萨一样的心肠。人们说他很节俭、很辛苦,一年到头都只见他在四处云游化缘。"他是一个孤傲的忠于职守的人,见到生人非常害羞和紧张,脸上不时露出一丝狡猾机警的表情。……从一开始我就感到他是个不好对付的人,用金钱来收买显然是不可能的,这会伤害他的宗教情感。"斯坦因日记里这样描述他对王道士的观感。

一个人的历史功过,自是很难评说。但一些真实的史料,却可以让我们了解更多的东西。2017年中国会计博物馆与敦煌市博物馆、敦煌研究院联合举办敦煌会计文物精品展,笔者得见敦煌市博物馆收藏的编号为13092的《敦煌千佛山皇庆缘簿》[清宣统二年(1910年)]、编号为13093的《千佛洞重修改建各佛洞募化》[民国

---

① 余秋雨作为一位知名的文化学者,不惜用了许多文学的语言来谈他对王道士及有关事项的观感:"历史已有记载,他是敦煌石窟的罪人。""完全可以把愤怒的洪水向他倾泄。但是,他太卑微,太渺小,太愚昧,最大的倾泄也只是对牛弹琴,换得一个漠然的表情。让他这具无知的躯体全然扛起这笔文化重债,连我们也会觉得无聊。""这是一个巨大的民族悲剧。王道士只是这出悲剧中错步上前的小丑。一位年轻诗人写道,那天傍晚,当冒险家斯坦因装满箱子的一队牛车正要启程,他回头看了一眼西天凄艳的晚霞。那里,一个古老民族的伤口在滴血。"见余秋雨:《文化苦旅》,东方出版中心,2001,第1-2页。

十九年(1930年)],以及王道士写给"天恩活佛"(专家研究推断为"慈禧太后")的万言书《催募经款草丹》①图片资料。

图6-3 敦煌千佛山皇庆寺缘簿,道人王圆录募化(敦煌市博物馆藏)

《敦煌千佛山皇庆寺缘簿》(见图6-3):清宣统二年(1910年)立,长36厘米,宽21厘米,厚1.6厘米,是莫高窟守护者道士王圆箓②为创修千像神塔而募化资金的账簿。账簿封面正中题缘簿名称《敦煌千佛山皇庆寺缘簿》,左上角题募化的缘由"创修千像神塔",右下角落款"道人王圆箓募化";账簿首页载《重修鸣沙千佛洞募缘疏》,350字,尾署"大清宣统二年岁次庚戌夹钟月谷旦皇庆寺道士派王园禄谨识",后书"敦煌合邑绅商"劝募者16人名单;再后面是募集资金登记记录,共有13人捐款,合计白银129两,银元6元。

历经百年风雨沧桑,账簿看起来已是污渍斑斑,但其文化意义却依然让人感到震撼。账簿采用了极为正式的装帧形式,在同时代民间账簿中十分罕见。其字迹工整,一笔一画尽显诚敬。从账簿严肃认真的封面题署,到撰写《重修鸣沙千佛洞募缘疏》说明事由,再到一笔笔一项项清晰记录的捐款人籍贯、姓名、所捐银钱数目,无不显示出主事者对募化事务恭敬认真的态度。我们无法知晓其资金使用的细节,以及这份账簿是否还需以其他方式公示或向何人呈报。我们所知道的是,王道士确实在位于莫高窟大牌坊西北约80米处建成了一座名为"千相塔(千像塔)"的泥质佛塔,用以集存洞窟中发现的残破佛像,塔前立有《敦煌千佛洞千相塔记碑》。③ 俄国人鄂登堡1914年拍摄的照片中,有3张照片出现该塔。1951年当地拆除残塔时,从中发掘出150~180件残破佛像。④

这本账簿只是浩瀚历史中一件偶然的文化遗存。但对王道士本人来讲,它却像一座碑,刻下了一位籍籍无名的道士,终其一生在戈壁荒野守护佛教文化遗产,保护历史遗存的情怀,记下了他的虔诚、谦卑与认真。

---

① 1944年,国立敦煌艺术研究所(敦煌研究院之前身)在王道士遗物木箱中发现红纸墨书王道士《催募经款草丹》一件,是王圆箓遗留下来的催索经款的文书。详参李正宇:《莫高窟王道士〈催募经款草丹〉小考》,《档案》2010年第2期,第36-37页。

② 王圆箓名字中的最后一字,有三种不同的写法:禄、箓、录。《敦煌千佛山皇庆寺缘簿》封面写为"王圆录",缘簿所附《重修鸣沙千佛洞募缘疏》尾署写"王园(此处园为账簿原文)禄谨识"。

③ 《敦煌千佛洞千相塔记碑》现藏敦煌研究院陈列中心,馆藏号Z1114号,高112厘米,宽56厘米,厚12厘米。碑阳刻《敦煌千佛洞千相塔记》,由清末地方官员廷栋撰,碑阴刻廷栋诗《敦煌千佛山咏怀》两首。

④ 王慧慧、梁旭澍、萧巍、张海博:《〈敦煌千佛洞千相塔记〉〈敦煌千佛山皇庆寺缘簿〉录文及相关问题》一文中详细介绍了千相塔相关情况,包括多张历史图片。见《敦煌研究》2014年第10期,第64-70页。

从会计历史和文化的角度来讲,通常的研究大多注意账簿记录的内容。这本账簿却以其特殊的形式,告诉我们更多的文化信息:

(1) 极少用于账簿的黄色封面彰显主事者对于宗教事务的极度虔诚。

(2) 募化人王圆箓之名署于右下角,既是账簿封面的常用格式,也体现记账人的谦恭及责任担当。

(3) 账簿扉页写《重修鸣沙千佛洞募缘疏》,表明募化事项的缘由。

(4) 账簿列出"敦煌合邑绅商"劝募者名单,在于动员绅商,共襄善举,也体现对该事项的一种社会见证。

(5) 账簿内页以传统社会常用的红纸条记录方式,郑重书写捐款详细信息,具有备忘兼褒奖的多重功能。

作为一个文化载体,该账簿记录下了参与募化的各个方面及整个过程,仿佛一场生动的舞台话剧,记录历史也彰显出会计账簿所承载的丰富的文化意义。

**举例二:奇特的"养老宝账"**

中华文化强调孝敬父母、奉养老人,常言道"孝乃德之本""百善孝为先"。《礼记》《孝经》等经典著作对孝道进行了详细阐述,历朝历代也从制度上规定了如何孝敬父母。对于中国人来讲,养老是一种不言自明的责任。中国会计博物馆收藏的账簿中有一本奇特的"养老宝账"——《顺红民国十六年十二月立养老宝账》(见图6-4),该账簿以立账的形式把养老责任很正式地确定下来。

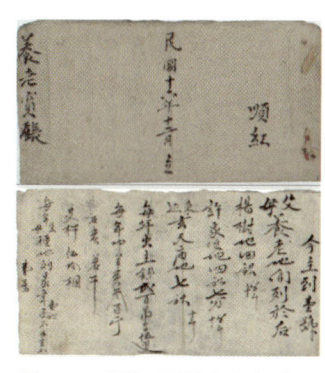

图6-4 顺红民国十六年十二月立养老宝账封面及首页
**(中国会计博物馆藏,馆藏号:MG16-RJ-024)**

MG16-RJ-024《民国十六年十二月立顺红养老宝账》采用旧时中国民间会计常用的横式麻纸账簿,纸媒①装订,每张纸对折成为一页二面,连封面共5页10面,其文字内容如下所示。

封面:

右下:顺红　　　　左上:养老宝账　　　中:民国十六年十二月立

内页录文:

今主到壹号父母养老地开列于后,杨树地四亩(小字:十五斤),许家坟地四亩七分(小字:十五斤),东边玄天庙地七亩(小字:十斤),每年出主钱贰佰吊零伍佰

---

① 用纸揉搓成的绳子。

文。每年功(供)兰炭叁佰斤,石炭若干,茭杆(秆)伍拾捆。每年父母种地刘家韦子(旁注:壹亩)不出主钱。壹号。一切门银(旁注:应)差务粮米戏钱贰股均摊,每工羊肉五斤,猪肉五斤,主地钱于十二月十五日交清。

(中间3面空白)

应分到后长畛地南边壹拾壹亩(旁注:一六五),西院去处壹所(旁注:二亩八分),连后院壹所。沙河崖地六亩(旁注:二八),神泉上地四亩(旁注:一六五),下言家道地八亩(旁注:四亩三八,四亩四升九五),老苇道北地壹所(旁注:八分二八)。大碾壹盘,大磨壹盘,旧车壹挂,梨树四棵,粪篓壹支,铁地耙壹片,新木(?)①磨壹片,小草刀全付,大草刀壹口,大立洋柜壹支,白坐柜壹支,连三柜壹支,树(竖)柜壹支,条高桌贰张,方元(圆)桌壹张,大条盘壹张,川(穿)衣镜壹面,大灯笼壹对,樱灯壹对,铜鲁壶壹把,川壶壹把,旧轿车篓壹坐,玄天庙南头(?)地壹亩,南至道。

从账簿记录的内容分析可知,这是一册山西汾阳、交城一带兄弟二人分家之后,关于父母养老责任与义务的分担和财产分配的记录。兄弟二人分为壹号、贰号分担责任。起首记录父母养老地三块计十五点七亩,由壹号(顺红)管业②,每年需交给父母(出主钱)贰佰吊零伍佰文。此外,还需每年供给取火用材料,计兰炭③三百斤,石炭若干,茭杆(秆)五十捆。账簿内容还特别说明父母自种土地一亩不需出主钱。父母日常生活中的各种应酬支出、粮米、戏钱,根据实际支出分为二股由兄弟二人均摊。家务用工需每工出羊肉五斤、猪肉五斤。最后写明主地钱需于十二月十五日交清。④ 账簿后半部载明壹号(顺红)名下分到的家产,包括:土地房产,其中,土地六块计30.8亩,房院一所,连后院一所;生产生活用具若干。

此《养老宝账》,应是顺红(壹号)在分家之后所做的记录自己养老责任和所分家产的账簿。按照民间习惯,通常分家会以"分单""阄书""分关书"等文书名义进行记录,且通常都会留出"养老地",以解决分家后老人养老问题,属于传统契约的一种。此"养老宝账"以账簿形式记录养老相关事项,较为稀见,属于一种备忘性质的记录,也显示了"账"作为证据资料的作用。

---

① 一字无法识读,用"(?)"表示。下同。
② 原文用"主"字,即做主进行管业经营。
③ 山西汾阳、交城一带本地出产的一种质量较高的燃料用炭。
④ 以上内容根据2020年6月10日"龙门账微信群"中讨论分析情况整理,感谢群友尤其是孟伟、李锦彰、蒋宏达、闫浩、杨波、徐俊嵩、魏晓锴。

### 举例三:1972年《锞礼簿》

生老病死,乃人之常情。但对情之理解却可以有很大不同。中国人对生死之事向来看得很重,而其中关涉的情与礼以及对"情""礼"的会计记录与计量,构成民间习俗及社会文化的一个重要部分,因而民间留下了种类繁多的各种"礼簿",葬礼簿忝列其一。古往今来,死生事大,"生"有满月、百岁(婴儿满百天)、生日、寿诞之礼;"死"有"葬仪""祭祀"之礼。家中有人去世时家里要办葬礼,也会收受各种礼物。这些礼物,虽然通常称"随礼"或"搭礼",但却绝不随便,而是经过精心考虑的,实质上反映了地方风俗、人缘、往来、情谊、亲疏等许多社会人文的东西。主家也要慎重其事地登记"礼簿",记清其中的人情往来,以保证当别人家有事时能够对等地随礼,以免失了礼数。对重情重礼并不能简单地视之为封建陋习,这是维系良好邻里及社会关系的重要基础。在这个方面,会计是对情与礼的综合计量,是人情社会的一项技术和文化基础。礼簿除了记录人情往来,通常还会详细记载葬礼期间的各种收支,作为逝者亲属意愿表达、责任划分、处理收益等的原始依据,也是监督考察经办人受托责任的证据。各种地方文书中留存下来的"葬礼簿""发引簿""丧葬簿"之类的文书资料极其丰富,具有重要的研究价值。此处以中国会计博物馆收藏的1972年张氏家族《锞礼簿》为例做初步讨论。

1972年的张氏家族《锞礼簿》,是一件极为特别的葬礼簿,其封面如图6-5所示。其之所以特别,在于:①其发生于1972年,时当十年特殊时期,反对封建迷信、批判"孝子贤孙"力度极大,在这样的环境气氛下,本账以规范而传统的方式记录了丧事所涉及的各项收支往来,且在封面堂而皇之写下"不孝孤子鉴、玺、良才叩",其文化意义令人深思。②账簿名称为《锞礼簿》,"锞"在旧时多指做货币使用的小块金银,称"金锞子""银锞子"。葬礼或祭祀中常使用黄、白纸粘成的"金锞子""银锞子"。本账之名《锞礼簿》,属于丧葬簿的雅称。多种信息表明,这户人家和(或)记账人具有较为深厚的传统文化底蕴。③账簿依然使用传统中式簿记中一种标志性特征——"苏州码"计数,这在当时的中国已是不太多见。其记录方式也是典型的传统方式,竖式书写,且多用繁体字。④至为特别的是,其金额竟然用"洋"来反映。

因为资料有限,我难以判断此账究竟出自何处,但总体的感觉却像是完全脱离了那个时代,账簿所记载的人们似乎穿越到了一个旧时封闭、守礼的极为传统的小山村。村里大约生活了几十户(账上所记送礼者有52户)人家,在艰苦甚至可以说是窘迫的条件下为逝者做最后的送行。

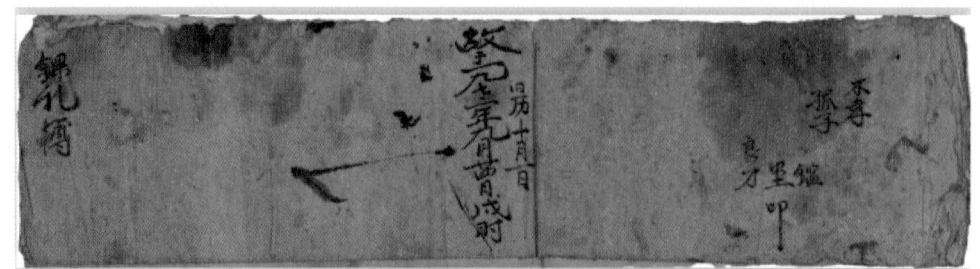

图 6-5　1972 年张氏家族《锞礼簿》封面
(中国会计博物馆藏,馆藏号:1972-W-003)

封面:

锞礼簿

故于一九七二年九月廿四日(旧历,十月一日)　戌时

不孝孤子鉴、玺、良才叩

内页:

第 1 页列人名 21 个。

第 2 页列人名 22 个。

第 3 页列人名 19 个,每人名下皆列有送礼类别及数量,如"麦壹升""礼洋壹元""供一桌""礼面三斤""洋壹元""礼麦壹升"等。

第 4 页,列人名 18 个,每人名下分列"麦乙(壹的简写)升""洋壹元"等。

第 5 页,记 3 人姓名及送礼数。其后为合计,写明:"共四十户,麦子壹斗二,供三桌,面四户十三斤,洋廿一户廿三元。"

第 6 页,补记 12 人送礼数。计:"麦八升"、"洋二元"、"供二桌"。

第 7 页,记录各项费用支出,包括经(裴)丙元之手从供销社买粉条、冬梅烟、柏木棺材、平帽开支 26.26 元;付买钉、纸、粗布、鞭炮、花、烟、酒等开支,计 22.24 元。

第 8 页,记录付十样景送殡①5 元,以及买煤油、麻纸、磨麦、压面等。与上页合计加总,共计支出 40.35 元。另记"付泥水匠作洋 五元三"。与后面所记张玺补付部分金额相同,应该是张玺直接支付了这部分费用。本页还记有收支结算数据(见图 6-6),包括:主家拨付的现金及所收礼钱,计:收　张鉴洋十元,张玺十元(下有补记五元三),家二元,收礼洋二十三元,共洋四十五元(旁注:又五元三)。共支洋:

---

①　是葬仪使用的乐队,通常称"十样景"。"清音十番锣"是不加笛子、唢呐,只用打击乐器演奏的一种十番锣鼓,又名"十样景""十不闲"。

(先写)二十六元二四,(划去后再写)四十元零三五,(下)补记五元三。余:四元六五。

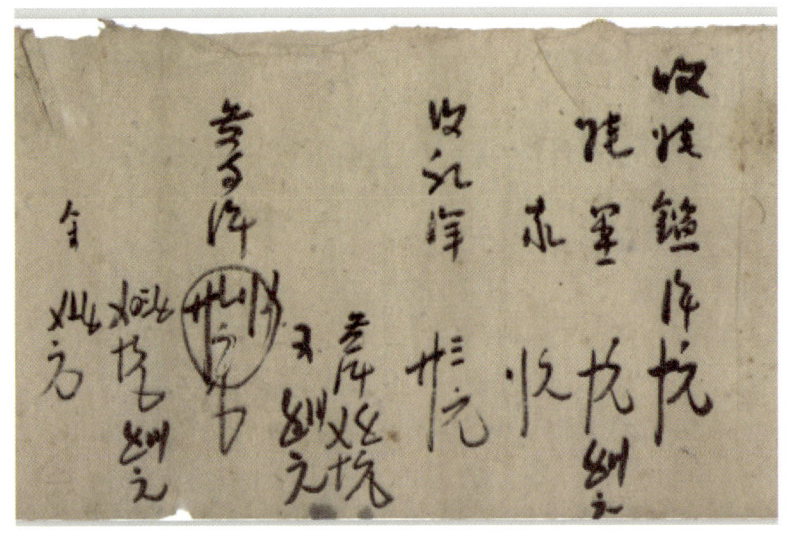

图 6-6　1972 年张氏家族《锞礼簿》第 8 页所记葬礼收支结算

第 9 页记十月二日、三日、四日、五日耗用米面数,包括压面、蒸馍用面粉数,耗用小米、大米等数。共计耗用面一百五十一斤、米八十八斤、小米三十三斤。

以下 4 页分别记家、张鉴、张玺各自付出的钱物以及借用数量。

第 10 页记:家,谷七十四斤,二日中午用米六斤,洋二元,稻七斤半。

第 11 页记:张鉴,稻十三斤,洋十元,稻子二十一斤。

第 12 页记:张玺,十月一日上午,面四十七斤,谷六十斤,洋五元加五元,稻子六斤半,出保开保共洋五元三。

第 13 页记:借申秋生稻三十二斤,借张自才稻子四十六斤。

综上来看,这是在一个生活困难的时代一个北方山村里简单但也十分正式的葬礼的全部收支记录账。这也是一项简单的事项收支账目核算,综合采用货币与实物计量,精准地记录了与葬礼相关的各项收支。

全村约 50 多户人家,包括张、秦、裴、王、吴、成、苗、崔、刘、高、黄、冯 12 个姓,可见该村是一个各姓杂居的村子。根据账中信息分析,逝者为一户张姓人家的长辈,长子张鉴、次子张玺主要负担了丧葬支出。父母随幼子良才生活,记为"家",出洋 2 元,出谷最多。5 天的葬礼,共用去钱 45.65 元,米、面 272 斤。45 余元的开支,大约相当于当时一个普通工人一月的工资收入,对一个山村农家家庭来说并非小数。账目中借申秋生、张自才稻合计78斤。当时的北方农民,以能吃上大米白面为享受,故有借用稻米办丧事的情况。丧礼开支中除了米面及钉子、鞭炮、煤油等项外,并无肉、菜之类开支。饮食类唯一外购的是两次购买粉条(一次从供销社购买7.3斤、4.96元,另一次购买3.5斤、2.38元)。两次买冬梅烟三条,每条1.8元共计5.4元,酒一瓶、0.95元。唯一的奢侈是花5元钱请了吹响班子(账目中"十样景送殡"项)。在唢呐中送别逝者,也是那个时候生者对逝者的一种告慰吧。有些事情可以草草,有些事情可以简朴,但绝不能草率。葬礼是,这个账簿也是。从中难道不可以看出其中站着的会计文化之魂吗?

**举例四:《订顽日程》之文人日常收支账**

古来人物多有记日记的习惯,很多日记被保留下来,成为重要的历史资料,上海古籍出版社2010年出版的《订顽日程》即为其中一种。

《订顽日程》是清末江南文人杨葆光先生的日记。杨葆光(1830—1912,一说1832—1912),字古酝,娄县(今上海松江区)人氏。"历官龙游、新昌、景宁等知县。学问淹博,著作等身,兼工书、画。书法晋、唐,风格遒上。画山水超迈入古。晚年客游上海鬻书画以自给。……为晚清时期上海地区一位较有影响的人物。"①

《订顽日程》稿本有30余册,藏于上海市松江区博物馆。日记起自清同治六年(公元1867年)三月,迄至光绪二十七年(1901年),共34年,虽然有些月份的记录散佚②,却大体完整。杨葆光数十年如一日坚持不辍,以表格形式逐日详尽记载日常生活及各种事务,其中"出纳栏记载日常开支情况,从中可以略窥晚清文人之生活状况乃至当时物价水准"。③作者在所撰《〈订顽日程〉自序》中称:"余少好《西铭》之文,迩年以来,微悟其旨,混然中处,滋惧悠悠。乃以天时、人事、自修、酬酢、著作、函牍、出纳比为七类,分日载之,存心养性,何敢安冀。先期不愧屋漏,使以激复吾初,悖德害人,庶其免矣。程子谓'订顽'之言,极纯无杂。窃取其名,以为《订顽日程》。玉汝于成,谨俟有道。"④

以下举同治六年(公元1867年)三月初一日记录为例,以讨论其日记及收支(出纳)记录之意义:

三月

初一

天时　风,雨。清明。

---

① (清)杨葆光:《订顽日程》,严文儒等校点,上海古籍出版社,2010,校点说明第3页。
②③ (清)杨葆光:《订顽日程》,严文儒等校点,上海古籍出版社,2010,校点说明第4页。
④ (清)杨葆光:《订顽日程》,严文儒等校点,上海古籍出版社,2010,订顽日程自序,第4页。

人事　祖妣郁太宜人生忌，设祭。探报捻匪在光固一带，窜及石牌。
自修　抄《易经精义》至《观卦》
酬酢　龚雪溪招初二日晚酌。为朱普州改试贴三首。
著作　作《清明》诗。为程小愚太守题《梅花仕女》程名佑。
函牍　复周筱霞信，为其侄亮寅馆事，并托荐雪溪钱席。为署中作函。
出纳　收狄宅还钱百文。收肇新行鸭蛋一百七十六枚，新笋十斤。收鼎成付秋油折。付广源肉洋一元。支日用钱百文。

《订顽日程》中34年的记录，每天的记录都是这样分类，以表格形式依次记录天时、人事、自修、酬酢、著作、函牍和出纳等七项内容。最后一项"出纳"，记录每天的收付及日常支用。其记录方式采用较为标准的日用账簿记录方式，收入列前，付出（开支）列后，最后一项列"支日用"，即当天除购买非日用品、借出、打赏、人情等付出外日常家用开支，使用了规范的"收""付""支"记账符号，以及"符号＋内容＋数量（或金额）"的标准会计记录形式。其中除了货币收支外，实物收付也一并记录在内。属于典型的"流水账"形式，而且是30多年几乎无间断的流水账。

除《订顽日程》外，杨葆光尚存有日记著作稿本一册，题名为《古酝日记》，记载咸丰五年至六年之事，日记整理者认为此日记稿本是作者年轻时记录的。其形式与后期的《订顽日程》有所不同，并非采用固定七类的表格形式，而是采用常用的记录簿书写。日记内容的形式排列更为随意，出纳部分的记录则更显格式化特点，如图6-7所示。

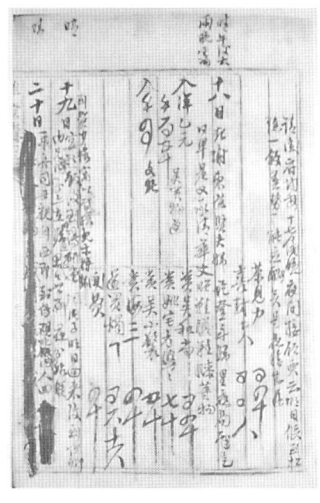 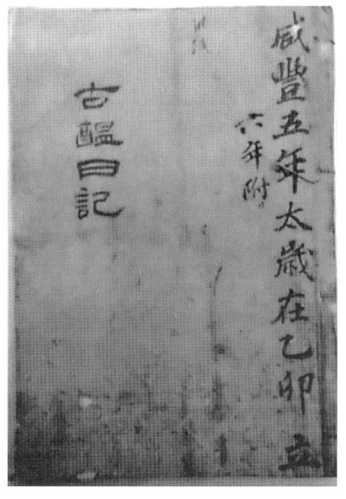

图6-7　《古酝日记》封面及内页（图片来自《订顽日程》卷四第3107页）

《古酝日记》始记于咸丰五年三月初四日。首行写"咸丰五年三月初四日以前无记"。当日所记有"订日记册"之语,起因则是作者之前看到其高祖公日记手迹,引发了记录兴趣。与后来称为《订顽日程》的记录不同,最初的日记中对天气情况只是较为随意地标注于篇头空白处,所记内容或多或少,并无固定分类。日常收支则是置于每日记录之最后一项,如图6-7中十七日收支所示:

茶见力　　　百四十

喜封五人　　百〇八

十八日的收支项目较多,全文照录如下:

晴,午后大雨,晚雷响

十八日　招谢东道贤夫妇。讫登舟归里。夜局。越是
　　　　日早晨,又承清华丈赠鞋纤鞋膝等物。

入洋乙元　　　　　　赏吴和尚　　百四十

钱百五十　吴买物还　　赏姚宅老婆婆　七十

入钱百四　支账　　　　赏吴小鬟　　五十

　　　　　　　　　　　赏海三　　　四十

　　　　　　　　　　　还买烛　　　百六十六

　　　　　　　　　　　闲费　　　　四十

十八日记录中收支占了较大篇幅。采用上入下出格式,位置安排清晰规整。入项顶格书写,六项支出虽未标注"出",但每项首字位置齐平,其后金额部分所有末处"十"字竖笔皆拉长至底部边界,为典型的会计书写形式,说明作者掌握了一定的会计知识。

通常以为,古代士大夫耻言货利,鸡毛蒜皮之类的日常收支难得入士人法眼。杨葆光曾为一县之长,后以诗书为业,却不以此为意。他数十年记日记锱铢必较,不厌其详,且记录方式颇得会计三昧。究竟是何原因?刘永翔先生[1]在为《订顽日程》所撰序言中,大略解释了理由:"所记多衣食住行、布帛椒粟之事。人谓其形于米盐琐屑矣,而顾可忽乎哉?世之治乱、道之隆汙俱在其中矣。"[2]古人有云:风起

---

[1] 刘永翔,字寂潮,浙江龙游人,华东师范大学博士生导师、中国古代文史研究专家,现任上海市作家协会理事、上海图书公司学术顾问、《中华文史论丛》学术顾问。

[2] (清)杨葆光:《订顽日程》,严文儒等校点,上海古籍出版社,2010,刘永翔所作序第1页。

于青萍之末。① 又云：祸患常积于忽微。② 故士君子长存警惕之心，于细微之处着手，琐屑中见真知，概此日记之所求者也。

杨葆光日记，初名《古酝》，后为《订顽》，实大有深意。其自序中尝言"少好《西铭》之文"，故"窃取"程子"订顽"之名。"玉汝于成，谨俟有道"。他希望以日记的方式，"存心养性"，小可免"悖德害人"，大则入于道。可见，作者是以这种形式，效仿先贤，从细微的坚守中行修心养道之实。

所谓《订顽》，乃宋代大儒张载③《正蒙·乾称》之一节。该文借批评顽愚，阐述了儒家思想大意，一向被视为儒家经典篇目。张载曾将其录于学堂双牖的右侧，题为《订顽》，篇中另一部分录于左侧，题为《砭愚》。后程颐将《订顽》改称《西铭》，《砭愚》改称《东铭》。朱熹又将《西铭》从《正蒙·乾称》中分出，加以注解，使之成为独立的篇章。《西铭》被视为张载的代表性著作。《订顽》(《西铭》)④篇之核心意蕴，在于以乾坤、天地、父母(含男女、夫妇及家庭)为一体，以乾坤确立起感通之德能，阐明此德能如何从个体之身位向家庭或家政展开，并推达天下。程颢赞"《订顽》之言，极醇无杂。秦汉以来，学者所未到"。杨葆光体《订顽》之意，行"日记"之实，以日记账目作为存心养性的一种日常功夫，实可视为会计记账之意义的另一种发微。

**举例五：农民侯永禄的《农民账本》**

2011—2012年，人民文学出版社出版了一套根据陕西合阳农民侯永禄一生记录资料整理的"农民系列"丛书，称为"农民五部曲"(《农民日记》《农民家书》《农民笔记》《农民家史》《农民账本》)，社会上对该丛书好评如潮。该丛书被誉为"农民版《傅雷家书》"，真实见证了中国农村50年巨大变迁。其中《农民账本》是侯永禄

---

① （楚）宋玉：《风赋》："风起于青萍之末，止于草(林)莽之间。"
② （宋）欧阳修：《伶官传序》："夫祸患常积于忽微，而智勇多困于所溺，岂独伶人也哉？"
③ 张载(1020—1077年)，字子厚，世称横渠先生。凤翔郿县(今陕西省眉县横渠镇)人。北宋思想家、教育家，理学创始人之一。张载博览群书，其学以《易》为宗，以《中庸》为体，以孔孟为法。认为世界万物的一切存在和一切现象都是"气"，即"太虚"，主张"理在气中"。又认为只有"德性之知"才能认识"天下之物"。他曾讲学关中，故其学派称为"关学"。世人尊称其为张子，与周敦颐、邵雍、程颐、程颢合称"北宋五子"。他"为天地立心，为生民立命，为往圣继绝学，为万世开太平"的名言，被当代哲学家冯友兰称作"横渠四句"。
④ 《订顽》(《西铭》)实为儒家思想大义的精华体现。特全文抄录于此："乾称父，坤称母，予兹藐焉，乃混然中处。故天地之塞，吾其体；天地之帅，吾其性。民吾同胞，物吾与也。大君者，吾父母宗子；其大臣，宗子之家相也。尊高年，所以长其长；慈孤弱，所以幼其幼。圣其合德，贤其秀也。凡天下疲癃残疾惸独鳏寡，皆吾兄弟之颠连而无告者也。于时保之，子之翼也。乐且不忧，纯乎孝者也。违曰悖德，害仁曰贼。济恶者不才，其践形，惟肖者也。知化则善述其事，穷神则善继其志。不愧屋漏为无忝，存心养性为匪懈。恶旨酒，崇伯子之顾养；育英才，颖封人之锡类。不弛劳而底豫，舜其功也；无所逃而待烹，申生其恭也。体其受而归全者，参乎！勇于从而顺令者，伯奇也。富贵福泽，将厚吾之生也；贫贱忧戚，庸玉汝于成也。存，吾顺事；没，吾宁也。"

50余年所记家计账的整理成果。

侯永禄(1931—2005),陕西省合阳县路井镇人。幼年穷困,曾读私塾学习认字算术,学会了打算盘。1944年进入合阳县简易师范学校学习,1949年毕业回家务农。自20世纪40年代末开始记日记、写随笔、记家计账,几十年如一日,积累了数百万字的文字资料。这些资料在他去世后由他的家人整理出版。38.5万字的《农民账本》,集中整理了侯永禄从1948年至2004年57年中所记家计账。

该书前言及相关部分中,详细叙述了侯永禄记账的前因后果及总体情况。此处择其要点转述如下。

(1) 现存家用账中,最早的一本始于民国三十七年(1948年),侯永禄当时年仅17岁,还在师范学校读书。据其妻子回忆,1946年他们结婚时家里已经有专门记载来往债务的账本。说明侯永禄在少年时(15岁前)已经有记账的意识。

(2) 侯永禄所记家用账,最晚一本记于2004年。《农民账本》后记中有:"2004年末,父亲手指颤抖得更加厉害,右手几乎拿不起笔来。12月21日,他强撑病体,在母亲的帮助下,颤巍巍地写下了生前的最后一笔家用账:'吃饭买菜,15.5。'2005年3月13日5时3分,在路井老家门房的土炕上,父亲静静地躺在他平时记账用的炕桌旁,走完了人生的最后一程……"[1]侯永禄作为一个有情怀的农民,终其一生一直在记账。记账已经成为他的一种习惯、一种生活方式。在他一生所记57年的家用账中,家庭的每笔收入、每项开支、每次往来,都详细入账。大到成百上千,小到一分两分,进进出出,分分厘厘,都记得清清楚楚、明明白白。

(3) 存留下来的40本家用账,"从书写格式上,1948年到1959年的账本,基本上为旧时的宣纸,采用了从右往左写的古代传统的汉字记述形式;1960年到2004年的账本,基本上为普通的新闻纸,采用了从左往右写的标准规范的表格记述形式。在账本来源上,极个别是从商店购买的,一部分是父亲自己刻印的,而绝大部分是儿女们为父亲打印制作的。记账用的笔,也不尽相同,一小部分用毛笔,绝大部分用钢笔,也有用圆珠笔的。然而无论哪一本,哪一页,哪一笔,都散发着泥土的芬芳,踩踏着历史的脚步,记录着社会的变迁"。[2]

(4) 1951年的家用账前,侯永禄记录了自己制定的记账规则(十大注意点):①要以农历为记日标准;②要以大写为可靠数字;③收支不管多少都要记;④实物货币折麦附侧;⑤要增加收入,减少支出,最低限度亦应收支平衡;⑥日期数字用途

---

[1] 侯永禄:《农民账本》,人民文学出版社,2012,第488页。
[2] 侯永禄:《农民账本》,人民文学出版社,2012,前言第1-2页。

要记明;⑦字迹要工整、醒目;⑧随收随记,随支随记;⑨可酌情按季总结;⑩定要如上实行。

图 6-8 是侯永禄家用账账页及其所写的"十大注意点"。

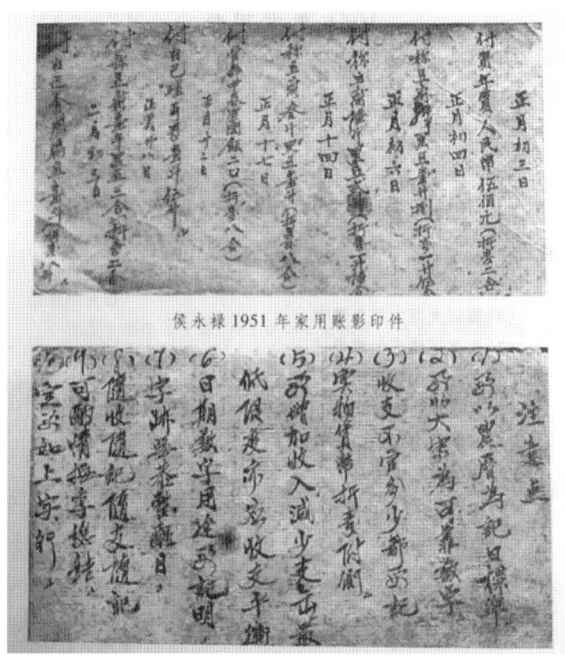

图 6-8　侯永禄家用账账页及"十大注意点"(图片来自《农民账本》第 19 页)

(5) 从 1960 年开始,采用标准规范的表格账本,记账日期以公历为标准,所用数字也不用大写的汉字,改用简单实用的阿拉伯数字了。另外,随着货币交换作用的逐步扩大,"实物货币折麦附侧"的情况也越来越少。

在中国,不管是以前还是现在,许多人都有记家用账的习惯,有些人甚至能坚持一生,记账成为其生活的一部分,一种自觉的习惯。记账实为中国文化和中国人生活中很值得关注的一个部分。侯永禄的家用账是一个典型代表,它以一种特殊的形式,记录了从旧社会到新中国近半个多世纪里中国农村沧桑变幻的历史实迹。在一般的会计历史研究中,家用(家计)账一直未能引起人们足够的重视,实在是一种遗憾。客观地说,记账在中国是一种普遍的文化现象,其中隐含了中国人对生活的观念和态度,家用账是认识中国人和中国文化一种很好的路径。

侯永禄家用账的特别之处有二。一是它的特殊性。侯永禄作为一个典型的农家子弟,6 岁入私塾学习认字,学会了打算盘,十几岁读师范时就开始记账。侯永禄 1954 年担任合作社会计。1984 年 54 岁时，他还参加了合阳县会计招聘考试，作为全县 700 多名考生中年龄最大的一个，获得了"二级会计技术职称证"。可以说他是在一个特殊的环境条件下成长起来的特殊会计人才，对于研究近现代民间会计教育也是一个典型案例。① 二是因为他有做专业会计的经验，所以他的家用账，采用较为专业的记账方法，并且根据自己的理解制定了记账规则。除了有关记账、结账的要求外，更涉及"增加收入，减少支出，最低限度亦应收支平衡"这样的财务管理要求，这是很值得注意的。据《农民家史》记载，侯永禄初任合作社会计时，因为自己的记账方法是自学的，所以他专程到供销社向供销社会计学习记账方法。书中还有关于他参与县、公社举办的各种会计培训班以及在培训班担任教师的记载。这些对于研究那个时代农村社队会计人员的培养，实在是很好的史料。

以上不厌其详地列举了有关中国民间会计的五个实例。事实上，类似实例多到不可尽数。由此得出一个总的结论：在中国，会计本身是一种文化体系，深深地根植于中国人日常生活的方方面面。因为多样的人文、多样的记录，会计也因此有了各种极其复杂和多样的文化意义，而不再只是一种记录经济事项和财务收支的专业技术。

在旧时中国民间，幼童在启蒙教育阶段往往会进入私塾学习，掌握基本的读写计算和记账的本领。有些人可能只是做到最基础的"能写会算"，并以之作为日常生活中必需的技能、生存的根本。有些人则可能进入商铺，接受更专业的记账及计算技术训练，通过精研各种知识和技能，最终成长为经商记账的专门人才。

在古代留下来的文书资料中，我们可以发现大量与民众个人及集体生活相关的记录资料。除了个人家庭外，许多宗族或集体对各种都会安排记账。婚丧嫁娶、祭祖上坟，所有的收支都可能成为记录的对象。在这样的活动中，通常会有专门的记账人，可能是识文断字、能写会算的能人，也可能是私塾先生。记账算账成为人们生活中一种普遍的常态。民间常有"人不死，账不烂"的说法，而"认不认账"更是常用的习语。有些人错误地认为中国人不讲诚信、没有契约精神，而事实上，从有文字记录开始，重信守约就是中国人的一种基本的生活理念。从敦煌吐鲁番文书、

---

① 从《农民家史》相关资料中，可以发现侯永禄学习会计相关知识和技能的细节：6 岁入私塾（六世祠）学认字，背《三字经》；8 岁入小学，学习打算盘；得一本用毛笔抄写的珠算口诀，晚上点灯学打算盘，学会了除法，"给以后的当会计打下了基础"；同时，在学校学算术课。14 岁初小毕业上高级小学，15 岁免试上合阳县简易师范学校；1948 年开始记日用账，1950 年担任乡文书，统计数字，填写报表；1954 年 8 月当地成立农业生产合作社时任会计，由于对会计知识、记账方法、传递手续不熟悉，专门去供销社向人请教新式记账方法以及会计与出纳之间钱账分管的办法。其后多次到县上参加会计训练班，成立乡会计互助组。

黑水城文书到近年来大量面世的各地契约文书,都表明契约、账簿等各种记录作为维系社会诚信及秩序的基础性工具,广泛地深入商业活动及民间日常生活的方方面面。记账成为一种普遍的习惯,不管是文人士大夫还是乡野山民,这种习惯几乎毫无二致。

### 9. 小结(Conclusion)

世界是多元的,文化更是一种多元的存在,客观上存在着巨大的差异。文化本身就是世界各地民众生活观念、思想、习性等的外在显现,正如世间各种事物的外表形式——形状、色彩、质地以及内在构成各不相同,世界多姿多彩正是根源于此。更深入一个层次,文化也如同世界万物的"颜色",我们所见之各种差异,是通过一种复杂的传感机制所形成的复杂的感受结果①,是人们对各类事物认知的一种感知,甚或只是一种语言上的描述,一种相对稳定性与异变性相结合的体系。

文化与环境相关,但更是思想的产物,是藏在背后支撑人类行为的内在逻辑,是人类行为的思想和观念基础。会计作为一种技术与文化相混合的生成物,技术层面是其外在,表现为记录、计算、分析的工具。其内在则是思维观念,是一种文化,决定为什么记、为什么算,以及如何记、如何算等。上文的论述中我们用了各种举例和分析来说明世界会计文化的差异,以及这种差异的文化成因。对于当今世界,在客观上尽管也不时地出现反对的声音,但全球一体化、全球会计文化的趋同,却必将是一个难以从根本上逆转的趋势。更多的面向世界的学习和交流,是为了未来人类社会共同的福祉而必须选择的路径。

走向这条路径,必须要有适宜的对待文化的观念,那就是平等地对待人类各种文化,以认真的态度,深入地了解、认识各种文化的内在实质,从中获得更多的理解,以进一步推动文化的交流。在这方面,既不能自卑,也不能有自大的观念。我们需要以客观公允的心,平和平等地看待世界,认识人类各种文化的实际价值。

与此同时,我们也必须客观地看待世界各种文化的差异,而且承认这种差异始终是十分巨大的。其根源在于,因为地理、历史以及社会观念等多方面的原因,各种文化的萌芽、发育和发展,客观地存在着层次或者说进展程度上的差异。因为所处的环境或阶段不同,各种文化所关注问题的重点和层次各有不同,这也就是本书所强调的文化的异质性特点。文化的异质性特点导致了异质的会计文化。尽管我

---

① 通常认为,"颜色"是对视觉感知结果中某一类性质的特定结果的描述体系。

们认可未来的会计国际性协调与趋同必将是一种无法从根本上逆转的趋势,但也必须承认并正视一个重要的事实,即迄今为止,在以民族或国家为基础所形成的世界格局下,各民族或国家存在着巨大的文化差异和不同的利益追求,这种利益追求可能在一定时间因为一些特殊的原因而进一步激化。因此,会计的国际趋同,必将任重而道远。

总体而言,会计与文化的关系,大致可从三个层面来观察。

其一,总的社会文化作为一个基础对会计的影响。不同的社会历史和文化环境导致了不同的会计及其历史发展。

其二,不同环境下所形成的会计文化体系。会计虽然在客观上包含技术的因素,但从根本上来讲,却是一个文化体系,包含社会、国家、企业组织、家族(宗族、家庭)治理和秩序维护的一系列思想、观念、制度等因素。

其三,在作为一个整体的会计文化之中,随着社会经济的发展而形成的会计亚文化体系。联系对会计的通常认知,可以将会计文化大致分为国家(官厅)会计文化、企业及社会组织会计文化、家计会计文化等。每一个部分都有许多需要关注和研究的具体内容。

本章最后,还需强调的一个重要问题是进一步了解、学习不同文化及促进文化交流的必要性。尽管从表面来看,20世纪尤其是第二次世界大战以来,因为国际商贸活动及国际投融资规模的扩大,旅游、留学、官私交流及移民等所造成的人员往来增强,技术进步、交通的发达,尤其是20世纪90年代以来国际互联网的发展,使世界各国、各种文化之间有了远胜于从前的交流和沟通,但从根本上来讲,不管是在一般的文化方面,还是在会计专业技术和知识文化的沟通方面,依然是隔阂大于交流,不解多于理解。而产生不解和隔阂的最根本原因在于一些国家文化和观念上的自大和优越感。这种自大和优越感,使人们不屑于去了解甚至在内心里鄙视及排斥其他文化。虽然有一些看起来积极学习异域文化的情况,但事实上也较多停留在表面,略知皮毛,或者只是走马观花,望文生义,得其形而失其神。当今时代,人类世界的生存和发展事实上面临着更多困难和压力。为了全人类的福祉,尤其是基于构建人类命运共同体的需要,文化上的了解、学习和交流,当是一切活动之基础。会计文化亦然。

# 第七章

## 异质性之解释——技术的促进

会计并非一种静态的现象。随着时间的推移,它一再发生变化。新技术被纳入会计工作之中。它被要求为各种不同且不断变化着的目的而服务。

——Anthony George Hopwood,"The Archaeology of Accounting Systems," *Accounting Organizations and Society*,1987,Vol. 12,No. 3:207-234.①

**1. 总论:技术的重要性及其作用体现于会计的三个层面(Introduction: the Importance of Technology and Its Reflection in Three Aspects of Accounting)**

在人类社会中,技术是极其活跃且重要的力量。从原始人类最初利用简单的方式把天然资源——石头、树木、骨头以及各种动植物副产品等周边唾手可得的东西——变成简单的工具,到现代科学技术各种超乎想象的发明创造,技术既是改进人类生活的实际手段,文明进步的巨大推动力,也在实质上改变人本身,包括人的生理(体质体能)、心理(思想观念、对世界及自身的认知)以及人的社会关系等各个方面。

恩格斯 1876 年在《劳动在从猿到人转变过程中的作用》中,明确提出并全面论证了劳动创造人的原理,指出劳动"是整个人类生活的第一个基本条件,而且达到这样的程度,以致我们在某种意义上不得不说:劳动创造了人本身"。② 马克思认为:"劳动生产力是随着科学和技术的不断进步而不断发展的。"③我们也可以同样

---

① 英文原文为:Accounting is not a static phenomenon. Overtime, it repeatedly has changed. New techniques have been incorporated into the accounting craft. It has been called upon to serve an ever greater variety of different and changing purposes.
② 恩格斯:《劳动在从猿到人转变过程中的作用》,见中共中央马克思 恩格斯 列宁 斯大林著作编译局:《马克思恩格斯选集(第三卷)》,人民出版社,1972,第 508 页。
③ 马克思:《资本论》,见中共中央马克思 恩格斯 列宁 斯大林著作编译局:《马克思恩格斯全集(第二十六卷)》,人民出版社,1972,第 664 页。

认为,会计作为"对过程的控制和观念总结"①,作为人类社会进步中一种重要的存在,同样是随着科学和技术进步而不断发展进步的。

英国会计史学家安东尼·乔治·霍普伍德(Anthony George Hopwood)曾撰文探讨会计系统随着技术和时代变迁而发生的重大变化,认为:"会计不断地趋向于成为与之前完全不同的模样。会计作为一种易变的、不断发展完善的人造物,其技术及与之相伴的各种外在表现,往往以多种极不相同的方式体现在组织和社会变革之中。然而,不幸的是,人们对会计的变革过程知之甚少。目前,对于可能导致会计的特定概念出现的现实条件、推动会计变革的力量、会计技术深化及扩散的过程,以及会计机制改变对不同的人、不同的组织和社会所产生的影响,我们所知甚少。"②造成这一现象的一个重要原因是以往有关会计及会计历史的研究,更多地瞩目于会计的一般属性及构成会计本体的实操方法(凭证、账簿、报表)和会计制度方面,而对作为会计环境条件中的技术变化、会计相关应用技术的发展变化以及会计本身关注甚少。而实际上,会计在其数千年历史发展中,始终与各种相关技术的发展进步保持着极为密切的关系,而它自身,也成为技术进步的一种现实表现,体现出极强的与技术俱进的特点。

技术之于会计的作用,具体体现在三个层面。

第一层面:技术影响人类社会生产力水平,改变人类生产和生活的状态,也影响人类社会组织制度及观念的变革,进而改变会计的需求与供给,影响会计的总体发展水平、体系构造及变革,体现出典型的时代性特征。

第二层面:技术影响会计的记录载体与相关工具,其发展进步具体影响会计记录、报告(信息传递)、审核、控制、分析等具体形式。

第三层面:会计本身内在的技术构成(记录、计算的专门方法,试算平衡、内部牵制与控制技术,凭证、账簿、报告的技术形式,会计审查、分析、预测技术,以及电算化网络时代会计的专门技术等),影响会计专业性和总体水平的提升及其实际作用。

从总体上来说,技术是一种人类创造物,必然地体现人的一般观念(哲学意义上的)、人对环境及自然的认知、对生活的态度与观念、人的科学观念、人在生活和工作中努力的程度、人对知识和信息的交流与传播等诸多社会、人文因素,以及自

---

① 马克思:《资本论》(第二卷),人民出版社1975,第152页。
② Anthony George Hopwood, "The Archaeology of Accounting Systems," *Accounting Organizations and Society*, 1987, Vol. 12, No. 3: 207-234.

然资源和条件等多方面因素的影响。在古代因为地理等原因在较大程度上相对隔绝的各种文明和人类族群中,我们发现许多极不相同的技术创造,各具特色。而自大航海时代开始,随着人类交流和交往的通道日益通畅,各种技术的世界性交流不断加强。各种技术方法的世界性流播,进一步增强并凸显了各地会计技术的差异性,同时也促进了会计技术一定程度上的交融与趋同。

概括而论,人类世界会计的发展是在以上三个层面的各种因素共同作用下产生的综合性结果。世界各地、各个国家三个层面的因素和水平各不相同,并且客观地存在着极大差异,从而决定了世界各地会计不同的面貌。同时,由于各种相关技术的世界性交流及传播,会计更加复杂多样、异彩纷呈。对于第三个层面,已有研究和人们现实中涉及较多,因此,本章着重从前两个层面展开讨论。

**2. 技术进步引起的社会环境变化及对会计的影响(The Changes of Social Context Caused by the Advance of Technology and Its Effect on Accounting)**

技术的进步是人类文明一步步向前推进,乃至发生革命性变化的巨大推动力。技术的进步也可能导致一种文明形成巨大的甚至压倒性优势,从而导致社会环境及世界格局发生巨大改变。

从古代社会来看,一种文明的崛起,总是与技术的进步有着密切关系。自大航海时代以来人类世界的历史发展中,技术上的领先尤其是一些关键技术的突破性进展,导致了西方多个国家轮番崛起,引领世界潮流:关于地球的认知提升、指南针的应用和航海技术的进步,使西班牙、葡萄牙成为15世纪海上探险和探索新航路的先驱;高超的造船技术和先进的枪炮,使荷兰成为征服和占领的先锋,奠定了"海上马车夫"的百年辉煌;蒸汽机和纺织机的发明,引发工业革命首先在英国发生,将英国推向世界龙头的地位,大英帝国超越欧陆各国引领全球贸易,建立起全球范围内具有优势地位的商业贸易圈,"日不落帝国"辉耀历史;20世纪的美国更是借助无可匹敌的技术优势,成为一个创新的国度并一路领跑,在20世纪末期成为全世界唯一的超级大国,全球政治、经济、文化、技术等方面真正的霸主。进入21世纪以来,人工智能、大数据、5G技术的发展更是给整个世界和人类生活带来了全新的面貌,在各种矛盾冲突中,孕育着变革和跃升的机遇。

人类社会数千年文明演进的历史,也是一部技术进步的历史。会计作为一种兼具社会性和技术性双重属性的人类社会存在,在这个过程中经历了复杂和持久的变化。

1) 青铜时代

在人类文明进步的历史上,青铜时代(或称"青铜器时代"或"青铜文明")足可视为人类在技术上第一次实现质的飞跃的时代。它代表着人类工具器具的制造,从最初利用直接的自然出品及其形态转换,发展到了通过冶炼进行金属制造的创造性制作时代。考古学上的青铜时代是以使用青铜器为标志的人类文化发展的一个阶段。在青铜时代,世界上青铜铸造业形成了几个重要的地区,这些地区成了人类古代文明的中心。在古代文化发达的一些地区,青铜时代与奴隶制社会形态相适应。例如,埃及、印度、中国、爱琴海地区、美索不达米亚等国家和地区,彼时都是奴隶制国家繁荣的时期。对于人类文明演进,青铜时代具有重要意义,在于它代表的是人类生产和生活从最初简单地利用各种自然形成的产物或自然材料的简单加工品,发展到通过金属冶炼和进一步的加工制造向深度技术加工的进步。这种技术经过大约千年的演进,发展到了让人震惊的地步,如各种工艺复杂的大型青铜器(各种礼器和生活用器具、乐器、车马器具等)的制造、高精度金属武器的制造、劳动工具的制造等。这种技术改变了人类社会结构、生活的品质,极大地促进了社会生产力水平的提高。①

(1) 青铜的冶炼及其在兵器制造中的使用,极大地提高了武器的精度、强度及锐利度,促使人类族群战力水平提高,差异加大。随着战争俘获的俘虏和资源激增,奴隶制作为一种人类社会组织结构形式出现,人类社会的生产和生活由此发生了巨大改变。在这一过程中,技术作为一种特殊的能力,使较早或较好地掌握了这种能力的族群、部族或国家,具有压倒性的战力优势,战争的规模、激烈程度以及可能带来的利益急速扩大,人类文明由此发生了深刻裂变。

(2) 青铜器具的制造和使用,扩大了人群生活品质上的差异,加深了社会组织结构和阶层的变化,组织管理和结构层级日益复杂化和多样化。

(3) 青铜工具的制造和使用,促进了人类社会劳动分工,各种专门化职业渐次出现,人类社会生产的组织规模扩大,生产力水平提高。

(4) 随着青铜冶炼和铸造技术的进步,金属铸币取代天然贝币承担货币职能,促进了商品交易的发展和财富的聚集。专门化的商人和商人阶层出现。

中国古代的青铜时代,大体相当于夏、商、周时期。这个时期是中国早期国家

---

① 中国一些重要的博物馆如中国国家博物馆、宝鸡青铜器博物院、陕西历史博物馆、河南博物院、湖北省博物馆、上海博物馆等均收藏有大量青铜器。许多青铜制品(比如,越王勾践剑、曾侯乙墓出土的编钟、冰鉴等)的工艺和技术水平让人叹为观止。

制度及文化奠基和成型的时代。当时的中国除了在具体的会计技术方面经历了由简单刻记和结绳记事向"书契"的进步,形成了体系化的文字、数字及记录系统,并以锲刻和毛笔书写的方式进行相对规范的甲骨、简牍记录之外,更重要的是大一统国家组织框架的建构和财计制度及思想体系的形成。随着冶炼和铸造技术日渐成熟,青铜器由夏朝时的器型相对简单变为商朝时的日渐精美且铭文增加。到西周时期,青铜器铭文内容日益丰富、器型多样,到春秋战国时则大气奢华、纹饰繁复,青铜器不再仅仅是一种作为技术产品的实用器具,而是地位的象征,是权势、地位和荣宠的尽情宣泄。不论是"列鼎制度"下祭祀时的鼎、簋的数量配置①,"乐悬制度"下宴乐时的钟、磬等乐器悬挂,极尽华美和锋锐的王侯佩剑,还是青铜器铭文中铭记的赐贝某某朋,"制作彝器""子孙永宝"的傲骄和得意,都已经超出了"物"的意义,而是精神层面、社会等级和社会尊荣的宣示。

  青铜的发明与进展,带动了人类社会结构及社会意识总体上的、深刻的变化。当人类第一次深刻地领悟到技术所带来的种种优势后,人类便如同登上了一部不断加速的战车,开始在技术发展的道路上快速驰骋。人类的地域性差异由此日益扩大。基于日益扩大的技术及因之而来的社会文化、意识及制度差异,人类会计的差异不断增大。青铜时代可视为此种差异扩大的起始。青铜器制作技艺上精益求精的不懈追求,造型、纹饰、功能设计及铸造工艺上所隐含的天马行空的想象力和创造性,代表了那个时代至高无上的思想追求,这种追求也体现在国家体制和制度设计方面,体现在治国理政的思想和政策方面,从而产生了完善到不可思议的《周礼》财计制度,以及春秋战国百家争鸣时代巅峰的财计管理思想。

  2) 农耕技术进步的社会及会计影响

  古代东方和西部欧洲是早期人类文明进展至为重要的区域,分别是"农耕文明"(Agricultural Civilization)和"海洋文明"(Marine Civilization)的代表。两者在农耕技术方面的差异,也是造成文明和社会发展水平差异的重要原因。比如乡村、城市和人口的发展、社会组织结构和管理体系的形成、文化及社会思想观念的运化等。根据蓝勇《中国历史地理学》的数据统计,中国在战国、秦时的人口总数为2 000万,到西汉末期达到6 000万,唐朝开元年间的人口峰值处于8 000万～9 000万之间。② 按照英国历史学家安格斯·麦迪森(Angus Maddison)《世界经济

---

① 据《礼记·玉藻》记载和考古发现得知,簋是重要的礼器,用于祭祀时放置煮熟的饭食,一般与鼎配合使用。《周礼》规定,天子用九鼎八簋,诸侯用七鼎六簋,卿大夫用五鼎四簋,士用三鼎二簋。

② http://www.360doc.com/content/19/0326/20/19417730_824342512.shtml。

千年史》(The World Economy: A Millennial Perspective)中的数据比较①,在公元初直至20世纪末的大部分时间里,中国人口总数多是欧洲人口的2倍左右。从城市规模来讲,秦代都城咸阳的人口估计过百万,汉朝都城长安的人口达四五十万,唐朝长安城据估计一般不少于80万人,鼎盛时期则可能超过100万人。南宋临安城(杭州)总户数约在30万以上,共有城市人口约150万。而欧洲直到中世纪末期之前,甚少出现人口超过10万的城市。其原因当然是多方面的,农业及相关技术的差异,必然是重要方面。

在此首先说明一个我偶然注意的颇有意思的问题——城市粪便的处理与农业用肥问题。早期人类大量人口在城市中聚集生活,必然遇到一个很尴尬的问题,就是如何处理人畜粪便和生活垃圾。这个问题常常为研究者所忽视,但却是一个很大甚至有些恐怖的问题,若处理不好,除了影响市容市貌更可能导致公共卫生事件,甚至引发瘟疫。据相关研究,中国在汉代就发明了将人畜粪便通过发酵处理转化为农肥的办法,所以古代中国城市皆有专人收集粪便并将其运出城市,并将其经过专门处理后作为农肥使用的传统。有人甚至以此为业,发财致富的也不乏其例。

成书于西汉时期的《氾胜之书》被认为是中国古代最早的农书,一般也被认为是世界上最早的农学著作。作者氾胜之,汉成帝时为议郎,知农事。曾以轻车使者的名义在长安郊区一带深入农业生产实践,研究当地的土壤、气候和水利情况,总结推广各种先进的农业生产技术。提出了"区田法""溲种法"(在种子上粘上一层粪壳作为种肥)和"种瓠法"等实用农作技术。书中有云:"汤有旱灾,伊尹作为区田,教民粪种,负水浇稼。区田以粪气为美,非必良田也。"说明古人在很早时期就已经使用农家肥。人口集聚的城市和乡镇码头,则是农家肥的良好来源。南宋时吴自牧所撰《梦粱录》中就记载了都城临安一种叫做"倾脚头"的职业:"人家甘泔浆,自有日掠者来讨去。杭城户口繁伙,街巷小民之家,多无坑厕,只用马桶,每日自有出粪人瀽去。""倾脚头"把收集到的粪溺运到农村卖掉赚钱,成了一个很有利可图的职业,乃至其"各有主顾,不敢侵夺。或有侵夺,粪主必与之争,甚者经府大讼,胜而后已"。②

中国古代农人收集人畜粪便、枯枝落叶等,采用堆肥和沤肥等方式,通过发

---

① 安格斯·麦迪森:《世界经济千年史》,伍晓鹰等译,北京大学出版社,2003,第27页,表1-8a"日本、中国和西欧的人口增长比较,0—1998"。

② 刘疆:《古人处理垃圾有何妙招》,《中学生阅读》(初中版),2020年第3期,第34-35页。

酵将其转化为高效的有机肥,并将其施用到农田中,既能增强肥力,促进农作物生长,也能改善了土壤结构,构成一种良性的生态物质再循环。这种看似简单且不起眼的技术,既促进了农业增产,也解决了城镇垃圾污染问题,具有重要的社会意义。

本小节讨论农耕技术进步的影响,却在一开始把注意力放到城市垃圾和粪便处理问题上,乃是为了说明一个社会的构成与运行是一个复杂的系统工程。很多时候,一些重要的原因和问题,往往可能藏在一些常常为人们所忽略的地方。所以,这里的内容安排,首先是对笔者本人一种提醒:注意研究问题时的角度与归因。

讨论农耕技术,最关键的自然是农具和土地耕作方式。对古代农业社会而言,最重要的则是铁质农具的使用。

古代中国在商周时期就已出现了许多用于整地的农具,除了耒耜之外,还有锸、镢、锄、犁等金属农具。近现代农村劳作所用的大多数工具,在那个时候大多已经出现。除了工具,更重要的是对耕作的要求。春秋战国时期,就已经有了明确的"深耕熟耰"①的要求。《庄子·则阳》:"深其耕而熟耰之,其禾繁以滋。"《韩非子·外储说左上》:"耕者且深,耨者熟耘。"即要求深耕之后将土块打细,以减少蒸发,保持土中水分,达到抗旱保墒、促进增产的目的。《吕氏春秋·任地》中更是明确提出了深耕的程度,要求做到"其深殖之度,阴土必得",即要耕到有底墒的地方,以保证作物根部能接受到地下水分。这样的要求,自然需要更加锐利且价格相对低廉的铁器才能做得到。与此同时,使用牛耕以畜力代替人力,极大地提高了农业耕作的劳动生产率。

根据史料记载,铁制农具和牛耕大概在春秋时期已经出现,到战国时期得到了进一步推广。如果说这一时期的战乱,对于农业生产和人口的增加造成较大影响,那么,到了汉代,当长时期的战乱终于结束,经过汉初一段时期的休养生息,经济的发展和人口的快速增长就成为必然。

关于汉代铁质农具的使用情况,郑州大学董守贤的硕士论文有详细的研究。按照他的观点:"汉代是我国封建制度进一步巩固和发展时期,也是我国铁农具飞速发展的一个历史阶段。无论是材料、动力,还是种类、结构等方面,汉代铁农具都有突破性发展,对汉代农业生产具有重要作用,在古代农具发展史上占有重要地

---

① 耰(yōu),古代的一种农具,用于弄碎土块,平整土地。

位。"①论文中总结发现的汉代铁农具,将其分为收割(3种)、中耕(2种)、播种(1种)、整地(1种)、垦耕(5种)五大类12种。除了铁质农具外,汉代农具还包括木质、石质农具,种类齐全,专业化程度高,能适应农业生产各个环节的需要。

自然,我们需要注意,铁质农具的生产不是一个孤立的事实,而是与冶铁、铸造、销售等诸多方面相联系。仅冶铁方面,《史记·货殖列传》中就列举了多位战国至汉代时冶铁行业的从业者,如"邯郸郭纵以铁冶成业,与王者埒富""蜀卓氏之先,赵人也,用铁冶富……铁山鼓铸,运筹策,倾滇蜀之民,富至僮千人""程郑,山东迁虏也,亦冶铸……富埒卓氏"。除此而外,还有"家致富数千斤"的宛孔氏、"富至巨万"的曹邴氏。由此,既可以看到冶铁作为一个行当的财富意义,也可以看到其对于国计民生的重要作用。

铁质农具的系统性推广使用,与耕作、施肥等技术相配合,大大促进了汉代中国作为一个农耕大国的发展。这一点,对研究和认识技术的社会意义,以及其加之于会计的影响具有重要的认识论价值。因此,在上述内容中我们不厌其详地作了介绍,下面将进一步对这些技术整体上对古代中国社会及会计的发展所发生的影响做出分析。

(1) 与农耕技术的发展进步相对应,古代中国社会形成了重要的"农本"思想,"农本"成为古代中国社会发展的主流观念。

《汉书·文帝纪》有云:"农,天下之大本也,民所恃以生也。"②民以食为天。农业是衣食之源,更是立国之本,所以"为君之道,所重在于人之食"。故有子贡问政,孔子对曰:"足食,足兵,民信之矣。"重农,也就是重民生,古代中国历朝历代的执政的基本思想,即从这里延展开来。

(2) 与重视农耕的基本国策相适应,古代中国相应地建立了一系列与之相配套的社会经济管理制度和政策。其中至为重要的,当属早在先秦时期就已存在的"户籍版图"之制,以及在此基础上演变而成的西汉时期"编户齐民"。这一制度延续至今就是中国制度文化精华之一的户籍制度。在古代中国,这一制度具有更为重要的意义,在于它抓住了古代农业社会两项最重要的资源——土地和民众(劳动力)。古代中国以它作为赋役征收和社会管理的基础,借助科学、合理、精密的户口、土地统计报告制度,实现了农业生产、生活和财政的数字化、精细化管理。

---

① 董守贤:《汉代铁质农具研究》,郑州大学硕士学位论文,2010年5月。
② (汉)班固:《汉书·卷四·文帝纪第四》,浙江古籍出版社,2000,第27页。

## 第七章　异质性之解释——技术的促进

以户口统计为核心的数字化管理是古代中国一种悠久的传统。据甲骨文记载,商王朝已开始人口登记,称为"登人"或"登众"。到西周时期已有成型的户口登记制度。《周礼·秋官·司民》中有:"司民:掌登万民之数。自生齿以上,皆书于版。辨其国中与其都鄙及其郊野,异其男女。岁登下其死生。及三年大比,以万民之数诏司寇。司寇及孟冬祀司民之日,献其数于王。王拜受之,登于天府。内史、司会、冢宰贰之,以赞王治。"[①]此为古代中国"户籍版图"制度之始。春秋战国时期,各诸侯国为了扩大兵源,增加赋役,稳定社会秩序,建立了严格的户籍登记及审查制度,即所谓"书社制度"和"上计制度"。依照"书社制度",百姓25家为1社,"社之户口,书于版图"。"上计制度"最初的要求是郡、县长官每年于年底前将下一年度的农户和税收的数目做出预算,书于木券上,呈送国君。到秦汉时期则演变为遍行全国,作为官员治绩考核和政府财政审查的专门制度。汉武帝时期,汉朝在借鉴先秦户籍版图制度的基础上,开始推行编户制度,将民众分为自耕农、佣工、雇农等正式编入户籍,称"编户齐民"。编户制度融行政管理与赋税制度于一体,开创了古代中国社会以户口统计为基础,实行数字化管理的制度先河。这一制度与上计等制度相结合,至南北朝时期演变为"计账户籍之制",成为古代国家宏观财计管理的基础。也是在这个框架之下,古代中国形成了从官厅到民间的一系列会计思想、观念和制度。其中两个重要的部分:一是以农业税赋征收管理及收入使用为核心的官厅会计体系,包括从秦汉"上计"转化为唐代"计账"的官厅会计报告和审计体系、各类仓储物资的库藏管理、各种官营实业(盐铁专营、酒榷、铸币等)和公共事业的会计管理、财计分析报告(唐代国计簿、宋代会计录)、皇室(宫廷)簿记等;二是家族(宗族)会计系统(包括义庄、义塾、族产、宗祠等的管理)。

(3) 农耕文明下的中国人,在数千年生息中养成了浓厚的土地情结。我国政府一直强调的守住18亿亩耕地"红线"的定位,其意识基础在于耕地是宝贵的自然资源,耕地的数量和质量是粮食综合生产能力的体现,是国家战略安全的基础性指标。而对于历朝历代的民众来讲,土地则是生息的根本,是财富的源泉,由此整个社会形成了深刻细致的土地管理制度和观念。在官方,商周时期即有关于"公田""私田"的区分。魏晋时期的屯田、均田制,隋唐时期的均田和授田,明清时期的土地清丈和"鱼鳞图册"等土地资源管理措施及相关制度,始终是涉及国家治理的头等大事。在民间,中国人具有无与伦比的土地情结,在中国民众尤其是农民眼里,

---

[①]《周礼》,钱玄,钱兴奇,王华宝,谢秉洪注译,岳麓书社,2001,第339页。

土地并不是一种简单的财产,它包含了农民复杂的情感寄托,具有生命的意义。① 许多人购买土地,将其作为重要的资产和财富储存手段,也作为生活、家族延续乃至生命之本。民间文书中留下了大量与土地相关的契约文书材料,古人在土地买卖、租赁等各种处置中多种细致的考量,以及"绝卖""断卖""加找""叹"等丰富奇特的用词用语,无不体现出浓厚而且复杂的农民对土地的情绪和感情。在家族(宗族)和家庭会计中,族产、义田、义塾、义庄等经营及收入处理是极为重要的内容。

(4)工商业与农耕相关,我们需要注意中国古代商业经营的特点。长期以来,人们习惯地认为古代中国普遍存在较为严重的"轻商"思想,"重农抑商"是很多朝代的选择。其中一个理由是"士农工商"四业之中,商居其末,有"农为本""商为末"之说。客观上来说,"士农工商"的顺序排列,确实考虑了其相对的社会重要性,但在经典的传统观念中,古代中国社会并不是根本地贬斥商业。司马迁《史记》(卷一百二十九·货殖列传第六十九)曾客观地分析了农、工、商、虞(泛指开发山泽资源)的作用:"《周书》曰:'农不出则乏其食,工不出则乏其事,商不出则三宝绝,虞不出则财匮少,财匮少而山泽不辟矣。'此四者,民所衣食之原也。原大则饶,原小则鲜。上则富国,下则富家。"②客观地来看,在大多数时候,民间工商业都是重要的经济活动,并能获得较好的发展。需要特别注意的是,民间工商业活动大多与土地出产物的流通相关,因此,实质上可视其为系统的农耕经济的基本构成部分。与此相关联而产生的民间工商业会计,有自己相对独立的观念、制度及方法体系,也是会计史研究的重要部分。

(5)对古代中国社会会计管理方面的问题,人们大多概而观之,甚少有具体的材料或数据分析。《汉书·食货志》中载有战国时期魏国著名政治家李悝作"尽地力之教"的数据分析,转引于此,作为古代中国重视数据管理和分析的一项具体例证。其文曰:"今一夫挟五口,治田百亩,岁收亩一石半,为粟百五十石,除十一之税十五石,余百三十五石。食,人月一石半,五人终岁为粟九十石,余有四十五石。石三十,为钱千三百五十,除社闾尝新、春秋之祠,用钱三百,余千五十。衣,人率用钱三百,五人终岁用千五百,不足四百五十。不幸疾病死丧之费,及上赋敛,又未与

---

① 汪萍在《中国人的土地情结》一文中,分析了中国人对土地的深厚情感。对中国人而言,土地具有多方面的象征意义,包括:土地象征着生命;土地象征着母亲;土地象征着国家和权力;土地象征着故乡。参见汪萍:《中国人的土地情结》,《六盘水师范高等专科学校学报》2007年10月刊,第5-7页。

② (汉)司马迁:《史记·卷一百二十九·货殖列传第六十九》,中华书局,2006,第751页。

此。此农夫所以常困,有不劝耕之心。"①其中基本数据及各种分析性考虑,可概括列示如表 7-1 所示:

表 7-1　五口之家收入支出情况

|  | 收入 | 支出 | 余 |
| --- | --- | --- | --- |
| 五口之家百亩田岁收 | 150 石 |  |  |
| 减:税(10%) |  | 15 石 | 135 石 |
| 食(5×1.5×12) |  | 90 | 45 |
| 剩余粮食折合为钱(45×30) |  |  | 1 350 钱 |
| 减:社间尝新、春秋祭祀费 |  | 300 钱 | 1 050 |
| 衣(5×300) |  | 1 500 | (-450 钱) |
| 疾病死丧费 |  | 若干 |  |
| 赋敛 |  | 若干 |  |

此一例证说明,古代政治家的制度设计,可能是以数据计算和分析为基础的,而非仅仅基于道理上的推断。这一证据,自然也可作为古代中国重视会计和数据分析的证据。重视会计和数据分析可作为理解古代中国社会管理的一项基本原则。

(6)考察古代农业社会结构和实践对会计的影响,需要注意一项基本事实,即中国古代先贤们从上古时期开始就在考虑一个宏大的地域范围内国家体制和制度建设的整体性问题。先贤们这么做的根本意旨在于从根本上解决族群和国民的生存与生活问题,而生存和社会生活中最根本的问题,是社会制度和秩序问题,也即是社会治理问题。与这样的思维相适应,中国古代会计的体系、观念、方法及制度建构,从一开始就是致力于以一个庞大的地域范围内大一统国家的财计管理为核心。这是一项庞大的系统工程,需要全面细致的系统化设计。因此,才有作为国家财计管理开端的禹"大会计",作为国家财计制度建设核心成就的《周礼》,春秋战国时期丰富多彩的理财思想和管理实践,秦汉时期以大一统中央集权国家制度和体制建设为核心的财计管理体系,以及后世各代在财计管理方面的各种创造和发明。由它们构建成的中国古代会计(财计管理)体系最终演变成为一个由国家财计管理(官厅会计)、民间工商业会计、个人家计(包括宗族和家族会计)三部分构成的内容宏富的会计体系,与近现代西方会计注重企业(尤其是公司制企业)会计形成鲜明的对照。差异的制

---

① (汉)班固:《汉书》(卷二十四上·食货志第四上),浙江古籍出版社,2000,第 430 页。

3) 航运技术、商业发展与复式簿记的发明及传播

在人类文明演进中,交通问题始终是一个关乎文明发展和进步的核心问题。在古代资源和运力有限的情况下,解决交通和运输问题最有效的方式是借助江河湖海水力之便的船舶运输。因此,我们看到,在人类文明的大部分时间里,经水上航道实现的船舶运输,是人类物资运输最为快速和高效的手段。我们也可以看到在人类文明进程中船舶和水路运输所发挥的无与伦比的作用。

早在大禹时代,船舶就已经成为古代中国重要的交通运输工具。《史记》(卷二·夏本纪第二)记载禹"陆行乘车,水行乘船,泥行乘橇,山行乘檋"。[①] 而关于传说中的大禹治水,从《尚书·禹贡》的记载来看,大禹除了治理水患,更重要的则是疏通河道,使九州各地的贡赋财物可以便利地通过水路运输抵达王畿。隋炀帝花了极大力气开通大运河,实则是为了贯通南北,使南方鱼米之乡的米粮物资能源源不断地输往北方,供应都城及边塞军需。大运河的影响自然不仅如此,在近千年的历史中,大运河串通了多条不同的河流,也连通了多个不同的经济地理区域。大运河沿线布置的仓储设施、货场以及星罗棋布的市镇码头带动了古代中国最发达地区的经济发展。在古代官厅实务中,漕运和漕船的管理始终是为政者考虑的重要问题。与此相关的物资和人力资源管理,漕运制度的设计、执行、维护及管理,构成古代官厅会计的重要内容。其中,唐代理财名家刘晏治理漕运的思想和经验积累是古代中国财计管理宝贵的文化遗产,迄今具有重要的借鉴意义。内陆航运与海上船运相连接,则是宋元以后以瓷器为代表的中华物产走向世界的技术助力。一定意义上来讲,航道既是物资流通的渠道,也是文化乃至文明交流的通道。人类会计文明的许多重要成就,也是借助这个渠道,实现了重要的世界性交流和传播。

从全球范围来看,运河和船运的作用也是同样重要,甚至更为突出。

首先,就运河而言,在陆路及航空交通高度发达的今天,全球数条重要的运河仍在发挥无可替代的作用。比如,苏伊士运河,它沟通了红海与地中海,使西欧到印度洋的航程比绕道南非好望角缩短近万公里;巴拿马运河成为大西洋与太平洋之间最重要、最便捷的国际通道;德国基尔运河是连接波罗的海和北海的主要通道。英国工业革命初期,运河运输是大宗商品和原料的主要运输方式,加之很多机器设备要靠水力驱动,因而一些工厂不得不靠近河流选址,由此推动了一场修建运河的热潮。从1755年第一条运河桑基运河的开凿到1835年伯明翰—曼彻斯特运

---

① (汉)司马迁:《史记·卷二·夏本纪第二》,中华书局,2006,第7页。

河竣工通航,英国花了80年时间建起了全国性的运河网络。① 正如张艳伟文章中的评价:"英国的运河时代与工业革命恰好合拍,运河是工业革命腾飞的基石。运河打破天然河流分布的限制,为工业提供廉价且稳定的大宗货物运输,成为工业革命的生命线。"②

其次,关于造船与航运。人类活动的踪迹早在原始时代就与舟楫相连。地中海区域,在自远古时代便是航行者的乐园。古代腓尼基人以培养优秀的水手和航海家著称,他们以海上商人的身份,用专业的航海技能在整个地中海区域进行贸易活动,曾一度统治整个地中海地区。威尼斯商人在中世纪末期称霸地中海,其中一个重要的武器就是由鼎鼎大名的威尼斯兵工厂(Aresenal of Venice)制造的船只,以及以此为基础建立的名为"船桨帆船系统"的武装护航商队。他们凭借强大的航运能力,把来自东方的香料和各种物资源源不断地运往欧洲大陆各地。以造船为主业的威尼斯兵工厂,作为15世纪世界最大的几家工厂之一,也创造了当时世界上最先进的会计管理典型。一方面,该工厂采用流水作业,在安装舰船时实施了类似于现代装配线的生产方式,使生产效率得到了很大的提高。另一方面,该工厂还建立了早期的成本会计制度,能够追踪并评估各种费用,实施管理控制。

同样是借助造船和航海技术,先是西班牙和葡萄牙人,随后是荷兰人,再是继起的英国人,他们借助大航海时代开辟出来的海上通道,把生意做到了全世界,同时也实现了对大半个地球的殖民统治。发源于意大利的借贷复式簿记方法,作为中世纪末期以来人类世界最重要的会计发明,也是在这个时期内,跟随着欧洲列强征服世界的脚步,跟随商船、跟随与商业贸易相关联的各类人员及资本,逐渐地传播到美洲、澳洲、亚洲,最终流遍世界各地,成为20世纪世界各国普遍采用的记账方法和原理,带动了全球会计文明的进步及现代化发展,实质性地验证了会计文明的成就伴随着商业和交通的发展实现世界性交流的历史事实。

4)蒸汽机、产业革命与工业时代会计的突破性进展

1765年,英国织布工詹姆士·哈格里夫斯(James Hargreaves)发明了被称为"珍妮机"(Spinning Jenny)的手摇纺纱机,掀开了人类史上具有重要意义的产业革

---

① 张艳伟:《试述英国工业革命时期的运河业》,《首都师范大学学报(社会科学版)》2007年第S1期,第206-210页。

② 张艳伟:《试述英国工业革命时期的运河业》,《首都师范大学学报(社会科学版)》2007年第S1期,第206-210页。

命(也被认为是人类历史上第一次工业革命)的序幕。产业革命的标志是英国发明家詹姆斯·瓦特(James Watt)发明的蒸汽机。1776年,瓦特发明第一台有实用价值的蒸汽机,其后经过多次改进,成为"万能的原动机",在工业上得到广泛应用。蒸汽机的发明解决了对大机器生产而言至关重要的动力问题,促进了大机器生产在西方世界的广泛应用。至19世纪40年代,欧洲大陆各国和美国都已普遍使用蒸汽机。随着蒸汽机的广泛使用,各种大型蒸汽动力机器不断涌现,工业生产由此进入大机器时代,纺织、印染、冶金、采矿、铸造等行业迅猛发展,创造了难以想象的技术奇迹。在此过程中,蒸汽机车和蒸汽船的发明和使用,进一步解决了工业产品、原材料和人的远距离、大规模运输问题。一场以机械化大生产为标志的深刻的时代性变革影响了人类文明的整个进程。从18世纪60年代开始到1840年前后,大机器生产在英国基本上取代了传统的工场手工业,英国工业革命基本完成,成为世界上第一个工业国家。18世纪末,产业革命逐渐从英国向西欧大陆(法、德等国)和北美传播,后来又扩展到世界其他地区。

产业革命是人类技术发展史上的一次巨大革命,开创了以机器代替手工劳动的时代。它不仅是一场技术革命,而且是一场深刻的社会变革。从总的社会关系和社会结构的角度来说,工业革命使依附于落后生产方式的自耕农阶级消失了,工业资产阶级和工业无产阶级形成和壮大起来,整个社会结构和人们的生活、工作状况发生了根本性改变。从社会产业结构来看,工业取代商业,成为最引人注目的明星行业,吸引了大量资金、技术和人力的积聚,一些国家率先进入工业时代。从生产的组织形式和规模来说,工厂使用动力设备进行集中生产,促进了相关生产资源的大规模集中,工厂制取代之前普遍存在的手工工场,成为主要的企业组织形式,引发了许多新的管理和资源配置问题。

在产业革命中,大量不同门类的工业设备和技术的发明创造,在改造纺织、冶金、采矿等传统工业的同时,导致了机器制造业、钢铁工业、运输工业等蓬勃兴起,形成了一个庞大而完整的工业体系。在科学上,它促进了热力学等理论的建立,也促进了新的企业结构和技术条件下企业管理理论及实践的兴起。

对会计而言,产业革命具有重要影响,使会计超越传统商业会计的界限,获得了一系列突破性进展。

(1)随着工厂制成为工业生产的主要形式,企业规模空前扩大,引出了企业内部资源配置和管理、劳动计量和工资报酬核算、成本核算、存货控制、制造费用分配等一系列工业企业独有的会计问题,工业会计从传统商业会计中分离出来,成为一个专门的会计领域,获得了良好的发展。

(2) 随着产业革命在世界各主要资本主义国家逐步推进,工业生产中的成本计算与控制,以及基于损益计算目的的费用处理等问题,成为工业资本家和经营管理者考虑的焦点:①由于工厂规模扩大、企业组织结构复杂化,成本费用的核算与控制成为企业管理控制中一项重要内容;②固定劳动的使用、标准化生产和细致的劳动分工使计件工资制(piece-rate plan)逐渐取代计时工资制(time-rate plan),成为主要的劳动工资计量方式,人工成本控制成为成本核算和管理控制的重要部分;③随着大机器被日益广泛地使用,固定资产在企业资产中占比提高,企业对未来的信心增强以及合理计算利润并实现资本保值的需要,折旧(depreciation)成为会计中一项突出的考虑;④大量市场功能的内化以及企业组织的复杂化,使企业内部管理的职能日渐突出,各种间接费用增加并成为会计中一项重要因素,进而使产品成本构成发生改变。以上各种问题,引发了会计实际工作者和学者对成本问题广泛的关注,成本会计从工厂(工业)会计中分离出来,成为现代会计一个专门的分支,并在后来的发展中不断深化和完善,由基本的成本计算向成本管理控制发展。

(3) 大型机械设备在工业中的广泛使用,导致企业资金需求膨胀,股份公司作为筹集和使用社会资金的一种有效形式,逐渐取代早期流行的合伙制成为最具时代意义的企业组织形式。股份公司所有权与经营权分离的特点,引出了股份公司对外报告会计(财务)信息的需要。为了解决对外报告的鉴证问题,执业会计师[英国称"特许会计师",(Chartered Accountants),传入美国后称为"注册会计师"(certified public accountants, CPA)]作为一个新的职业出现了。他们以独立的第三者身份开展对公司财务报表的审查鉴证,解决了股份公司会计报表对外报告中的信任问题。他们所执行的业务被称为"社会审计""民间审计"或"独立审计""注册会计师审计"。注册会计师在社会经济发展中成为一个重要的公共职业,注册会计师也与律师、医师一并被视为三大独立执业的职业,获得了良好发展,也导致现代审计学以注册会计师所执行的独立审计为核心,在理论、方法等方面得到发展,成为现代会计学科体系中重要的一门。

(4) 因为股份公司管理和对外信息披露的需要,企业会计核算及对外报告相关问题成为社会各方关注的焦点,也成为商业立法方面需要考虑的具体问题之一。基于管理股份公司创办事宜,监督公司董事的管理活动等目的,英国于1844年颁布了世界上第一部公司法——《1844合股公司法》(*Joint Stock Companies Act 1844*)。该法以无限责任为条件,第一次允许以依法注册的方式设立股份公司。

"该法案不久又被修订,作为1845年公司条款总则再次公之于世。该法案规定:公司应登记会计账簿,应定期进行决算;董事应编制'详尽且公允的'年度资产负债表,并在上面署名;然后,由一名或若干名股东代表加以审查。其目的是,通过审计工作让股东了解公司的实际情况和董事的管理活动,考察董事所作所为的合法性,从而对董事以后的行为施加影响。这些作为股东代表的审计人员有权检查公司的账目并对董事和职员进行询证。他们的主要任务是检查资产负债表并向股东们报告资产负债表是不是真实、准确地反映了经营状况。董事应在股东大会前10天,将资产负债表的副本与审计报告一起送发给各位股东,并向股份公司注册登记官报送同样的资产负债表备案。"[1]该法最初的规定将公司账目审查的责任赋予股东代表,代表了基于公司内部管理的自然考虑,有一定的必然性,但这项考虑中显然未曾注意到审查账目对于非会计专业人员来说具有巨大难度。因此,在经过十几年的实践之后,1862年公司法对此进行了修正。理查德·布朗认为,1862年的公司法以"会计师的支持者"而闻名。"由于要求红利只能从收益中支付,这就使熟练的会计师的服务绝对必要。审计人员不再必须是股东,他们检查和报告的义务被明确公布出来。而且,1862年的公司法确定了负责整理破产公司的法定清算人的地位,这项工作通常由职业会计师办理。"[2]与英、美等海洋法系国家不同,法、德等大陆法系国家在商法典中明确有关会计的基本规范。1808年颁布的法国商法典"从公司设立、管理、清理,以及从会计、审计等方面具体解决维护财产权、债权与财产继承权的问题。商人会计或商业会计是商法典中的重要篇章,它具体涉及会计制度中的各个主要方面,从而在这个重要法律文件中确立了会计制度的重要地位,体现了'法典式会计制度'的特色,在世界上独树一帜"。[3]

(5)产业革命的世界性推进,尤其是蒸汽机车和蒸汽船的使用,带动了更大范围内的人员、知识及技术流动,以借贷复式簿记、执业会计师及工业(成本)会计为代表的许多重要会计成就随之传播到世界主要国家和地区,促进了全球会计总体上的现代化进程。蒸汽机车的发明进一步推动了铁路建设的热潮和超大型铁路运输公司的出现。其规模之庞大,不但使大型的纺织企业变成了侏儒,甚而超过了卡内基的钢铁巨人。"铁路公司因此成为第一个现代化企业。它们第一个要求雇用一大批领取薪俸的经理人;第一个拥有由中层管理者来管理的中央办公室,高层经

---

[1] 迈克尔·查特菲尔德:《会计思想史》,文硕等译,立信会计出版社,2017,第128-129页。
[2] 迈克尔·查特菲尔德:《会计思想史》,文硕等译,立信会计出版社,2017,第165页。
[3] 郭道扬:《论两大法系的会计法律制度体系》,《会计研究》2002年第8期,第3-9页。

理对他们发布命令,并向董事会提供报告;它们是第一个建立一种大型内部组织结构的美国企业,它们对中央办公室、部门指挥部、外部单位之间的责任、职权及沟通作了仔细的规定;它们第一个开发了财务及统计信息流来控制和评价许多经理的工作。"[1]铁路公司无与伦比的规模和组织结构的复杂性,给庞大地域范围内企业的管理控制提出了许多尖锐问题。铁路公司对各种专门化工作实行部门化管理,使其整个管理系统也不得不按部门化方式运作,并在管理技术和方法方面不断革新。也正是铁路部门投资巨大、资产使用寿命长、维护与支持开支巨大、组织结构及管理复杂等特点,实质性地提升了"折旧"问题的意义,具体地推动了有关折旧方法的研究和各种观点与方法的产生。也是在铁路部门,出现了最早应用"量本利分析"(Volume-Cost-Profit Analysis)的实例,为20世纪上半期成本管理会计诞生和发展提供了理念及方法论基础。

(6) 产业革命促进公司制企业发展,改变了会计的基础环境,引发了会计观念、原则等方面许多新生事物的出现,包括所有者权益及分配、持续经营、会计分期、应计制、资产计价、费用及损益计算、坏账、折旧、公积等,现代会计的基本观念、假设和方法等一系列理论构建逐步成型。

(7) 随着工业革命的深化,与会计相关的一系列技术工具和办公工具、材料,如手摇计算机、支票机、装订机、打字机、簿记机、印刷机、机器印刷的标准化账簿、票据、会计报表(报告)、各种表式文件等相继出现并普及,促进了专门化的会计办公机构的发展和会计工作技术水平的提高,也便利了会计知识及信息的传播。机械化印刷的发展,也促进了出版业和教育的发展。各种会计相关著述和教材大量出版,极大地推进了会计教育、学术研究和知识普及,在实现簿记向会计转化的过程中,逐渐完成了现代会计学科的体系构建。

5) 信息技术与全球一体化时代会计的发展与困境

20世纪是技术大爆炸的时代,科学技术和层出不穷的发明创造,极大地改变了人类生活乃至人类本身。在这个时代,技术取代资本成为决定人类世界发展最重要的力量。20世纪以来美国借助两次世界大战使老牌欧洲资本主义国家发展受挫的良机,吸收全球资本、技术、人才及各种资源,聚集了全球顶尖的科学技术力量,成为全球科学技术创新和创造的中心,以压倒性的优势引领世界。从技术本身来看,20世纪以来的新型技术不胜枚举,其中最重要的创造是1946年诞生的电子计算机、以互联网为核心的信息技术,以及世纪之交兴起的人工智能。使整个世界

---

[1] Chandler A D, *The Visible Hand*, Harvard University Press, 1977: 120.

的格局和面貌为之巨变的是技术推动下全球一体化的突飞猛进:便利的交通和通信所带来的交流扩大、时空距离缩短、社会生产的全球性布局、地球村概念的出现。一系列深刻的变化,引发了人类意识、观念和生活等方面巨大的躁动。技术在飞速发展的同时,也引发诸多困惑、矛盾及冲突,同时也孕育了世界发展全面破壁的良机。

1946年2月14日,美国军方定制的世界上第一台电子计算机ENIAC(Electronic Numerical And Calculator,电子数字积分计算机)在美国宾夕法尼亚大学问世。这台庞然大物重达28吨,占地约170平方米,耗电量约150千瓦/小时,包含17 840支电子管,造价48万美元,每秒执行5 000次加法或400次乘法运算,是手工计算的20万倍。它本来是美国奥伯丁武器试验场为了满足第二次世界大战时计算弹道的需要而研制的,但它完成之时战争已然结束。不过这并未影响该机的存在价值。其运算速度远超同时代任何计算工具,因此,成为具有划时代意义的技术发明。之后,计算机技术以惊人的速度发展,至70年代初第四代"大规模集成电路计算机时代"到来时,计算机向巨型化、微型化、网络化、智能化趋势发展。同时,随着局域网技术发展成熟,出现了光纤及高速网络技术,无处不在的互联网技术将世界联结成一个紧密的整体,极大地促进了全球一体化发展。

作为信息技术时代的核心标志,计算机和互联网技术的发展,改变了社会,也改变了会计的生存和发展环境,乃至改变了会计本身。

(1) 电子计算机的发明和快速发展,解决了人类社会生活和科学技术发展中至为关键的大数据量计算的问题,促进了许多应用技术和管理技术的诞生。管理会计作为会计中服务公司内部管理的一个部分,从传统财务会计中分离出来,借助电子计算机超强的计算能力和信息存储、整理、分析及传输等技术优势,获得了良好发展。

(2) 电子计算机和各种便携式移动终端作为办公与生活用品进入组织及个人生活,改变了工作和生活方式,极大地提高了工作效率。在组织内部,组织借助计算机和互联网技术进行企业组织结构和流程再造,实现组织业务与财务会计系统的高度融合,会计由传统手工纸质系统向智能化计算机网络系统转换。

(3) 计算机数据库系统的发展,便利了数据(信息)的储存及使用,互联网的出现更是极大地便利了数据的远距离传输、分享和交流。个人计算机和各种移动终端的普及,使公司会计可以打破时间及地域(地点)界限,以快速、便捷的方式,在保持传统会计分期核算形式的基础上,实现定期报告与实时处理(包括信息实时披露)相结合。通过互联网发布企业报告已成为一种普遍趋势,导致会计信息披露以及会计信息的形式与内容、时空趋向(历史信息、实时信息与未来预测信息)等方面的一系列重要变化。

(4)技术的发展改变了现实,也改变了人们生活和工作中的许多基本观念。传统会计的基本假设和各种观念受到挑战,各种无形资源日益成为企业经营和社会生活中至关重要的因素,对以实物资产和物质资本为核心构建的传统会计理论和观念,以及会计的计价、确认、记录、报告体系构成严重挑战。

(5)人工智能技术快速发展并深度进入会计领域,在提高业务效率、防控企业风险、提高企业竞争力、促进会计工作发展的同时,也使许多会计从业者担心失业的风险。

总体而言,技术的进步,环境的改变,使会计日益受到严重的、全方位的挑战。当技术进步超越了理论、观念的发展,当专业思维落在了时代的脚步之后,会计面临种种现实的困难乃至困境,就是一种必然结果。未来会计将走向何方,需要我们努力去寻求答案。

6)小结

会计是环境的产物。技术因素决定了社会总体的发展水平,成为人类社会环境变化最重要的推动因素,环境的变化引发人类社会生活和会计水平一次次变化。上文对人类文明演进中几个关键性阶段(或时点)、方面的分析,力图直观地体现技术进步与人类社会环境变化以及会计发展进步之间的基本关系,这是考察会计历史需要注意的一个重要方面。在讨论这一问题时,必须同时强调人类社会存在的另外一种状况,即从人类文明演进的长时段和全球范围整体性来看,技术的进步,并不是在同一时间同步、均衡地发生在世界各地。在早期地理和交通因素使人类世界的各个部分在较长时期内处于相对分离甚至隔绝的情况下,不同文明中技术发展的差异实际上更大。正如本书有关地理因素的讨论中我们所看到的,人类技术的进步与传播,深受地理环境因素影响。一个显见的事实是,许多技术的进步或创新性发展,总是发生在一些人口较为密集,也是在历史上文明发展最重要的区域中。而技术的进步和创新,总是与各种文明或文化的交流与互动密切相关联。因此,我们看到,人类历史上最重要的技术创造或创新,极少发生在相对隔绝的区域。在人类历史上,尤其在早期,各种文明孕育和发展的程度各有不同,这种情况至今依然存在。因此,我们在认识和讨论技术的影响时,需要时时注意这样一项基本事实:尽管各种技术(包括会计技术)通常会在各个不同国家和地区之间交流和传播,但各处的技术水平的差异却是始终明显存在的。正是这种差异,在一定程度上导致了世界各个国家和地区会计水平的差异,这也是世界会计异质性的基础性成因之一。

**3. 技术影响会计:记录载体与工具层面(The Effect of Technology on Accounting: Medium of Recording and Tools)**

本书关于会计的基本认知是:会计既是一个社会系统,也是一个技术体系。本章讨论技术对会计的影响及会计技术问题,但同时强调会计首先是一个社会体系,是人类社会组织结构体系中如同人体经脉系统一样重要而且必不可少的一个内在成分。其与人类社会结构和生活紧密地融为一体,体现并服务于人类社会治理(更具体地则是各个不同级次的人类社会组织的缔结、统筹和管理)的需求。技术对会计具有重要作用,因为它决定了这个系统总体上的作用水平,也构成它工作的实际体系,构建出它区别于其他系统的专业性特征。但技术却并非这个系统最至关重要的部分。与此相关,同时需要注意的是,会计所使用的技术,或者直接、间接影响会计的各种技术,又是这个世界极其重要的一个部分。以下内容是关于这方面的证据归集、论证及历史性梳理。

1) 会计记录载体:从甲骨、简牍、纸张到计算机网络系统

抛开关于本质及功能的考察,单从形式来看,会计无疑是一种记录体系,即借助一定的载体和工具,以文字、数字加一些特殊符号和印记构成的一个综合性记录体系,用于开展有关人类活动中经济业务和事项的量化记录,进行相关信息的传达。这也是现实中人们通常会习惯性地把会计等同于簿记或记账,将其理解为一种简单的记录工具的原因所在。从人类历史上来看,依照记录载体和记录形式的演变,会计记录大略经历了结绳记事、刻符记事、甲骨记录、简牍记录、纸质记录、计算机单机记录、计算机网络系统记录的长时期演进(当然,也有其他的记录形式,比如古巴比伦泥板上的楔形文字记录、古埃及其周边地区的莎草纸记录、古印度贝叶经、古印加被称为"基普"的结绳以及中世纪欧洲的羊皮纸记录等)。这个过程与人类文明的演进及技术进步的一般过程相配称,实质性地体现了人类技术进步,尤其是作为人类文化承载工具的记录媒体的发展进步对会计的影响。从会计历史研究的角度来看,上述记录载体发展的每个阶段皆有其不同的时代性特点,带来了一系列与之相适应的会计观念、技术及方法变化。另外,由于世界各地各种文明并不是一致地、在同一时间分别采用以上各种载体,因此,如果我们截取不同的时间段

做各种文明之间的横向比较,将会发现不同文明中会计的不同特点,构成会计文明史中另外一种意义上的差异性。

(1) 甲骨记录。

由简单刻记进展到甲骨记录是上古时代文明进步的一项重要标志。迄今为止的考古发现表明,在全球各地,似乎只有中国曾经经历一个以甲骨作为正式(官方)记录载体的时代。甲骨记录最直接的证据是20世纪在河南安阳小屯村发现的殷商王朝晚期都城遗址(简称"殷墟")出土的殷商王朝甲骨。关于甲骨作为记录载体被使用究竟始于何时,又是什么时候达到高峰并最终退出历史舞台,人类其他文明中是否有过大量使用甲骨作为记录材料,迄今缺乏充分的考古证据。[①]

20世纪60年代初发现的距今9 000—7 500年的贾湖遗址(位于河南省舞阳县北舞渡镇西南1.5公里的贾湖村)中,曾出土带有契刻符号的甲骨,专家认为这些甲骨上的契刻符号中有个别形体与殷墟甲骨字形近似,两者之间应有一脉相承的关系。迄今发现最大量的甲骨文字记录是20世纪上半期在殷商王朝晚期(公元前14世纪晚期至前11世纪中期)都城遗址——河南安阳小屯村殷墟出土的王室占卜记事用的龟甲兽骨。据统计,殷墟先后出土刻辞甲骨约15万片,记载商人占卜的结果,涉及天文、历法、气象、地理、方国、世系、家族、人物、职官、征伐、刑狱、农业、畜牧、田猎、交通、宗教、祭祀、疾病、生育、灾祸等许多方面的内容。其中1936年春第13次发掘中的H127坑一次性发现数量最大,共发现刻辞甲骨17 096片,除8片为卜骨外,其余全为龟甲。其中完整的刻辞卜甲有300多版。这坑甲骨的内容极其丰富,属武丁时代的卜辞,被认为是"殷人保存典册的府库"、世界上最早的图书馆和档案库。

殷墟甲骨最引人注目的是其所反映出来的成熟的文字和数字系统。从会计历史发展和记录载体与记录技术演进的角度,需注意以下几个方面。

其一,殷墟甲骨所使用的是经过加工整治的甲骨,体现出一种寻求可以大量使用的规范性记录材料(载体)的技术性尝试。用作记录的材料主要是龟腹甲(少量为龟背甲)和牛胛骨。所有甲骨均经过整治然后用于记录。古人在整治时先将龟腹、背甲锯开,去掉腹甲外沿,将背甲从中剖开,锯去首尾两端。削锯后去掉鳞片,

---

[①] 考古人员在考古发掘中曾在各地包括以陕西岐山为中心的周人发祥地发现过零星的有字甲骨,这表明甲骨作为记录载体,直到西周时期尚未完全消失(参见王宇信:《西周甲骨的发现、研究及其学术价值》,《文史知识》1986年第5期,第96—100页;吕树芝:《西周甲骨》,《历史教学》1986年第12期,第34页;李学勤:《续论西周甲骨》,《人文杂志》1986年第1期,第68—72页。

将正反两面打磨平整。整治肩胛骨时则要先切去一部分骨臼,再切去突出的臼角并削平骨脊。考古人员在 1958 年春至 1961 年冬的一次考古发掘中,在北辛庄村南发现了一处制骨作坊。在多次重要发掘中,除了有字甲骨外,还发现了大量经过整治的无字甲骨,充分说明了当时将经过加工整治的甲骨作为记录载体随时备用的状况。在 H127 坑出土的甲骨中,考古人员发现了经过改制的背甲以及朱书墨书、涂朱涂墨的记录。经过改制的甲骨呈椭圆形,中间钻有孔以便装订成册。古人将经过这样加工处理的甲骨作为记录材料使用,在充分考虑方便记录的同时,综合考虑了串编、携带、保管及阅读的便利。也证明甲骨从一种自然的出产,经过技术加工转化成了规整的记录材料。经过加工改制的甲骨形制(见图 7-1),代表了由甲骨向简牍(简册)过渡的中。朱书墨书表明殷人已经在尝试用笔墨作为更便利的记录方式来取代契刻,以适应日益扩大的记录、记事的现实需求。各种迹象表明,作为记录工具的甲骨,并非当时人类一种简单的、偶然随意选用的工具,而是一个经历了改进、改造和发展完善的文书档案记录体系。

图 7-1 殷墟出土的改制甲骨(拍摄于河南安阳殷墟博物馆)

其二,尽管在一些出土甲骨上发现了朱书墨书的文字,但大量甲骨记录却并非用笔墨记录,而是采用契刻的方式。这一方式应该是沿袭了上古刻记记事的旧习。然而,殷墟出土的甲骨刻辞却带有鲜明的时代性特征。青铜刀具的发明,为契刻作为文字记录的方式提供了技术上的支持。甲骨文以刀为笔,线条犀利细瘦,方劲有力,起止有度。章法处理上大小错落,自然随意,反映出契刻人运刀如笔的娴熟技巧和很高的审美追求。这一点与后世官方文书布局规整、大气端严的特点一脉相承。①

其三,殷墟出土的甲骨通常被认为是占卜记录——卜辞。商人在占卜后,将所卜问的事项刻记在甲骨之上。其中叙辞(占卜的干支日期,贞人名)、命辞(所卜问的事项)、占辞(对卜问事项所做的吉凶判断或推测)、验辞(记述卜后事情是否应验)系统结合,构成一个完整的以占卜为中心的事务记录系统。尽管初期的甲骨卜辞带有占卜的迷信色彩,但却在客观上形成了早期记录(包括经济事项记录)的格式和内容特点。殷墟甲骨中包含大量有关祭祀支出、田猎所获、战事所获、贡赋缴纳、货币收支(用贝)等记录。其记录形式,正如以下举例所示,典型地包含了经济事项发生的时间、地点、内容及数量等要素,为后世会计记录立下了最初的规律和形式上的示范。

甲辰卜,㱿,贞来辛亥燎于王亥,三十牛,十二月。五。　(《合集》14733)
壬子卜贞王田于斿,往来亡灾,丝御。获鹿十一。　(《前编》二,二六,七)
庚戌卜,X贞,锡多女有贝朋。　[《后编》(下)八,五]

上述记录采用文字叙述式的记录方式,内容陈述之先后尚无划一之规,只求从文字上阐述清楚为准。但其对经济事项的内容反映已比较完整。有经济事项发生的时间(月、日),并用行为动词表示经济活动的性质及记录方向。关于贝使用的记录,表明商代后期的会计核算已经跨入以货币作为计量单位的初期阶段。②

(2) 简牍。

简牍是以自然生长的竹、木材料制作的记录载体。在纸发明并得到普遍应用之前,简牍是古代中国文字记录的最主要形式,对后世书籍制度产生了深远影响。直至近世,有关图书及汉字书写的名词术语、书写形式等,依然较多保留了简牍记录时期的传统。简牍文献流行于先秦,两汉时最盛,直到东晋末年才被已发明四五百年的纸质文献所取代。简牍作为主要的记录载体在中国使用的时间长达千年。当简牍作为记录介质在内陆大部分地区退出历史舞台后,在边疆一些少数民族地

---

① 从书法的角度,甲骨文历来为许多书法大家所推崇。郭沫若先生曾说:"卜辞契于龟骨,其契之精而字之美,每令吾辈数千载后人神往,文字作风且因人因事而异。"董作宾先生通过对甲骨文的分期断代研究,认为甲骨文字可分为五期,每个时期的书法风格各有不同:第一期,武丁时期,宏伟挺拔;第二期,祖庚祖甲,矜持收敛;第三期,廪辛康丁,颓废没落;第四期,武乙文丁,瘦硬坚挺;第五期,帝乙帝辛,纤弱秀美。

② 郭道扬:《中国会计史稿》(上册),中国财政经济出版社,1982,第40-48页。

区依然被延用。直至20世纪60年代人民公社时期,我国西南少数民族地区的一些族群和民众中依然在使用简牍。此外,简牍作为记录工具并非中华文明中所独有,欧洲、东亚各国也曾使用简牍并有简牍史料留存。

简牍作为记录工具究竟起源于何时,尽管人们多有研究,但迄今尚无定论。目前发现的时代最早的出土简牍是湖北随州曾侯乙墓出土的战国早期(公元前5世纪)竹简,时代较晚的则有新疆罗布泊楼兰遗址、民丰尼雅遗址和吐鲁番晋墓出土的晋简(3世纪)。前文所示殷墟出土的改制甲骨,以及河南新郑故城出土的战国时期牛肋骨账[①],表明从殷商时期,先民们就已经在尝试改进甲骨记录形式,而直到战国时期,竹、木简牍尚未完全取代牛骨作为记录载体。

20世纪考古发现的数十万枚简牍,主要包括汉代边塞遗址出土的边塞汉简(也有少数其他时代的简牍)和各地墓葬出土的墓葬简牍。20世纪后半期发现于古井中的里耶秦简和长沙走马楼三国吴简,数量巨大、内容丰富。无数重要的简牍发现,极大地弥补了传世文献的不足,为研究从战国到魏晋时期的近千年历史提供了重要的原始材料。

在诸多简牍材料中,会计资料占了一定比重。各项重大简牍发现中,大都包含一定数量的会计账簿、报告及其他相关材料,真实地记录了特定时期会计记录、报告、会计资料审核(审计)等多方面的史实及相关法律制度,成为研究特定时期会计历史与全社会会计观念演进的无可替代的历史材料。这些会计类文书,或为直接的会计账簿、契券、报告、计簿,或为与国家财计管理相关的法律制度、往来公文,全面反映了中古时期会计核算与管理的多方面细节。早在20世纪80年代,郭道扬教授在《中国会计史稿》中就大量使用了考古发现的简牍材料,系统分析和考证了秦汉时期的会计法律制度、会计凭证、账簿及会计方法,并用居延汉简中的《劳边使者过界中费》及《永元器物簿》为插图。在2008年出版的《会计史研究》第三卷中,尹湾汉墓《集簿》作为考古史上首次发现的汉代上计报告的实物证据,意义深远。李孝林教授集中研究中、日、韩简牍中的会计史料30余年,成为此领域中外第一人,研究成果体现在系列学术论文及《比较会计史学》《基于简牍的经济、管理史料比较研究》等著作中。武汉大学简帛研究中心李天虹教授的《居延汉简簿籍分类研究》对居延汉简中的簿籍做了细致分类。近年来,湖南大学陈敏教授致力于湖南出土简牍会计文书的整理研究,颇有创见。

---

① 蔡全法:《新郑郑韩故城出土战国牛肋骨墨书账簿考》,《华夏考古》2014年第4期,第72—84页;陈敏,程水金,周斌:《郑韩故城战国牛肋骨会计账考论》,《会计研究》2015年第10期,第15—22页。

将简牍作为记录载体,充分利用了竹、木材料取材容易、便于使用的特点。在考古发现的边塞汉简中,有许多弯曲变形、规格形制各异的简牍,表明在资源相对匮乏的边关烽燧简牍记录因地制宜、就地取材的特点满足了边塞需求。但总体来说,在简牍时代,官方对作为文书记录材料使用的简牍有严格规范的加工处理程序,简牍制作需要依次经过备料、片解、刮削、杀青、编连等工序。尽管通常人们将竹、木制作的文书总称为简牍,但作为一个时代的记录载体,其形制和用途实际上有很大差异。单是出土的汉代简牍,从外形上区分就有细长条形、方板形、楔形、棱柱形以及上圆下方形等多种形态。其根据形制和用途,又具体分为简、札、两行、牍、觚、笺、楬、检、符、削衣、遣册等。① 各类简牍形成了一个完整、系统的实用文书体系。在形制方面至为特别的则属长沙走马楼 22 号古井中出土的三国时代吴国的木简(嘉禾吏民田家莂)。长沙走马楼出土的简牍数量巨大、品类丰富,其中仅"吏民田家莂"就有 2 100 余枚。这种被称作"莂"的文书,是"破莂保据的券书,所记为嘉禾四年、五年租佃田地、收取租税事"。② 所谓"莂",实质是可剖分的契券文书,大致相当于现代会计中的多联式票据。出土所见"莂"文书,多为一式两份或三份,上端大书"同"字(或其变形形态),使用时将其剖开(出土文书有见一侧或两侧被剖分的痕迹)由不同的人持有作为凭据。这些文书是三国时期吴国长沙临湘侯国地方乡丘(村)佃户向国家交纳米、钱、布的赋税账券书。"田家莂"均为木简,一般长 50 厘米、宽 3～4 厘米,远超常见的竹、木简规格。其上少则十余字,多则二三百字。"归档时,这些田家莂被编连成册,故今见每莂之一侧或两侧多有两个用以系绳的契口,正背面亦见编痕。这种简册最后形成了我国竖排本书的雏形。"③

简牍时代是我国官厅会计管理体系从萌芽走向成熟的时代。从迄今为止考古所获的 30 多万枚从战国到魏晋时期的各类简牍中可以发现:一方面,简牍作为一个时代的记录载体,人们在使用它的过程中形成了完整的体系化工具手段和官文书制作规范体系;另一方面,以这些条件为基础,这一时期的官厅会计从技术方法到制度规范渐成体系,适应了国家财计管理的系统化需要。

其一,各处墓葬和边关烽燧出土的简牍时代证明文物,以简牍为核心,形成了与之配套的书写及文书传送相关的工具与技术系统,包括笔、墨、砚、改错的书刀、用于文书传递时封缄的封签和封泥等。此类工具丰富而系统,远超今人想象。比

---

① 彭子菊:《汉代简牍档案的种类和形制概述》,《兰台世界》2009 年第 11 期,第 73-74 页。
②③ 引自长沙简牍博物馆官网相关介绍。

如,河南信阳长台关楚墓出土的战国时代"文具盒"里面除了有毛笔、笔套,还放置着铜削刀、刻刀、锯、手斧、锥子等共计12件与简牍书写相关的"文具"。浙江绍兴坡塘306号墓中出土了51件文书工具,皆放置于漆盒内,包括铜刀、刻刀、削、凿、砺石和陶线锤等,其中砺石可用于刀、削的修磨,刀、削用来整治简牍,而陶线锤则是编组简册的工具。

其二,与各类文书档案、会计记录与报告、审计与财物保管等内容及形式需求相适应,简牍时代形成了系统规范的简牍形制格式,一个可以满足多样需求的文书资料标识系统。例如,用于一般记录和会计账簿记录,可根据内容多少按需编连成册的"简";用于书写相对较多文字的"两行";用于书写整段文字,作为特定报告文书使用的"牍";用于传递文书信札和财物时所用的"检";用于题写簿册或器物名称,作为标牌使用的"楬";用作通行、身份证明的"符";用于记载墓葬随葬品的"遣册";等。

其三,与会计记录、报告、核查的业务特点相适应,形成了相对稳定、规范的会计文书名称及格式系统。以下按其功能形态做简要说明。

第一种,编连成册的簿册报告。汉代的会计记录以"簿"为核心,汉代根据所需记录的项目类别和具体业务设置了各种专门的簿册,作为会计系统的核心记录。例如,悬泉置遗址出土的35 000余枚汉简(其中有字者23 000余枚)中就有许多不同的簿籍册书。"簿"之常见名目有《田簿》《入租簿》《平籴租税簿》《入钱簿》《出钱簿》《钱出入簿》《入谷簿》《出谷簿》《谷出入簿》《入米簿》《出粟簿》《出茭簿》《兵簿》《守御器簿》《器物簿》《传车簿》《出传车簿》《传车被具簿》《传马出入簿》《官牛车簿》《日作簿》《伐茭簿》《任作簿》《食鸡簿》等。"籍"之名目有《吏名籍》《戍卒名籍》《骑士名籍》《驿卒名籍》《户籍》《传马名籍》《驿马名籍》《官牛名籍》《当食者廪名籍》《戍卒廪名籍》等。该遗址中出土了多件典型而完整的会计簿册,包括《过长罗侯费用簿》《元康四年鸡出入簿》《阳朔二年传车亶辇簿》等。① 由出土简册可知,汉代账簿多为一事一册,比如肩水金关汉简中的《劳边使者过界中费》,右首第1枚简上书"劳边使者过界中费",为账簿名称。随后6枚简,记各项具体支出(上部为品名数量,下部为其所值金额),如简2记"粱米八斗,直(值)百六十"。简8写"往来过费凡直千四百七十",为支出合计数。简9写"肩水见吏廿七人,率人五十五"。可见,这是一份包括名称、详细开支记录、合计以及实有吏员人数的完整的专项费用开支簿。它既是有关支出的原始记录,也可作为对上级的报告使用。尤需注意的是该

---

① 胡平生、张德芳:《敦煌悬泉汉简释粹》,上海古籍出版社,2001。

## 第七章 异质性之解释——技术的促进

账簿书写格式上的特点,体现在:①标题和最后合计、吏员人数三枚简首字前都有一墨点,与正文内容相区别;②中间记录具体开支项目的6枚简,名称、数量皆为顶格书写,价值记录与数量之间有空格,而6枚简上的"直"字保持了横向对齐,这些表明汉时的账簿记录在格式方面已经形成了一定之规。

悬泉置遗址出土之《阳朔二年传车亶萆簿》(见图7-2),右首部分有残缺,最后一枚简使用了两行,其上文字为:"阳朔二年闰月壬申癸未悬泉置啬夫尊敢言之谨移传车亶萆簿一编敢言之。"这是一封典型的向上级呈报的车辆(传车亶萆)盘点报告书,用隶书书写,字迹规整。简册内容详细记载了各类车辆盘存情况,具体说明了各个项目残损情况以及是否可以使用,比如"敝可用""左轴折""敝尽不可用"等。

秦汉时期,从中央到地方,直至偏远的河西走廊边关烽燧,各级政府之间建立了完备细致到异乎寻常的报告、核查以及上计制度。根据在广大的西域边塞如居延地区、肩水金关、敦煌、悬泉置遗址等处出土的汉代简牍,当时对财物和各种开支报告审计核查的仔细程度,每每让人吃惊。需要注意的是,当时的会计体系,并不像现代会计这样,账簿、报告(报表)、凭证之间有着明确的区分。当时很多会计记录既是基本的账簿记录,又可以作为对上级的报告,两方面的功能是紧密地结合在一起的。

图7-2 悬泉置遗址出土《阳朔二年传车亶萆簿》
(引自马建华:《河西简牍》,重庆出版社2015年版)

第二种,"集簿"类木牍文书。尹湾汉墓出土的《集簿》被认为是关于汉代上计报告的实物证据。这一在正面上方居中位置题有"集簿"二字的木牍文书,是东海郡参加全国上计的报告文书。文书为正反两面书写,共计约650字、22行,分四个方面反映了上计的报告内容:①东海郡面积和行政机构;②农业经济;③财政;④民政。[①] 尹湾第六号汉墓中共出土23枚木牍和133枚竹简。除了《集簿》外,还包括《东海郡吏员簿》《永始四年武库兵车器集簿》《东海郡下辖长吏名籍》《东海郡下辖长吏不在署未到官者名籍》《东海郡属吏设置簿》等,实质上形成了一个以木牍形式出现的成系列的报告文书体系。木牍作为报告文书的常用形式,在墓葬考古中多有发现,其中最具会计意义的,除了《集簿》外,还有安徽天长纪庄汉墓出土的《户口

---

① 高恒:《汉代上计制度论考:兼评尹湾汉墓木牍〈集簿〉》,《东南文化》1999年第1期,第76-83页。

簿》和《算簿》。

纪庄汉墓中没有发现明确的纪年信息。考古人员借助墓葬形制和对随葬器物的考察,推测墓葬的相对年代在公元前 127 至公元前 70 年之间。墓中出土 34 方木牍,内容包括户口簿、算簿、书信、木刺、药方、礼单等。① 有研究者认为,"纪庄汉墓木牍的一大特色是出土了一枚正反面分别题为'户口簿'和'算簿'的木牍(编号为 1 号),这是迄今发现的第一件以'户口簿'和'算簿'命名的简牍文书"。② 牍文用工整的隶书写就。其中,"户口簿"记录了东阳县某年的户、口总数,以及与上一年度相比数量减少(文书中写为"少前")的情况。"户口簿"还分别列出所属六乡的户、口数。背面"算簿"记录东阳县八月的"事算""复算"总数,下列六乡的"事算"数,最后列出东阳县九月的"事算"和"复算"总数。研究认为,"1 号牍应是东阳县统计户口赋役情况的官方簿籍抄本"③。古代中国官厅财计管理以土地和户口统计作为基础,前后贯穿,形成了一个独特的财计管理体系。因此,此《户口簿》和《算簿》的出现,对于研究汉代政府财计管理和赋役征管具有重要意义,也是探讨汉代会计发展变革的重要材料。

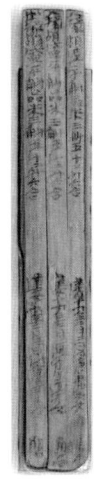

图 7-3 湖南益阳兔子山出土的多联简:简 J6⑥3,引自陈敏:《湖南出土简牍中的会计史料发现与整理》,《会计史学刊》,2017 年第 1 辑,第 105-121 页

第三种,多联式契券及合同文书。多联式简的出现是我国古代会计技术发展中一项重要事实。上文提到的三国时代吴国的"嘉禾吏民田家莂"就是一种典型的多联式契券文书,它不仅显示各联文书记录之间的牵制关系,同时还留下了"合同"这一重要的形式和词语。在湖南益阳兔子山遗址考古发掘中发现的 5 000 多枚简牍中,考古学家发现了一枚多联式记账简(见图 7-3),简文如下:

入掾胡盛平斛品米三斛五斗二升六合　　建安十九年二月二日付仓啬夫文　　熊受

入掾胡盛平斛品米三斛五斗二升六合　　建安十九年二月二日付仓啬夫文　　熊受

出掾胡盛平斛品米三斛五斗二升六合　　建安十九年二月二日付仓啬夫文　　熊受

陈敏教授研究认为,这是东汉晚期(建安十九年,214 年)的一套会计三联单,

---

① 天长市文物管理所、天长市博物馆:《安徽天长西汉墓发掘简报》,《文物》2006 年第 11 期,第 4-21 页。

②③ 杨振红、杨以平:《纪庄汉墓再现秦汉社会风貌》,《中国社会科学报》2012 年 1 月 9 日。

## 第七章 异质性之解释——技术的促进

记录粮米的出入库数。与走马楼出土的三国吴简类似,这枚简中每条记录也都有"入""付"两个相反方向的记账符号。① 该简可以一剖为三(三联),三联依照同样格式和位置安排,依次记录:记账方向(入)、交纳人姓名(胡盛平)、品名(斛品米)、数量(五斗二升六合)、时间(建安十九年二月二日)、记账方向(付)、收粮长官(仓啬夫文)、经手人(受)签名(熊)。采用三联式记账,表明当时的出入库手续和财产登记与管理制度是很严格的,其中一联用于财物部门记账,另外两联分别由交纳者胡盛平和仓啬夫文熊保管,以便清查核对。

楼兰古城遗址出土的西晋泰始五年(公元269年)仓库出麦凭,也采用多联(两联)凭据形式,如图7-4所示。与长沙走马楼"吏民田家莂"一样,这枚出土于西域的多联凭据,顶端同样画有"同"纹。其文字记录中涉及仓曹、监仓、奏曹、兵曹,皆为楼兰西域长史府分曹主事的职能部门。简背的"录事掾",据严耕望研究,"为综橄之职,凡有文书皆省之"。该简两联式的设计,涉及多个部门的职责牵制,充分反映了当时仓库管理的严密和规范。

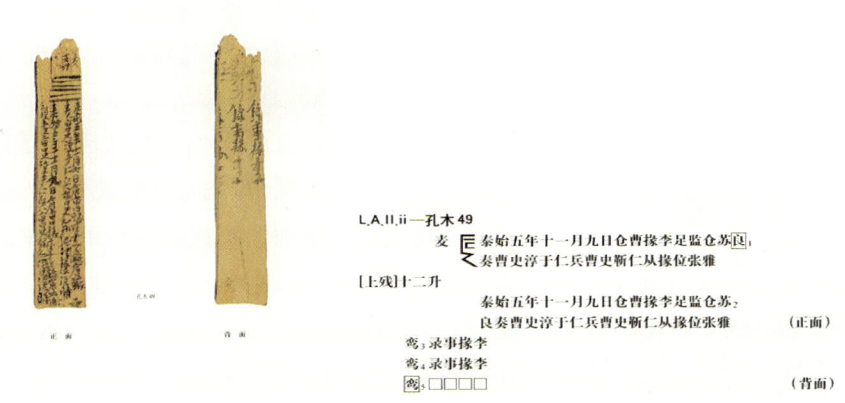

**图7-4 《楼兰晋简——泰始五年十一月九日出麦券》(L.A.II.ii 孔木49)**
引自侯灿、杨代欣编著:《楼兰汉文简纸文书集成》第一册,天地出版社1999年版,第110页

第四种,多样的审计与"计""校"简。会计中账目的审查、校核与审计是保证业务真实、记录准确的基本手段与工具。古代中国国家财计管理体系是一个从上到下、包罗甚广的庞大体系,其大致由两部分所构成:一是以各级官员治绩考核和总体监督为核心的"上计"制度体系;二是遍及各种具体业务的细节性账目审查、校

---
① 陈敏:《湖南出土简牍中的会计史料发现与整理》,《会计史学刊》2017年第1辑,第105-121页。

核,以及专业化的账目审计。"上计"制度是古代国家管理体系设计中十分重要的制度创造。《周礼》中即有"岁终,则令群吏正岁会。月终,则令正月要。旬终,则令正日成,而以考其治"。同时,以"月计、岁会、三年大计"这样按时间安排的查核体系实现系统化、定期化的官员治绩和经管人员责任监督审查。经过春秋战国时期的发展,至秦汉时期大一统中央集权的国家体制形成时,"上计"成为一套以中央和地方两级官员治绩考核与监督为中心的制度体系,汉代并有《上计律》和"计相"之设。出土的汉代简牍中颇多上计相关材料。上面提到的《集簿》便属于东海郡参与全国(中央)上计的报告文书。除中央的"上计"之外,当时还有地方的年终"上计",以及遍及各种业务(比如,边关烽燧的武器、物资及人员开支报告与审查,驿置系统的传车、马匹及各项收支审查,各级仓库粮食、物资的出入库审查,税赋收支的稽核与审查等)的账目、契券审查、校核等,产生了大量被称为"计""校"的简牍文书资料。此类文书材料不但出现在湖南出土的秦汉及三国简牍中,也出现在居延汉简、肩水金关汉简、悬泉汉简、敦煌汉简等边塞简牍中。湖南郴州苏仙桥出土的晋惠帝时期(300年前后)简牍中,包括西晋时期桂阳郡的上计资料——计偕簿,该计偕簿记事详细到年月日,内容涉及桂阳郡及辖下各县概况,如县城的规模,吏员设置,数量登记,县城区域、面积,行政区方圆大小以及河流、道路,驿站邮亭的数量及使用情况,管理人员配置等。①

图7-5 里耶秦简——廿六年上计简8-63正、背,引自陈敏:《湖南出土简牍中的会计史料发现与整理》,《会计史学刊》2017年第1辑,第105-121页

下面的实例是湘西土家族苗族自治州龙山县里耶古城出土的秦始皇廿七年(公元前220年)迁陵上计文书——《里耶秦简——廿六年上计简8-63》(见图7-5),简文如下:

(正)

廿六年三月壬午朔癸卯,左公田丁敢言之:佐州里烦故为公田吏,徙属。事荅不备,分负各十五石少半斗,直钱三百一十四。烦冗佐署迁陵。今上责校券二,谒告迁陵,令官计者定以钱三百一十四受旬阳左公田钱计,问可(何)计付署、计年,为报。敢言之。

三年辛亥,旬阳丞滂敢告迁陵丞主写移 券可为报敢告主 兼手 廿七年十

---

① 陈敏:《湖南出土简牍中的会计史料发现与整理》,《会计史学刊》2017年第1辑,第105-121页。

## 第七章 异质性之解释——技术的促进

月庚子迁陵守丞敬告司空,主以律令,从事言,憼手即走,申行司空。

(背)

十月辛卯旦朐忍索秦士五状以来　庆手　兵手

该简是秦廿六年三月,长沙郡所属旬阳县的左公上呈县丞的两份债务校券。上载所欠十五石少半斗债务,经核实价值三百一十四钱,此数并经旬阳县丞复核,确认账目相符。审核之后,旬阳县丞即转至迁陵县丞(平行文书)。这份债务券书于秦廿七年十月,由迁陵县守丞下达司空主,责成按秦律中相关法规处理①。

《敦煌悬泉汉简释萃》中,收录了一些悬泉置遗址所出审计简。例如,0116:69简,简文为:

效谷移建昭二年十月传马簿,出悬泉马五匹,病死,卖骨肉,直钱二千七百,校钱簿不入,解□②?

意思是说:效谷郡报上了建昭二年(公元前37年)十月的传马簿(账),账上显示有5匹马病死了,马肉卖了2 700文钱,但是钱簿上却并没有这项收入,因此,负责审核的官员发出这份简牍文书,要下面做出解释。

又如,ⅡT0115④:49简和T0114③:468AB简,这是两份互为应答的简牍文书:

刘承明到遮要,病柳张,立死,卖骨肉贾钱四百,有书卖贾四百,贱非实,书到,更实移。谨案文书臧官者。(ⅡT0115④:49)

骊,乘,齿十八岁,送渠犁军司马令史勋承明到遮要,病柳张,立死,卖骨肉临乐里孙安所,贾千四百。时啬夫忠服治爰书,误脱千,以为四百。谒,它爰书。敢言之。守啬夫富昌。(ⅡT0114③:468AB)

上面一简(ⅡT0115④:49)的内容是:郡府审核钱簿时,发现一匹马死后骨肉只卖了400钱,太便宜,疑有不实,行文要下面做出解释。下面一简(ⅡT0114③:468AB)内容是对前面问题的回答,说明实际卖了1 400钱,但负责写报告(爰书)的人出了差错,少写了1 000,写成400了。

在遥远的西域边关驿置,连一匹马死了卖骨肉这样的事情,郡府都要仔细地记

---

① 陈敏:《湖南出土简牍中的会计史料发现与整理》,《会计史学刊》2017年第1辑,第105-121页。
② □表示字迹不清,无法识读。

录、报告并详细审查，可以想知当时政府财计管理之细密到了何种程度。而这种细致的管理控制，皆有赖于认真细致的账簿记录、报告和审查制度。完备的官文书制度和有效的往来传递为其基础。

（3）纸张。

纸张的使用对人类文明演化和文化传播意义重大。世界各国使用纸张、对纸张进行改进和再开发利用的历史各有不同，这导致各国纸质时代会计方法和技术的形式，包括具体的账簿、票据（凭证）及报表（报告）的形式和内容书写各不相同。从人类文明演进的时间进程来看，自有文字记录以来的人类历史上一个很重要的时间段是以纸张作为记录载体的，这也决定了对纸质时代会计技术和会计记录与报告形式的研究具有重要的历史意义。

人类文明中最早用的纸非古埃及莎草纸莫属。尽管莎草纸并非现代概念上的纸张，而是对自然生长的纸草（cyperus papyrus）做一定处理而做成的书写介质，但它却是古埃及乃至整个地中海文明区域广泛使用达数千年之久的书写载体。它由当时盛产于尼罗河三角洲的纸草的茎制成。公元前3000年左右，古埃及人就开始使用莎草纸，并将这种特产出口到古希腊甚至遥远的欧洲内陆和西亚地区。在埃及，莎草纸一直使用到10世纪初才被从阿拉伯传入的更为廉价的纸张所取代。

莎草纸的使用促进了古埃及会计技术的进步和会计相关知识在古埃及周边地区的传播。古埃及人很早时候就开始在莎草纸手稿卷上记录经济事项。与很多文明中最初的会计形式相类似，古埃及人手稿卷上最早的会计记录也是资产清册，随后陆续出现关于不断举行的财产盘存和例行核算的记录。[①] 古埃及"记录官"（scribe）用削尖的芦苇秆蘸着由胶、水和烟渣调成的墨水在莎草纸上记录各种收支事项，经手实物及货币税收的征收、开支及管理，推演出系统的会计管理知识和技术技巧，之后一直延续到希腊化时代庄园主个人的财务管理。

这种轻便及易于折卷的记录材料，显然比古巴比伦人的泥板、中国殷商时期的甲骨乃至中国继甲骨之后使用达千年之久的竹、木简牍更加易于保管和传递，其对文明传播的价值自然也更为巨大。更需注意的是，或许也是得益于莎草纸本身大而平，便于进行数据量较大的记录、计算以及信息传输与报告，埃及的文字、数字及会计账簿系统，也比同时代其他地方更为发达。图7-6是一份莎草纸

---

① 参见本书第五章相关内容。

文书。

与古埃及基于自然出产的纸草经过加工改造制作的莎草纸不同,真正意义上的纸张乃是人们使用古代中国人发明的造纸术,通过对植物纤维的加工处理而出产的人工制造物。造纸术作为古代中国四大发明之首,对世界文明的进程和文化传播发生了重要影响。传统观点认为是东汉时期的蔡伦发明了造纸术,最直接的依据是,《后汉书·宦官列传》记载:"自古书契多编以竹简,其用缣帛者谓之为纸。缣贵而简重,并不便于人。伦乃造意用树肤、麻头及敝布、渔网以为纸。元兴元年奏上之。帝善其能,自是莫不从用焉,故天下咸称'蔡侯纸'。"②因为这一记载,乃有蔡侯发明造纸术之说,相关研究将具体时间定为东汉元兴元年(105 年)。然而,随着西汉时期的纸张实物因考古而不断被发现,蔡伦发明造纸术之说受到质疑。③ 迄今为止考古人员发现的数百件西汉古纸,有力地支持了西汉时期已有古纸的观点。与之相应的另外一种认识则是,蔡伦并非造纸术的发明者,但他在改进和推广造纸技术方面做出了重要的历史贡献。表 7-2 是根据北京师范大学万安伦等的研究所做的整理④,概括列示中国造纸术的世界性传播。尽管学界对有些具体的时间点说法不尽相同,但根据已有研究大致可以了解中国造纸术世界性传播的基本情况。

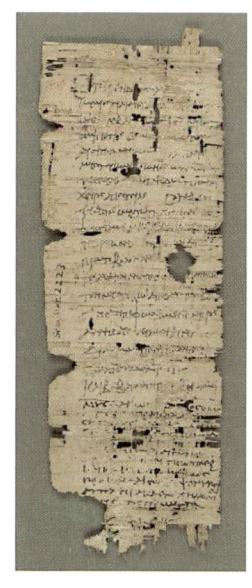

图 7-6　莎草纸文书:《销售一头驴的账单》,哈佛大学霍顿图书馆藏(Bill of sale for a donkey, papyrus; MS Gr SM2223, Houghton Library, Harvard University)①

---

① https://en.wikipedia.org/wiki/Papyrus.
② (宋)范晔:《后汉书》,中华书局,1998,第 2513 页。
③ 迄今为止,至少有 6 处西汉的墓葬和遗址中出土了古纸,总数约数百张。1933 年夏,参加中瑞西北科学考察团的考古学家黄文弼在罗布泊的汉代烽燧遗址里发掘出一片西汉时期的麻纸,一起出土的还有西汉宣帝黄龙元年(公元前 49 年)的木简。1957 年,西安灞桥砖厂的西汉早期墓葬中出土了几片麻纸,被称为"灞桥纸"。后来陕西扶风中颜村西汉窖藏等遗址中又出土了很多古纸。陆续出土于西北汉代长城烽燧遗址中的古纸,其纪年的特殊性更是极大地推进了关于汉代古纸断代问题的解决。其中,出土于 20 世纪 70 年代的居延金关纸、马圈湾汉代古纸和出土于 20 世纪 90 年代的悬泉置西汉古纸,都有力地支持了西汉时期已有古纸的观点。参见张春海:《西汉古纸研究揭示造纸术起源》,《中国社会科学报》2018 年 1 月 22 日。
④ 万安伦、王剑飞、庹建君:《中国造纸术在"一带一路"上的传播节点、路径及逻辑探源》,《现代出版》2018 年第 6 期,第 72-77 页。

表 7-2 中国造纸术的世界性传播

| 序号 | 时间 | 传播 | 相关说明 |
| --- | --- | --- | --- |
| 1 | 西汉初期 | 发明造纸术 | 考古发现支持西汉时期已有古纸的观点,《后汉书》记载蔡伦于汉和帝元兴元年(105年)上呈"蔡侯纸" |
| 2 | 4世纪末 | 传入朝鲜 | 朝鲜人后来发明"高丽纸",《纸墨笔砚笺》称其以绵茧造成,色白如绫,坚韧如帛,用于书写,发墨可爱 |
| 3 | 610年 | 传入日本 | 610年,朝鲜僧人昙征将造纸术献给日本摄政王圣德太子 |
| 4 | 7世纪末 | 传入印度 | 唐代僧人义净671年从广州出发游历东南亚,所撰《南海寄归内法传》中记载了印度当时已使用纸张 |
| 5 | 751年 | 传入阿拉伯地区 | 751年怛逻斯之战,阿拉伯人将俘获的造纸工匠解至撒马尔罕,建立了阿拉伯帝国第一座造纸厂 |
| 6 | 900年 | 传入埃及 | 900年,埃及人在开罗建立了北非第一家造纸工场 |
| 7 | 1150年 | 传入西班牙 | 从开罗经摩洛哥渡海传到西班牙 |
| 8 | 1189年 | 传入法国 | 西班牙人在法国南部赫洛尔省建立造纸工场 |
| 9 | 1276年 | 传入意大利 | 由开罗经地中海到西西里岛,再到意大利 |
| 10 | 1320年 | 传入德国 | 意大利人将造纸术传至德国,在科隆建立第一家造纸工场 |
| 11 | 1323年 | 传入荷兰 | 法国人将造纸技术传入荷兰阿姆斯特丹 |
| 12 | 1350年 | 传入瑞士 | 瑞士建立造纸工场 |
| 13 | 1370年 | 传入奥地利 | 造纸术传入奥地利 |
| 14 | 1460年 | 传入英国 | 法国人将造纸技术传入英国赫特佛德 |
| 15 | 1575年 | 传入墨西哥 | 西班牙人在墨西哥建造纸厂,造纸术正式传入美洲 |
| 16 | 1694年 | 传入美国 | 荷兰造纸专家列顿豪斯在费城建起仅有4名工人的造纸厂 |
| 17 | 1803年 | 传入加拿大 | 美国移民沃尔特·韦尔在魁北克省建立第一家造纸厂 |
| 18 | 19世纪末 | 传入大洋洲 | 1868年,墨尔本附近建立起澳大利亚第一家造纸厂 |

资料来源:根据万安伦、王剑飞、度建君:《中国造纸术在"一带一路"上的传播节点、路径及逻辑探源》及相关资料整理。

中国造纸术从汉初发明起,至19世纪末期传遍世界,历经2 000年左右。造纸术的传播过程,也是人类文明之光在全世界流播的过程。如万安伦等文章中所言:"造纸术自西汉发明、东汉改良后,从中国出发,经过2 000年左右的环球旅行,纸和造纸技术终于传遍五大洲,成为中国对世界出版及世界文化的最伟大贡献。这种贡献之于人类文明发展和文化传承无论怎样高估都不为过。……造纸术传播

第七章 异质性之解释——技术的促进

表面上是技术的流转,本质上是文明的传播。"①

然而,正如其他许多技术和发明一样,在地域辽阔的中国,古代中国在发明造纸术之后的推广、普及以及对它的进一步开发利用,是一个缓慢的渐进过程。造纸术在会计方面的运用,也保持了这样一种缓慢渐进的特点。

其一,出土实物表明,两汉时期纸张的主要用途并不是书写,而是用于包装和衬垫。从东汉中后期到东晋,纸张逐渐取代简牍成为主要书写材料,其间大部分时间简、纸并用。晋安帝元兴二年(公元403年),桓玄称帝,下令:"古无纸故用简,非主于敬也。今诸用简者,皆以黄纸代之。"②规定官府公文必须使用纸张作为书写载体。南北朝时期(420—589年),纸张质量提高,纸张逐渐取代简牍成为最主要的书写工具。迄今发现最大量的早期纸质文书,是新疆吐鲁番地区阿斯塔那——哈拉和卓古墓群出土的吐鲁番文书,大致属于东晋十六国到元代(4—14世纪),其内容除佛经和儒家经典外,还包括朝廷诏敕、律文、籍账,各级军政机构的文牒,以及衣物疏、功德疏、契券、遗嘱、辞、启、信牍等私文书,一些文书表明,在纸张取代简牍的初始时期,纸张即用于从官厅到民间的会计记录、核算与报告。根据唐长孺主编《吐鲁番出土文书》(壹)中的材料,用纸质材料书写的最早的契券为前凉升平十一年(367年)王念卖驼券。用纸质材料书写的最早的账则是北凉时期(397—460年)《翟浔条迷酒账》。有明确纪年的则是《高昌章和五年(535年)取牛羊供祀账》(见图7-7)。其他还有《高昌延昌二十年(580年)计月付麦账》《高昌延昌四十年(600年)供诸门及碑堂等处粮食账》《高昌重光三年(622年)条列虎牙氾某等传供食账》等。其中,《高昌重光三年(622年)条列虎牙氾某等传供食账》内容最为丰富完整。其正面是凌江将军高于重光三年壬午岁(622年)十月一日编报的传各种食物供各种食用的记录,背面则以较为严格的序时方式记录了十月廿七、廿八、三十

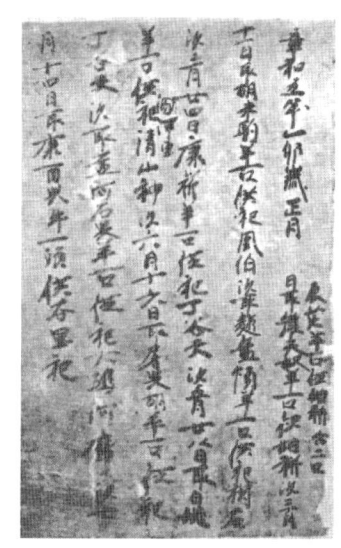

图7-7 73TAM 524:3(a)《高昌章和五年(535年)取牛羊供祀账》,引唐长孺主编:《吐鲁番出土文书》(壹),文物出版社1992年版,第132页

---

① 万安伦、王剑飞、度建君:《中国造纸术在"一带一路"上的传播节点、路径及逻辑探源》,《现代出版》2018年第6期,第72—77页。

② (宋)李昉等:《太平御览》卷六百零五引《桓玄伪事》,中华书局,1960。

日传油、肉、细面、粟米、麻、酥等供禅师、镇军、世子夫人、客胡等食用(使用)的详细情况。①

其二,敦煌莫高窟出土的敦煌文书中包括占总量约5%(3 000件左右)的社会经济文书,其中大多属于寺院、官府及民间会社组织的会计相关文书,有完整的会计账、报告(算会牒)、各种契券以及寺院财产盘存清单等。鉴于自纸张取代简牍之后直至明代末期以前的原始文书材料存世量极少,这些文书对于研究中国古代会计发展变革状况就有了特别重要的意义。当时的官私各种文书资料,大多采用卷轴装形式,本册式的会计账簿尚未出现,其会计记录,不论是契据、原始账目还是报告,根据内容多少,一般采用单幅纸张或者纸张粘连形成的长卷来书写。比如法国国家图书馆收藏的编号为P.2049的文书,就是一件由43张纸粘连而成的文书长卷。因为"纸张在隋唐五代宋初仍然是珍贵的资源"②,所以很多文书都是正反两面书写以节省纸张。P.2049也是如此。其正面十分规整地写着《维摩经疏弟子品第三》,是佛教写经中的精品。背面则是两件后唐时期沙州净土寺的算会牒文书:《后唐同光三年(925年)正月沙州净土寺直岁保护手下诸色入破历算会牒》和《后唐长兴二年(931年)正月沙州净土寺直岁愿达手下诸色入破历算会牒》。这两份算会牒文书,是按当时通行于各地寺院的惯例产生的,是直岁僧汇报其当值的年度内各项收支情况的收支决算报告文书。按常规,直岁僧要在年度算会大会上,"当着全体僧众的面,汇报上一年寺院各项收入和支出的账目情况"。③ 全体参会人员有权对报告中的内容提出质疑,当报告被审核通过,经全体徒众和参加祈会的法律、老宿等纲管人员签名画押后作为上呈地方政府管理部门的牒状。特别的是,这两份祈会文书,采用了极为正式的四柱结构形式,被认为是古代中国会计核算中使用四柱结算的典型例证,郭道扬教授在《中国会计史稿》中就曾将其作为重要的证据使用并作了详细分析介绍。④

敦煌会计文书种类繁多,单是敦煌寺院会计文书就有二十余种,包括历、疏、录、状、启、名目、牒、籍、谙、簿、判、凭、账、契、告身、贴、榜、书、铭、赞、记等。如果以会计概念为标准,从严格意义看,能够归属于"会计"文书的,也有历、牒、疏、抄录、

---

① 唐长孺:《吐鲁番出土文书》(壹),文物出版社,1992,第376-377页。
② 赵青山:《敦煌写经道场的纸张管理》,《敦煌学辑刊》2013年第4期,第36-47页。
③ 李文才:《晚唐五代时期沙州净土寺的收入与支出研究——〈后唐同光三年正月沙州净土寺直岁保护手下诸色入破历算会牒〉试释》,《唐史论丛》2013年第1期,第84-110页。
④ 郭道扬:《中国会计史稿》(上册),中国财政经济出版社,1982,第351-360页。

状、名目、簿、凭、账、契等十种。① 在诸多的会计文书中,明显可以看到各种有关记录及报告格式的尝试。而在一些便贷业务账务记录上,还有借贷人信息及签押,表明账簿同时兼具凭证意义,也意味着,在当时尚不存在凭证与账簿记录的严格区分。另外,当时并不称会计账务记录为账簿,而是名之为"历"。在当时,"账"字只是代表一般的账目,是对会计记录资料的一般性称谓,而不是指具体的账簿。比如敦煌文书 P.3234 号背《甲辰年(944 年)二月后沙州净土寺东库惠安惠戒手下便物历》(见图 7-8),就十分典型地反映出敦煌寺院会计文书的一些基本特点。

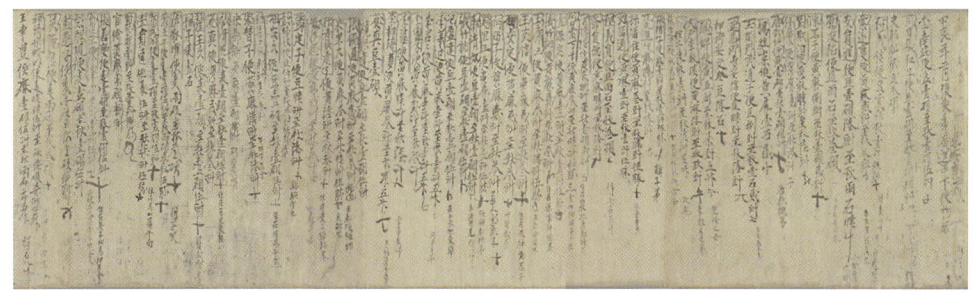

**图 7-8　P.3234 号背《甲辰年(944 年)二月后沙州净土寺东库惠安惠戒手下便物历》**

第一,文书名称见于文书首行。该文书以"甲辰年二月后东库惠安惠戒手下便物历"为题,时间、地点、经办人、业务性质诸因素明晰可辨。这是敦煌文书标准的题名方式,一句话把各种要素交代得很清楚。

第二,记录正文以借贷人姓名为主,顶头书写,人各一行。

第三,采用格式化的记录形式,如:

姓名　业务性质　品名　借出数量　还贷时间　还贷数量　签押　附注(或有)
例:安员进　便　　　豆　壹硕陆斗　至秋　　两石四斗　(押)　住在寺前大街西

第四,本文书较为特别的一点是,作为一份便贷文书,每笔业务下皆有签押,确证借贷及归还数量,押字为凭②,反映出账务记录与凭证相结合的特点,也证明在这一时期,会计原始凭证并未与账簿记录分离开来成为单独的存在。

第五,绝大多数人名项旁画有表示账目结清的符号。这种符号一直沿用到近现代民间会计中,说明会计记录中使用的各种符号,同样经历了一个渐进的演化

---

① 陈敏:《唐五代宋初敦煌寺院会计制度研究》,湖南大学博士学位论文,2012 年。
② 斯 8443 号 B《甲辰年——丁未年李阇梨出便黄麻麦名目》中有"押字为凭"之说。

过程。

诸多证据表明,这一时期的会计,不论是官厅还是民间(寺院、会社组织)会计,皆处在探索纸质时代记录格式的阶段。例如,在记录形式上,既有上面这样一笔业务单独占一行的账历文书,也有连续进行满行记录的文书,如图7-9中敦煌文书P.3578号《癸酉年(913年)正月沙州梁户史氾三沿寺诸处使用油历》所示。这样记录虽然节省了纸张,但看账却颇费周章。这样连续记录的形式,也并非只是民间才有,如敦煌文书P.2629号《归义军衙府酒账历》虽然是官方衙府做成的用酒记录,也同样采用比较节省的连续记录方式。为了方便辨明时间,所有月份皆用红字书写。

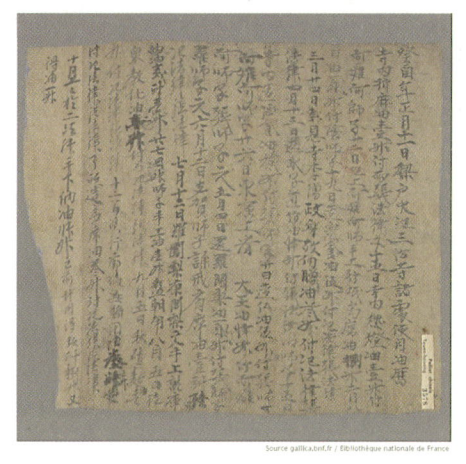

**图7-9 P.3578号《癸酉年(913年)正月沙州梁户史氾三沿寺诸处使用油历》**

其三,因为纸张的使用,唐代书籍装帧形式已经由卷轴装开始向多种形式发展,出现了旋风装、经折装、梵夹装等装帧形式。到宋代,则因为雕版印刷的兴盛,出现了蝴蝶装与包背装。至14世纪明朝中叶线装书出现,古代中国书籍装帧形式的发展演进基本完成。会计账簿的形式发展,与书籍装帧和印刷术的发展密切相关。因缺少原始材料作为直接证据,会计账簿究竟于什么时候开始采用订本式账簿,迄今尚无定论。但这是会计历史研究中一个十分重要、需要想办法搞清楚的问题。原因在于,对于会计的历史发展来讲,除了文字内容之外,记录形式和格式的变化具有特别意义,因为记录形式和格式的改变,既可能使会计记录或报告的内容(包括信息容量)发生重要改变,也在很大程度上代表会计的时代性转变。中国社会科学院历史研究所整理的《徽州千年契约文书(宋·元·明编)》(第八卷)中收录的《万历程氏染店查筭账簿》,是明代徽州一家染坊于万历十九年(公元1591年)五月初一日所立的一本账簿,用于登记该染坊投入资本及其后从万历十九年

(1591年)至万历三十二年(1604年)的 14 年中,除去未曾办理查筭的万历二十年、二十三年、二十四年,共 11 年的查算资料。该账簿原件规格 330×250 毫米,现藏于中国社会科学院历史研究所(馆藏号 HZB3140018),《万历程氏染店査筭账簿》为其入藏时的定名。该账簿证明至少到明万历时期,中式会计中已经使用本册式账簿①,但该账簿究竟是用什么方式装订的,我因未能见到实物,难以判断。

其四,从目前所见材料来看,清代乾嘉以后是中式会计账、表、票据形式快速发展的阶段。在这一时期出现了三个方面重要的发展。①订本式账簿的快速发展,尤其是在商业账簿方面,一些专门印制商业账簿的商号,以雕版印刷方式印制账簿,出售给商号使用。其账页格式主要包括腰格斗方账和通天条账两种形式。其印制的账簿通常采用蓝色封皮,线装,封面中间、左上、右下通常分别贴红条纸,可以写入立账时间、账簿名称、使用者(商号等名称)。②早期民间契约经过简化逐渐演化出适合不同业务、事项的商用票据,最终形成各种专门化的体系化票据,作为会计体系中原始凭证的各类票据最终成型。③以晋商清单和徽商盘单为典型,形成了中式会计报告形式。中式会计报告通常以四柱结算或"存该""进支"方式列示各类项目并计算盈亏。到后来则发展为更为常见的"结册"形式。值得注意的是,纸张的优势在清代晋商票据的发展中发挥了重要作用,各类纸张可用于印制各种票据。尤其是各种钱票、汇票,可能需要使用特制的纸张印刷,票号汇票甚至在清中叶就已经使用了水印。

其五,20 世纪 30 年代中式簿记改良运动中,由徐永祚会计师事务所设计制作的改良中式账簿,借鉴和吸收了西式账簿细致分栏等形式特点,但依然采用中式传统账簿的装帧风格和形式。直到新中国成立以后,城市工商企业才开始大量采用机器印刷的西式账簿,传统账簿逐渐退出历史舞台。随着 1956 年城市资本主义工商业的社会主义改造完成,广大农村开展合作化运动,至 1958 年人民公社化运动时,从城市到乡村,国营、集体企业及各种社会经济组织普遍采用机器印刷的账簿作为记录载体,最终完成了中国会计在记录及报告形式上的现代化转型。

其六,纸质媒体时代的会计以纸张和纸质账簿作为记录、计算、报告及保存、传输数据信息的基本载体,与其相适应,也出现了各种相关的工具。比如,早期用于纸质记录的中式文具如毛笔、墨汁、砚台以及与记录及会计相关的各种文房、账房用品,如砚滴、水盂、水丞、墨盒、墨床、笔架、印泥(印盒)、印章、戳记、账盒、账桌、账

---

① 这并不能说明我国最早使用订本式会计账簿的时间。只能说明,我国在万历十九年(1591 年)已经在用订本账。

柜等。到近现代，我国引入了各种西式文具，如墨水笔（包括蘸水笔），用于改错的红色墨水、铅笔、复写纸、曲别针、回形针、订书机，用于装订凭证的各种工具，用于打印各种表格、报表、文件的打字机、油印机，文件夹，保险箱，会计科目章和各种戳记等。各种时代性工具共同完成了会计作为一个技术系统的时代性使命。

以上是关于古代中国纸张的使用历程及其对会计影响的简单梳理。中国造纸术传入其他国家，与各地的地域文化及其他相关技术相结合，促进各地会计记录和报告，包括账簿、契据凭证、报表（报告）等形成了形式上各不相同的特点。各地这些方面的特点及差异需要我们在将来进一步做更为细致深入的梳理和研究。此处简单说明西式账簿和日本账簿的一些基本特点，略补此方面的不足。

西式账簿：意大利佛罗伦萨中央车站附近的美第奇·劳伦齐阿纳图书馆中收藏着一件具有重要会计史意义的特殊藏品。这件编号为 Codice, Laurenziano Aedi 167 的文件，被认为是最古老的传世账簿。意大利语言学家彼得罗·桑蒂尼（Pietro Santini）在 18 世纪 80 年代对这份写在羊皮纸上的文书进行了完整的解读，发现它是一份商人的交易记录。这件账簿记录文书用中世纪意大利语写成，开头部分用罗马数字写着 1211 年的年份，其后则画了一个十字架，旁边写着："以上帝的名义，阿门。（Nome di Dio, Amen.）"书写者以向上帝发誓的方式来保证这份账簿的真实性，从而试图像公证书那样确保记账中没有虚假或伪造。这一点与几百年后卢卡·帕乔利描述的商人账簿的情形何其相似！1276 年，随着造纸术传入意大利，作为记录载体的羊皮纸很快就被更为便宜和便利的纤维纸所取代。而且，如下文将提到的，作为欧洲文明早期代表的意大利人，把印刷术的作用发挥到了极致，他们不但以出版印刷书籍的方式极大地推动会计技术和知识的传播，也促进了会计账簿的发展。尤其是工业革命之后，机器印刷的广泛应用，进一步推动了印刷和出版业的发展，也促进了会计账簿印刷和装帧水平的提高。当时的账簿，通常采用羊皮封面，装帧精美，印刷清晰，极大地便利了会计记录的科学化和规范化发展。19 世纪后半期，随着西方资本进入中国，西式账簿也与西式簿记方法一道传入中国，先是在外资公司使用，后来进一步扩展到中资企业[①]，在 20 世纪 30 年代后随着中式簿记改良运动的推进，对中式会计的发展产生了更大影响。

西式账簿的发展演进真实地体现会计与造纸、印刷等各种技术的密切关系。

---

① 开滦煤矿博物馆至今收藏着一些 100 多年前开滦煤矿使用的西式大账本，这些账本由羊皮蒙面。其中最大的一本为 1906 年的开平矿务有限公司现金分类账，不仅装帧精美，而且重量惊人，重达 15 公斤。账页采用英国道林纸，每一页都有防伪水印，账本侧面有防伪花纹。

荷兰会计史家 O.腾·海渥注意到了这一特点,在其《会计史》中专设"科学技术对会计工作的影响"一节来讨论这一问题。① 按照他的说法,在 17 世纪和 18 世纪,簿记人员扮演着很重要的角色,其地位也很高。1672 年出版的题名为《意大利簿记更正方法》一书的扉页上描绘了当时簿记员办公的情景:4 名簿记员在紧张地从事着工作,他们头戴礼帽,穿戴整齐,他们面前是好几本摊开的账本(以清晰的金额栏为证),正中 2 人正在紧张地过账;左首一人坐在一个上有华盖、有如王座的椅子上,他手指账目,似乎是在对账中发现了问题;他手下的账簿放置在一个倾斜的支架板上,显然是为了便于在查阅账目时搁置账簿。贝斯尔·S.亚梅(Basil S. Yamey)推测,他很可能是一位法官或者地方行政长官。③ 另外,他们使用鹅毛笔写字。用来削鹅毛笔的小刀置于画面前面。桌子上配有墨水池和吸墨水的砂盒。图 7-10 是 1211 年佛罗伦萨一位银行家记在羊皮纸上的账单。

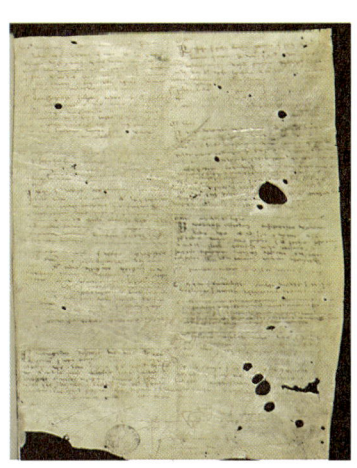

图 7-10　1211 年,佛罗伦萨一位银行家记在羊皮纸上的账单,引自渡邉泉:《会計学の誕生―複式簿記が変えた世界》,岩波书店,2018 年版②

　　会计工作中还会经常用到各种用于改错的工具。万一记账过程中不小心在账面上落下墨点,就要使用铅笔刀、小块滑石和被称作鲸骨的改错工具。在当时的办公室,工作人员还会用到胶版誊写版、印刷机和文件整理机。光是用于装订重要文件包括会计凭证的长锥就有好几种。后来又有了橡皮筋和各种样式的纸夹及票据夹。除了这些细小的工具,打字机的出现具有非常重要的意义。打字机和油印机使各种簿记资料的广泛传播成为可能。除此而外,下文将专门讲述到的簿记机,也是适应纸质时代账簿记录需求的一种特殊设计。

　　日本账簿:日本文化深受中国文化影响,也成为许多中华文明的重要成就(包括会计成就)的重要保留地。日本自隋唐时期大力学习和引进中国文化,在会计方面以官厅计账制度为核心,系统学习和引进了中国会计文化。目前所见的保存在东大寺正仓院的天平胜宝八年(756 年)东大寺、法隆寺献物账,是日本圣武天皇卒

---

① O.腾·海渥:《会计史》,文硕、付磊、杨健译,中国商业出版社,1991。
② 渡邉泉:《会計学の誕生―複式簿記が変えた世界》,岩波书店,2018,第 12 页。
③ Basil S. Yamey: Art & Accounting, Yale University Press, 1989: 5.

后，光明皇后将其遗留下的珍宝奉纳给寺院时所记账目，也是目前所见时间最早的东方传世文献珍宝。献物账采用唐代常用的卷轴装方式，书写规整精美，是研究古代东方会计文化不可多得的史料瑰宝。除此之外，正仓院中还保留了许多珍贵的会计账簿史料，东京帝国大学文科大学编纂的《大日本古文书》系列图书对其做了汇集，仅该系列图书第一卷中便收纳有大宝二年（702年）至天平七年（735年）御野、筑前、丰前、下总、陆奥、常陆、因幡、山背、志摩等国的户籍、计账、正税账、义仓账、计会账、作物账等珍贵文书83件。这些籍账文书皆采用卷轴装，具有鲜明的时代特征。图7-11是日本正仓院藏天平胜宝八年（756年）东大寺、法隆寺献物账。

 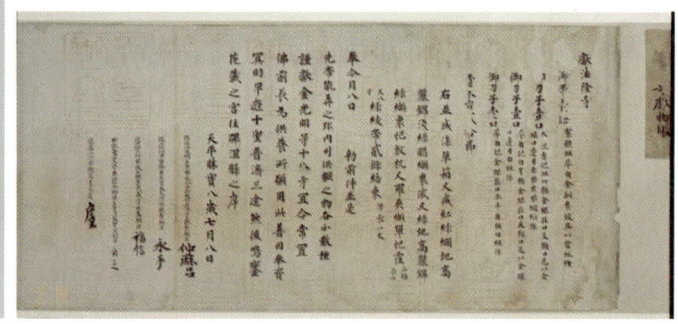

图7-11　日本正仓院藏天平胜宝八年（756年）东大寺、法隆寺献物账

日本国家档案馆（National Archives of Japan）网上数字档案资料显示，日本账簿在其发展演进过程中还曾采用古代线装书的装帧形式，如图7-12所示。需要说明的是，在中国迄今尚未发现以此种形式装帧的会计账簿。

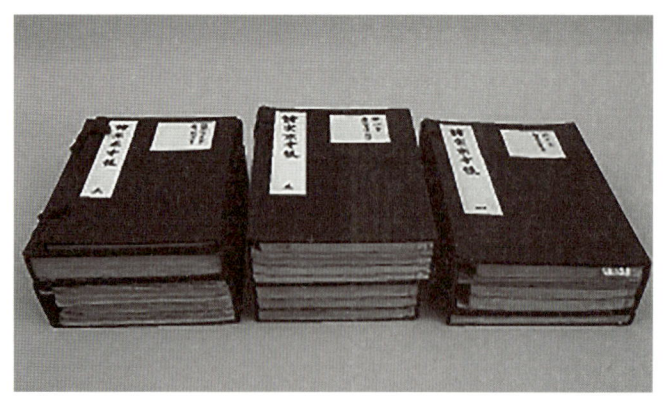

图7-12　日本国家档案馆藏《诸宗末寺账》①（图片来自日本国家档案馆数字档案）

---

① 其中最早的账簿属于江户时代（1603—1868年）初期。

在随后的发展中,源自官厅的会计账簿记录形式和方法进入民间,促进了独具特色的日本民间商业会计文化的形成。如图7-13所示,日本幕府时代中期的账簿,采用竖开本式,纸媒装订。账簿用汉字记录,完全采用中式账簿的记录方式。在发展中,日本民间会计逐渐形成了具有日本特色的"大福账"体系和特殊的账簿形式及装订方式。

日本会计史学家小仓荣一郎研究认为,"大福账"在日本普通民众的意识中含义比较复杂:有时是贬义,主要指技法简单、落后、不合理、杂乱无章;有时又会代表一种吉祥,寓意福寿安康,所以又作"大账""大宝惠""大寿账"等。"大福账"的名字不是根据账簿的内容和实质起的,而是因为人们在"大账"上添"福"祈求多福而得名。① "大福账"实则是对传统账簿的一种统称。"大福账"按外表形式分为"长账"(见图7-14)和"袋账"(见图7-15)两种。

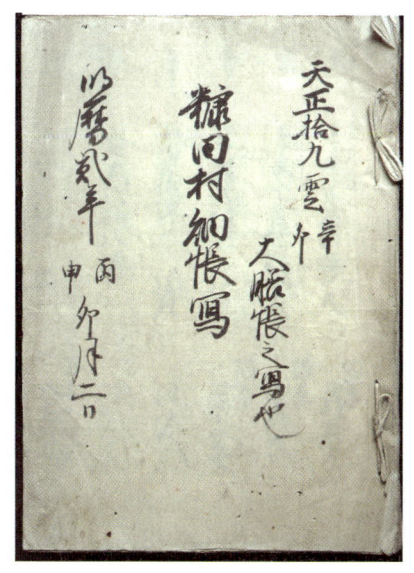

图7-13 大正十九年(1591年)至明历二年(1656年)糠田村细账写(中国会计博物馆藏)

长账是指账页用纸经折叠呈横长型,在启用之前做固定装订,之后不能增减纸张的账簿。长账一般作为原始记录放在经常使用的地方,如前台等。从形式上看,长账为竖长条形式,顶端用线绳钉死,以防止有人随意增删账页,与现代会计中用作总账和日记账的订本账相类似。长账大多会在顶部加装挂绳,便于悬挂或手提。有些账簿还会在底端加带子,绑合后便于管理。

袋账是与长账相对的另外一种常见账簿形式,其账簿用纸一般折成四折,以20张为一拼,拼成数十拼,当用纸不足时还可以增加。袋账主要作为明细账使用,因其外形多呈方形或长宽比较小的长方形,十足像个装东西的口袋,故称为袋账。

日本账簿所用纸张主要是和纸,如越前和纸、美浓纸、西之内和纸、程村纸、岩国半纸等。和纸制造技术为7世纪初从朝鲜传入的中国古法。和纸似宣纸而又有所不同。总体上比中国民间使用的账簿纸张质量要高。日本账簿的形式和记录方式等早期学习中国,后期经过发展演变,具有了日本文化特色。日本会计史学者西川孝治郎在其《日本簿记史谈》中分析研究了日本传统账簿的特征,归纳为以下几点:

---

① 小仓荣一郎:《江州中井家帐合の法》,ミネルヴァ書房,1962,第8页。

■ 异质的会计史 ■

图 7-14　长账：昭和二年（1927 年）诸司嘉惠账（中国会计博物馆藏）

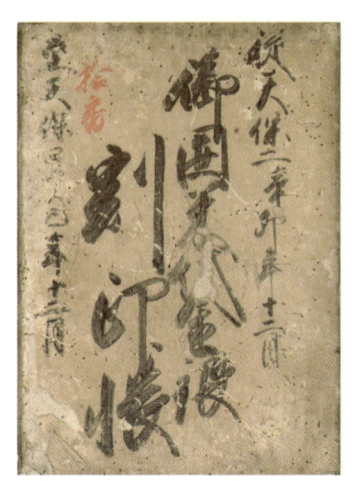

图 7-15　袋账：天保二年（1831 年）至天保四年（1833 年）御围代金银割印账（中国会计博物馆藏）

第一，有和纸将两折长缀剪裁的类型，也有将纸四折并以 20 张左右为一缀且多缀重叠订制而成的类型。

第二，白纸不画格式，记出与入时写其汉字作为区别。

第三，数字使用日式数字，如五百六十七円等传统记数法。

第四，使用毛笔、墨，竖写。

第五，分多册账簿，无总分类账。①

从外形上看，日本账簿最大的特色是：在多数情况下会把许多本账簿用一种特殊的方式很牢固地装订在一起，并在顶端用麻绳做成提手，便于携带。中国会计博物馆所藏江户时代（1603—1868 年）京都御用米会所前川家账簿，大多采用此种方式装订成厚本。图 7-16 是明治三十三年（1900 年）当所账，该账簿依然采用合订方式将 27 本账紧密地装订在一起，形成了一个便携的账簿体。这种装订账簿的方式极为特殊，迄今所见，为日本所独有。有学者经调查考证发现，其根本原因在于日本历史上地震多发，而地震往往引发火灾。为了保护至关重要的账簿资料，使其不致因火灾而烧毁，每当遇到火灾，人们会提起账簿快速将其丢入院中的水井，以保安全。待火情过去，再将账簿打捞出来。因为账簿使用优质的纸张，不惧水浸，而记账所用之墨也是不易褪色的优质墨品，如此可保账簿记录资料无虞。②

---

①　西川孝治郎：《日本簿记史谈》，同文馆，1974，第 12 页。
②　以上资料较多参考张秀春的工作论文《日本账簿的文化渊源与近世嬗变》，也得益于与她的交流讨论。特此说明并致谢。

图7-16 明治三十三年(1900年)当所账(27本账合订)(中国会计博物馆藏)

(4)计算机网络系统。

20世纪40年代发明的电子计算机以及其后衍生出来的计算机网络系统,从会计记录载体的角度来看,是一种划时代的发明。1946年问世的第一台电子计算机经过半个多世纪的发展演变,基本取代纸质材料,成为会计记录、计算、数据存储、信息传输或发布(输出)最重要的工具。在这个特殊的信息技术时代,计算机和互联网的广泛使用,改变了人类社会数千年来在手工处理条件下形成的各种会计方法和习惯。在纸质媒体时代的许多发明创造快速消失的同时,许多新兴的基于计算机网络系统的方法和观念不断涌现,从根本上改变了会计的面貌,也创造出前所未有甚至很难为人们所理解的新的会计观念和形态。新的"形态"迄今尚未定型,依然处在不断的变化和重新塑形的过程之中,但已经在深刻地影响并改变人们对会计的固有认识和印象,以至我们不得不深深地追问:会计究竟是什么?

从20世纪40年代直至当下,电子计算机和国际互联网在各国会计中的应用,不论是时间、形式和范围,还是深入的程度与技术侧重,都各有不同,导致各国会计在这个时代依然存在多方面的差异。认识和理解这些差异,是各国进一步处理好会计的国际协调与趋同,共同面向未来的理论、方法、实务及制度规范的发展需要认真解决的问题。

2) 印刷术

中国古代对世界文明的发展具有很大影响的四种重要发明被称为"四大发明",即造纸术、指南针、火药、印刷术。其中,造纸术与印刷术直接与会计发展相关。另外两种则是极大地改变了会计所处的环境,间接促进了会计的发展及会计文化的传播。① 造纸术的作用前文已经述及,此处再论印刷术中的活字印刷。

允许单一文字被排列成文稿的活字排版于 1041 年至 1048 年之间(中国宋代)由毕昇发明。活字印刷术的发明对人类文明的推广具有重要意义。然而在中国,活字印刷术却并未成为印刷行业的主流。从宋代直至清末近千年时间里,虽然每个朝代都有人进行有关活字印刷的具体实践,但中国境内的图书印行及各种实用印刷,依然是以雕版印刷为主。

全球范围内最早将活字印刷用于大量生产的印刷业的第一人,是德国金匠、最后成为印刷业者的约翰内斯·古腾堡(Johannes Gutenberg,1398?—1468)。② 他于 1440 年引入活字印刷并使其普及起来。日本会计史学家渡边泉教授在其《会计学的诞生:复式簿记改变世界》一书中写道:"当时威尼斯的古腾堡印刷所经过甄选而开印的第一本数学专业论著,就是最早的簿记著作印刷品——卢卡·帕乔利(Luca Pacioli)的《算术、几何、比及比例概要》。可见那时作为一名数学家,帕乔利的名字在意大利已经广为人知了。为了推广活字印刷,以之取代传统的抄本和雕版木刻印刷,出版《圣经》和名人著作可能是一个捷径。"③ 活字印刷极大地促进了簿记知识在欧洲社会的传播,而印刷技术也实质性地推进了更加正式和规范的印制账簿的普及和使用。④

从卢卡·帕乔利时代直至 20 世纪初的大约 400 年间,可以明显地观察到中西方会计受印刷术影响而发生的各方面差异。

(1) 会计相关著作出版及知识传播方面。继卢卡·帕乔利的《算术、几何、比及比例概要》之后,欧洲各国不断出现由机器印刷的会计相关书籍,极大地促进了簿记知识在欧洲各国——包括西班牙、德国、荷兰、英国、法国、俄国等国家的传播。⑤ 美国独立之后,这种情况也同样出现在美洲大陆。这些早期会计(簿记)书籍与同时代西方其他方面的书籍一样,印刷精美、装帧入时,充分体现了机器印刷的优势,也使书籍印刷的成本和售价大幅度降低,相关书籍因此成为更多人能够买

---

① 关于这一主题,李伯重先生的《火枪与账簿:早期经济全球化时代的中国与东亚世界》应该是极好的阅读选择。
② 约翰内斯·古腾堡,全名 Johannes Gensfleisch zur Laden zum Gutenberg,德国发明家,约 1398 年出生于德国美因茨,1468 年 2 月 3 日逝世。作为一名德国铁匠、金匠、发明家、印刷商和出版商,他把机械式活字印刷术引入欧洲,引发了一场印刷革命。活字印刷术,在文艺复兴、宗教改革、启蒙运动和科学革命的发展中发挥了关键作用,为现代知识经济的发展及向大众传播知识奠定了物质基础。
③ 渡邉泉:《会計学の誕生—複式簿記が変えた世界》,岩波書店,2018。
④ 中国活字印刷虽然发明很早,但却并未见用于会计相关图书和账簿等材料的印刷。与西方社会大量使用装帧精美的印制账簿不同,直至 20 世纪上半期,中国民间工商企业依然大量使用雕版印刷的账簿。
⑤ 索科洛夫:《会计发展史》,陈亚民等译,中国商业出版社,1990。

## 第七章 异质性之解释——技术的促进

得起的普通商品,会计(商业)教育的发展和会计知识的传播得到了极大推动。19世纪初铁质印刷机的发明,以及1843年蒸汽驱动轮转印刷机的出现,使印刷效率和速度显著提高,也进一步降低了印刷品生产成本。工业革命推动下的机械化印刷的一步步发展,使印刷出版成为一个巨大的行业,推动了现代教育和文化事业的发展,也推进了会计知识的世界性传播和普及。反观同时代的中国,尽管活字印刷早在宋代就已经产生,而宋版书也以印刷精美而著称,但书籍的印行依然采用强烈依赖手工作业的雕版印刷。因为雕版费时费力,成本高昂,无论是官刻、私刻还是坊刻,更多地注重经史子集中一些经典著作,或历书、字书、韵书、占梦、相宅等销量较大的民间日常用书的出版,不可能出版会计这样一个一般被视为商业小术方面的著述。因此,直至19世纪末,我们难以见到印刷版的会计书籍,而迄今发现的两种晋商会计用书——《交易须知》和《立账簿头绪》,虽可确定为会计基础教材,但却是手抄本而非印刷版的形式。正如在一些商用手册的序言中我们看到的,在中国古代直至近代,人们要刻印出版一种书籍,耗时耗力,需要巨大的金钱付出,远非一般个人所能负担。这也成为那个时代缺少印刷版会计著作的重要原因。直到民国时期,当机器印刷已经广泛应用到许多方面时,中国一些旧式印刷业商号仍采用石版印刷或木刻版印刷书籍。1905年,蔡锡勇所著第一部介绍西方簿记的著作《连环帐谱》由湖北官书局镌版刊印,但这部在蔡锡勇去世8年后才终于得以刊行的著作,却因印数有限,流传不广,很快便湮没在历史的长河中。自20世纪20年代末期起,立信会计事业创始人潘序伦先生大力引进和推广西式簿记,与商务印书馆合作出版"立信会计丛书",其发行量巨大,对推动会计事业发展发挥了重要作用。但是,客观地讲,会计书籍相较于同时代的西方图书,不论是纸张质量、印刷质量,还是印刷的清晰度、装帧设计,都不可同日而语。技术之于会计的影响至深,由此亦可见一斑。

(2)账簿方面。直至20世纪40年代末期,在中国内陆大部分地区,大量工商业商号和民间事务中所用的会计账簿,从中国会计博物馆收藏的数千册账簿的实际情况来看,基本分为两种情况:一种是由民间商号用雕版印刷(通常用木质印版)印制的传统中式账簿(通常有通天条账式和腰格斗方式两种账页形式);另一种是用较为随意的空白纸张甚至极为粗糙的毛边纸随意装订而成的簿册。这种状况一直延续到20世纪五六十年代。与民众中极为普遍的记账意识相对应的是账簿本身质量的低劣。[①] 只有少数

---

① 从清乾嘉时期直到20世纪六七十年代,就有存世账簿实物可考的各个时期来看,中式账簿的纸张、印刷、装帧质量普遍较差,与西式账簿乃至日式账簿形成较为明显的对照。与此相应,中式账簿根据实际需要灵活设账,采用了除一般常见的订本账之外的多种账簿形式,包括手折账、卷账、布book封套账等。

几个比较发达或受西方文化影响较大的城市(比如上海、广州、天津、北京、武汉、昆明、沈阳、哈尔滨等),才有企业采用西式账簿或者徐永祚会计师事务所等印制的改良中式账簿。比较正式的中式传统账簿,大多采用蓝布封面,采用旧时中式文字从右到左竖式书写的方式。而几乎是从帕乔利时代开始,西方银行及工商企业使用的账簿便开始采用比较正式和精美的装帧形式。工业革命时代采用的机器印刷的账簿不仅内页表格线条清晰、纸张的质量高(便于书写、利于长久保存),而且装帧精美,且多为羊皮蒙面。一些针对特殊行业或业务特点而特别印制的账簿,幅面广大、页数多达数百,特别适用于近现代大型工商企业、银行、保险公司等的大量业务的账务登记。

图 7-17 是一份 19 世纪美国账簿,图 7-18 是一种中式传统簿记印版。

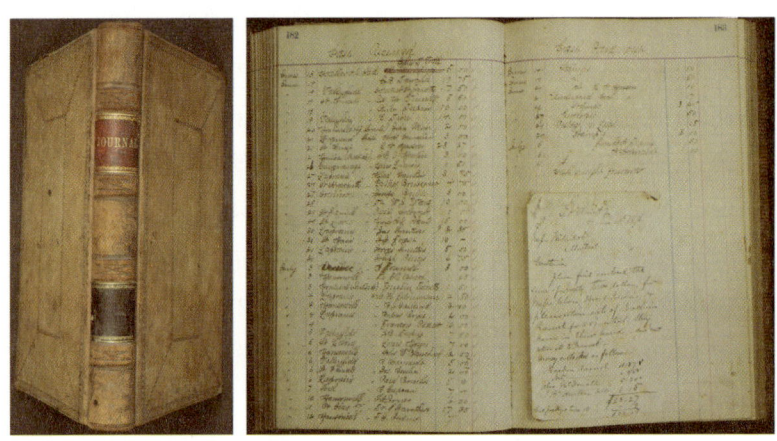

图 7-17　19 世纪美国账簿(中国会计博物馆藏)

图 7-18　中式传统账簿印版(中国会计博物馆藏)

(3) 票据方面。通常认为,会计账务处理体系由凭证、账簿、报表三个环节构成。因此,会计研究者习惯于分别搜寻凭证、账簿和报表从上古时代起发展演进的线索,而忽略了一项重要事实,即在古代社会经济活动和会计业务相对简单的情况下,尤其是在会计发展的初始时期以及在民间商业和私人(包括家庭、家族)事务中,记录主体很多时候采用一种集多种功能于一体的记录形式,相应的记录形式集账簿、契据(凭证)、报告功能于一身,而无明显的区分。不论是在中国还是西方社会,会计在早期的发展中,大多是以账簿记录作为最基本的业务凭证,账簿记录可以作为法庭判案中采信的证据。直至近代,在会计账簿功能开始细分的过程中,常见的草账依然是作为业务发生时的原始记录,充当原始依据(凭证)的角色,其他各种账簿的数据资料可能是源自对草账记录的整理和转记。虽然在很早时期已经有契券等各种反映业务及交易活动的原始契据存在,但对会计业务而言,单独的原始票据(凭证)并非会计业务所必须。在早期环境下,契据和账簿记录在一定意义上属于等效的存在。又因为在许多情况下社会可能缺少对外报告需求,甚至在较长时期内也无单独编制会计报表(报告)的需要。因此,在古代很多时候,可能既无在账簿记录之外独立的会计凭证(票据)存在,也无独立的会计报告。当然,依照某种要求,相关人员也可以将会计账目作为报告内容提交给某些方面,以达到审查或其他目的。概括来讲,就是在会计历史的一定时期,虽然有票据(契券、凭证)、账簿、报告的存在,但它们相互之间并不具有近现代会计体系中那样严格的功能区分和体系关系。这一点,我们在进行会计史及相关研究时一定要高度注意,否则很容易陷入缘木求鱼、刻舟求剑的尴尬。

从目前所见的史料来看,在古代官厅会计中,尤其是仓储管理、税收征管、借贷以及市场交易等活动中,早在先秦时期就已经有契券存在。民间各类交易和借贷活动一般是以各类手写契券作为凭据。目前发现最早的印刷版票据是黑水城文书中收录的元代至正时期(14世纪中期)的广积仓票据。这种雕版印刷的票据已经有了近现代印刷版商业票据的雏形。明清以来民间商业活动的繁荣发展,促进了商业票据的发展进步。人们从晋商、徽商文书史料中发现的大量清代至民国的商业票据,比较清晰地反映出传统契约向现代票据转化的时间路径。这一时期商业票据的发展充分利用了雕版印刷的优势。人们通常以硬木或牛角雕刻的精微细致的雕版,结合中国传统书法、绘画、雕刻等艺术的成就,塑造出一个异彩纷呈、颇具艺术气息的票据世界。商用票据的发展也推动了商业、金融等各类业务的发展,以及会计账务资料体系的发展完善。

与中国商业实践中所采用的雕版印刷的艺术化票据不同,在工业革命后印刷术突飞猛进的推动下,西方各国商业票据很快由18世纪初大量使用的手写票据变为机器印制的格式化、标准化印刷票据,集聚了工业印刷及相关技术之大成,极大地推动了银行、保险以及各种工商事业及其会计业务的发展。由此所形成的西式会计,从票据到账簿再到报告,形成一个富有现代气息的工具体系。它以强大的力量横扫整个世界,让一切古老的文化在机器的重压之下显得脆弱而无力。

图 7-19 是一份 18 世纪初(1706 年)的英国商用手写票据,图 7-20 是 1887 年美国第一国家银行(First National Bank)的支票。

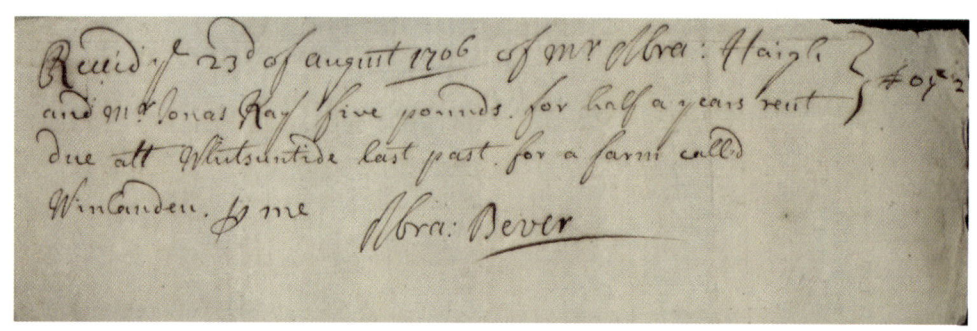

图 7-19　18 世纪初(1706 年)英国商用手写票据(收据)(中国会计博物馆藏)

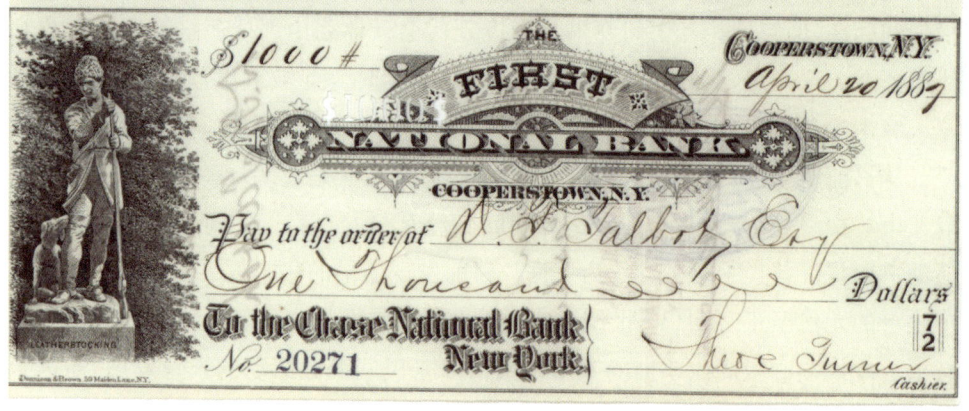

图 7-20　1887 年美国第一国家银行(First National Bank)支票(中国会计博物馆藏)

(4)报表(报告)方面。会计报告古已有之。但报表作为对财务情况的总体反映,在何时、什么情况下以总括表的方式从账目资料中分离出来作为独立的存在,又是在什么时候发展成为内容丰富的现代财务(会计)报告的形式,则是一个需要收集更多原始材料开展专门研究的复杂课题。

中国会计博物馆藏有多件 19 世纪的美国会计报告,这些报告涉及政府机构、公益组织、公司制企业,报告内容包括对其所映主体的经营活动、财务情况等各方面较为全面的介绍,以及各方面的表式信息资料。这些报告多采用类似图书的本册式报告形式,并需经执业公共会计师做专门的审查鉴证,审计报告通常也是整个报告的一个必要部分。这种报告形式一直延续到 20 世纪上市公司的财务报告方面。从中国会计博物馆收藏的美国会计报告实物,明显可以看到印刷技术的发展进步对报告形式和内容的影响。

在古代中国,早在《周礼》中,就有"以参互考日成,以月要考月成,以岁会考岁成"①,以及"听出入以要会"之说,"日成""月要""岁会"分别为按旬、月、年度编报的定期会计报告。定期报告的形式在以后各个朝代也作为官厅会计的一个部分延续下来。敦煌文书中的"算会牒"文书是寺院直岁报告其当值年度财物收支的报告文书,也是迄今所见最早的民间机构的会计报告。不过,因为寺院特殊的性质,该报告乃是由作为民间组织的寺院在经过寺院纲管及僧众算会审查之后,提交给地方政府管理机构的。值得注意的是,该报告中使用的"四柱结算"方式一直沿用至近代官、私会计报告之中,成为中式会计报告最具基础性意义的结算及报告方式。与西式会计中 19 世纪初即已经广泛采用的综合性报告(会计报表加财务情况说明、审计报告等)形式不同,从既有材料来看,中式会计在其近现代发展中,依然采用较为简单的表单式报告形式,即以清单方式一体化列示各项会计指标、利润计算及分配情况。其中,晋商会计一般采用"清单"作为报告(报表)名称。清单的项目列示方式常见的为由"旧管、新收、开除、实在(见在)"形成的"四柱"方式,也有"存该"结册方式。徽商会计的报告则从最早见于明万历时期的"查算",发展到后来的"盘单"。到民国时期,各地较为多见的报告形式有"存该"结册、"进支(缴)"结册,以及综合"进支"与"存该"的结册形式。其外表形式也开始由表单进展为本册形式。随着股份制的推广,中国出现了印刷版结册,它们便于分发给更多的股东收存。这一时期,受西式会计知识从日本、英美及其他欧陆国家传入的影响,西式会计的一些观念及损益计算方式也逐渐进入中式报表(清单、结册等)之中。在上海等受西方影响较大的沿海发达城市,在公开发行的报纸上刊发公司"账略"也成为风尚。图 7-21 是民国九年允升集记清单。

自民国七年(1918 年)谢霖向北洋政府农商部暨财政部上呈呈请建设中国会计师制度起,注册会计师业务也逐渐在各地开展起来,至 1949 年,已形成有近 3 000 人的会计师队伍,他们在各大城市设立事务所,开展查账验证业务,同时参与举办会计教育、出版等事业,有力地推动了中国会计的现代化转型,也使西式会计报告和审计报告的概念、内容和形式在中国逐渐得到较为广泛的接受和认可。

---

① 《周礼·天官·司会》:"掌邦之六典、八法、八则……而听其会计……以参互考日成,以月要考月成,以岁会考岁成。"

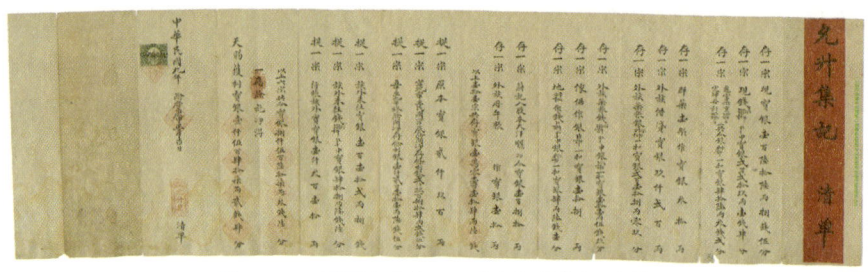

图 7-21　民国九年(1920 年)允升集记清单

3) 印信、签押与防伪技术①

从某种意义上来讲,会计也是一个社会信用维护系统。中国民间"认不认账""人死账不烂"等说法明确揭示了会计账的信用实质。会计相关业务中广泛使用的印信(印章)、签押(署押)等是重要的实用技术,发挥着确权、证明以及防伪等多重功用。

在古今中外从官方到民间的各种活动,尤其是与公文往来、商业交易及各种人际、财产关系相关的缔约活动中,以彰显权力、昭示信用为核心的印章、签押是一种十分普遍的社会行为。中外许多考古发现和历史材料遗存中都有印章、签名存在,它们成为人类社会关系纽结的重要手段,也是会计票据材料、账簿、清单(报告)中重要的项目要素。在中国,与汉语文字作为象形、表意文字的特性相关,经过长时期演进,独具特色的印信和签押文化逐渐形成。因其与官、私经济活动特别是商业活动的密切关系,印信和签押文化也直接地影响会计文化的发展演变,成为古代中国会计文化的一个重要组成部分。

从总体上讲,印信(印章)与签押(署押)是两个相互关联但又各不相同的体系。

(1) 印章及其使用历史。

考古发现证明,在古巴比伦、古埃及、古希腊等各种古代文明中,几乎都毫无例外地出现并使用了印章。印章最早是作为封识财物之标识出现的,为确权之表示,以及一种对责任的认定。在古代中国,《周礼》一书中最早出现有关玺节的记载。《周礼·地官·司市》:"以质剂结信而止讼……凡通货贿,以玺节出入之。"②《周礼·地官·掌节》:"掌守邦节而辨其用……货贿用玺节。"③这些材料表明,古代中

---

① 印信、印章、签押、签章、署押、签名和签字等有相同之处,也存在差异,本书仅讨论它们代表的技术,对它们不作严格区分,也不作专门讨论。
② 《周礼》,钱玄、钱兴奇、王华宝、谢秉洪注译,岳麓书社,2001,第 131-133 页。意为"司市负责管理市场,通过签订交易契约维护信用、防止争讼……凡涉及货物运输,必须持有刻有印章的符节,才准通行"。
③ 《周礼》,钱玄、钱兴奇、王华宝、谢秉洪注译,岳麓书社,2001,第 141 页。"掌节掌管守护天子所用的玉节,凡货物通行必须要使用玺节作为准许通过的证明"。

国早在西周时期就使用印章(玺节)作为准予商品出入流通和转运存放的凭证。《周礼·秋官·职金》:"受其入征者,辨其物之美恶与其数量,楬而玺之。"①也就是说,职金收受各种物品,在辨明其质量与数目之后,也要在用"玺"之后入藏。至春秋时期,"玺"便由封识财物的凭证演变为封识公文的凭证,即所谓"玺书"。《左传》:"鲁襄公还及方城,季武子取卞,使公冶问,玺书追而与之。"②春秋战国时期各国国君、大夫及一般官员的用印文书,均称玺书。先秦时代,无论官印、私印,皆称为"玺"。秦始皇统一六国后,建立了等级森严的印章制度,并设置了专门掌管印章制度的"符节令丞",规定只有皇帝的印才能称为"玺",臣民的印则称为"印"。各级官员都有各自的官印。古代中国地域广大,官员从中央到地方上任,即以官印为凭,向来有"认印不认人"之说,可见官印对于官员的重要性。依照官方玺印制度,印章广泛应用于官私各种文书中,并衍生出诸多不同的名称,如"印信""信印""章""图章""戳记""手戳""戳子"等。③

表 7-3 整理了中国古代印章名称演变情况。

表 7-3 中国古代印章名称演变

| 时期 | 名称及变化 | 备注 |
| --- | --- | --- |
| 先秦 | 玺 | |
| 秦 | 皇帝的印称"玺",臣民的称"印" | 设"符节令丞"掌管印章制度 |
| 汉 | 皇帝的印称"玺",印分"官印""私印" | |
| 唐 | 武则天时改"玺"为"宝",后又改回 | |
| 宋 | 多称"印",也有称"记""朱记",南宋还有称"合同"者 | 传世有一方南宋"一贯背合同"楷书铜印,用在纸币背面 |
| 元 | 通常称"印",也有用"押" | "押"是将个人名字画成一种图形符号,刻成印章使用 |
| 明 | 除"印信"外,还有"关防" | 取"关防严密"之意 |
| 清至民国 | 民间工商业和日常生活中使用多种不同名称,包括印信、信印、章、图章、图书、图记、钤印、戳记、戳子、手戳等 | 名称的丰富和变化是一个复杂的历史演进过程,并与地方及个人习惯相关,一些名称之间并无严格的学术区分 |

资料来源:参照罗莉《我国古代印章名称小考》一文内容及相关印章实例整理。

古代官方文书都要用印署押——所谓"押印为凭",这是对官方权力的宣示。在简牍时代,印章多用于封泥之上,作为封缄文书的凭据。④

---

① 《周礼》,钱玄、钱兴奇、王华宝、谢秉洪注译,岳麓书社,2001,第 342 页。职金收受开采者缴纳的金、玉、锡、石、丹、青,分别其成色优劣和数量多少,写上标签并用印封存。
② 《左传》(襄公二十九年)。
③ 罗莉:《我国古代印章名称小考》,《湖南档案》1999 年第 5 期,第 3-5 页。
④ 封泥区别于印章,是古人传送公文时用印封缄而留下的遗迹。古人封装简牍文书时会使用一种中间带有凹陷的封签,将文书用绳捆好后在凹陷的槽内打结,再填进一块胶泥,在胶泥上加盖玺印。如果简札较多,则装在一个口袋里,在扎绳的地方填泥打印,作为信验,以防私拆。

唐宋时期,随着纸质文书大量出现,印章被大量用于官方文书。敦煌文书中发现的官府会计文书中常见用印的遗迹,包括押书发文日期、押缝(文书长卷的纸张联结处)。① 在敦煌文书 P.2629 号《归义军衙府酒账历》的纸张接缝处钤有印章,印文为"归义军节度使新铸印",为早期骑缝章之实例。

从明代开始,除了官方公文之外,官府与民间经济往来的各种文书如"推单""易知由单"等,也使用官方印章作为确权凭据。其用法相对固定而规范,除了整体上的文书押印(通常押在日期位置)、押缝(两联文书中间位置菱形押印)外,还出现了在银钱数字上押印的做法。

古代中国印章形式多样,且随时代变化而发生变化,是一种复杂的文化现象。黄剑华对中国古代印章做了研究分类,此处援引其主要内容作为参考:

类型一,按所有者身份分:官印、私印。

类型二,按材质分:金印(金银铜铁等金属印)、石印(包括玉、水晶、玛瑙、田黄、鸡血石、寿山石、青田石等)、牙印(象牙、牛角、牛骨等)、木印(黄杨木、白桃木等)。

类型三,按制作工艺分:铸印、凿印。

类型四,按印面文字的凹凸分:朱文印、白文印。朱文印又称阳文印,其字面文字凸起,蘸朱砂印泥钤盖在纸张上即成朱文印。白文印又称阴文印,其字面文字凹入,钤盖后文字呈白色,故称白文印。

类型五,特殊形制印章:多面印、套印。多面印是在一件材料上的多个面雕刻印文,可以作为多枚印章使用。套印也称子母印,是将两枚以上的印章套在一起封装,便于携带。

类型六,按形状分:古代官印以方形居多,汉代官印中也有长方形者。私印则形式多样,除方形、长方形外,尚有圆形、椭圆形、扁平形、三角形、六角形、八角形、葫芦形、花棱形、卷子形、蕉叶形、钟鼎形、古钱形以及石印的自然形等。还有采用回文法篆刻的"回文印"。②

从秦汉时期直至明清,历代官印品级繁多,名称亦多有变化,但印章形制多为篆书或正楷方形。古代私印主要是由文人墨客或官员用在书画及往来信札之上,较多强调个性和艺术特色。人们迄今发现的晚清以前各个朝代的民间纸质文书,尚未看到有用私印的。直到 20 世纪 30 年代前后,民间商业票据上才开始较多地

---

① 押缝用印通常称为"骑缝印"。据考证,骑缝印出现在南北朝时期。大约在北魏孝明帝(516—528 年在位)时,官印开始加盖于公文两纸的接缝处,以备验合,防止伪造。

② 黄剑华:《我国古代的印章》,《四川文物》1997 年第 2 期,第 17—21 页。

使用私人名章,而民间契约文书依然是以签押为主。新中国成立以后,签押基本退出了历史舞台,取而代之的则是个人名章。商业票据除了需盖单位公章或财务专用章(业务专用章)等之外,同时还需加盖会计主管、会计员、经手(经办)人、出纳员、记账员等个人名章。图7-22 是山西裕华银行民国三十六年(1947 年)支票,上面加盖了银行副经理、会计、营业、出纳、记账员以及出票人、持票人 7 人的 7 枚个人名章,还有出票人手书签字加上其他多种戳记,实在是一种复杂的权利与责任的集合。

(2) 签押(署押)和花押。

签押(署押)是古代官、私各种事务中通过签名或画押的方式宣示权利、表明责任的一种常见形式。因其多以画圈、画十字、画字、画图案或各种个性化符号的方式来实现,故又称"画押"。刘永华、温海波认为:"画押是指在公文、契约等文书上署名或作私记,作为同意、认可、承担责任或义务之证明。"①清人郝懿行《证俗文》中"押字"条曰:"押,署也(案:今人谓之画押),古谓之署。"②顾炎武在《日知录》中更是明白地解释了"押(署)字"与"画押"以及"花押"的关系:"所谓署字者,皆草书其名,今俗谓之'画押'……今人亦谓之'花字'。"③

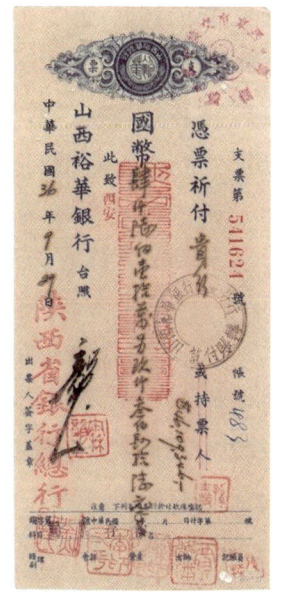

图 7-22 山西裕华银行民国三十六年(1947 年)支票(中国会计博物馆藏)

署押最早见诸史籍是在先秦时期。《韩非子·外储说右下》载,战国时田婴相齐,有人劝齐王听取一年财政结算报告,以防官吏营私舞弊。田婴知道后,"令官具押券斗石参升之计"。④ "王自听计,计不胜听,罢食,后复坐,不复暮食矣。"⑤也就是说,齐王根据田婴的建议来"听计"(听取上计报告),工作量太大,连晚饭都顾不上吃了。而其中所谓"押券",就是已经签押的契据。在秦汉以后的官方简牍文书以及其后纸质时代的往来文书中,签署成为一种惯例。在民间社会经济生活中,尤其是在较早时期,因为民众识字率低,所以多以画十字、圆圈甚至墨点的方式来表

---

① 刘永华、温海波:《签押为证:明清时期画押的源流、类型、文书形态与法律效率》,《文史》2017 年第一辑,第 101-120 页。
② (清)郝懿行:《郝懿行集》(三),齐鲁书社,2010,第 2448 页。
③ 顾炎武著:《日知录集释》,黄汝成集释,上海古籍出版社,2006,第 1600-1601 页。
④ 刘永华、温海波:《签押为证:明清时期画押的源流、类型、文书形态与法律效率》,《文史》2017 年第一辑,第 101-120 页。
⑤ 《韩非子·外储说右下》。

明认可的意愿,到后来则逐渐演变出各种带有个性化(个人)特征的符号,所以也称为"花押"(花式签押),后世也将"花押"定义为在文书、字画、契据上用作凭信的草书签名或代替签名的特种符号。一般认为,花押与印章在取信方面具有同等作用。① 但从实际史料来看,画押与印章,尤其是私人名章的使用却并不相同,而且存在较大的时代性差异。

湖南大学陈敏教授多年专注于湖南出土简牍会计文书的整理和研究,从中发现了大量有关签名、签押的证据材料。陈敏教授认为:受材料所限,印章无法直接印于竹、木材料做成的简牍文书之上,因此,在单枚简牍文字中未有发现印章与文字同在的情况,当时人们以手写签名的方式进行相关责任的表达。在简牍时代,印章以封检形式印在胶泥之上,附着于文书或物品,称为"封泥"或"泥封",作为控制文件被篡改或物品不被挪用、盗取的凭信。研究发现,简牍记录(包括契据及账簿记录)中存在大量的签名,在秦简、汉简、走马楼三国吴简中均能找到大量原始证据。比如,里耶秦简[9-11背]就有相关人员的签名。

里耶秦简[9-11背]释文:

卅五年四月己未塑乙丑洞庭叚尉觿谓迁陵丞阳陵卒署迁陵其以律令从事报之当胜ノ嘉手・以洞庭司马印行事　敬手。②

简文中"敬"为人名,"敬手"意为"敬(经手人)签字"。其他简牍上还有"壬手""过手""感手"等,不胜枚举。

居延汉简、肩水金关汉简等边塞汉简中,也多有经手人或官员等签押。罗振玉、王国维在《流沙坠简》中提到简牍上"令史尊""令史偃"的签名,并解释:"令史者,主书之官,故署名于简末。此二简令史二字之上均以笔作斜画,下简亦然。不知何意。或如后世押字欤。"③简牍所见署名,笔迹字体多与正文相同,当属正常的文书署名,与签押略有不同。李均明在《简牍所见签名、画押及其书写特征》中所举例子《走马楼吴竹简》[壹]3224(见图7-23)等中的"基""据"等签名④,字迹明显不同于简牍中的其他文字,其签名属签押无疑。足证至少在三国时期的简牍文书中,已经存在正常记录署名之外的特别署押操作。

---

① 萧高洪:《花押简论》,《碑林集刊》1994年12月刊,第212-222页。
② 此处研究文字是陈敏教授的研究成果。感谢陈敏教授把自己尚未发表的重要发现分享给我,并准予在此使用。
③ 罗振玉、王国维:《流沙坠简》,中华书局,1993,第106页。
④ 李均明:《简牍所见签名、画押及其书写特征》,《书修研究》2016年第4期,第2-21页。

# 第七章 异质性之解释——技术的促进

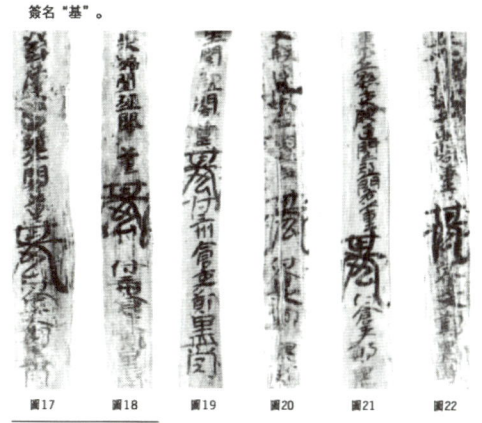

图7-23 《走马楼吴竹简》[壹]3224中的"基"签押,引自李均明的论文《简牍所见签名、画押及其书写特征》

综上所述,尽管秦汉时期简牍文书上已经有经办人、记录人或者报告人的署名,但简牍本身的条件对签押构成一定限制。因此,直到纸张取代简牍成为普遍的记录载体,画押的普及和多样化发展才成为可能。就目前所见而言,签押(署押)较为普遍地出现在吐鲁番文书、敦煌文书上。其中,吐鲁番阿斯塔纳305号墓出土的59TAM305∶14/2《仓曹属为买八绫布事》上,有统军"玢"、主簿"谦"的签押。该文书虽无纪年,但该墓所出《前秦建元二十年(384年)韩盆为自期召弟应见事》有明确纪年,因此,专家推断该文书大概成于384年左右,这是迄今所见最早的带有签押的纸质文书。阿斯塔纳59号墓出土的66TAM59∶4/6号《北凉神玺三年(399年)仓曹贷粮文书》是一件较为典型的官方文书,其中主簿、録事签名极具符号性意义,具有典型的签押性质(见图7-24)。吐鲁番出土官方文书中类似的主簿、録事等签名较为多见。例如,《北凉玄始十二年(423年)兵曹牒》中的主簿"暧",《北凉玄始十二年(423年)残文书》中的主簿"泮"、主簿"混"。其他文书中还有"典军""典军主簿""五官""长史""録事参军""功曹史""司马"等不同职官的签押,基本都是从姓名中取一字。

《高昌延昌二十七年(587年)六月兵部条列买马用钱头数奏行文书》(见图7-25)共由10人签署,可知通过签署方式控制行文及相关程序中的各种责任的方法已经形成一个完整繁复的体系。

《吐鲁番出土文书》(壹)中所收录的文书,虽然有些存在较多残破,但可见多种签名,而签名的字迹不但大于文书常规字迹,更带有变形的符号性意蕴,

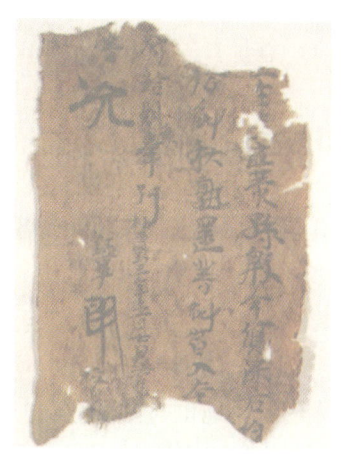

图7-24 《北凉神玺三年(公元399年)仓曹贷粮文书》,署押:主簿"沈",録事"朗",引自唐长孺主编:《吐鲁番出土文书》(壹),文物出版社1992年版

彰显出一种由常规的文字签名(签押)向符号性签押转变的迹象。这种迹象在数百年之后的唐及后唐时期敦煌文书中则更为确定地体现出来。

283

图7-25 《高昌延昌二十七年(587年)六月兵部条列买马用钱头数奏行文书》,引自唐长孺主编:《吐鲁番出土文书》,文物出版社1992年版

吐鲁番文书除随葬衣物疏外,大多是因当时人们用废弃的公文纸做纸鞋、纸棺等陪葬品而保留下来的一些残损的官方文书。其中也有一些涉及田产、物资、人口买卖和举债的民间文书。相较于官方文书而言,民间文书的签押更具随意性。值得注意的是,民间契约文书的措辞中往往有对签押(署名)之实际意义的说明。比如,75TKM99:6b《义熙五年(409年)道人弘度举锦券》上有:"民有私要,要行二主。各自署名为信。"①揭示了署名为"信"的实质性意义。

就时间而言,敦煌文书所属年代大概要晚于吐鲁番文书数百年。② 敦煌文书中的社会经济文书大多为唐、五代及宋代文书。其中较多寺院、民间会社及私人契约文书,包括为数不少的会计账务资料,如便物历、寺院财物盘点交接单、寺院年度算会文书、点算羊驼文书、各类契据等。"唐及五代的敦煌地区,画押存在于生活的多个方面,如普通百姓、僧界、政府部门等。画押也有多种形式。"③由于当时普通百姓中识字的不多,他们表达对文书内容的认可时多采用简单的符号表示,如画点、画线、画十字等,但也不尽然。从具体的文书分析来看,签押的形式与签押者本人的身份地位(直接关系到是否识字及文化水平)有很大关系。比如,S.4702号《丙申年十二月九日某寺祈会索僧正等领麻凭》中领麻人索判官、索僧正二人的签押就极具个性化,显然是专门设计的花押。S.4701号《庚子年(940)十二月十四日报恩

---

① 唐长孺:《吐鲁番出土文书(第一册)》,文物出版社,1981。
② 这一点主要是从敦煌社会经济文书(其中大多为会计文书)的角度而言。唐耕耦先生认为,敦煌会计文书"多属吐蕃占领敦煌时期和归义军节度时期,分为官府、私家、寺院三类。数量最多的为寺院会计文书,大致可分为两个方面,一是常住什物方面的,二是财务方面的"。参见唐耕耦:《敦煌寺院会计文书》,《北京图书馆馆刊》1996年第1期,第49-57页。
③ 吕德廷:《唐至宋初敦煌地区的签名和画押》,《寻根》2010年第2期,第48-51页。

寺前后执仓法进惠文愿盈等算会分付回残斛斗凭》中上几位执物僧的签押，则是写了"开""大"等单字，字迹看上去甚为别扭。显见几位僧人可能只是粗通文墨，只会写几个简单的常用字。其他不通文墨的普通百姓，则可能只是画最简单的签押符号。此种情况最典型的是S.527《后周显德六年（959年）正月三日女人社再立条件》（见图7-26）。因为女人社成员皆为女性，女性在古代社会属于识字率相对较低的群体，因此，她们在文书上的签押几乎全为最简单的点、圈、十字，或者其稍微复杂的变形。总体来看，这些文书所反映的10世纪前后的民间契

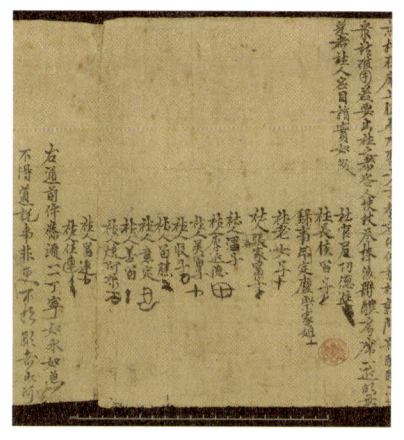

图7-26 S.527《后周显德六年（959年）正月三日女人社再立条件》（局部），图片引自国际敦煌项目网站

约签押尚处于发展变化的初级阶段。其形式相对简单，且具有较强的随意性，但也表现出签押人较为强烈的寻求个性化表现的意愿，诸如在十字外画圈、创造一些不同于一般的异形符号、设计自己的个性化签押等。

吐鲁番文书和敦煌文书总体上体现了民间在应用纸质文书的初始时期在各个方面的探索性尝试。其中一个值得注意的现象，是在典卖交换土地田宅、卖子、卖婢等比较重要的交易中"画指"的使用。在签订涉及重要事项的交易契约时，重要人员（通常是当事人或中见人）要在契约上画上一根手指，表示同意交易，并在所画手指节上写上姓名和年龄。因为每个人的手指的长短、宽度各不相同，在发生争议时可以借此鉴别真伪。

画指最早出现于何时，目前尚无确切的证据。有研究认为，居延出土的汉简《汉建昭二年（公元前37年）甲渠欧威卖裘券》中，契文末的"旁人杜君隽"下外侧的三横是画两个指节的痕迹，是我国目前发现的最早的有当事人签署的一份契约，也是最早以画指节作为签署方式的实物。[①] 因为简牍记录本身的条件所限，这个结论是否正确，尚需进一步研究和更多的证据来证明。迄今所见纸质材料中最早的画指是吐鲁番出土的《唐贞观二十二年（848年）洛州河南县桓德琮典舍契》。其画指方式与后来画出手指的完整形状不同，只是画三横标示指节横纹的位置，并在下面两条横纹线中间写主人姓名的最后一字（见图7-27）。值得注意的是，据陈国灿先生研究，这件出土于吐鲁番的古契约应该来自当时的中原河南，由

---

[①] 沈国文、陶建伟：《论中华指纹文化的起源、影响及其非物质文化遗产特质》，《江苏警官学院学报》2020年第1期，第116-122页。

桓德琮带回西州。① 若果真如此,则画指之法,不是西北一隅的地区性习惯,而是可能得到了较广泛的应用。

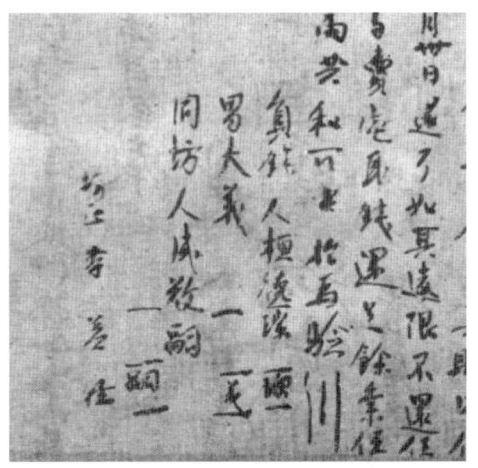

图 7-27 《唐贞观二十二年(公元 848 年)洛州河南县桓德琮典舍契》所见画指,引自唐长孺主编的《吐鲁番出土文书(第四册)》②

从文书材料来看,画指的方式各有不同。S.1285《后唐清泰三年(936 年)百姓杨忽律哺卖宅舍地基契》上画了宅舍主人杨忽律哺的左食指和他母亲的右中指,分别画在文书签名部分二人名下位置。日本杏雨书屋所藏的羽 064《李山山卖舍契》,舍主李山山用了藏文签名,而保人易闰盈名下画了完整的一根手指(三节),旁注"年廿二",所画手指上写"闰盈指节"(见图 7-28)。羽 053《唐天复八年(908)吴安君分家遗书》中,家主吴安君名下,既有画押,也画有指节。与其他文书所画指节有所不同,吴安君名下的画指有很强的写实性,且采用侧位,指甲、指节横纹皆画得很清晰,上书"指节年五十二"。③ S.2199《唐咸通六年(865 年)尼灵惠唯书》在十二娘名下画有三指长度的指节图,上书"十二娘指节"。这种签押方式因为在画出指节的同时还要写上主人的年龄,所以也被称为"画指书年"。

以上几件文书中的画指并非全属交易(或契约关系)中的主方,而是根据情况各有不同。总体分析,一般交易事项中具有重要作用的人物才会以"画指"方式来

---

① 孟宪实:《国法与乡法:以吐鲁番、敦煌文书为中心》,《新疆师范大学学报》(哲学社会科学版)2006 年第 1 期,第 99-105 页。
② 唐长孺:《吐鲁番出土文书(第四册)》,文物出版社,1983。
③ 马德:敦煌本《〈天复八年吴安君分家遗书〉有关问题》,《中国古代法律文献研究》(第十二辑),社会科学文献出版社,2018,第 349-367 页。

## 第七章 异质性之解释——技术的促进

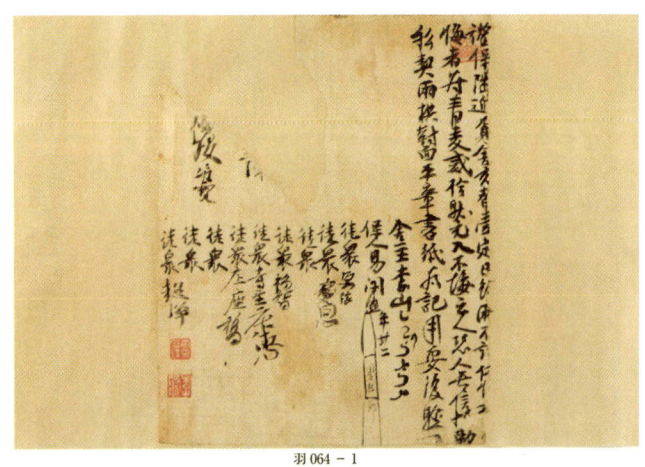

图 7-28 日本杏雨书屋所藏的羽 064《李山山卖舍契》

签押,表示一种特殊的保证。比如,羽 064《李山山卖舍契》中,之所以是保人易闰盈画指,盖因在这项房舍交易中,舍主李山山不通汉文,保人在整个交易中充当了极为重要的角色。这一点,从契约正文中"壹定已后,两不许休悔,□□悔者罚青麦贰拾驮,充入不悔之人。恐人无信,故勒私契,两拱(共)对面平章,书纸为记,用要后验"的文字表述可以想见。总体上来看,文书中的画指作为更具强调意义的保证手段,通常由立约关系中最重要的一两人使用(偶见三人画指者)。或许是因为画指过于麻烦,这种见于吐鲁番文书和敦煌文书(主要是唐宋时期)的签押方式,在目前所见的明清及近代契约文书中再未出现。

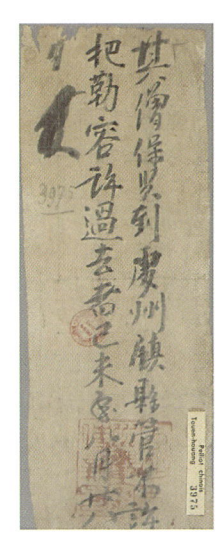

图 7-29 敦煌文书 P.3975《僧保兴路证》中的曹元忠鸟形押

杨森对敦煌社司文书中的画押符号进行了专门研究,注意到社司类文书中有各种画押者 71 件,可见画押是敦煌文书中一种十分普遍的现象。其中包括以姓名末一字画押、以姓名第二字画押、以姓氏画押、以名画押、以各种特定符号画押、以"知"或"不知"画押、以"O"画押、以"全""印"等文字画押等多种不同类型的画押方式。①

敦煌文书中最具个性化特色的签押,当属前后两任归义军节度使曹元忠、曹延禄的"鸟形押"(见图 7-29、图 7-30)。

---

① 杨森:《敦煌社司文书画押符号及其相关问题》,《敦煌学辑刊》1999 年第 1 期,第 85-89 页。

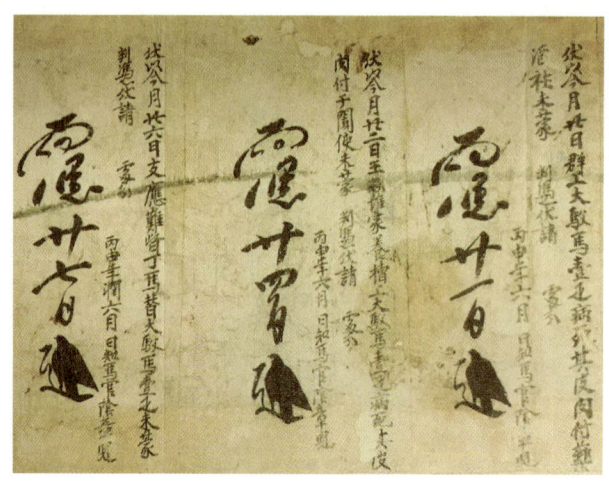

图 7-30　日本杏雨书屋所藏的羽 035 中的曹延禄鸟形押

古代官员在签批文件时,需要签署自己的名字,称为"署押"。① 因为写名字太复杂,也缺乏个性特点,所以古人在实践中便逐渐创造了各种具有个性特色乃至带有一定密押意味的花色签押(花押)。此类花押大多与官员姓名的字有一些关系,可能是姓名中某一个或几个字的变体或花式组合。纸张的普及给花色签押提供了良好的条件,导致唐宋时期花押在官方和民间皆大为流行,并一直沿用到当代社会。敦煌文书中所见归义军节度使曹元忠、曹延禄的鸟形押,是早期官员个性化花押的代表性作品。

曹元忠、曹延禄二人的鸟形押都是取姓名的中间一字并做变形处理而得,二人的签押虽皆为鸟形,但形状意趣有所不同。曹元忠鸟形押外形为"一鸟右向前视,立于枝头"②,乃根据行书"元"字变化而来。"一笔之点化作鸟首,二笔之横化作鸟翼,三笔之撇化作鸟身,四笔之右弯化作鸟足与树枝。四笔组合成为立鸟之形。"③曹元忠的继任者曹延禄也使用鸟形押,其鸟形押的鸟的形状使用了"延"字的变形,为"一鸟左向,乘于走车之上"。吕德廷认为:"曹元忠、曹延禄的鸟形押,都与自己名字中的字有关系,而且构思相当巧妙,非常有新意,还有一定的美感,体现了当时人们的智慧。"④

---

① 署押,意思是在文书上签名、押字。唐代窦臮、窦蒙的《述书赋》(上)中有"叔齐郁然,署押而已"。
② 吕德廷:《唐至宋初敦煌地区的签名和画押》,《寻根》2010 年第 2 期,第 48-51 页。
③ 季羡林:《敦煌学大辞典》,上海辞书出版社 1998 年版,"曹元忠鸟形押"条目。转引自吕德廷:《唐至宋初敦煌地区的签名和画押》,《寻根》2010 年第 2 期,第 48-51 页。
④ 吕德廷:《唐至宋初敦煌地区的签名和画押》,《寻根》2010 年第 2 期,第 48-51 页。

## 第七章 异质性之解释——技术的促进

唐宋之后的元代是中国会计史研究中一个十分值得关注的时代。原因在于,一方面,对于这个存续不足百年的朝代,史学界通常以为其在制度方面破坏多于建设,因而甚少重视它;另一方面,这一时期的原始材料存世甚少,后人难以做深入的挖掘和分析。但事实上,无论从哪个角度来看,这个时代是中国传统契约经历唐宋跃变之后向明清及近现代体系发展的一个关键的转换时期,其庞大的疆域和"打碎又糅合"的制度创设,促进了各种地方性、区域性乃至国际性文化、技术和知识的交流、碰撞与融合。近几十年来黑水城文书及其他一些相关文书的发现与刊布,为研究这一时期中国传统契约及会计历史提供了越来越多的材料。单就印章、公文形式变化及署押的发展而论,这一时期有许多值得关注的重要特点。

其一,经唐宋数百年发展改进,纸质文书的格式和版式获得了较好发展,官方业务中出现了雕版印制的格式化票据(如图 7-31 所示)。官方票据和文书中印章的使用已体现出明显的规范化特征。官方票据和文书上,官印用于文书日期、押款(盖在金额和重要数据之上)、骑缝已成定式。

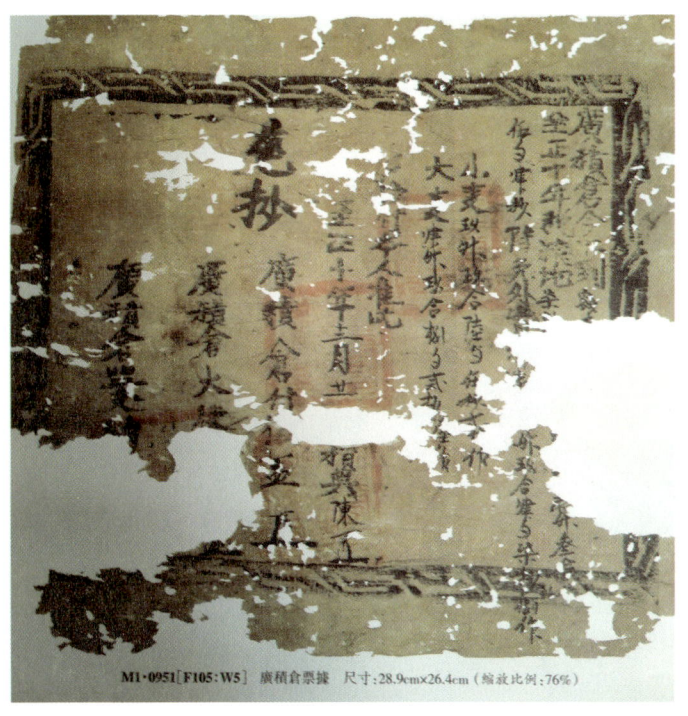

图 7-31 元至正十年(公元 1350 年)M1·0951[F105:W5] 广积仓票据,引自塔拉、杜建录、高国祥:《中国藏黑水城汉文文献》(票据、契约、卷宗与书信卷),国家图书馆出版社 2008 年版,第 1220 页

其二，官、私文书中普遍使用具有时代性特征的花押。与敦煌和吐鲁番文书中多样化、随意性较强的花押不同。元代官私文书中皆使用具有绘画特点的花押符号。其一般形式为"顶部为一横杠，下画笔触较粗的非规则性图案"，如图 7-32 所示。从元直至清初，这种画押形式延续了 400 多年。明代藏书家郎瑛《七修类稿》中有："押字，古人花押所以代名，故以名字而花之。凡官府文移、人间私简，俱前书名，后止押字。……国朝押字之制，虽未必名，而上下多用一画，盖取地平天成之意。"①

图 7-32　元代文书花押举例，根据《中国藏黑水城汉文文献》文书图片资料整理

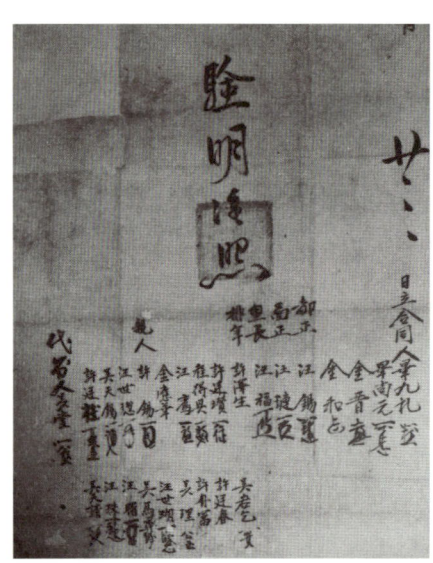

图 7-33　明《万历十年休宁毕九礼等合同文书》(局部)，引自《徽州千年契约文书》(宋·元·明编)第三卷，第 87 页

元代文书中这种"上面加一横"的花押形式延续到了明代。《徽州千年契约文书(宋·元·明编)》②第三卷中收录的明洪武时期的官、私文书皆沿用了此类形式的花押。其中尤以《洪武四年祁门汪寄佛户贴》《洪武二十三年祁门谢德兴过继文书》《洪武二十四年祁门谢翊先买产税票》中的花押最为典型。明《万历十年休宁毕九礼等合同文书》(见图 7-33)中二十多个人的签押也大多采用此种形式。直至明代末期，大多数文书中的签押，一直保留了"顶上一横"的写法，但越到后来，下面部分的写法越趋向多样化。

其三，元代官方文书中，官印与行政长官个人的签押并用，成为一种恒定的制度规

---

① （明）郎瑛：《七修类稿》卷二十五《辩证类》，上海书店，2001，第 262 页。
② 中国社会科学历史研究所：《徽州千年契约文书(宋·元·明编)》第三卷，花山文艺出版社，1994。

## 第七章 异质性之解释——技术的促进

范形式,代表了职位与个人身份分开且并存的特点。

明清以来,在社会经济发展中,官府事务、民间工商业和一般民间事务中的签押方式有了明显的区别。三类签押在前期发展的基础上,各自独立发展细化,形成了各具特色的印章、签押及符号体系。

官文书印章:相对于民间工商业和一般民间事务,官方的文书用印更加正式规范,大概可做两面的概括:①以官印为主,形成了规范的印章使用形式,通常包括押日期、押款、押缝;②在使用官印的同时,规范使用主政或主管官员及相关人员的签押或签章。

民间工商业印章系统:明清时期民间工商业的发达促进了民间工商业票据文书的规范化发展。从大量保留下来的清乾嘉以后各类工商业以及钱庄、票号、账局、典当行等的账簿、票据、清单、契约文书来看,在这一时期,工商业及各类金融、服务业的发展,尤其是民间金融和票据结算的发达,推动了商业票据及各类金融票据的专门化发展,民间交易契约逐渐蜕变成雕版印刷的格式化票据,并不断演进,最终演化成为标准化的现代发票。与之相适应,商业印章作为商业票据文化的一个组成部分获得了良好的发展。其中尤以晋商印章最为系统和丰富。留存在世数以万计的晋商各类印章及票据印版实物,以及纸质文书上留下的无以计数的各类印迹,为研究近现代商业印章文化留下了极为重要的材料。

李锦彰先生在《晋商老账》中对晋商印章(尤其是与账簿相关的印章)做了迄今最为全面和专业的研究。[①] 结合相关材料,可将晋商印章作如下分类。

第一类:用于各类票据、清单、账簿及其他商业文书(文件)上的基本印章。

① 抬头章,一般加盖在票贴或清单的右上角。图章采用图案与文字(通常为字号名称)结合的方式。

② 押款章,盖在银钱等货币数目及其他一些重要的数字上。一般使用专门的押款用印章,多为菱形,也有方形或圆形的押款章。押款章通常以菱形方式加盖。也有用营业章代为押款的情况。

③ 落地章,在票据、总结账及清单的左下方结尾处,常加盖落地章。落地章通常有专门的印章,为商号的基本业务用章。也有写为"图记""图书"的。此类印章上通常会刻上商号地址、名称。

除了在票据、清单、账簿上使用外,以上三种印章也在商业信件上也使用,如图7-34所示。

---

① 李锦彰:《晋商老账》,中华书局,2012,第86-88页。

图 7-34　晋商德润厚记信封,加盖了抬头章、押款(数字)章和落地章(李锦彰先生收藏)

第二类:密押类印章。此类印章通常使用繁复的纹样、人物图案或大段文字,如常见的各类票贴上盖的刻有《兰亭集序》《醉翁亭记》等作品的印章,其高难度的细微雕刻能够发挥防伪的功效。

第三类:票据和会计账簿用的各种标记章,通常称为"戳记"。此类印章用于简化各种重复性工作的操作,通常包括"对""兑""抄""清""过""复",以及圆圈、梅花等各种符号标志。此外,各商号还会根据自身的需要设计雕刻一些本号专用的戳记,把一些常用的提示性说明或者想要强调的信息,借助戳记加盖到相关票据之上(见图 7-35)。①

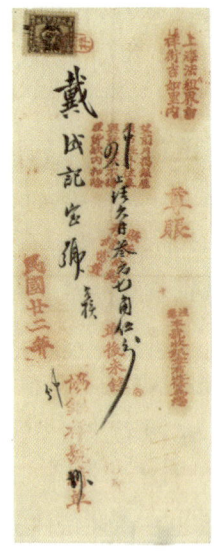

图 7-35　使用了诸多戳记的上海协锠祥号票据(中国会计博物馆藏)

---

① 抬头章、押款章、落地章、防伪章及各种标记章的具体形式,参见李锦彰:《晋商老账》,中华书局,2012,第 87-88 页。

## 第七章 异质性之解释——技术的促进

一般民间文书签押:明清以降的各地民间文书中普遍使用各种签押,表示一种责任的约定和个人意愿。需要注意的是,明清以来,尤其是自清乾嘉到民国时期的数量庞大的民间文书用了类型多样、风格各异的手写签押。本书在此依据黄山学院编的《中国徽州文书(民国编)》①中所收录的各类契约文书,结合中国会计博物馆馆藏契约文书情况,总结分析民国时期的文书签押情况。

第一,最简单的签押:画圆圈(O)或画十字(+)。圆圈和十字这两种形式是民间文书中最简便的签押形式,人们在使用这两种签押时会有所变化,比较常见的变化是:画圈时变形成不规则的方框(□),画十字押时竖写的一笔会右拐,变得像"七"字。画十字和圆圈的签押方式,早在唐宋时期的民间文书中就已出现,是不识字的民众最简便的签押形式。民国时期的徽州文书中此类签押依然存在,但相对占比不是很大。另外,需要注意的是,具体分析发现,女性签押(特征是姓名部分常写为"某某氏",比如"程方氏""周王氏"等)用圆圈(O)或方框(□),男性用十字(+)。这也验证了有关文献认为安徽绩溪签押符号男女有别的说法。② 但也不尽然,实际契约材料中也有女性签押用十字的情况。可知这只是一种乡俗,并无严格规定。刘永华、温海波对各地画十字和画圆圈的习惯做了较为广泛的研究,认为画十字或圆圈的做法,有区域差异。在福建长乐文书中,很少出现单纯的圆圈,十字更为少见。常见的做法是在圆圈的右上角或右下角添一点,或在圈内上半部或上下两边添一点。在贵州清水江流域,契约文书上常无画押,有画押时画圆圈和画十字的情形都较为常见。在湖南各地则盛行画圆圈的做法。③

第二,用"心"的签押。签押是一种意思表达,意愿当从心出。宋代郭若虚《图画见闻志》中有曰:"世之相押字之术,谓之心印,本自心源,想成形迹,迹与心合,是之谓印。"④徽州地方的签押中,从"心"者颇多。多是在"心"字上(或横穿"心"字,或置于心字顶上),再在上面组合不同文字,如"福""清""中""凭""存""平""正"等,组合起来表示真诚、公平等良好的意愿。其中又以"福""心"组合最为常见,甚至有一件契约中两个以上的人皆用"福心"签押的情况。另外,同为"福心",在具体的字形上也会有所变化,或草或正,或者再添加一笔等,不一而足。在"心"字组合中,还有其他形式出现,比如《民国元年十二月歙县何灶林杜卖大小买田赤契附民国卖契执照》中,立卖契人"何灶林"的签押,就用了"光明 一 心"组合。还有一些人则是用

---

① 黄山学院:《中国徽州文书(民国编)》,清华大学出版社,2010。
② 南京国民政府司法行政部:《民事习惯调查报告录》(下册),中国政法大学出版社 2000 年版,第 529 页:"绩俗,出卖不动产,有妇人辈居长者,其契则书主盟某氏全某(子侄之类)字样,其画押则画一O,以别于男子所画之十字。"
③ 刘永华、温海波:《签押为证:明清时期画押的源流、类型、文书形态与法律效力》,《文史》2017 年第 1 期,第 101-120 页。
④ (宋)郭若虚:《图画见闻志》(卷一),中华书局,1985,第 30 页。

自己姓名中的一个字,或某个字的一部分与心组合作为签押。如"宋礼昇"用"曰一心"组合,"宋修镇"用"真一心"组合。

第三,单字签押。单字签押也是一种比较简单的签押方式,即一些人使用一个与本人姓名无关、但表意较佳(或者说是更切合自己意愿)的单字作为签押,常见的有"中""正""仁""信""福""正""龙""孔"等,体现当事人在签押时应持的公正、持中、诚信等态度。

第四,姓名字签押。一些人取自己姓名中一字作为签押,或取一字或两字经过变形处理作为签押。比如,《民国二年七月歙县余集成立卖大小买田契》中"中见男　日禄"签"禄","侄　日有"签"有"。《民国元年十月歙县宋简臣立杜卖大买田赤契》①中"宋用山"将"用"字右边竖勾向左绕半圈,"用"字中间两横中的下面一横用山字取代,构造出一个包含"用山"二字的变形符号。《民国五年八月歙县胡有钦等立卖大小买田契》②中"胡根涛"用了"静涛"二字的草写体做上下组合。《民国五年十一月歙县项德珠立杜卖大小买田赤契》③中"项德珠"取"德"字的"心上加一",并在一横靠右的位置加了一根短竖。

第五,吉意(字)组合。用吉祥或有其他特殊含义的字词组合起来作为符号签押是一种较为常见的签押方式。比如,《民国元年七月歙县吴兰生立杜卖大小买田赤契》④中,立卖契人"吴兰生"用"大　发"上下组合,亲房"吴瑞生"用"大利"(直接写,无变化)。图 7-36 中"汪仲余"用"如意"二字上下组合,"汪志远"用"福寿"内外组合。其他还有用诸如"光明正大"等组合字符号签押的。

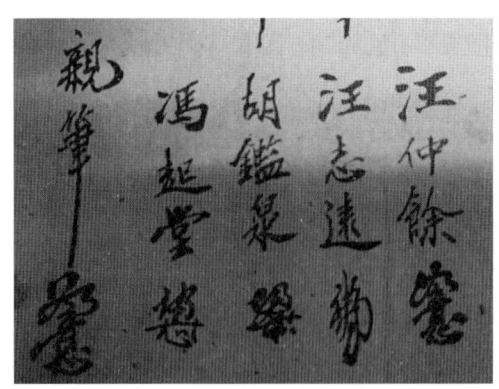

图 7-36　徽州文书中的吉意字签押举例,引自黄山学院编的《中国徽州文书(民国编)》,第 71 页

---

① 黄山学院:《中国徽州文书(民国编)》,清华大学出版社,2010,第 13 页。
② 黄山学院:《中国徽州文书(民国编)》,清华大学出版社,2010,第 65 页。
③ 黄山学院:《中国徽州文书(民国编)》,清华大学出版社,2010,第 66 页。
④ 黄山学院:《中国徽州文书(民国编)》,清华大学出版社,2010,第 10 页。

第六,"押"字组合签押。一些人以"某某押"几个字组合成一个符号作为签押使用。比如,"方子明"写为"子明记押"(见图7-37)。单独书写"押"字作为签押时,多会在"甲"字一竖笔上加一点(、)。

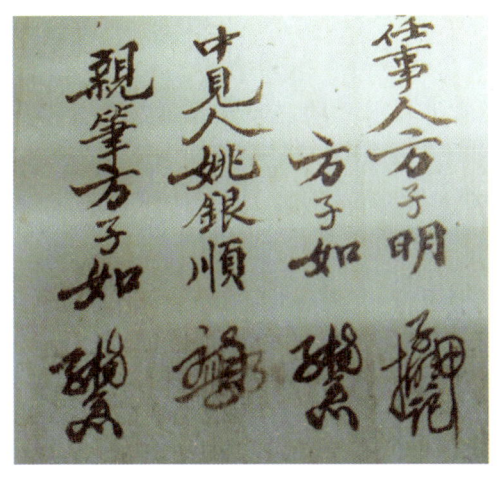

图7-37 徽州文书中的"押"字组合签押,引自黄山学院编的《中国徽州文书(民国编)》,第153页

第七,复杂变体花押。此类花押看起来有点像道教符箓,是最具设计性,也最难辨认的花押。此类花押通常经过专门设计,大致可分为两类:一类是在"福""禄""寿"等吉字与心的组合中插入姓名中的某一字或其他对个人具有意义的文字,再通过变形的笔画处理形成专用签押;另一类则是将个人姓名用画符的方式组合写出作为签押,或经过翻转之后作为签押使用。此类签押最难辨认,但也相应地更难模仿,防伪效果更佳。

第八,按手印(指印)。通常认为,旧时人们进行各种交易,总是用按手印的方式来表示确认。然而,各地所出1949年之前的契约文书材料中,手印(指印)却并不常见,甚至可以说是十分稀见。黄山学院编《中国徽州文书(民国编)》第一卷所收录的契约文书中,用指印者寥寥无几。中国会计博物馆编《中国会计博物馆藏品集萃(契约卷)》所包含的明万历八年(1580年)至1980年的149件契约文书中,仅有《咸丰十年(1860)马荣卖水田连二契》《光绪七年(1881)刘宣亮卖妻贴》《民国三十一年(1942)魁盛德等字据》《民国三十二年(1943)纪氏卖身据》《民国三十六年(1947)黄沈氏同女划字凭字文契》《民国三十六年(1947)黄沈氏同女卖底面粮田契》[①]6件契据有按手印的情况。

---

① 王旭:《中国会计博物馆藏品集萃(契约卷)》,立信会计出版社,2016。

由此可知,按手印并非如人们所想那样是一种极为普遍的押契方式。研究发现,按手印多用于人身买卖等少数特定情况下的签押,尤其是卖主为不识字的下层民众的情况。究其原因,概如刘永华、温海波研究认为的"普通习惯,奸盗要犯始捺拇印,若寻常契约令捺拇印,视为莫大之耻辱,不但当事人不愿意捺之,即对手人亦不敢以此相求,故遇不能署名之人,往往画一圆圈,为承认契约有效之意思表示"。① 这种分析应该是很有道理的。值得注意的是,自1949年新中国成立以后,各类交易及缔约事项中按指印的情况反而增多,概因解放后强调人人平等,一般普通人在观念中只将按手印作为一种信诺的表达,而不再注意其是否带有歧视性意义。

第九,个人名章的使用。直至20世纪二三十年代,民间契约中的押署依然以各种手写签押为主,使用个人名章签押的情况极其少见。《中国会计博物馆藏品集萃(契约卷)》所含契约中较早使用个人名章的是《民国十二年(1923)王家轼出信字合同》中的媒证杨文光,为签押的10人中唯一一个使用个人名章的。《民国二十二年(1933)王学林杜断卖荒地文契连二契》中的5人中有何宗希、赵子才2人用了个人名章。进入40年代后,合同文约中用个人名章的签押占比才有较大幅度的增加,但城市和乡村又有所差异。城市中人较多使用个人名章而农村人依然多用手写签押。直至50年代之后,个人名章基本取代手写签押,成为各类契约、合同签押的主要形式。流传千年的手写签押(包括各种花押)基本退出历史舞台。

第十,押掌。以手为押,是一种人类源自本能的自然选择。有研究认为,中国人很早就发现了各人指纹、掌印的不同,因而将其用作人的身份象征、证明凭据和诚信标志,并大量应用于社会管理、经济往来、司法诉讼、家庭婚姻、文学艺术等领域。② 除了前文涉及的画指、手印外,还有押掌(手掌印)甚至同时押手模脚印的方式。③ 押手掌印的方式事实上并不多见,通常仅用于人口买卖契约和休书中。中国会计博物馆收藏了一件《咸丰十一年(1861年)张大盛卖休妻婚书帖字》(见图7-38),其上一个明显属于女性的手印,掌中画有"甘心"二字。文书行文中有:"立有婚帖,请媒帖手印在此。明理论,抛石头丢江水永不回头。掌心内'甘心'二字为

---

① 刘永华、温海波:《签押为证:明清时期画押的源流、类型、文书形态与法律效力》,《文史》2017年第1期,第101—120页。
② 沈国文、陶建伟:《论中华指纹文化的起源、影响及其非物质文化遗产特质》,《江苏警官学院学报》2020年第1期,第116—122页。
③ 张传玺:《秦汉问题研究》,北京大学出版社,1995年版。

记,立婚书帖为据。"①押掌为誓,并以"甘心"为记,是对休(卖)妻这种生活大事一种十分郑重的意愿表达。

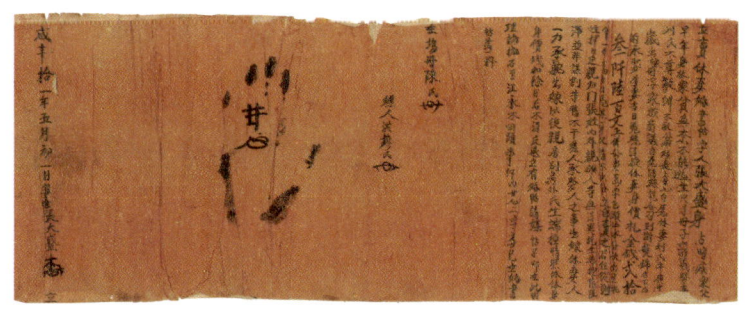

图7-38 《咸丰十一年(1861年)张大盛卖休妻婚书帖字》(中国会计博物馆藏)

(3) 防伪技术。

总体来说,不论是印章还是签押(花押),除了宣示权力和责任之外,同时还兼具防伪的功能。这一功能乃官、私文书(包括商业文书)共同的需要,具体体现在防止伪造、作假、泄密(私自拆阅)、涂改等方面。这也是本书将印信、签押作为一种应用技术来考察的原因所在。在文书及会计资料中,尤其是近现代金融和商业票据中,除了印章和签押之外,还发展出了一系列专门的暗记、密押、水印等技术,可统称为文书防伪技术。以下分两方面述其大略。

第一,印章与官文书防伪。

官文书是政令及各种行政政策、决定等得以传达、贯彻、执行的基本手段,其防伪关涉军国及行政大事,因此,防止伪造、作假、泄密、涂改具有特别重要的意义。基于此,可以认为,官印首先就是一个重要的防伪工具,对其制作、管理、使用等皆需有一系列相应的制度规范以保证其安全有效。

① 从西周到春秋战国,不论是中央王朝还是各诸侯国,皆用"玺书"作为财物和公文封识,这是玺印防伪功能的早期实践。

② 秦统一天下,制定了等级森严的印章制度。除设置专门掌管印章制度的符节令丞外,也设有专人负责官印的制作与管理。汉时设置了印曹侍御史、兰台令史等与刻印有关的官吏,并有专门的工匠(印工)负责刻制印章。治印成为一项专门化工作,由中央政府严格管理,从而提高了伪造印章的难度,并成为官印制度能够数千年贯彻始终的根本保障。

---

① 王旭:《中国会计博物馆藏品集萃(契约卷)》,立信会计出版社,2016。

③ 官印代表权力,因此,有人出于各种目的而伪造官印在所难免。《史记·货殖列传第六十九》就提到有些人为了富贵,"舞文弄法,刻章伪书,不避刀锯之诛"。① 历朝历代的法律都严令禁止伪造印信。秦律规定,低级官吏伪造官印,冒充大啬夫,罪名曰"矫丞令"。《唐律·诈伪律》里也列入了"伪写印",规定伪造皇帝印信,太皇太后、皇太后、皇后、皇太子印信及其他官文书印者,分别处以斩、绞、流放二千里的重刑。② 历史上与用印有关的公案,影响至大、牵涉面至广的当属明洪武时期的"空印案"。③ 事件的起因是各布政司、府、县官员向户部呈送钱粮及财政收支、税款账目文书时,为了避免因为修改后文书重新盖印而多次往返之苦,会在空白文书上预先盖上印章,需要用时再填写上具体内容。这本来是一种为图便利而采用的权宜之计,事出有因。明太祖朱元璋发现后却异常震怒,认为这是欺罔行径,下令处死主印官员,副手以下的杖一百充军,数百人因此遭到诛杀,数千人受杖成边。明朝于洪武五年(1372年)置诸司勘合,"其制以簿册合空纸之半而编写字号,用内府关防印识之。右之半在册,左之半在纸册。付天下布政使司、都指挥使司及提刑按察司、直隶府州卫所收之,半印纸藏于内府。凡五军都督府、六部、察院有文移,则于内府领纸填书所行之事,以下所司。所司以册合其字号印文相同则行之。谓之半印勘合,以防欺弊"。④

④ 古代中国在长期的实践中形成了规范的用印制度,通过各种具体的做法实现防伪和保密。秦汉时期规定,凡是官府发出的公文均须加盖印章,以证明公文的真实性和有效性。凡是未加盖印玺(印章)的公文均被视为"伪书"。唐代规定"一文一印",一件公文如有两页以上的公文纸,则要在首尾纸缝间盖"骑缝印"。宋代要求"诸官文书皆印年月日及印",即对加封的公文要加盖弥缝章,以防私拆。清代《各行事件》规定了州县衙署盖印的具体操作细则:规定凡上行文书都要在正面上方盖"天印",下行文书要在年月日上盖"正印",并以"斜印"骑缝;凡收纳地丁钱粮的凭单串票,骑缝用"斜印",盖印时还要将串票倒放,谓"倒用印"。⑤

⑤ 对于古代官员来说,官印是其权力的凭据,认印不认人的制度延续了很久。南朝宋武帝刘裕执政时取消了一官一印的办法,实行官印移交制度,将官印作为某个部门或某级机关行使权力的信物,官印脱离个人职级而完全成为施政机关的公

---

① (汉)司马迁:《史记》,中华书局,2006,第755页。
② 汪桂海:《汉印制度杂考》,《历史研究》1997年第3期,第82-91页。
③ 陈梧桐:《明初空印案发生年代考》,《历史研究》1982年第3期,第66页。
④ 张纪伟:《明代的关防》,《历史档案》2016年第1期,第55-62页。
⑤ 岳爱华、王莉瑛:《我国古代公文用印制度生成与流变》,《浙江档案》2011年第11期,第63-65页。

章,这种制度一直沿用至今,在这种制度下,官印(公章)需要和个人签押(签字)配合使用。没有公章的官文书、商业文书和行政文书通常是不被认可的。公章与个人签押(签字)结合,也构成一种防止作假的办法。

第二,会计资料和商业票据防伪。

不论官方还是私人行为,保证数据资料和契据的真实,防止伪造、涂改等,都具有重要意义。从官方到私人活动和商务活动,古代发明了许多此类技术。

① 里耶秦简中的刻齿简。关于如何保证简牍会计资料的真实性,防止作假,里耶秦简中的刻齿简是一种很好的示范。里耶秦简中带有刻齿的简有115枚,张春龙、大川俊隆、灿山明对其进行了专门研究。[①] 这些刻齿简均为"校券",按照所核校内容不同,分为入券、出券、出入券、辨券、参辨券、中辨券、右券、左券、别券、责券、器券等。简的侧面带有刻齿,不同形态的刻齿分别表示万、千、百、十、一、一石、一斗、半斗等不同的数字或度量,与简文中记录的财产物资数量相对应,起到校检的作用。[②]

② 文书票据中的防伪技术。文书票据的防伪办法较多,包括:契约中普遍使用的关门押(用在契约文字结尾处,防止随意添加内容),近现代票据和账簿中使用的押款章(用于确权,防止涂改数字),账簿和票据书写中用于消去(画去)多余空间以防止加添的符号,比如最后一笔拉长至纸张边框等,多样的数字用法(敦煌文书中数字的繁写、近现代会计资料中苏州码的使用等),使用多联式(复写)凭证,相关人员的责任牵制及共同签署制度;等等。

在近现代社会的商业发展中,商用和金融票据获得了突飞猛进的发展,形成了独具特色的票据保密及密押制度。其中最值得注意的是山西票号的密押制度。除了上面提到的密押类印章外,各种纹饰繁复的印章和票据印版设计也起到重要的防伪作用。原因在于,制作精美繁复的印章和印版必须使用高质量通常也是较为昂贵的材料,且须由具有较高甚至超高专业水准的专研治印的能工巧匠来设计制作。用特殊材质的材料制作的高水平印版印制的票据或形成的印文,其清晰、精美程度,是一般作假者很难达到的,再加上用纸、用墨、印泥以及用印方式等方面的讲究,总体上形成一个系统化的防伪体系,并非简单的印记而已。

一张票据、一份报告清单或一本账簿上同时使用多枚印章(现代票据、清单、账簿上最常见的是同时使用抬头章、押款章、落地章,有些账页或清单甚至会在一个

---

[①][②] 有关图片和文字内容,详见张春龙、大川俊隆、灿山明:《里耶秦简刻齿简研究——兼论岳麓秦简"数"中的未解读简》,《文物》2015年第3期,第53-96页。

页面上盖满押款章),并非像有些人所言只是为了美观,而是具有重要的牵制意义和防伪价值。赵晗在研究山西票号的密押技术时,指出了汇票所使用的一系列防伪手段,包括融合印刷、篆刻、书法等诸多工艺,专制模版印后销毁,清朝中叶已经使用的水印技术,使用对口印,作为重中之重的防伪章,神秘的密押制度。①

③ 票号的密押制度。票号使用的密押制度是一种十分神秘的存在。票号通常在汇票背面用暗号书写汇款的金额和日期,这种暗号在外人看来莫名其妙,在票号员工看来却暗藏玄机。此类暗号通常包括四个类别。

类别一:月份暗号,用诸如"谨防假票冒取,勿忘细看书章"之类的十二个字代表十二个月份,押于汇票之上。

类别二:日期暗号,用诸如"堪笑世情薄,天道最公平,昧心图自利,阴谋害他人,善恶终有报,到头必分明"之类的三十个字分别代表每月的三十天,押于汇票之上。

类别三:汇款金额暗号,用诸如"生客多察达,斟酌而后行"的十个字分别代表十个数字,表示汇款金额。

类别四:对汇款金额暗号做再密押,用诸如"盘查奸诈智,庶几保安宁"之类的十个字分别代表汇款金额的壹到拾,作为汇款金额的再密押,写在暗号的最后。

票号员工必须熟记这些暗号口诀。为了防止暗号泄露,一般每过一段时间就要更换暗号。据王森教授考证,日升昌太原分号自1825年创立至民国关张,从未发生过因伪造汇票,款项被冒领的事件。②可见这种密押技术是十分有效的。

本小节用了很大篇幅来讨论印章、签押和防伪技术,其根本原因在于对会计这样一个以经济事项和业务的记录与报告为基础,兼具社会性和技术性的复杂系统,如何保证其记录和报告资料真实、完整且不遭受恶意涂改,保证信息在传输中不被泄露,保证相关人员权责分明,是一个很重要的现实问题。

中国人在长期的印章使用实践中,因为各种具体条件和实际需要,创造了许多颇具意蕴的文化和技术。比如,简牍时代因为文书传输中保密需要而产生的"泥封"、魏晋南北朝时期因为卷轴文书而出现的押缝(骑缝)印、唐代公文的监印制度等。在明清时期的商业发展中,人们针对商业业务复杂的多样化需求,充分吸收了宋元时期流行于文人士大夫阶层的印章文化成果,培育出了丰富多彩的商业印章文化,为商业票据、金融票据、账簿、清单等的规范化、格式化发展创造了极大的便

---

①② 赵晗:《论山西票号汇票的密押制度及对中国金融业的启示》,《中国集体经济》2008年第1期,第80—81页。

利。在晋商业务中,不但形成了以"抬头章""押款章""落地章"为核心,包括"标记章""防伪章"在内的体系完整、功能多样的商用印章系统,而且形成了应用广泛的用印规范和习惯。① 当代中国会计中的"财务专用章"是财务确权的最重要标记,它与个人名章相结合,形成了当代商业及会计业务中新型的印章制度体系。正如何义成所言:"印章的时代不同,印章的名称、形状及印文的内容、字体等其他特点也不同,但有一点基本是相同的,不论哪个朝代,印章的社会作用基本都是作为信验的凭据和权力的象征。"②

近现代民间文书中广泛使用的花押是古代源自官方的署押方式经过长时期的发展演化而形成的一种特殊的文化形式。花押在民间的应用,从最简单的画点、画圈、画十字,发展到画各种寓意复杂的文字、符号及其变形组合,其与汉字书法艺术甚至道教的符箓文化相结合,成为民间文化的一个重要部分。近现代徽州地区因为商业和文化发达,识字率上升,为以文字为核心的花押文化的发展提供了肥沃的土壤条件。数量庞大而频繁的各种民间交易和相关缔约为其提供了极好的用武之地。其对近现代商业和会计文化的发展也具有重要意义。更需注意的是,花押文化在中国各地形成了一定的地域性特色,需要做进一步的研究。需要注意的是,之前人们普遍认为民间习惯用摁手印(指印)的方式来缔约,数据分析证明这完全是一种不符合实际的错误认知。

④ 其他文明中的印章与签押。印章和签押的实质是政府行政、经济往来、商事活动及个人相关行为中的确权、责任宣示及防伪。这种文化或行为在人类活动中是一种普遍的存在。我们注意到,世界各地的考古发掘中同样发现了许多其他古代文明如古巴比伦、古埃及、古希腊、古罗马、古印度文明的印章。在社会经济发展演进过程中,西方世界虽然未能形成像中国这样丰富多彩的印章文化,但以家族为核心的纹章文化、基于拼音文字的个人手写签押、用于确权的火漆印,以及一些地区和民族的图画式或拼音文字印章,也是值得关注和研究的文化与技术,对会计的历史发展和具体特征及差异的形成具有重要意义。

古巴比伦和近东地区的滚印。从文明演进的角度来看,最值得注意的是产生于西亚地区古巴比伦的滚印。据考证,滚印起源于五千多年前两河流域的苏美尔城邦。在楔形文字尚未成熟的情况下,人们发明了以图像纹饰为特征的滚印,作为对外贸易中权力的确认方式。与古代中国的方形印章在印面上镌刻文字不同,滚

---

① 李锦彰:《晋商老账》,中华书局,2012,第 86-88 页。
② 何义成:《古代的印章与印章印文检验》,《警学研究》1987 年第 2 期,第 20-23 页。

印是在圆柱形印身上雕刻人物或动物图案,使用时在泥板或用于封装物品的胶泥上向前滚动,印压形成连续的图案。图7-39是美国芝加哥最成功的金融家族——莫里家族收藏的古巴比伦滚印。

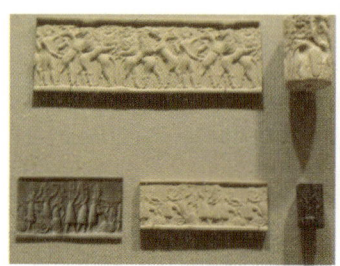

图7-39 美国芝加哥最成功的金融家族——莫里家族收藏的古巴比伦滚印,该印章长期由大都会博物馆借展

滚印的用途有三个。

其一,印在泥板文书上,用作签名,体现法律效力。古巴比伦时代的商业合同通常是用楔形文字书写在泥板上的,在文书内容书写完成后,合同双方需要拿出各自的滚印在合同泥板上印压出图案,表示对合同内容的认可。

其二,印在封装物品的封口处,起到封装的作用。图7-40是古埃及人用来装葡萄酒的罐子,为了防止罐子在贸易和运输过程中被人打开,古埃及人就在罐盖上糊上泥巴,然后用物主的滚印在封泥上反复印压出图案作为封签。此时滚印发挥了封印的功能,具有保护物权的作用。

图7-40 古埃及用滚印封装的酒罐及罐盖上的封签

其三,印在泥做的信封上,起到封缄信件的作用。图7-41是土耳其安纳托利

302

## 第七章 异质性之解释——技术的促进

亚文明史博物馆展出的用滚印封装的泥土信封。信封上中下用了三道封印。从右上角可以明显看到信封内的泥土板信件。

滚印最先出现在两河流域,随后很快扩散到周边地区,向西传播到土耳其、叙利亚、希腊和埃及,向东传播到伊朗、阿富汗、印度。但是,滚印除了在埃及、叙利亚和伊朗,尤其是两河流域长时间流行以外,在其他地方只流行过很短时间,或者只有很少的例子被发现。这应该是和滚印更适合在泥板和泥封上使用有关。公元前7世纪,阿拉美文字在近东地区广泛流行,羊皮纸和莎草纸也开始普及,泥板文书由此走向衰落,也导致了滚印的衰落。到了公元前330年,波斯阿契美尼德帝国灭亡,延续使用了3 000多年的滚印也就无人制作了。

图7-41 安纳托利亚文明史博物馆展出的用滚印封装的泥土信封

欧洲的火漆印与手写签名。与中国人使用的印章和近东地区使用的滚印不同,同样是物品的归属识别标记和确权方式,在欧洲各国却是以火漆印和手写签名为主。

火漆印是近现代欧洲社会最重要的文件封缄形式。欧洲很多正式文件,不论是官方文书还是民间契约文书,皆以其作为主要的确权及封缄手段。有研究认为,火漆印最早由法国人鲁索于1626年左右发明。[①] 他通过试验,把不同比率的焦油、辰砂和虫漆(印度的天然漆)混合加热成火漆,颜色呈红色或棕红色,再选用刻有合适图案的金属模子,将其打印在尚未凝固的火漆上,火漆冷却后即可留下清晰图案。也有人认为火漆印是中国人发明的,于11世纪经印度传入欧洲,成为欧洲人保守通信秘密的法宝。

历史上留存下来的近现代西方正式文书,多使用火漆印。中国会计博物馆收藏了数件17世纪和18世纪之交的欧洲契约文书,包括《1697年英文手写契约》和《1700年狄龙·波拉德契约》(见图7-42)等[②],其上的火漆印颜色历经300多年依然鲜亮。

通常情况下,无论是官方文书还是商业或民间契约文书,正式文书多采用火漆印与手写签名并用的方式进行签署,以示慎重。火漆印上所加盖的,通常是代表政府机构权力或家族权力的印章(或徽章),体现组织(家族)权力与个人信誉的结合。

---

① 顾忠德:《火漆封印》,《上海集邮》2002年第10期,第21页。
② 王旭:《中国会计博物馆藏品集萃(契约卷)》,立信会计出版社,2016,第157-158页。

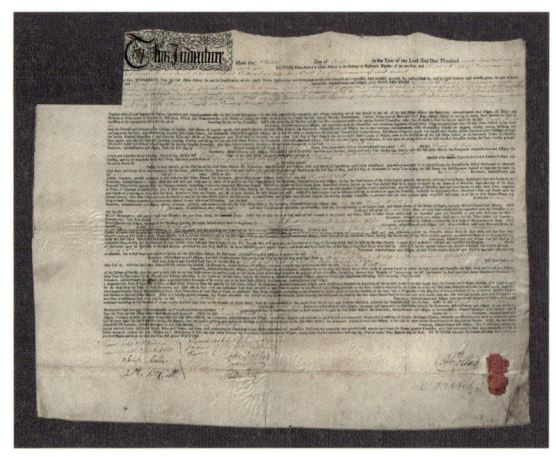

图 7-42 《1700年狄龙·波拉德契约》(Indenture of Dillon Pollard in 1700, Ireland)(中国会计博物馆藏)

需要说明的是，与中国社会看重公章和个人名章不同，西方社会始终高度重视个人手写签名，在各种交往及商业交易中，皆以个人手写签名作为重要的责任承诺方式及确权标志。

东亚和越南的印章。古代中国的印章文化随着商贸往来和文化交流进入周边各国，与周边各国的本土文化相结合，形成了各具特色的印章文化。其中，东亚的日本和朝鲜（包括现代韩国）受影响最大，不论官、私业务还是商业活动，都在吸收和借鉴中国汉字和印章文化，并有所发展。中国会计博物馆收藏了数百件日本账簿、票据及契约文书资料，其中涉及大量印迹。总体来看，具有如下特点。

第一，日本从唐代开始主动引进和吸收中国文化，形成了许多重要的文化积累和留存。在印章方面，日本吸收、借鉴中国的印章文化，日本在官、私业务和商业贸易往来中，普遍以印章作为确权的标志，官、私各种印章大量使用于官方公文、商业契据、会计账簿和票据之上。

第二，日本印章的形制在借鉴中国印章文化的基础上有所变革。官方和机构（包括近现代公司、银行等）印章多采用方形印章，印文用篆书文字。个人名章则多用圆形或椭圆形，印文用篆书或正楷文字，多数较为雅致，颇具艺术韵味。账簿上使用的印章多见墨色印迹，银行存折等文书票据上则多见红色印迹，也有使用蓝色的。

第三，与中国近现代的情况相类似，日本近现代商业票据和会计账簿中使用了许多各具特色的戳记。戳记与印章及各种专门符号的配合使用形成了丰富的商业（会计）印章文化体系。图 7-43 是大正时期加古川银行神户支店小口当座预金通账内页上加盖的银行公章和私人名章。

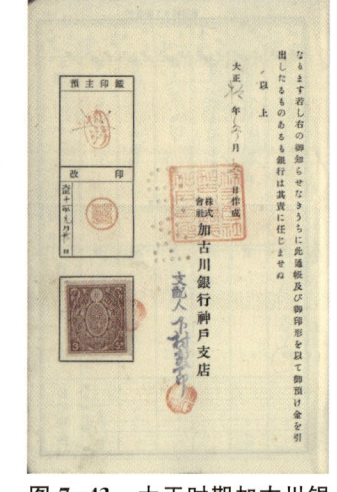

图 7-43 大正时期加古川银行神户支店小口当座预金通账内页上加盖的银行公章和私人名章（中国会计博物馆藏）

与其他文化相类似,一个国家或地区、地方的印章文化,很大程度上可能是多种不同文化交融的结果。中国会计博物馆所藏的《成泰五年(1893年)安仁府阮文细等绝卖地契》(见图7-44)是19世纪末期越南安仁地方政府颁发的官契,极为突出地体现了一种文化杂糅的特点。

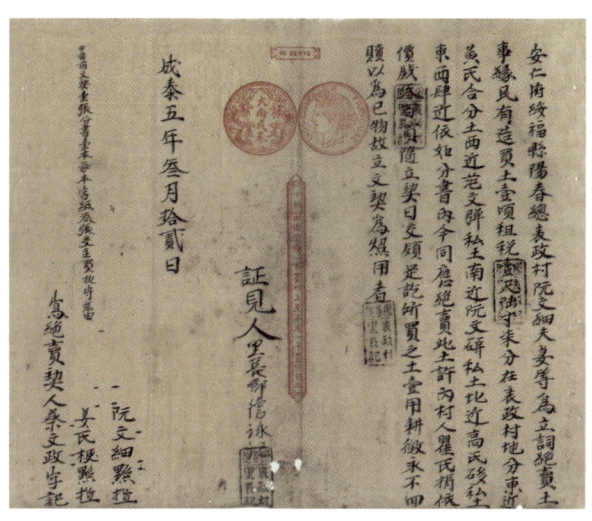

图7-44 《成泰五年(1893年)安仁府阮文细等绝卖地契》(中国会计博物馆藏)

其一,契约用中文书写,行文格式及缔约行为习惯沿袭了传统中式契约规范,除买卖双方外,还有证见人、写契人签押。文书采用了中式契据押款章的惯例,在租税额和价钱上押用了"阳春总表政存里长记"印章(长方形)。这枚印章也押在作为证见人的里长邓德咏签名之后。更为特别的是,该印章还押在契约正文之后,作为关门押。

其二,契约正中位置盖有两方红色圆形印章,右侧一方为法属印度支那官方印章,印文为"Indo Chine française"(法属印度支那),中间为女神头像;左侧一方为与右侧同样大小的圆形印章,中间是四个汉字"大南成泰",代表作为大清国藩属大南帝国的成泰皇帝,印章左右两侧各有一条飞龙盘绕。印章上面有一红色横框,内有"10 cents",当为所付契税金额。官银下面正中红框内有文字注明:"十仙,由值价钱一百贯以上至不及一千贯用此。"此处用印及有关契税(印花税)的记录,典型地表现出中西文化的共同影响。

其三,最有意思的是,该契约左下角阮文细、姜氏梗二人名下,竟然出现了"点指"字样,二人名字旁有画迹,似是画指的痕迹。在中国内地自宋代以后即已经消失的画指,竟然在此出现,这究竟是一种偶然,还是中原文化的异地流传,有待考证。

4) 数学(算学)与计算工具

有关会计历史的研究通常较多地关注会计记录、业务处理方法以及会计报告的发展演进,却忽视了其中很重要的一个部分——计算。个中缘由,可能是在主导会计历史研究的西方社会环境中,早期会计以簿记的形式出现(更准确地说是被视为"簿记"),尤其以中世纪意大利借贷复式簿记的发展为代表,因为其最大的特点在于记录形式以及与之相关的账目平衡、试算及报告方面,因此,人们自然地关注以记录(具体化为簿记)为核心的技术和理念。直到工业革命之后,因为工业会计从商业会计中分离出来,更因为工业企业突出的成本及利润计算需求,数学计算的地位才日益凸显,也因此发生了由簿记向会计——实质上是由记录向更多的计算、分析、计划、预算、控制乃至预测的转换。但是,在一定程度上,这种情况的实质只是人们关注点的变化,与人们对会计本质的认识并无直接关系,更未曾涉及人们对会计工作体系中数学(算学)与计算工具真实意义的理解。

(1) 会计与数学之关系。

会计作为一门综合性应用科学,基于注重计数与计算的特征,它在实务与理论的整个发展过程中与数学的交融与渗透,一直是它得以发展并不断提升的重要因素之一。人类各种处于萌芽状态的数学行为,很大程度上源于原始经济中的计量记录需求,并与计量记录方法的演进与变革密切相关。一些数学运算方法正是人们受到原始会计方法的启示而创造出来的,而会计方法又是受到某些数学运算方法的影响而得到更为广泛的运用和改进。伊拉克"齐古拉"(Ziggurat,也译作"塔庙")里所发现的世界上最古老的算板表明,账单是人类最古老的数学记录之一。诸多证据表明,原始会计的出现及进步,总是与原始算术(包括数码的创造、计量单位的产生、基本算法的演进等)有着密切关系。正如郭道扬教授所言:"在人类历史上,数学与会计犹如一对孪生兄弟,自诞生之日起它们便建立了极其亲密的关系。其后,它们在发展过程中,又始终是相互影响着的,只是到了后来,由于数学具有更为广阔的天地和更大的适应性,因而,它在技术方面的进步,才远远超过了会计,它对会计的影响逐步占主导地位了。时至今日,数学已成为现代会计学的一大支柱。"[①]

从古至今每一个时代,会计一直与数学保持密切关系。在簿记发达的 13 世纪至 18 世纪,会计与数学同样保持着紧密关系,甚至有了更大程度的加强。这一时

---

① 郭道扬:《会计发展史纲》,中央广播电视大学出版社,1984,第 30 页。

期内出现的与会计相关的著述,大多数都是由数学家完成的。在当时人们的认识中,会计知识是数学知识的一个部分,强调其计算、记录的综合性能。"现代会计学之父"卢卡·帕乔利一生最重要的职业就是作为数学教授先后在佩鲁贾、博洛尼亚等多所大学任教。而为他在会计界赢得巨大声誉的《簿记论》,也只是他在数学方面的鸿篇巨制《数学大全》的一部分。《数学大全》作为一部数学著作,体现了数学精神(包括精确精神和推导精神)与经济实践的结合,反映出数学精神与会计体系之间深远的历史渊源。帕乔利认为,成功的商人必须具备三个条件,其中第二个条件是"商人必须是精明的会计员和敏捷的数学家"。①

继帕乔利之后,许多簿记作者对复式簿记的传播与发展做出了杰出贡献,这些人大都是数学教师出身,或试图用数学方式来解决会计问题。以下试举几例。

① 多梅尼科·曼佐尼(Domenico Manzoni),威尼斯数学和簿记教师,1534年在威尼斯出版《威尼斯总账和分类账》。

② 乔瓦尼·斯福尔图蒂纳(Giovanni Sfortunati),数学教师,1534年出版《新式会计》。

③ 吉罗拉莫·卡尔达诺(Girolamo Cardano),他是一位医生,而非数学或簿记教师,但却试图用数学方法解决会计方面的问题,并大胆指出了帕乔利一些数学上的错误。他1534年出版《实用算术》。

④ 海因里希·施雷贝尔(Heinrich Schreiber,其《技术会计簿》一书是德国第一本簿记方面的著作。而施雷贝尔是一位维也纳的算术教师。该书的可取之处,一是通过数学方式来验算会计记录的最终结果,二是运用货币计量单位进行综合计算。

⑤ 西蒙·斯蒂文。荷兰数学家,于1605年至1608年间写成《传统数学》,该书集数学与簿记于一体,与帕乔利的著作并驾齐驱,成为数学和簿记学相结合的典范。

借贷复式记账法在英美等国的传播中,同样时时显现出数学教师的身影。这种簿记与数学之间的普遍联系,乃是基于社会现实以及人们的一些基本理念。这种基本理念在许多经典著述中常常得到透彻的表达,比如晚期重商主义者托马斯·孟在1664年出版的《英国得自对外贸易的财富》一书中,根据自己毕生从商的经验,概括出"一个全才的对外贸易商人所必须具备的各种品质"(共有12种),其中排第一的就是擅长算术和会计。

中国古代会计以"结绳记事"为开端,结绳本身是对数的计量。而会计的核心是

---

① R.G.布朗、K.S.约翰斯顿:《巴其阿勒会计论》,林志军、李若山、李松玉译,立信会计图书用品社,1988,第41页。

用数量化的指标记录和反映经济事项，反映财产物资、财务收支结存的数量，在记录的基础上计算损益得失，实现对社会经济活动和各种事项的量化管理。以官厅会计为核心的古代中国会计，从《周礼》财计制度起，即以"月计""岁会""三年大计"的形式，着力于量化计算和考察。官厅会计通过多方位的计算和财计检查，实现对宏观至微观事项的全面管理，乃至连王、王后的一些日常开支也在"计""会"的范围之内。在古代先哲的财计思想中，处处可见对"数"和"计数"的强调。《管子》中有："不明于计数而欲举大事，犹无舟楫而欲经于水险也。""举事必成，不知计数不可。"《商君书》中有："数者，臣主之术而国之要也。故万乘失数而不危，臣主失数而不乱者，未之有也。"《商君书》强调"强国知十三数"。以这些思想观念为基础，中国古代会计教育始终把数学计算作为核心内容。在古代国家发展中，虽然会计的记录相对较为简单，但与国家管理和各种资源调度使用相关的数据计算却极其重要，因此，各种算学著作，皆以国家治理及现实事项处理中的各种实际计算作为核心内容。比如，《夏侯阳算经》卷上主要包括明乘除、辨度量衡、言斛法不同、课租庸调、论步数不等、变米谷；卷中主要包括求地税、分禄科、计给粮、定脚价、称轻重；卷下主要包括说诸分。《五曹算经》概括了国家事务相关的五大部门（五曹）的数学计算，即田曹、兵曹、集曹、仓曹、金曹。历朝历代对主管国家重大事务如国库、盐铁、均输、平准、籍田、漕运、仓储、重大工程建设等的高级官员，皆以懂得数学、精于计算作为重要的选拔标准。宋代王钦若、杨亿等编的《册府元龟》卷四百八十三邦计部总序有曰："夫主计之重，治本攸系。历代而下，莫不抉择贤彦，资其经略，故有深明国体，周知地利，究消息盈虚之数而取之有时，辨耗登众散之宜而用之有节，心平其轻重，牙筹析其毫杪无爽，备预用成。"①《汉书》等史籍中记载了颇多精通算学的治世能臣。如魏刘徽《九章算术注》序有曰："汉北平侯张苍、大司农中丞耿寿昌，皆以善算名世。"②桑弘羊——"洛阳贾人子，以心计"（擅长心算）。许商——"善为算，能度功用，著《许商算术》二十六卷"。许商因善于计算工程土方量，多次作为将作大匠主管治河事务有功，曾任大司农、光禄大夫等职，并曾为汉成帝帝师。明代商业发达，因此，商人出身的山西数学家王文素的数学巨著《算学宝鉴》和徽州数学家程大位的《算法统宗》，将之前以服务官厅为核心的算学知识和技能扩展到商业应用领域，《算法统宗》与算盘一并传入日本，对日本产生了重要影响。

从本质上来看，会计具有经济学的属性，是经国济世的手段和学问，直指国家和

---

① （宋）王钦若等：《册府元龟》第六册，中华书局，1960，第5773页。
② 李俨：《中国古代数学史料》，科学技术出版社，1956，第44页。

各种组织机构的治理问题,而它的方法又明显具有数学的特征。清代学者焦循在《孟子正义》中解释"会计"时认为"零星算之为计,总和算之为会",直指会计"算"的本质,是对会计与数学(算学)关系至为深刻的揭示。

概而言之,不论是古代中国官厅的财计管理,还是中世纪末意大利借贷复式簿记的产生与世界性传播,或者现代会计各个学科与理论的发展,都突出体现了数学的作用,体现了两者一种本源上的联系,具有同根同源的基本属性。当代实证会计理论的发展,则直接是将数学方法运用到会计理论研究的结果。以此来看,注意会计"算"的实质,考察各种数学方法和计算工具在会计中的运用,揭示会计与数学之间深刻的内在联系,必然构成会计历史研究的重要成分。

(2) 算具及其会计运用。

计算之实现有赖于算具。关于算具的发展历史,可简要概括如下。

中国:结绳记事(原始时代)—算筹(先秦至宋代)—算盘(宋代至20世纪七八十年代)—计算器、电子计算机(20世纪80年代至今)。

西方世界:阿巴卡(abacus,也译为"算盘",复数写作 abaci 或 abacuses)(古代文明时期至中世纪)—算尺(17世纪)—加法机、手摇计算机(17世纪中叶至20世纪上半期)—计算器、计算机(20世纪40年代至今)。

苏联会计史学家索洛科夫曾经指出:"希腊是第一个核算用具——阿巴卡的故乡。"[①]按照维基百科的解释,阿巴卡,也被称为"算框"(counting frame),在阿拉伯数字被广泛使用前的几个世纪里,算盘是一种在欧洲、中国和俄罗斯广泛使用的计算工具;算盘的确切起源迄今未知;当今的算盘通常具有竹制的框架,内部是装在各档上滑动的算珠;但最初的算盘,却是古人拿豆子或石头放在沙槽上形成的或由木头、石材、金属制成的板子上移动形成的工具。[②]

维基百科的这个解释,显然是把"阿巴卡——abacus——算盘"作为对人类文明中早期计算工具的一种概括性称谓,一种对将"圆珠"类事物用于计算形成的计算工具的统称。依照这个标准,我们看到这样一些说法:公元前2700至前2300年间,苏美尔人就在使用一种简易的算盘,他们的算盘作为一种原始的装置,只能进行加减法运算,很难用于更复杂的计算。古希腊历史学家希罗多德(Herodotus)曾提到古埃及人使用的算盘。按他的说法,与古希腊人从左到右的方法相反,古埃及人从右到左操作鹅卵石进行数学计算。考古学家在古埃及遗址中发现了各种大小的古代圆盘,这

---

① 索洛科夫:《会计发展史》,陈亚民等译,中国商业出版社,1990,第9页。
② https://en.wikipedia.org/wiki/Abacus.

些圆盘被认为是计算的工具,只是在古埃及壁画中迄今未曾发现有关这种计算工具的画面。

还有观点认为,大约在公元前600年,波斯人第一次开始使用算盘。在帕提亚、萨珊和伊朗帝国统治时期,学者们集中精力与他们周围的国家——印度、中国和罗马帝国——交换知识和发明。人们认为当时这些发明已经出口到其他国家。许多说法需要更多的考古证据来做进一步的证实。我们注意到早期文艺复兴时期的德国学者格雷戈尔·赖施(Gregor Reisch)在其出版于1503年的《玛格丽塔哲学》(Margarita Philosophica)一书中用了一幅题为《算板》(Calculating-Table)的插画(见图7-45),画面上有中世纪欧洲人作为计算工具使用的"算盘"。在西方历史上,这种"算盘"显然只是人们尝试的诸多计算工具——如纳皮尔骨头(Napier's bones)①、数表、算尺(Genaille-Lucas rulers)、机械加法机中的一种,并没有成为一种专门的计算工具发展成熟到堪与东方中国式算盘相比的程度。与中国不同的是,西方人经过不断地努力,沿着机械化的道路努力改进计算技术的尝试和发明,创造出了一代比一代更为高效的计算工具和机器。从早期的计算尺,到机械加法机、手摇计算机、电子管计算机、集成电路超级计算机和微型机,计算技术的一次次进步,推动了科学技术的发展和人类文明的进步,也推动会计计算朝着更加便捷、高效的方向迈进。

当时光的指针指向17世纪,计算工具的历史发生了第二次巨大进步。1622年,英国数学家威廉·奥特瑞德(William Oughtred)发明了滑尺(slide rule),他把两把甘特式计算尺合起来,组成了可视为现代计算尺的新型计算工具,该工具1630年由他的学生理查德·德拉曼(Richard Delamain)正式对外发布。1623年,德国图宾根大学(Eberhard Karls Universität Tübingen)教授威廉·施卡德(Wilhelm Schickard)发明了第一台称为"计算钟"

图7-45 中世纪晚期欧洲《算板》(Calculating-Table),引自格雷戈尔·赖施(Gregor Reisch)《玛格丽塔哲学》(1503)一书中的插画

---

① 纳皮尔骨头(Napier's bones),也译"纳皮尔骨筹",是苏格兰数学家约翰·纳皮尔(John Napier)发明的一种类似于算筹的计算工具。1617年,纳皮尔出版了 Rabdologia 一书,书中描绘了由他自己发明的可用于乘法、除法和开平方计算的工具。这套工具后来被称为纳皮尔骨头,成为乘除法计算的有力工具。

(calculating clock) 的机械计算机。这台计算机能够进行 6 位数的整数加减运算，而在数位溢出的时候，还能以响铃的方式报错，这可能是其被称为"Clock"的原因所在。只是这台计算机并没有得到推广，因此，知者甚少。大约在 1643 年，法国哲学家布莱斯·帕斯卡（Blaise Pasca）发明了一种后来被称为帕斯卡（Pascaline）的数字轮计算机，以帮助他父亲开展税收征管工作。这是一种经过了精密设计的机器，但它只能做加法计算，因此，也被称为"加法机"（见图 7-46）。后来这台机器被法国财政大臣看到，他决定大力推广，所以帕斯卡先后制造了 50 台 Pascaline，其中不少在后世得以保留。巴黎国立工艺博物馆至今保留着两台帕斯卡制造的 Pascaline。直到 1799 年，法国政府收税时还在使用 Pascaline。

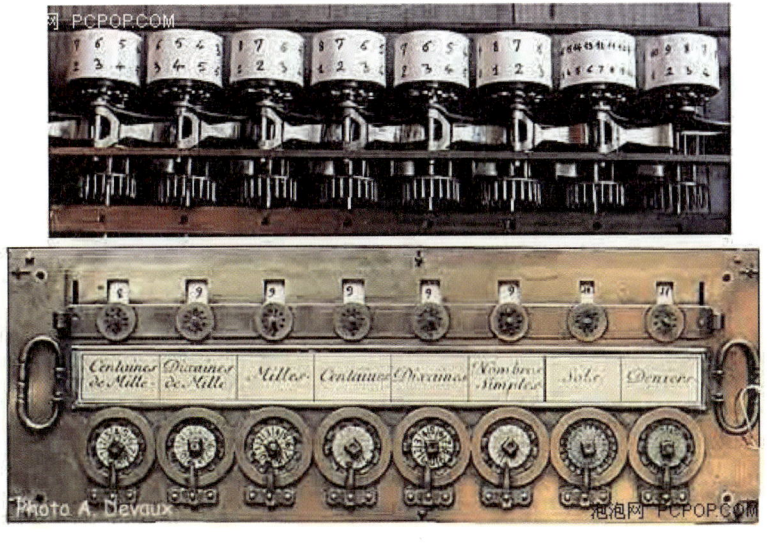

图 7-46　法国哲学家布莱斯·帕斯卡发明的加法机

1670 年，德国哲学家、数学家莱布尼茨（Leibniz）对帕斯卡的加法机进行了改进，使之成为一种能够进行加减乘除运算的计算机械。在改进的过程中，莱布尼茨指出，二进制数学运算也许更适合机械，为现代计算机科学奠定了理论基础。

1805 年，法国纺织机械师杰卡德 J.（Jacquard J.）根据"穿孔纸带"概念发明了用于纺织的"自动提花编织机"。以此为基础，法国人查尔斯·X.T.科尔马（Charles Xavier Thomas de Colmar）于 1820 年制作成功第一台可以放置在桌面上使用的成品计算机，因其可靠性很高，该计算机在它诞生后的 90 多年在市场上畅销不衰，成为第一种获得商业上成功的机械计算器。利用其原理，剑桥毕业的查尔斯·巴贝奇（Charles Babbage）发明了人类历史上第一台可以编程的计算机——差分机。1878年,在俄国工作的瑞典发明家奥涅尔 W.T.(Odhner W.T.)制造出手摇计算机(见图7-47),手摇计算机1892年在德国布龙维斯加公司投产,到1912年,年产量已经高达2万台。同一时期,美、德等国家多家的工厂开始生产办公用计算机,极大地推进了办公自动化和科学计算的发展。直至1946年第一台电子计算机出现,计算技术由机械计算进入了全新的电子时代。

图7-47 奥涅尔 W.T.(Odhner W.T.)发明的手摇计算机

在计算工具的发明和使用方面,中国体现出和西方明显不同的特点:早熟早慧而进程悠缓。这一特点延续了中国传统文化一贯的风格。

中国人在算数和计算工具方面的发明创造历史悠远。《世本·作篇》载:"黄帝使羲和作占日……隶首作算数。"因此,通常有"隶首作数"之说。所谓"作数",即创造数码字,也是算术最早的开端。中国古代算学著作多把隶首作为算学始祖,在书中插入隶首先生的绘图画像。如果说这种记载可能被认为是传说而遭受质疑,那么,郭道扬教授注意到的西安半坡文化(距今6 800—6 300年)刻画符号中用于经济计量、记录的原始数码字,作为当时关中地区人们比较通用的数码字,则可以作为早期算数发明的证据了。[①] 殷商时期的甲骨文档案中,已经有了完整的数码字体系。为方便计算,古人发明了算筹。作为一种十进制计算工具,其最早出现于何时已无从考证,但至迟到春秋战国,算筹的使用已非常普遍,它以纵横两种排列方式表示单位数目。里耶秦简中的乘法口诀木牍,表明乘法口诀已经成为秦代儿童启蒙必须背诵的数字运算基本工具。及至汉代,各种算具、算法已经蔚为大观。与

---

① 郭道扬:《会计发展史纲》,中央广播电视大学出版社,1984,第25页。

## 第七章　异质性之解释——技术的促进

计算工具的发展相关的一项重要成就是出现的各种算学著作。约成书于公元前1世纪的《周髀算经》,被认为是中国流传至今最早的一部数学和天文学著作。约成书于汉代的《九章算术》,是当时数学知识的集大成者。唐代曾在国子监设立算学馆,以汉唐间出现的10部数学著作为教材,并称之"算经十书"。① 这10部著作基本代表了唐代及唐代以前数学的最高成就。震惊中外的敦煌文书中,也有多种算经(如《立成算经》等),是寺院及官府办学的教材。宋元时期,中国古代数学进入了一个更加繁荣的阶段。到了明代,算学家程大位的《算法统宗》、王文素的《算学宝鉴》更是将算学及珠算算法推向了前所未有的高峰。程大位的《算法统宗》与珠算一同传入朝鲜、日本等周边国家,产生了深远影响。众多的算法著作,一方面推动了算学知识和珠算的普及;另一方面为各种实用计算(如工程土方计算、仓库容积计算、土地清丈、租税计算、借贷利息计算等)提供了重要的知识,是会计基础知识发展的一个重要方面。

中国古代计算工具的发展历史,除上古时期的"结绳记事"阶段之外,可以简单地概括为算筹加算盘的历史。有研究认为,算筹作为早期计算工具,在春秋战国时期已经得到普及。中国古代算经及数字表示,包括后世商业中广泛使用的"苏州码子"(也称草码、花码、番仔码、商码、暗码等),无不受其影响。但算筹与算盘究竟于何时完成时代性转换,至今仍是一个谜。② 东汉末年数学家徐岳的《数术纪遗》中详尽讲述了各种算法算具,其中有"珠算控带四时,经纬三才",因此,学界一般认为,算盘作为中华文明史上最具价值的计算工具,在东汉时期已经出现。但"珠算"不一定等于算盘。这是必须要区分清楚的。如果没有这个区分,那么,1978年在西周王朝早期大型宫殿建筑遗址中发现的西周陶丸③,专家经鉴定认定其为算珠,岂不意味着早在西周时期就有了算盘?曾任中国珠算心算协会会长的张德和先生曾撰文对西周陶丸的性质及早期算学历史做了详细的分析研究,认为:"西周陶丸——算珠的出现,意义十分重大。首先,它为《数术纪遗》这部著作提供了科学依据,为文中所刊的算筹类计算工具和算珠类计算工具提供了实证。"④文章引用《当

---

① 包括《周髀算经》《九章算术》《孙子算经》《五曹算经》《夏侯阳算经》《张丘建算经》《海岛算经》《五经算术》《缀术》和《缉古算经》。
② 厦门大学陈玲研究认为,"中国古代数学从筹算向珠算演变大约在明代"。参见陈玲:《中国古代与东亚世界的珠算文化研究》,《厦门大学学报(哲学社会科学版)》2013年第5期,第46-53页。
③ 1978年,考古队在陕西岐山县京当乡凤雏村西周宫室遗址东侧出土陶丸90粒,其中青色20粒,黄色70粒,直径1.5~2厘米,无孔。经鉴定为公元前1095±90年的物品,距今约3000年。专家经研究认为,这些陶丸可能是我国古代最早的算珠。
④ 张德和:《从西周陶丸是算珠谈起》,《珠算与珠心算》2014年第6期,第47-51页。

代中国珠算》中"珠算史略"部分的内容,将计算工具分为算筹类(成数算、五行算、把头算、筹算)和算珠类两类。算珠类计算工具则经历了从了知算、太乙算、两仪算、三才算到珠算的演变。他把算筹类工具和算珠类工具的发展当成两个并行的体系,"从而从工具的发展上排斥了珠算继承于筹算的观点"①,他认为珠算在唐、宋、元逐步融入古代数学算法体系后,将自身的机械化计算功能和筹算相结合,使中国古代数学走到世界前列。张德和先生明确了珠算在古代数学和数学教育中的地位和功能。②

北宋画家张择端(1085—1145年)描绘东京汴梁市井生活的名画《清明上河图》中,"赵太丞家"药铺柜台上放着一把15档算盘,此画也是有关中国算盘最早的图像史料,证明北宋时期商业经营中已经使用算盘作为计算工具。明代数学家程大位《直指算法统宗》所附的《算经源流》中提到,元丰、绍兴、淳熙(1078—1189年)以来刊刻的算经中,除了各种传统的算学著作外,第一次出现了《盘珠集》《走盘集》。元明时期,商业发达,对外贸易繁荣,促进了算盘的进一步推广和普及。算盘作为一种文化符号,开始在各种文化产品中被提及。比如,元代画家王振鹏在其画作《乾坤一担图》(1301年)中的货郎担上,就画了一把与现代算盘无异的算盘。元人刘因有《算盘诗》,《元曲选》中有提到"算盘",而元末陶宗仪《辍耕录》卷二十九中《井珠》中有关于擂盘珠、算盘珠的记载。各种材料说明,至元代,算盘在南北各地都有了一定程度的普及。③ 明代两部最具代表性的算学著作——王文素的《新集通证古今算学宝鉴》(1524年)和程大位的《直指算法统宗》(1592年),一改往昔算学著作主要面向官厅服务的面貌,呈现出多种全新特点:①具有高度的总括性和综合性,对之前的算学成果做了较为全面的概括和总结,内容涉及广泛,属于集大成之作。②两位作者皆有从商背景(王文素出身于晋商家庭,自幼时随父到河北饶阳经商;程大位出生于徽商故里——徽州府休宁县,自20岁起便在长江中下游一带经商),对商业经营活动中的计算需求有深刻了解,立志著书立说,并在书中重点反映了商业计算的要求和方法,使之前主要服务于政府财计管理的算学知识从此走入民间,与民间商业活动的实际需求相适应;③珠算知识融入算学著作,成为实用算学

---

① 张德和:《从西周陶丸是算珠谈起》,《珠算与珠心算》2014年第6期,第47-51页。

② 张德和:《从西周陶丸是算珠谈起》,《珠算与珠心算》2014年第6期,第47-51页。需要说明的是,算盘取代算筹成为计算工具后,筹算的计数方式并未消亡,而是发展成了一套特殊的数字书写方式,即用丨、刂、川、乂、𠄌、六、亠、三、夂、十分别表示1、2、3、4、5、6、7、8、9、10等数字,通常称为"苏州码"。苏州码在商业和会计中得到广泛运用,不仅是记账中重要的数字表示方式,而且具有重要的专业特性及防止篡改数字的功效,直到20世纪中期依然被广泛应用。

③ 陈玲:《中国古代与东亚世界的珠算文化研究》,《厦门大学学报(哲学社会科学版)》2013年第5期,第46-53页。

第七章　异质性之解释——技术的促进

的重要成分。程大位的《直指算法统宗》被称为"集珠算算法之大成"的著作。①

算盘和与之相关的算学知识很早便走出国门,传入朝鲜、日本和东南亚一带。17世纪晚期,法国人卢贝尔(Loubere)曾在暹罗(今泰国)见到中国人使用算盘,他在《暹罗王国历史》中记述了中国算盘的结构和用法,并对中国人打算盘的快速感到惊奇。

在学习和推广算盘文化方面,日本人的成就最为人们所称道。明万历年间(1573—1620年),日本人毛利重能奉日本朝廷之命来中国留学,进一步学习了珠算,并将中国的算经、《直指算法统宗》和珠算知识带回了日本。回国后的毛利重能在京都开设"数学指南所",挂起"天下第一除法指南"的招牌,教起了珠算。在讲解《直指算法统宗》和传播中国珠算的过程中逐渐形成了日本的"和算"。后来,毛利重能又撰写了《割算法》,精研除法计算。1627年,他的弟子、数学家吉田光由出版了算书《尘劫记》,并在跋文中明确说明自己的书是"依据汝思之书"。②

中国的珠算在日本产生了极大影响,很快在日本民间流行起来。日本官方也在治水工程、地亩检查、年贡税收等方面使用了珠算。明治维新时期,因学习西洋文化,日本曾一度废除珠算,珠算后来在民间普遍反对之下再次恢复并兴盛起来。日本不但把每年的八月八日定为算盘节,还把读书、写字、打算盘列为小学生的三大基本功。日本的珠算教育后来居上,在世界上处于领先地位。20世纪,日本重视珠算文化普及和传播,出版了大量研究著作及刊物,并通过日本珠算教育联盟于20世纪80年代将珠算的影响力延伸到美国、巴西及东南亚各国。也是在这一时期,经日本人改造的五子小算盘(上1下4,通常用菱形塑料算珠,铝合金框架)随着改革开放的大潮进入中国,逐渐取代传统的中式算盘(上2下5,每档7枚木质算珠,木质框架),成为业界的新宠。图7-48是一幅江户时代日本学算图。

图7-48　江户时代日本学算图

---

①　陈玲:《中国古代与东亚世界的珠算文化研究》,《厦门大学学报(哲学社会科学版)》2013年第5期,第46-53页。
②　程大位字汝思,号宾渠。

在20世纪90年代之前的数百年中,算盘一直是中国人最常见的计算工具,在官厅(政府)机构、民间工商企业和家庭中应用广泛。从明清到民国,从商号铺学到民间私塾,直到中华人民共和国成立以后的小学教育中,算盘都是儿童启蒙或基础教育中必备的算具。能写会算、会打算盘,曾是民间教育最基本的要求。大到中华人民共和国研制第一颗原子弹、第一颗人造地球卫星,小到普通百姓日常购物、计算穿衣吃饭的账目,都少不了算盘。曾几何时,无论乡村还是城市,走遍全中国,几乎处处都可以见到算盘的踪迹,算盘的形象几乎成了一种文化图腾。笔者十多年前为了筹建中国会计博物馆曾走遍各地古玩市场,当问起有没有会计相关的东西时,几乎毫无例外都会得到一种回答——算盘?在人们心目中,算盘基本成了会计的代名词。

然而,这种情况却在20世纪90年代发生了根本性改变。改变的原因,是更便捷的计算器在人们日常生活和学生学习中的快速普及,银行、工商企业、政府机关财务部门等以往使用算盘的大户开始采用电算化办公,算盘的作用被快速取代。尽管依然有一些人、各地珠算协会坚持进行珠算文化推广,并通过在珠算基础上创新发展珠心算,挖掘和宣传珠算在开发儿童智力方面的独特作用,但算盘却以极快的速度退出了人们的日常生活。在20世纪90年代,珠算还是全国小学数学教学大纲中的一项内容。2001年教育部颁发的《义务教育数学课程标准》取消了珠算,珠算从此退出了小学课堂。在一段时间里,因为获取会计从业资格证的需要,珠算是大中专院校会计专业学生学习的必修科目,因为政策变更,大中专学校会计专业也取消了珠算课程。在中国人手上扒拉了近千年的算珠,终于在电子手段的进攻下全面溃败,被扫入了历史的尘埃。

2013年12月4日,经过联合国教科文组织审议,珠算被正式列入人类非物质文化遗产名录,这或许可以作为对这一流传千年的文化和技术的纪念吧。会计的计算,已经实实在在地进入计算机时代,未来人工智能的发展,又会给它带来什么样的改变?

**4. 技术影响近现代会计的两个例证:支票打孔机与簿记机(Two Cases of the Effect of Technology on Modern Accounting:Check Perforator and Bookkeeping Machine)**

技术影响会计,除了影响会计所处环境,更实在地作用于会计本身。本小节基于对中国会计博物馆藏品的研究,进一步探讨这一问题。

在建设中国会计博物馆的过程中,我和同事收集到许多与中外会计相关的用具,许多都是我们之前闻所未闻、前所未见的。对这些项目的研究,让我开始从更深层次思考作为一项技术的会计,以及会计与其他技术的发展之间的深层次关系。一个值得注意且十分显见的事实是,自工业革命时代开始,受技术发展的影响,中外会计出现了巨大差异。

第一,在西方世界,随着纺织机、蒸汽机的发明,一系列用钢铁制造的技术设备和工具器具纷至沓来。各种蒸汽动力设备,包括具有革命性意义的蒸汽轮船、蒸汽机车的发明,钢铁、纺织、采矿等行业各种大型设备的使用,在极大地提升人类运输和生产能力的同时,改变了企业尤其是工业企业会计的需求,也改变了会计的供给,各种新的观念和会计方法快速发展。同一时期,远在东方的中国,依然是在以人力、畜力及水力作为动力的基础上,使用相对简陋甚至原始的工具和设施进行生产,各类生产在颇为传统的田园牧歌式的环境及文化基础上悠然行进。当然,从一些会计概念和观念产生的时间维度来看,基于晋商、徽商的史料发现表明,中式簿记的发展并不像传统观念认为的那样落后,但技术基础之上的差异却依然是明显且巨大的。这些差异既体现在会计的环境背景方面,也体现在会计观念尤其是会计的各种用具以及技术方面。

第二,西方世界技术的发展,除了体现在各种生产、运输、服务类机器设备和设施的发明方面,也普遍地体现在与会计相关的办公用品及技术条件方面。比如,支票机、收银机、分币机、打字机、油印机、手摇计算机、电传打印机、电报机、支票打孔机、簿记机等。此类实用机器的出现,大大推进了会计的技术化发展,极大地提升了数字计算、记录、报告、信息传递的水平和速度,构建出一个与工业时代相适应的会计技术体系。

第三,技术工具和手段的进步,提升了会计账簿、票据、报告的标准化、精细化程度,也影响、改变会计业务处理程序和方法,以及会计信息和数据资料的呈现方式。与东方世界中的会计直至20世纪中期依然大量使用雕版印刷的、相对粗糙的账簿不同,得益于机器印刷技术的进步,西方世界(尤其是英美等国)在19世纪中期即在使用装帧精美的印刷账簿。[①] 各类商用票据尤其是银行票据上的差异也是极大的。进入20世纪后,因为印刷技术的进一步发展和簿记机的出现,会计账簿的记录和呈现方式、会计报告的内容及形式也不断发生改变。

以上各方面的发展变化,整体上改变了现代会计的面貌,是会计历史研究中需要注意的一个重要方面。以下内容对中国会计博物馆收藏的支票打孔机和簿记机做一些尝试性考察。

1) 支票打孔机的前世今生

支票(check,cheque[②])是近现代银行业务发展中一种处于核心地位的票据,也

---

① 中国会计博物馆收藏有数十件西式账簿,其中最早者为美国一家商号1808年的往来账。
② check和cheque都可表示支票,区别在于cheque是英国或者部分英联邦国家使用的,check是美国的表达方式。

是19世纪和20世纪使用广泛的支付手段之一。在西方社会,由于个人支票的普及,支票的安全保障和防伪成为至关重要的技术问题。支票打孔机便是早期重要的安全保障工具,是一种把工业文明与银行会计业务相联系的重要创造。

支票的起源最早可追溯到17世纪初的英国。当时,人们将金银交给金匠加工,为表示信用,金匠会出具一张票据,顾客或持票人凭此可收取一定金额,此为支票之雏形。支票一词究竟缘何而来,人们说法不一,但人们对"支票是签发的票据,经查验后可作为付款凭证"则无异议。在1849年加利福尼亚淘金热中,威尔斯·富国(WELLS FARGO)马车行在运送黄金的过程中首次将支票引入美国,以消弭运送黄金实物可能存在的风险。1852年,车行的两位老板Henry Wells和William Fargo共同创立了WELLS FARGO银行(中文译为"美国富国银行"),成为加利福尼亚州第一家特许银行。

随着银行业务的发展,支票的使用量越来越大,其安全保护成为颇为关键的问题。为此,人们发明了在支票上打孔的方式以策安全。根据美国早期办公博物馆资料,最早的支票打孔机是纽约人马科斯·伊曼纽尔·贝罗尔兹海默(Max Emanuel Berolzheimer)发明的贝罗尔兹海默支票保护机(Berolzheimer Check protector)。1869年,该机器获批专利。该机器为手动打孔机,它通过在印制好的支票上打孔的方式进行安全保护,因此,其名称中用了"Protector"(保护机)一词。

1883年,纽约自动银行打孔机公司(Automatic Bank Punch Co., New York)出品了世界上第一台自动打孔机。该机器由约翰·牛顿·威廉姆斯(John Newton Williams)发明,他也是著名的威廉打字机的发明者。一份1892年的广告声称,纽约自动银行打孔机公司出品的自动打孔机当时的用量已达15 000台以上。广告中还提到,该公司已经接下了财政部和国防部的大额订单。一份1897年的广告称,在美国,2/3的银行工作人员和银行机构使用纽约自动银行打孔机公司出品的自动银行打孔机。该公司1899年发布的广告称自动支票打孔机总用量已经达到22 000台。

位于芝加哥的雅培机械公司(Abbott Machine Company)出品的雅培自动支票打孔机(Abbott Automatic Check Perforator)是支票打孔机中的后起之秀。该机器于1889年获得专利。该机器造型美观、功能强大,不但可以方便地打出美元金额和日期,还可以打出外币金额。雅培机械公司在公司广告中声称,该机器已获美国财政部批准并在财政部系统使用。广告还特别强调"没有打孔,你将无法保证支票的安全"。

中国会计博物馆国际展厅中展出了一台雅培自动支票打孔机,其标牌上清晰列示着该产品数次获得专利的时间:1889年4月23日、1891年3月24和1891年4月21日。雅培机械公司这款机器是当时支票打孔机的主流机型。虽然也有公司在尝试将打孔机功能与其他办公设备结合在一起——比如芝加哥奥德尔打字机公司(Odell Typewriter Company)就曾将支票打孔机与打印机相结合,制造出支票打孔与打字一体机,还在1891年的广告中称该机为"世界上唯一附带支票打孔机的打字机",并将其以20美元或15美元的价格推向市场,但似乎并不成功。从价格方面来看,雅培支票打孔机30美元的售价也是支票打孔机历史上的最高价。自1891年起,随着支票打孔机制造厂商越来越多,产品价格不断降低。比如,闪电支票打孔机公司(Lightning Check Punch Company)的闪电牌支票打孔机1891年的价格就从20美元降到了15美元。到1897年,塞缪尔·拉夫公司(Samuel Nafew Company)已将其生产的拉夫支票打孔机的售价降低至5美元。韦斯利制造公司(Wesley Manufacturing Company)生产的韦斯利支票打孔机1896年的售价也仅有5美元。鲁斯制造公司(Rouss Manufacturing Company)出品的皇家自动支票打孔机1898年的售价更是低至3.5美元。

至20世纪20年代初,已经很少能见到支票打孔机的广告。支票打孔机这项曾经广泛影响银行业务的时代性技术发明,逐渐为历史的尘埃所湮没,只有在博物馆的收藏中,才能偶尔窥见其身影。

2)簿记机:会计与时代共舞的历史见证

中国会计博物馆国际展厅中陈列着一台名为簿记机(Bookkeeping Machine)的机器(见图7-49)。这台从大洋彼岸的美国远渡重洋来到中国的会计机器,以它傲人的身姿,展现着会计技术发展与工业革命成就结合的成果,以无声的语言向来来往往的观众讲述着会计技术发展的历史故事。在它旁边,是马克思的《资本论》,以及马克思有关"簿记"重要性的著名论断。它们两相配合,见证并展现着会计与工业及计算技术发展的历史。

簿记机是工业时代晚期用于记账、算账、打印报告文件等各项会计事务性工作

图7-49 中国会计博物馆馆藏簿记机,美国国家收银机公司(National Cash Register Company)1951年出品

的实用机器,是工业时代会计技术进步的代表性产物。随着工业革命的深入,人们开始研究和制造各种办公器具,包括会计用品及设备。20世纪初,随着管理科学的昌明,企业管理的各个方面日益受到重视,会计核算所需器具的发明成为工业技术进步中的一个重要方面。簿记机的发明便是一个典型。关于簿记机的最早出现时间,目前尚无确切的界定。早在1905年,美国纽约艾略特—费舍公司(Elliott-Fisher Company)就在报纸上为其出品的账单簿记机(Billing Bookkeeping Machine)做广告。

20世纪二三十年代,生产簿记机的公司日益增多。其中以美国公司生产的最多,并广泛地销往欧洲各国。在美国,最著名的簿记机生产商是位于底特律的巴勒斯加法机公司(Burroughs Adding Machine Company)。该公司创始人威廉·S.巴勒斯(William Seward Burroughs,1914—1997年)是一名机械师的儿子,自童年时代起就喜欢捣弄各种机器。他在银行任职期间,发现银行使用的加法机有各种不便,便辞去银行工作,专门研究改进加法机。1886年,他成立了美国计算器公司(American Arithmometer Company),之后,经他改进完成的计算机于1888年8月21获得了4项专利授权。1904年,他将公司更名为巴勒斯加法机公司,致力于制造各种办公设备,包括簿记机。这一时期的簿记机综合了加总、账务登记、计算、票据处理、打印等多种功能。巴勒斯加法机公司在1928年为其"打字簿记机"所做的广告中概括说明了机器的功能:"过账、编表,一次性搞定各种相关记录,自动完成各种过账业务。"①广告中特别声明,该公司在世界各主要城市设有服务站。

20世纪50年代后,簿记机的功能更加强大,其中最具代表性的,是位于俄亥俄州的国家收银机公司的出品。中国会计博物馆所藏簿记机正是该公司1951年的产品。该机器融合了多种功能,采用电力驱动,体型硕大,功能齐全,可以处理票据、登记账簿、打印报表,为同时代簿记机之最。公司对其给予厚望,曾为其大做广告。然而,该机器也是生不逢时,它很不幸地遇到了代表时代方向的电子计算机的挑战。随着电子计算机的普及,该机器不久即被更为先进的电子计算机所取代。然而,该机器的产生与存在,以及被取代,无疑都揭示了会计随时代和技术的进步而不断发展变革的历史必然。图7-50的广告以远处现代化都市林立的高楼大厦作为背景,其寓意不正是会计与时代共舞的内在实质吗?

---

① 根据该公司广告翻译而来。

## 5. 小结（Conclusion）

技术是社会发展中至关重要的因素，但它本身并不是天然的产物，而是人类智慧创造的成果。因此，不论是其创造、使用，还是在人类社会不同群体、不同组织或不同地域间的传播，无不受到人类思想、观念、文化、政治等多方面影响。从这个角度来讲，它并非简单的物性的存在，而是时时处处受到人类意识的影响。这是考察技术因素需要把握的基本点。越是先进的技术，越是具有创造或毁灭的能力。不可不慎，不可不察。

当今时代，尽管世界各地的交流包括技术交流日益频繁，各个国家和地区之间的技术水平依然存在很大的差异。在古代世界，

图7-50 美国国家收银机公司1955年为簿记机所做的广告

因为地理及人为造成的分割，技术的交流远不及今天发达，而技术的发明、使用及发达程度在不同文明之间有着极大的差异，这种差异在很大程度上导致了会计的差异。

中国的方块汉字和简牍记录，对中式会计记录方式具有决定性意义。简牍竖长条的形制，决定了从上到下书写的记录形式。这种形式在从简牍向纸张记录过渡的过程中依然保留，直至20世纪上半期。古巴比伦泥板和古埃及纸草给了记录形式更大的选择空间。西方采用拼音文字形式书写，形成了横向记录的习惯。这一点，从一开始就与中国文化很不相同。但更大的不同，在于西方文化的外向性特点，以及对技术、机械发明的高度重视。从本章分析中我们看到，自文艺复兴时代开始，从技术的角度，中西方社会就产生了分野：在东方的中国延续了其早熟早慧、善于创新却推进缓慢的特点；而西方各国却在对外扩展和相互竞争的环境下，以机械发明为基础，用技术和科学的力量，推动世界及会计技术与文化发生了根本性变革，实现了从簿记向会计的时代性转变。

当今时代，"会计正面临不确定的未来：相关性遗失，技术产品正替代人完成基础会计工作，财务丑闻频发。如果要预测会计发展的未来，就必须了解过往和理解当下，探索会计与社会经济发展之间的关系"。[1] 不论从哪个角度来讲，技术因素

---

[1] 转引自宋丽梦："会计简史"慕课，icourse163.org/course/ZNUEDU-1207053804。

都是了解和把握会计实质与发展过程的一个重要方面。本章从分析考察技术对中西方会计差异形成的影响的角度,初步进行了一系列有关会计技术问题的探讨,尽管篇幅很大,但对一些重要的问题,尤其是会计技术本身的历史演进及其体现出的差异性依然未能涉及,不能不说是一种遗憾。不过,本章却用行动证明,会计技术是会计历史研究中一个亟待开发的重要领域,期待对此能有更多的专门研究。

# 第八章

## 异质性之解释——政治的力量

> 所有的政治都是由咧嘴而笑的恶魔造成的,他教唆那些精力充沛、思维敏捷的人去折磨逆来顺受的民众,为的是攫取兜里的钱财、权力和头脑中的思想。
>
> ——罗素:《罗素论中西文化》,北京出版社,2010,第39页。

**1. 引言:政治对会计的重要性(Introduction: the Importance of Politics to Accounting)**

本章讨论政治对会计的影响,我最初的写作计划中并未列入政治这一因素,主要因为我基于过往的经验,并不认为政治会对会计产生多么重要的影响。尽管我比较强调会计作为社会系统的特性,但我所理解的社会系统,更多地强调人、与人的生存和生活相关的环境条件、制度文化、人际关系以及道德观念等因素。至于政治,我始终认为作为社会统治力量,是一种高高在上的存在,与会计并无多大关联。直到后来我才慢慢发现,这一理解是何其狭隘甚至荒谬。内在之中,实际上还有会计技术论观念在作怪。

第一次警醒于政治对会计的影响,是因为与陈立齐(James L. Chan)教授交流。我们在讨论某一问题时,陈教授说起他曾经提议在公司会计报告中增加工资信息披露,以满足工会系统的需要,却未有结果。我们由此说起现代会计的作用,他认为现代会计就是为资本家利益服务的。此说让我大吃一惊。因为我一直的理解是,会计是因社会发展的客观需要而产生并逐步发展的,因此,自然地认为,会计中的一切皆是对社会需要最为客观、真实以及公允的反映,包括以美国为代表的西方现代会计,是伴随着社会对上市公司及证券市场进行有效管理的客观需要而形成的,其发展变化背后应该并无特别的尤其是来自某一利益集团的政治目的的影响。尽管我清楚地知道,20世纪50年代中国会计界曾发生过激烈的有关会计阶级性的争论,美国会计界也在 20 世纪 70 年代开始关注会计的经济后果及准则制定中的游说,但我以往只觉得那是特殊时期会计及其学术受政治影响并可能为之所左右的特例,与会计本身的客观属性并无多大关系。

再次开始关注政治对会计的影响,是因为要为一个会计史会议准备参会论文,我选定的题目是"新中国会计制度变迁中的政治性考量:以增减记账法的创制、推广及退出为例"。因为这个题目,我得以比较深入地了解 1949 年以后中国会计的发展变革,考察其背后的政治因素及影响。我在研究中发现,新中国在成立以后,因为选择走社会主义道路,因此,面临全新的抉择,所有旧时代的东西皆成为需要放弃的对象,新环境下如何进行新的创建成为最关键的主题。因为政治的需要,早在新中国成立之前,中国共产党就已经开始以东北解放区工作的开展为基础向"社会主义老大哥"苏联学习,采用苏联的会计理论、制度及方法。新中国成立后的社会主义建设,尤其是资本主义工商业的社会主义改造和农业集体化运动的快速推进,极大地改变了会计的现实,并直接影响到会计制度建设、人才培养、会计理论观点及会计方法选择等许多方面。从增减记账法的发明到推广,乃至 80 年代后它最终退出历史舞台①,每一次变化,政治的因素都是重要的影响乃至控制性力量。

在研究唐代敦煌寺院会计及宋元时期寺院清规的过程中,我进一步发现,对于寺院这种宗教场所,不仅其纲管人员的任命与官府有关②,寺院的存废、财产管理、度牒的发放等也皆与官府以及政治气候的变化有着密切关系。

至于古希腊会计、中世纪欧洲庄园会计、意大利城邦会计,乃至 20 世纪三四十年代及其后美国的会计准则建设,政治皆在其中发挥了重要作用。政治是会计发展中重要的影响甚至控制性力量。不同时期各具特色的政治性考量,是影响甚至决定世界会计差异性面貌的关键性因素。需要特别慎重地强调的一点是,在研究政治因素及其影响的过程中,如果有什么是我们觉得奇怪甚至难以理解的,必定是因为我们未能设身处地站在当事者的角度,从他所处的具体环境出发去考虑,未能理解其行为、言论乃至理论背后的现实考量,以及显见或潜在的利益关系。

---

① 1992 年 11 月发布"两则两制",从 1993 年 7 月 1 日起在全国全面实行,其中《企业会计准则——基本准则》第八条规定:"会计记账采用借贷记账法。"

② 敦煌文书 S.6417《后唐长兴二年(931)正月普光寺尼徒众圆证等状并海晏判词》、S.4760《宋太平兴国六年(981)圣光寺阇梨尼修善等请戒慈等充寺职牒并判词》、P.3753《唐大顺二年(891)正月普光寺尼定忍等辞职牒并判词》等表明,敦煌寺院任免法律、寺主、典座、直岁等纲管人员,需向地方负责宗教事务管理的官员"都僧统"提出申请,由其审查批准任命或罢免。

凡事必有因果,存在即是合理。研究历史当时刻心存戒惧。

**2. 政治之解释:组织结构与会计系统(Explanation of Politics:Organization Structure and Accounting System)**

什么是政治?

政治是社会治理的行为,是一系列决定社会重要活动、维护统治的行为。从本质上来讲,政治是牵动社会全体成员利益并支配其行为的社会力量。

当远古人类走出原始的苍凉,开始构建国家的努力时,即面临着有关政治问题的现实思虑与考量。人类社会中许多重要的差异因此而生,由斯而起。

人类迄今所见最早有关政治问题的专门著作,是古希腊哲学家亚里士多德(Aristotle,公元前384—公元前322)公元前325年在调查了158个希腊城邦的政治法律制度之后完成的著作。我们很难想象他这部翻译成现代中文长达21万字的巨著,是怎样写作并留存下来的,但他有关社会团体、共同活动、城邦政制、统治与被统治以及政治团体诸问题的讨论,不但影响了后世政治学的发展和国家体制建设,也对我们今天的研究具有重要的启示。

西方语言中的"政治"一词,源自希腊文 πολις(波里)①,起初指城堡或卫城,那是一种建在高处的国家都城,其内有宫殿、神庙、粮库、卫兵住所及水源等,囊括了一个国家的政治核心所需要具备的各种重要资源与设施。后来则同土地、人民及其政治生活结合在一起,被赋予"邦""国"的意义。

邦、国结构及其臣民统治,这便是古希腊哲学家眼里的政治。

在中国,"政治"一词最早出现于先秦时期。《尚书·毕命》:"道洽政治,泽润生民。"《周礼·地官·遂人》:"掌其政治禁令。"②先秦诸子热衷于讨论政治,其讨论有两个特点:一是"政""治"分开,论"政"多于论"治";二是"政"的含义基本上是君主的治国之道,包括伦理、秩序、法令和权力。

1513年,意大利政治哲学家尼可罗·波那得·马基亚维利(Niccolò di Bernardo dei Machiavelli)发表《君主论》(The Prince),提出了现实主义的政治理论,成为后世一些重要人物乐于遵照的治国原则。同样在16世纪,法国政治思想

---

① 古希腊时期的雅典人将修筑在山巅的卫城称为"阿克罗波里",简称"波里"。"波里"既是地理概念,也是人民进行包括政治生活在内的所有公共生活的单位。在后来的英文中,"波里"既被转译为政治(Politics),也被直译为城邦国家(city-state)。

② 关于《尚书》《周礼》的成书年代,学界说法不一。朱建亮《〈尚书〉成书年代考析》一文认为,《尚书》应当是商代中后期和西周时代的作品,参见朱建亮:《〈尚书〉成书年代考析》,《国学》2017年第二期,第95-104页。

家让·布丹(Jean Bodin)提出国家主权学说,把政治视为与主权相关的国家制度,开创了国家主权的系统理论。十七八世纪西方的政治概念更正式、更严格,启蒙思想家们将政治视为一种法律现象,认为政治是立法、执法、守法的过程。

政治之于人类社会,是一种强大的控制和治理力量。这种力量与会计(社会财计管理系统)密切相关,在一定意义上它是通过会计系统更有力和切实地贯彻治理方略。关于政治与会计系统关系的这一论点,在此有必要做出进一步阐释。在现代会计学术以及受其影响的大多数人的观念中,会计只是一个以账务处理(记账、算账、报账)为核心的信息系统,一个技术体系,或者仅仅是一种实用技术,一种提供或处理信息的工具。事实上,这种认识是十分片面而且有害的。

亚里士多德认为,人类在本性上是政治动物。"人类生来就有合群的性情,所以能不期而共趋于这样高级(政治)的组合"①,根源是"因为每个隔离的个人都不能自给其生活"。②纵观人类历史,从上古迄至今日,人类社会中的许多活动都是通过组成各种各样的集体性组织完成的,而组织必具有一定具体的结构体系,即所谓组织结构。正因为如此,亚里士多德在讨论政治时才提到"我们在学术上分析一个组合物时,应该分析这一组合物内的每一单纯元素——即把它分析到无可再分析的最小分子。我们在政治学的研究中,也得分析出由之组成每一城邦的各个要素并一一加以考察"。③

从古代国家到近现代公司制企业,每个集体性组织,不论规模大小,作为一种人类活动的共同体,都需慎重考虑其组织结构形式。亚里士多德在《政治学》起始部分的论述中将国家概括为"统治者和被统治者的结合"。④组织在后续发展中进一步精细化,形成各种不同形式、规模、层级的组织结构体系,是内部权责界定、人员分工、资源配置和利益分配等多因素的总合。与组织的运作与权益维护相关,形成了各样的伦理、制度、法令。

人类组织不管其范围、规模以及目的如何,皆必然地成为一种利益的集合。亚里士多德在论述城邦政治时,从一开始就阐明:"一切社会团体的建立,其目的总是为完成某些善业——所有人类的每一种作为,从他们自己看来,其本意总是在求取某一善果。"⑤这种所谓"善果",在后世演化中具体细化为各种组织(包括国家)的具体目的。目的的达成以及组织的运营(存续与发展),皆有赖于各种资源,所以一

---

①② 亚里士多德:《政治学》,陈虹秀译,台海出版社,2016,第5页。
③④ 亚里士多德:《政治学》,陈虹秀译,台海出版社,2016,第2页。
⑤ 亚里士多德:《政治学》,陈虹秀译,台海出版社,2016,第1页。

## 第八章　异质性之解释——政治的力量

个组织总是一个集聚了人、财、物各种资源的集合体，人必须通过细致的设计和不断的适应性调整，使之成为一种更有利于存在和发展的人造机体。在这个机体中，物质、财富和利益的安全维护、增值与分配，是一个具有重要乃至决定性意义的成分。这个成分即本书作为主体来讨论的会计——其真实面貌，乃是组织的财计管理体系。

为了形象起见，我将社会组织中的财计管理体系比喻为人的血脉系统。一个健全的人是由四肢百骸及各种器官等有形成分，以及许多无法看见的意识、观念以及中医所称之经络穴位、营卫之气等无形成分所构成。与有形的成分相配合的，是遍布机体各部分的血脉系统。在各种人类组织中，基于各种财物管理以及成员绩效考核、奖惩升迁、利益分配等需要，必然地存在与组织规模相适应、相配称的财计管理体系。因此，我们才可以在从古至今的一切人类文明中毫无例外地发现会计的踪迹，也因此得到一条重要的经验：会计无处不在，经济（社会）越发展，会计越重要。

这里其实涉及对会计系统及其功能、构成的观念认知。从 20 世纪初开始，为了学科的发展，会计界的有识之士做了许多努力，极力争取会计的学科地位，因此，把会计打造（打扮）成了一门科学，以便其在现代科学之林中占据一定的地位。为此，他们特别强调会计的技术性，并最终在融合信息论、控制论、系统论以及管理学、经济学、高等数学等现代学科理论的基础上，将会计塑造成了一个信息系统。20 世纪 70 年代后，随着经济后果学说的兴起，人们逐渐摆脱"会计技术论"的束缚，开始考虑并理解会计的社会和文化意义。在当今时代，面对新技术（尤其是人工智能）的巨大冲击，我们需要从思考和规划会计未来的角度，重新审视会计的实际意义。

澳大利亚会计史学家迈克尔·加斐金（Michael Gaffikin）[①]认为，会计是一门社会科学，它所涉及的是社会现象的系统安排。因此，作为会计史学者我们有义务考虑会计学科更广泛的社会影响。[②] 要做到这一点，则需要以古代社会国家建构的政治考量作为起点。

人类文明的问题，归根到底是人类生存、繁衍与发展的问题。而发展是人类作

---

[①] 迈克尔·加斐金（Michael Gaffikin）是澳大利亚会计史研究方面的重要人物，他的许多文章具有重要影响。他自 19 世纪 70 年代起就在教授会计史课程，影响深远。

[②] Michael Gaffikin, "What is (accounting) History?" *Accounting History*, 2011, No. 16: 235-250. 原文是：Accounting is a social science — it is concerned with the systematic arrangement of social phenomena. Thus, as accounting historians we are obliged to consider the broader social implications of our discipline.

为一种社会存在、一种社会总体的集体性目标及行为。

从本质上来讲,人是社会的动物。① 人类各种活动大多需要在某种形式的组织结构体系中进行,有史以来这个结构体系的最大形式乃是国家,因此,在很久以前,先哲们就开始关于国家结构及其治理的探索,形成了所谓的政治。

从组织结构体系和功能安排的角度来讲,会计是人类社会结构体系中一个重要的有机成分,如同生物有机体中的血脉系统,担负着资源和能量的调配、供应及数量管控的功能,任何一种涉及财产(财物)、资源、劳动、利益及信息流动的集体性事务,皆与会计系统相关联。

真实意义上的会计,并非简单的记录、计量或财产管理等行为,更不是一个仅仅以为股东或投资者提供信息为目的的技术工具,而是一个旨在实现对人、财、物、权、信息等多种资源及行为进行管控的综合性体系。这个体系,从其规模、形式以及要件构成来讲,基本与各个社会集体(机体)的规模及构成相对等。不论是作为阶级社会中人类最大组织的国家,还是从事经营的工商组织(企业)、宗教组织、军事集团、社会团体、宗族(家庭),凡涉及财产和利益的流动与分配的社会机体,皆需要有会计系统的存在。恰如马克思所言:"过程越是按社会的规模进行,越是失去纯粹个人的性质,作为对过程的控制和观念总结的簿记就越是必要。"②

本章研究政治对会计异质性的影响,需要强调以下几点。

第一,在一切人类组织中,因为组织的存在与延续需要物质资源作为基础,需要不断地创造利益并分配,因此,必然要求有与之相配称的会计(财计管理系统)。这是会计系统之所以成为人类文明史上一种长久的存在,并且不会因为技术或环境条件变化而消亡的原因所在。

第二,会计(财计管理系统)的产生乃基于组织治理的需要③,其所涉及的核心问题,不论是财物管理、资金运作,还是绩效考核、事务管理、行为管控,皆关系到人的因素,关系到人的利益,因此,它首先是一个社会系统,而非纯粹的技术系统。会

---

① 此观点类似于亚里士多德的"政治动物"说,但意义有所扩大。亚里士多德《政治论》第2章有云:"城邦出于自然的演化,而人类自然是趋向于城邦生活的动物。人类在本性上,也正是一个政治动物。凡人由于本性或由于偶然而不归属于任何城邦的,他如果不是一个鄙夫,那就是一位超人,这种'出族、法外、失去坛火无家无邦的人',荷马曾卑视其为自然的弃物。"

② 马克思:《资本论》(第二卷),人民出版社,1975,第152页。

③ 除了组织之外,家庭和个人出于备忘或理财的需要,也会开展会计工作。也即是说,会计并不限于组织使用。本书探讨的是会计的国别差异,以组织为核心,所以舍弃了对家庭和个人家计的讨论,但并不是否认其存在与意义。

计系统本身的设计,就包含权责划分、内部牵制、稽核等人文的成分。虽然其实际运行中涉及一些技术因素及成分,却并不能改变其政治(治理)的实质。

第三,在人类社会发展中,政治始终是一种统治性力量。它由上及下,影响人类活动的许多重要方面,包括会计的体系设计、制度选择以及具体的系统运行。正如本章下面内容将具体阐述的,政治作为一种社会存在,其形成和特点受多种不同因素的影响,并以不同的面貌出现,因而其作用于会计系统的设计与安排,便会导致会计系统产生巨大差异。但会计系统本身并无绝对的优劣之分。在有关人类历史文化(包括会计史和会计文化)的研究中,学者们应该更多地重视和发现其不同的特点,以及对具体环境的适应性。简单地评判不同国家的政治和治理方式,以及受其影响会计系统的优劣,以一方的标准或实际作为批判另外一方的依据,是十分愚蠢且毫无教益的行为。

第四,关于会计技术的发展对政治、制度及组织的反作用问题。我们通常比较习惯于将会计当成一个独立的技术系统来考察其发展与进步,从而强调会计具体技术的反作用。对此,本书持这样的观点:首先,本书在肯定会计是一个社会系统的前提下,认同会计的技术性,也专辟了一章讨论技术对会计的影响。本书同时强调,会计技术的进步是在社会各方面条件变化的促进下发生的。其次,完备的、合适的会计体系,是组织发展进步之所需,其技术水平提升有利于组织更好地运行和发展,但这通常是一种反应性的、后发的过程。从诸多重要时期会计的实际变化来看,包括20世纪30年代后美国的会计准则建设,中国改革开放后统一会计制度的改革与外向型扩展,都是一个后反应性的调整过程。因此,从总体上,本书特别重视会计系统的意义,但在具体的分析中,并不赞同过分强调会计(簿记)技术对社会制度和组织的反作用。会计具体技术的进步和水平提升,便利了社会与组织的内部管理与运营,这是一种必然的、无须特别强调的自然结果。

**3.《周礼》与《政治学》:早期文明中的政治选择(The Rites of the Zhou and the Politics of Aristotle: Political Choices in Early Civilizations)**

因为多方面原因,中国和西方世界在政治治理方面自古即有显著差异,这些差异直接影响中西方的会计系统构建、制度建设及观念形成。

古代中国文明以黄河中下游宽广的平原地带为中心,这里地势平坦,土壤肥沃,又有河流提供用水和交通之便,成为文明发育的最佳温床。以此为中心,北、西、南三面皆有巨大的扩展空间。多样的地理、自然、人文及物产条件,为文明的繁衍提供了广大的地域空间和良好的环境条件。东临沧海,西、南、北三面为崇山峻岭或广阔的高原所环绕,形成天然屏障,使中华文明能够在相对少受外来侵扰的条件下稳定地繁衍、自成体系。

因为这样一种条件,古代中国政治的核心问题,自然地演化为如何在庞大地域范围内建立国家政权结构体制与治理民众的问题。中国远自史籍所载的三皇五帝时期(通常认为属于原始社会末期部落或部落联盟时代),即已开始设官分职、治理民众的尝试。①

大约公元前21世纪末期,夏后氏禹别九州、畅交通、建五服、任土作贡,完成了古代文明国家建设中的体制框架创设,该框架后经夏商两代千余年增进和发展,直至公元前1046年西周建立。周公旦鉴夏商二代之制,治礼作乐,完成了古代中国政治制度建设的体系设计。其成就集中体现在《周礼》《尚书》等典籍之中,所传达的是一种统合天下、敬天保民、以天下为己任、合和万邦的治理理念。所谓"溥天之下,莫非王土,率土之滨,莫非王臣"②,正此之谓也。

周代的政治及国家治理理念,集中体现在《周礼》一书中。《周礼》初名《周官》,汉刘歆以之为"周公致太平之书"。当代礼学暨语言学家钱玄等在为岳麓书社出版的《周礼》所撰前言中称《周礼》记载建国设官之设想,"所涉及之内容极为丰富。大至天下九州,天文历象;小至沟洫道路,草木鱼虫。凡邦国建制,政法文教,礼乐兵刑,赋税度支,膳食衣饰,寝庙车马,农商医卜,工艺制作,各种名物、典章、制度,无所不包。如能加以研究整理,堪称为上古文化史之瑰宝"。③

《周礼》记述了周朝国家体制下的职官制度设置——天、地、春、夏、秋、冬六官,涵盖了国家事务的各个方面。从中我们可以看到一个庞大地域范围内国家体制设计的许多精微之处。除了具体的职位设置、权责界定之外,它还细致地考虑了各种牵制及管理的体系设置。美国会计史学家迈克尔·查特菲尔德赞之曰:"在内部控制、预算和审计程序等方面,周代在古代世界是无与伦比的。"④

《周礼》代表了中国古代社会政治建设的至高成就,孔子曾对其不吝赞赏,谓:

---

① 《史记·卷一·五帝本纪第一》之轩辕:"诸侯咸尊轩辕为天子,代神农氏,是为黄帝。天下有不顺者,黄帝从而征之。……官名皆以云命,为云师。置左右大监,监于万国。……举风后、力牧、常先、大鸿以治民。"帝尧:"百姓昭明,合和万国。……信饬百官,众功皆兴。"上古史事,因无确凿的考古证据,故常见疑于学界。司马迁在著《史记》时对此已有所考虑,故尝遍访各地故老,探寻史迹,在一定程度上采信了《春秋》《国语》之说。并特别说明:"非好学深思,心知其意,固难为浅见寡闻道也。"

② 《诗经·小雅·谷风之什·北山》。

③ 《周礼》,钱玄、钱兴奇、王华宝、谢秉洪注译,岳麓书社,2001,前言第6页。

④ 迈克尔·查特菲尔德:《会计思想史》,文硕等译,中国商业出版社,1989,第8页。

"周监(鉴)于二代,郁郁乎文哉！吾从周。"生生念念不忘"克己复礼"。① 《周礼·天官冢宰第一》:"惟王建国,辨方正位,体国经野,设官分职,以为民极。乃立天官冢宰,帅其属而掌邦治,以佐王均邦国。"关于《周礼》自古至今有许多的注释与研究,此处仅从其基本政治意义及观念的角度,做如下分析说明。

1) 庞大地域范围内国家治理的体制设计

中国古代社会的阶段划分历来是学界争议较大的问题。通常认为上古三代的国家采用分封制形式,到秦始皇统一六国实行郡县制中国才形成大一统中央集权的国家。倘若从国家建设的角度来观察,从夏王朝初建伊始,先哲们就已经面临在庞大地域范围内进行行政区划划分和体制设计的问题。也是在这个意义上,本书认为,在数千年里,从国家管理的角度,古代中国面对的一直是一个庞大地域范围内统一的中央集权国家的体制设计和管理问题。

在现代大公司尤其是跨国公司的发展中,人们特别重视其组织架构的设计与调适,学者们基于与之相关的实践和研究,形成了关于组织架构、公司治理的诸多理论。对于任何一个组织,我们皆能理解其组织架构的重要性,因为从一定意义上来讲,组织是现代管理科学的核心成分之一。② 组织结构体系的构建、组织内部职能划分、权责分配与制衡、各种信息的上下传达、绩效考核等,构成组织有效运行的基础,也是组织达成目标的决定性因素。稍微关注过现代公司组织结构的人,自然深知组织结构的重要性及复杂性。

对中国古代先哲们而言,从第一次面临建设国家的任务开始,他们所面对的便是一个在庞大的地域范围内构建一个庞大而复杂的组织结构体系的问题。解决这个问题必然要经过一个复杂而痛苦的过程。先哲们为此进行了长时间的努力和实践,大约在公元前1046年,周公旦借鉴前人经验,在国家体制、组织制度及礼法制度建设方面做出了重要突破。一方面,以分封制和宗族制为核心,解决了国家分权治理和地方社会治理体系构成的基本问题；另一方面,构建了从中央到地方的多级政权结构,设计了详细的政令、国家计划、预算下达体系,下情报告(上达)、绩效报告、考核体系。其职官(部门)、职位、配属人员、工作的分工与配合等多方面设计,令人叹为观止。其中所蕴含的治理思想更是无尽的宝藏。尽管因为多方面原因,人们对其成书年代、内容的真伪等多有疑惑甚至质疑,显见的事实

---

① 语出《论语·颜渊》,子曰:"克己复礼为仁。一日克己复礼,天下归仁焉。"
② 现代管理学是一门综合性的交叉学科,旨在系统地研究管理活动的基本规律和一般方法。管理者通过执行计划、组织、领导、控制等职能,整合组织的各项资源,实现组织既定目标。

却是，一方面，《周礼》六官成为后世国家体制建制中"六部制"(吏部、户部、礼部、兵部、刑部、工部)效仿的典范，其以"司会"为核心的财计体系设计以及其他许多重要的制度设计及相应的思想，也是后世国家财计制度建设和管理的基础。另一方面，对其进行注释和研究的著作层不穷，其影响更是远播世界，迄今仍是学者关注的重要文献。《周礼》官制体系如图8-1所示。

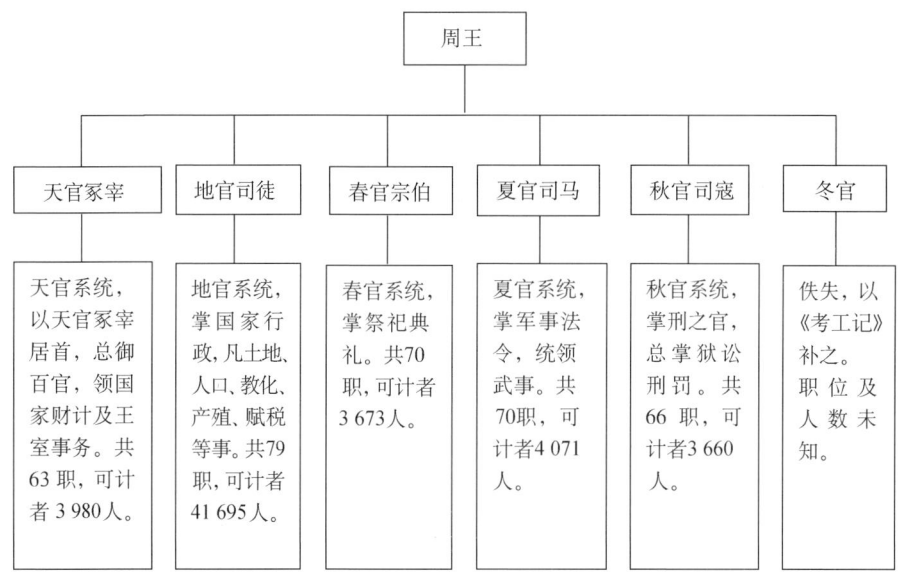

**图8-1　《周礼》官制体系①**

《周礼》六官，除冬官佚失外，剩余5官共348职，可计吏员总数57 079人，为国家公职人员之总数。仅仅看这个数字，我们可能很难对当时国家体制的规模和体制设计的难度有直观的印象。以下简要分析一下当时的地理及人口情况，以便更好地理解当时体制设计的实际情况。

古代中国，向来有九州之称。《晋书·地理志》载"凡四海之内九州，州方千里……凡二百一十国"。实际上九州是个动态的概念，不同时代其范围各有不同。后世学者根据《尚书·禹贡》等史籍资料研究，基本确认古代九州，以处于中原腹地的冀州(《禹贡》中的冀州含《周礼》中的冀、幽、并三州，包括今陕西省、河北省及辽宁省南部)为中心，基本涵盖今山西、河北、陕西、甘肃、河南、山东、安徽、江

---

① 根据《周礼》编绘，各职官系统的人数，取自钱玄、钱兴奇、王华宝、谢秉洪注译的《周礼》(岳麓书社2001年版)的统计。

苏、浙江、江西、湖南、湖北、四川等省的大部分地区。① 在这样大的地域范围内，在古代交通和信息沟通极为不便的条件下，要实行有效的治理，其困难可想而知。为了解决这一难题，古代先哲们想了许多办法，与国家体制设置相关的"五服"之设，即为其中之一。

《尚书·禹贡》载，禹制五服，为甸、为侯、为绥、为要、为荒。"五千里内皆供王事，故通谓之服。"②五服的实质是根据距国都远近及提供赋役等服务的便利程度，将整个王国从内到外分为五个层次。国都所在地周围为甸服，方一千里。甸，即田。郑玄曰："服治田，出谷税也；言甸者，主治田，故服名甸。"这是帝国的核心部分，一般又称为王畿。中央王朝的日常用度多仰其供给。甸服之内又有细分：离国都最近的一百里需缴纳连秆的禾，这样在缴纳米粮的同时，也解决了国都燃料用柴问题，因距离较近，运输成本不会过大；其外四百里分别缴纳禾穗、带稃的谷、粟、米，这一区域距帝都相对较近，因此，有义务负担帝都的基本生活资料（米粮、燃柴、刍秣等）供应。这些物资用量大，运输成本相对较高。距离越远，供应物品越精。《禹贡释地》称，"据京城之远近，交纳不同之产品。此为后世'均输法'之本"。③ 甸服之外五百里为侯服，属采邑及大小诸侯的领地。④ 侯服之外五百里为绥服。《尔雅·释诂》云："绥，安也。"绥为绥靖、安抚之意。绥服中里边三百里行教化之责，外边二百里奋扬武威保卫天子。绥服外五百里为要服。要为约束之意。要服中里边三百里为夷，夷者易也，指可以通过传播王教使其风俗逐渐改进；外边二百里为蔡，为流放罪人之地。要服外五百里为荒服。荒为荒远之意。因为荒远，所以政教难行。"故其三百里蛮，可以听从其俗"，只须维持联系即可。其外边二百里为流，可任其流动迁徙，是否进贡听随其便。《禹贡》五服图如图 8-2 所示。

五服的划分，实际上是在庞大的地域范围为内实施有效管理所采用的管理及服务（包括物资供应及劳役等）方略，其考虑了距离、成本、安全保卫难度，以及政治统治中需要考虑的其他重要问题，实际上也体现了施政方针的具体设计，体现了一个典型的中央集权框架下实行分权管理的大型国家的统治框架。它采用了根据距离远近区别对待的方针。在贡赋缴纳、差役及其他责任方面，既考虑公平负担，也讲求成本效益原则。

---

① 李长傅：《禹贡释地》，陈代光整理，中州书画社，1983，第 6 页"各书九州与今地名对照图"。
② （清）胡渭：《禹贡锥指》。
③ 李长傅：《禹贡释地》，陈代光整理，中州书画社，1983，第 148 页。
④ 《礼记·王制》："王者之制禄爵：公、侯、伯、子、男，凡五等。天子之田方千里，公、侯田方百里，伯七十里，子、男五十里。"

■ 异质的会计史 ■

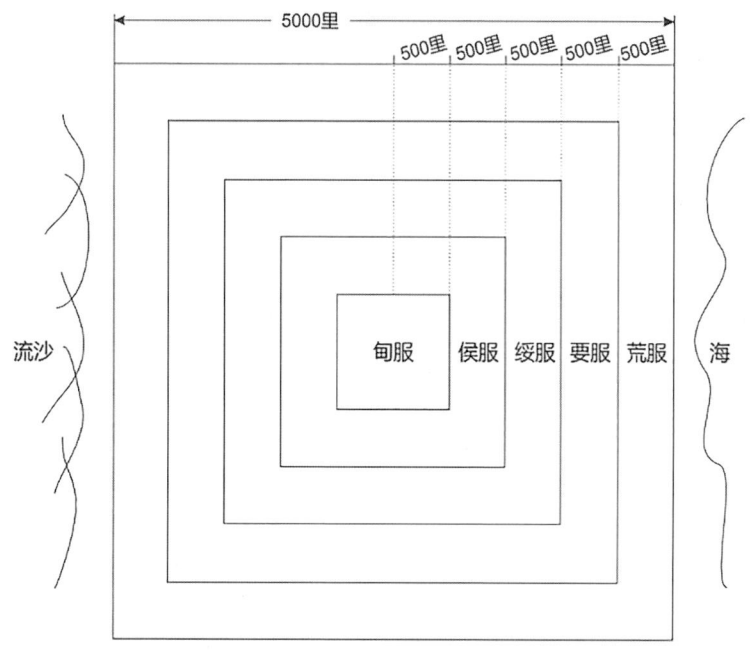

图 8-2 《禹贡》五服图

从国家管理控制的角度来讲,五服所反映的是这样一种思想:作为一个统一的大型国家,因为利益及政治上的需要,必须加强中央的集权统治。然而,受各种因素所限,一个中央集权政府所能有效统治的地域总是有限的。因此,必须采用分权的形式和区别对待的原则。中央(国都)所能直接控制的,仅为方千里之地。在千里之外的地方,采用诸侯分治的原则建立许多诸侯国,实行一定程度的自治,这就如同一个现代的大型公司制企业采用的母子公司制一样。每个诸侯国如同一个子公司,总体上属于整个集团(国家)的一个组成部分,服从国家的统一领导,但在具体管理上却有相对独立的自主权。关于这一做法,墨子曾分析其原因,曰:"天子立,以其力为未足,又选天下之贤可者,置立之以为三公。天子三公既以立,以天下为博大……故划分为万国,立诸侯国君。"[①]这种诸侯国形式的分权结构,在节省费用、降低统治成本、维护国家安全方面意义巨大。《册府元龟》漕运总序引贾谊上疏(都输疏)中的言辞谈论漕运的意义,认为:"古者天子之地方千里,中之而为都,输

---

① 《墨子·尚同上》。

将徭使,其远者不出五百里而至;公侯地方百里,中之而为都,输将徭使,远者不出五十里而至。输者不苦其徭,役使者不伤其费,故远方人安。及秦不能分人寸地,欲自有之。输将起海上而来,一钱之赋,数十钱之费,不轻而致也。上之所得甚少,而人之苦甚多也。"

西周时期,国家疆域较之禹时有了很大扩展,统治的视野有所扩大,观念也有所变化,因此,控制的层级由"五服"扩展到了"九服"。图8-3是《周礼》天下九服图。

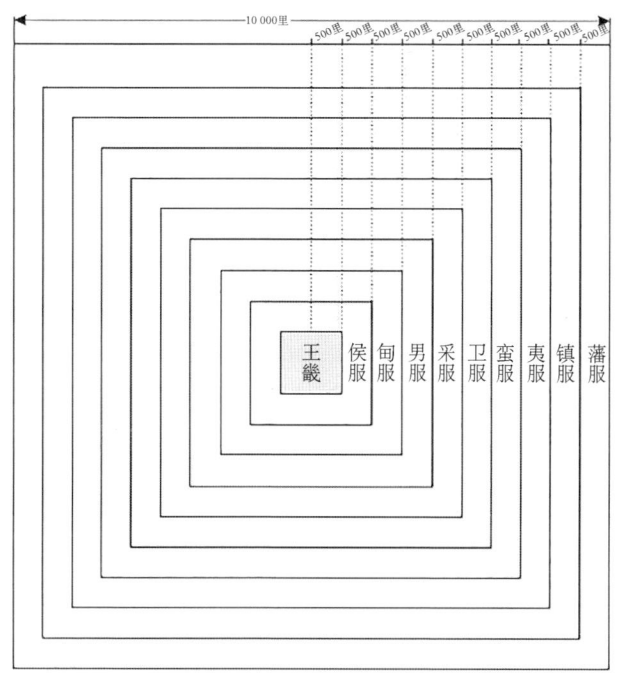

**图8-3　《周礼》天下九服图**

《周礼》天下九服图综合了《周礼》中的职方氏九服、大司马九畿和大行人六服的内容。这时有了"中国"和"天下"的概念区分。如图8-3所示,"中国(王畿到卫服)方六千里""天下方万里"。

《周礼·夏官司马第四·职方氏》载:

乃辨九服之邦国,方千里曰王畿,其外方五百里曰侯服,又其外方五百里曰甸服,又其外方五百里曰男服,又其外方五百里曰采服,又其外方五百里曰卫服,又其外方五百里曰蛮服,又其外方五百里曰夷服,又其外方五百里曰镇服,又其外方五百里曰藩服。

职方氏属于夏官司马系统,司马职掌军务,行保卫之责。职方氏作为其属官,掌天下之图,了解天下地理形势,以及各地的人民、财用、九谷、六畜之数。皆为与国家安全相关的重要方面。因此,此处的九服从国家安全防卫的角度对疆域做了更详细的划分。后世常用"蛮夷"称边远荒芜之地与其民众,藩镇一词成为远方军事重镇的代称,皆源于此。

与此九服相应,大司马职下有九畿,为侯畿、甸畿、男畿、采畿、卫畿、蛮畿、夷畿、镇畿、藩畿,按等级分别承担赋税任务。在秋官司寇大行人下,又从进贡朝见的角度对九州做了重新划分,分为邦畿、侯、甸、男、采、卫、要。九州之外统称为藩国,蕃国每更替一个国君时觐见周王一次,以其国中所产宝物为进贡之礼。①

由此可见,西周时期国家治理的政治视野,已经扩展到九州之外,远及番邦。

这种宏大的结构性构造理念,也真实地印证了美国区域研究的领军人物、汉学家白鲁恂(Lucian Pye)关于"中国不是一个民族国家体系内的国族,中国是一个佯装成国家的文明(China is not just another nation-state in the family of nations. China is a civilization pretending to be a state)"的论断。客观地说,并非中国要有意"佯装"(pretending)成一个国家,而是在以现代学术对国家制度的研究中,人们不自觉地把近代以西方观念构建的民族国家概念,不加分析地用到对中国的理解方面,而忽视了对中国自古以来一直存在的"家国天下"等一系列思想和观念的分析和认知。

2)民本思想与治理方略

在一个国家的构成中,民是重要的基石。

《尚书·毕命》有"道洽政治,泽润生民"。《周礼·天官冢宰第一》:"惟王建国,辨方正位,体国经野,设官分职,以为民极。"

周公制礼,着眼点不限于诸侯,且较多关注下层民众(庶民)。平三监之乱后,周公封胞弟康叔于商都朝歌。为了巩固周的统治,周公先后发布了各种文告,从中可以窥见周公总结夏商二代的统治经验所制定的各种政策。周公曾先后颁布《康诰》《酒诰》《梓材》三篇文告,主旨是"明德慎罚",使殷民在连续两次大动荡之后安

---

① 《周礼》记载:邦畿方千里,其外方五百里,谓之侯服,岁壹见,其贡祀物;又其外方五百里,谓之甸服,二岁壹见,其贡嫔物;又其外方五百里,谓之男服,三岁壹见,其贡器物;又其外方五百里,谓之采服,四岁壹见,其贡服物;又其外方五百里,谓之卫服,五岁壹见,其贡材物;又其外方五百里,谓之要服,六岁壹见,其贡货物;九州之外,谓之蕃国,世壹见,各以其所贵宝为挚。

定下来,从事正常的农业生产和商业活动。

以上讨论的是《周礼》的国家治理意义。在《周礼》官制体系中,我们注意到与整个国家治理结构体系相适应的财计管理体系,该体系以天官系统下的"司会"体系为核心,管理的触角涉及财物管理、费用支出及其他财计事务管理的各个方面。该体系结构完整,内容宏富。故王安石有"一部《周礼》,理财居其半"之说。

《周礼》财计管理体系有几个特点,体现出体系化特色并成为后世之典范。

一是着眼于"天下",是体现一体化思想、观念和体制设计的综合性财计管理。

二是以天官冢宰为核心,法天地万物,以天地及春夏秋冬四季表征国家的体制结构及职官系统。

三是具体财计管理体制设置以"司会"为核心。司会为计官之长,依法管理全国财计,官员治绩考核,以及官府、郊野、县都之百物财用,其下各种职能分工明确,牵制、配合合理。司会为系统化国家财计管理的核心设计,是其后"上计"制度之滥觞,为后世所重,影响至深。

四是设计了以旬、月、年为期的定期报告制度,分别称"日成""月要""岁会"。"日成"为十日成事之文书,相当于旬报;"月要"为月报;"岁会"为年报。

五是设计了与报告相关联的一套规范的定期勾考制度体系。司会体系本身是一个与官员治绩考核相关,并与官员升迁奖惩挂钩的管理体系,同时也涵盖各个职位层级的业务勾考(审计)。王和后的许多支用也被纳入勾考范围。① 月计、岁会、三年大计为三种不同期间的具体考核。这种考核后来演化为秦汉时期的"上计"制度,以及唐宋时期的"计账"制度。其影响一直延续不绝。

六是设计了与各个阶层、机构和各种官办事业相关的核算、管理、报告、审计(稽核)制度和职官。这一体系在后世各代的法律制度建设中被进一步细化完善,更详细具体地体现在各种事业管理中的账务报告和审查之中。

《周礼》财计制度也体现了古代中国政治体制设计的核心意旨。其财计管理体系,与国家体制设计密切地结合在一起,为国家实现宏大范围内的财计管理,为国家治理服务。

---

① 在各部门及管事的年终汇总审核中,对王、后及世子耗用的审核多有例外。如在膳夫,有"唯王及后、世子之膳不会";在庖人,有"唯王及后之膳禽不会";在酒正,有"唯王及后之饮酒不会";在外府,有"唯王及后之服不会";等等。但这并不意味着王、后的开支完全在审查范围之外。在司书执掌中,有"凡上之用财用,必考于司会",说明尽管不参加一般的汇总考核,但对王的耗用,司会也要做到心中有数,并进行直接的审核。此外,职币所管余财,可由王用于零星开支和赏赐,但其支出,年终也要进行汇总审核。

在此尚需强调说明的一点是,中国古代会计从一开始就与国家政治有着密切关联。这是理解中国会计体系功能时需要注意的一个关键点。

《周易·系辞下》有云:"上古结绳而治,后世圣人易之书契,百官以治,万民以察。"事实上具有古代官厅会计总纲的意义。结绳记事被认为是古代会计的最初形式,其实质目的在于"治",即所谓"治百官,察万民"。诸多材料和事实表明,中国会计从一开始所考虑的核心问题,就是一个宏大范围内的综合性治理问题。

史籍记录表明,古代中国自大禹时代起,即开始构建并实践一种"大会计"的框架。[①] 这是一种综合了当今时代会计、审计(包括外部审计和内部审计)、统计、财政、理财、财产(财物)管理、官员治绩考核等诸多内容的综合性财计管理体系。与西方文明中强调微观组织和个体财产管理的情况不同,中国会计的发展,历来以一个广大地域范围内国家的行政及经济活动管理为主,简而言之,即以官厅为主、民间为辅。这是由社会历史原因所形成的长期持续的一种真正的中国特点,是中国社会和文化的根本性特征之一。大一统的中央集权与集权框架下的分权式体制设计与治理,是中国古代政治的特殊内容,也是影响会计体系形成与发挥作用的关键。

古希腊的政治和会计体现为一种与古代中国极不相同的状况。

古希腊哲学家亚里士多德通过其《政治学》系统地讨论了古希腊城邦的政治问题。

古希腊紧邻地中海和爱琴海,属于典型的海洋文明,也是西方文明的源头。通常意义上的古希腊文明是指从公元前8世纪的古风时期开始到公元前146年被罗马征服之前这段时间的希腊文明。公元前8世纪至公元前6世纪,随着希腊本土矿业及农业的发展,在荷马时代(公元前11世纪至前9世纪)就已开始解体的氏族公社进一步瓦解,古希腊进入城邦形成和海外大移民时代。这一时期希腊人在爱琴海、黑海和地中海沿岸以及海上的岛屿建立了数以百计的城市国家。到公元前5世纪至公元前4世纪,古希腊城邦达到极盛,进入黄金时期。

所谓城邦,其实就是一个个城市国家。在古希腊鼎盛时代,城邦数量多达上百个,其中最有名的是雅典和斯巴达。其余尚有叙拉古、科林斯、塞利努斯、西梅拉、麦加拉、昔兰尼、米利都、士麦那、拜占庭等。

---

① 史载禹"三载考功,五年政定,周行天下,归还大越,登茅山,以朝四方群臣……乃大会计……遂更名茅山曰会稽之山"。《吴越春秋·越王无余外传》)中写到禹在茅山(一说"苗山")汇集群臣行"大会计"。

## 第八章 异质性之解释——政治的力量

亚里士多德是世界古代史上伟大的哲学家、科学家和教育家之一。作为一位百科全书式的学者,他几乎对每个学科都做出了贡献。成书于公元前326年的《政治学》,是他和他的学生在对希腊158个城邦的政治法律制度做了调查之后所撰写的。该书从人是天然的政治动物这一前提出发,系统论述了国家(城邦)的目的、起源、产生、衰败及保全的原因,政体的分类、变革和维持,理想城邦及其构建,公民教育等。全书八卷103章,按内容分为4部分:第一和第三卷探讨城邦、政体等基本理论。认为城邦是至高而分布广泛的一种社会团体,追求最高最广的善业。人类是天生的政治动物,以家庭、村坊为基础组成城邦。政体按其宗旨及最高统治权执行者的人数,分为正宗与变态两大类。第二卷批驳取消私有财产和家庭的主张,评析当时的各种政制。第四、第五和第六卷论述现实中的平民、寡头、共和等政体的具体形态、变革原因及其防范措施,提出以中产阶级为主体的共和政体是最稳定的政体。第七和第八卷论述理想城邦中的道德、人口、疆域、民族和教育等问题。《政治学》被公认为西方传统政治学的开创之作。它所建立的体系和提出的一系列政治观点,对西方政治思想的发展产生过深远影响。

与《周礼》相类似,《政治学》中的许多章节同样涉及财计管理问题。不同的是,亚里士多德的讨论并不涉及大范围的体制设计,而是直接讨论作为城邦直接成分的家庭。

该书第三章开始即说明"城邦是由无数家庭构成的,在讨论城邦问题前,我们应当先弄清'家务管理'的问题"。[①] 因为"一个完整的家庭是由奴隶和自由人组成,家务管理因而必须与之一一对应"。[②] 因为奴隶的普遍存在,亚里士多德在研究中十分看重统治问题,但这个统治并不是中国古代社会中那种基于大范围的社会治理,而是针对作为个体的人的统治——对待奴隶的办法。或许正是因为如此,他肯定地说明:"在这个世上,一些人统治着别人,另一些人被别人统治着,并且在出生时就已注定,像这样的情况实际上不仅必须,还是利大于弊的。"[③]"使用奴隶与驯养动物毫无二致,二者都以身体换取主人的日常所需。"[④]

亚里士多德用了不少文字讨论"致富之道",并举了两个具体的致富逸事:一个是米利都人泰利斯(Thales)为了证明哲学并非无用,预测橄榄丰收并租用榨油机从而获得了可观的利润;另一个是一位西西里人因为家有闲钱,购进铁矿而获得百

---

[①②] 亚里士多德:《政治学》,陈虹秀译,台海出版社,2016,第8页。
[③] 亚里士多德:《政治学》,陈虹秀译,台海出版社,2016,第12页。
[④] 亚里士多德:《政治学》,陈虹秀译,台海出版社,2016,第13页。

分之二百的垄断利益的事。亚里士多德注意到这样具体的事例,并且认为这类知识对于政治家们也是有用的,原因在于:邦国类似家庭而比家庭较为重大,也常有困于财货的时候,倘府库亏绌,他们就需要各种赚钱的方法。所以有些政治家的政绩就专以理财而成名。①

《政治学》第六卷比较详尽地讨论了民主制和寡头制的具体体制设计和各种行政机构的职责划分。其内容丰富,从中可以看到一些与古代中国相类似的东西。

第一,群众可被分为农民、工匠、商贩、劳工四大类。与古代中国"士商工农"四民分业②有所类似。

第二,强调职能部门的重要性:"没有必要的职能部门,城邦就不可能存在,而没有组织良好,秩序井然的行政机构,城邦就不可能被治理得当。对于一些规模较小的城邦,它们仅仅需要其中一部分;而对于规模庞大的城邦,我们就需要仔细考虑,哪些机构可以合并,哪些机构适宜独立。"③

第三,六个必不可少的元素或机构:①市场监督;②都市监督;③乡村监督;④负责公共财政收入的公款收支机构或司库;⑤负责登记注册各种契约以及记录司法审讯的过程;⑥负责处决犯罪执行惩罚的机构。④

第四,城邦存在一个财政机构的组织。"一个城邦有若干部门,其中众多的部门需要处理大量的公款,因此,应该设独立的财政机构,专门负责其他各机构的账目收支及稽查。担任此机构的主管官员,在各邦名称都不相同,有的为稽查,有的为会计,还有审核或司库之称。"⑤

第五,设有一种主管全部政务的职位。在许多城邦中,担任这种官员有两大权限,他们向公民大会提出议案,再由他们自己决议实施。在民众自行决议政务的城邦中,此类官员则担任公民大会的主席,他们就是控制政体权力机构的召集人。

第六,设有一个专门负责宗教事务的机构。祭祀酬神等宗教活动需要一些祭司或执事,后者主要负责寺庙的修葺和维护以及管理一些用于祭祀的公共财物。在相对较小的城邦,这些事务常由一个职能部门管理;而在较大的城邦,除了祭司

---

① 亚里士多德:《政治学》,陈虹秀译,台海出版社,2016,第30-31页。
② 《春秋穀梁传·成公元年》:"古者有四民:有士民,有商民,有农民,有工民。"《荀子·王制》中亦有"农士工商"。
③ 亚里士多德:《政治学》,陈虹秀译,台海出版社,2016,第264页。
④ 亚里士多德:《政治学》,陈虹秀译,台海出版社,2016,第264-265页。
⑤ 亚里士多德:《政治学》,陈虹秀译,台海出版社,2016,第265页。

外,还设置了若干司职,如专司祭典的掌管人、各种神龛的保护人,还有宗教财产的管理者。

第六卷第八章最后还说明,依据职能,可以把城邦中的各种官职分为四类:

第一类,有关宗教、军事、财政收支;

第二类,有关市场、城区、海港以及乡村;

第三类,有关法庭、契约登记、刑罚执行、囚犯监禁以及各行政机构的账目检查及稽核;

第四类,有关政务审议等。

此外,在若干繁荣的区域,还专门设立特殊机构负责教化百姓,如妇女监督、儿童监护、风化监管以及体育训练等。另外,还可以包括管理运动竞赛、戏剧竞赛及其他文化活动的官员。[①]

以上不厌其详地描述和分析了早期古代中国和古希腊政治的一些基本情况及其对会计的影响。综观整个人类文明,因为多方面因素,所谓政治,实际上是一种基于各种不同条件的各不相同的治理选择。以上两种,代表了中央集权的庞大国家的政治选择与小国小邦在较小范围内的政治选择,这两种选择在以后的发展中,基本上形成中西两条线,分别保持了大一统中央集权和小范围治理的不同框架,并深刻地影响许多方面。以下内容,因篇幅所限,将比较简略地概括几个特定时间点上不同地方对会计具有特别影响的政治状况。

## 4. 中世纪欧洲庄园政治及其会计(Politics and Accounting of Medieval European Manor)

476年,西罗马帝国灭亡,代表古典文明的城市普遍衰落。新兴的蛮族国家为了争夺土地不断发起战争,并不断进行土地的分封,一个由大土地所有者所构成的贵族阶层逐渐形成。由于战争的蹂躏、豪强的侵占和欺凌、繁重的兵役和劳役以及饥馑、疫疠,无法生存的农民被迫连人带土地投靠到大地主门下寻求保护,成为大地主的农奴或依附民。7世纪伊斯兰教扩张造成地中海封闭,使本已严重萎缩的西欧大陆的商业活动进一步陷于停顿。整个西欧逐渐分解成一个个具有极大独立性的封建地主庄园。这些大庄园有时甚至包括整个郡,而他们的领主以私人资格行使着过去政府的行政职权。地方政府和庄园政府的权力合而为一,集中在富豪手里,政府的合法形式只是在理论上继续存在着。昔日的主权政府在烟消云散之后分裂成一群有势力的私人土地所有者,他们执行司法、征税等职能,甚至由于情

---

① 亚里士多德:《政治学》,陈虹秀译,台海出版社,2016,第266页。

势或幻想的需要,随心所欲地发动战争。国王、贵族和骑士等大大小小的封建主形成了金字塔般的等级制度,但是他们的权利和义务都是有限的——"我的附庸的附庸不是我的附庸"这种复杂的等级关系使欧洲封建国家长期处在割据状态。各国统治者不断进行战争,相互抢掠吞并,许多国家一直没有出现统一的稳固政权。

马克·布洛赫在《封建社会》一书开头曾引用以下文字描绘 10 世纪初欧洲大陆的情形:"……城镇渺无人烟,寺院或被夷为平地,或被付之一炬,土地荒芜,一切都荡然无存矣,……到处是强者凌弱,人如海中之鱼疯狂地相互吞噬。"①

安格斯·麦迪森也曾谈到中世纪欧洲的状况,认为在 1 世纪和 10 世纪之间发生的主要变化如下:一是一个庞大的、有凝聚力的政治实体的崩溃且没有复活过,取而代之的是一个破碎的、脆弱的和不稳定的整体;二是都市文明的消失,取而代之的是自给自足的、相对封闭的和愚昧无知的乡村社会,在那里封建名流从农民那儿攫取实物;三是西欧和北非与亚洲之间贸易联系的消失。②

8 世纪末期以后的西欧完全退回到一种纯粹的农业状态。土地是人们生活所需的唯一来源,也是构成财富的唯一条件。所有各个阶级,从皇帝到农奴,均直接或间接地依赖土地的产物为生。整个社会生活都建筑在土地上。国家元首的最高权力实际上已经消灭。整个社会陷于一种很特殊的境地。封建庄园成为中世纪欧洲最典型、最具标志性意义的一种社会形态。

庄园作为一种经济组织,与外界基本上没有什么联系。不论在哪里,业主都是以尽可能实现自给为目标,他消费或储存庄园自身的产品,尽力利用好田庄的各种资源,以至于除了田庄无法自给的盐、铁等少数物资外,一切皆以内部解决为原则。

在封建庄园建立的初期阶段,隶农们每周都得到领主的农场干几天活。作为报酬,领主给他们小片土地(一般为 30 亩左右),他们耕种这小片土地,耕作所需农具和牲畜则从领主那里借用,收获归己。隶农在领主地上干活的时间一般为每周 3 天,再就是在秋天多出些工,干些杂活。直到英王爱德华时代(1042—1066 年),隶农还是很少以支付现金的形式履行他们的义务。不过,到后来,在大约 13 世纪,随着商品经济的兴起,只要有可能,领主就更乐于坚持让隶农用现金来折偿了。图 8-4 是欧洲封建庄园示意图。

---

① 马克·布洛赫:《封建社会》(上卷),张绪山译,商务印书馆,2004,第 37 页。
② 安格斯·麦迪森:《世界经济千年史》,伍晓鹰等译,北京大学出版社,2003,第 39 页。

## 第八章 异质性之解释——政治的力量

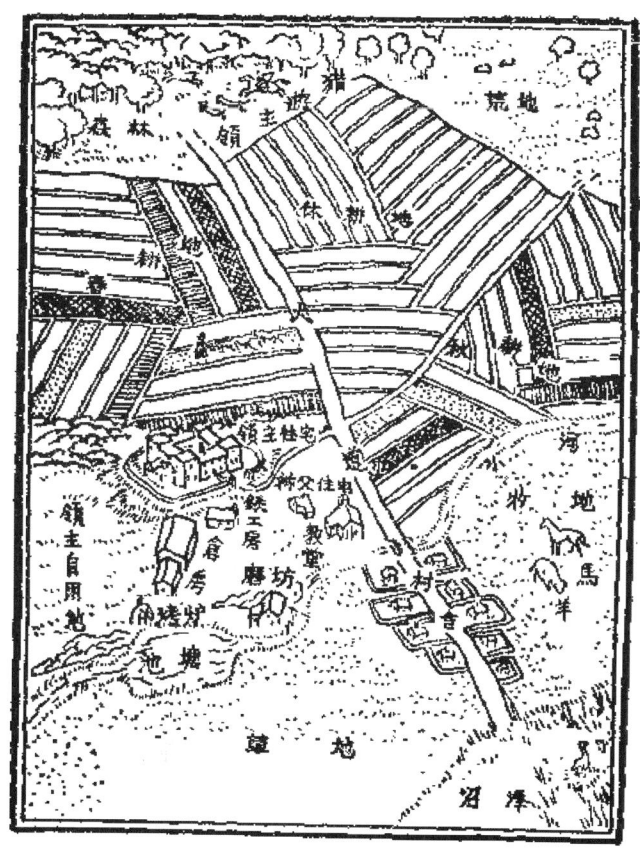

图8-4 欧洲封建庄园示意图

812年,查理大帝颁布了著名的《庄园敕令》,共70条,详细规定了庄园的组织和生产管理。现根据《世界中世纪原始资料选辑》之《查理大帝关于庄园管理的诏令》[①]摘录有关条目如下:

28. 兹希望:在每年四月斋棕榈主日,[管理人]应依照朕的命令,在朕知道本年度朕收入总额账册后,应把朕经营所得的款项送到。

30. 兹希望:朕的管理人应把各种产品分成两类:一类是朕所需要而必须提供的东西;另一类是为了战争必须从住宅和牧人方面用载货车装运的东西,使朕可[精确]知道究竟有多少可以用在这方面。

---

① 耿淡如、黄瑞章:《世界中世纪原始资料选辑》,天津人民出版社,1959,第8-20页。

31. 每年应划出那必须发给妇女房间内依靠[领主]的经费生活者[食客]的东西,并应及时全部分发;勿忘向朕禀告,东西如何分派并从哪儿取得。

32. 各管理人应注意经常具备头等良好种子,或者通过购买,或者用任何其他方法[来获得]。

33. 在种子及[其他]开支都已安排好后,各种产品的剩余,在得到朕命令之前,应妥为保存,以便依照朕的命令来出售,或者留存仓库。

43. 依照规定,应按时发给朕的妇女房内所用劳动材料⋯⋯

44. 每年应送给两份斋戒食品,以供朕的膳食,就是:⋯⋯而所有剩余下来的,像已说过,应该用书面向朕禀告,无论如何不得像过去的情况那样,规避此事。因为根据这两份,朕要知道那剩留下来的第三份。

46. 应好好保护朕的禁园,在老百姓中称为"御园",并应经常及时修葺,不得让它们达到需要重造的地步。对任何建筑物,都应同样处理。

50. [关于马夫生活开支的规定]如马夫为自由人,并为其职位而享有采邑的,应以采邑的收入来维持生活,如果是农奴而有田宅的,应以田宅的收入来维持生活。可是,如果两种收入都没有,应从领主的进款中领取他们的维持费。

55. 兹希望:管理人应把一切为朕的需要而拨给、用去和提出的东西,记入一本账册内,把一切自己用去的东西,记入另一本账册内,并把剩余的东西,记入另一本特种账册内,向朕呈报。

58. 当管理人受托饲养朕的小狗,管理人应自付费饲养它们,或者把它们移交于自己的下属,就是庄园长、工头或管仓库人,要他们负担费用好好饲养它们,除非朕或皇后另有命令规定:朕庄园里所有饲养小狗的费用概归朕开支;那时,管理人可派[专]人负责,好好饲养它们,并应特别拨给饲料于他,使他无须天天来到仓库领取。

62. 朕的管理人每年到圣诞节时应把朕所有的收入,分门别类,并按照次序,明明白白向朕禀告,使朕得按照各个项目知道究竟有多少,就是:有多少耕地,由朕的牧人的牛来[耕种],有多少附有田宅的[耕地]须由佃农开种;[收进了]多少小猪,多少租款,多少债款和法院罚款,多少⋯⋯[各种收入和支出]。

这份以"敕令"形式发布的文书,其细致入微的细节性管理规定,为我们理解中世纪欧洲的政治实况提供了极大的想象空间。总体而言,由于庄园的极端封闭的性质以及文化衰落的影响,在很长时间内,欧洲封建庄园的管理是相对落后的。直至12世纪中期之后,西欧较先进各国的文化进步导致领主恢复逐日记账,管理又开始逐渐兴盛起来。许多领主再次亲自掌握地产管理权。他们雇用越来越多能干的助手,以清册和账本为基础使用一些更为先进的经营管理办法。① 在英国,此时出现了探讨适当管理地产的"农艺学"论文。英国皇家历史学会理事会于1890年将其中4份文献编辑成书,并以其中一份文献的标题名为《亨莱的田庄管理》。这些文献为我们研究中世纪晚期欧洲封建庄园的会计管理提供了重要参考。

《亨莱的田庄管理》一书由4篇文章组成:《亨莱的田庄管理》《无名氏的田庄管理》《田庄总管的职责》《格罗斯泰斯特的条例》。这些文章均写于13世纪的英国,共同的主题是田庄管理。② 这些文献的出现,意味着在13世纪的欧洲,庄园管理已经日益引起人们的重视。这4篇论文研究的是同一主题,但又各有侧重,因而具有一定的互补作用。

沃尔特·德·亨莱的论文逐一概述了各个农业部门。"定名为《田庄管理》之所以恰当,不是因为它和耕作有关系,而是因为它表明在使用资源和经营管理上,领主怎样才能做到节俭。"③

《无名氏的田庄管理》主要谈田庄账目,它主张采用使田庄尽可能实现自给自足的传统政策,但也说明了该如何记账和入账,而且还提供了粗略的估计,能使领主据以核实管家要他支付的费用。

《田庄总管的职责》逐一论述了与田庄事务相关的每个人员的职责,它显示了田庄内管理人员的细致分工,且较详细地说明了职员之间的相互关系。

《格罗斯泰斯特的条例》是林肯郡的主教圣·罗伯特·格罗斯泰斯特为林肯郡伯爵夫人拟订的维护和管理她的地产的条例。其名为条例,实则是用来处理农庄管理事务的二十八条规则。

除了有关田庄管理的各种细节性问题外,这些论文最引人入胜的,是其中所描述的田庄管理的组织体系。

田庄采用的是直线制组织结构形式。一个田庄可能由若干个庄园所构成。田庄的最高管理者为领主,他同时也是田庄的所有者。田庄的经营管理由总管负责。总管以巡视方式管理各个庄园。庄园的最高行政领导为管家。管家之下有庄头、庄园家畜围篱管理员以及耕田人、运货马车夫、牧牛人、牧猪人、牧羊人、奶场女工等具体工作人员。管家是受领主雇用的管理人员,是庄头的领导和上司,他负责指

---

① 卡洛·M.奇波拉:《欧洲经济史 第一卷 中世纪时期》,商务印书馆,1988,第140页。
② 伊·拉蒙德,W.坎宁安:《亨莱的田庄管理》,商务印书馆,1995。
③ 伊·拉蒙德,W.坎宁安:《亨莱的田庄管理》,商务印书馆,1995,第13页。

挥和管理庄园的事务，指挥和管理庄头以及属于庄园的所有人。庄头则是领主的农奴，负责庄园具体的事务及人员管理。田庄设会计检查官，肩负重要的账务监督之责。他直接接受领主的领导，检查田庄内各种账目。

（1）领主。领主是田庄的所有者，也是田庄的最高管理者。领主每年听取各处庄园的账目情况，了解庄园的损益。他一般明令禁止管家在庄园吃饭，按固定价格付费则另当别论。要保证管家不能想要什么就从庄园拿走什么。领主应该多方面了解和检查管家、庄头及会计检查官的工作情况，进行相应的奖惩。

（2）总管。田庄总管保护领主的事业，指导下属管家并在他们遇到困难时给以帮助。他应该一年巡视两三次，遍访他管理的各处庄园。对庄园的控制重点包括：指派可靠的人全面丈量领主的每一块领地，确定下面的人是否多报了种子数量、犁的需要量、需要的雇人数量以及支付的工钱，发现可能的欺诈。"他必须以英亩为单位对全部草地和几个牧场都丈量一遍，以便掌握成本。"①总管还要考察牲畜的饲养，挽回领主所受的损失。他还应规定任何庄园都要杜绝荒废或破坏现象，也不许滥用庄园的一切。他还应裁减掉所有多余的人和什么也不干的雇工，甩掉牛奶场的过重的包袱，撤销一切于事无补、设置不合理的职务。

（3）管家。管家是庄园的主管，负责庄园的管理事务。他应该了解佃农每年可耕地数量以及庄园的可耕地数量，以减少不必要的费用；了解农作上的人力需求，避免支出上的盲目浪费。他不可用庄园的钱粮款待任何到庄园来的人，不管来人是否与领主有关。他还应该致力于庄园内各种事务的管理，减少各种可能的损失。

（4）庄头。庄头负责庄园具体的事务及人员管理。他要做到：使庄园所有雇工一早起来就干活，适时地、竭尽全力地做好各项工作；保证牲畜得到良好的饲养；保证谷物颗粒归仓，不出现任何浪费；保证谷物严格按增量的正确标准入库，以便加强控制；谷物入仓量不超过最高限额，不要给领主造成损失②；加强对牲畜饲养员的管理，不使因牲畜无人看管而造成损失。每个庄头每年都应向管家报告工作，计算庄园用于抵偿地租的各种劳役和经常赋役，使管家确知账上货币的盈余额。庄头还应经常检查所负责的各种设施及工具用具的破损情况，以便及早修复，避免造成更大损失。没有特许文书，管家或庄头都不得让任何人留住庄园，使领主蒙受损失，因为这些费用是不许入账的。

---

① 伊·拉蒙德，W.坎宁安：《亨莱的田庄管理》，商务印书馆，1995，第71页。
② 这种做法和秦律中以"积"为控制单位控制入仓谷物的方式相类似。

(5) 庄园家畜围篱管理员。他们负责具体安排各项工作并肩负巡察及监督之责,确保各项工作顺利完成而不致出现损失浪费。他们还应配合庄头,记录庄园全年应该得到的种子、劳役和经常赋役的数量,看看是否同管家所记录和入账的相同,他们应对不同部分做出说明。

(6) 会计检查官。会计检查官应是忠实可靠而细心的人,精通业务,熟知地租、支出、田庄和牲畜收益的明细账目规则以及应入账的其他一切事项。总管不应该作为会计检查官的领导或同级同事,而应作为下级和会计检查官一起查账。因为在账目一类问题上,他必须跟别人一样,向会计检查官说明他在庄园的所作所为,包括他所做出的训条和该批准什么不批准什么的规定,以及一应必须开支情况。

(7) 耕田人、运货马车夫、牧牛人、牧猪人、牧羊人、奶场女工。他们是庄园内各种具体事务的执行者。他们应该恪尽职守,做好自己分内之事,同时小心仔细地防范各种可能的错误和损失。

图8-5是尼古拉斯·梅斯(Nicolaes Maes)的作品《女管家》。

**图8-5** 尼古拉斯·梅斯(Nicolaes Maes):《女管家》(The Housekeeper)(圣路易艺术博物馆藏)

资料来源:Basil S.Yamey:Art & Accounting,Yale University Press,1989

中世纪的西欧具有一种极其特殊的社会结构形式。西方许多研究这一时期社会经济的主要著作,对其细节性材料有许多详细的描述与讨论。但对这一时期会计的研究,尤其是从社会体制及结构发展演进的角度对历史长河中会计的历史演进分析,则远远不够。比如,索科洛夫在《会计发展史》中仅用了一小节5页半的篇幅来讨论"中世纪的经济核算",其中除了提到查理大帝诏书(即上文中的《庄园敕令》)外,还提到中世纪繁荣时代出现的一些专业论文①、罗马教皇尼古拉3世纪司库的现金账以及商业会计的大体情况。

因为蛮族入侵后产生的一系列影响,中世纪前半期的大部分时间,西欧大地处于社会分裂、经济凋敝的状况,整个社会分裂为一个个庄园。教会强大的宗教力量使整个社会处在一种万马齐喑的状态。正如查理大帝《庄园敕令》中所显示的,连皇室的统治和权力也退化到了一个庄园的地步,只能够关注庄园组织框架内的种种细节性管理问题。正如索科洛夫著作中所言:"当时在欧洲占统治地位的是单式簿记。正如佐姆巴尔特所言:单式簿记存在于商人的核算中,它采用日常周转的记录形式,并取代了那些'进城上市的农民用结绳记事来计算支出的方法'。这些记事册有时不仅仅,甚至不是主要用于会计记账,而是用于家庭记事。……格拉斯认为在十四世纪以前,商业核算还落后于农场主、寺院及国家经济的核算。"②

不过,值得注意的是,虽然这一时期的会计业务和核算十分简略,但却并没有减轻或者消除审计(账目审核)的必要性。除了上文提到的英国田庄管理体系中设有地位重要的"会计检查官",直接受领主的领导,检查田庄内各种账目,并强调说明连总管都应该"作为下级和会计检查官一起查账"外,索科洛夫也曾注意到英国设立"国家检查官"的情况。包括1324年3月24日爱德华二世任命三位国家检查官,并在任命书中讲到检察官的使命,如:"问、听和取得所有属于,或将属于下列省份管辖的账:中津、伯肯黑德、南安普敦、威尔士、萨默塞特郡和多塞特郡,作出和说明所有检查官应该做的与账有关的工作。"③

**5. 威尼斯共和国、商人政治与簿记勃兴(Venetian Republic, Merchant Politics and the Rise of Bookkeeping)**

与中世纪早中期欧洲黑暗闭锁的状态以及由此导致的会计核算与管理在一定程度上的退化不同,在中世纪晚期的意大利,受商业及文艺复兴推动,以威尼斯、热亚那、佛罗伦萨等城市共和国为中心,商人政治勃兴,推动了社会经济快速发展。这一时期应运而生的借贷复式簿记,将会计的历史推进到一个崭新的时期。一方面,它

---

① 索科洛夫:《会计发展史》,陈亚民等译,中国商业出版社,1990,第24-25页。
② 索科洛夫:《会计发展史》,陈亚民等译,中国商业出版社,1990,第27页。
③ 索科洛夫:《会计发展史》,陈亚民等译,中国商业出版社,1990,第28页。

让簿记与资本主义的发生相关联,进入更多人(包括数学家、科学家、商人、艺术家及一些社会名流)的视野,获得了诸多赞誉;另一方面,因为卢卡·帕乔利的杰出贡献,簿记成为一些学者,尤其是数学家关注的焦点,成为他们竞相研究和描述的对象,会计因之从实务走上学术舞台,相关理论逐渐兴起。这一切,首先要归因于中世纪末期商业复兴中意大利城市共和国商人政治的推动,其中又以威尼斯最为典型。

自从中世纪中后期因与东方的贸易繁荣起来便被誉为亚德里亚海女王的海运之国威尼斯,有着光辉灿烂的历史。最初的威尼斯不过是一个小小的渔村。由60多个大小岛屿组成的威尼斯是个安全但又生活不便的奇怪地方:滨海地域狭小,没有淡水,没有食物,人们生存所需的一切全依靠贸易获得。这就决定了从一开始它就只能以商业和服务业作为自己的活动领域。这是他们必然的生活方式,除此别无选择。

9世纪至11世纪,威尼斯商人的远程贸易逐渐走上正轨。威尼斯由于名义上处在希腊帝国统治之下,因而比别的城市更容易打进防御松弛而庞大的拜占庭交易市场。它给希腊帝国很多帮助,作为交换,它获得了大量特权。1104年,威尼斯建立了自己的兵工厂,成为威震天下的武器中心,也使自己的海上力量得到很大加强。

由于东方是财富的主要源泉,通向东方海岛的便利之路,使威尼斯处于地理上的优势位置。当1340年陆上商道被切断之后,威尼斯捷足先登,于1343年率先来到叙利亚和埃及,且幸运地发现贸易的大门并未被关上。后来,在所有意大利城市中,威尼斯与德意志和中欧建立了最好的联系,而德意志和中欧是用白银购买棉花、胡椒和香料的最可靠的主顾,因而也是勒旺贸易的关键。威尼斯曾被描述为历史上著名的、最具经营能力和有效行动力的最有说服力的典型。威尼斯商业发达的最大奥妙及其成为东方商品交流市场的主要原因,就在于它优越的地理位置。① 而它也充分地利用了这一优势,并将其作用发挥到了极致。

除了与德意志和中欧地区的陆上贸易之外,构成威尼斯贸易的另一个重要部分,是其通过水路对广大西欧地区的贸易。贵重商品的分销遍及全欧,但地中海和大西洋的运输一直是个问题。为此,威尼斯组建了著名的佛兰德大舰队。这个舰队是威尼斯对西欧贸易的一种重要工具,布罗代尔称其为"帆桨商船系统",认为它"正是威尼斯国家在经济萧条时期采取的一种经济统制措施"。帆桨商船系统创设于14世纪,旨在推行某种"倾销",以对付旷日持久的危机。它既是一种国营企业,又体现了官方与私人的有效合作,是出口商为了降低运输费用和维护对外国商人

---

① 詹姆斯·W.汤普逊:《中世纪晚期欧洲经济社会史》,商务印书馆,1992,第329页。

的竞争地位乃至立于不败之地而设置的真正海上联营机构。从1328年起,市政会议让鼎鼎大名的威尼斯兵工厂制造帆桨商船,专供发展海上贸易之用。这些由国家建造的船只每年以投标方式租赁给商人使用。中标的贵族又从其他商人那里收取与托运货物相应的租金。使用者或者随船航行,在旅程中均摊开支,或者组成一家公司,租用一条船,往返装载货物。①

与欧洲大陆当时盛行的君主政体不同,新兴的意大利城市国家普遍采用共和政体。国家行政机构起初是全体成员大会和地方执政官会议,后来由选举产生的委员会组成议会取代了原来庞大的全体成员大会。国家的统治权大多为贵族和富商所掌握。威尼斯于9世纪40年代成为独立的城市共和国。由于便利的地理条件,威尼斯以商业作为立国之本,因此,其从一开始就是一个商人国家。文艺复兴时期威尼斯苦心经营了有利于商业发展的专制制度,世袭的商人贵族阶层成为社会中最重要的力量,主导着威尼斯共和国的政治和各项社会经济活动。詹姆斯·W.汤普逊在《中世纪晚期欧洲经济社会史》中认为:"这一商业贵族阶层对其臣民是宽容的,在公共事业中是奢侈的,在财政管理上是节俭的,在司法处理上是公正无私、不偏不倚的,它懂得怎样使艺术、农业和商业繁荣;它受到了服从于它的人民的爱戴。"②富足的威尼斯市政府将大量资金花在市政建设方面,作为一种改变城市面貌和建立政治威望的手段。他们挖水井、清理市内运河,用石块改造道路、桥梁和码头,并兴建了许多华丽建筑。这种建筑狂热在意大利和别的国家的城市中无疑也普遍存在。但在威尼斯,用几千根橡木作为桩基打进泻湖的泥沙之中,又从伊斯特里亚运来石块,使布罗代尔也不仅慨叹"建筑所费的开支实在昂贵"!③

在威尼斯,与发展商业相关的各项事业,始终在国家的总体控制之下,并直接影响相关会计事务的管理。同时,也是受商业发达的影响,威尼斯的簿记成为同时期欧洲的引领者。其具体情况可概括叙述如下。

(1)"从欧洲的角度看,地中海相当于通向东方的门户。……与东方保持密切商业联系的威尼斯,尤其受到东方文化的强烈影响。"④当时已经发展到一个"很高

---

① 安格斯·麦迪森认为,这种国家活动为商业活动创造了免受敌人攻击的安全环境,从而降低了私营商人的成本。另外,它还帮助小商人利用有限的资本参与国际贸易。参见安格斯·麦迪森:《世界经济千年史》,伍晓鹰等译,北京大学出版社2003年版,第42页。

② 詹姆斯·W.汤普逊:《中世纪晚期欧洲经济社会史》,商务印书馆,1992,第332页。

③ 费尔南·布罗代尔:《15至18世纪的物质文明、经济和资本主义(第三卷)》,顾良译,三联书店,2002,第123页。

④ O.腾·海渥:《会计史》,文硕、付磊、杨健译,中国商业出版社,1991,第41页。

阶段"①的阿拉伯商业账簿文化（已出现总账、总分类账和现金出纳账）被引入威尼斯。O.腾·海渥在《会计史》中提到："在西西里岛的巴勒莫，还发现了可以追溯到1135年的发展良好的簿记系统。它表明，这一系统受到了阿拉伯的影响。"②而意大利人也是"最早掌握阿拉伯数字的欧洲人"。③

（2）商业的发达，促成了威尼斯簿记的领先地位。卢卡·帕乔利在《簿记论》第1章中就明确指出："我在这里采用了流行于威尼斯的记账方式。它显然优于其他的记账方式因而最值得推荐。掌握了这种方式，商人们就能理解任何其他方式。"④领先的威尼斯簿记也通过商业交往及继帕乔利之后的各种簿记及商业著作传播到欧洲各地，并最终影响整个世界。

（3）政府权力深入商业社会管理的方方面面，包括对商业账簿的管理。帕乔利在著作中写道："威尼斯和佛罗伦萨是最大的两个城市，他们采用的规则和条例能够满足经商中的任何需要。"⑤《簿记论》第7章专门记述了"验证所有账簿，为什么要验证账簿，由谁来验证"。具体来说，"即将所有账簿呈递给商务官员（如佩罗萨城任命的执政官）。你应向他说明这些账簿将由你本人或其他人用来记录你所有的交易。……如果账簿不是由原先申报的人员来记录时，最好通知有关官员"。更重要的是，"办事人员还以商务官员的名义将上述情况登记在你的账簿扉页，并要验证它们的真实性。然后，他将盖上有关官员的图章，这样，在需要呈示账簿的任何场合，即可凭之证实其是合法的"。⑥

威尼斯共和国商业政治对会计的影响，自然并非仅仅体现在簿记方法的改进方面，而是广泛地体现在包括国有事业经营管理及社会治理的诸多细节中。1104年，为了对日益发展的海上贸易提供强有力的保护，威尼斯兴建了一家归政府所有的造船厂阿森诺（Arsenal，即兵工厂）。⑦该厂经营时间长达几个世纪，雇用的工人最多时达数千人。它所开发出的适合威尼斯商业和地中海贸易条件的各种类型的帆船，在威尼斯对外贸易中发挥了重要作用。当16世纪威尼斯城邦和海军的实力达到最盛时，兵工厂采用了大规模生产的方式来建造战舰并维持战舰的储

---

①② O.腾·海渥语，见《会计史》第41页。
③ 迈克尔·查特菲尔德：《会计思想史》，文硕等译，立信会计出版社，2017，第36页。
④ R.G.布朗、K.S.约翰斯顿：《巴其阿勒会计论》，林志军等译，立信会计图书用品社，1988，第42页。
⑤ R.G.布朗、K.S.约翰斯顿：《巴其阿勒会计论》，林志军等译，立信会计图书用品社，1988，第48页。
⑥ R.G.布朗、K.S.约翰斯顿：《巴其阿勒会计论》，林志军等译，立信会计图书用品社，1988，第52-53页。
⑦ 通常被称为"威尼斯兵工厂"的阿森诺（Arsenal），是一家规模宏大的国营工厂，以造船为主业。安格斯·麦迪森在《世界经济千年史》中提到威尼斯兵工厂的创建时间为1104年，而克劳德·小乔治的《管理思想史》中提到兵工厂的创建时间为1436年。据有关资料分析，应是1104年较为合适，故采用此说。

备,致使该厂成为当时世界上规模最大的工厂。

作为威尼斯规模最大和最有影响的国有工厂,该厂的重大事务由威尼斯元老院决定。元老院对工厂的监管及与工厂的日常联系由元老院指派的特派员负责。兵工厂的日常管理由三位正副厂长负责。特派员也常常和厂长们一同从事财务管理、采购及其他类似活动。元老院本身也常常直接管理或干预兵工厂事务。兵工厂中各个巨大的作业部门由工长和技术顾问具体领导。

兵工厂的任务不只是造船。① 它肩负着三重任务:①制造军舰和武器装备;②储存装备以供应用;③装备和整修储备中的船只。可见该厂并非一座普通的造船厂,而是同时承担了海军武装储备库及船舰修造厂的职能。因此,该厂的规模及组织结构是极为复杂和庞大的。这一点从该厂的船舰、船具、索具储备数量可见一斑。按规定,该厂必须保持一定的船只储备,以应付紧急情况下使用船只的需要。在14世纪时,船只储备量为6条。后来,随着贸易规模及船只使用需求扩大,船只储备量增加到50条。到16世纪时,又增加到100条。由于在战争中可能一次损失许多船只,为了具有强大的快速补给及恢复能力,除了船只储备外,兵工厂还有大规模的船具及索具储备,可以在必要时以很快的速度装备大批船只。按规定,仓库中须备有以下装备以供急用:5 000块坐板、100个舵、100根桅杆、22根圆材、5 000副足带、5 000～15 000根桨,再加上相应的索具支架、沥青、铁制品等。这些部件按编号储存在指定地方,以便在接到通知后可以立即快速进行安装。

威尼斯兵工厂规模宏大,人员众多,非当时一般工业企业可比拟。关于其雇用的工人数,克劳德·小乔治采用佛雷德里克·莱恩初著作中的说法,认为有一两千。安格斯·麦迪森在《世界经济千年史》中则称"多达数千人"。为此,该厂设置了严格的人事管理制度,实行严格的人工成本控制。

从兵工厂扩展到佛兰德大舰队,威尼斯共和国出色地参与商业经营活动,并在社会经济管理和企业管理中扩大了会计的功能,在包括企业财务、资产、劳动人事管理及成本控制方面积累了宝贵的经验,也为欧洲商业资本主义的发展创造了重要的制度和文化基础。

**6. 东印度公司:政府权力与商业利益相结合(East India Companies: the Combination of Governmental Rights with Commercial Interests)**

威尼斯商人借助地利之便和威力巨大的"帆桨商船系统"发财致富,极大地刺

---

① 兵工厂所制造的船只是一种桨帆并用的大木船,既可以运送旅客和昂贵货物,也可以作为军用船只执行海军任务。著名的佛兰德大舰队使用的就是这种船只。

激了同样擅长操船且居于地中海与大西洋交汇之地的西班牙和葡萄牙,它们由此开启了具有重要世界史意义的大航海时代。一场波澜壮阔、血腥残酷的全球冒险,欧洲列强此起彼伏不断争先的大历史由此展开。大航海时代最重要的实体,非欧洲多国所建立的政府权力与商业利益相结合的"东印度公司"莫属。

1) 东印度公司:社会实质与历史渊源

东印度公司是 16 世纪至 19 世纪葡萄牙、英国、荷兰、丹麦、法国、瑞典等欧洲殖民主义国家为对印度和东南亚各国经营垄断贸易、进行殖民地掠夺而由皇室特许设立的公司。① 这些公司不仅被授予对东方贸易的垄断权,还有代表政府订立条约、组建军队、发动战争、开辟殖民地,以及对殖民地实施统治等多种特殊权力,享有独立国家的主权,拥有政治权力和军事权力。因此,所谓东印度公司,实质上是一种披着公司外衣,以公司经营名义行侵略和掠夺之实的准军事化组织,也是大航海时代欧洲资本主义开展世界性扩张时将国家权力与经济贸易相结合的一种特殊的组织手段。与这种公司制企业相关的股权及管理制度设计、利益分配、内部管理以及财务会计制度的设计与管理,为后来工业革命时期公司制企业的发展积累了经验。东印度公司也实质性地尝试了国家政治权力与以公司制企业为主体的商业利益相勾连的社会实践。

东印度公司的创设,源自海上航道开通之后各国开展海外冒险的实质性需求。当传统海上冒险家的个人力量不足以应对海上远程冒险的巨大风险及庞大的资金需求时,政府权力与商业冒险资本的结合就成了顺理成章的选择。

1498 年的一个深夜,瓦斯科·达·伽马率领的船队终于将巨大的铁锚抛进了靠近印度西海岸卡利卡特(Calicut)的港湾中,成就了航海史上的一个传奇,西方世界对古老东方的殖民掠夺也宣告开始。"那之后,直到第二代葡属印度殖民地总督阿方索·德·阿尔布克尔克(Afonso de Albuquerque)逝世的 1515 年,整个印度洋海域——从里斯本到莫桑比克,再到卡利卡特,直至果阿、马六甲,全部被葡萄牙王国所掌控。葡萄牙人凭借着先进的武器和坚不可摧的舰艇闯入印度洋——那片曾经被称为'和平之洋'、'自由之洋'的区域,并摧毁了伊斯兰商人在印度洋的势力。此后,葡萄牙王室为了顺理成章地使用国家权力来进行垄断贸易,还在里斯本设立了名为'印度馆'的政府机构。"②1587 年,葡萄牙人建立了第一家东印度公司。不

---

① 法国东印度公司 1664 年 8 月由路易十四颁发特许状成立,丹麦东印度公司 1616 年由克里斯蒂安四世特许成立,1722 年德国皇帝许可成立奥斯坦德东印度公司,瑞典东印度公司成立于 1713 年,1754 年普鲁士设立孟加拉公司。

② 浅见实:《东印度公司》,顾珊珊译,社会科学文献出版社,2016,第 8 页。

过,对葡萄牙人而言,"公司"这种外衣似乎并没有太大价值。因为早在最初开辟海上航道的过程中,葡萄牙人就已经习惯了由政府直接出面,用最直接有效的军事方式来解决问题。15世纪初,绰号"航海家"的亨利亲王①就把组织远洋探险、海外掠夺当作自己的毕生事业。亨利亲王之后的葡萄牙王阿丰索五世(Alfonso V)、约翰二世(John II),莫不把海上探险和军事掠夺作为重要的国策。瓦斯科·达·伽马的远征队,则是由曼努埃尔一世(Manuel I)亲自组织的。这是一支配备了强大火力的全副武装的舰队。曼努埃尔一世授予了瓦斯科·达·伽马极大的权力,允许他以大使、商人、士兵等任何身份便宜行事。腾藤主编的《海上霸主的今昔——西班牙、葡萄牙、荷兰百年强国历程》中指出:"在这里要特别注意的是王朝的领导作用、国家的领导作用。15世纪,葡萄牙王朝不惜花费大量的人力和财富,派出一支又一支远征队,寻找通往东方的新航路。这种持续不断的远征是亚洲所没有的。当瓦斯科·达·伽马完成历史性的东方航行归来之后,葡萄牙王朝立即为以后的海洋远征和有组织的贸易制订了详细、周密的计划,其中包括在马拉巴诸港口设立商行、驻外代理处和每年派出若干持有皇家特许证的舰队等等。"②远洋探险这种风险巨大的事业,也只有国家凭借强大实力,才可以为其提供长久的经济及武力支持,而政治上的支持尤显重要。欧洲列强就是看到这一点,相继建立了自己的东印度公司,参与到对东方的殖民掠夺和海上冒险之中。在所有东印度公司中,最成功的则是英国东印度公司和荷属东印度公司。

2) 英国东印度公司

英国东印度公司,全称"可敬的东印度公司"(The Honourable East India Company),也称"不列颠东印度公司"(British East India Company),简称 HEIC 或 BEIC,有时也称为约翰公司(John Company),由一群有创业心和具有一定影响力的商人所组成。1600 年 12 月 31 日,英格兰女王伊丽莎白一世(Elizabeth I)授予该公司皇家特许状,给予它在印度开展贸易的特权。一开始,特许状给予该公司的只是对东印度贸易 21 年的垄断权。然而,随着时间的变迁,英国东印度公司从一个商业贸易企业转变成为印度的实际主宰者,在 1858 年被最终解除行政权力之

---

① "航海家"亨利亲王(Prince Henry the Navigator, 1394—1460 年),全名唐·阿方索·恩里克,被封为维塞乌公爵(O Infante Dom Henrique Duque de Viseu),是葡萄牙亲王、航海家,因设立航海学校、奖励航海事业而被称为"航海者"。在他的支持下,葡萄牙船队在非洲西海岸至几内亚一带掠取黄金和象牙,抓捕黑奴,并先后占领马德拉群岛等。

② 腾藤:《海上霸主的今昔——西班牙、葡萄牙、荷兰百年强国历程》,黑龙江人民出版社,1998,第 59 页。

## 第八章 异质性之解释——政治的力量

前,它还获得了协助统治和采取军事行动的权力。

作为英国政府实现海外殖民扩张的重要工具,东印度公司发挥了无与伦比的作用。它在获取巨大收益的同时,同时兼具重要的政治和军事职能。正如日本学者浅见实在《东印度公司》一书前言中所说:"'英国东印度公司'最终未能满足于作为一个普通的商业贸易营利公司的历史身份。不,或许应该说,它曾是一个营利性公司,但恰恰又为了营利这一目的,逐渐发展为一个无所不为而又冷酷无情的企业帝国。而伴随着这一发展与变化,东印度公司推动英国成为世界上首个资本主义国家,同时也为英国殖民印度——那个面积为日本 11 倍以上的国家,扮演了冲锋陷阵的历史角色。"①

英国东印度公司创立时共有 125 个持股人,资金 7.2 万英镑。皇室颁发的特许状,授予公司与特定国家进行贸易的独家特权,以及指定公司管理人员、调整管理人员的人数、选举、制定公司管理细则、刻制公司印章并以公司名义诉与被诉的许可等。②

这家公司最初确实是一家真实的贸易公司,以开展垄断贸易获取利润为目的,但它很快就成了英国殖民者侵略印度的工具。它先是在马来群岛一带以单次航海的方式进行胡椒贸易,随后在印度建立殖民据点,逐渐把印度变成了大英帝国的殖民地。1609 年,东印度公司在印度西海岸古吉拉特邦的港口城市苏拉特(Surat)建立了第一个商业事务所。至 17 世纪末,英国东印度公司已经在印度占领了很大的地区。18 世纪中期,经过激烈的角逐,英国终于打败法国,把法国势力赶出了印度。由此开始,英国东印度公司在印度发动了一系列殖民战争,直至 19 世纪中期占领整个印度。③ 在侵占印度的过程中,殖民者一方面对印度进行压榨,掠夺大量财富;另一方面又以印度为基地,向波斯湾、东南亚和东亚地区进行扩张。他们在印度种植、加工鸦片,然后把这种致命却能赚取暴利的商品输入中国和东南亚地区。巨额财富通过东印度公司的会计账目源源不断地流入英国,在养肥了许多个人的同时,也为工业革命积累了大量资本。随着英国工业革命的展开,工业资产阶级越来越不满由东印度公司操纵垄断性贸易,他们想直接参与对东方的贸易,于

---

① 浅见实:《东印度公司》,顾珊珊译,社会科学文献出版社,2016,第 3 页。
② 周连斌:《英国公司法的历史演进》,西南政法大学硕士学位论文,2009 年,第 3 页。
③ 浅见实在《东印度公司》中专门讨论了英国东印度公司发动战争以及从商业公司转变为"为政府承揽殖民地统治的承包公司"的情况。认为这一时期英国东印度公司的营业部职员们在印度运营的"商业"实际上就是"恐吓"与"掠夺"。参见浅见实:《东印度公司》,顾珊珊译,社会科学文献出版社,2016,第 169-175 页。

是,英国政府开始对东印度公司的权力进行限制。从 18 世纪 60 年代起,英国东印度公司开始走下坡路。1767 年,公司因无力交纳英国政府规定的 40 万英镑,开始向政府贷款。1813 年,东印度公司对印度的贸易垄断权被取消。1833 年,英国政府又取消了它对中国的贸易垄断权。至 1858 年,东印度公司被英国政府正式取消,英国政府开始直接统治印度。

作为那个时代最成功的东印度公司,英国东印度公司是政府权力与商业冒险资本相结合最典型的代表。它以一个企业的组织形式而出现,开展精细的管理及核算,并因此获得了巨大的商业上的成功,为英国的海外扩张和资本积累做出了巨大贡献。作为贸易公司,它从事对东方的贸易,将印度的粮食和工业原料源源不断地运回英国,从中获得了丰厚的利润。它同时也是英国政府入侵印度的代理机构,它有自己的雇佣军队,甚至有印钞的权力,统治着东印度的贸易、政治和军事。它同时还统治着黄金、钻石、香料、茶叶、鸦片等诸多高利润行业。它行使垄断贸易权、训练军队权、宣战媾和权、设立法庭审判本国或殖民地居民权。它又是强盗和侵略者,1757 年,他们抢劫了孟加拉国国库,拿走总价值达 3 700 万英镑的金银珠宝,这还不包括被个人装入腰包的部分,如东印度公司职员们个人抢走的财宝(总数价值 2 100 万英镑)。1799 年攻陷迈索尔(Mysore)首府时,他们又抢劫了价值 1 500 万英镑的王室珍宝。

3) 荷属东印度公司

荷属东印度公司是指 1602 年 3 月成立的荷兰联合东印度公司(VOC,即 Vereenigde Oost-Indische Compagnie)。实际上,早自 1595 年起,荷兰就开始在遥远的亚洲国家建立贸易公司,而在 1600 年 4 月,荷兰"博爱号"就漂流到日本今大分县所在的位置,开始了与日本的交涉。截至 1602 年年初,荷兰在亚洲的贸易公司已达 14 家之多。然而,这些公司相互之间激烈竞争,经营状况每况愈下,大有玉石俱焚的危险。为了解救危局,荷兰政治家约翰·范·奥尔登巴内尔费尔特(Johan van Oldenbarnevelt)在各个公司之间展开斡旋,最终促成了这些贸易公司的大联合。

相较于 1600 年成立的英国东印度公司,聚合了 14 家贸易公司力量的荷兰联合东印度公司拥有更为强大的资本和实力,资本总额约 652 万荷兰盾,是英国东印度公司总资本的 10 多倍。该公司也被认为是世界历史上第一家真正的股份制公司。直至 1799 年,荷兰联合东印度公司作为一家跨海商贸企业,持续经营近 200 年之久。

## 第八章 异质性之解释——政治的力量

荷属东印度公司从国家议会获得了多方面的特许权,包括:从好望角到麦哲伦海峡之间的贸易垄断权,这一垄断权使整个太平洋、印度洋成为公司贸易的独占范围;建立军队权;开战、讲和、夺取外国船只权;建立殖民地、修城堡、任免殖民地官吏、设置法官和铸币;等等。因为这些权力,荷属东印度公司实质上成为荷兰对外侵略和殖民统治的权力机构。[①] 荷属东印度公司建立的过程,是荷兰商人、冒险家同政府联合进行扩张的过程。在强大权力的支撑之下,荷属东印度公司通过殖民掠夺以及包括奴隶贸易在内的各种贸易,获得了巨额利润。在1602—1610年,公司每年平均利润率为32.5%;1611年增加到75%;1650年增加到500%。从1602年至1782年共获得股息2 320万荷兰盾,为股本的36倍,成为其他欧洲国家垄断贸易公司向往的榜样。

荷属东印度公司实行有限责任制。公司规定出资时间以10年为一期,并且在出资期间不得擅自撤资。而新的投资者与原投资者只有在10年后的"一般清算"时才可以加入或退出。"在这一制度的基础上,公司实现了长久而稳定的经营,在东印度地区设置了分公司和商馆,并派遣工作人员常驻当地。进而,公司能够在货物价格下落时购买胡椒等储存到仓库中,等到本国货船抵达港口时,再将其运到欧洲。"[②]

1602年成立的荷属东印度公司同样是以一支独立的政治、军事和经济力量,以一个国中之国的面目出现。它在经营垄断贸易的过程中对各种特殊手段的使用及节约成本的彻底性,完全超乎侪辈。比如,在控制香料贸易方面,葡萄牙人的做法是控制印度至红海之间的水道,使印度洋运来的香料都落入他们手中。荷兰人的办法则更加彻底而有效。他们摒弃所有中间人,直接进入印尼香料产地。他们在当地的政策也非常简单:凡出产香料的主要岛屿,即以武力占领,对不能占领或其他产出较少的地方则将其作物破坏,甚至将岛上人口杀戮殆尽或强行迁移。荷兰人能够执行这一政策,在于其资本雄厚,每三四年即可装备能战斗之商船50艘进入这一地区,所以有足够的力量将对方困住。在某些场合,不待交涉即开火,从而完全地垄断了肉豆蔻和丁香的生产,也掌握了胡椒与肉桂的供应,可以任意控制欧洲香料市场价格。

4)小结

自新航道开辟之后的数个世纪,是人类文明史上一个极其血腥的时代。所谓

---

[①] 腾藤:《海上霸主的今昔——西班牙、葡萄牙、荷兰百年强国历程》,黑龙江人民出版社,1998,第279-280页。

[②] 浅见实:《东印度公司》,顾珊珊译,社会科学文献出版社,2016,第12页。

的西方文明被无数冒险家以坚船利炮遍植于整个世界。著名的东印度公司则是西方列强打开东方世界大门实施殖民和贸易掠夺最高效的武器。

在私人特许公司的股份结构中，国家和商人之间保持着极为复杂的关系。两种势力开展合作的基本逻辑是：国家激励私人资本冒险进入海外市场并承担风险，从统治者的角度来看，实现这一目标的最简单和最有效的方法，则是将贸易垄断权及原本属于国家强权范围的各种特殊权力（包括组建军队、对外开战和讲和的权力，建立殖民地和任免殖民地官吏的权力，铸造和发行货币的权力等）分配给特许创建的私人公司，准许其成为政府权力的全权代表开展各种形式的贸易及资源掠夺。

私人特许公司通过彻底的制度创新，将公司改造成在法律上独立于其所有者的实体，将资本集中在法人团体中，并任命专业人员进行管理。得益于庞大的资本池和会计规则庇护，私人特许公司即使个别任务失败，公司本身依然能够保持安然无恙。作为被赋予国力的私人特许公司，具有在海外占领地开展各种活动的自主权力，可以积累外交经验并与当地合作伙伴和赞助人结成长期联盟，便宜行事。由于私人特许公司并不直接代表欧洲统治者，因此，公司可以根据当地情况自由调整外交及相关政策，而不损害遥远的欧洲皇室的尊严。他们可以根据情况的需要，将自己定位为土著统治者的宗主、求助者或伙伴。进一步，私人特许公司还会规范跨文化贸易所发生的交易行为，将规范编纂成法典，降低交易成本。

东印度公司长达两个多世纪的血腥掠夺，给广大亚洲地区的人民带来了巨大的灾难。但对欧洲国家来说，它却是攫取财富的一种极为有效的方式，典型地体现了资本嗜血的习性。正如乔治·克拉克（George Clark）《十七世纪》（The Seventeenth Century）一书中所言："资本主义不仅是一种商业的事体，一半是征服占领，也可以说一半是对缺乏抵抗能力的土著所加的一种抢劫。"[1]略微不同的是，它在有些时候会穿上贸易的稍为温和的外衣，并吸引大量以逐利为目的的商业资本参与，从而为欧洲资本主义的资本积累提供了极大方便。它通过殖民掠夺为随后欧洲工业资本主义的发展开辟了重要的原材料基地以及广阔的世界市场，也为后来以工业生产为主的股份有限公司的扩展提供了组织管理、股份分割以及会计与财务管理方面的经验。当一切具备之后，欧洲的资本主义就必然地走向了更高的形态，在完成由商业资本主义向工业资本主义的转化之后，开始以它价格低廉的

---

[1] 黄仁宇：《资本主义与二十一世纪》，生活·读书·新知三联书店，1997，第127页。

商品作为最有力的重炮,来摧毁一切民族的赖以防卫的万里长城。

**7. 苏联社会主义制度和观念的会计影响(The Accounting Influence of the Socialist System and Ideas of the Soviet Union)**

1917年11月7日(俄历10月25日),十月革命(October Revolution)爆发,俄国工农兵在以列宁为首的布尔什维克领导下推翻了资产阶级临时政府,建立起第一个苏维埃政权,这是无产阶级政党领导的第一次成功的社会主义革命。经过艰苦卓绝的努力,苏俄各族人民相继建立了革命政权。为了实现社会主义革命政权的联合,1922年年底,苏维埃社会主义共和国联盟成立,简称"苏联"(Soviet Union)。1936年召开的第八次苏维埃代表大会,通过了苏联新宪法。新宪法规定,苏联是工农社会主义国家,它的经济基础是生产资料的社会主义所有制,实行各尽所能、按劳分配的原则;它的政治基础是各级劳动者代表苏维埃。新宪法的颁布,标志着社会主义基本制度在苏联的确立,也标志着斯大林时期高度集中的社会主义经济政治体制的形成。

相对于资本主义制度而言,社会主义制度最大的特点在于基本要素的公有制。在社会主义实践中,以社会主义计划经济下经济核算为核心的会计思想、观念、制度和方法形成了。索科洛夫所著的《会计发展史》鲜明地展现了社会主义会计的特点。

(1)以"核算"作为会计的核心观念,并以此为中心进行会计历史的考察。《会计发展史》是苏联会计界最活跃、最富有成果的理论专家之一[①],列宁格勒财经学院会计教研室教授索科洛夫用20多年时间、花费巨大精力完成的一部具有重要影响的会计史研究著作。其俄文版出版于1985年,中文版于1990年出版。全书7章内容,第2、第5两章分别讲述欧洲的复式会计和俄国会计科学思想,其余5章标题中皆直接使用"核算"作为中心词。第2章4节内容中,有3节也是有关"会计核算"的讨论。[②]"会计核算"是苏联社会主义制度实践中独创的会计专业核心概念,明显区别于世界其他国家习惯使用的"簿记"和"会计"。"会计核算"作为一个概念,强调会计工作中最基础的部分,是记录、计算与账目及业务核查的综合。"会计核算"也被称为"会计反映",即以货币为主要计量尺度,对会计主体的资金运动进行的反映。它与"会计监督"一起,被视为会计的两大职能。

(2)以旗帜鲜明的政治态度,分别讨论资本主义国家和社会主义条件下的会

---

① 蔡传里、许家林:《索科洛夫的〈会计发展史〉》,《财会月刊》2005年第5期,第56—57页。
② 参见该书目录及相关内容。

计核算。第 6 章"资本主义国家的核算（20 世纪）"，以德、法、意三国以及英、美等英语国家为中心，讨论了"核算思想的发展""核算立法及其对会计实践的影响""宏观核算的产生和发展"以及"会计核算有前途吗"等基本问题。第 7 章"社会主义条件下的会计核算"集中讨论苏联社会主义国家会计核算的各方面问题，包括列宁是社会主义核算和监督的奠基人，苏联核算的第一步，社会主义会计核算的理论与实践，系统分析和会计核算原则，社会主义国家的会计核算，核算的现在与未来。

苏联社会主义制度建设，是人类历史上具有重要意义的政治和社会实践。它以马克思列宁主义作为指导思想，以生产资料公有制作为最基本的制度特色，设计并实践了以计划经济为特色的经济管理体系，具有突出的政治特色。这些特色也体现在会计方面。

（1）全社会范围内实行生产资料的社会主义公有制，即全民所有制和集体所有制。因此，苏联在建国之初实行强有力的非公有制经济改造，实现城市工商业的社会主义改造和农业集体化，催生了巨大的对集体化会计核算人才和知识的需求。

（2）实行计划经济体制。斯大林认为，计划经济是社会主义经济最根本的特征。国民经济有计划发展是社会主义特有的经济规律，即要求整个国民经济在统一计划的指导下按比例发展。国家计划对企业、部门、地区的生产和产品流通具有极大约束力。会计核算因此成为实现计划经济的一个基础部分，与统计核算、业务核算并称"国民经济三大核算"。会计核算因此成为各单位制订计划、实施计划管理的一个基础性工具。

（3）在批判资本主义的基础上构建社会主义会计理论，形成颇具特色的有关会计对象、职能、作用以及阶级性等问题的理论。用"资金"概念取代了资本主义制度下的"资本"概念，构建了具有社会主义特色的"资金运动理论"，以社会再生产过程中的资金运动作为社会主义制度下会计核算（反映）和监督的对象，并以此作为出发点，研究复式记账、账户设置、试算平衡、会计报表等会计方法。

（4）在经济运行机制上，实行排斥价值规律的指令性计划经济，具有高度集中性、广泛性、指令性特点。所有生产组织和单位，无论大小与行业性质，皆被纳入计划管理体系。主要的计划指标由国家自上而下地集中制定，涵盖经济生活的各个领域、行业和部门。否定社会主义制度下商品生产、商品流通和价值规律的必要性，取缔市场和交易，以计划调配作为社会物资和资源流通的唯一方式，否定利润及相关概念,也否定了国营及集体企业计算利润、编制利润(损益)表的必要性,形成以资金、成本费用为核心的会计报表和分析体系。

(5) 在管理体制方面,实行管理权与经营权的统一。对经济以部门管理即"条条"管理为主,中央部门集宏观经济和微观经济的决策权于一身,直接支配企业的人力、财力、物力和产、供、销。企业成为纯粹的生产单位,会计核算和管理的内容与范围因此大大收窄。

总体来看,苏联的社会主义制度建设和实践具有创造性意义,形成了一整套以集中计划管理为特色的社会主义会计核算与管理体系。这一套理论和制度方法体系也推广到包括中国在内的其他社会主义国家,产生了深远影响。

可以肯定地说,苏联会计受到政治因素的强大影响,但又不应该将苏联时期的会计完全看作政治的产物。事实上,早在十月革命前,俄国会计学者就在使用不同于一般西方学者的观念理解和分析会计。比如,俄国最早的会计杂志《簿记》(1888—1904年)的创办者和领导者,会计学家沃尔夫就曾提出许多有关会计核算的新思想。在沃尔夫学说的基础上,会计学者切尔博尼提出了按经济职能分类的学说,认为"会计的经济职能分为创立职能、运行职能和终结职能三类。第一类包括计划(企业结构)、盘存(盘存清单及盘存过程本身)、预算(下期经济活动的财务计划);第二类是指账户的记账;第三类是指报告,不是指资产负债表,在当时,资产负债表尚未得到特殊的强调,而是指审核与监督,并把审核与监督视为同一概念"。① 这种分类在一定意义上脱离了西方现代会计的影响,是联系企业实务之后获得的基于另一种视角的概括和总结。

**8. 证券市场、金融资本统治下的现代美国会计(Securities Market, Modern Accounting in the United States Governed by Financial Capital)**

在近现代世界历史上,美国崛起并成为全球唯一的超级大国是很值得探讨的事情。

美利坚合众国(The United States of America, USA,简称美国)是由华盛顿哥伦比亚特区、50个州和关岛等众多海外领土组成的联邦共和立宪制国家。自1776年立国,迄今已有200多年。在国家结构形式上,联邦制是其最根本的特点,这导致了其在国家整体管理包括会计管理方面一种极为特殊的倾向。根据1777年11月15日大陆会议通过的《邦联条例》(*The Articles of Confederation*),"各州保留其主权、自由和独立",享有征税、征兵和发行纸币的权力,代表联邦权力

---

① 索科洛夫:《会计发展史》,陈亚民等译,中国商业出版社,1990,第166页。

的邦联国会(Congress Assembled)则只有宣战和媾和、派遣对外使节、掌管邮政、调整各州关系等权力。后来情况虽有改变,但各州政府一直享有独立的立法权。因此,从北卡罗来纳州于1795年最早订立一般公司法开始,各州分别订立公司法的惯例便开启了。在这些公司法里,即便是为研究者所看好并产生了重要影响的纽约州公司法,"在对统一会计制度的认识方面一开始便是模糊的"。① 概而言之,美国各州的公司法,并没有像英国公司法那样对公司的设立、账簿设置、对外报告责任以及审计等做出具有广泛适用性的一致规定。这导致直至20世纪20年代末期,美国会计始终处在一种自由放任的状态,会计、审计处理多以经验判断为主,缺乏统一规范。虽然在20世纪初,一些机构和民间人士即已认识到统一会计规范的必要性,并在这方面做了一定努力②,但因各方面势力的抵制,美国会计并未能发生根本性改变,公司会计实务依然存在严重的多样性,而公共会计师对审计实务的处理也一直处于不一致的状态,造成会计与审计工作失控,这也是导致1929—1933年经济大危机的重要原因之一。

历史地来看,美国经济自19世纪末开始狂飙突进,金融资本市场和华尔街股市发挥了重要作用。1929年的证券市场大崩溃使投资者遭受了巨大损失,也引发了社会各方的深刻反思。作为回应,美国国会通过了《1933 证券法》(The Securities Act of 1933)和《1934 证券交易法》(The Securities Exchange Act of 1934),并于1935年成立证券交易委员会(Securities and Exchange Commission, SEC)以实施对证券市场的全面规范和监管。证券交易委员会行使由国会授予的权力,保证公共公司不存在财务欺诈、提供误导性信息、内幕交易或其他违反证券交易法的行为。对与公众利益密切相关的上市公司会计信息披露的监管与规范为其一项重要的责任。由于SEC自身成员并非会计方面的专业人士,无法完成统一会计制度建设的使命,因此,自然地选择将制定统一会计规范的重任交给了会计职业组织,即当时的美国会计师协会(American Institute of Accountants, AIA)。这一举措,一方面促进了以上市公司财务报告规范为核心的会计制度建设,创造出了"会计准则"这一影响至深的会计规范形式;另一方面,却将当代会计引上了一条缺乏整体规划和基本理论支持,功能分裂的不归路。

(1) 在 SEC 授权下由会计职业界具体推进的会计准则建设,以规范上市公司

---

① 郭道扬:《郭道扬文集》,经济科学出版社,2009,第116页。
② 例如,联邦储备委员会1917年颁布《统一会计》,1921年颁布《预算与会计法案》;哈佛商学院研究生院主任 Edwin F. Gay 等关于统一会计制度的研究和尝试;Anthony B. Manning 对统一会计之优势的研究;以及一些行业部门有关统一账户系统和行业统一会计制度的尝试等。

财务会计实务和报告为目的。在 1973 年财务会计准则委员会（Financial Accounting Standards Board, FASB）成立之前，从属于 AIA 的准则制定机构，不论是最初的会计程序委员会（Committee on Accounting Procedure, CAP, 1936—1959）还是作为其替代的会计原则委员会（Accounting Principles Board, APB, 1960—1972），一直属于会计职业界的内部机构，既缺乏充分的代表性，也无确定的理论支持。1973 年前的准则制定，虽然前后稍有变化，但始终未能摆脱规则和惯例堆砌的窠臼。直到 1973 年财务会计准则委员会（FASB）成立，基本概念和理论研究才开始成为关注的焦点。与此同时，学术界也开始持续地关注准则，从各方面对其进行研究和分析，导致准则制定机构、理论界和社会各方对会计准则制定认识上的变化，即从之前将会计准则制定视为一个纯粹的技术过程转向关注其政治性，从而将会计准则制定真正拉入现实的政治经济环境，关注会计准则和会计准则制定的社会意义，会计的政治化（politicization），会计准则的社会、经济后果，游说（lobbying）等。这种变化，使人们对会计特别是会计准则的认识，开始超出纯粹技术的范畴和会计职业界狭小的视野，超出会计信息系统论的控制性影响，逐渐深入更广阔的社会经济环境之中，从而极大地增强了会计准则的现实意义和环境适应性，也因此进一步提高了美国会计准则体系的世界性地位。但会计准则以上市公司对外财务报告为中心的根本性特点，却始终未能改变，使人们对会计的根本性理解和研究受到很大局限。当现实社会经济环境，包括会计相关技术，因为计算机、互联网、人工智能等多方面技术的飞速进步而发生极大变化时，缺乏基础研究的会计界对会计的认识，依然停留在纸质媒体时代，无法获得突破性进展。

（2）数十年准则建设方面的努力，导致当代美国会计功能的割裂，会计被分为"财务会计"（financial accounting）和"管理会计"（management accounting）。数十年来，管理会计与财务会计的区分，一直被当作会计学科发展的重要成就。这是很值得质疑的。

1987 年，美国会计学家托马斯·约翰逊（Thomas Johnson）和罗伯特·卡普兰（Robert Kaplan）合作完成了一部重要的著作——《相关性的遗失：管理会计兴衰史》（*Relevance Lost: The Rise and Fall of Management Accounting*）。该书站在历史的角度，从 19 世纪成本管理系统的建立出发，对迄至 20 世纪 80 年代管理会计的历史发展及相关性消失的现状进行了深入的考察和批判。该书第一章引言开宗明义讲道："如今的管理会计信息受财务报告系统程序和周期的驱动，提供得太晚、太不具体，已经扭曲得与管理者的计划和控制决策完全不相关了。企业越来越多地将重点放在达成季度或年度收益目标上,内部会计系统也致力于制作一个月度收益报告的狭隘目标。企业为了计算出一个季度或月度的收入数字而投入了大量的资源,这个数字却不能反映该期间内企业经济价值提高或降低的实际情况。"[1]这种状况带来了三个严重的后果:①对那些致力于降低成本和提高生产力的管理工作者而言,管理会计报告几乎无法为他们提供任何帮助;②管理会计系统没能提供准确的生产成本;③管理者的视野被限制在了月度的短周期之内,财务会计系统将许多现金支出视为当期成本,即使这些支出会给未来带来收益。[2]

管理会计作为一门学科,从20世纪40年代就开始较为独立地发展,并形成了基于成本性态分析,侧重企业内部管理控制和预测决策的内容和方法体系。就学科发展本身来讲,这是必要的。问题在于,基本的核算、管理分析、预测等,本来属于会计一体化功能的各部分,正如托马斯·约翰逊、罗伯特·卡普兰著作中所注意到的,其在之前的企业发展中,以一体化的方式获得了很大进步。而自从它作为一门单独的科目与财务会计分离开来,二者就被分别定义为"对内报告会计"和"对外报告会计",但在实际中,不论是理论界还是实务界,关注的重心都放在上市公司的对外报告方面,导致企业内部核算和管理的各个细节性方面也围绕对外报告的指挥棒而转,并未能形成一个真正面向内部管理、独立而且目标指向明确的管理会计体系。由此导致了管理会计相关性消失的必然结局。而财务会计本身,也因为证券市场投资(甚至只是投机)的需要而变得日益狭隘。会计由此成为一个功能分裂的体系。

在20世纪末期之前,高新技术获得突飞猛进的发展之前的数个世纪中,资本都是一种强大无比的力量。这种力量在20世纪中期开始最终蜕变为控制世界的金融资本,以庞大无比的规模、力量以及超强的流动性,无孔不入地进入世界各个领域,在控制一切的同时,也控制了会计,让其为自己的目的服务。20世纪的美国会计为其中的典型代表。其典型特征为:①会计法律制度规范的建设集中在资本市场(上市公司)会计信息披露(报告)的规范方面,其他数量庞大的中小企业、非上市公司的会计基本被忽视;②理论界关于会计的基础性研究的空间被极大压缩甚至完全消失,所谓理论研究,仅仅是基于证券市场数据的各种实证研究,丧失了传

---

[1] 托马斯·约翰逊、罗伯特·卡普兰:《相关性的遗失:管理会计兴衰史》,金马工作室译,清华大学出版社,2004,第1页。
[2] 托马斯·约翰逊、罗伯特·卡普兰:《相关性的遗失:管理会计兴衰史》,金马工作室译,清华大学出版社,2004,第1-2页。

统意义上理论研究从总体上进行超前思考的属性,学界进行超前思考的能力丧失殆尽;③在计算机与便利的网络数据处理技术已经对实时处理和实时数据传输提供了现实条件的情况下,会计报告依然局限在传统纸质处理时代所形成的"定期结算、分期计算损益、定期编制报表"等模式中难以获得突破性进展。

当今世界,技术正在取代资本成为新的控制性力量。为技术服务的会计时代来临。会计的革命性变革也将拉开帷幕。

**9. 欧盟的会计协调及其战略变迁(Accounting Harmonization and Strategic Changes of the European Union)**

欧盟的会计协调及其战略变迁是区域政治影响会计的典型实例。

受地理和历史双重影响,欧洲大陆各国尤其是西欧各国之间,既有千丝万缕难以割舍的关系,又矛盾重重,甚至可能有不共戴天的世仇。因为各种复杂的原因,它们分分合合,矛盾冲突持续不断。至19世纪末20世纪初,因为新旧殖民主义矛盾激化,为重新瓜分世界和争夺全球霸权,各种矛盾冲突集中爆发,在1914年至1945年的短短30余年时间内,接连发生了两次世界大战,作为人类历史上参战国最多、破坏性最强的战争,两次世界大战在给人类带来深重灾难的同时,也使曾经引领世界数百年的欧洲各国在国际事务中的地位和影响一落千丈。

第二次世界大战后的欧洲各国为了摆脱美国的阴影,应对苏联冷战的威胁,也为了解决经济地位提高与政治地位低下之间的矛盾,开始走上一条寻求合作和一体化的道路。1951年4月18日,法国、联邦德国、意大利、荷兰、比利时和卢森堡6国在法国首都巴黎签署关于建立欧洲煤钢共同体的条约(又称《巴黎条约》),议定成员国无须缴纳关税而直接取得煤和钢等生产资料。1952年7月25日,欧洲煤钢共同体正式成立,成为欧洲大陆第一个拥有超国家权限的机构,各成员国都让渡了部分主权给这个独立于成员国的高级机构。欧洲煤钢共同体的成立,成为欧洲各国开始一体化的标志性事件。1957年3月25日,欧洲煤钢共同体6国在意大利首都罗马签署旨在建立欧洲经济共同体和欧洲原子能共同体的条约(又称《罗马条约》)。1958年1月1日,欧洲经济共同体和欧洲原子能共同体正式组建。1965年4月8日,6国又在比利时首都布鲁塞尔签署《布鲁塞尔条约》,决定将欧洲煤钢共同体、欧洲经济共同体和欧洲原子能共同体合并,统称"欧洲共同体",简称欧共体。1967年7月1日,《布鲁塞尔条约》生效,欧共体正式诞生。1993年11月1日,根据内外发展的需要,欧共体正式更名为欧洲联盟(European Union, EU,简称"欧盟")。该组织也从开始时的贸易实体转变成更具影响力的经济和政治联盟。

经过半个多世纪的努力,欧盟从最初寻求经济合作的专业(煤钢)共同体,最终成长为区域性政治经济力量,并在苏联解体后成为唯一可以在各方面与美国角力的势力,这是多方面不懈努力的结果,其中包括欧盟内部的会计协调以及欧盟在促进会计国际协调、合作与趋同方面的巨大努力。

早期欧共体的会计主要是受法国和西德影响。1973年英国和爱尔兰加入欧共体,为欧共体的会计带来了海洋法系财务报告的影响。事实上,从1957年签订《罗马条约》开始,几个国家就启动了会计和财务报告的协调工作。欧共体1970年发布的《共同工业政策》(Common Industry Policy)要求建立统一的商业环境,包括实现公司法和税法的协调,以及创建一个共同资本市场。

欧盟的目标之一是实现欧洲金融市场一体化,为此需要为整合证券及衍生物市场建立一个共同的法律框架,并为上市公司形成一套单一的会计准则。欧盟通过"指令"(Directives)和"规则"(Regulations)两种途径来进行会计协调。克里斯托弗·诺比斯(Christopher Nobes)和罗伯特·帕克(Robert H. Parker)在所著的《国际会计:一种比较视野》(Comparative International Accounting)中,以列表方式展示了与公司会计相关的"指令"和"规则"[1],其中包括从1968年至1989年发布的第1号至第12号指令,以及2003年的"账户现代化"(Accounts Modernization)、2004年的"透明度"(Transparency)、2005年的"收购"(Takeovers),共15号指令,以及3项规则——"欧洲经济利益集团,1985"(European Economic Interest Grouping,1985)、"国际准则,2002"(International Standards,2002)、"欧洲公司,2004"(Societas Europaea,2004)。

"指令"是欧盟法律的一种特殊表现形式,由欧盟的立法机关部长理事会制定,各成员国都有义务遵守这些条款。按照《罗马条约》第18条的解释:"指令对欧盟各成员国具有约束力,但同时在形式和方法上欧盟指令要留给各成员国一定的自由选择空间。"因此,虽然欧盟各成员国都有自己的法律和规则体系,但它们都受到欧盟指令的强烈影响。

迄至今时,欧盟"指令"已涵盖了公司法的所有方面,其中与会计相关的第4号、第7号和第8号指令,无论从历史地位还是从内容来看,都是极为重要的。按照国际会计研究方面的权威弗雷德里克·D.S.乔伊(Frederick D. S. Choi)和加利·K.米克(Gary K. Meek)的观点,这些指令"对整个欧洲的财务报告有着重大影

---

[1] 克里斯托弗·诺比斯、罗伯特·帕克:《国际会计:一种比较视野》,薛清梅等译注,东北财经大学出版社,2016,第311页。书上Robert H. Parker译为罗伯特·帕克。

响,使欧洲各成员国的会计达到一个良好而合理的统一程度。……它推进了许多欧盟国家会计的发展,也影响了睦邻国家、非欧盟国家会计的发展"。①

与国际会计准则理事会没有强制各国实施其会计准则的权威性相反,作为欧盟管理机构的欧洲委员会有权强制其成员国执行它所颁布的指令。正是在这种强制性权力作用下,在会计方面差异极大的欧洲各国在会计协调方面取得了十分巨大的进步。

1995年,欧盟委员会开始实施新会计战略,宣布放弃发展特定会计准则的长期目标,强调欧盟对国际会计准则委员会制定的会计准则所承担的义务,肯定了国际证券市场上欧洲公司可采用国际会计准则委员会发布的国际会计准则(IASs)。与此同时,欧盟进一步加紧了与IASC的交往与对话,而IASC也承诺可以对欧盟做出一定让步,考虑欧洲会计的特点。

欧盟作为一种政治力量,其关于区域会计协调及参与会计国际协调的努力始终基于明确的政治目的②,并且是十分有效的。但是,具体地来看,欧盟各成员国国内会计法律制度又是各具特色且差异极大。这种状况成为世界会计法律制度规范中极为突出的现实,也必将对未来会计国际协调与趋同产生极大影响。其影响表现在如下方面。

第一,突出了世界范围内会计规范形式的多样性,展现出会计规范更多的形式选择与可能性,促使人们深入思考会计规范的法律、政治、经济及文化基础问题。

第二,欧盟各国会计之间的巨大差异性增加了欧盟会计区域协调与一体化的难度,拉长了各国会计协调与一体化的进程,对世界性的会计协调与趋同提供了重要的借鉴。

第三,在各国会计差异极大的情况下,欧盟以指令协调公司法的方式,为世界范围内的会计协调提供了一种重要启示。

20世纪末,对于欧盟的会计协调努力是否成功一直存在争议,争议的理由包括各成员国在运用欧盟指令的同时一般都没有废弃他们现存的会计准则,以及各成员国究竟在多大程度上遵从欧盟的指令。这显然是没能深入认识会计协调巨大

---

① 弗雷德里克·D.S.乔伊、加利·K.米克:《国际会计学》(第五版),方红星译,东北财经大学出版社,2007,第232页。

② 厦门大学赵向东认为,欧盟可以借支持国际会计准则来加强其对IASC的影响力,以使国际会计准则的制定倾向于欧盟,为欧盟争取更大利益。同时还可与美国的GAAP形成对抗之势,增强欧盟在国际上的影响力。参看赵向东:《欧盟会计协调及其本质》,《财会通讯(综合版)》2004年第7期,第74-75页。

的复杂性和艰难性,也未能深刻理解欧盟作为一个区域性政治组织,其行为所包含的丰富的政治和战略意义。

**10. 政治对个人的会计影响(The Influence of Politics on Accounting Being reflected in Individuals)**

政治对会计的影响深刻而久远。除了体现在国家体制、企业与各种民间组织的管理以及家族管理方面,还涉及会计法律制度、会计体系、会计理论、方法、观念等,也涉及会计职业群体及一些具体的个人,这些人又通过自己的行为作用于社会及会计发展。

1720年南海公司事件之后,执业会计师作为一个特殊的群体出现并不断发展壮大,至20世纪最终成长为一个举足轻重的职业。其成长过程中的每一个阶段,从最初受政府之命参与公司破产清理,到随后依法实施会计报告的审计鉴证,再到20世纪参与证券市场信息披露的规范和行业准则的制定,无不体现深刻的政治影响。

在中国历史上,许多著名政府财计管理者,既是财计管理、数学计算方面的行家里手,也是政府高官,其政治命运与政府财计管理、制度变革以及一些重大历史事件密切关联。其中,最著名者如下:春秋时期曾任齐国宰相,辅助齐桓公称霸诸侯的名相管仲;替汉武帝理财,行盐铁专卖、均输、平准等制的商人之子桑弘羊;秦时为柱下史、汉初任"计相"、精通律历计算的张苍;精理漕运、挽救财政危局的理财大师刘晏;实施"青苗法",变法图强的宋代思想家、政治家、理财家王安石;实施"一条鞭法",起衰振隳、力挽狂澜,被誉为"宰相之杰"的万历首辅张居正;等等。他们因时而起,身肩大任,留下不朽的功业,而其个人命运也因政治波浪而沉浮起落。

20世纪中国著名会计学家、思想家、经济学家顾准,堪称受政治影响的会计人物之典范。顾准12岁进入立信会计师事务所当学徒,勤奋好学,他19岁写出的中国第一部《银行会计》教材被多所高校作为教材使用,他还兼任多所大学教授。在事业如日中天之际,他投身革命,开展地下工作,后进入革命根据地从事财经方面管理工作。1949年随解放大军进入上海,被任命为上海市第一任财政局长兼税务局长。当时,他借其会计出身之便,动员以前的会计师同僚查账征税,解了新政府财政税收的燃眉之急。顾准1952年被免去局长职务,之后在政治运动中屡遭劫难,却始终坚持开展学术研究,写成《试论社会主义制度下商品生产和价值规律》(1957),成为新中国提出社会主义条件下市场经济理论的第

## 第八章 异质性之解释——政治的力量

一人。

政治对会计人员个人的影响也普遍存在于世界各个国家。普雷维茨在《美国会计史》中谈到,美国第一部会计教科书《全面服务》的作者本杰明·布斯(Benjamin Booth)在其著作1789年版的序言中提到独立战争对他本人的影响:"我之前还是个纽约的商人,现在则成了伦敦的商人。"进而悲叹"之前的战争割断了我在青少年时期结下的友谊,之后的和平又阻碍了我从事的长期以来习惯了的行业。"普雷维茨认为,"侨居国外的布斯这番郁闷的话语揭示出那时的商业簿记员如现在一样容易受到政治运动和战争创伤的影响。可能是因为布斯得到过亲英派的同情,因而新国家成立后随即被驱逐出殖民地"。①

### 11. 小结(Conclusion)

终于到了要对本章做小结的时候,如释重负,实实地松了一口气。

本章题首引用了罗素博士对政治的描述。起初我对他连续使用"恶魔""教唆""折磨""攫取"之类的词汇描述政治不甚理解,甚而怀疑他有些言过其实。当终于完成本章,仔细梳理和体会了人类历史上与会计相关的种种政治情境及事端,结合新冠疫情期间耳闻目睹的各国政客的种种表演,才实在地领会到政治的残酷,现实比起罗素的描述,实有过之而无不及。

所谓政治,在本质上,从其初衷来看,应该是为了人民的福祉。② 然而,当其逐渐为各种强权力量、各种利益集团所占有或把持,就可能转化成一种残酷的力量。不过,无论如何,它始终是一种重要的存在。而且这种存在成为影响甚至决定一个国家、一个社会及其会计存在的至关重要的力量。

最后,借用藏族诗人扎西拉姆·多多那首被误传为《见与不见》的诗歌《班扎古鲁白玛的沉默》中的著名诗句,作为本章的结束:

你见,或者不见我,
我就在那里,
不悲不喜。
你念,或者不念我,
情就在那里,

---

① 加里·约翰·普雷维茨、巴巴拉·约达比斯·莫里诺:《美国会计史:会计的文化意义》,杜兴强、于竹丽等译,中国人民大学出版社,2006,第55页。

② 中国古代文献中颇多相关表达。比如,明代《宣德三年敕》中的如下表述:"《书》曰:'民为邦本,本固邦宁。'节用所以爱民,爱民所以爱国。"参见(明)李昭祥撰:《龙江船厂志》,江苏古籍出版社,1999,第3页。

不来不去。

对于你我而言,政治亦如是。

祈望世界的政治有朝一日能够做到上诗所本的莲花生大师的那句话所说的:"不管是信仰我的人还是不信我的人,我都会以慈悲之心护佑他们。"

# 第九章

## 异质与同一

我们过去无法了解何以不同的族群往往外貌有异。盲从执拗的人可以按照他们的意愿解读这些分歧。基因研究将结束我们长期在黑暗中的摸索。我们现在知道，不同族群的基因有重叠的地方，使我们无法把人判然分类。我们也知道，人类的行为在不同的社会背景影响下有很大的可塑性。

——（美）史蒂夫·奥尔森:《人类基因的历史地图》,霍达文译,生活·读书·新知三联书店,2016,第7页。

本书关注会计历史的异质性,既考察相同时期不同环境中会计的差异,也揭示会计在不同时期的差别,从诸多不同的方面概括理解会计的异质性特点。与异质相对,会计也是一种同一的存在。异质与同一是一种客观存在的辩证的关联。

回望数千年人类会计文明发展演进的历史进程,我们自然会发现,会计各种形式的分化与交融,是一种亘古持续的主题,其核心在于异质与同一两种特性不断地作用与转化。戈登·柴尔德（Vere Gordon Childe）在《历史发生了什么》（What Happened in History）中,生动地描述了他对人类文化中与此相类似的两个方面关系的理解:"史前史和历史学毫无疑问要通过探讨不同群体对地理的、技术的或意识形态等特别刺激物的感应,来说明文化是如何逐步分异的。不过,更为显著的是各个社会间的交往和交流也在不断增长。也就是说,虽然文化分化的'支流'继续繁衍,但是文化间的汇聚也在逐渐加剧,并且最终会融为一体。一支持续强大的主流文化,注重于统治全体支系文化,以便不断开拓出新鲜的文化之'泉',因此,多文化最终会融合成'一体'文化。"①在今日的现实中,我们确实能处处观察到日益加速的文化交融,尽管迄今为止,尚无法确切判断柴尔德所描述的"多文化最终会融

---

① 戈登·柴尔德:《历史发生了什么》,李宁利译,上海三联书店,2012,第17页。

合成'一体'文化"会于何时最终实现。

　　本书的主旨在于讨论世界会计,尤其是中西方会计的异质(差异)性。导致异质的原因其实万分复杂,尽管本书之前各章尝试从地理、文化、技术、政治四个方面进行分析,但这些分析只是代表一种尝试,一种探索性地认识人类会计差异成因的基础性思路,既不全面,也不会是百分百准确,更不可能成为某种意义上的结论甚或定论。本章章前引语中史蒂夫·奥尔森(Steven Olson)的观点是"基因研究将结束我们长期在黑暗中的(有关人类起源和人种问题的)摸索"。该观点是否确实会实现,我们只能拭目以待。可以确定的是,对于宇宙、地球、人类的起源以及人类本身,学者们迄今仍处在不断的探索之中而且存在太多的未知,要想用一种方法对此类重大问题获得终极的认知,其可能性可以说微乎其微。但我们依然期望终有那么一天,我们能够获得一种技术或观念,或者一种认知的路径或方法,从而可以较为确切地解释会计的起源及差异。尽管这种可能性也不会太大,原因在于,人类社会和历史中的许多问题,通常都是多种复杂因素共同作用的结果,是一种社会性的存在,极难找到单一的归因或解释。

　　进一步需要说明的是,异质与同一并非两种截然对立的状态,也不是在某一时段是异质,而进入另外一个时段就可能成为同一。与此相反,异质与同一,就像中国文化中至关重要的阴、阳,它们既是对立的两极,但又不是截然分离或绝对对立,而是在对立中和谐统一、相互依存,并可能随时实现相互之间的转化。

　　本书之所以以异质为题,强调发现和注意异质性,是因为在过往的历史中我们太过注重同一,或者说在无意识之间把会计表面(表象)的同一当成了会计必然的、唯一的特征,而忽视了对其差异性的关注,从而导致对会计历史研究及会计的国际比较、协调、趋同存在诸多迷惑与不解。本书强调差异(异质),但最终依然是要回归到同一上来。更确切地说,是异质与同一并生的状态。这将是我们研究和理解会计的现实与历史,以及未来基于新的技术和条件而进行新的会计体系构建的理念及认识论基础。

　　简言之,即在注意到异质的同时,亦必须看到世界会计文化的同一;在发现并正视异质的同时,关注其内在的一致之处。

### 1. 同一性概说(The Generalization of Identity)

　　会计的形式在人类各种文明的历史发展中千差万别,这是本书立论的核心。我们在确定这种异质性存在的基础上,同时还需注意到,在人类各种文明和整个人类世界的历史发展中,会计作为一种普遍的社会存在,在表现出异质性特点的同时,具有根本的同一的属性。

首先,在各种人类文明中,不管文明发育的程度如何,凡涉及资源问题和与利益相关的经济活动,皆会产生以管理控制为目的的会计思想及活动,会计表现为一种具有自然和社会双重属性的、必然的人类创造。如同交换和货币的出现,会计的产生与发展,是人类生存及文明进步的必然产物。因此,我们看到,不论是在早期的文明古国,还是在迄今仍处于欠发达甚至原始状态的个别部落族群中,皆有会计活动,且在初始时期体现为结绳记事、简单刻记以及直观绘图记事等简朴而直接的形式。此为会计同一性最基础的表现,即因为人类社会管理生活及经济活动的需求而产生的以简单直接的记录、计量为表征的原始会计行为。对于各种文明早期的会计,抽象地概括,可称之为"基于人类生存、生活及社会治理需要的会计萌芽"。

其次,不管其用于具体记录的工具、载体、文字、方法、观念及技术等在后来的演进中出现了什么样的差异性发展,但从世界各种文明孕育发展的总体来看,一般意义上完整的会计皆是以经济活动和资源的量化(数字)记录及计算为基础,是一种基于事实的记忆保留、精细化管理及证明(证据)系统。为了保证会计记录的真实以及相关的责任考核,人们自然地产生对会计记录的报告、核对检查等需求,以及来自外界、具有监督作用的审计检查需求。对于经济活动及资源的管理而言,基于记录数据的财务分析,以及对未来可能情况的估计或者预测,也可能成为会计在一定条件下必然的衍生。从这个角度来看,会计事实上是一个结合了记录(近现代会计中的核算)、计算、分析、检查(审计)、预测、控制等诸多功能的综合性财计管理(治理)体系。这个体系的萌生和发展,本质上源自人类社会存在和发展的内生需求,既可以用于国家或政府机构的管理,也可以作为各种社会组织或机构(企业、社团、宗教组织等)、宗族(家族)、家庭和个人财计管理的手段。在会计的许多方面,各种文明和不同国家之间,虽然有关注的重点、具体方法和制度观念等方面的差异,但却总体上具有一致的特点。而且,从总体上来看,尽管世界各种文明中会计的具体形式和实际表现有所不同,但它作为一种基于人类生活和社会治理基本需求的产物,在内容和职能方面,却具有相对同一的内在规定性。其对记录、审查(检查)、绩效考核与评价乃至预期(预测)等不同层次的体系安排,具有客观的属性及内在的必然性。因此,我们才会看到,即便在相隔万里的两地、在毫无关联的孤立大陆上孕育出来的人类文明中,早期的会计也会具有一些共通的形式和特征。这是一种发自自然的内生的同一性特征。

再次,会计是一种社会治理(管理)机制,同时也是一个技术体系。多方面不同的技术,包括记录工具、信息(数据)载体、文字和数字体系、数据(账务)处理方式、计算工具、信息传输(包括报告)方式,皆具有一定的工具性特点以及一定范围内共通的特点,因此,一些技术或工具在一定范围内普及,在一定条件下远距离传播,使不同国家或地区的会计在技术手段乃至形式上有了相对一致的特点。比如,阿拉伯数字、意大利复式记账法的世界性传播,各种算具(包括中式算盘)的传播,纸张、笔墨等记录工具的传播,印刷术的传播,注册会计师(CPA)职业的发展及当今时代的全球化执业,会计准则的传播与全球化趋同,计算机网络系统及数字终端等相关技术的传播;等等。这些皆在一定程度上影响甚至决定了会计的同一化趋向,也使当今时代不同国家的会计有了比较、交流和进一步趋同的基础及可能。

最后,人类在数千年历史长河中的各种往来与交流,尤其是20世纪以来世界各国及一些重要的国际组织在会计国际交流与协调(趋同)方面的努力,国际会计公司的全球性执业,国际性学术组织的建立及各种类型国际性学术会议的举办等,在提升会计学界及一般公众对会计的认识和理解的同时,极大地推进了会计的同一化趋向。

**2. 异质与同一:基于人类文明的自然基础(Heterogeneity and Identity: Its Natural Basis of Human Civilization)**

正如我们难以理解何以不同的族群往往会有不同的外貌,我们也同样难以理解为什么远隔千万里的不同族群,会有许多相似的行为或习惯。

在进行会计史以及与之相关的各种社会历史问题的考察时,我时常会因为一些共同的现象而感到惊异,种种疑问萦绕于心。

为什么世界各种文明,不管其距离多远,大多会在一定时候以贝壳作为货币,作为交换的媒介?即便是一些距离海洋有不小距离的文明,也往往做此选择,究竟是什么因素在其中起到决定性作用?

为什么不同文明中文字的起源最初大都可以追溯到岩画,以及在不同材质物品上的刻画符号,且多以象形的形式出现?

为什么结绳记事会在多种古代文明中出现?甚至在中国,直到20世纪上半期,在东北、西南各地一些少数民族部落中,依然存在结绳记事?为什么很多地方都曾出现过以简牍作为会计记录的载体?

为什么不同文明中,都会毫无例外地出现会计,且成为对社会经济等活动的记录和管理基础?

为什么在近现代中国民间商品经济的发展中,各地(各商帮)会形成各不相同的地域性会计文化？其会计文化中存在相关术语、票据格式、会计处理方法、账簿名称、会计报告(表)名称及内容形式上的差异,同时又有一些共通的东西如苏州码(花码)的采用、算盘及珠算方法的使用、数字及符号的书写方式等。究竟是哪些因素导致了各地(各商帮)会计的异同？

是什么因素导致了东亚中日韩等国、西欧各国、美洲及非洲各国会计的异同？地理的阻隔及区域性的文化交流与交往如何造就了地区性的会计文化特点？

地处欧亚非三洲交汇中心的中东地区,又是如何在数千年历史长河中充当不同文明洲际交往和交流互动的中介,并形成自身的地区性会计文化特征的？

《四川图书馆学报》2004年第2期上曾发表过一篇凉山州彝文图书馆熊克江、黄承宗的文章,文章探讨的是四川凉山州雷波县2001年8月在该县八寨乡牛龙村一户名叫吉木特孔的彝族村民家里发现的一批传世彝族甲骨、简牍、皮书等古籍文物。[①] 让他们感到惊讶并不解的是：中国历史上的甲骨文出现于公元前16世纪的商代和西周时期,后来的简牍文献则流行于先秦、西汉年间。全人类有史料记载的以皮书为文字图案载体的国家和地区却唯有古埃及。是什么原因使在中外不同国度、不同时间发明并流行的甲骨、简牍、皮书等文字载体在凉山彝区一个偏远的乡村集中出现？

这批古籍文物的出产地位于四川省南部的凉山彝族自治州,是全中国最大的彝族聚居区。由于历史、地理、自然等原因,凉山彝区几乎与世隔绝,直到1949年新中国成立时,该地区还停留在刀耕火种的原始阶段。境内虽有独特的彝族语言文字,但只有作为祭祀的毕摩(Bimo)和少数奴隶主掌握文字。一般民众则采用刻木记事,以实物或结绳计数。[②]

尽管这批文书的内容只是涉及天地演变及历史,与会计并无直接关系,但其在

---

① 熊克江、黄承宗:《四川凉山彝族甲骨简牍皮书古籍考略》,《四川图书馆学报》2004年第2期,第69—70页。这批已在山洞里沉睡170余载的彝族文化遗产共有8种9组550余件。其中:甲骨3组,分别由29根动物肋骨和16块扇骨用麻线编连或拼凑而成,上书127个文字符号,均用刃器刻写。肋骨上的内容大体描述的是彝族文字创造史,称其为一位名叫木比史祖的彝族先民所发明。扇骨上记载的是地球南北两极昼夜替代的现象。竹简3组,分别由304片水竹篾片组成,采用卷帘轴装,其上用墨书9400余字。竹简上的内容为天地演变史和人类的起源以及彝族的历史、支系谱系等。此外还有木牍3组,由84块杉树木板用麻线穿连而成。上书325个文字符号,为刃器刻绘,其基本内容为万物进化史和十二生肖的由来。皮书3张共7页,破损严重,上书60余字符号,多半墨迹模糊不清。其内容记载的是彝族古代一位名叫嘎莫阿妞的美女出生、成长和婚后的生活状况。与这批甲骨、简牍、皮书一起收藏的还有2枚骨印章、1枚木印章和1顶镶铜布帽以及1面布料旗子。

② 熊克江、黄承宗:《四川凉山彝族甲骨简牍皮书古籍考略》,《四川图书馆学报》2004年第2期,第69—70页。

一个属于现代的时空中,汇聚了通常属于不同时代、不同环境的人类文明记录方式,仿佛浓缩了人类各文明中书写材料的早期历史,以特殊的方式揭示了人类文明发展中一些必然的事实。因此,依然具有值得关注的意义。

在本书关于人类会计文明异质性的分析中,我们可以看到各种偶然和必然的因素所造成的种种结果。从根本上来讲,人类属于一种自然的产物。在人类自身的发展进化中,自然的原因造成了人类社会种种共通的特性。人类许多事物和特性,包括会计文明的孕育、生成及发展也受自然因素的影响。

当代基因人类学的研究证明,大约10万年前,人类祖先走出非洲,在长时期的迁移中,逐渐散布于世界各地。作为一个物种的人类,其基因具有基础的共同的特性。而后来的各种变化虽然巨大,但依然离不开这个共同的基础。

在对近现代社会的构成及各种问题的分析中,我们强调并重视国家、民族的区别,突出各个民族(种族)差异的特性。然而,美国最早宣布破译人类基因密码的塞莱拉基因组公司(Celera Genomics Corporation)负责人克莱格·万特(Craig Venter)博士指出:"种族是一种社会概念,而不是科学概念。基因图谱并未显示'种族'之间有何差异。我们都是从10万年前非洲的少数原始部落迁移和进化而来。"[①]

基因图谱方面研究的进展让许多科学家开始相信,区别人类种族的那些标准实际上与生物学概念几乎没有什么直接的关系。区别不同种族最常用的特征,如皮肤和眼睛的颜色、鼻子的宽度等,是由极少数的基因控制的。10万年时间只是历史长河中的片刻,在这短暂的人类进化史上,少数基因的变化是为了适应环境所带来的巨大压力。例如,赤道地区的人皮肤黝黑,能够减少紫外线辐射的伤害;而北方地区的人皮肤白皙,有利于人体在较弱阳光下产生较多的维他命D。科学家们研究发现,与极少量基因决定人的肤色和外表相反,人的智力、艺术天赋和社交能力等却是由人类8万个基因中数千甚至数万个基因所决定的,而且这些基因是以复杂而相互关联的方式起作用。科学家们还发现,生活在同一地区的人,某方面基因的差别之大可达90%,因生活地区不同而产生的基因差别只占10%。有些基因,如控制免疫系统的基因,在人与人之间差别极大,可是这种差别与种族没有任何关系。但也有少数生物学家对此持有异议。犹他大学人口遗传学家罗格斯就认为,种族划分是有意义的。他说:"我们也许相信种族之间的区别主要表现在表面

---

[①] 《人类基因图谱证明:人类无种族之分》,中国网,时间:2000-09-11. 文章来源:环球时报,http://www.china.com.cn/zhuanti2005/txt/2000-09/11/content_5005021.htm。

上,但差异确实存在。种族分类对于研究人类的起源和迁移过程有很大帮助。"①

会计学的研究,自然与基因学和遗传学有很大不同,但这些学科对人类尤其是族群差异的分析方法,是我们研究分析会计的世界性差异时可以学习和借鉴的。借鉴基因学和遗传学的方法,我们有望以更加科学、规范和仔细的方法,发现全球会计可能存在的同根或同源性。分析环境影响、变异、同化等问题,有利于我们更好地理解会计异质与同一的实质。

**3. 异质与同一：基于人类意识的认识论基础 ( Heterogeneity and Identity： Its Epistemological Foundation of Human Thoughts)**

在过去数千年人类社会发展和文化、知识、理念的体系构建中,一个重要的现象是：随着知识的积累、技术的进步以及对宇宙万物的探究,人类在意识中逐渐形成了对人类自身在自然界中所处地位过高甚至不恰当的定位和评价。莎士比亚在《哈姆雷特》中曾写道："人是宇宙的精华,万物的灵长。"近现代理论家们则概括出人所具有的多种特殊才能,诸如制造和使用工具、能思考、会说话等,以凸显人类超越万物甚至足以成为地球乃至宇宙主宰的地位及属性。这种认识,自然具有一定积极的意义,促使人类最终得以摆脱统治人类认识数千年的宗教与神的力量的束缚,走上科学的道路,能动地进行创造以改变世界,改造自身生活。但同时,它也产生了一定的负面作用：造成人类的狂妄,在改造世界的过程中失去了对自然的敬畏,甚至肆无忌惮地破坏自然。这是需要进行深刻反思的。

另一个需要反思的层面是人们对人类思维和意识的认知。自马克思、恩格斯在19世纪40年代创立历史唯物主义,这一崭新的历史观在实践中不断经受检验,并在内容和形式上获得不断充实和完善,为人类认识开辟了一个广阔的科学领域,实现了人类社会历史观的根本性变革。随后发展起来的辩证唯物主义,判明了物质的原因是自然界和人类社会一切现象的基础,从而彻底扫除了西方传统中宗教观念对人类认识的限制,为20世纪科学技术的飞速发展扫清了道路。科学因此成为20世纪以来至为强大的力量,推动人类在深刻改变自身环境及生活的同时,进入浩渺无垠的太空世界探索更广泛的宇宙及自然奥秘。这是人类社会有史以来最伟大的进步,其价值毋庸置疑,需要做出极大的肯定。然而,自20世纪后半期以来,极端的"科学主义"在一定意义上已经在走向科学的反面,科学本身因此成为一种新的"迷信"。凭借科学的名义,一切"非科学"的探索和研究,皆可名正言顺地被

---

① 《人类基因图谱证明：人类无种族之分》,中国网,2000-09-11。文章来源：环球时报,http://www.china.com.cn/zhuanti2005/txt/2000-09/11/content_5005021.htm。

列为扼杀和清除的对象。其中最值得注意的是人类基于科学至上理念而开展的极端物质化研究对人类意识的忽视。

构成这个世界的基础是物质。因此,在哲学的意义上来讲,物质是第一性的,意识是第二性的,物质决定意识。但是,对人类社会,对人的生活,不论是对个体还是对作为群体(集体)的人类组织,意识都具有重要作用,是不可或缺的重要的和必然的存在。它与物质并列而行,是构成生动活泼的人类世界的重要成分。不论是个体生活,还是以组织形式出现的集体(群体)性活动,从总体上来观察,都是一个由物质与意识共同构成的世界,也可以看作由实的物质和虚的意识两部分构成的虚实相兼的世界。不论从个体(个人行为),还是从人类组织实际运作、管理的角度,都不可以忽视虚的方面,也就是人的意识,以及作为集体意志表达的集体共同意识的作用。如同我们所处的世界除了有各种可见的有形之物以外,充斥着各种人的耳目难以闻见的各种存在如空气、磁场、声波、电波等一样,在一个组织的世界中,同样有各种无形的存在发挥重要作用。

具体到本书作为研究对象的会计及其历史,除了我们通常所见的,作为"物"而存在的制度、方法、技术以及从事会计工作的人以外,还有在这些人和物的背后潜藏的重要的思想观念,作为一种无形的存在,它们从根本上影响并决定会计世界的实际状态。这种无形的存在,一方面是会计所处的具体社会环境中的总体意识形态状况;另一方面则是具体的制度、方法、技术所体现的思想、观念,也包括具体从事会计工作的人作为一个从业者或一个具体的个体所秉持的思想观念。这些诸多无形的存在,与有形之物一起,从总体上塑造了一定范围内会计的总体样貌和状态,决定了会计的异质性和同一性特点。

概言之,会计既是一种有形的存在,同时也是一种无形的集合,是一个聚合了物与思维、观念等非物质性存在的综合性世界。一方面,会计中的各种制度、技术、方法,是在一定社会意识及观念下形成的产物,贯彻或体现了一定的社会意识或个体观念;另一方面,各种制度的执行和方法的使用,必然对与之相关的人及其心理产生影响,这种影响有时会十分严重,并引发一系列后续反应。20世纪70年代美国会计界"经济后果说"的兴起,便是人们对会计和会计准则的认识从技术与物的角度向社会性和社会意识方面转变的具体表现,体现了一种认识上的跃升。它告诉我们,研究与会计相关的制度、方法、技术及其实现,必须注意其对社会受众意识的影响,必须注意其可能造成的社会经济后果,尤其要注意人的社会心理方面。

目睹数十年来会计研究和实务中的种种现象,我日益强烈地感受到当下社会对会计的认识、研究及会计工作设计与规范中忽视此类无形之物,忽视制度规范和政策之下人的意识所带来的种种弊端,也深刻地意识到"集体意识"和"个体意识"对会计异质性与同一性的重要影响,因而在本章的讨论中,尝试列入了本小节的内容,希望对此做一些基本的探讨。然而,行文至此,却感觉很难再写下去,难以把握从什么样的角度展开,怎么样展开,才可以将这个问题阐释清楚。反复思量之后我甚至开始怀疑设置这一部分的必要性,考虑是否应该从整体上将本小节予以删除。直到偶然之间看到一部由90后大学生拍摄的朝鲜纪录片,我才似乎又豁然开朗,有了较为明晰的继续下去的思路。这部由南开大学本科生导演拍摄、名为《朝鲜世界》的纪录片,时常1小时24分23秒。制作方通过对朝鲜的实际走访,较为全面地反映了朝鲜这个对大多数人来讲都十分神秘且特别的世界的情况。通过这个实例,也可以典型地感受"意识"以及一个国家的整体"意识形态"是如何地造就了一个社会特别的状态。虽然因为资料等多方面原因,我们难以确切获知这些情况如何影响会计,但却依然可以将朝鲜会计作为人类"意识"塑造会计异质性的典型,因为在人类文明演进的其他区域或时段,我们亦曾见到与此相类似的事例。

"朝鲜,是一个在外界看来无比神秘的国家。全球一体化的进程中,朝鲜像一座人类文明的孤岛,有着不同的发展模式。在地图上看,它离我那么近,近的触手可及,但又似乎很远。与其说是朝鲜国家,不如说是朝鲜世界。"这是纪录片开头的总括性叙述。朝鲜作为人类文明中一种特例,其独特性无疑是巨大的,而造成这种独特性最主要的原因,首先在于其独特的国家意识形态。

朝鲜宪法规定,朝鲜是一个以金日成—金正日主义为唯一思想体系的社会主义国家,由朝鲜劳动党执政。朝鲜曾多次修宪,在1998年颁布的朝鲜宪法中明确指出,不再设国家主席一职,将国家主席的荣誉称号永远保留给已故的金日成个人,尊称其为"共和国永远的主席"。在修宪中,朝鲜也撤销了原国家最高权力机关"中央人民委员会"。

在很多人的认知中,宪法是一个国家的根本大法,但在朝鲜,有凌驾于宪法之上的、地位高于宪法的《树立党的唯一思想体系十大原则》(简称《十大原则》)。2013年6月,《十大原则》中明确规定"应将我们党和革命的血脉,白头山血统永远延续下去"。也就是在法理上,规定了朝鲜最高领导人之位,应由金氏家族世袭继承。

为吸纳外汇,从20世纪90年代朝鲜就开始致力于发展旅游业,目前旅游业已经成为朝鲜的经济支柱。据估计,每年约有10万游客到访朝鲜,但朝鲜并未允许自由行。朝鲜对外开展旅游业务的是朝鲜的国营旅行社。游客在旅行过程中必须由朝鲜导游和监察员全程陪同,禁止任意参观游览,禁止近距离接触朝鲜民众,并且摄影范围受限。在游客出境时,工作人员会严格检查他们所拍摄的影像资料。

纪录片中提到朝鲜的许多特别之处,大体归纳为如下几点。

① 朝鲜各地建立有"建党纪念碑",其形象为铁锤、镰刀、毛笔,分别代表工人、农民和知识分子。①

② 通信设备(手机)自成体系,无法与国外联系。

③ 为了防止国民从国际互联网上了解国外的情况,政府设立"光明网",选择性地发布经过滤后的网络资讯供国内民众浏览。

④ 朝鲜没有私营企业,全部企业皆为国有。医疗、教育、住房全部由国家免费提供。不论是农村还是城市,住房全由国家统一提供。

⑤ 大型纪念碑式的公共建筑,包括各类纪念馆、博物馆,成为人们的信仰中心,发挥类似于西方世界教堂的功能。

⑥ 实行严格的户籍制度,人们不可以在各个城市之间自由流动,事实上只能居留在自己生活的城市。

⑦ 为了便于管理,开国领袖金日成按照民众的出身将国民分为核心阶级、动摇阶级、敌对阶级,大约分别占总人口的三成、五成和二成,三个阶级可进一步细分为51个小类。这种划分一直延续至今。不同阶级在居住、学业、工作、晋升等方面会受到不同对待。②

朝鲜民主主义人民共和国于1948年9月9日建立,是一个以金日成—金正日主义为唯一思想体系的社会主义国家。朝鲜采用高度集中的计划经济体制,国有工业占有绝对控制地位,与此相关联,形成了特殊的国家意识形态,以及一系列内政外交政策,在当今世界普遍实行对外开放的时代,实在是一种极为特殊的例证。但依靠强大的意识形态塑造和左右一个国家存在形式的情况,在世界历史上却并不少见。事实上,即便当今时代,不论东方还是西方,在国家层面上,"意识形态"也是影响或决定一个国家制度、政策选择、行为习惯及社会状态的基础性力量。这种力量体现在社会治理的许多方面,造成各个国家在社会管理与法律制度方面,当然也包括会计制度规范、会计理论、会计方法、会计实务及管理方面实质性的差异。

---

① 这一点与改革开放前中国的类似宣传以工农兵为代表有所不同,以代表知识分子的毛笔代替了代表军人的武器。

② 根据纪录片解说词摘要整理而得。

除了较大范围(国家或地区层面上)的意识形态差异外,在其他层面上同样存在各不相同的集体(群体)意识,从而造成具体的人们认识层面上的差异。这方面一个典型的例子是中国科技企业的领头羊、5G技术的全球领跑者、在数十年发展中表现出独特理念和意识的华为公司。作为一家规模巨大、具有重要国际影响的高新技术企业,华为集团的战略、组织及文化,集中体现了公司创始人、公司灵魂人物任正非先生思想意识的巨大影响。任正非先生独特的战略思想,以及在任正非先生影响下所形成的华为公司集体意识,是华为成功的重要基础。

华为老总任正非,可说是中国改革开放40多年来最耀眼的商界明星。他引起了全社会许多的关注,不仅因为华为事业的成功,而且因为他的远见卓识。作为一个企业家,他具有超越侪辈的政治视野,洞悉世间人情百态,获得巨大的成功却依然能时时警惕。关于任正非,社会各方有各种不同的评价和认识,以下转引百度百科"任正非"词条"人物评价"中的一些机构和个人评价。

作为华为的创始人,任正非理性而充满自信的言论,无疑有着稳定人心、维护企业平稳运转的积极作用。从更大的意义讲,任正非以一位中国企业家的身份,身体力行地传播着现代企业精神,重申了一些人容易遗忘的常识,为中国企业面对外部压力如何保持定力树立了榜样。
——《中国青年报》

中国历来都不缺乏政治家、企业家,但从来都缺乏真正的商业思想家——在当代中国,任正非算是一个。——田涛、吴春波《下一个倒下的会不会是华为》

任正非,作为华为创始人,用实际行动重新定义了中国企业家精神。他的创业故事激励着无数企业家搏杀奋斗。他和他缔造的企业一样沉稳低调,历经沉浮坎坷,却最终披荆斩棘,登上了个人意志和时代的巅峰。——中央人民广播电台

在中国的悠久历史上,算得上是科学天才的有一个杨振宁,算得上是商业天才的有一个任正非。其他的天才虽然无数,但恐怕不容易打进史书去。
——经济学家张五常

任正非43岁才开始创业,不惑之年始见春,一手把山寨公司变成了震惊世界的科技王国,同时创立了开中国企业先河的企业治理大法。在判断企业市场时又极具预见性,在企业繁花似锦的时候却说这很可能是企业的"寒冬"。
——魏昕《任正非的真实世界》

此处之所以不厌其详地引用这些有关任正非的评价材料,是因为在华为案例中,我们能够发现个人意志和思想如何影响和决定一个企业组织的发展,并最终塑造组织的共同意识或意志,而这种共同意识或意志,成为引领企业发展最核心的力

量。在当今注重技术和物质的社会科学研究中,对个人意识—集体(群体)意识—组织发展关系的研究,包括这种关系在会计事业中的影响和体现,无疑具有重要意义。

华为的意识中有许多独到的东西,最为突出的是在一个普遍将上市作为获取财富、快速扩张,甚至是作为公司成功的标志之一的现实社会中,华为能够数十年坚持不上市,这种独立的意识和坚定的立场,是非比寻常的,给公司内外关系及经营带来一系列革命性影响。关于华为为什么坚持不上市,公众有诸多猜测。关于这个问题,任正非先生在接受媒体采访时曾经说过:"我们都听过传统经济学中的大量理论,这些理论都宣称股东具备长远视野,他们不会追求短期利益,并且会在未来做出十分合理、有据可循的投资。"但事实上,"(公众)股东总是很贪婪,他们希望尽可能快地榨干一家公司的每一滴利润,而拥有这家公司的人则不会那么贪婪。我们之所以能超越同业竞争对手,原因之一就是没有上市。"① 由此来看,华为不上市,是因为不想公司的发展为追求短期利润的资本市场所控制。为此,华为不但坚持不上市,而且反其道而行之,通过向内部员工授予公司股权,实施一种被任正非称作是"长期视角"的股权安排形式。任正非曾解释华为内部的股权结构,2018年时,华为大约有18万员工,有超过8万名员工持有华为公司的股份,占全部股权的98.58%,任正非本人只持有1.4%的股份。任正非认为,这种股权结构是华为能够赶超业界同行的原因之一。华为的员工也是公司的所有者,因此,他们往往会着眼长远,不会急于套现。

有人认为,华为能成为一家颇具竞争力的国际公司,就是因为华为总是谋定而图远,以10年为目标来规划公司的未来;但是,资本是最没有温度的,自然,任正非和华为非常不愿意看到自己像其他业界同行那样总是被资本市场的短期波动牵着鼻子走。本书在此分析华为的不上市政策,并非为了批判资本市场,而是想要说明,在现实的经营中,企业原来还可以有与众不同的选择,而这种选择,乃是基于其领袖人物超卓的见识和深刻的思想。更重要的是,这样的选择,对企业会计产生一系列重要影响,最终形成一个别具特色的完整的、与众不同的会计体系。

① 因为不上市并实行内部员工持股,华为公司的资本结构和收益分配与一般公开上市公司完全不同。公司收益以股利分配方式大量回馈员工,公司利益与员工利益密切结合。

---

① 引自百度知道:https://zhidao.baidu.com/question/621759984602263092.html。他所说的拥有这家公司的人应指非公众股东。

② 尽管华为公司也根据会计准则编制财务报告,有时甚至要同时根据中国会计准则、国际会计准则和海外分、子公司所在国会计准则编制财务报告,但公司财务报告的编制却主要以满足公司自身管理需求为目标,无须顾忌资本市场短期利益和股价波动的影响。

③ 华为公司根据公司长远发展的战略目标和具体业务管理的需要而构建财务会计体系并及时做出适应性调整,财务会计体系充分体现为内部业务服务的特点,无现代公司"财务会计"(对外报告会计)与"管理会计"(内部报告会计)体系分裂的弊端。

④ 华为公司具有相对灵活而具有较强自主性的费用预算、支出安排及利润(收益)分配政策选择,可以将较多收益用于基础研究和研发、内部激励,而较少像一般上市公司那样受到多方面掣肘。

⑤ 根据 2018 年华为官方公布的一组数据,在公司约 18 万员工中,研发人员有 8 万多,约占总人数的 45%,为了吸引一流的人才加入公司研发团队,并能够留住人才,公司在支付高工资的同时,采取了其他一系列与之相关的政策和策略。为此,公司的财务政策需要有丰富的人文意义,而不仅仅是基于金钱和利益的安排。概言之,华为的财务政策,是一系列具有丰富文化意义的观念、方法、措施的总合。

以上用了朝鲜和华为两个特殊的例证,以这种看起来有些极端的事例,说明意识对于形成会计差异性特点的影响。对于向来关注物化特点,甚至只是将会计当作一种技术手段、一个信息系统的会计界而言,如何深入地认识会计,尤其是会计的各种特点至关重要,不论是从国家层面,还是从企业(组织)、个体的层面,意识的因素都是不可忽视的。

**4. 异质与同一:基于研究者视角的解释(Heterogeneity and Identity: Interpretation Based on the Researchers' Perspective)**

本书既关注会计本身,也关注会计的历史,将会计放在历史的长河中来考察会计及其演变的历史过程。

由此必然遇到的一个基本问题是——会计史究竟是什么?是过去发生的有关会计的一切吗?是,又不是。过去发生过什么,今天的我们不可能全知。我们所看到的可能是其中万分之一甚至更少,只是传世文献中留下来的,或者考古发现的极少的部分,甚至只能说是点滴的记录。不论考古多么发达,都不可能获得有关过去的全部材料、全部的事实真相。所以我们寻找、研究,努力地从所看到或接触的点滴材料中,获得对过往历史的认识,构建出所谓"历史"。但是,我们所发现和看到的，只是我们可以看到，甚至是我们想要看到的，它并不等于历史的真实，更非历史的全部。每个人的视角不同，文化基础不同，关注点不同，看到或构建出来的历史也会不同。而我们用于研究及构建历史的方法也带有时代的烙印，各个时期的方法各不相同，因而即使对同一时空，不同时期的人们看到不同的历史。就如同我们青年时期眼中的世界，与儿童时期所见不同；中年时期所见，又与青年时期不同；老年时期所见，更会是另外一种境界。世界并没有变，变的是我们的视界，是我们的认识，或者我们认识世界及具体表达的路径及方法。研究者本身有很大的不同，而且可能不断地经历多样的变化。正所谓"我心即世界"，有多少个研究者，就有多少种不同的会计史。这是研究者自身角度以及所能看到、实际看到的材料及材料之外世界的不同所导致的异质性。

异质的另外一个原因是过去所发生的史实在不同的环境里确有不同。同时，我们今天开展研究，也即是在构造历史。我们写下我们所看到的，而我们所看到的，往往只是我们所关注的，或者我们想要看到的。

一切真历史都是当代史。因为当代人写历史，看到的总是自己想要看到的，或者希望看到的东西。人们的观察，人们对历史的研究，总是从眼前所见和眼前的需求开始。人们对自己所要研究的客体的认识也是从眼前事物开始。

西方会计史学者眼中所看到的，是今日公司或企业会计的发达，是企业会计在近代几百年之间所获得的快速发展及压倒性地位，所以西方学者勾画会计史时，必然是以企业会计史为核心，并自然地将关注的重点聚焦在当代，尤其是20世纪以来会计学科建设、教育和学术的发展、准则制度建设、上市公司财务报告及信息披露的规范方面。因为他们视野所及，是公司会计的巨大体量和无所不在的影响。他们由此往前推，查找到公司会计产生、发展和演进的过程。企业会计发展史也因此成为他们对会计史的一般理解，久而久之企业会计发展趋势成为他们所认为的会计史必有的定势。

他们间或注意到国家或政府会计，但在他们的世界里，这一方面总是那样微弱，微弱到很难追溯到更为久远的过去，很难构建出一个具有足够分量和影响的体系出来。因而政府会计总是被忽视的一部分，即便通史性研究对它也往往只是一带而过。因为他们的世界从来未经历像中国这样强大、长久的大一统国家的历史演化，他们未感受过这种庞大且需要会计的"人类组织"，所以他们所看到的政府会计史，也不可能是中国这样的官厅会计史。这是异质的会计史之所以会产生的一种重要成因。

概而言之,近现代西方人眼中所见,与中国人所见,并非同一样的东西。所以中西方所注意、所构建出的会计史,亦不可能是同一的东西。这既是因为不同世界受环境影响,其会计经历了不同的发展,形成了不同的特点,也是因为学者们看待世界和看待会计的角度不同。这无关对错,只是一种客观的情势而已。

这个世界自然不是只有中国和西方,而是有许多不同的文明、不同的国家、不同的族群、不同的组织、不同的家族和家庭组成,我们看到无数各不相同的会计及会计历史。同时,也因为各个国家几乎都有一些人从事会计史研究,所以我们可能看到各种不同的历史叙事,看到许多极不相同的,基于研究者个人视界和意识的不同的会计历史。

综上所述,就研究者个人视角不同而导致的异质性而言,归结起来,尽管其研究的成果以及所表达出来的会计历史在细节、史实、观念、范围、叙事方式等方面有许多的不同,但在总体上,它们却又是同一的。这个同一性是指它们所研究和表达的总体上依然是会计的历史,而非其他。正因为如此,有了开展会计历史研究方面国际合作与交流的共同基础。

**5. 会计协调与趋同的同一性意义(The Identity Meaning of Accounting Harmonization and Convergence)**

20世纪中期以来,会计的国际协调与趋同成为全球会计发展中至关重要的议题。全球大多数国家、地区及一些重要的国际组织以极具个性化的态度与形式参与其中,尽管在一些具体方面不乏争议,但在全球经济一体化背景的支撑之下,会计国际协调与趋同已然形成一种磅礴的趋势,代表了全球会计发展中一种必然的趋向。

1) 协调和趋同的前提:全球会计的巨大差异

全球会计为什么需要协调甚至走向趋同?协调和趋同的原因是世界各国会计存在巨大的差异,给各种形式的国际往来(国际商贸、国际投融资等)造成极大障碍,因此,需要通过协调来解决沟通和会计信息资料的使用问题。

在20世纪中期以前,人们并未过多地关注会计的差异问题,并非因为差异不存在,而是因为此前的世界,每个国家都是一个相对独立的个体,国际经济往来相对较少,因而,各国会计实务基本处在"自行其是,各自为政"的状态,即具备绝对的随意性和多样化。虽然那时一些国家之间也有商贸往来,但并不十分频繁且规模相对有限,各自独立处理会计核算及结算问题,一些简易的办法即足以应付。然而,自人类进入20世纪以来,世界各国商贸往来和金融活动的空间、国际往来迅速膨胀，一些发达国家的会计界有识之士，因此感受到了国际会计协调的必要性和紧迫性。

当时世界各国的会计究竟有多大差异？中外文献中并无详细讨论，一些《国际会计》教材常以划分不同模式会计的方式对此做一些概括性说明。曾有学者指出，全球有200多个国家和地区，会计制度的总数远超200多种！因为在一些国家，可能同时执行多种不同的会计制度。比如，20世纪六七十年代的中国，除了企业会计制度和预算会计制度之外，还有根据不同组织机构、不同所有制形式以及不同行业设计的会计制度，如农村人民公社会计制度、国营企业会计制度、城镇集体工业企业会计制度、交通运输行业会计制度等。在不同的国情之下，会计制度、法律规制、具体的核算与报告方式等各有不同。会计的差异既体现在会计核算的具体方法方面，也体现在会计报表的内容和格式方面，以及会计法律制度规范的总体设计方面。

会计是一种商业语言，每个国家或人类族群的会计，首先是基于本国或本族群语言文字的一种专门化表达。我们知道世界各地语言种类繁多、差异巨大。① 语言的差异也直接地体现在会计方面。即便是国际较为通行的英语，依然可以具体区分为多种不同的形式，诸如美式英语、英式英语、澳式英语等。英语国家的会计，在具体表述方面同样存在很大差别。因此，单从语言的角度来看，世界各国、各地的会计之间就存在很大差异。基于不同语言文字的会计表述，是会计研究和国际会计协调与趋同中需要关注的重要问题。不过，正如C.W.诺比斯（Christopher Nobes）、R.H.帕克（R. H. Parker）在《比较国际会计》（Comparative International Accounting）序言中所说："语言障碍并不是实现国际协调这一目标的唯一障碍。在讲英语的不同国家中，理论、立法、政策和惯例都存在着重大差别，语言差别只不过是（例如）英国与德国、法国和荷兰报告惯例之间存在着差距的次要因素。这些差异的存在有其充分的理由，除非这些理由得到未来的企业界和职业界领袖们适当的理解，否则，就不大可能在协调化过程中获得成功。"② 也就是说，会计的差异，并不只是体现在一般的语言文字方面。会计本身即是一个由许多专门化的概念、

---

① 根据多年前东德出版的《语言学及语言交际工具问题手册》，世界上已查明的语言有5 651种。其中约有1 400种还没有被人们承认是独立的语言，或者是正在衰亡的语言。世界上最畅销的书籍《圣经》的外语译本截至1997年已达2 197种。语言的种类多于文字种类，因此，《圣经》的外语译本多达2 197种，至少证明世界语言的种类应多于2 197种。每一种文字都可能有与之相对应的会计记录方式，如此可知全球各地会计的差异实质上有多么复杂。

② C.W.诺比斯，R.H.帕克：《比较国际会计》，黄世忠、陈箭深等译，中国商业出版社，1991，序言。在书的封面上Robert H. Parker缩写为R.H.帕克。

方法以及技术所构成的特殊的、系统化的"专业语言"体系。而这个体系的形成,又深刻地受到各个国家的政治、经济、文化、法律、思想观念、社会习惯等诸多因素的影响,使其在差异化的道路上愈行愈远。

会计作为人类世界的商业语言,大致有着与一般语言相类似的差异状况,差异的原因也大概相似。不管这些差异的形成有多么充分的理由,其实际结果却是在造成不同惯例和特色的同时对理解和沟通构成制约。当人类的商贸等各种交往日益扩大,会计语言的限制亦日益增大,成为沟通和交流的障碍。全球会计协调和趋同,正是为了消除障碍而进行的努力。

2) 协调——趋同的努力及成就

会计的国际协调始于20世纪六七十年代,其基础在两次世界大战中就已经奠定。战后的美国以各种方式将势力伸进欧亚各国,战后各国也急需在废墟上重建家园、修复战争创伤,争取经济尽快复苏。因此,在随后短短十几年时间内,国际贸易和国际投融资快速发展,达到了前所未有的水平。人们在各种国际交往中发现各国会计存在巨大差异,这种差异造成理解信息资料——会计报表,进行基本数据的国际比较及开展业务方面极大的困难。因此,一些发达国家会计实务界的领军人物开始倡议开展会计的国际协调。1966年,英、美、加三国会计师协会联合成立了一个会计师国际研究组(Accountant International Study Group, AISG),着手研究三国会计实务的异同,在两年内发表了20份研究报告。

对协调的含义及如何具体实施,不同时期人们有不同的理解。按照MBA智库百科的解释,国际会计协调(International Accounting Harmonization)"是指在一个各国比较能接受的国际会计准则的指导下,推行能使各国理解的、较为统一的会计实务,尤其是有关会计揭示、计量方法及单位等等方面的实务。其核心是会计标准国际化,逐步实现会计信息的可比、协调、标准、统一"。[①] 威尔逊(Wilson)较早讨论协调的意义,他在1969的研究中指出,"与标准化(Standardization)不同,协调意味着不同观点的调和。它是一种较标准化更为实际,也更讲求调解的方法,尤其是在前者意味着一国的会计实务必须为他国所接受的条件下。协调是增进信息的沟通,且以能够翻译和理解的方式来实现"。[②] 缪勒(Miller)1979年的观点则强调协调的过程性特点,认为"协调是一个过程,它将不同的会计实务整合到一个有序的框架之中,并产生协同的效果"。[③] 塞缪尔斯和派珀(Samuels 和 Piper,

---

① MBA智库百科,https://wiki.mbalib.com/zh-tw/国际会计协调。
②③ 任明川:《会计国际协调的含义和实质》,《中国注册会计师》2001年第12期,第48-49页。

1985)进一步提出,会计的国际协调应该是一个由弱变强的过程,包括:比较—协调—标准化—统一性(uniformity)。① 这一排序的意义在于它较为客观地描述了国际会计准则协调由易到难,由协调进而达到趋同甚至统一的必要过程。

1973年,国际会计准则委员会(International Accounting Standards Committee,IASC)成立,这是发达国家会计界表现出国际会计协调的共同意识并为之做出实质性努力的重要起始点。

IASC在其运行的前20年里,采用一种较为宽松的协调政策,其所制定的国际会计准则(International Accounting Standards,IAS)允许在多种会计方法之间做出选择。IAS因此被戏称为会计实务的"大拼盘",即对主要发达国家会计实务的简单归纳。这也在一定程度上解释了为什么当时普遍使用"协调"一词,因为它体现的是一种"调和"和"包容"的态度。但这种准则柔性过大、质量不高且权威性不足。因此,1995年,IASC与证券委员会国际组织(International Organization of Securities Commissions,IOSCO)达成协议,承诺对已发布的IAS进行修订和补缺,以形成一套"核心准则"。作为交换,IOSCO表示愿意在全球所有证券交易所使用IAS,前提是IAS必须符合IOSCO的质量要求。由此,IASC开始限制会计方法的选择,并为此确定了新的宗旨:为了公众的利益,建立一套高质量、可理解、可实施的全球通用会计准则,以实现财务信息的透明化和可比性。一定意义上,这已经是"标准化"而不再是"协调"了。从1997年开始,IASC酝酿对自身进行改组,至2001年改组完成,IASC发生了许多重要变化:①在组织架构方面基本仿照美国的模式,在最高层次设立独立的IASC基金会,由受托人(trustee)负责日常管理。基金会下设置国际会计准则理事会(IASB)、国际财务报告解释委员会(IFRIC)和准则咨询委员会(SAC)3个机构,其成员由受托人任命。其中,IASB代替IASC理事会履行制定和发布国际准则的职能。②确定了新的工作目标,提出了三方面新要求:第一,强调制定具有高质量的全球会计准则;第二,更加重视国际财务报告准则的使用与严格应用;第三,竭力提倡各国会计准则与国际财务报告准则的趋同(convergence)。IASB的新目标实际上意味着其由原先作为各国会计准则"协调者"的IASC转变成全球会计准则"制定者",并将注意力置于推进各国会计准则与国际财务报告准则趋同方面;③使用国际财务报告准则来阐明准则的范围。除IASB新发布的"国际财务报告准则"(International Financial Reporting Standards,IFRS)外,之前由IASC发布的国际会计准则、IASC"常设解释委员会"

---

① 任明川:《会计国际协调的含义和实质》,《中国注册会计师》2001年第12期,第48-49页。

(SIC)发布的解释公告以及国际财务报告解释委员会(IFRIC)发布的解释公告也涵盖在内。根据 IAS1 财务报表的列报第 11 段的规定,以上四项内容具有相同的使用效力。除上述三个重要方面之外,改组后的 IASB 在准则制定程序、导向以及适用范围等方面也发生了一些重要变化。①

IASC 的世纪性改组,直接推动了趋同的全球流行。按照维基百科的解释,所谓"趋同",简单来说就是"建立一套国际通行的会计准则"(The goal of and work towards establishing a single set of accounting standards that will be used internationally)。② 借经济全球化的东风,IASB 于 2001 年最先提出的各国会计准则与国际财务报告准则的国际趋同,很快得到世界各国的响应,成为全球会计界最热门的话题。

概括来看,会计的国际协调与趋同从 20 世纪中期启动,截至 2020 年已历时半个世纪,虽然其中颇多曲折,然而成就巨大。

(1) 国际财务报告准则在世界各国的应用范围不断扩大,迄今已有 100 多个国家和地区直接采用国际财务报告准则作为本国准则,或宣布本国(地区)会计准则与之趋同。具体而言,许多欠发达国家因为无力开发本国准则,早在 IASC 时期就已经以国际会计准则作为本国准则,在 IASC 改组之后,它们顺理成章地采用国际财务报告准则作为其内部会计规范。除此之外,欧盟各成员国、澳大利亚等自 2005 年就开始采用国际财务报告准则。自 2008 年起,加拿大、印度、韩国、日本等国相继宣布采用国际财务报告准则,或发布了与之趋同的计划。更为特殊的是,美国自安然事件之后也一改初衷,开始加紧参与会计的国际趋同,于 2008 年 11 月发布了采用国际财务报告准则的路线图。迄至今日,会计的国际趋同已经成为一种普遍影响全球各国会计制度规范与实务的宏大趋势,在消弭和减少各国会计差异方面发挥了重要作用。

(2) 欧盟作为一个重要的区域性组织,曾以指令方式开展欧盟内部会计协调,成效卓著。2000 年 6 月,欧洲委员会发布了一份政策文件通讯稿,要求欧盟的 7 000 多家上市公司自 2005 年起编制合并报表时,必须采用国际会计准则。2002 年,欧盟正式发布决议,向国际财务报告准则过渡。欧盟关于采纳国际财务报告准则进程的这种态度,使之成为会计国际趋同的重要推手及国际财务报告准

---

① 以上参考了汪祥耀:《论国际会计准则委员会改组后的八大变化》,《会计论坛》2004 年第 1 期,第 68-75 页。

② 维基百科,"Convergence",https://encyclopedia.thefreedictionary.com/Convergence。

则的最主要"客户"。

(3) 美国自 20 世纪 30 年代开始制定会计准则,成为全球各国学习效仿的楷模。其在国际会计协调与趋同方面的态度,以 2001 年安然事件为分界,这个时间点也恰巧与国际会计准则委员会(IASC)改组完成的时间相重合。在此之前,美国虽然是国际会计准则委员会的发起成员之一,但却并不支持国际会计准则在美国资本市场上的应用,也不热衷于美国会计准则与国际会计准则间的协调。IASC 改组之后,美国开始积极支持美国公认会计原则(Generally Accepted Accounting Principles,GAAP)与国际财务报告准则趋同,并实质性地按自己的意愿制定或改造国际财务报告准则。2002 年 9 月,IASB 与 FASB 终于携起手来,开始为美国 GAAP 与国际财务报告准则的趋同开展合作,推动了系列"趋同性项目"(convergence projects)。2008 年 11 月 15 日,为了规范上市公司根据国际财务报告准则编制财务报告,美国证券交易委员会(Securities and Exchange Commission,SEC)发布了一份关于采纳国际财务报告准则路线图的征求意见稿,阐述了强制美国上市公司采用国际财务报告准则的基础,提出了美国实现采用国际财务报告准则的 7 个里程碑。①

(4) 中国自 1992 年颁布《企业会计准则》起,开始由传统的实行统一会计制度向采用会计准则转换。财政部设立了会计准则委员会并自 20 世纪 90 年代开始与国际会计准则制定机构展开密切合作。2005 年 11 月 7 日至 8 日,财政部会计准则委员会与国际会计准则理事会在北京举办会计准则趋同会议,签署了"中国会计准则委员会秘书长—国际会计准则理事会主席联合声明"。② 此后,财政部与国际会计准则理事会建立了持续趋同机制,积极推动中国会计准则与国际会计准则持续趋同。2006 年,中国建成与国际财务报告准则实质性趋同的新会计准则体系,实现了与国际财务报告准则的实质性趋同。2010 年,财政部发布《中国企业会计准则与国际财务报告准则持续趋同路线图》。2014 年,财政部又发布了公允价值计量、财务报表列报等 8 项新制定或修订的企业会计准则,进一步保持了中国企业会计准则与国际财务报告准则的持续趋同。经过近 30 年的努力,中国实现了会计准则与国际财务报告准则大范围的持续性趋同,并逐渐成为国际会计趋同中重要的力量。

---

① 刘金星:《国际会计准则趋同:进程与现状》,《财会学习》2009 年第 6 期,第 70-73 页。
② 本刊记者:《中国会计准则委员会—国际会计准则理事会 会计准则趋同会议圆满结束并签署联合声明》,《财务与会计》2005 年第 12 期,第 25 页。

3）趋同与同一的关系辩证

作为本书核心命题的同一，源自会计的同质性，是在肯定差异的基础上对会计自身特性的一种总体上的描述，是基于理论研究和哲学意义的观念区分，是会计作为一种社会存在内生的属性。会计准则的国际趋同，则是基于现实利益和国际往来而做出的一种现实选择，是为逐渐消弭制度差异所造成的不便而采取的一种现实的策略。因此，二者有着本质上的区别。

如上所述，会计的国际协调与趋同，源于20世纪中期以来国际经贸环境的变化。从最初国际贸易、国际投融资的扩大，到后来交通日趋便利，尤其是国际互联网带来的超乎以往的信息交流和沟通的便利，以及一系列技术创新所导致的全球一体化趋势，极大地推动了国际会计由协调向趋同的快速转变，国际会计趋同成为一种力量巨大的跃进性趋势。

但我们必须看到趋同的本质是全球各国对各种利益的争夺与安排。各种协商安排和争竞之下的不断趋同，实质上是烟雾掩盖之下残酷乃至血腥的国际（国家及区域性集团之间的）利益争战。协调和趋同虽然是一种现实的需要，但其实际推进却必然演变成为一种利益的争夺。也即是说，所有的协调问题，必然归结于利益这个根本。当既有的利益格局受到挑战，反对协调、反对趋同，甚至去全球化的声音就将必然出现。因此，趋同必然是一个存在反复的、长期且艰难的过程。

另外，数十年的会计国际协调，将关注的重点放在上市公司（尤其是国际性公司）的财务报告方面，而财务报告只是作为社会治理体系的会计的一个小小的部分。一方面，会计本身的构成，除了报告之外，还有基本的各种项目的确认和计量、基本的核算和分析、数据和业务审核等诸多方面内容；另一方面，现实中的会计主体除上市公司之外，还有数量庞大的非上市公司、中小型企业、政府及非营利组织等。而当代会计，除了以对外报告为目标的财务会计外，还有对内服务的管理会计，以及各种新型的会计分支如社会责任会计、绿色会计、环境会计、人力资源会计等，其间差异巨大，也必将面临一定程度上的国际趋同问题。

在目前的世界上，因为技术的进步，国际投融资的影响，以及半个多世纪以来逐渐形成的全球产业链分布格局，全球化已经成为必然的不可逆转的趋势，尽管各种原因可能导致全球化趋势迟滞或延缓，也可能在一定条件下走一些回头路，但全球化趋势却不可能发生根本性逆转。不过，迄今为止，世界的格局依然是以典型的民族国家为核心力量，而千百年来形成的民族国家之间的利益分割、矛盾积累，以及文化上的差异性，依然会持久地发挥作用，因此，会计的国际协调与趋同必然是一个持久的过程。

在本章开头,我们曾注意到戈登·柴尔德对人类文化的理论性分析和描述:在逐步分异的同时逐渐加强交流和汇聚,并最终必然融为一体。从会计的协调与趋同中,我们看到的正是环境变化导致的文化汇聚的趋势。因为会计内在同一的特性,会计趋同并最终融为一体,具有理论上的必然。但其完全趋同且实质上归为同一,绝非短期内可期。

## 6. 小结(Conclusion)

会计是人类社会一种至关重要的存在。我国著名会计史学家郭道扬教授曾经指出:"一部会计发展史表明,自有天下之经济,便必有天下之会计,经济世界有多大,会计世界也便会有多大。一部会计发展史还表明,自从有了国家,国家便离不开会计,会计工作牵系着国家之兴衰、政权之安危;自从有了企业,企业便离不开会计,会计事关企业经济之起落、经营之成败,乃至企业的发展速度与规模;自从一夫一妻制家庭的建立,家计便成为治家理财之重要组成部分。当今,随着世界经济一体化,世界将成为一个包罗万象的巨大经济实体,为此,会计亦将成为全球性文化交融、汇流中的一个重要部分,它也必将走出国门,步入世界,并毫无疑问将成为对未来国际性信息化社会、信息化经济进行控制的支柱。"[①]

我们无法像人类基因科学家那样,对会计的"基因"进行研究,因此,无法知晓——至少是现在还无法知道人类会计是否是随着人类先祖从非洲大陆走出来的。但我们却可以确切地知道,人类各个族群尽管表象上有许多的不同,但却有许多东西是同一的,从根本上来讲,这取决于人类作为一个物种的群体性(社会性)行为和组织需求的共性特征。正如人类不管哪个人种或族群,不管处在何等发达程度,都必然具有吃、穿、用、住、行等基本的生理和生活需求,生育、生存及延续的需求,组织、管理、统治的需求,发展经济和文化的需求,提升生活水平的需求。因为内生及外延需求的基本一致性,不论距离多远,人类族群总是有一些共同的行为、观念、物质及精神创造,比如居住设施、交通工具、服饰、食物与餐具、交易工具、防卫及战斗工具(弓箭、长矛、盾牌,乃至远古时期的石器等),如此等等。如果细致地分析,我们总能惊讶地发现各种不同甚至十分陌生的族群中很多类似的东西。概而言之,物种的生存、生活和发展的基本需求,造就了人类生活多方面基本同一的特性,而在同一的基础上,地理环境、历史文化、技术的发展水平、政治体制以及观念等,导致了不同族群在细节方面巨大的差异性,即本书所谓异质性。

---

① 郭道扬:《会计史研究》第一卷,中国财政经济出版社,2004,第22-23页。

异质与同一并非两种对立的存在,而是普遍地体现在人类社会和生活的各个方面,包括人类会计之中的一种现实的状态。因为人类活动范围的扩展,交流和交往的加强,从纵向的历史的角度来看,除了先天形成的会计同一性之外,随着交通的便利和信息传输与沟通的便捷,因为交流所形成的同一性也在不断增长。这是一种客观的状态,也是我们观察和认识会计所需要注意的。在对会计这两方面特性认识的不断加深中,我们对人类会计各个方面的认识也会日益加深,并逐渐地把握其实质。

在过去一百多年中,我们看到因为技术尤其是关系人类交往和交流的交通、通信、出版以及基于计算机网络和多媒体技术的信息传播与沟通技术的快速发展,会计的国际协调和趋同成为重要趋势。进入 21 世纪之后,随着国际会计准则委员会的改组和更多国家积极参与会计的国际协调,人类会计在增强同一性的道路上有了很大进展。然而,我们也看到其中的困难与不足。尤其从 2020 年年初以来严重的全球性疫情,造成了许多新的矛盾冲突和隔阂,去全球化(de-globalization)(也称"逆全球化""反全球化")的声音越来越强。这也告诉我们会计国际化和趋同化的道路必然是曲折而艰辛的。

从人类文明进步的角度,大同世界一直是一些具有远见的先贤理想中的目标。联系今天的现实来看,大同尚远,但依然可期。当然,重视并认真对待差异,乃是我们当下必须重视的选项。

# 第十章

# 21 世纪会计新史学

新世界需要新史学。
——(美)斯塔夫里阿诺斯:《全球通史:从史前史到 21 世纪(第 7 版)》,董书慧等译,北京大学出版社,2005,致读者,第 27 页。

进展到现在,本书已对会计异质的历史及成因做了多方面考察。接下来本书要谈的是会计史观的构建问题。也即是说,应该秉持什么样的观念、采用什么样的方法,对会计的历史做更深入的研究和探索,在真实、客观地勾画会计文明发展的历史画卷,深刻理解会计的社会意义的基础上,就未来会计变革与发展获得有益的见解和启示。

本章题为"21 世纪会计新史学",需要说明的是,此处所讲"新史学",并非 20 世纪 90 年代形成的"新会计史学"(New Accounting History),而是一种基于会计学科发展和会计史研究提出的一种全新的概念,这是笔者基于个人研究的初步尝试或者一些不甚成熟的想法。本书赞赏新会计史学的倡导者们,他们以极大的热情,搅动了会计史研究的一池春水,使会计史研究视野扩大,更加接近社会历史的真实。本书从新会计史学中获益良多,但却并不认为它能够代表未来会计历史研究所需要采用的会计历史观念的所有或者较大部分的必需内容。本章的目的在于针对前面讨论中所发现的各种实际问题,广泛地吸收史学理论和历史哲学的成就,充分结合技术进步所带来的条件便利,系统地进行会计史研究的理论、观念和方法思考。

本书主要是写给作者自己看的,旨在为开展会计历史研究寻求一种必要的指南。倘若能对读者有所助益,则为万幸。

**1. 历史、史学理论及其进展(History, Historical Theory and Its Progress)**

本节首先讨论一个似乎不是问题的问题:究竟什么是历史?

本书前面提到过鲁滨孙的观点。在他看来,历史是一种研究人类过去事业的广泛的学问,因而,所有人类自出世以来所想的,或所做的,都包括在历史里面。"如 Chelles 地方的石斧,同今晨的报纸,都是历史。……无论解释亚述瓦当上的契约,估计金刚石项圈的价值,或叙述 Charles 第五的食物,都是在历史范围以内。"①O.腾·海渥则声称,过去发生的每一件事并不都是历史! 他借助休齐格(Huizinga)的说法,认为过去处于一种混沌(chaos)状态,人们通过在混沌中创造有秩,通过探究一般现象,通过追寻一个时代的文化与社会结构之间的因果关系,就有可能将从混沌走向有序的过程变成历史。②

历史究竟是什么? 这是诸多史家一直都在探究的问题。

列奥波德·冯·兰克③说,"历史是客观存在的事实"。

柯林伍德④则说,"一切历史都是思想史,是历史学家在心灵中重演过去的思想"。

爱德华·霍列特·卡尔⑤用了多样的主题来讨论"历史是什么"⑥。在他看来,"并不是所有关于过去的事实都是历史事实,或者过去的事实也并没有全部被历史学家当作历史事实来处理"。⑦ 他进一步告诉我们:"只有当历史学家要事实说话的时候,事实才会说话:由哪些事实说话、按照什么秩序说话或者在什么样的背景下说话,这一切都是由历史学家决定的。"⑧

概而言之,历史不外乎两类:作为客观事实的历史(即过去所发生的)和被人类(通常为史家或其他有意的记录者)所记录的过去事迹。记录本身是一个带有个人主观意志、主观选择和判断的过程。慢慢地,在以上两者的基础上衍生出了第三、

---

① 鲁滨孙:《新史学》,何炳松译,广西师范大学出版社,2005,第1页。
② O.腾·海渥:《会计史》,文硕、付磊、杨健译,中国商业出版社,1991,第2页。
③ 列奥波德·冯·兰克(Leopold von Ranke, 1795—1886),德国史学家。19世纪德国和西方最著名的历史学家,用科学态度和科学方法研究历史的兰克学派的创始人,被誉为西方"近代史学之父"。
④ 柯林伍德(Collingwood, 1889—1943),英国哲学家、历史学家、考古学家。其名著《历史的观念》(The Idea of History)被西方哲学界誉为"英国人对现代历史哲学的唯一贡献"。
⑤ 爱德华·霍列特·卡尔(Edward Hallett Carr,简称 E.H.卡尔,1892—1982),英国历史学家,长于国际关系史和苏联史,作品有《苏维埃俄国史》和史学理论方面的代表作《历史是什么?》。
⑥ 爱德华·霍列特·卡尔关于历史是什么的相关文章被集结成册出版,成为一本200多页的著作《历史是什么?》,该书集合了卡尔1961年在剑桥所做的一系列演讲,全部内容分为六章,包括:历史学家和历史学家的事实,社会与个人,历史、科学与道德,历史中的因果关系,作为进步的历史,扩展中的视野。每一章都从不同的角度诠释"历史"的定义。
⑦ E.H.卡尔:《历史是什么?》,商务印书馆,2007,第91页。
⑧ E.H.卡尔:《历史是什么?》,商务印书馆,2007。转引自李林丽:《"历史"究竟是什么:读卡尔〈历史是什么?〉》,《名作欣赏》1917年第12期,第151-152页。

第四乃至第 N 种历史,那就是分析的历史、实验的历史、量化的历史、批判的历史,如此等等。归结起来,实际上只是一种基于原始材料或过往记录的新的时代性解读。

中国人自古就有治史的传统,史家秉笔直书,分门别类地记录下各种史事及材料①,以之作为历史的借鉴,在借鉴中获得启示。作为中国人,既可以从历史记录中学到许多做人做事的原则、方法和智慧,也可以以青史留名作为一种人生的激励,行坏事者也得顾忌遗臭万年,留下千古骂名。因此,在中国的文化中,历史并不只是简单的记录,它发挥了重要的社会治理功能。尽管这种记录性的历史在 20 世纪史学方法论的发展和研究中招致了不少批评,但客观上来看,一方面,它代表了人类历史记录最初的也是最本源的形式和价值,即记录史实以发挥其借鉴等诸般作用。另一方面,它为后世研究提供了许多重要的资料。因此,本书认为,不管时代如何变换,这种记录的历史,始终应该作为历史的核心部分占据重要地位。

当然,在中国,除了卷帙浩繁的官修历史(正史),还有无数的野史、笔记,以及数量庞大的有关官、私各类活动的原始材料遗存,为各类人提供了无数的材料及经验借鉴。

20 世纪初,随着西学东渐,西方的史学理论和观念进入中国,历史作为一门学科发展起来并进入许多研究者乃至一般社会公众的视野。作为学科的历史,不再只是记录,而是多了许多科学研究的成分②,也因此变得更加玄妙和复杂。一方面,历史研究确实扩展了我们的视野,通过科学研究和深层次的历史性拷问,加深了我们对各时代文明的理解;另一方面,历史研究也难免区分过细、恣意曲解,甚至陷入历史虚无的困境。

在 19 世纪的西方,史学家关注的同样是历史的史实。爱德华·霍列特·卡尔研究发现:"19 世纪 30 年代,当兰克(Ranke)合理地反对把历史当作说教时,他认为历史学家的任务是'仅仅如实地说明历史而已'。"③"历史学家收集事实,熟知这些事实,然后按照历史学家本人所喜欢的方式进行加工,撰写历史。"④19 世纪 80 年代和 90 年代,德国学者首先向历史事实处于首位的原则发起挑战,意大利人

---

① 这里需要注意的一点是,尽管古代史家很注意史德,讲求铁笔直书,但从《史记》《汉书》等重要史籍来看,不论是史事、人物的选择,还是体例安排、语言表述,总是难免会包含了史家的个人判断和好恶。选择性记忆则更是难免。需要读史者辨别理解。
② 事实上,在中国很早就已经有关于如何治史的理论探讨,比如唐代刘知己的《史通》及他著名的"史才三长论",但学界通常认为真正意义上的历史科学,是西方的舶来品。
③ E.H.卡尔:《历史是什么?》,商务印书馆,2007,第 89 页。
④ E.H.卡尔:《历史是什么?》,商务印书馆,2007,第 90 页。

克罗齐随后提出"一切历史都是当代史",这"意味着历史的本质在于以当下的眼光看待过去、根据当前的问题看待过去,历史学家的主要任务不在于记录,而在于评价"。① 注重分析和批判的历史研究由此发轫。20 世纪大部分时间的历史研究,在不断地评价、批判和基于各种不同理论的解释与验证中前行。而考古的发达,各种史料的大发现,各种理论和观念的提出,技术的进步,为历史研究百花齐放提供了丰富的材料与手段。

关于史学的进步,联合国教科文组织 1978 年编辑的《社会和人文科学研究主要趋势》(Main trends of research in the social and human sciences)之历史学卷做如此描述:西方史学在两次世界大战后尤其是 1955 年后发生了革命性变化。除研究领域扩大至亚非拉各国和研究重点由政治史转向经济、社会、文化史外,主要趋势是突破了历史主义的束缚,应用社会科学的理论和方法,使史学由艺术转变为科学。②《社会和人文社科学研究主要趋势》着重介绍和高度评价了两种"新史学",即计量史学和年鉴学派,它们皆属经济史的范畴。然而,"到八十年代,计量史学似已度过它的黄金时代,批评迭起。年鉴学派仍盛,但其向心理学因素倾斜,也遭到一些物议。同时,出现另一种'新经济史',即以诺斯为首的新制度学派。"③

本书在此想要强调的是,关于史学的进展及其方法选择,与对历史的理解一样,是十分复杂、很难有定论的事情。本质上我们无须去判别孰是孰非,知之即可。从会计史研究的角度,本书在此重点说明以下几点。

(1) 关于"历史"是什么? 本书更倾向于认为,在总体上,历史是人类过往经历之记忆。人类活动所存留下来的一切事实,从时间的角度看,皆构成历史。

概括而言,历史包含三个层级。

层级一,存留于各种物质载体之上的历史事实。即有关过去的各种史事的存留,包括古物、古代社会及个人生活遗迹、各种形式的文字记录资料等。此为保留在物质上的事实之记忆。从记忆的角度,个人或集体的记忆,倘以口述历史、影音或图像资料的形式记录下来,也是历史事实或其记录的范畴。

层级二,记录的历史。即由过往事实、事件的经历者或历史研究者经过对史实、资料的整理和研究所做成的记录(文字、影音资料等)。

层级三,分析(批判)的历史。即由后世研究者根据史实、史料遗存以及前人做成的历史记录,进行批判性分析、研究、解释(解读),形成新的历史表述或批判性研

---

① E.H.卡尔:《历史是什么?》,商务印书馆,2007,第 105 页。
②③ 吴承明:《论历史主义》,《中国经济史研究》1993 年第 2 期,第 1-9 页。

究成果。

关于以上分类,需做两方面说明。

第一,以上并非一种严格的科学意义上的分类,而是今日的研究者为了更好地开展历史研究而需要注意的材料对象区分。作为研究者,站在今日的研究立场,需要广泛地关注各种过往的事实、历史记录及研究。尤其需要注意的是,近年来,因为技术的发展和人们研究视野的扩大,原本分散在各处的大量原始材料被广泛发掘出来,通过公开出版物或数据库的形式进入研究者及大众视野。在历史研究的角度,这是需要特别注意的一种趋向,需要历史研究者积极参与。通过田野调查、口述历史、影像记录等形式搜集和整理更多史料,也是历史研究者重要的工作和研究内容之一。

第二,以上分类强调史实和记录,现实的历史研究中多重视史料,侧重于记录的历史。但是作为研究者,不能忘了,人类历史悠远而有文字记录的却只是几千年时间。从时间的角度来看,文字记录的历史不过是人类历史中短短的一瞬。20世纪前期最有成就的史前考古学家戈登·柴尔德在其《历史发生了什么》一书前言中发问"人类在地球上生存的几十万年间经历了怎样的发展过程?"强调探讨"written history"产生之前的历史。意味着人类历史可以有广义和狭义之分:广义的历史指人类以往全部的发展过程,狭义的历史指能够利用文献记载进行研究的那部分人类历史。①

(2) 关于历史研究的作用问题。在时时处处讲求"有用"的时代,历史研究者时常面对被问"历史有用性"问题的尴尬。技术发展带来日新月异的变化,历史的"借鉴"作用往往在不断翻新的现实面前被人所嗤笑。于是我们不得不反复追问:历史研究的用处究竟何在?

历史的借鉴意义向来被普遍认同。② 作为对历史价值的肯定,借鉴意义是说人类可以通过学习自己过往的历史,获得必要的借鉴和启示。但在目前的现实中,这一点受到很大怀疑。尤其是自20世纪以来,许多前所未有的技术和发明创造使人类多了许多狂傲,由此产生对历史借鉴意义的怀疑:我们面对的是一个与以往任何时候都有很大不同的现实,很多东西都是前所未有的,也就是说,以前从来都没

---

① 戈登·柴尔德:《历史发生了什么》,李宁利译,上海三联书店,2012,前言第1页。
② 中国古代有三镜之说:"以铜为镜,可以正衣冠;以古为镜,可以知兴替;以人为镜,可以明得失。"周公就提出"殷鉴"思想,司马迁著史,意在"述往事,思来者"。唐代史学评论家刘知几讲:"史之为用,其利甚博,乃生人之急务,为国家之要道,有国有家者,其可缺之哉?"英国诗人雪莱曾这样写道:"历史,是刻在时间记忆上的一首回旋诗。"

有经历过的,这样,历史的经验还有什么借鉴意义?

这确实是一种严厉的责问。对此,我一直没有找到可靠的答案。直到有一天读《沃格林——历史哲学家》一书,看到"探询历史不仅是对往事及其内在关联的探索,也是在探究人类存在的结构,这个结构是一个分享存在的过程。这意味着,这种历史研究在本质上是一门哲学"①,方获得觉悟。人类之所以关注已经成为过往的历史,并一代一代,一次又一次地对其做出不同的描述或解释(所谓"所有真历史都是当代史"之类),其目的并非在于探究已经发生过的事实本身,或其中存在的规律性。历史研究更深层次的作用在于了解、研究人类生活本身,了解人在生活中所结成的各种关系,探查人类社会存在的最本源的实质,此即所谓"人类存在的结构"。②

了解人类生存和生活的结构,以更好地生活,这就是我所认同的历史研究的价值所在。

历史是一种智慧。历史,唯有历史,才是我们理解人类生存和生活的真相,享受更好生活的理性之源。

## 2. 会计史、会计史研究与会计史学(Accounting History, Accounting History Research and Accounting Historiography)

会计史研究具有重要意义。这一点应该是毫无疑问的。

在过去 100 多年里,不少人从事会计史研究,取得了许多重要成就,堪称人类重要的文化成就。付磊教授在总结 1978—2008 年的中国会计史研究时谈道:"对任何一门学科来说,史学研究都是重要的组成部分,是其理论研究的先导,会计学也不例外。会计史研究之所以必要,在于它可以揭示会计发展规律,便于我们借鉴历史经验,遵循规律,推进会计事业的发展。"③然而,究竟什么是会计史?会计史该研究什么?迄今依然属于有待进一步思考和研究的问题。

澳大利亚伍伦贡大学(University of Wollongong)迈克尔·加斐金(Michael Gaffikin)教授 2011 年曾在《会计史》(Accounting History)杂志上发表一篇题为

---

① 尤金·韦伯:《沃格林——历史哲学家》,成庆译,吉林出版集团有限责任公司,2011,第 3 页。
② 香港中文大学科大卫(David Faure)教授也有类似认识,网上有关科大卫教授的介绍中引用他的观点:"我大概有兴趣了解社会的结构,但是我有兴趣的结构,并非历史学者创造的结构,而是我需要了解的人群所认同的结构。我以为只有了解人群认同的结构,才可能超越结构概念的局限。没错,我相信我们读历史的目的就是获得更好的生活。"科大卫是香港中文大学历史系比较及公众历史研究中心主任、香港中文大学—中山大学历史人类学研究中心主任,致力于中国社会的历史人类学研究,主要著作有《皇帝和祖宗:华南的国家与宗族》《近代中国商业的发展》等。
③ 付磊:《会计史研究三十年》,《会计研究》2008 年第 12 期,第 24-30 页。

《什么是会计史?》①的文章。在谈到写作动因时,他说第一个动因是在研究中竟然很诧异地发现,在《会计史杂志(电子刊)》(History of Accounting eJournal)上刊载的文章及摘要,讨论范围极其之广,广到几乎所有东西都被认为是会计史(contains a very broad range of discussions — so broad that it seems almost anything can be considered accounting history)。第二个动因则是他对主流会计史研究的方向感到不安。② 之所以不安,是因为从 1991 年 Miller,Hopper 和 Laughlin 提倡新会计史学已经过去 20 个年头(至 2011 年),但在这 20 年里,自那篇开创性的文章之后出现的只是一场场相当肤浅的争辩或讨论,极少有他们所期望的那样比较有深度的研究著作出现。迈克尔·加斐金直言不讳地指出:"尽管 Fleischman 和 Radcliffe 声称会计史迎来了'怒吼的 90 年代',但我并不认为真的有什么完全意义上的'新会计史学'出现。"③不仅如此,他甚至认为,在会计史研究文献中出现了"保守主义转向",按他的说法,会计史的卖场,已经被持保守主义观点的研究者所占领(控制)④。

迈克尔·加斐金所讨论问题的核心在于会计史研究范围的划定,至于所谓"保守主义转向",实则是他本人对会计史研究状况的一种观察。

在迈克尔·加斐金的文章中,我尽力地搜寻他对"什么是会计史"这一问题的回答,却基本毫无所获。最近似的说明当属以下文字:

本体论关注的是存在的本质。因此,我们需要拷问我们为什么会研究会计史?我们可以说,我们只是喜欢回望过去,但这并不能回答为什么的问题。过去和历史并非同一回事。历史是我们据以获得有关过去的认知的过程或手段⑤。

迈克尔·加斐金用很大篇幅讨论会计史学与普通历史学的关系,以及会计史学中"新史学"与"传统史学"的区别与联系。许多会计史学者也同样关注这一问题,并从这个角度致力于"会计史学"的研究。这样固然有助于我们理解在社会与史学观念进步的过程中会计历史研究的适应性进展,以及尽可能地保持与史学主

---

① Michael Gaffikin, "What is (accounting) History?" *Accounting History*, 2011, No. 16: 235-250.
② 原文是:A second reason concerns my disquiet at the direction of mainstream accounting history research。
③④ Michael Gaffikin, "What is (accounting) History?" *Accounting History*, 2011, No. 16: 236.
⑤ Michael Gaffikin, "What is (accounting) History?" *Accounting History*, 2011, No. 16: 236。这段话的英文原文为:Ontology concerns the essences of being. Therefore, we need to ask why are we engaged in accounting history? We could say that we simply enjoy looking at the past but that does not answer the question of why. The past and history are not the same things. History is the process or the means by which we attain an understanding of the past.

流相贴近①,但对于会计史学本身,以及具体地指导会计史研究而言,一些基本问题依然未曾获得明确的界定或定义。

加里·J.普雷维茨等曾在 1990 年发文探讨会计史的定义及与之相关的问题。② 他们首先注意到的是通常情况下史学家对其工作的两种界定。

一种是叙述性历史——建立和/或描述事实。历史是以一种特殊的、具体的、非分析的方式构成的集合。历史是一种叙事,一个有趣的故事,人们借此认识到人类理解历史时的内在局限,消减并驳倒在物理学的调查风格中严格固化的那些方法。(雅克·巴尔赞,1974)

另一种是解释性历史——用社会科学的方法评估关系并提供解释。即使是纯粹的叙述也必须使用解释,寻找某种方式做出预测,甚至要采用更为严谨的科学方式。(卡尔·N.德格勒,1987)反事实(counterfactual)和气候测量(cliometric)是新史学所用此类技术中最新式的技术,它们寻求解释,而不仅是描述。(I.R.T.休斯,1970)③

他们由此获得了对非历史学专业人员从事会计史研究的信心。他们强调会计历史的实用价值,即:"历史为当代研究提供支持,有助于政策制定、实践及准则制定。它让会计师了解构成我们传统的个体、思想、经验及教训。"④遗憾的是,这篇文章中详细分析了会计史研究对各方面的实际用途,除了说明历史是一种文化产品外,依然未对"会计史"作出明确定义。

已有研究中唯一的有关"会计史"的明确定义,见于中国会计史学家郭道扬教授的《试论会计史研究》一文:

> 会计史是研究会计的发生、发展过程及其运行规律的科学,它既是会计学科的一个重要组成部分,也是进行会计理论研究的先导。事实上对于任何一个重要会计理论问题的研究,都不能脱离历史考察与研究这一课程,对任何一个重要会计事

---

① 迈克尔·加斐金在文章结尾部分更是直接说明:"A central theme of this paper is examining how well accounting history research has kept pace with developments in general (professional) history research."[本文的主旨就在于考察会计史研究如何尽可能与一般(专业)历史研究的发展保持同步。],见该文第 248 页。

② Gary John Previts, Lee D. Parker, Edward N. Coffman, "Accounting History: Definition and Relevance," *ABACUS*, 1990, Vol.26, No.1: 1-16.

③ Gary John Previts, Lee D. Parker, Edward N. Coffman, "Accounting History: Definition and Relevance," *ABACUS*, 1990, Vol.26, No.1: 2.

④ Gary John Previts, Lee D. Parker, Edward N. Coffman, "Accounting History: Definition and Relevance," *ABACUS*, 1990, Vol.26, No.1: 3.原文为:History supports contemporary research in policy-making and practice and in standard setting. It acquaints accountants with the individuals, ideas, experiments, and lessons that constitute our heritage.

件的认识,都必须进行历史的回顾、思索、分析与论证。①

这个定义说明了会计史的内涵、地位及对重要会计理论问题进行研究的意义所在。

这个定义以及上文提到的迈克尔·加斐金、加里·J.普雷维茨等人的研究,实际上属于会计史学的范畴。

早期的会计史研究著作,大多采用了一种内涵的假定,即"会计史"是一种确定的已知物因而不存在界定或定义问题,研究者只是按照自己的理解来展开研究和叙述。此外,由于大多数会计史学家都是有会计学专业背景(偶尔有其他学科背景)而非历史学背景,而会计专业人员向来具有偏重技术和实务的特点,因此,以具有会计专业背景的研究人员为研究主体的会计史研究,与会计师执业实践一样,个人的"职业判断"特征明显,较少深入系统地构建理论和学科体系。这种状况直到20世纪90年代"新会计史学"的兴起才开始有所改变。

《会计、审计与受托责任学刊》(Accounting, Auditing & Accountability Journal)2014年第4期刊发了一篇澳大利亚会计史学家加里·D.卡内基的文章②,该文研究从1983年至2012年30年间会计史学相关文献的情况,核心目的是考察会计史学的进展。加里·D.卡内基研究发现,在这30年间,会计史学最大的发展乃是新会计史学的出现,它使会计史研究从理论到主题呈现一种多元化的趋势,口述历史作为一种研究手段被人们所接受,使传统的档案研究得到了极大的拓展。

加里·D.卡内基在引论中说明,研究史学问题的学者通常关注的是历史学研究的方法论问题。按照克里斯托弗·J.纳皮尔(Christopher J. Napier)的观点,"会计史学"(accounting historiography)作为一个专门词汇,是指:"研究会计如何以及为什么会成为历史研究的对象,会计历史著述是如何发展的,以及会计史研究的主要议题和主题。"③简而言之,会计史学是一门研究如何开展会计史研究、撰写会计史的学问。加里·D.卡内基认为,在这30年中,会计史学受到了极大的关注,并以附录方式简要列出了 Hopwood, Lister, Tinker and Neimark, Napier, Previts, Miller, Collins and Bloom, Stewart, Parker, Tyson, Merino 和 Mayper, Zan, Hammond 和 Sikka, Cooper 和 Puxty, Funnell, Fleischman, Parker, Merino,

---

① 郭道扬:《试论会计史研究》,《财会月刊》1997年12月刊,第3-6页。
②③ Garry D. Carnegie, "Methodological Insights: Historiography for Accounting Methodological Contributions, Contributors and Thought Patterns from 1983 to 2012," *Accounting, Auditing & Accountability Journal*, 2014, Vol. 27, No. 4: 715-755.

Gaffikin 等数十位国际著名会计史学家对会计史学的贡献。这些贡献体现在他们发表的共计 62 篇相关论文之中。[①]

加里·D.卡内基教授在文中指出:"会计历史学家有一种倾向——事实上也是一种义务,即立足这一学科领域的目前状况和未来方向,对历史研究的方法论问题进行不断地反思、讨论、争辩和发展。"我希望本书能够成为这种倾向的一项实践。在前人努力的基础上,在构建会计史学体系方面做一些力所能及的尝试。

**3. 21 世纪会计新史学(New Accounting Historiography of the 21st Century)**

1)必要性

经过 20 世纪的百年发展,会计史研究积累了许多经验,成果丰硕,也暴露出不少问题和弊端。面向未来,会计史研究需要做全新的思考和提升。为此,构建 21 世纪会计新史学,用全新的观念武装会计史研究甚为必要。关于构建 21 世纪会计新史学的必要性,实有许多要说,限于篇幅此处简要阐述以下三点。

(1)会计对人类生存发展的重要价值,决定了对会计历史的深入分析和研究具有巨大意义。

长期以来,我们对会计存在许多误解,其中一个误解是把会计当成一门管钱或提供信息的实用技术。另一个误解是把会计当成微观组织的内在部分,尽管也有学者注意到其存在的普遍性和普遍的社会意义,但这种意义却并未能得到社会的普遍认同。归根到底,人类社会的所有问题,如政治、经济、法律、文化、技术、战争、冲突等问题,实质上皆可归因于利益问题。会计普遍存在于人类社会各种组织和活动中,是一种综合性的利益管理与控制体系。所以,会计是一个牵涉广泛的社会体系。视野广阔的会计史研究是人类社会存在结构研究的一个重要组成部分。

(2)人们关注会计的历史发展并展开研究,迄今已有百年之久,但却并未形成系统化和基础扎实的会计史学体系。时代的变革需要我们从全新的角度认识会计,构建会计史学体系正当其时。

(3)新时代需要新史学,会计史学同样需要时代性进步。

美国史学家鲁滨孙 20 世纪初在其《新史学》一书中就曾宣称历史学需要一个革命,提出:"我们不应该把历史学看作是一门停滞不前的学问,它只有透过改进研

---

[①] Garry D. Carnegie,"Methodological Insights: Historiography for Accounting Methodological Contributions, Contributors and Thought Patterns from 1983 to 2012," *Accounting, Auditing & Accountability Journal*, 2014, Vol. 27, No. 4: 746-750.

究方法,搜集、批判和融化新的资料才能获得发展。恰恰相反,我们认为历史学的理想和目的应该伴随着社会和社会科学的进步而变化,而且历史这门学问将来在我们学术生活里应该占有比以前更加重要的地位。"①斯塔夫里阿诺斯的史学名著《全球通史:从史前史到21世纪》最新版,更是以"为什么需要一部21世纪的全球通史"作为其"致读者"的标题,再次重申了其一贯的主张:"新世界需要新史学。"在他看来:"20世纪60年代的后殖民世界使一种新的全球历史成为必需,今天,20世纪90年代以及21世纪的世界同样要求我们有新的史学方法。60年代的新世界在很大程度上是殖民地革命的产物,而90年代的新世界则正如教皇保罗六世所言,是'科技的神奇影响力'的结果。"②

21世纪需要新的会计史学,是因为:一方面,时代的变革、技术的发展需要我们对会计及其历史做全新的思考和研究;另一方面,技术进步所带来的数据库建设、史料刊布的巨大便利,以及便利的全球交流和数据资源共享,使我们可以用更为广阔的全球化视野,考察和研究会计历史问题,开展会计史学的研究和体系构建。

2) 术语及解释

1912年,美国史学家鲁滨孙在其著名的《新史学》中,曾感慨"历史"一词含义之模糊。为此不得不先花了一整章的篇幅考察"历史的历史"。③ 本书讨论21世纪新会计史学的建构,同样面临这样的尴尬。为此不得不首先对几个基本概念做出勉强的界定。这种界定自然难以构成一种标准,只是为了使后面的讨论有个相对清晰的边界。

**概念一:会计**

什么是会计?美国注册会计师协会名词委员会《会计名词公告》第1号《回顾与展望》(1941年)中的定义是:"会计是用独特方式并以货币对至少部分具有财务特征的交易和事项进行记录、分类和汇总,并对结果予以解释的艺术。"④美国会计学会《会计基本理论说明书》(1966年)中的定义是:"会计是鉴定、计量和传送经济信息的方法,并使信息的使用者有可能据以做出有根据的判断与决策。"关于会计

---

① 鲁滨孙:《新史学》,何炳松译,广西师范大学出版社,2005,第20页。
② 斯塔夫里阿诺斯:《全球通史:从史前史到21世纪(第7版)》,董书慧等译,北京大学出版社,2005,第17-18页。
③ 鲁滨孙:《新史学》,何炳松译,广西师范大学出版社,2005,第16页。
④ AICPA, "Review and Resume," *Accounting Terminology Bulletin No. 1*。中译引自艾哈迈德·里亚希-贝克奥伊:《会计理论》(第4版),钱逢胜等译,上海财经大学出版社,2004,第31页。

的认知,20世纪最具影响的观点,当属"信息系统论"。美国会计学家西德尼·戴维森主编的《现代会计手册》(1977年)认为:"会计是一个信息系统,它旨在向利害攸关的各个方面传输一家企业或其他个体的富有意义的经济信息。"①

以上诸种定义,尽管影响深远,但却只关注了会计的表象,强调了会计的技术性特征,而自20世纪70年代以后,人们日益关注会计的社会性方面。

本书认为,从本质上讲,会计是一个以经济事项的记录为基础的综合性社会管理控制体系。

在人类文明的演进中,财富的创造和分配以及与之相应的社会过程的管理控制,从来都是人类社会存在和发展的核心问题。不论是宏观上的国家财计管理,还是微观上的理财活动,实质上都是对经济利益创造与分配的管理控制及对已得利益的维护。从远古时代的人类活动到今天证券市场的运作、大型跨国公司的运营,都需要会计这样一个特殊的体系。根本原因在于,对于任何人类组织,只要有经济活动存在,就必然需要与之相适应的管理控制。这种管理控制以对事项(活动)的记录为基础,并在记录基础上衍生出其他种种功能如分析、预测等。

资源的稀缺性是自古至今人类社会中一个普遍的事实。人类从事的各种形式经济活动,从本质上讲,都是在一定资源基础上进行资源的创造与分配。管理控制的核心意义在于保障资源使用的有效性、合法性与合理性,在于保障资源创造的效率以及资源分配的相对合理有效。自从货币作为一种交换媒介和价值尺度诞生以来,对以货币计量为特征的财务信息的收集和处理,就成为人们一项重要工作,这项工作并非独立存在,而是融合在整个组织的组织架构及各项活动之中。作为一个体系的会计系统,是一个具备多方面功能的综合体。

(1)记录经济活动(事项),并将其作为管理控制的基本信息源。从最初的原始记录形式(结绳记事、刻记记事、书契记录等)到其后的凭证、账簿、报表,直至当下电算化以及网络化的会计系统,都是以量化信息的记录、处理(包括分类、计算、分析、预测等)及提供为基本内容。这些体现会计作为基本信息系统的功能,是会计系统的基础部分。

(2)集规范、记录、信息质量及责任保障、业务控制、记录资料的分析运用为一体,服务于或宏观或微观的一个管理控制体系。

(3)各种信息质量及责任保障机制(包括内部牵制、内部审计、外部审计以及

---

① 西德尼·戴维森:《〈现代会计手册〉第一分册》,娄尔行译,中国财政经济出版社,1982。

其他形式的监督检查等)扮演着重要角色。其基本功用表现为:行为的合法性、有效性保障;信息资料质量保障;责任(受托责任及其他可能的责任,如官员的行政、经济责任,职员的管理责任等)保障;财产安全保障;业务及管理绩效保障;等等。

(4)通过对各种资源的有效配置(核心是理财)保障组织未来可持续发展,是这个系统的重要职能。它以各种相关信息资料(包括一定的分析预测数据)为基础,融入一系列管理控制活动之中。从这个意义上讲,会计、财务(理财)、审计是很自然地合而为一的一个统一体。

需要特别强调的是,现代学科分类中强调会计、审计与财务的区别,将其当成三个独立的部分,这固然有助于人们在各个部分的深耕与细化,但却在事实上割裂了三个部分之间的内在联系,而在会计史研究中,也多见分别研究会计、审计、财务历史的论著。从文化推广和知识传递的一般性意义上来说,这未尝不可,但从理解会计的社会历史意义的角度来看,却是不足取的。因此,本书强调,在进行会计史研究时,务须注意三个部分的内在联系,从财计管理的角度尽可能将三者融合在一起进行总体上的观察和研究。

本书之前各章较为细致地阐述了会计的异质性及其成因,涉及对会计的基本认知,此处总结并强调以下几点。

(1)会计是人类文明重要的组成部分,广泛地存在于人类各种组织和个人的活动之中。它既服务于国家宏观管理,以财计管理系统的面貌而出现;也存在于企业、社团、宗教组织等各种营利及非营利组织之中,作为其内部财计管理的一个内在成分;还服务于家庭、个人以及各种特殊的临时性组织。简而言之,会计无处不在。

(2)会计普遍存在的根本原因在于人类活动的资源依赖性及求利性。天下熙熙皆为利来,天下攘攘皆为利往。会计的核心要旨在于以量化信息为基础的利益(资源)计算、分配、管理与控制。

(3)会计是一个宏大的社会体系,而非仅仅是与财务信息相关的技术性活动,也不是像当代理论中"信息系统论"观点所认为的那样,是一个技术性的信息处理和报告系统。与会计相关的法律制度及社会管理机制设计,是各种利益关系的实质性体现,而非纯粹的技术性设计。

(4)会计是一个社会管理体系,同时也具有技术的成分,体现在基本的计算、分析、预算、预测、控制等方面,也体现在其账务处理和报告体系的设计方面(比如,项目之间的钩稽关系、试算平衡等),其发展与记录、计算及信息传递等技术工具

(手段)的发展密切相关。

（5）会计的一个重要特征是量化信息管理。会计的产生与发展和数学有密切关系。中国古代"六艺"中的"数"，即是会计教育的基础。古今中外会计的许多重要发展,与数学的发展及数学家的努力有着密切关系。

（6）对于人类组织而言,会计系统是其整个组织机体的一个内在组成部分,与组织机体的其他各个部分紧密地融合在一起。本书将其比喻为人体中的经脉系统。我们不应该脱离开组织机体观察它,而是应该密切关注它遍布组织机体的特点,深入考察其功能。

（7）"会计的计算功能是构成人类社会的更广泛的制度网络的一个重要组成部分"。① 通过各种形式和目的的财务数据（信息）的报告、审核与流通,会计的功能联通了整个社会,使整个社会在量化、科学的基础上运行。②

**概念二：会计史（Accounting History）**

会计史是人类会计制度、思想、行为、活动等发展变迁的历史,是人类文明演进中有关财计管理活动的各种历史遗存之总括。

通过澳大利亚会计史学家加里·D.卡内基的研究,我们知道国际会计史学界有数十位专家曾经探讨过与会计史及会计史学相关的一些基本问题,但对于"会计史"这个概念,以及会计史应该包含的内容,迄今为止却并没有多少系统的研究或明确的结论。③ 因此,本书尝试性地给出有关会计史的定义,并参照经济史学界对经济史的定义做一些初步说明。

按照经济史学界的观点,经济史是指经济领域的发展历史和经济状态的变迁

---

① Hopwood AG（Anthony George Hopwood）, "Accounting and Everyday Life: An Introduction," *Accounting, Organizations and Society*, 1994, 9(3): 299-301. 其英文原文为: The calculative functioning of accounting is an important part of a wider institutional network that organises human societies。

② 关于这一点需要予以特别说明,会计通常被视为一个服务于具体企业的微观管理体系,关于其对社会的作用人们只注意到它对外部提供的信息。这种认识事实上是忽视了会计信息的社会管理功能。悬泉汉简中有审计简,表明会计报告是一个宏大的管理体系中的一个构成部分。唐宋时期的"计账"制度是国家使用会计信息进行综合管理的典型。苏联国民经济的三大核算（业务核算、会计核算、统计核算）,也说明会计是国民经济管理的一个基础性体系。改革开放前的中国也是采用了这种设计。因此,本书认为,在会计史研究中需要特别注意会计的这种社会管理功能。

③ 著名会计史学家加里·J.普雷维茨、李·D.帕克（Lee D. Parker）和爱德华·N.考夫曼（Edward N. Coffman）曾合作撰写过一篇题为《会计史：定义与相关性》（"Accounting History: Definition and Relevance"）的文章,刊于《算盘》杂志1990年第1期（ABACUS, 1990, Vol. 26. No. 1）。但文中并未对会计史做出明确的定义,而是用不到一个页面的篇幅对史学界关于"叙述史学"和"解释史学"的定义及其对会计史研究的意义做了解释,随后即将讨论的重点放在了会计史研究对当代会计的现实意义,以及历史调查的局限性方面。

史。从广义上讲,经济史是指人类以往从事经济活动过程的总称,是独立于人的意识之外的客观事件。从狭义上说,经济史是指经济史学家通过文字以及符号等对经济活动发展规律的描述解释。它是对于过去的经济和经济现象的研究。这种观点的核心在于作为一门学科的经济史学在对待历史事实本身和作为历史学家的研究者基于个人意识所进行的分析、解释乃至批判之间的关系。借鉴这一观点,可以对会计史和会计史学的基本方面做一些分析。

首先,需要明确区分会计史与会计史学。会计史是会计的历史,体现为会计文明产生、发展和演进的过程及相关的史料、文化遗存,以及人们借助史料对会计历史的研究总结。会计史学则是有关会计史研究的一门专门学科。

其次,关于史实和史料问题。19世纪西方史学界以列奥波德·冯·兰克(Leopold von Ranke)为首的历史主义学派认为历史学就是要真实地再现和理解过去,所以十分重视对历史文献的考证。他们十分重视历史事件,详述事件经过,并将经过用因果关系联系起来,形成叙述式的史学。虽然第二次世界大战后西方发生史学革命,历史主义几乎被推翻,叙述的历史变成分析的历史[1],但重视史实这一点,却是无论什么时候,都需要注意的。尤其是会计史研究者普遍缺乏历史学和文献学的规范训练,在做历史的分析性解释时易犯主观臆断和推测的毛病,因而更需要特别强调史实和事件的重要性。

最后,关于会计史的范围及作用问题。约翰·希克斯(John R. Hicks)曾在其《经济史理论》中说:"在我看来,经济史的一个主要功能是作为经济学家与政治学家、法学家、社会学家和历史学家——关于世界大事、思想和技术等的历史学家——可以互相对话的一个论坛。"[2]本书所谈的会计史,也应该是这样一个对话和交流的论坛,而不是会计专业人员独唱的舞台。古今中外,会计的触角广泛地深入国家(财计管理,如官厅会计和官厅理财)、企业组织(以工商业为主,也涉及金融、服务业等其他领域;既有古代的家庭手工业作坊、商铺,也有近代的工厂、当代大型跨国集团公司)、宗教组织(西方的教堂、中国的寺院道观等)、中世纪庄园以及本书所注意到的宗族和家庭。这样广大的历史范畴、丰富的内容,非会计专业人士单独能够应付得了。更重要的是,会计所涉及的并非只是会计的技术问题,而是与组织体制设计、组织运转、组织维持及组织文化培育等诸多方面密切相关联。因此,会计史研究必须广泛地吸收不同领域的专家学者共同参与和交流,成为经济

---

[1] 吴承明:《经济史:历史观与方法论》,《中国经济史研究》2001年第3期,第3-22页。
[2] 约翰·希克斯:《经济史理论》,商务印书馆1987年版,第4-5页。

史、社会史、政治史、法律制度史、文化史、金融史、宗族史、民族史、文字学、敦煌学、简牍学、文献学、徽学等诸多历史及其他学科门类学者共同的舞台。

著名经济史学家吴承明先生说,经济史首先是史。本书借用他这句话来讲"会计史首先是史。"既然是史,研究者就要首先关注而且必须关注其作为史的特点。

概而言之,我们倡导多学科、多层次的会计史研究,倡导基于社会环境背景的综合性会计史研究,而不是单纯的会计技术史研究,更不是簿记的历史研究。当然,技术的历史和簿记的历史也必然地属于会计史研究的内容。此处强调的只是,会计史作为一门学科,对它的研究应该是基于人类文明和社会发展基础,具有宏大的视野。

**概念三:会计史学(Accounting Historiography)**

会计史学是关于会计史研究的学问,是关于会计史本体及如何研究会计史、推进会计史教育等的学术研究和总结。过往的会计史研究较多地关注会计的实际操作,而不太注意会计史学的体系构建和发展,在会计史研究的观念、方法等方面着力不多。从一定意义上来说,有关会计史学问题的讨论迄今未成体系,这自然是难以令人满意,也不利于未来发展。近年来的一些经历让我更深刻地领会了恩师郭道扬教授慨叹"著史难"时的心境。

对一门学科研究而言,历史的研究既是学科研究的基础,也是其先导。而历史研究本身是一个宏大的领域,有许多重要的问题需要认真细致及系统地探讨。构建体系完整的会计史学,是目前乃至今后全球会计史学界一项重要的任务。

会计史学成为一门学科是会计史研究走向成熟的标志,需要深入地研究以下问题:①会计史学基础;②会计史料学;③叙述会计史学;④解释会计史学;⑤比较会计史学;⑥会计史教育;⑦会计史学史。

**概念四:21世纪会计新史学(New Accounting Historiography of the 21st Century)**

21世纪是一个全新的时代。这个时代最大的特点,在于技术给人类生活所带来的全新体验甚至对社会诸多方面的全面改变和颠覆。虽然人类进入21世纪迄今已逾20年,但对这个时代的巨变而言,当前依然只是开始,未来更大的变革指日可期。这个时代依然有太多的未知需要我们去探查、体会和经历。此处仅从本章主题的角度对其中一些重要变化做一简单说明。

(1) 自18世纪工业革命启动以来,经过两百多年的发展,迄至今时,技术创新对人类社会和生活具有了更为重要的意义,各种高新技术的全面突破,推动世界政治、经济力量对比的格局变化,也推进会计体系全面变革,使会计世界的未来有了更多变数。

(2) 国际互联网、全球通信、交通基础设施的跃升,促使地球村从概念变为实际,成为自大航海时代以来,人类文明格局所经历的再一次巨大变化,同时也为文明的发展带来了前所未有的机遇和挑战。面对迄今已见的国际纷争,如贸易战、地区冲突,文化、政治、观念以及各种力量的冲撞、交融、挑战、较量,我们需要从人类文明的高度,更深入地研究和考察许多问题。

(3) 技术跃升所带来的知识、信息的大爆炸,为我们从更多互通的材料中,运用各种手段和方法探究人类文明的秘密提供了便利。在会计历史文化研究方面更大的突破和观念变革指日可待。

全新的时代需要全新的会计史学观念和体系,这是本书的核心意旨。

本书在前面章节比较了中西方会计史存在的差异。事实上,这个差异不只存在于中西之间,而是实质性地、广泛地存在于全球各种文化、各个国家、各个地区乃至同一国家和地区内部不同的地理区域之间。我们也反思了以往会计史研究的不足和局限。总的目的在于构建适应未来的会计史观念、理论及方法体系,即所谓"21 世纪会计新史学"。

曾在 20 世纪初担任北京大学史学系主任的朱希祖先生,在为何炳松先生的译著《新史学》所写的序言中称:"我国现在的史学界,实在是陈腐极了,没有一番破坏,断然不能建设。"①对于经过近百年发展,由许多会计史研究人员共同构建的会计史学研究体系,自然不能用"陈腐极了"来下断语。事实上,对于会计史这门学科的建设而言,百年时间肯定太短,它虽百岁但犹如婴儿,必然尚处幼稚的阶段。所以我们需要的是全新面貌的发展、提升以及体系的构建。从一定意义上来看,迄至目前的会计史研究,虽然在整个世界范围内,已经有学者适应国际一体化的潮流,做出了许多国际合作研究的努力并取得许多重要成果,但就会计史学本身的体系化而言,差距甚远。我们不一定要进行一番破坏,但革命性的创新建设却是必须和不可避免的,这也是本书的初衷所在。

21 世纪会计新史学,是为适应 21 世纪环境、技术及史料状况,促进未来会计史学研究提升而构建的系统化体系;是在全球化视野下,站在人类文明的高度,以古往今来人类历史文化和历史研究的遗产为基础,系统化地开展会计历史文化研究的全新的学科。称之为"21 世纪会计新史学",是基于两点。

其一,它必须适应 21 世纪的时代特点,站在时代的制高点,从人类文明的视角考察会计的基本意义及其在人类文明中发挥的作用,理解会计与人类社会结构、人

---

① 鲁滨孙:《新史学》,何炳松译,广西师范大学出版社,2005,序第 3 页。

类组织、活动及生活的内在关系,以及它自身的体系安排及作用机理。

其二,它是一种新史学,需要全新的学科体系构造、新观念、新方法、新技术、新视野。

3) 21 世纪会计新史学体系结构的概念性框架(Conceptual Framework for Constructing the New Accounting Historiography of the 21st Century)

21 世纪会计新史学是一种全新的学科,需要构建全新的、系统化的体系。本书综合当代史学研究的最新进展,结合会计历史研究的实际情况,提出"21 世纪会计新史学"的概念性框架。

**"21 世纪会计新史学"的概念性框架**

哲学层——历史哲学的层面。吸收人类历史哲学领域的各种成就,确立适应会计历史研究的历史哲学。

观念层——基本会计史观,即研究会计史需要秉持的基本观念。解决研究会计历史的历史观问题,包括看待人类历史、历史与时间、历史与文明、发展性等各个基本方面的观念。

认知层——关于会计性质、会计的社会功能、会计史、会计史学等基本问题的观念阐述。探讨历史和人类文明视野下会计的表象与实质。

学科层——会计史学科的体系构建,把会计史打造成一门完善的研究性学科。

方法层——开展会计史研究的技术性方法。

## 第一,哲学层——会计的历史哲学

历史研究强调史料和史实的重要地位,但从根本上却始终是"一种思的事情"。如法国哲学家帕斯卡所言:思想形成了人的伟大,我们全部的尊严就在于思想[①]。历史研究的真正价值,在于发掘并理解人类世界及人类生活的真意,因此,它并非简单直接的材料堆砌或整理,也不是文学式的故事编造或平铺直叙。它应该是一个思考的过程,是研究者基于对史料、史实及社会关系深刻理解而进行的体系重构或问题研究与思想表达,因而必须有适宜的历史哲学作为导引。

通常意义上的历史哲学是指在历史研究中所遵循的一种世界观和历史观。会计的历史哲学,则是会计历史研究中需要秉持的世界观和历史观,是会计史研究者对人类世界、历史等重大问题的认知在会计史研究中的具体体现。这是未来会计史研究中需要探讨的重要问题之一,在此仅阐明三点。

---

① 帕斯卡:《能够思想的苇草——帕斯卡论集》,王子今译,上海三联书店,1997,第 149 页。

（1）会计的历史哲学是会计史研究的思想引领，需要批判性地继承和吸收过往一切历史哲学的积累和成就，逐渐建构起有利于会计历史研究发展、经得起时间检验的会计历史哲学。

（2）人类拥有丰富的历史哲学遗产，可作为会计历史哲学借鉴吸收的基本源泉。按照联合国教科文组织1978年编辑的《社会和人文科学研究主要趋势》之历史学卷中的说法，"西方自黑格尔以后，称得上历史哲学的只有两家，即马克思和汤因比"。[①] 本书认为，黑格尔、马克思、汤因比的历史哲学皆可作为会计史学者学习的重要参考。除此之外的其他资料也是会计史学者需要广泛涉猎的，包括中外史学研究的许多观点和论著、中国历史文化、儒释道等，皆有值得研习、借鉴、吸收的成分。

（3）黑格尔《小逻辑》中有曰："哲学以绝对为对象，它是一种特殊的思维方式。"罗素认为哲学是介于神学与科学之间、用理性思考确切知识所不能肯定之事物的学科。他在《西方哲学史》绪论中具体阐明："哲学，就我对这个词的理解来说，乃是某种介乎神学与科学之间的东西。它和神学一样，包含着人类对于那些迄今仍为确切的知识所不能肯定的事物的思考；但是它又像科学一样是诉之于人类的理性而不是诉之于权威的，不管是传统的权威还是启示的权威。一切确切的知识——我是这样主张的——都属于科学；一切涉及超乎确切知识之外的教条都属于神学。但是介乎神学与科学之间还有一片受到双方攻击的无人之域；这片无人之域就是哲学。"[②] 对于会计历史哲学的构建，我们必须注意到哲学的特殊性质。我们需抱有"以绝对为对象"的精神追求，以探究真理为目标，同时尽力避免带有任何武断和执念。徐治道先生曾在其《今天我们为什么还需要哲学——第二十四届世界哲学大会省思》一文中提出："作为人类原始要终、探赜索隐、穷根究底的哲学是个与时偕行、持续开放、不断创新的生成过程，注定不会一直接受某种现成思想范式进路的支配和规约以至成为固化物。"对于会计历史哲学的构建而言，这是很值得重视的观点。由于现实中有太多固化的思想、观念和成见，与新时代的创新发展要求格格不入甚至完全相悖，因此，关于会计历史哲学，必须强调"思想"之重要。

我思故我在。（法语：Je pense, donc je suis. 英语：I think, therefore I am.）

——勒内·笛卡尔（René Descartes）

---

① 吴承明：《论历史主义》，《中国经济史研究》1993年第2期，第4页。
② 徐治道：《今天我们为什么还需要哲学——第二十四届世界哲学大会之省思》，《中华读书报》2018年9月5日第13版。

作为会计历史研究者,需要着力于思想的训练。此处引英国哲学家罗素《论中国人的性格》中的一段分析,作为一种参照:

> 我们西方人崇尚"进步",这只不过是渴望环境发生变化的一种伦理上的幌子罢了。如果有人问我,机器是否真正地改善了这个世界?这个问题会使我们的回答语无伦次:机器确实给世界带来了很大的变化,因此,它使世界取得了巨大的进步。我们确信,十有八九所谓崇尚"进步"的西方人,所谓爱好"进步"实际上是嗜好权力,喜欢根据自己的主观意愿,使事物发生变化和差异。
>
> 为了追求这种乐趣,一个美国青年会没命地工作,以致当他成为百万富翁时,自己却成了消化不良的受害者,被迫靠吃烤面包和白开水为生。他在设宴款待宾客的许多筵席上,面对山珍海味自己却只能充当一名旁观者。即使如此,他仍然会自慰地想,他能控制政治,按其投资的需要能发动或阻止战争。恰恰是这种特有的气质,使西方民族具有"进取性"。
>
> ——罗素,《论中国人的性格》,选自《罗素自选文集》

**第二,观念层——研究会计史需要秉持的基本观念**

此处作为观念层讨论的内容,从其基本构成和总体意义上来讲,是应该可以归入历史哲学中的。但本书思虑再三,依然将其单独列示,是因为本书所述之观念,虽然实质上构成历史观的一部分,但与上一层次所要强调的内容,细分起来依然是有区别的。历史哲学强调对世界、人类文明、会计及它们相互关系的基本认知,以下所述则是具体开展会计史研究时需要秉持的一些观念,因此,与历史哲学在实质上是有差别的。另外,本书所述之观念主要针对21世纪的时代特点以及会计史研究的目前现实,一定意义上是构成21世纪会计新史学的突出内容。

观念一:全球史观

全球史观,即站在全球的视野来分析考察人类会计的历史演进,从人类文明发展的整体出发,研究会计历史上诸多事实、发展状况及其总体意义。这是当今时代在互联网和各种技术的发展使不同地域的人们沟通和交流变得日益便利,地球成为一个地球村的背景下研究会计史必须持有的最基本的观念。

不同地域各种文明的交流与碰撞,是人类历史上恒久的主题。远古时代人类走出非洲大陆,是人类全球流动的开始。一部人类文明史,是一部各种文明和文化不断交流碰撞的历史。其中既有坚船利炮残酷杀戮,也不乏文明交汇共同成长。会计文化因为人员、资源及商品流动而流布四方。在此方面无须费力即可找到无数证据。只是在以往的研究中,人们普遍地以国别为界,做国别会计史研究,从而在一定程度上人为地割裂了不同文明之间的联系,忽视了交流、交往以及文化共生的特性,从而使对很多史实和事件的考察分析变得片面和浅陋。刘德斌在其为《全球通史》所写的序言中指出:"在西方,早在启蒙时代就有人试图以全球视野来阐释历史。但后来'由于好战的民族国家的兴起',民族国家历史的编纂获得强有力的推动,而先前对世界历史的兴趣则消失了。"①

20 世纪中期以来,我们又看到了全球史观的复兴。人们一般把国际史学界颇享盛名的英国历史学家杰弗里·巴勒克拉夫(Geoffrey Barraclough)看成当代"全球史观"理论上的先行者,认为他在 1955 年的论文集《处于变动世界中的历史学》中最先提出了全球史观问题,以后又在他 1967 年的《当代史导论》、1978 年的《当代史学主要趋势》和《泰晤士历史地图集》中对此做了进一步阐释。杰弗里·巴勒克拉夫等人所倡导的"全球史观",主要以突破西方学术界根深蒂固的"欧洲中心论"的限制为特征,主张历史研究者"将视线投射到所有的地区和时代",建立"超越民族和地区的界限,理解整个世界的历史观""公正地评价各个时代和世界各地区一切民族的建树"。②

会计史研究更需要全球史观,因为从远古时期古代文明国家会计的发展,到复式簿记、工业会计、注册会计师制度乃至当代国际会计、会计准则的发展,始终是一个全球性交流和互动的过程。一切狭隘的民族的或者区域化的观点,都可能有害于对一些历史事实及其地位的客观认识。

本书提倡会计史研究坚持全球史观,一方面,是要打破以往种种观念,包括"欧洲中心论"的局限,在更加宽广的视域内考察会计的历史发展——各种技术、观点、方法的流变以及不同国家、地区之间的相互影响;另一方面是希望通过对全球史和基于全球视野的会计文化交流史的研究,通过相关史料收集、整理、刊布及研究上的合作,丰富会计史研究的内容,提升会计史研究的水准,使会计史研究从狭隘的技术视角上升到广泛的社会、历史、文化乃至政治层面,揭示会计的本来面貌。依照全球史观,以下主题具有特别关注的价值:

(1)以两河流域和地中海地区为中心,古代文明时代会计文化的孕育、流布;
(2)中世纪欧亚大陆交往中会计文化的交流与互动;

---

① 刘德斌为斯塔夫里阿诺斯所著《全球通史:从史前史到 21 世纪(第 7 版)》所写的推荐序,见该书第 3 页。
② 本书认为,这种超越民族和地区界限,公正地评价各个时代和世界各地区一切民族的建树的历史观,对当今会计史学界具有重要的意义,是需要大力倡导的观念。唯有如此,才能改变会计史学界只关注发达国家、只重视重大发展和创造的积习。

(3) 美洲印第安土著文化、玛雅文明、印加文明中会计文化的孕育与发展；

(4) 澳洲土著会计文化、殖民时代及当代会计文化的发展与交流；

(5) 丝绸之路、中国会计文化的影响；

(6) 中东地区波斯文明、伊斯兰文明的会计文化与交流；

(7) 印度文明及其会计文化遗存；

(8) 以借贷复式记账法为核心，欧洲（西方）簿记和会计文化的孕育、发展及在世界性传播中的变化；

(9) 地理大发现、殖民时代会计文化的全球传播，东印度公司会计、殖民地会计；

(10) 工业时代全球贸易中的会计文化传播；

(11) 全球现代化进程中的会计文化传播、交流与互动；

(12) 国际贸易、国际投融资、全球市场及产业布局下国际会计的发展；

(13) 会计准则与会计趋同；

(14) 欠发达国家和地区的会计。

观念二：历史眼界

历史研究者需要有历史眼界，也就是从一个较长的时间序列中观察各种事实并做出判断的观念和能力。风物长宜放眼量，把时间拉长，把空间放大，很多事情的答案就可以自然地浮出水面。

历史研究者需要具有比一般人更为开阔的视野，更为深刻的认识和感知能力，并能够将这些特质具体应用到对事物的观察和研究之中去。此处举一个典型的例子：1924 年，美国哥伦比亚大学艾德文 R. A. 塞利格曼（Edwin R. A. Seligman，1861—1939）教授在为他的学生——立信会计事业创始人潘序伦博士的《美国对华贸易史》一书所写序言中，有如下几段表述：

中国文明是最古老、最伟大的文明之一，从文学、艺术和美学的角度考察，中国文明在许多方面都优于我们的西方文明，某种程度上来说正是这种文明让世界明白生命的真正价值究竟为何物。然而，中国目前面临着恢复活力、焕发青春的巨大问题。由于中国在利用自然能源、科学控制自然方面的努力归于失败，中国还停留在欧洲几个世纪之前的水平。

西方世界产业转移和科学在经济领域的应用带来的革命不仅仅在生活基础方面，还包括达到巅峰的各个方面。现在我们看到一个年轻中国的成长烦恼。如果中国足够明智，它就能够发现缩小东西方差距的捷径。毕竟西方领先中国的幅度不足百年,也许世界上大部分国家和地区领先中国不超过半个世纪。德国的工业革命发生于50年前,而日本的则仅仅发生于一代人之前。在美国,部分地区的工业革命甚至还在进行当中。如果1 000年后回头再看现在的情况,也许我们会发现中国只是稍稍落后于世界其他地区,也许已经开始超越其他地区。

这一发展自然意味着中国的对外贸易将发生重大变化。

近日重读这段话,我感到极大的震撼!1924年的中国,处在内忧外患、列强环视的困境之中;处于整个民族挣扎求存,迷茫而不知未来前途命运将会如何的几乎绝望的境地。而塞利格曼却能够从容地设想1 000年后回望的情况,以极大的信心认为"中国只是稍稍落后于世界其他地区",这是怎样一种令人震惊的格局和眼界!

历史和现实也实实在在地证明了塞利格曼的远见卓识:从1978年改革开放开始,仅仅用40多年时间,中国就走完了西方世界200多年工业化的路程,跃升为世界第二大经济体,并依然在继续进步。

一个学者的眼界,竟然可以开阔如斯!

此处所述之历史眼界,读者很容易视其为个人学养所决定的研究者个人的个性化特征。然而,本书强调这一观念,立意并不在此。眼界之于个人固然重要,但对于总体的历史观察而言,这种眼界更具价值。它让我们能够放开眼界,在更为宽广的历史视野中去考虑一些有关世界发展的重大问题。

比如,关于中国社会发展的观察。日本学者内藤湖南先生曾提出"唐宋变革论",认为唐代乃是中国"中世纪"的末尾,而宋朝则是中国近代国家的开端。本书并不打算对他的观点做进一步的评述,而是想要说明,如果我们在一个更长的历史时期内观察自宋元以来,尤其是明清时期中国社会的发展变化,是否会得出不同于以往诸多定论的结论?对1840年前后的变化,如果继续向后延伸地看,采用如塞利格曼教授那般站在1 000年后回望的方式进行观察,是否也会有不同的结论?如同我们看股票K线图,1月之内,1年、3年、5年、10年之内,看到的绝对是很不一样的景象。

在此有必要再次强调,我们研究历史是为了探究人类存在的结构。

当我们在研究中纠结于一时之进退,专注地探究在两三百年的时间内究竟谁比谁更先进或落后的时候,是否想过,相对于数十万年的人类历史,两三百年的时间不过是短短的一瞬?

史学乃人类至大学问之一种。眼界,唯有眼界,方能使这个大立得起来。

**观念三：用真材料**

对历史研究而言，材料的重要性怎么强调都不为过。

傅斯年认为"史学便是史料学"，这个说法虽有点简单粗暴，但却未尝不是直指要害。他在《史料论略》中直白地讲："史学的工作是整理史料，不是做艺术的建设，不是做疏通的事业，不是去扶持或推倒这个运动，或那个主义。"① 基于20世纪史学研究的状况来看，傅先生的观点，实有当头棒喝之效。

材料的意义首先在于它集合了关于过往事实最原始、最基本的信息，从而可能是历史事实最真实的表现。脱离真材料的历史叙述极可能成为包含过多想象和猜测的虚妄描述，尽管历史研究有些时候需要一些猜想的成分，但脱离材料的猜想，其结果可能更多地只是虚妄和臆测。虚妄过多，必将导致历史成为一种误导性的、脱离真相的任性叙述。②

因为材料的缺失，即使最公正的历史学家也可能做出一些错误的断言。如同斯塔夫里阿诺斯在《全球通史》中所言："希腊历史学家中最无偏见的修昔底德在研究罗奔尼撒战争之初就断言，在他所处的时代之前没有发生过什么大事——对历史的无知使得他无法得知雅典无与伦比的光荣和贡献。"③

"一切脱离了活凭证的历史都像这些例子，都是些空洞的叙述，它们既然是空洞的，它们就是没有真实性的。"④ 缺乏真实性的历史叙述，不但无益，而且是极其有害的。它们在造成误导的同时，也扼杀了研究者进一步探索的欲望。导致许多历史叙事，只是停留在肤浅的、充满谎言甚至错误的表象层次。此类历史最终只能使人们日常面对的世界充斥谎言与虚假。

考察历史最惯常的错误中，危害甚大者有四：一是缺乏真实性，或者因受视野、固有观念局限，无视各种材料，执着于既有习惯，做基于已有资料的甚至只是出于自己臆测的想象式的研究和推论；二是在材料的使用和分析中，拿时下流行的观念或学科分类观点去硬套过往历史，因此，产生对过去历史事实的曲解，导致结论不当甚至错误；三是脱离时代背景，对过去的发展水平凭主观臆测做出判断，低估或者高估其水平，而不是以真实的数据和资料得出较为准确和切实的结论；四是出于民族主义或者个人对观点创新求异的需求，着意"提前"一些发明创造的时间，而罔

---

① 傅斯年：《史料论略》，见傅斯年：《史学方法导论》，中华书局，2015，第3页。
② 历史研究中不乏任性且虚妄的历史叙事，不可不察，不可不慎。
③ 斯塔夫里阿诺斯：《全球通史：从史前史到21世纪（第7版）》，董书慧等译，北京大学出版社，2005，第3页。
④ 贝奈戴托·克罗齐：《历史学的理论和实际》，傅任敢译，商务印书馆，1982，第6页。

顾其出现所需的客观条件。对于这些问题,重视真材料皆可成为治病的良药。

一方面,历史的事实是许多偶然性因素的汇集;另一方面,其发展演进又有着内在的必然性。"每个时代都有它特殊的环境,都具有一种个别的情况,使它的举动行事,不得不全由自己来考虑、自己来决定。当重大事变纷乘交迫的时候,一般的笼统的法则,毫无裨益。"①因此,研究历史时,务须立足于对历史事件所处具体时代、环境背景和具体情形的了解,真正通过考古发现的古代遗存做出合乎真实的结论和推断。真正的学术研究,对历史事实只应该做历史的理解,无须为了今人的方便而按照时下的知识体系和观念去解读历史。② 在这方面,窃以为尚钺主编之《中国历史纲要》第一章关于原始社会到秦帝国建立的历史叙述可作为良好的借鉴。其核心在于以考古发现做出分析而无任何演义。反观某些研究关于上古历史的描述,常使人有撰者必曾亲临其境之感,描绘细腻、纤毫毕现,实有失史家法度。似乎他们的主旨,在"使过去成为一种活跃的现实",为此不惜"以主观的幻想来代替历史的纪录"。可惜,"幻想愈是大胆,根基愈是薄弱,愈是与确定的史实背道而驰"。③ 令人遗憾的是,他们不但不以为意,却认为只有如此才有价值。殊不知曲解历史,贻害无穷。

至于史料的使用,正如黑格尔所言:"任何著史的人都可以利用各种资料,各人都自信有能力去整理这些资料,而且每个人大概都把他自己的精神,算是那时代的精神。"④但这又生出几个实际问题。

其一,在他看来已经充足的史料,是否真的已经充足?

在历史研究中,史料很难穷尽。在当今资讯发达的时代,要获得资料,不是很难的事情。但与某一历史方面相关的史料,可能散布各处,要做最全面的搜集,依然是有很大难度的,对个人而言,难度又必然倍增。一些著述虽引用极多,但其资料来源,其实单一。⑤ 故研究历史者,当常关注最新考古发现之成就、各种新资料之刊布、民间个人私藏以及其他各种可能未曾注意过的史料来源渠道,反思自己收集的史料是否已经涵盖可能最广泛的领域。客观来讲,史料收集是一个没有止境的过程。我们自然不必因为无法获得极尽充分的材料而停止研究的脚步,但却需

---

① 黑格尔:《历史哲学》,王造时译,上海书店出版社,2001,第6页。
② 当今时下流行对历史做个人的个性化解读,从文化普及的角度,无可厚非,只要不是曲解、臆测,无伤大碍,但此种方法对历史研究者来说殊不可取。历史,唯有真实方显其价值。
③ 黑格尔:《历史哲学》,王造时译,上海书店出版社,2001,第7页。
④ 黑格尔:《历史哲学》,王造时译,上海书店出版社,2001,第6页。
⑤ 比如,完全使用某一类传世文献。单一来源的史料可能导致以偏概全,殊不可取。

要始终把发现新材料作为必修的功课。唯有真材料,方有真见识。

其二,研究者是否有足够的能力对史料(尤其是第一手史料)进行恰当辨识与理解?

会计史料多见于各种考古发现,或者乡野遗存及民间个人收藏,其或者文字甚古,手书杂乱;或者承载许多乡俗习惯与印迹,辨识与理解皆有较大难度。若遇残破缺损,则释解更难。即便文字、情景皆明,研究者也可能因为背景或专业知识缺乏而难以做出恰当的解释。故治会计史者,务须加强个人修养,除加强学习专业及背景知识,增强古文字释解、手写文字辨识与解义的能力之外,在全球化的背景下,更需掌握一些外文(包括外文古文字、手写体)、少数民族文字(包括已经失传的少数民族文字)的识读能力,以便对材料进行更广泛深入的使用、比较和综合。

其三,研究者是否已经真正理解了史料所产生的那个时代的环境和精神?

人总是习惯于将自己目前对很多事情的理解推及古代事物,而忽视了古代人所见所想,古人所面对的具体环境和条件可能与我们有很大差异。尤其是涉及历史文化的国际考察时,此种差异可能更大。因此,切实了解当时的背景情况,设身处地地去体会和考虑古人所处的具体情境,是史料解读与运用的基本法则。黑格尔认为"忠实地采用一切历史的东西,是我们应当遵守的第一个条件"。① 按我的理解,"忠实地采用一切历史的东西",第一个需要注意的就是史实发生之时的具体条件。对此,我目前仅仅发现三种可能的方式:一是尽可能多地搜集和阅读相关背景材料,以尽量充分地理解当时的情境;二是以角色扮演的方式,设想自己回到当时人们所处的环境,思考自己若是古人,在那个情境下会怎样做;三是做田野调查,回到史实发生地,找寻可能的遗存或遗迹,获得必要的体悟及证据。

吴承明先生谈自己研究经济史的体会时讲到过一种情况,值得会计史研究者特别关注:"研究经济史的不是学经济出身的,就是学历史出身的。这就很自然地形成两大学派:学历史出身的注重史料考证,学经济出身的重视理论分析。这两种研究方法都好,两派比一派好,可以互相促进。但就每个研究者来说,不妨有自己的体会。"② 会计史研究者,不管是国内的还是国际的,大多是学会计出身。对研究会计史而言,他们虽然具有熟悉会计专业知识的优势,但同时却可能在其他方面有所不足:一是缺乏专业的史学基础训练,史料收集、整理和考证的功力不足;二是未能充分加强在世界观、历史哲学、方法论方面的功夫修养,在材料使用、研究与观点

---

① 黑格尔:《历史哲学》,王造时译,上海书店出版社,2001,第 10 页。
② 吴承明:《研究经济史的一些体会》,《近代史研究》2005 年第 3 期,第 247-251 页。

表达方面存在不足。对此,会计史研究者最好能根据个人情况作针对性的补足,虚心向史学研究者学习请教会是一种不错的选择。自然,吸引更多具有史学或其他专业背景的学者共同参与会计史研究,也是很好的选择,是未来昌明会计史学术之必需。

历史研究需要"悟性"。但是,"悟"不是凭空发生的,必须建立在重视第一手资料及大量阅读的基础之上。第一手资料是重返历史的捷径,是历史细节的支撑点,是联通历史与现实的桥梁。我们往往是在看第一手史料时,发现古人思想行事的真正意义,豁然萌发深刻的体悟或观点。只有第一手资料,方能使我们能够不受或者少受既有成果和结论的束缚,获得新的突破。①

观念四:礼敬思想

思想是客观存在反映在人的意识中经过人的思维活动而产生的结果,是人类行为的理念基础。"思想推动着历史"。② 历史的过程本身是一个思想的过程。"要想了解历史和理解历史,更为重要的事情,就是取得并且认识这种过渡里所包罗着的思想。"③

会计史研究受技术论观点所左右,太多事实和材料罗列,使我们看不到潜沉在史实背后的灵魂,不得不忍受思想的匮乏。因此,有必要大声疾呼:礼敬思想!

礼敬思想最基本的含义是把会计的产生与发展,当成人类文明进步中思想的过程,把思想作为会计史研究的核心主题。如何促进在会计史研究中礼敬思想?除了鼓励会计史学者注意挖掘各种史事背后的思想基础与理念逻辑之外,一个重要的途径是研究思想史。"在知识越来越被学科化切成各种零碎、科学越来越被教条化束住自身潜力的今天,不断回到思想史的鲜活源泉,汲取创生时刻的伟大强力,乃是各科学术贯通发展的真正内在需要。"④当下乃至今后世界性的会计历史研究,无疑也需要这种基于新时代精神的思想史研究作为先导,需要通过对会计思想史的研究,让那些休眠的伟大传统苏醒过来,帮助我们突破现实的困顿与狭隘。

21世纪的会计需要浴火重生,重生的基础是思想复活,为此需要做到以下几点。

第一,从人类文明的高度认识和理解会计的意义,分析探讨会计与人类文明孕

---

① 本书作者正是在研读敦煌会计文书原始资料时获得了以上领悟,并对唐宋时期会计历史有了一些重要发现。
② 丁耘:《什么是思想史(思想史研究第一辑)》,上海人民出版社,2006,发刊词第1页。
③ 黑格尔:《历史哲学》,王造时译,上海书店出版社,2001,第79页。
④ 丁耘:《什么是思想史(思想史研究第一辑)》,上海人民出版社,2006,发刊词第1页。

育及演进的内在关系。既注意人类社会发展中大的变革和会计的发展与作用,也注意不发达文明中会计的存在及其异质性,理解会计的真实意义。

第二,回到会计思想最初的源泉,汲取人类会计文明创生时刻的伟大养分。

第三,从社会发展与变革的宏大视野,结合政治、经济、文化、技术、制度多方面发展,梳理和分析会计历史发展的实际与逻辑。

观念五:正视中国

21世纪的会计史研究,务必要正视中国。

探究会计历史的文明意义,是全球会计史研究者共同的使命。人类数千年交流交往的历史,使会计成为一种关系全球发展,与世界各种文化相伴生的社会文化现象。本书倡导在会计史研究中摒弃民族主义和"欧洲中心论"等缺乏全球(全局)意识的观念,把研究的视野扩展到全球不同地域的人类文明和文化遗存上去。本书同时强调,为了更好地理解我们赖以生存的这个世界,更好地理解人类社会及生活,更好地理解会计的意义,规划会计的未来发展,应该正视中国会计史的研究。这种观点并非为了用另一种中心论取代欧洲中心论,而是为了全球会计未来发展的福祉。

中国文化内涵丰富、历史悠久,早已成为世界许多人探究的重要领域。早在19世纪初,黑格尔在柏林大学第一次讲授历史哲学时,就曾把1/3的时间用在"绪论"和"中国"一章上面,乃至《历史哲学》的编辑者——他的学生干斯发出了"这部分工作真是冗长、繁琐,煞费苦心"的感叹[①]。然而,在过往的会计史研究中,除了个别学者如查特菲尔德注意到古代中国(比如西周)在内部控制制度建设方面的成就外,更多的是对中国古代会计长期停滞和近现代会计进展缓慢、落后于西方的批判。这实在是一种很大的遗憾。

中华会计文明延续数千年,其以大一统中央集权国家财计管理为核心的会计体系架构和文化遗存,相对于以微观企业组织为核心的会计,实在是人类文明史上一种特殊的存在,具有重要的样本价值。20世纪考古发掘中发现的海量史料和文献遗存,为深入开展会计史研究提供了无尽的可能。

对全球会计史研究而言,中国故事具有多方面价值。

(1)文明延续数千年的通史意义。按照中国史学的分类传统,所谓"通史",是指连贯地记叙各个时代史实的史书,一般理解为贯通的历史,即一个国家、地区,或整个世界从文明发育伊始直至当前时代的历史。作为与断代史相对应的一个概念,通史要求叙述的内容广泛,并且在叙述中体现历史发展脉络,给人一种整体的

---

① 黑格尔:《历史哲学》,王造时译,上海书店出版社,2001,干斯博士为原书第一版所作序言第8页。

认识。东汉许慎《说文》曰:"通,达也。"《易·系辞》云:"往来不穷谓之通。"中国古代史家讲"究天人之际,通古今之变,成一家之言"①,强调历史作者对世间事物贯通的理解②,此种贯通,须基于久远而丰富的文明。

在人类古代文明中,唯有中华文明保持长期延续不断,在一个相对稳定的地理区域内保持了数千年延续发展。通达的中国文明为学者们考察和研究长时段的文明提供了可能。

(2)巨大而特殊的制度价值及文化意义。与世界其他文明相比,就制度和文化而言,中国是一种特殊的存在。对中国会计制度和会计文化——从古至今的会计构造与事实,我们其实并不真的十分了解。一方面,迄今为止的会计史研究,大多停留在表面,未能深入制度和文化的内核,缺乏深入细致的个案研究③;另一方面,经过鸦片战争的震荡,西学东渐的冲击,以及20世纪多次重大变革与转向④,中国会计文化在许多方面已经发生了显见的改变,乃至渐失真意。为了未来更好地发展,为了全人类的利益,亟须研究和总结中华会计文明的内涵,了解并尽可能地继承中国古代会计文明的文化遗产。

本书反复分析证明,会计(财计管理)作为社会结构中资源和财务事项管理方面的文明结晶,与人类文明的孕育和进步相伴生,具有重要的全球性意义。因此,深入研究中国会计的文明成就,了解而不是轻易地否定其会计发展演进的独特路径及文化积累,是全球会计学者共同的使命。

对此可能有人并不认同。此处特引英国哲学家罗素20世纪初期所做的两项论断,以作思谋之虑。

事实上在未来的两个世纪里,全世界都会受到中国事务发展的影响,无论好坏,中国问题都可能会产生决定性的作用。

——罗素:《罗素论中西文化》

---

① 语出司马迁《报任少卿书》。

② 财政部前副部长王军曾提出"要用'通'字研究会计史",认为:"研究会计史,不应囿于一个事件、一个案例,必须敢于打破一些思维的定式和框架的限制,按照历史运动本身的轨迹来阐述历史,真正进入'整体会计史'的思考境界,做到'站在月球上看地球'。要知道,会计问题之外是经济问题,经济问题之外是整个社会的发展问题。"见中国会计学会:《会计史研究专题》,经济科学出版社,2009,第6-7页。

③ 这个论断确实会使许多人,包括本书作者自己感到不适,但有许多证据证明事实确实如此。限于篇幅,此处不再赘述。对中国会计制度与会计文化,以及各时期、各种机构会计史实的细致研究,将是本书作者今后研究的重点。

④ 宋小明:《中国会计文化自信的历史遗产》,《新会计》2017年第9期,第6-15页。

> 我们欧洲没有走上幸福之路——我们提倡竞争、开发、无休止的变化、不知足和破坏。导致破坏的效率只会带来毁灭,而我们的文明正在朝这个趋势进发。如果我们不虚心学习一些我们所轻视的东方智慧,我们的文明将走向毁灭的结局。
>
> ——罗素:《罗素论中西文化》

（3）取之不尽的史料资源宝库。根深蒂固的记录与修史传统所形成的巨大的文化遗存,构成中国会计史研究取之不尽的史料源泉。历史研究往往受史料所限。中国人自古具有修史的传统,注重从历史中获得经验教训和借鉴,十分重视史家的品德(所谓"史德")和修养,因此,中国的历史记录,除个别因政治原因被篡改之外,绝大多数是真实、准确而可信的,且内容丰富。这些特点每每让睿智而博学的黑格尔博士频发感叹。① 除了官方修史之外,中国的民间知识分子乃至普通民众,也素有记述史料、史实,以及修史、述作的习惯②,并注意用各种形式保持记录,比如可以长久保持的甲骨记录、青铜器铭文、墓葬砖刻、墓志、碑刻、匾额、摩崖石刻等等。③ 在会计史方面,截至目前我们所收集和注意到的史料来源就包括以下几种:①殷墟甲骨;②青铜器铭文(金文)资料;③简牍资料;④画像石(砖)资料;⑤敦煌吐鲁番文书资料;⑥黑水城文书资料;⑦各地碑刻资料;⑧历代食货志及职官资料;⑨明清官府档案资料;⑩孔府档案资料;⑪孟府档案资料;⑫徽州文书资料;⑬晋商史料;⑭清水江文书资料;⑮石仓文书资料;⑯清朝、民国时期各种契据资料;⑰清朝、民国时期钱庄、票号、商号、企业等组织的档案及会计资料(包括会计账簿、凭证、报告等资料);⑱明清以来各种官、私会计文书及相关出版资料。

此外还有各地图书馆、档案馆、博物馆收藏的许多与会计相关的实物、资料,民间藏家收藏的会计账簿、契据、报告等多类材料,散存各地的少数民族会计史料等,再加上正史、野史及古人笔记、杂记中的相关记录资料,用"浩如烟海"来形容,毫不为过。这些资料涵盖古今,从官府到民间工商业组织、宗族及个人无所不包。它们并非普通的资料记录,或者一般意义上的学术研究材料。它们是中国会计文化最

---

① 比如:"中国'历史作家'的层出不穷、继续不断,实在是任何民族所比不上的。"(黑格尔:《历史哲学》,王造时译,上海书店出版社,2001,第118页)"尤其使人惊叹的,便是他们历史著作的精细正确。因为在中国,历史家的位置是被列入最高级的公卿之中的。"(黑格尔:《历史哲学》,王造时译,上海书店出版社,2001,第119页)

② 通常把官方编修的史书称为"正史",私家编撰的史书称为"野史"。古代有"稗官野史"的说法,稗官者,采录民俗民情的小官也。

③ 中国古代先民在这方面的创造力让人叹为观止！本书作者在丝路会计文化考察与研究中,竟然在敦煌市内的火神庙和另外一座道观里发现了记在房梁上的账目,在武威文庙更是发现了多块会计账目牌匾挂在大殿屋顶。

本真的记录,潜藏着重要的文化密码。会计史研究者的使命之一,就是解读这些密码,了解中华会计文明的真相。

观念六:打破藩篱

打破学科分割的藩篱是21世纪会计史学研究的一项重要任务。

2018年9月份,网上流传一篇题为《麻省理工(MIT):高校学科划分是人类自缢的绳索》的热文,其主题是讨论高校学科划分过细所带来的问题及打破学科界限、开展跨学科研究的必要性。文章开篇用了北京工业大学都柏林国际学院武博雅的一段话来点题:

"一直以来,每个研究者都会固守自身领域,偶尔才跨跨界。但21世纪人类面临的挑战,要求我们必须在一种开放的环境,以及多学科互动中共同解决。"的确是这样,人类面临的新问题,不是用简单的单一学科划分可以解决的。可以说,问题越复杂,越需要打破学科界限。打破思维隔阂,才能有新的突破。俗话说,分久必合,合久必分。但对于人类前进的步伐,打破学科分野,学科交融,却是一件不可逆的事情①。

细致的学科划分曾经是近现代科学发展的一种重要趋势,有力地促进了现代学科体系的建设,促进了各个学科的精细化发展。然而,过细的学科划分也造成"画地为牢""以邻为壑",人为地割裂了学科之间的内在联系,滋生了只见树木不见森林之弊。因此,20世纪后半期以来,跨学科、多学科合作研究的趋势愈演愈烈。

会计史研究同样面临打破学科分割的藩篱、广泛合作、开展综合研究的需求。

(1)打破会计史研究中硬性区分会计、审计、财务的格局,从人类社会组织(国家、企业、家族或家庭)发育和成长的基本需求出发,综合地研究会计的历史意义及发展进程。将现代会计学科中的会计、审计、财务等不同部分视为一个统一的整体来开展研究。

(2)采用综合性的大会计概念,深入研究和探讨会计与数学、统计、财政、金融等的关联,从社会财计管理的角度出发,综合探讨其历史发展。

(3)开展广泛的跨学科、多学科合作研究,吸引历史学、考古学、文献学、档案学、文字学、社会学、政治学、经济学、管理学、法学、历史地理学、人类学、敦煌学、徽学等不同领域的专家学者,共同开展会计史料的收集整理和会计史研究。

---

① http://www.sohu.com/a/252607075_683365。

观念七:人本主义

财政部前副部长王军 2007 年 10 月 27 日在中国会计学会第六届会计史学术研讨会暨杨时展先生学术思想讨论会上的讲话中曾经指出:"要用'人'字研究会计史。""会计学重要的突破性发展,大多是由会计学大师完成的。现在的会计史研究往往侧重按时间的序列回顾和审视会计发展过程。这种一般的史学研究方法虽然可以向世人展示出会计发展的基本脉络,但却不易于把握会计思想发展完善的精髓。因此,我想强调要注重用'人'字来研究会计史,即要注重研究会计大师、会计先哲们的思想,研究他们思想变化的过程,研究他们思想发展的背景及诱因,研究他们思想中最为本质、最为光亮的地方。当然,也包括适当研究他们学术上的遗憾。还要注重研究大师与大师之间共性、个性差异比较等等。通过研究大师的思想,可以透析会计发展进步的本质规律;通过研究大师的思想,可以使后来者在前人光辉思想的照耀下快步走向成功的殿堂。"[①]

我们倡导人本主义的会计史学研究。一切历史皆是人的历史。人创造历史,自然应该成为历史构成的主体。然而,令人颇为遗憾的是,过往的会计史研究却基本处在见事不见人的状态。即便是最能反映人的活动和创造的会计思想史研究,也基本上局限于从史事和一些人的理论著述出发来探讨思想观念及其发育。偶尔也有关于一些著名人物及其成就、思想的介绍(比如卢卡·帕乔利等),却基本属于历史研究的附带的部分,而未能使人真正成为会计史研究对象中的主要成分。

本书强调人本主义的会计史研究,除了强调对会计大师和会计先哲史迹、思想及贡献的研究外,更强调突出一般普通人的作用。

(1) 会计是有组织的人类活动中一个基于数字,以财计为核心的管理体系。尽管它作为一个特殊的体系,具有较为突出和明显的技术特性,但从根本上来说,它却是一个社会系统,是社会人的组合。

(2) 会计理财,归根到底却依然是管理人,无论是记录、审核、核查、报告,实质上都是处理人与人的关系,因此,需要考虑人的社会心理等多方面因素。也就是说,在会计史研究中,在考察各种相关史料——契据、账簿记录、盘点及交接报告、会计报告、审计报告以及相关制度规则时,一定要注意其背后的人,注意对人的约束及责任考核等。

(3) 所有的会计历史文化遗存,皆是具体的人的行为所产生的后果。不论是记录、报告的形式,还是各种制度、方法的设计与创造,皆代表着其背后鲜活的人。

---

[①] 中国会计学会:《会计史研究专题》,经济科学出版社,2009,第 6 页。

因此,会计史研究中对各种史料的解读和分析,除了要看到其外表形式和内容外,还需要注意创造这些东西的人的心理、需求及习惯。

(4)与有些研究者认为中国会计史上没有重要的会计人物不同,不论中国还是其他国家,皆有许多有名或无名的人物,他们共同推动了会计历史的发展。这些人物也应该成为会计史研究的对象。①

观念八:重视细节

会计史研究历来重大事、重变革。传统的会计史研究和叙事,多倾向于把会计当作一个独立的专门化体系,主要从簿记和会计技术的角度,分线条地整理出会计历史发展的脉络,发现其中的重要事件、重大变革,总结其中的规律。在起始阶段,这样做自然无可厚非,且有助于人们在较短时间内概略地了解会计历史的重要成就和发展脉络。但从长远发展的角度来看,这样的治史观念却是远远不够的。更有一类研究,为了获得突出的印象,常故作惊人之论,过分拔高某些人或事物的历史地位,根据一些可能并不相关的所谓证据,大大"提前"一些发明创造的时间。有时为了补上一些环节,在史料不足或因种种原因难以做深入的考证研究时,则以武断的推论甚或臆测作为替代。此类推论或论断常常出自个人的直观感受或经验判断,往往很不靠谱,甚至谬之千里。②

我们研究历史,一方面是通过历史叙事,把过去的事实和发展演变的过程与规律揭示给人们看;另一方面则是考察历史的真相,从不同的角度探查人类社会结构及存在的实质。从后一种意义上来看,概括的、只重大事和变革的历史研究显然是不够的。

重视细节,意味着放下大历史的架子,深入具体的史料中去,深入具体的人、事、制度、活动的细节性材料中去,从中挖掘会计历史的具体事实、详细的真相,体会其中包含的社会意义。重视细节应该成为会计史研究中一种基本的导向。意味着我们理解会计及其历史,既需要从国家、企业,从大的社会历史的方面注意其宏大意义,也需要深入微观的、个人的细致的生活,从细致的内容中去寻找和感受会计的真意。意味着我们需要注意,会计的价值并不只存在于制度、技术、方法、理论、观念等大的方面,也存在于具体的业务活动、普通人的日常生活和感受中。重视细节是会计史研究脱离纯制度史和技术史的干枯的状态,进入生动活泼的人类

---

① 比如,敦煌文书中的"写账人",明清及民国时期的"账房先生",正史中提到的理财人物、改革家,等等。

② 此类情况在会计史研究成果中甚为多见。比如,本书第三章提及的某学者有关战乱时期会计没有存在必要的相关论断。

生活和活动的必由之路。

正如有些史家所意识到的,真实的历史是有别于印象的历史的。真实的历史存在于可能是碎片化的细节性材料中,而不是历史学家构想出来的抽象的历史结论或通过描述所形成的印象中。因此,我们强调会计史研究应该重视细节,一方面,意味着会计史学家需要走出以往那种只重大事和变革的习惯性思维,走出对借贷复式簿记、会计准则、中式簿记改良、四柱结算法等少数重大主题近乎病态的痴迷,把研究的视野广泛地投射到各种文明、不同国家、不同文化中不同发展水平的详细的会计发展细节中去,发现多样的会计历史和事实,考察不同文明条件下会计的不同作用和存在形式。另一方面,会计史学家需要关注会计历史中不同时期、不同具体事例中会计存在和发展的细节,从细节中发现真实。探究这种细节和真实,自然需要回归到大量的第一手史料遗存,包括在口述会计史所反映的个人的历史体验和感受中去探索和寻找。①

基于细节所获得的才可能是真实的、血肉丰满的会计历史。也只有在这样的历史中,人们才可以体会到会计的真实意义,深刻理解会计与社会、与各种人类组织,进而与人类文明演进之间的内在联系。

观念九:以德为本

中国史学讲求"史德",以德为本,也是会计史学需要继承的重要文化遗产之一。

唐代史家刘知几著《史通》,提出史家须备才、学、识三长,重史识而尚直笔,提倡"不掩恶,不虚美"。清代学者章学诚在此基础上发展出"史德"之说,《文史通义·卷三·内篇三·史德》曰:"文史之儒,竞言才、学、识,而不知辨心术以议史德,乌乎可哉?"并谓:"能具史识者,必知史德。德者何?谓著书者之心术也。……盖欲为良史者,当慎辨于天人之际,尽其天而不益以人也。尽其天而不益以人,虽未能至,苟允知之,亦足以称著书者之心术矣。"②由此,"史德"与史才、史学、史识并称"史家四长"。

所谓"史德",是对治史者人品、道德、修养的要求,即所谓"著书者之心术"。"史家之书,非徒纪事,亦以明道"。③中国文化中对历史历来定位颇高,在倡导德治的文化中,史家秉笔直书、铁笔治史,自须以德为本。中国近现代史学先驱、现代儒学宗师柳诒徵认为"治史必本于德",并在阐发中国传统史德论内涵与要求的基

---

① 在历史材料中可以发现许多重要的、值得详细研究的问题点。会计史研究者需要关注这些点,通过对一个个具体点的研究,逐渐形成对会计历史真实的积累。会计史的文化体系会因此而日益丰富和完善。

②③ 章学诚:《文史通义·卷三·内篇三·史德》。

础上,针对当时实际,指出史德的几种具体表现情形,即:①史尚忠实;②强调实录的笔法和存疑的精神;③要求历史记载全面反映社会生活。

以德为本,对时下之会计史研究,意味着以下基本要求。

(1) 研究者需重视个人的人格修养,如孔子言,做到成己、成人、克己、修身、尽己,以高尚的人格精神、认真诚实的态度来著史。

(2) 以探求真理、增益会计历史文化作为研究的目的,平等对待一切人类会计文明的成就,不因自身立场地位而有意贬损或过誉。

(3) 在会计史研究中,以史料和事实为依据,深刻体悟自然和人类文明发展之道,摒除夸大、附会、武断诸病,客观、公正地进行表述,不偏废、不拔高、不轻视。

除此之外,还有一项需要注意的是会计史研究中的道德评判准则问题。柳诒徵十分重视中国历史书写的道德评判,称:"史之所重在持正义。"因此,他通过辨析中国史学的各种正统论,批驳了对正统论的诸多曲解,指出传统史学实际是以史之正义为统来书写国史的,对国史书写的道德评判准则提出了崭新的见解。③ 中国古人有立德、立功、立言三不朽之说④,这虽然是说做人,但用之于会计史研究,亦非不可。依本书见解,会计为人类文明重要成果之一,其形迹宗旨,亦为人类道德之一部分。21 世纪的会计史研究,必然涉及对人类各种文明之比较与评价,也必然成为未来全球会计制度及文化体系发展进步之指引。故对会计史研究不能按照一般学术之评判标准来要求。为世界持正义,当为会计史家道德之一原则。

**第三:认知层——历史视野下会计的表象与实质**

会计史研究是"进行会计理论研究的先导部分"⑤,需要从人类文明演进的视角,探究会计相关的基本问题,这既是开展会计史研究的前提和基础性准备,也是构建与发展会计理论、制度及实务的基础。

20 世纪初,曾有来自不同领域的学者共同开展会计基本问题研究,取得了许多重要成果。例如,查尔斯·E.斯普拉格(Charles Ezra Sprague)的名著,被学界认为是构建现代会计理论的最初尝试与肇始性著作的《会计哲学》(Philosophy of Accounts,1907);亨利·R.哈特菲尔德(Henry Rand Hatfield)的《现代会计学》(Modern Accounting,1909),该书 1927 年修订后更名为《会计学:原理和问题》(Accounting:Its Principles and Problems 再版发行);罗伯特·H.蒙哥马利

---

③ 徐国利、徐焜尧:《柳诒徵论中国传统史学的治史原则与方法》,《安徽史学》2015 年第 5 期,第 101-107 页。
④ 《左传·襄公二十四年》:"太上有立德,其次有立功,其次有立言,虽久不废,此之谓不朽。"
⑤ 郭道扬:《会计史教程》(第一卷),中国财政经济出版社,1999,导论第 4 页。

(Robert Hiester Montgomery)的《审计理论与实践》(Auditing Theory and Practice,1912);约翰·B.坎宁(John Bennet Canning)的《会计中的经济学:会计理论的一种批判性分析》(The Economic of Accountancy：A Critical Analysis of Accounting Theory,1929);威廉·A·佩顿(William Andrew Paton)的《会计原则》(Principles of Accounting,1918)、《会计理论》(Accounting Theory,1922)、《审计报告所示的公司利润》(Corporate Profits as Shown by Audit Reports,1935)、《会计的本质》(Essentials of Accounting,1938)、《公司会计准则导论》(An Introduction to Corporate Accounting Standards,与A.C.利特尔顿合著,1940);乔治·O.梅(George Oliver May)的《公司账目审计》(Audits of Corporate Accounts,1934)、《财务会计:实践之提炼》(Financial Accounting：A Distillation of Experience,1943);A.C.利特尔顿(Ananias Charles Littleton)的《基础会计导论》(Introduction to Elementary Accounting, 1919)、《1900年前会计的演进》(Accounting Evolution to 1900,1933)、《会计理论结构》(Structure of Accounting Theory,1953),以及他与V.K.齐默尔曼(V. K. Zimmerman)合著的《会计理论:连续性和变革》(Accounting Theory, Continuity and Change,1962)。这些著作着力于会计基本问题,提出了许多创造性见解,共同构成20世纪会计理论建设的基础。然而,从20世纪六七十年代开始,基础性的理论研究基本被会计准则解释和实证研究所代替,导致20世纪后半期至今,对会计性质、会计社会功能、会计体系构成等基本问题的研究基本是空白。

因此,构建21世纪新会计史学的一项首要任务,就是打破会计技术论观点和会计准则建设的理念局限,以人类文明演进的宏大视野,从人类社会组织和社会经济发展基本需求出发,弄清有关会计的一些基本问题,包括会计的本质、会计的职能、会计的作用、会计的构成体系、会计的作用机理、会计与社会各种构成要素之间的关系等,即历史视野下与会计的表象和实质相关的一切要素及关系。

在此基础上,进一步开展关于会计史、会计史学等基本问题的研究和体系构建。概言之,即认识会计、认识社会、认识历史、认识人类文明中一切与会计体系构成及演进相关的要素。

**第四:学科层——会计史学科的体系构建**

本书提倡会计史学界根据一般原理,结合全球会计史研究的现状,构建完备的会计史学科体系。初步考虑应由以下几部分构成:会计史学基础、会计史料学、叙述会计史学、解释会计史学、比较会计史学、会计史教育、会计史学史。

（1）会计史学基础（fundamental of accounting history）——有关会计史学基本概念、范围、观念、体系构成及其他相关理论与知识的研究。本书提倡构建会计史学基础旨在将会计史学作为一门学科做系统性的规划和研究。

（2）会计史料学（study of accounting historical materials）——研究会计史料的范围与类型，会计史料的收集与整理，会计史料的分析、鉴别、考据，会计史料运用的知识与技巧，数据库建设与整理出版，史料的交流与共享等。

史料既是历史事实的载体，也是开展研究的基本材料。史料本身具有重要的文明和文化证明价值。O.腾·海渥曾引博曼教授1938年的观点，认为："将新发现的史料进行拼凑和探讨批判性时代区分[①]作为历史最高目标的年代已经过去。的确，进行调查研究和记录客观历史这一学术传统迄今仍然存在，但是，对历史的强烈兴趣，正在逐渐成为我们这个充满骚动的时代的一部分。今天，深藏于历史陵墓之中的、与大量历史资料有关的知识已经为数不多，倒是需要对它们进行解释。有志于对各种事物的解释和意义进行研究的人，比起那些满足于扩展事实知识的人，保持着更客观的态度。"[②]这种观点的核心显然是说：史料的发现已经完结，所以历史研究的重心需要转向解释方面。我不知道西方世界解释（批判）史学的兴起是否就是基于这一认知。但是，自国际会计史学界20世纪90年代倡导"新会计史学"以来，人们热衷于运用各种理论进行会计历史的解释，在极大地扩展会计历史研究视野的同时，却造成另外一种结果——对会计史料的实质性忽视。这是一种极大的错误，万万要不得的。

事实上，整个20世纪，会计新史料的发现并非如博曼教授所认为的那样已经完结。恰恰相反，新史料的发现一直是一个未曾断绝的连续性过程。20世纪末以来，因为数字化技术的发达，出版的便利，人类真正进入了一个空前的史料大爆发时代。一方面，全球范围内考古学、文献学、档案学的兴盛，使许多长久以来藏在深阁未为人识的古代文献遗存得以大量现世；另一方面，数字化技术的飞速发展，使之前许多深藏在考古及研究机构的海量历史资料得以进入普通研究者的视野，为历史研究包括会计史研究提供了取之不尽的源泉。便利的国际交流也使国际性的史料交流（包括海外收藏的各国史料）、比较研究和补证成为可能，为会计史料收集、整理和研究提供了另外一种重要的来源。

---

① 此处引用的原文较为晦涩，大概意思涉及历史分期问题的讨论。
② O.腾·海渥：《会计史》，文硕、付磊、杨健译，中国商业出版社，1991，第5页。

从会计史研究者工作的角度来看,或许是因为多数研究者出身会计而缺乏系统的史学训练,他们对基础性史料工作(收集、整理、考据)往往关注甚少。大量重要的会计史材料沉没在一般史料的汪洋大海中,很难为一般的研究者看到或使用。包括O.腾·海渥和其他许多人在内的会计史研究者,只能把重点放在基于现成(可能是经过历史学者、一般文献研究者、档案管理人员整理、研究的)资料的解释性分析和研究方面。

本书作者在《中国会计文化自信的历史遗产》①一文中,曾列举中国重要的会计史料相关历史文化遗存,包括殷墟甲骨档案、简牍会计史料、敦煌文书、吐鲁番文书、明清档案、孔府档案、徽州文书以及其他文书档案资源,这其实也只是概略而言。进一步深入下去,还会有更多的发现,比如,上海交通大学历史系曹树基教授和他的团队整理出版的《石仓文书》、刘建民先生整理出版的《晋商史料集成》、邯郸学院收藏的太行山文书,还有许多机构和个人收藏未曾刊布的史料。每一类重要的文书档案遗存中皆包含大量会计史料。目前,大多数文书档案只是被历史学者作为一般性史料做了整理和刊布,基于会计专业的系统整理和研究基本付之阙如。作为近现代中国社会发展史料瑰宝的晋商史料文书的整理刊布才刚刚开始,但已经显示了极其重要的会计史价值。许多重要的会计史料资源富矿,亟待专业人员进行系统地挖掘。

因此,本书认为,构建会计史料学,组织人力开展系统的会计史料收集、整理、刊布和研究,是当前会计界面临的一项重任。这一任务,普遍地摆在世界各国会计史研究者面前。本书强调在21世纪新会计史学中包含会计史料学这样一个部分,乃是基于如下理由。

其一,史料是历史事实最初的载体和存在形式,是一切研究的基础。真正有价值的历史识见,一定来自对第一手史料的深入解读和分析性思考,而不是空泛的构想或臆测。20世纪西方史学研究重视考古资料,敦煌文书、简牍资料、黑水城文书,以及徽州文书等之所以引人注目并形成各种世界性显学,皆源自其巨大的史料价值。正如厨师做菜,只有用上等食材,才可能做出绝顶美味。倘若无米,巧妇何为?

其二,未来会计史研究的深化和提升,必然有赖于研究者对世界各国各种文化遗存中各种会计相关史料的挖掘与整理。之前的会计史研究,不论是早期的传统会计史学还是20世纪90年代后的新会计史学,皆不甚重视会计史料的挖掘与整理,尽管不少研究也得益于重要的史料和档案,但由于会计史研究者多缺乏规范

---

① 宋小明:《中国会计文化自信的历史遗产》,《新会计》2017年第9期,第6-15页。

的史学、文献学训练,因而普遍在史料、文献的收集、整理方面无从措手,只能使用别人现成的整理成果及解读。像 O.腾·海渥这样的世界会计史大家,除了自己使用,还倡导别人使用其他领域史学者的史料整理和解读①,说起来很让会计史学者汗颜。如果会计史学者不亲身参与和推进会计史料的整理,长此以往,会计史研究如何能有自己厚实的专业史料基础,借以获得底蕴深厚、极具价值的研究成果?②

其三,在当今史料大爆发的时代,各个学科的研究者都日益重视史料的发掘、整理、刊布,史料数据库建设,以及基于国际互联网的史料交流和共享。从目前情况来看,有大量的史料,需要会计史学者投身其中,与历史学、文献学、档案学、敦煌学、徽学等不同领域的专家学者一起,进行史料存在状况的调查,开展基于会计专业视野的专门化史料收集、整理、分析、解读、数据库建设、编辑出版以及资源共享。这项工作自然无法依赖别人,其中一个重要原因是,许多会计史料包含会计的专业知识,研究者需要深厚的专业基础和进行扎实地研究才能做出更好的分类、整理、释读。

其四,以往的历史研究,较多关注并依赖传世文献和资料。到了 20 世纪,因为考古学的发达,新材料、新载体不断涌现,其中包括各种碑刻铭文、简牍资料、纸质文书、图像资料、影音资料等,其系统性收集、整理和研究,也是当今会计史学界需要承担的重要工作。在这方面,有许多具体的问题需要研究,许多细致的工作需要完成。

其五,我们倡导构建会计史料学,因为有许多与史料相关的重要问题需要研究清楚,从而对会计史料的范围界定、收集整理、分类标引、考证应用、数据库建设、编辑出版等形成指导。唯有将其作为一门学问,对其进行系统的研究,才可能使之获得科学、规范的指引。

(3) 叙述会计史学(Narrative Accounting History)——用传统叙述史的观念和方法进行的会计史研究。所谓叙述史,是指采用客观描述的方式开展而非以分

---

① O.腾·海渥在其《会计史》中曾特别说明他所采用的方法:"在本书中没有做出什么新的研究。也就是说,由于没有对关于过去的新资料进行考证,所以,我的写作依赖于'历史学家'近 30 年来关于会计史问题的研究成果。在我看来,这些'学者'在对过去做出解释时,更接近我们的时代,因而也接近'真实',而我们正是要解释'过去'这个可变的概念,所以,我们只借鉴历史作家的成果,是经过深思熟虑的。"见 O.腾·海渥著:《会计史》,文硕、付磊、杨健译,中国商业出版社 1991 年版,第 2 页。

② 本书倡导会计史学者参与会计史料的收集、整理和研究,并非拒绝或否定对他人所整理史料的使用。事实情况是,目前所见到的各种史料的整理刊布,基本都是历史学者、文献学者从文献学和史料学的角度所做的一般性整理。现实中极少有基于会计专业的史料分析整理,即便有难得的针对会计专业的整理与研究,比如唐史专家、敦煌学家唐耕耦先生的《敦煌寺院会计文书研究》,虽有极大价值,但其中难免存在专业性误失。

析为主的历史研究。事实上,叙述史只是一个与当代学界所倡导的分析(解释或批判)史相对应的一个概念,但它既不构成一种史学学科分支,也不是一种历史研究方法,而是指那些采用以叙述为主的文体写成的历史著作的集合,或者说是一种具有叙事风格的写史传统。

叙述史学源自人类记事、叙史的习惯,是早期史家采用的最基本的著史方法。历史学者基于自己所掌握的材料和史实,根据自己的理解进行历史编撰。20世纪,现代科学方法进入史学研究领域,引起了史学的革命,计量史学、心理史学、比较史学等作为叙述史学的对立面应运而生,叙述史学因此遭到冷落。这些新方法的运用,使解释史学成为史学研究的主流,促进了史学的发展,但社会科学理论与数量方法等自然科学方法的大量使用,导致历史学中有血有肉的人和事消失,仅仅留下了干巴巴的公式和没有生命的结构。受多方面因素促动,20世纪70年代开始出现"叙述史的复兴",但复兴并不是向传统史学的简单回归,而是把叙事体及其可读性与科学分析和理论概括相结合,这也构成了世界史学发展方向的一个部分。

尽管迄今为止,解释史学依然是史学研究的主流,但就历史研究的功能和会计史研究的实际状况来看,叙述史学依然应该受到重视,甚至应该比解释史学占据更重要的地位。① 因为迄今为止,我们所能看到的对世界各国、各个地区、各种文明中会计历史的叙述性研究依然很少,远不能满足人们了解会计历史文化的现实需要。

关于叙述会计史学,本书此处强调以下两点。

第一,会计历史是人类文明中一个重要的部分。此前因为各方面原因,全球会计史研究的重点普遍放在发达国家(以英语国家为主)会计历史发展的重要阶段,有关大多数欠发达国家的会计史的叙述性研究甚为少见,甚至意大利的会计历史也有"after Paciaolo, nothing"的尴尬。今后的研究中,应该更多地鼓励对不同国家、不同文化中不同发达程度的会计历史的多样化研究。

第二,需要适当注意中西方文化中历史观念的差异。虽然中西方记史的历史同样十分悠久,但对于历史意义的认识却有所不同。美国史学家鲁滨孙研究历史的历史,认为:"历史最初的时候,并没有什么高大的目的。最初发明历史的,一定

---

① 关于这个问题,吴承明先生在《论历史主义》一文中有精彩的论述,他认为:"史学著作多是叙述式的,我以为这并不是缺点。史学就是要再现往事。叙述得好,任务已完成过半。问题是应该有分析,即中国所谓'论'。论可单独成篇,也可史论结合。中国的论从史出、以史带论等方法,未为西方注意,其实是很高明的。"详参吴承明:《论历史主义》,《中国经济史研究》1993年第2期,第1-9页。

是说书的人,他的目的往往在于讲述故事,不一定供献一种有系统的科学知识。"①在此我无暇细稽西方世界的早期记史是否皆是将历史作为好玩的故事。但在中国古代,官方却毫无疑问地将记史、修史作为极其重要的事情。在历史上不乏史官为了铁笔直书甚至以命相争的例证。②郭道扬教授教育我们注重史德,而先生本人更是将著史视为极大的责任,对每一条材料都是慎重考证,反复酌量。由此可知,会计史研究者撰写叙述的会计史断不可有任何轻视之心,而需以真实准确的史料,做认真细致的分析、考证和研究。

关于叙述会计史学的对象和构成,可做如下简要分类。

通史类:全球会计史,国别会计史,地区会计史(如亚洲会计史、欧洲会计史、美洲会计史、澳洲会计史、东亚会计史、西欧会计史、东欧会计史、北美会计史、拉美会计史、中东会计史等),地方会计史,行业会计史,企业会计史,等等。

断代史类:古代文明时代会计史,中世纪会计史,大航海时代会计史,产业革命时期会计史,20世纪会计史,秦汉会计史,唐宋会计史,明清会计史,新中国会计史,等等。

专题史类:政府会计史,注册会计师行业史,寺院会计史,钱庄会计史,票号会计史,晋商会计史,徽商会计史,等等。

(4) 解释会计史学(interpretational accounting history)——用解释学理论研究会计史的会计史学流派。解释史学(interpretational history),或称阐释史学或释义史学,是用解释学理论(hermeneutics)作为方法论研究历史而形成的史学流派。它本指高度重视文字资料的解释、注疏以揭示历史真实的传统史学,后特指自威廉·狄尔泰把解释学视为社会科学一般方法论后,用解释学理论揭示历史意蕴的历史研究③。第二次世界大战后,西方发生史学革命,实证主义受到怀疑,历史主义几乎被推翻,社会科学方法进入史学研究领域,叙述的历史变成分析的历史。随后,计量分析、社会分析等各种方法进入史学研究领域,解释史学因此成为史学的主流。

解释史学的理论和方法进入会计史研究领域,基本是从20世纪80年代开始的,因为对会计的理解从技术的角度转入社会后果方面,许多学者开始重视会计实

---

① 鲁滨孙:《新史学》,何炳孙译,广西师范大学出版社,2005,第16页。供献应为贡献,下同。

② 秉笔直书是中国古代史官所遵循的道德准则,是中国史学文化中最重要的道德价值与优良传统。恪守这一准则的史官代不乏人。比如,春秋时期因秉笔直书而命丧的太史四兄弟、书法不隐的晋国太史令董狐,因"实录"被杀的北魏史家崔浩等。

③ 参见360百科"解释学史学",https://baike.so.com/doc/9900229-10247434.html。

务发展中的环境背景。Burchell、Hopwood 等注重分析会计与社会的关系,Loft、Hoskin 和 Macve 等学者探讨社会环境因素对会计技术的影响。20 世纪 90 年代新会计史学的出现使基于社会环境、社会理论的分析及批判性研究成为一种风尚。与史学领域的基本趋势相关联,计量、口述等方法也进入会计史研究中,使会计史研究从视野到方法都得到了扩展。

相对于叙述史学和解释史学的理念区分,会计史学者更注重另外一个与此相类似但又有所不同的话题——"传统会计史学"(traditional)与"新会计史学"(New)(或称为"批判会计史学")(critical)的区分。Richard K. Fleischman 和 Vaughan S. Radcliffe 在其《会计史中的不同流派:回顾与合流之倡议》(Divergent Streams of Accounting History: A Review and Call for Confluence)一文中对此作了深入的分析和探讨。他们认为:"会计史是一个多样化且不断增长的研究领域,表现为不同的思想流派,针对原始资料开展原创性研究方面的巨大机会,以及充满活力、国际性的多元化学术团体。"①

叙述史学和解释史学实质上并非绝对对立的区分,二者实际上是可以互相融通的。叙述史学是以一种合理的学术努力向知识的主体展示人类过去的成就,从更全面的角度看待当代问题。解释史学强调科学探究的方法和相关的严谨性。叙述和解释各有其优势,会计史学者可以根据不同的主题、不同的目的择适而用,而不是用一种否定另外一种。

(5) 比较会计史学(comparative accounting history)——比较会计史学作为会计史学的一个分支,探索如何运用比较研究的方法,对会计历史和会计史学进行比较研究。

比较研究法是学术研究中一种重要的基础性方法。比较研究法是对物与物之间和人与人之间的相似性或相异程度进行判断与研究的方法。比较研究法根据一定的标准,对两个或两个以上有联系的事物进行考察,寻找其异同,探求普遍规律与特殊规律。学者们在历史研究中运用比较研究法,形成比较史学。

比较史学英文为"comparative history",是指"对各种历史现象进行时间系列上的前后阶段的纵向比较(又称垂直比较)或空间系列上的同一阶段的横向比较(又称水平比较)的一套历史研究理论和方法论体系;而历史比较研究英文为

---

① Richard K. Fleischman, Vaughan S. Radcliffe, "Divergent Streams of Accounting History: A Review and Call for Confluence," Academy of Accounting Historians 1999 Research Conference, Toronto.

"comparative study of history",是指"运用理论和方法进行具体的比较研究的实践"。①

在西方,历史比较研究从史学诞生之日起就已出现,希罗多德、塔西陀等古典史学家在他们的著作中就曾运用过比较的方法。近代历史学家也都不同程度地把历史上各个不同的民族加以纵向和横向的对比。孔德把比较研究作为探求社会历史发展规律的一种主要方法,并列举了比较研究的三种方式。

比较研究真正形成一个独立、系统的史学流派却是 20 世纪初的事情。1900 年,"国际比较历史学代表大会"在巴黎召开,标志着比较史学作为一个史学流派正式出现。② 这一时期最杰出的从事历史比较研究的学者是年鉴学派的创始人、被称为"现代比较史学之父"的马克·布洛克。1928 年,马克·布洛克在国际历史学第六次代表大会上做了《欧洲社会历史的比较研究》的报告,该报告同年发表在《历史综合评论》,这是一篇对欧洲社会的历史进行比较研究的纲领性论文,被称为"比较史学的滥觞"。第二次世界大战后,比较史学研究渐成热潮,最终于 20 世纪 80 年代成为一种趋势。

历史比较是一项极为复杂的事情,哪些东西是可以比较的,该怎么样进行比较,都需要进行深入研究。雷蒙德·格鲁在《比较史学的论证》中,把现代西方比较方法主要归为四大类:各文明体系的比较、对文明的某些中心题目进行的比较研究、通过比较而研究历史过程、机构的比较。这表明比较可以用于极为宽广的领域和主题,但如何应用它,却总是让人们纠结。格鲁曾做过一个有趣的比喻:"比较方法对于历史学家来说就如美酒对于一个好市民一样。会引起他们的矛盾心理:欣赏它们,则表明风雅;但过于嗜好,则有点浪费。"③

李孝林教授从 20 世纪 80 年代开始进行会计历史的比较研究,他于 1996 年出版了《中外会计史比较研究》,2007 年出版了《比较会计史学》。李教授在讨论建立比较会计史学的基本问题的同时,运用比较研究的方法,对古代会计核算方法、古代会计控制史、会计基础理论发展史及会计教育史等进行了广泛的比较研究。

比较研究是一项复杂的课题,不论是从比较会计史学构建还是开展比较研究

---

① 杨凯:《马克·布洛赫比较史学方法论的学术渊源》,东北师范大学硕士论文,2010 年,第 8 页。
② 关于本次会议召开的地点,网上有资料显示为海牙,杨凯在其硕士论文中认为,根据英文资料,1900 年的代表大会不是在海牙而是在巴黎召开的。这个英文资料名称是"The International Historical Congress at Oslo",作者为 Jameson J. F.,出处为 The American Historical Review,1929,Vol. 34, No. 2: 265-273,资料开头有对前几次会议地点的回忆介绍,可以证明是在巴黎不是海牙。本书采用杨凯的巴黎说。
③ 杨凯:《马克·布洛赫比较史学方法论的学术渊源》,东北师范大学硕士论文 2010 年,第 8 页。

的角度,都有许多内容需要开拓。

(6) 会计史教育(accounting history education)——研究会计史教育相关问题,包括本科阶段会计史课程的设置,硕士、博士教育层次会计史研究方向的设置,会计史教学的师资培养,会计史教材的编写,多媒体教学课件的制作,等等。

(7) 会计史学史(history of accounting historiography)——研究、总结会计史研究的历史,旨在明了会计史研究之得失。梁启超曾讲:"当思人类无论何种文明,皆须求根柢于历史。治一学问而不深观其历史演进之迹,是全然蔑视时间关系,而兹学系统,终未由明了。"[1] 就会计史研究迄今仅有一百多年的事实来讲,目前研究会计史学史似乎为时尚早,其实不然。会计史学发展时间虽然尚短,但在百年发展中,依然经历了许多重要的变化,有许多值得注意的人、事及著述。史学史的任务在于研究探讨会计史学发展的利弊得失,其内容可以包括会计史研究成果的整理,会计史学家个人研究,会计史学研究中的重要事件、人物、机构、著述等。

**第五,方法层——开展会计史研究的技术方法**

(1) 方法概说。

首先,方法的重要性与"史无定法"。孔子曰:"工欲善其事,必先利其器。"[2] 研究学术以方法为首要。方法是研究者到达目的地,求得目的物的一个利器。[3] 研究会计史必须针对具体问题采用适宜的方法,方可能达成目标。在对待方法的问题上,吴承明先生主张"史无定法",对此本书十分赞同。排除个人视野和偏好的影响,我们很容易发现,人类发展中形成的各种经实践检验行之有效的研究方法,基本都是人类在不同条件下认识世界、探索自然的路径和手段选择,皆有其特点、优势及适用条件,皆可列入我们选择的方法范围之内。我们强调针对具体情况有选择地使用,不带任何歧视甚至偏好。[4] 正如恩格斯所说:"不应当牺牲一个而把另一个捧到天上去,应当把每一个用到该用的地方。"[5]

不过,"史无定法"是一种高妙的境界,如同练武之人,能做到无招胜有招,随便出手皆是妙招,那是修炼已臻化境的状态,断不是初学者随便练个三五载就可以做

---

[1] 梁启超:《中国历史研究法》,中华书局,2009,第44页。
[2] 《论语·魏灵公》。
[3] 蔡尚思:《中国思想研究法》,"民国丛书"第三编,上海书店,民国三十七年,第1页。
[4] 人难免有所偏好,但偏好可能导致习惯性的路径依赖和排他。一些研究者获得某种新的或者仅仅是时尚流行的方法就将其视为至宝,将其视为世间唯一正确的方法而做排他的选择,结果是方法单一、视野促狭,研究难有大的突破,甚为可惜。
[5] 《马克思恩格斯选集》第三卷,第548页,引自吴承明《经济史:历史观与方法论》,《中国经济史研究》2001年第3期,第6页。

到的。中国人多推崇老子《道德经》"大音希声,大象无形"的境界,在治史方面,这大概就属于"史无定法"的境地。但我们不能忘了,在"大音希声,大象无形"之前还有一句叫"大器晚成"。意思是,必须经过很长时间的学习和磨练,才可能到达自由的境界。

在尝试做到"史无定法"之前,必须下苦功夫打下坚实的基础,认真研习并切实掌握各种可用的方法,熟知其优势、特点、适用条件、使用的具体方法及局限。不论是否具备会计专业背景,扎实的史学基础训练,包括考据、史料研习等方法论方面的训练,都是必不可少的。

其次,多样的方法及使用。作为一门学问的会计史研究并不能局限于对一两个或者几个具体问题的讨论或探究,而是需要广博的视野。历史是一个宏大的体系,需要多方面的努力。

之前我们谈到历史构成的三个层级:层级一,存留于物质材料的历史事实;层级二,记录的历史;层级三,研究的历史。会计史研究者需要在这三个层级的各个方面着力,才能构筑成体系完整、内容丰富的会计历史。因此,从方法上来讲,会计史学者采用多样的方法才能比较全面地形成以上三个层级方面的积累。

客观地讲,21世纪的史学研究者身处目前这个特殊时代,确实是极为幸运的。这种幸运源于三个方面。

第一,在史学的识见上,有过去数千年前人积累和总结的治史观念、方法和知识,许多认识和理论经过20世纪学者们百年的检验和整理,形成成熟的体系。

第二,在史料方面,20世纪的考古发掘、传世文献的搜集整理,尤其是数据库建设、资料的网络共享和大量新材料的刊布,使大量前所未见的新材料可为研究者所用。

第三,在方法上,有古今中外许多前人治史的行之有效的方法,更有20世纪后半期伴随技术进步出现的一些新方法,这些方法构成了完备系统的方法体系。

21世纪必然是一个会计史昌明兴盛的时代。面对人类文明中前所未有的巨大变局,人们迫切地需要从历史中获得真知,探寻未来发展的路径。知识爆炸的信息优势和便利的国际交流,为开展广泛的国际合作研究提供了最大可能,这一切都将造就前所未有的会计史研究新格局。作为会计史研究者,既要有勇立潮头,引领风气的魄力和勇气,也要有扎实的准备。在方法论上则需坚持百花齐放,不拘泥或偏信任何单一的方法。须知任何方法皆有其适用条件,有优势也会有缺陷,这方面没有绝对,也没有唯一。正如食物烹调,中餐的煎炒烹炸、闷溜熬炖……无数种选择,并无好坏之分,烹饪者根据材料、需求择适而用即可,只有用得好与不好的分别。除此而外,西餐的方法、各种具有地方特色的方法,也都可以纳入考虑之列。

鉴于此,特总结方法使用的基本原则如下:史无定法,材料为上;世间百法,择适而用。

最后,中西方史观的区别及方法论影响。史学是一门发展的科学。尽管人类著史的历史十分久远,但作为一门学科的历史学的体系构建,却是近现代科学昌明时期的事。在19世纪和20世纪之交,中国学者便开始向西方史学界学习,科学史观、进化论史观、马克思主义唯物史观等进入中国,对中国的史学观念和方法产生了巨大影响。从一定意义上来讲,今时的史学研究方法,已经基本上很难看出中西之分,或者有多大的中西差别。但本书依然想要强调,在方法论上,中西史学其实是有区别的。而这种区别,首先源于中西文化对著史的不同理解。

从文字学意义上讲,英语词汇"history"的汉语译文为"历史","history"的本来意义其实与我国古代的"史"并不完全相同。汉语中的"史",许慎在《说文解字》中的解释是:"史,记事者也。从又持中。中,正也。""史"被诠释为以客观公正的立场记录事实。这也成为古代中国人著史的基本意义。西方"历史之父"希罗多德所撰写的古代希波战争史,命名用了"historia",本意为"调查和探究"[①],即对过去事件的记述以及对这些事件之间相互关系的探索。由此可以看到,中国人和西方人在一开始著史时,侧重点就有所不同。简言之,中国重记录而西方重探究。进一步则是,西方人治史是一种学术活动,中国人的历史则承担了更多社会、政治的功能。这一点,迄今依然是一种重要的区别——尽管中国的史学研究今时今日已经同样具有了很强的学术意识。

另外,在西方的传统中,历史被作为一种讲故事的形式。鲁滨孙在《新史学》中就曾谈道:"历史最初的时候,并没有什么高大的目的。最初发明历史的,一定是说书的人,他的目的往往在于讲述故事,不一定供献一种有系统的科学知识。"[②]美国文化历史学家、哥伦比亚大学历史学教授雅克·巴尔赞等也曾认为:"历史是一种叙事,一个有趣的故事,人们借此认识到人类理解历史时的内在局限,消减并驳倒

---

[①] 自荷马起,古希腊诗文中 historia 一词有三个意思:研究和研究报道,诗体记事,事实的精确描述。在古拉丁语中,historia 一词重点在直接观察、探究以及作出记录上。参见(波)耶日·托波尔斯基著:《历史学方法论》,张家哲、王寅、尤天然译,华夏出版社 1990,第 44-45 页。

[②] 鲁滨孙:《新史学》,何炳松译,广西师范大学出版社,2005,第 16 页。供献应为贡献。

在物理学的调查风格中严格固化的那些方法。"① 本书无暇考证西方早期是否确是将记史作为好玩的事。但在中国古代,官方记史、修史,却毫无疑问是将记史、修史作为极其重要的事情。在历史上为了秉笔直书甚至有不少史官以命相争。这种态度,也在很大程度上使中国史家形成了注重考据的传统。多种以考据为目的的方法也自然成为中国传统史学方法的核心。

总体来看,现代史学研究可用的方法实在太多,而且各人表述和考虑的角度各有不同,实难获得一种可直接应用于会计史学构造的现成的方法体系。鉴于此,以下以会计史学研究的目的为基础,做一个方法方面的概述,概略地分传统史学研究方法和创新型史学研究方法两类。

(1) 传统史学研究方法(traditional history research methods)。

此处所谓"传统史学研究方法"并非仅指古代中国史家治史的方法,而是中国传统治史方法与20世纪中国史学界引进西学之后发展起来的新方法两部分之综合。清末以前,中国传统治史方法独自演进,至乾嘉学派②达到极盛。乾嘉学派打破宋明理学重理气心性抽象议论的风气,重视对客观资料的整理与研究,成一时风尚。该学派集历代特别是明末清初考据之大成,把中国古代考据学推向了高峰。他们在吸收前人已有成果的基础上,通过训诂笺释、版本鉴定、文字校勘、辨伪辑佚等方法及手段,对两千多年来流传下来的文化典籍进行了大规模认真系统地整理和总结,对古籍和史料的整理贡献殊胜。道光之后,时局变化,风气流变,考据之学趋于式微而经世致用之学渐兴。20世纪初,一些学贯中西的史学家,吸收西方史学的科学成就,实行史学方法的变革与创新。梁启超系统整理和研究中国历史研究法,倡导"跨学科"治史方法,提倡"历史统计学";王国维借鉴考古学之长,创"二重证据法";胡适提倡"大胆假设,小心求证"的科学实验方法。1934年,陶希圣创办《食货》半月刊,倡导地方志收读法、社会分析与社会调查方法、统计方法等史学研究方法。③ 各种方法百花齐放,推动了史学的繁荣。

考据法(textual research method)。考据即考证,指在研究文献或历史问题

---

① Barzun J, Clio Doctors, *Psycho-History*, *Quanto-History and History*, University of Chicago Press, 1974. 转引自 Gary John Previts, Lee D. Parker, Edward N. Coffman, "Accounting History: Definition and Relevance," *ABACUS*, 1990, Vol. 26, No. 1: 2。

② 乾嘉学派是清代乾隆、嘉庆时期(1736—1820)中国思想学术领域发展成熟时形成的以考据为主要治学方式的学术流派。该学派采用汉代儒生训诂、考订的治学方法,文风朴实简洁,重证据罗列而少理论发挥,故有"朴学""考据学"之称。

③ 阮兴:《史学方法与史学发展:〈食货〉与20世纪上半期的中国经济社会史学》,《社会科学动态》2017年第6期,第16-24页。

时，根据资料来考核、证实和说明。考据法其实是一种搜集与考订材料的方法。

作为方法的考据起源甚古，唐代孔颖达撰《五经正义》，即颇重字句训诂与名物考证。彼时注史之风甚炽，司马贞《史记索隐》、张守节《史记正义》、颜师古《汉书注》等，或明音义、或正史事、或详典制，均秉承考据之风。清代考据学之源可上溯至宋代。司马光撰《资治通鉴》，于史料考订方面颇费了一番功夫，于是有《通鉴考异》①之作。清初潘柽章师司马光之意，成《国史考异》，为顾炎武所推重。钱大昕《廿二史考异》②应是推广《通鉴考异》的体例，遍考全史而成。

考据学作为一门专门学问趋于成熟，源于清代乾嘉学派的推阐弘扬，以至成为清儒治学的最高标准。清儒使用文字、声韵、训诂、版本、目录、校勘、辨伪、辑佚等手段，对当时几乎所有的文献资料进行了整理总结。其工作大致包括校比、勘核、订误、正讹、辨析、补遗、笺注、诊释等多方面内容。这些具体的手段，迄今依然是中国史学研究中经常使用的具体方法，也是史学基本功夫的重要构成部分。以下择要概述。

训诂——古代文献考据学问具体方法的一种。所谓"训诂"，就是"解释"，具体指解释古代汉语（文言文）中字词的意义。许慎《说文解字》云："训，说教也。"段注："'说教'者，说释而教之。"明梅膺祚《字汇》云："训，释也。如某字释作某义，顺其义以训之。""诂"指用当代的话去解释字的古义，或用普遍通行的话去解释方言的字义。

训诂作为中国古人研究学问的一种具体手段，专注于字词的解释，自成一脉，曰"训诂学"。古代视训诂为"小学"的一个部门，如今有发展成为一门有科学体系的汉语语义学的倾向。事实上，世界上的各种文字都有一个历史变迁的过程，可能经历了复杂的字形、字义的转换和改变。对于史学研究而言，要准确理解原始材料中字、词记录的意思，必须有一定的文字训诂的功夫。比如，中国文字，就曾经历由甲骨文到金文、大篆、小篆、隶、草、楷、行，由繁体字到简化汉字的演变，其间又有各种俗体、异体之变。中国会计史中涉及许多具体的词汇，在近期的研究中学者们发现中国古代相关词汇流传韩国、日本等国后，经历了不同的流变。从会计史研究的角度来讲，运用训诂学的理论和方法研究会计相关字词的历史演变，也是研究会计史的细致工作之一。

---

① 司马光编有《资治通鉴》，并著有《资治通鉴考异》（简称《通鉴考异》）三十卷，博采旁取，排比众说，"参诸家异同，正其谬误而归于一"。
② 《廿二史考异》是中国历史考证书，由清朝钱大昕撰，共一百卷。书中所考"廿二史"，即"二十四史"中除《旧五代史》和《明史》外的剩余部分。

校勘——指对某一书籍用不同的版本和有关资料加以比较核对,以考订其文字的异同和正误真伪。

校勘的目的有三:一存真,二校异,三订讹。存真又分两种:一为求古本之真,二为求事实之真。求古本之真,多为藏书家所为。他们得到了一个善本,就要把它跟通行本对校,把文字异同,书的行款、版式、宁圆差异、纸质、旧本中的圈点、收藏图章等一一记录下来。求事实之真,就是"断其立说之是非",即对原著的史实错误进行订误。校异,只是罗列众本异同,校者不作是非判断。订讹,则要是查明致讹原因,用正本或理校订正讹误。

校勘之功,在于保证学问之真,看似小事,其实是学术求真务实的根本。会计史学术发展时日尚浅,似乎校勘的需要并不甚大,其实不然。会计史研究的相关著作中,错漏之处颇为常见。通常包括三种类型:一是对古籍资料的使用和解释发生错漏;二是整理原始材料时的录文错误;三是对外文著作的翻译不准确甚至错误。以上每种错误,都可以导致以讹传讹。

目录——文献整理的一种专门方法。

中国11世纪已有"目录之学"的称谓,当时称熟知文献、擅于利用目录增进学识的人为知目录之学。清乾隆时期是中国古典目录学的鼎盛时期。目录学的内容主要包括文献的揭示与记录、书目索引编制法、书目情报服务等。

目录学的分支学科包括:普通目录学,研究目录学的一般原理、编制书目索引的基本方法;专科目录学,研究各学科文献的积累、整理和利用;比较目录学,研究中外目录学发展的特性。此外,还有侧重于对图书版本状况进行考证研究的分支学科,称为版本目录学。

目录学不只中国有,在欧美,bibliography一词既用来表示记录出版物的科学技术,也表示这种技术所产生的特定产物,即书目。十七八世纪,近代书目与目录学的基本概念逐步形成。

会计史研究走向科学化、规范化,目录学也是不可或缺的。中国会计学会会计史专业委员会近年组织有关博物馆和收藏单位开展会计史料整理编目工作,希望不久的将来有成果面世,并进一步推动全球性会计史料文献编目工作的开展。

笺注——古典文献学中的常用方法之一。所谓笺注,是指对古籍或史料的注解。一般建立在对前人研究基础的深入理解之上,注释中常提到前人的意见,并对其进行补充订正,分辨剖析,而且比较侧重对原文中典故、词语出处的考证。

古籍的注解有很多种,名称不同,侧重点也不一样,大致区分如下。

注：对古籍经典、原典的直接注释。

疏：对前人注释的注释，侧重于疏通文意，阐明经典。

集注或集解：把历代不同注释者的注释集合到一起。

笺：对前人文意或注解进行补充、订正。

史料笺注的方法包括：解释较难的字、词；厘清史源；校勘；简略之处丰富之，含混之处澄清之，错误之处改正之，矛盾之处辨析之，背景不清之处交代之，影响演变缺略之处补充之。

会计史研究中涉及甲骨文、简牍、敦煌吐鲁番文书、黑水城文书等大量原始材料，需要从会计史的专业角度进行整理、注释，其中部分材料已经过一些史学专家整理、注释，但仍有大量工作需要会计史研究者来完成。同时，前人的校注中常有错漏，需做进一步的补正。所以，笺注之法也是从事古籍史料整理研究的会计史研究人员需要掌握的基本方法。

二重证据法（double evidence method）与三重证据法（triple evidence method）。二重证据法——即"纸上之材料"与"地下之新材料"相互印证的史学研究方法。为中国近、现代相交时期享有盛誉的著名学者王国维先生所首倡。王国维先生说："吾辈生于今日，幸于纸上之材料外，更得地下之新材料。由此种材料，我辈固得据以补正纸上之材料，亦得证明古书之某部分全为实录，即百家不雅训之言亦不无表示一面之事实。此二重证据法惟在今日始得为之。"

二重证据法的核心是运用考古发现的"地下之新材料"与古文献记载相互印证的方式来考证古代历史文化。陈寅恪曾经概括二重证据法在20世纪初的发展："一曰取地下之实物与纸上之遗文互相释证。"；"二曰取异族之故书与吾国之旧籍互相补正。"；"三曰取外来之观念，以固有之材料互相参证。"二重证据法被认为是20世纪中国考古学和考据学的重大革新。后来又有人在二重证据法的基础上发展出三重证据法。

黄现璠的三重证据法，又称黄氏三重证据法，是在二重证据法的基础上，结合调查资料或"口述史料"研究历史学、民族学。三重证据便是纸上之材料、地下之新材料、口述史料。

饶宗颐的三重证据法是在二重证据法的基础上，将考古材料又分为两部分——考古资料和古文字资料。三重证据便是有字的考古资料、没字的考古资料和史书上之材料。

二重证据法和三重证据法其实并非研究的技术方法，而是一种进步的观念。

它自诞生以来,"在学术界畅行不衰……在古史研究领域迄今仍然颇具影响力"。①它改变了之前学术研究单纯运用传世文献的传统,将现代考古学的发现运用到学术研究中来。其意义在于:一是用考古发现的新材料对史籍记载进行补充和校正;二是极大地扩展了学术研究的资料来源。

在会计史研究中,我们可以看到使用考古材料的典范,也能看到单纯依靠传世文献的研究,相较之下,高下立判。从当下及将来推进会计史研究进步的角度,我们需要鼓励更多研究者改变单纯依赖传世文献的思维习惯,结合丰富的考古发现、机构和个人所藏史料、田野调查、口述史料等,开展活泼生动的会计史研究。

历史统计学(historical statistics)。统计方法在历史学研究中的应用由来已久。利用统计学的基本数据整理、分析及制表方法让数据来说话,是使历史研究趋向精确的良好办法。目前一般把统计方法归纳为计量史学的早期基础,本书对此持不同看法。计量史学偏重于通过大样本的数据分析,对包含模糊的数量判断的定性论断进行验证,或予以确证,或加以修正,或予以否定。而统计方法可以构成一般规范研究的技术性方法,规范研究通过基本数据整理和分析,可以使一些叙述更加具体化、明晰化。统计方法在史学研究中的传统应用以梁启超先生所倡导之历史统计学最为系统明确。

1922年11月10日,梁启超先生在东南大学史地学会以《历史统计学》为题发表演讲,倡导在史学研究中运用统计方法,明确提出"历史统计学"概念:"历史统计学,是用统计学的法则,拿数目字来整理史料推论史迹。"②并对其做了说明:"这个名称,是我和我几位朋友们杜撰的。严格的说:应该名为'史学上之统计的研究法'。因贪省便,姑用今名。但我们确信他是研究历史的一种好方法,而且在中国史学界尤为相宜。"③

梁启超先生倡导的历史统计学重在使用统计表:"我们想要研究那件事,只要拿他的专门统计表一看,真相立刻了然。"④他不仅认为"用统计方法治史,也许是中国人最初发明",而且认为,由于我们的史料最丰富不过,所以中国的史学家最适宜做这件事——用统计方法治史。梁先生举了许多他本人曾经尝试及可以尝试的例子来说明统计表的作用。他用了如下一段文字,说明统计方法在确定"如此如此"方面的意义,作为会计史研究者,这也正可以成为我们必须要采用历史统计学的理由:

---

① 印群:《论"二重证据法"的新发展与齐文化研究的深入》,管子学刊2018年第1期,第89—92页。
②③ 梁启超:《中国历史研究法补编》,中华书局,2010,第217页,附录一:历史统计学。
④ 梁启超:《中国历史研究法补编》,中华书局,2010,第218页,附录一:历史统计学。

凡做学问，不外两层工夫：第一层，要知道"如此如此"，第二层，要推求"为什么如此如此"。论智识之增殖，自然以第二层为最可宝贵。但是若把第一层看轻了，怕有很大的危险；倘若他并不是如此，你模模糊糊的认定他如此，便瞎猜他为什么如此，这工夫不是枉用吗？枉用还不要紧，最糟是瞎猜的结论，自误误人。所以我们总要先设法知道他"的确如此如此"。知道了过后，我自己能跟着推求他"为什么如此"，固然最好；即不能，把事实摆出来让别人推求，也是有益的事。①

胡适提倡的"大胆假设，小心求证"的科学实验方法（Hu Shi's scientific experiment method of "bold hypothesis and careful verification"）。有感于传统治史方式的僵化，著名思想家、文学家、哲学家，新文化运动的领导人之一胡适，于五四时期提出"大胆假设，小心求证"的科学实验方法，对20世纪中国文史研究产生了一定影响，提供了一种全新的研究问题、解决问题的思路。"大胆假设"是要人们打破旧有观念的束缚，挣破旧有思想的牢笼，大胆创新，对未解决的问题提出新的假设或解决的可能。"小心求证"则要求人们不能停留在假设或可能的路上，而要进行证明。"小心求证"代表的是一种严谨求实的态度，即在证明过程中不能捏造事实，不能按自己的意愿去改变事实，更不能用道听途说的东西充当事实，而是要尊重事实，尊重证据，不能有半点马虎。

胡适倡导的这种方法是以美国著名哲学家、教育学家约翰·杜威（John Dewey）的实验主义方法为基础的。胡适在对中国传统史学研究方法进行批判和借鉴的基础上，将实验主义历史的方法、存疑的方法与清代考据学的方法相结合，开创了属于自己的实验主义考史方法，称为"三步法"。胡适曾在《杜威先生与中国》一文中完整地表述"三步法"的内容：第一，从具体的事实与境地下手；第二，一切学说理想，一切知识，都只是特征的假设，并非天经地义；第三，一切学说与理想都须用实行来实验过，实验是真理的唯一试金石。

胡适认为，科学实验方法需要多重要素的结合方能实现：要从实情、实地即具体、真实的历史事件、人物入手进行研究，切勿凭空恣意想象；在未得出结论之前，要将一切看作假设，当有确凿的证据证明时，才能将这一假设升为确切结论，而这一过程需要大量史料来印证。

胡适指出："科学方法只是'大胆的假设，小心的求证'十个字。没有证据可悬

---

① 梁启超：《中国历史研究法补编》，中华书局，2010，第227页，附录一：历史统计学。

而不断,证据不够只可假设,不可武断,必须等到证实以后,方才奉为定论。"胡适将其"三步法"进一步加以整合、概括,形成了我们所熟知的"大胆假设,小心求证"的科学实验方法。"大胆假设,小心求证"代表的科学实验主义是由以下因素共同塑造而成的。

第一,对以往既定认知的怀疑精神。怀疑,是新思想产生的首要条件,只有对事物抱有怀疑的态度,才能摆脱传统的束缚,并从怀疑中提炼出新观念。至于我们应该对什么进行怀疑,怀疑的对象是什么,胡适在其著作《新思潮的意义》中为我们做了解答:"一、对于习俗相传下来的制度、风俗,要问:'这种制度现在还有存在的价值吗?'二、对于古代遗产下来的圣贤教训,要问:'这句话在今日还是不错吗?'三、对于社会上糊涂公认的行为与信仰,都要问:'大家公认的,就不会错了吗?人家这样做,我也应该这样做吗?难道没有别样做法比这个更好,更有理,更有益吗?'"怀疑精神的提出对处于社会转型时期的史学而言,至关重要。怀疑是科学的表现形式,以怀疑为基础,重新评定传统史学,才能有破有立进而重建科学的历史学。

第二,在怀疑传统的基础上,提出合理的假设。这是胡适科学实验治史方法的核心之一。胡适认为:"假设的用处就是能使归纳法实用时格外经济,格外省力。凡是科学上能有所分明的人,一定是富于假设能力的人。"假设是对以往历史产生怀疑之后的一种应对方式,怀疑产生后,继而提出合理假设,两者之间存在着密切的因果联系。对怀疑的假设并不是天马行空、毫无头绪的,必须是以产生怀疑的那一事件、人物为基础。由几个同类的例子引出一个假设,再求一些同类的例子去证明那个假设是否真能成立,这就是科学家常用的假设方法。

第三,印证假设,即用证据证明假设正确与否,这就是所谓的在"大胆假设"的基础上进行"小心求证"。假设不是科学实验方法的目的,只是其中的环节。对假设进行求证,进而证明先前的假设是否合理,是否能够推翻原有结论,得出更加接近历史真相的论断,才是科学实验方法的最终目标。

胡适所倡导的科学实验方法不仅在当时对青年起到了振聋发聩的作用,而且对以后的学者治史也产生了相当深远的影响,促使史学家用科学的眼光重新审视中国传统历史。"大胆假设,小心求证",正是求新的精神和求实的态度的结合。虽然这一观点在20世纪60年代遭到中国学者的严厉批判,认为它代表唯心主义,不符合马克思主义的经典理论,但它在实际求知和现实生活中却有很大的作用,而且我们现在的很多做法都有意识或无意识地采用这种观点。

归纳法、演绎法和类比法(induction, Deduction and analogy)。归纳法、演绎法和类比法是常见的逻辑思维方法,是源自西方哲学的基础性学术方法。国人学习中多缺乏基本的逻辑训练,因而学术成果中也常见违背逻辑的论述。因此,学习基本的逻辑思维方法,是会计史学者提升学术研究水平,少犯错误的基础。

归纳法。归纳法是历史研究的最基本方法之一。历史研究很多时候需要从大量分散的零星史料入手,对某一事项得出总体上的结论,这时,归纳法就是最犀利的武器。按照归纳法创始人培根的说法,归纳法是"从感性与特殊事物中把较低级的公理引申出来,然后不断地逐渐上升,最后才达到最普遍的公理"。①

演绎法。所谓演绎法,或称演绎推理,是指人们以一定的反映客观规律的理论认识为依据,从该认识的已知部分推知事物的未知部分的思维方法,是由一般到个别的认识方法。

在演绎论证中,普遍性结论是依据,而个别性结论是论点。演绎推理与归纳推理相反,它反映了论据与论点之间由一般到个别的逻辑关系。

类比法。类比是将一类事物的某些相同方面进行比较,以另一事物的正确或谬误证明这一事物的正确或谬误。这是运用类比推理形式进行论证的一种方法。

与其他思维方法相比,类比法属于平行式思维方法。无论哪种类比都应该是在同层次之间进行。亚里士多德在《前分析篇》中指出:"类推所表示的不是部分对整体的关系,也不是整体对部分的关系。"类比推理是一种或然性推理,前提真结论未必就真。要提高类比结论的可靠程度,就要尽可能地确认对象间的相同点。相同点越多,结论的可靠性程度就越大,因为对象间的相同点越多,两者的关联度就会越大,结论就可能越可靠。反之,结论的可靠性程度就会越小。此外,要注意的是类比前提中的相同情况与推出的情况要具有本质性。如果把某个对象的特有情况或偶有情况硬类推到另一对象上,就会出现"类比不当"或"机械类比"的错误。

根据类比中对象的不同,类比可分为个别性类比、特殊性类比和普遍性类比等类型。

(2) 创新型史学研究方法(innovative research methods in history)。②

档案研究(archival research)。档案研究是史学研究的传统方法,也是会计史

---

① 北京大学哲学系外国哲学史教研室:《十六—十八世纪西欧各国哲学》,生活·读书·新知三联书店,1958,第10页。
② 加里·D.卡内基和克里斯托弗·J.纳皮尔(Garry D. Carnegie, Christopher J. Napier)的:*Accounting's past, present and future: the necessity for history*,《会计的过去、现在和未来:历史的必要性》一文中用了创新型会计史研究方法(innovative research methods in accounting history),其中包括口述历史(Oral History)。

研究中经常使用的方法之一。从本质上来讲,我们应该视档案研究为传统方法而不是创新型研究方法。在此将其列入会计史研究的创新型方法,而且位列各种方法之首,乃是基于以下四个理由。

第一,传统会计史研究中,档案研究只是被部分研究者用来作为调查和研究某些具体问题的方法,虽有使用但使用范围较窄,并未能广泛地发挥作用。Fleischman 和 Tyson 研究发现,一些会计史研究者并不进行档案研究,他们只想依赖一种哲学观念,依赖能言善辩的写作风格,但大多数人并不具备这个条件。[1] 也就是说,在会计史研究中,普遍地存在忽视档案研究的情况,这种忽视所导致的最终结果就是大量的研究只能浮于表面,发一些空泛的议论,而缺乏实质性的进展。傅衣凌《〈福建佃农经济史丛考〉集前题记》曾经讲道:"我常想近十数年来中国社会经济史的研究,至今尚未有使人满意的述作,其中的道理,有一大部分当由于史料的贫困。这所谓史料的贫困,不是劝大家都走到牛角尖里弄材料、玩古董;而是其所见的材料,不够完全、广博,因此,尽管大家在总的轮廓方面,颇能建立一些新的体系,惟多以偏概全,对于某特定范围内的问题,每不能掩蔽其许多的破绽终而影响到总的体系的建立。"[2] 傅先生所述,虽是针对 20 世纪 40 年代中国社会经济史研究的状况,但与今日世界之会计史研究与彼时的中国社会经济史研究颇相类似。

第二,会计史研究可用的档案范围广泛,蕴藏着无尽的可能。加里·D.卡内基和克里斯托弗·J.纳皮尔(Garry D. Carnegie 和 Christopher J. Napier)研究发现,在公私档案和各种文件中,存在大量商业记录遗存。[3] 这些档案资料是开展会计史研究的资源宝库。他们认为,对档案应该做"更广泛的理解,并不仅仅是营利性企业的档案,而且应该包括个人、非营利组织、公共部门和其他实体"。这样,可供会计历史学家使用的档案材料就扩展到了多样的社会环境之中,诸如家庭、礼拜场所、学校、监狱、精神病院等,都可成为会计史研究的档案资料来源。这种情况下的

---

[1] Fleischman R. K., Tyson T. N.,"Archival Research Methodology," in *Doing Accounting History: Contributions to the Development of Accounting Thought*, Fleischman R. K., Radcliffe V. S., Shoemaker P. A. (Eds) *Studies in the Development of Accounting Thought*, Vol. 6, 2003, JAI Press, pp. 31-47. 转引自 Garry D. Carnegie, Christopher J. Napier,"Accounting's Past, Present and Future: the Unifying Power of History," *Accounting, Auditing & Accountability Journal*, 2012, Vol. 25, Iss. 2: 336。

[2] 傅衣凌:《〈福建佃农经济史丛考〉集前题记》,引自厦门大学民间历史文献研究中心网站: https://crlhd.xmu.edu.cn/8f/69/c11761a298857/page.htm。

[3] Garry D. Carnegie, Christopher J. Napier,"Accounting's Past, Present and Future: the Unifying Power of History," *Accounting, Auditing & Accountability Journal*, 2012, Vol. 25, Iss. 2: 328-369.

会计史研究不再囿于商业史料,而是基于广泛的与日常生活相关的会计材料,这也更符合会计不仅是一种技术实践,而且是一种社会实践的观点。①

第三,20世纪90年代以来,因为数字化技术的发展,历史档案的开放和研究达到了前所未有的程度。许多秘藏许久的原始档案日渐公布于世,如何充分利用数字化技术优势,更好地收集、整理和研究档案史料,成为历史学研究需要面对的重要问题。档案研究本来就不是会计史研究者擅长的领域,因此,如何结合专业特点增进档案研究是目前会计史学者面临的一个重要课题。

第四,会计史研究中的档案研究,除了对档案保管的专门机构所藏档案的研究利用之外,还包括另外一个重要方面,即对会计史相关档案资料的整理、编目、交流及利用。近年来,越来越多的机构和个人参与各类档案史料的收藏、整理和刊布,迫切需要具有会计专业背景的研究者加入会计相关档案史料的整理工作,以使会计专业相关史料档案的整理、分类更加符合会计专业特点,方便利用。

在现代历史研究中,人们更多地倾向甚至醉心于解释性和批判性历史研究,寄望于站在时代的高度,获得有别于前人的更为高明的见解,而历史哲学家们也确实发明了许多理由为其辩护。我们承认并高度认可进行时代性批判和历史重构的必要性与可行性。但是,也想额外地强调一点:"我们对历史的解释能力和叙述能力具有局限性。"②这种局限性有时甚至会很大,因此,作为具体的研究者,与其把过多精力放在解释和重构方面,不如花更多时间和精力在原始材料的整理、研究,以及比较规范和实在的历史叙事方面。荷兰历史学家盖尔有言曰:"历史是一场永无休止的辩论。"(history is an argument without end)虽然对于学术问题以及人类的进步,辩论确实具有重要的作用,但如果辩论陷入无休止的争议,则只会走向另外一个极端。因此,真正有价值的会计史研究应该尽力避免陷入无休止的争论,最好的办法就是多做一些基础性工作。档案研究则是基础中的基础。

为此,本书一方面倡导会计史研究者更加广泛、深入和频繁地利用既有档案开展研究;另一方面希望对档案整理、利用的研究也能够成为会计史研究者关注的议题,使档案研究既成为会计史研究的重要方法,也成为会计史研究本身的内容构成。

---

① Garry D. Carnegie, Christopher J. Napier, "Accounting's Past, Present and Future: the Unifying Power of History," *Accounting, Auditing & Accountability Journal*, 2012, Vol. 25, Iss. 2: 336.

② 加里·约翰·普雷维茨、巴巴拉·达比斯·莫里诺:《美国会计史:会计的文化意义》,杜兴强、于竹丽等译,中国人民大学出版社,2006,前言第9页。

计量史学(cliometrics)。计量史学是指运用量化研究的方法,对历史资料进行定量分析和研究。计量史学的目的在于通过运用量化分析使史学趋向精确化。

按照一般的观点,计量史学大约萌芽于19世纪末期。1882年,奥地利经济学家伊纳马·斯坦格(Inama Sternegg)发表了题为《历史与统计学》的论文,被认为是最早的计量史学文献。从此以后,越来越多历史学者进行历史计量研究方面的尝试。20世纪50年代后,计量史学的重心从欧洲转到北美,应用范围也从经济史和人口史扩大到政治史、社会史和文化史等领域。20世纪90年代中期以后,一些重大的历史量化数据库相继建成开放,计算机辅助下的量化分析成为学术研究中一股新风潮。此后的计量史学与之前有了较大不同。它依托数字化技术的发展,重视史料整理和数据库平台建设,大量历史资料经过整理进入历史研究的视野,极大地扩展了史学研究的材料范围,也为计量史学研究提供了更多可用的数据资源。

计量史学的一个显著作用是促使历史研究走向精确化——通过量化研究,使传统史学中常见的定性论断中隐含的模糊判断明晰化。它通过对那些包含模糊的数量判断的定性论断加以验证,或予以确证,或加以修正,或予以否定,并以此为基础提出新的论断。这些都对历史学的发展具有积极意义。

对于会计史研究而言,量化史学的这种精确化无疑也具有重要意义,有助于提升会计史研究的科学性、精确性与规范性,有助于修正或深化我们对会计史研究中一些细节性问题的认识,在一定程度上减少武断的判断及任意猜想之弊。但是,与史学研究中的其他方法一样,量化史学同样具有其适用范围,既有优势也有一定的局限性。必须明确反对一些人认为计量史学的出现本身是对传统史学的否定的观点。本书倡导将计量史学视为一种积极可用的具体研究方法,而不是全部甚至唯一的方法。计量史学不是对基本史料分析运用和叙述会计史学相关方法的根本性替代。

口述历史(oral history)。口述历史是一种搜集资料和开展历史研究的途径。口述历史资料源自人的记忆。研究者通过访问某个时代或事件的亲历者或见证者,用笔录、录音、录像等方式记录历史。口述历史经过数十年发展,已成长为一门专门的学问,称为"口述史学"。

口述历史英文称"oral history",或"history by word of mouth"。最初由美国人乔·古尔德(Joe Gould)于1942年提出,随后被美国现代口述史学奠基人、哥伦比亚大学阿兰·尼文斯(Allan Nevins)教授加以运用并推广。20世纪以来,电子多媒体技术日新月异,极大地推进了口述历史的进步。

口述历史并不像有些人理解的那样,是一人说,一人记,单纯地记录历史,而是一种将记录、发掘和认识相结合的史学材料收集和研究方法。与以往的研究偏重于统治阶层和社会精英不同,口述历史将关注的视角延伸至更为广大的范围。口述历史作为一种社会运动的产物,让历史向普通民众敞开了大门,既丰富了历史的意义,也为我们理解过去提供了新的视角。不过,对此类历史材料的看法却各有不同。有人认为它是独一无二的生动表达,有人则认为其可靠性值得怀疑。然而,不论如何,其实际应用却日益广泛。

在会计史学界,迈瑞林·柯林斯(Marilynn Collins)和罗伯特·布鲁姆(Robert Bloom)于1991年最早撰文倡导口述历史。他们认为:"口述历史作为一种史学方法,可作为一种研究工具,补充或澄清书面记录,或者在没有书面记录的情况下提供一种记录。"[1]根据他们的观点,口述历史对会计史研究具有多方面意义,包括:①把会计史研究的视界扩展到更为广阔的方面,比如国家、地区,这些方面之前是没有系统的历史记录的;②为撰写人物传记提供材料;③确证可能影响会计立法的政治、经济及其他因素。进而,口述历史还可以为研究者补充某些方面的史料,帮助研究者确认或反驳分析记录历史时所涉及的各种假设。[2]

口述历史包含三方面的基本功能:①作为记录历史的一种形式;②为历史研究收集补充性资料,或作为过往历史记录的一种验证;③作为研究历史问题的一种专门方法。因此,不能把口述历史理解为单纯的记录途径,而是要将其作为一项系统的研究进行规划、设计和执行,并特别注意:①选题的普遍性和典型性;②以挖掘事实为原则;③采取灵活的访谈方法;④本着客观的态度整理口述资料;⑤注意发现不同于记录历史的特殊之处并分析其意义。

口述历史是以访谈对象的记忆为依据的,由于访谈对象认知水平和记忆的偏差,以及个人立场、偏好等影响,所获资料可能与事实有出入,这就给研究者分析使用材料带来了实际困难,如何科学合理地设计访谈和研究,如何恰当地整理和使用材料,需要深入细致的考虑。此外,研究者在整理记录资料时应尽量保持原貌,切忌主观删改。整理时不能依据自己主观的价值标准决定原始口述资料的取舍。

田野调查(field investigation)。田野调查最初来自人类学的"田野工作"(field work),曾被认为是人类学特有的研究方法。这种深入研究现象发生地进行实地

---

[1][2] Marilynn Collins, Robert Bloom, "The Role of Oral History in Accounting," *Accounting, Auditing & Accountability Journal*, 1991, Vol. 4, No. 4: 23-32.

调查的方法,在 20 世纪初发展为社会研究的主要方法之一。所有实地或现场的调查研究工作,都可称为"田野研究"(field study)或"田野调查"(field investigation)。田野调查涉及的范畴和领域很广,举凡考古学、社会学、人类学、历史地理学、民族学、民俗学、语言学、行为学、经济史学、法学、哲学、文学艺术等,都可通过田野资料的收集和记录,架构出新的研究体系和理论基础。会计史学也不例外。

田野调查的基本意义在于把书本上的死学问与活生生的现实结合起来。中国古人讲"读万卷书,行万里路",实为向学的不二法门。傅衣凌先生在《我是怎样研究中国社会经济史的?》一文中谈到,研究者"绝不能枯坐在书斋里,尽看那些书本知识,同时还必须接触社会,认识社会,进行社会调查,把活材料与死文字两者结合起来,互相补充,才能把社会经济史的研究推向前进。这样,就初步形成了我的中国社会经济史的研究方法,这就是:在收集史料的同时,必须扩大眼界,广泛地利用有关辅助科学知识,以民俗乡例证史,以实物碑刻证史,以民间文献(契约文书)证史,这个新途径对开拓我今后的研究方向是很有用的"。① 陈春声在《走向历史现场》一文中讲道:"傅先生一再强调的'把活材料与死文字两者结合起来'的研究方法,包括了社会经济史研究者要在心智上和情感上回到历史现场的深刻意涵。事实上,在实地调查中,踏勘史迹,采访耆老,既能搜集到极为丰富的地方文献和民间文书,又可以听到大量的有关族源、开村、村际关系、社区内部关系等内容的传说和故事,神游冥想,置身于古人曾经生活与思想过的独特的历史文化氛围之中,常常会产生一种只可意会的文化体验,而这种体验又往往能带来更加接近历史实际和古人情感的新的学术思想。"②

本书提倡在 21 世纪会计史学方法构建中,把田野调查作为重要的方法,理由在于以下三点。

第一,会计史研究的视界,需要从国家财计管理进一步扩展到民间工商业、会社、宗族、家庭等更多的社会领域中去。研究作为社会文化一个部分的会计历史文化,需要通过田野调查深刻理解会计与社会各个方面的密切关系,理解社会组织、社会人的需求。

第二,通过田野调查,广泛地收集、发现藏在民间的各种会计相关史料,比如工商业、私人家计账簿,各类契据文书,宗族规约,碑刻史料等。

第三,走向历史现场,"把活材料与死文字两者结合起来",研究生动活泼的会

---

① 傅衣凌:《我是怎样研究中国社会经济史的?》,《文史哲》1983 年第 2 期,第 39-43 页。
② 陈春声:《走向历史现场》,《读书》2006 年第 9 期,第 19-28 页。

计历史。

本书强调"回到历史现场",还因为已有的会计史研究中有太多脱离历史现实的虚妄,太多站在史实之外想当然的推测。睿嘉·迈克菲(Richard Macve)教授等对龙门账神话的批判,让我对此有了切肤之痛,因此,下定决心回归材料、回归历史、回归到历史现场的真实。田野调查则是实现回归的路径之一。

图像史学(graphic history)。"图像是历史的遗留,同时也记录着历史,是解读历史的重要证据"。[①] 图像也是文字之外最重要的历史资料。对图像提供的各种信息进行分析研究,是近年来国际史学界的研究热点和重要方向。图像史料一方面具有补史证史的功能;另一方面又可以直接作为史料使用,其所承载的信息可能是文献资料中没有记载的。更重要的是,图像资料使我们对历史的印象从文字描述直接变为具体生动的可视之物,对研究对象的认识也因此而变得生动而具象。

传统史学研究主要依赖文字资料,较少关注或采用图像资料。得益于摄影术和现代印刷业的发达,以及20世纪西方年鉴学派引发的"史料革命"的影响,史学研究开始逐渐关注图像的补史证史功能。2001年,英国史学家彼得·伯克(Peter Burke)撰写的《图像证史》(Eyewitnessing: The Uses of Images as Historical Evidence)出版,该书尝试在理论和实践上构建图像史学,图像史料的功能和价值开始上升到理论层面。

会计史研究者对图像资料的运用虽不十分普遍,但也不乏其例。郭道扬教授20世纪80年代撰写《中国会计史稿》时,即使用了有关殷墟甲骨、汉代简牍、敦煌文书、近现代账簿等的图片资料,以图证史,成为该书区别于同时期其他会计史著作的重要特征。贝斯尔·S.亚梅(Basil S. Yamey)的《艺术与会计》(Art & Accounting,1989,Yale University Press)则汇集了91帧珍贵的与会计历史相关的艺术图片(包括多幅世界名画),并挖掘了其背后的历史意义。

图像应该成为会计史研究重要的关注点,原因在于以下三个方面。

第一,在当今读图时代,图像文化已经成为一种主导性的、全面覆盖性的文化景观,也是全球化时代重要的学术热点。图像表达的优势,有利于促进会计历史文化的传播。

第二,近几十年来,考古学、文献学、档案学获得长足发展,包括图像在内的大量史料通过数据库、出版物、博物馆展示等多种形式出现在研究者面前,为学者们利用图像资料开展会计史研究提供了丰富的资源和渠道。

---

[①] 勿语:《彼得·伯克的〈图像证史〉出版》,《史学理论研究》2009年第1期,第41页。

第三,图像史学的优势,在于以直观、可视的图像形式,让会计史上许多重要的发明和文化要素,具象化地呈现在人们面前,使研究者可以直接发现许多重要的细节。比如,我们通过简牍图像——如居延汉简中的《永元器物簿》,可以看到汉代边塞会计记录和报告的具体形式,发现其格式特点,从而对该时期会计的理解由文字内容上升为具体的图像形式。我们通过敦煌会计文书图像资料可以看到会计记录载体由简牍转换为纸质记录时,人们在记录格式方面的种种尝试和探索,发现许多具体而重要的细节及事实。① 简而言之,图像可以使会计历史以具象的形式呈现,也会使我们对会计史上许多长期悬而未决的问题得到确切的答案,使会计史研究实现重要的质的飞跃。

会计史考古学(accounting history archaeology)。考古学是通过发掘和调查古代人类的遗迹、遗物和文献来研究古代社会的一门人文科学。传统上,考古学是文化人类学(cultural anthropology)的一门分支学科,但是它越来越独立,成了一门独立的学科,形成了一套完整、严密的方法论。它包含史前考古学、历史考古学和田野考古学等分支,并与自然科学、技术科学领域内的许多学科以及人文社会科学领域内的其他学科有着密切的关系。

考古学研究的基础在于田野调查发掘工作,但却并不局限于发掘。作为一门学问的考古学,以各种古代遗存的实物作为其研究对象。也即考古学是以古代物质遗存——或者说是遗物与遗迹——作为研究对象的专门学问。考古学的研究集中在对过去的研究上,包括过去文化所遗留下来的各种资料。

美国伊利诺伊大学荣休教授陈立齐(James Chan)主张把考古学作为会计史研究的基础,开展"真正的"(genuine)"实证研究"(empirical research)。基于考察研究古希腊历史及石雕财会报告,陈教授发表了《希腊古典时代的雅典石雕财会报告:考古学发现、博物馆展示与会计史论述》②,该文解释如何应用这个研究方法,并强调向考古学家学习的必要。

会计史考古学应该成为一种重要的会计史研究方法。

其一,会计史研究的材料,除了传世文献及收藏在博物馆、档案馆、图书馆、文化馆、研究机构等的史料之外,还有其他许多重要类型和来源,包括:专业考古机构考古发掘或发现的实物和史料;各地博物馆和收藏机构收藏或展出的具有重要会

---

① 本书作者在研究敦煌文书时,使用图像史学的方法,获得了许多令人惊喜的发现。具体可参见宋小明、陈立齐:《敦煌"历"文书的会计账实质》,《郑州航空工业管理学院学报》2017年第4期,第84-97页。

② 该文发表于中国会计博物馆国际会计史研究中心(International Center for Accounting History Research,China Accounting Museum)主办的《会计史学刊》2017年第1辑,第24-64页。

计研究价值的古物及史料遗存;各地留存的历史遗迹和遗物(比如,载有会计史料的碑刻、摩崖石刻、商业会馆、宗庙、古代会计相关机构的遗址等);民间个人的收藏;等等。此类古代遗存数量极大,亟待具有会计史专业知识的学者参与遗迹遗址考察,实物鉴别,资料收集、考证和研究,需要使用考古学研究的方法来完成,而非简单地收集材料。令人十分遗憾的是,迄今为止,有许多对会计史研究而言极其重要的考古发现躺在考古机构或博物馆的库房里无人问津。从专业发展的角度来讲,会计史研究者确实有责任通过自己的积极努力,设法较早地参与相关考古发现的早期整理和研究。

其二,古代会计中许多重要问题、重要的文化遗存和遗产,需要会计史学者结合考古学的方法做进一步的考证、分析和研究。这种研究,需要会计史学者在传统的会计史学研究方法之外创造新的方法去完成。

正如上文关于考古学的说明中所言,考古学是"通过发掘和调查古代人类的遗迹、遗物和文献来研究古代社会"。会计史学者运用考古学方法开展会计史研究,虽然不能像专业考古人员那样亲身参与现场发掘,但却可以通过实质性地开展"调查古代人类的遗迹遗物和文献来研究古代社会",通过这种方法丰富会计史研究的成果。

需要说明的是,虽然考古学中也涉及田野工作,但与上文作为专门方法介绍的田野调查却是有区别的。田野调查强调的是回到历史现场,感受环境,收集资料。此处强调的会计史考古学,却重在历史的调查和研究。从根本上来讲,我们也没必要特意分清各种方法的异同。我们需要注意各种方法的特殊之处,发挥其优势,完成我们的任务,达成我们的目的。

**4. 几点补充(Some Supplements)**

会计史学研究和体系构建是一项十分艰巨的工程。本书在分析中西方会计史差异、梳理和批判过往会计史研究成就与不足的基础上,尝试性地探讨会计史学体系构建及会计史研究的方法论问题。因作者水平所限,自然无法提供一个完备的体系。本书充其量只能算作初始材料,作为供大家批判改进的基础。对于这样一个基础,依然需要做一些补充性说明。

(1) 什么是会计史?如何做好会计史研究?这是本书关注的核心问题。关于这一问题,我曾多次与山东财经大学吴大新教授进行交流。吴教授认为:"有什么样的'会计',就有什么样的'会计史'。"此话切中要害。本书主题之确定源于我对会计技术论观点对会计和会计史极其狭隘的理解的切肤之痛。综观数千年人类文明演进的历史,会计无处不在而形态各异。这一事实,促使我们从更为广泛的社会历史的角度去看待会计并研究会计历史。我们的研究必须深入社会经济结构、社会组织、社会活动的各个层面,通过对人、财、物、制度、史料、事实等多方面深入细致的探索,理解并还原人类会计文明和会计活动的真相,把会计史研究和会计史学的体系架构,真正地放置到人类文明发展进步的汪洋大海中去,贯穿古今,指引未来。

(2) 讨论会计史学的体系构建自然躲不开会计史研究的必要性问题。本书第一章对此有所探究,此处依然想要赘述几句,因为这一问题关系到本书论题的必要性以及未来会计及会计史学发展的大事。龚自珍讲"欲知大道,必先为史",司马迁追求"通古今之变"。会计史研究的实质就是通过对会计古今变化和差异的研究,求证会计大道。克里斯托弗·J.纳皮尔和加里·D.卡内基曾经著文纵论会计史研究的必要性,认为:"会计史研究的动因源自对理解的追求。源自这样一种信念:会计并不仅仅是一套用于测量、计算和控制经济现象的永恒的技术。会计史研究的是过去,但却是与现在和未来的对话。"[①] 21世纪以来,许多学者把史学视为"discipline in peril"(处于危机中的学科),讨论这一主题的论著层出不穷,如《史学为什么重要》(Why History Matters,Tosh,2008),《史学是干什么的》(What is History For? Southgate,2005)[②],《史学的未来》(The Future of History,Munslow,2010)等。本书认为,对会计史研究而言,21世纪是一个光明和充满希望的时代。经过会计史学20世纪的百年积累和反思,21世纪的会计史研究,必将在全球会计史学者的共同努力下大放异彩。构建21世纪会计新史学正当其时。

(3) 会计史研究中要善于利用人类文明的一切成果,广泛地使用相关学科的成就来改进我们的历史观察与解释。如鲁滨孙《新史学》中所论:"要脱去从前那种研究历史的限制。……利用人类学家、经济学家、心理学家、社会学家关于人类的种种发明。"[③]郭道扬教授运用人类学家关于古代人口研究的成果来说明古代会计的必要性即是一个极好的例证。[④] 会计史学者需要开阔的思路,广泛接触和吸收其他学科的成就来改进会计史研究,包括运用计量研究技术来丰富自己的研究方法,利用现代数字技术和网络的优势来扩大研究的材料基础和交流等。同时,会计史学者需要注意会计历史发展与其他方面广泛的联系,鼓励跨学科、多学科并肩战斗,而不是孤家寡人单打独斗。

---

① Christopher J. Napier, Garry D. Carnegie, "Editorial," *Accounting, Auditing & Accountability Journal*, 1996, Vol. 6, No. 3: 4-6.

② 有人将书名翻译为《历史的旨趣:在后现代的地平线上》。

③ 鲁滨孙:《新史学》,何炳松译,广西师范大学出版社,2005,第12页。

④ 郭道扬:《人类会计思想演进的历史起点》,《会计研究》2009年第8期,第3-13页。

（4）在通常的历史研究中，学者们往往不自觉地接受了这样一种观念：人类世界的各个部分，都是在同样的时间轴上同步向前发展。因此，自然地以为全球不同地方、各种文明，都必然（或者是必须）在同一时间内做同样的事情、获得同等的进步，也习惯于对比谁比谁落后，或者谁比谁更为先进。这种观念的实质是一种缺乏客观依据的想象的结果。著名史前考古学家戈登·柴尔德认为："人类发展的轨迹是无章可循的，很难找到任何统一的模式、普遍的发展方向和趋势。"①站在人类文明和整体时空观的高度来观察，我们会发现，我们赖以生存的地球，其各个部分本身处在多样的状态。不同的地点、不同的条件、不同的时间，一个生物种类灭绝，又会有新的物种诞生。一种文明消亡，另一种文明继起，实有许多的不同，许多的不确定性。所以，我们需要确定并承认不同地区不同文明真实的发展轨迹与状态，承认各种状态差异的客观性和必然性，研究者在承认差异存在必然性的基础上，寻找必要的协调、合作与趋同，更需要坦然地接受并努力维护各种不同文明和文化和平共处、多样并生的状态。此乃自然正道。我们研究的目标在于了解并真正理解我们所处的社会、我们真实的生活，而不是狭隘、功利地比较并评判孰优孰劣、孰高孰低。

（5）历史的状态究竟是什么样的？如何书写历史才是恰当的？日本史学家平势隆郎在其《从城市国家到中华：殷周、春秋战国》一书中，反复强调早期历史的"清楚"与"不清楚"②，实际上揭示了这样一种状况：我们书写或研究历史时，往往用自己的观念，通过自己对材料的取舍，构建出一种表面看起来清楚的结构，让其看起来清楚、顺畅而理所当然。然而事实上，这种构建却并非历史的"真实"，包含了许多想象和虚构的成分。"实际上历史是一个挤满了许多'不清楚'事件的大杂烩。"③过去我们太注重历史的整体构建，寄望于对过往做出透彻的理解、解释和描述，从而得出一种整齐划一，看起来十分完整和规范的历史。真实的情况却可能是：凡过去的事实、过往的一切，皆可能包含许多偶然因素，是一种偶然中的必然。从时间维度来看，似乎一切都是连续向前的，但一些事情的发生，文明的演化，却可能存在间断，有反复，有停顿，有停滞、倒退甚至跳跃。从历史研究的角度，我们可以只注意某一个时段、某一个点，当然，也不排除长时期的、系列的观察、构建或构

---

① 戈登·柴尔德：《历史发生了什么》，李宁利译，上海三联书店，2012，第1页。
② "我们通常阅读的历史普及读物称之为上三代的夏王朝、商王朝、周王朝的时代，正是在《史记》的这种视角基础上被描述的。把'不清楚'的部分说得好像非常'清楚'，这绝不是对'事实'客观的描述，而是借用汉代的视角所留下的记录罢了。""我们绝不能把'不清楚'的事情说得好像很'清楚'似的。"见平势隆郎：《从城市国家到中华：殷周、春秋战国》，周浩译，广西师范大学出版社，2014，第33页。
③ 平势隆郎：《从城市国家到中华：殷周、春秋战国》，周浩译，广西师范大学出版社，2014，第38页。

解。总而言之,历史研究的方式可以是多样的,历史观察可以是多角度、多层次的,历史的研究结论及表述自然也不应该是唯一的。现实世界是如此复杂,我们不可能指望用一种理论去解释、揭示全部真相,因此,必须能够容忍或者积极地接受、采用多种不同的理论、方法,以获得多方面的认知。

(6)罗兹·墨菲撰写了《亚洲史》,强调对亚洲历史的重视,列举了许多理由。① 就会计史研究而言,亚洲自然也是一个重要的区域,但却并非唯一需要注意的地点。加里·D.卡内基(Garry D. Carnegie)和露斯·利玛·罗得里格斯(Lucia Lima Rodrigues)在其《探索国际会计史的维度》(*Exploring the dimensions of the international accounting history community*)一文中,引用玛西亚·阿尼塞特(Marcia Annisette)的观点,号召会计史学家探索真正未知的会计世界,将探索的眼光投向西方世界之外,在19世纪中晚期之外发掘会计计算实务,探究除了西方世界之外的人们用于管理社会和经济生活的手段。② 不论是从纵的时间维度,还是从横的地理维度,会计史研究皆面临无尽的未知区域,无数的处女地,这些区域亟待全球的研究者联合起来去开垦。

(7)历史研究是真实的学问。欲求大道,先正其心。凡研究者,须知历史研究的真正功夫,在于心性的修养,在于以活泼开放的思想,与时俱进的心态,充分运用现代技术和学术发展所带来的工具、技术、观念等诸多便利,开展深入的探求。许纪霖在纪念陈旭麓先生诞辰百年笔谈中说道:"研究最后比拼的,不是史料,不是理论,而是境界,既是对历史理解的境界,也是对人生体验的境界。"③ 本书希望会计史学者对会计历史问题的考察,能够超出会计和历史本身,从人类文明的高度做贯通的理解。

(8)我在撰写本书的过程中,始终在考虑:历史究竟是什么?如何着手才是最恰当的治史方法?从一定意义上来看,本章倡导的21世纪会计新史学,似乎并没有多新。恰恰相反,它强调史料、强调叙述会计史学的基础性地位,甚至在方法论方面,倡导把古代中国的考据法当做最基本的研究方法。从这些角度来看,其实应该叫"旧史学"才对。不过,在我看来,这并不是多大的问题。正如时尚界时不时会刮起一场复古风一样,加入了一些时代性元素的复古,完全可以成为最新最酷的时

---

① 罗兹·墨菲:《亚洲史》,黄磷译,商务印书馆,2005,作者序,第3-5页。
② Garry D Carnegie, Lúcia Lima Rodrigues, "Exploring the Dimensions of the International Accounting History Community," *Accounting History*, 2007, Vol.12, No.4: 441-464.
③ 许纪霖:《"设置问题"与"无法之法"的史学大家》,原文发表在《华东师范大学学报(哲学社会科学版)》2018年第6期《"对话大师"专题——陈旭麓与中国近代史研究传统(笔谈)》,第8-10页。

尚。同样,加入了一些时代性观念和方法的会计史研究的复古,同样可以是最新的时尚。实际上,最重要的并不是多时尚多前卫,而是大浪淘沙,聚集历史和传统中的精华,做出最切合实际和未来发展需要的选择。任何时候,适宜的才是最好的。

岁月之井,深不可测。

合宜的方法给我们提供一些台阶,借此我们努力攀爬,一步步趋向历史的真相。哪怕这种真相只是小小的一部分,对研究而言也必定是一种积极的积累,它帮助我们在认识世界的道路上一点点向前迈进。此为历史研究的意义所在。

# 后　记

本书耗时十年终得完成,实在是一场奇异的体验。其间充满了艰辛和挑战,也附带着无数激动与喜悦。撰写此书,于我而言也是一次历时弥久的心性淬炼,从懵懂犹疑,到坚定、豁然,终似凤凰涅槃,完成了宛若新生的灵魂蜕变。

书稿印行是一段生活的结束,又是下一场旅行的开始。所有过往皆为序章,所有未来都将过去。做自己该做的,留下该留下的,是一种使命,也是我必然的宿命。

感谢师恩! 恩师郭道扬先生的教诲和精神,始终是激励我前行的动力与引领。恩师在古稀之年,以病痛之躯,历十载寒暑,完成了约300万字史无前例的会计通史巨著,通古彻今,实为我辈楷模。为弟子的除了崇敬,更是惶恐。唯有戮力前行,力求不误此生,无负师恩。

感谢妻子! 她是我生活的得力助手,事业的支撑。结婚三十五年,她始终迷信我是该干大事正事的人,从不以我不努力赚钱养家见责,而是心甘情愿地承担起家中的一切,使我能静心阅读、思考和写作,也才能有十年时间写一本书的余裕和坦然。

许多前辈师长和亲朋好友一直以来给予我教诲、支持和帮助。周围史学方面的同好,无论长幼,皆对学问孜孜以求,无私地分享宝贵的观点、资料和各种学术资源。与他们交往和交流,让我不断获得各方面的启迪,增进学识及对史料的见解,这也是本书得以完成的重要基础。感谢立信会计出版社的领导和同志,感谢孙勇主任为本书的编辑出版劳心劳力。

同时,我也想以本书来纪念两位早逝的好友。他们的离去,于我于社会都是极大的损失。每每想起他们,总是感到锥心之痛,更觉生命之可贵,以及作为生者之责任。

本书内容分三部分:(1)对会计史研究意义的理解,对过往会计史研究的反思与总结;(2)会计历史的异质性及其解释;(3)会计史观、方法论以及会计史学科体系的构建。本书旨在通过对自己过去近四十年学习、研究和思考的总结,"瞻前"(对过去的思悟)"顾后"(对未来的规划),就会计史研究的方法论和史观的构建贡献一些微薄的力量,核心是在认识差异的基础上,肯定并接受世界的多样性和多元性,以开放和包容的心态来理解人类社会,洞察人类文明的真谛,体悟各种文化异质并存的特性。

21世纪注定是个不平凡的时代。这个时代需要全新的思想创造。史学研究作为对人类智慧和文明成就的一种深刻的挖掘和梳理,必将绽放出更加灿烂的光华。对于当今学界而言,一项重要的使命,是从材料出发,立足古今社会实际,从历史的视角深刻考察中国社会的历史、文化和精神世界,努力构建出真正属于中国人自己的、代表中华文明精髓的史学观念和学术话语体系,形成真正具有中国特色的史观和历史研究的方法论。中华大会计作为世界会计文明之林中一朵别具特色的智慧之花,一定会大放异彩。

路漫漫其修远兮,吾将上下而求索。

*宋小明*

2021年10月5日,国庆长假于上海松江

# 参考文献

[1] 鲁滨孙.新史学[M].何炳松,译.桂林:广西师范大学出版社,2005.

[2] 贝奈戴托·克罗齐.历史学的理论与实际[M].傅任敢,译.北京:商务印书馆,1982.

[3] 尤金·韦伯.沃格林:历史哲学家[M].成庆,译.长春:吉林出版集团有限责任公司,2011.

[4] 迈克尔·查特菲尔德.会计思想史[M].文硕等,译.北京:中国商业出版社,1989.

[5] MICHAEL CHATFIELD. A history of accounting thought[M]. Illinois: Dryden Press, 1974.

[6] O.腾·海渥.会计史[M].文硕,付磊,杨健,译.北京:中国商业出版社,1991.

[7] 晏子春秋[M].北京:中华书局,2015.

[8] CHAMBERS R J. The poverty of accounting discourse[J]. ABACUS, 1999, 35(3): 241-251.

[9] 郭道扬.中国会计史稿(上册)[M].北京:中国财政经济出版社,1982.

[10] 郭道扬.会计发展史纲[M].北京:中央广播电视大学出版社,1984.

[11] 中共中央马克思 恩格斯 列宁 斯大林著作编译局.马克思恩格斯全集(第二十三卷)[M].北京:人民出版社,1972.

[12] 斯塔夫里阿诺斯.全球通史:从史前史到21世纪(第7版)[M].董书慧等,译.北京:北京大学出版社,2005.

[13] A C 利特尔顿.1900年前会计的演进[M].宋小明等,译.上海:立信会计出版社,2014.

[14] A C LITTLETON. Accounting evolution to 1900 [M]. New York:

American Institute Publishing Co. Inc.，1933.

[15] C W HASKINS. Business education and accountancy[M]. New York：Arno Press，1978.

[16] GARRY D CARNEGIE，CHRISTOPHER J NAPIER. Accounting's past, present and future：the unifying power of history[J]. Accounting, Auditing & Accountability Journal，2012，25(2)：328-369.

[17] 郭道扬.试论会计史研究[J].财会月刊,1997(12):3-6.

[18] 龚自珍.龚自珍全集[M].上海：上海古籍出版社,1975.

[19] HENRY RAND HATFIELD. An historical defense of bookkeeping[J]. The Journal of Accountancy，1924(4)：241-253.

[20] KOJIRO NISHIKAWA. The intruction of weturn bookkeeping into Japan[J]. The Accounting Historians Journal，1977,4(1)：34.

[21] RICHARD MATTESSICH. Accounting representation and the onion model of reality：a comparison with Baudrillard's orders of simulacra and his hyper reality[J]. Accounting, Organizations and Society，2003,28(5)：443-470.

[22] 许家林,等.西方会计名家传略[M].上海：立信会计出版社,2013.

[23] 郭道扬.二十世纪会计大事评说（十二）：二十世纪会计史研究和会计史学的创立[J].财会通讯,1999(11):9-12.

[24] EDWARD N COFFMAN，ALFRED R ROBERTS，GARY JOHN PREVITS. A history of the academy of accounting historians：1973-1988[J]. The Accounting Historians Journal，1989,16(2)：155-206.

[25] EDWARD N COFFMAN，ALFRED R ROBERTS，GARY JOHN PREVITS. A history of the academy of accounting historians：1989-1998[J]. The Accounting Historians Journal，1998,25(2)：167-210.

[26] EDWARD N COFFMAN，YVETTE J LAZDOWSKI，GARY JOHN PREVITS. A history of the academy of accounting historians：1999-2013[J].The Accounting Historians Journal，2014,41(2)：1-74.

[27] STEPHEN A ZEFF. The rise of "Economic Consequences"[J]. The Journal of Accountancy，1978(Dec)：56-63.

[28] GARY JOHN PREVITS，BARBARA DUBIS MERINO. A history of accountancy in the United States：the cultural significance of accounting

[M]. New York: John Wiley & Sons, Inc., 1979.

[29] MILLER P, HOPPER T M, LAUGHLIN R C. The New Accounting History: An Introduction, Accounting[J]. Organizations and Society, 1991, 5(6): 395-403.

[30] 加里·J.普雷维茨,巴巴拉·达比斯·莫里诺.美国会计史:会计的文化意义[M].杜兴强,于丽竹等,译.北京:中国人民大学出版社,2006.

[31] RICHARD K FLEISCHMAN, VAUGHAN S RADCLIFFE. The roaring nineties: accounting history comes of age[J]. The Accounting Historians Journal, 2005, 32(1): 61-109.

[32] CHRISTOPHER J NAPIER. Accounts of change: 30 years of historical accounting research[J]. Accounting, Organizations and Society, 2006, 3(4): 445-507.

[33] 张锦秀.中国赴会代表团.500年一次的世界会计盛会——帕乔利簿记论发表500周年纪念会纪实[J].财会月刊,1994(9):3-6.

[34] 冯抑堂.吾国古代之会计制度[J].会计杂志,1933,1(6):1-13.

[35] 冯抑堂.中国账簿之由来及其改革之成功[J].会计杂志,1934,3(1):71-73.

[36] 徐永祚.东西洋簿记法之源流及其分野[J].会计杂志,1934,3(1):91-94.

[37] 陆善炽.复式簿记源流考[J].会计杂志,1934,3(1):75-90.

[38] 张心澄.吾国会计史第一页之研究[J].会计杂志,1934,3(1):75-90.

[39] 潘序伦.我国会计学术与会计职业之回顾与前瞻[J].正宜会计月刊,1940,(1):20-22.

[40] 林道俊.我国历代政府会计制度之演进研究[J].商学期刊,1937,1(1):99-121.

[41] 康均,李国运.开拓者的足迹:记国际知名会计学家、博士生导师郭道扬教授[J].财会月刊,1995(6):26-30.

[42] 付磊.会计史研究三十年[J].会计研究,2008(12):24-30.

[43] 尤希琦.世界会计史中的智慧之光——《世界会计史》(四卷本)评介[J].新会计,2019(5):61-64.

[44] 中南财经政法大学会计研究所.《中国会计通史》的写作进展[J].财务与会计,2011(5):77.

[45] "中国会计通史系列问题研究"课题组.中国会计发展史上的重大事件——党

和国家以国家社科基金重大立项为会计人员写史[J].财会通讯(综合版)，2011(12):138-139.

[46] 赵友良.中国古代会计审计史[M].上海:立信会计图书用品社,1992.

[47] 赵友良.中国近代会计审计史[M].上海:上海财经大学出版社,1996.

[48] 赵友良.对《中国会计史稿》的几点质疑[J].财经研究,1985(6):39-43.

[49] 曹大宽,管国忠,王雄.关于《对〈中国会计史稿〉的几点质疑》之质疑[J].财经研究,1987(10):54-59.

[50] 马克思.资本论(第二卷)[M].北京:人民出版社,1975.

[51] 帕斯卡.能够思想的苇草——帕斯卡论集[M].王子今,译.上海:上海三联书店,1997.

[52] 黑格尔.历史哲学[M].王造时,译.上海:上海书店出版社,2001.

[53] GAFFIKIN M J R. The methodology of early accounting theorists[J]. ABACUS, 1987, 23(1):17-30.

[54] 吴承明.研究经济史的一些体会[J].近代史研究,2005(3):247-251.

[55] 高德步.世界经济通史（上卷）传统经济的演进[M].北京:高等教育出版社,2005.

[56] R H PARKER. The scope of accounting history：a note[J]. ABACUS, 1993, 29(1):106-110.

[57] 卢卡·赞.会计史的撰写:来自非正统音乐思想史的启示[J].薛清梅,译.会计之友,2015(5):2-7.

[58] 方宝璋.论中国审计史研究中的两种偏差:兼与刘云、吴泽湘等先生商榷[J].审计研究,2003(1):53-57.

[59] WELLS M C. Book review：a history of accounting thought[J]. ABACUS, 1975, 11(2):194-195.

[60] 李孝林,罗勇,孔庆林.比较会计史学[M].北京:中国财政经济出版社,2007.

[61] 索科洛夫.会计发展史[M].陈亚民等,译.北京:中国商业出版社,1990.

[62] R.G.布朗,K.S.约翰斯顿.巴其阿勒会计论[M].林志军等,译.上海:立信会计图书用品社,1988.

[63] 赵丽生.龙门账的创建问题:中国会计学界的一个悬案[J].会计之友,2006(12):4-6.

[64] KEITH HOSKIN, DEBIN MA, RICHARD MACVE. A genealogy of

myths about the rationality of accounting in the West and in the East[R]. SSRN working papers.

[65] GARRY D CARNEGIE,CHRISTOPHER J."Editorial"[J].Accounting, Auditing & Accountability Journal,1996,6(3):4-6.

[66] 葛家澍,林志军.现代西方会计理论[M].厦门:厦门大学出版社,2001.

[67] 黄卫伟.价值为纲:华为公司财经管理纲要[M].北京:中信出版社,2017.

[68] 艾哈迈德·里亚希-贝克奥伊.会计理论(第4版)[M].钱逢胜等,译.上海:上海财经大学出版社,2004.

[69] American Accounting Association. A statement of basic accounting theory [R].1966.

[70] 西德尼·戴维森.现代会计手册(第一分册)[M].娄尔行,译.北京:中国财政经济出版社,1982.

[71] AMERICAN INSTITUTE of CERTIFIED PUBLIC ACCOUNTANT PLANNING and RESEARCH DIVISION. Education members survey[R]. 1989.

[72] 巴鲁克·列夫,谷丰.会计的没落与复兴[M].方军雄,译.北京:北京大学出版社,2018.

[73] 托马斯·金.会计简史[M].周华,吴晶晶,译.北京:中国人民大学出版社,2018.

[74] ANTHONY G HOPWOOD. The archeology of accounting systems[J]. Accounting Organizations and Society,1987,12(3):207-234.

[75] 周礼[M].钱玄,钱兴奇,王华宝等,注译.长沙:岳麓书社,2001.

[76] 刘昫.旧唐书[M].北京:中华书局,1997.

[77] 司马迁.史记[M].北京:中华书局,1997.

[78] 越绝书[M].上海:上海古籍出版社,1985.

[79] 脱脱.宋史[M].北京:中华书局,1997.

[80] 郭道扬.中国会计史稿(下册)[M].北京:中国财政经济出版社,1988.

[81] 潜说友.咸淳临安志[M].北京:中华书局,1990.

[82] 孙邦治.会计发展史[M].北京:光明日报出版社,1989.

[83] 焦循.孟子正义[M].北京:中华书局,1987.

[84] 潘序伦.会计名辞汇译[M].上海:立信会计图书用品社,1941.

[85] 周易[M].上海:上海古籍出版社,1990.

[86] 文硕.世界审计史[M].北京:企业管理出版社,1996.

[87] LUCA ZAN. Toward a history of accounting histories: perspectives from the Italian tradition[J]. The European Accounting Review, 1994, 3(2): 257-258.

[88] MELIS F. Storia della ragioneria (accounting history)[M]. Bologna: Zuffi, 1950.

[89] 郭道扬.由"簿记"向"会计"命名转化考析[J].财会月刊,1997,(11):3-4.

[90] 郭道扬.帐(账)的应用考析[J].会计研究,1998,(11):47-49.

[91] 谢深甫等.庆元条法事类[M].北京:国家图书馆出版社,2014.

[92] HOWARD F STETTLER. Auditing principles[M]. NJ: Prentice-Hall Inc., 1977.

[93] 方宝璋.宋代审计机构若干史实之考证:兼与肖建新先生商榷[J].中国史研究,2002(1):85-95.

[94] 吴承明.论历史主义[J].中国经济史研究,1993(2):1-9.

[95] 加里·J.普雷维茨,皮特·沃顿,皮特·沃尼泽.世界会计史:财务报告与公共政策(亚洲与大洋洲卷)[M].陈秧秧,译.上海:立信会计出版社,2015.

[96] 郭道扬.世界会计职能论研究(上)[J].财会月刊,1997(2):3-8.

[97] 弗雷德里克·D.S.乔伊,卡罗尔·安·福罗斯特,加利·K.米克.国际会计学[M].周晓苏,方红星,主译.大连:东北财经大学出版社,2000.

[98] 罗江文.谈云南少数民族记事木刻的文化内涵[J].曲靖师范学院学报,2006(1):38-41.

[99] MARTIN ALBRO. Introductory essay: transportation and the evolution of the American economic republic[J]. Business History Review, 1984 (Spring):1.

[100] 尹伟先.从敦煌文书看唐代河西地区的货币流通[J].社科纵横,1992(6):50-54.

[101] 张正明.晋商兴衰史[M].太原:山西古籍出版社,2001.

[102] 柴尔德.远古文化史[M].周进楷,译.北京:中华书局,1958.

[103] 文硕.西方会计史(上)[M].北京:中国商业出版社,1987.

[104] 冯慧娟.玛雅文明[M].长春:吉林出版集团有限责任公司,2015.

[105] 尼尔·麦格雷戈.大英博物馆世界简史[M].余燕,译.上海:新星出版社,2014.

[106] 司马迁.史记[M].北京:中华书局,2006.

[107] 尚书[M].北京:中华书局,2012.

[108] ANDREW CHEW, SUSAN GREER. Contrasting world views on accounting: accountability and aboriginal culture[J]. Accounting, Auditing & Accountability Journal,1997,10(3):276-298.

[109] SONJA GALLHOFER, ANDREW CHEW. Introduction: accounting and indigenous peoples[J]. Accounting, Auditing & Accountability Journal,2000,13(3):256-267.

[110] SUSAN GREER. In the interests of the children: accounting in the control of Aboriginal family endowment payments[J]. Accounting History,2009,14(1-2):166-191.

[111] 渡邉泉.会計学の誕生——複式簿記が変えた世界[M].東京:岩波書店,2018.

[112] 熊彼特.资本主义、社会主义和民主主义[M].顾准,译.北京:商务印书馆,1979.

[113] ALAN SANGSTER. The genesis of double entry bookkeeping[J]. The Accounting Review,2016,91(1):299-315.

[114] 文硕.《复式簿记》:德国第一本复式簿记专著[N].中国会计报,2009-4-3.

[115] 文硕.《新教程》:荷兰第一本新式簿记译著[N].中国会计报,2009-4-17.

[116] 许家林,黄茜.英式簿记系统创始人:爱德华·托马斯·琼斯[J].财会通讯,2013(13):121-124.

[117] 浅田实.东印度公司[M].顾珊珊,译.北京:社会科学文献出版社,2016.

[118] MAXWELL AIKEN, WEI LU. The evolution of bookkeeping in China: intetrating historical trends with western influences[J]. ABACUS,1998,34(2):140-162.

[119] RUSSELL CRAIG, SARAH JENKINS. Conjectures on colonial accounting history in Australia[J]. ABACUS,1996,32(2):214-236.

[120] GIBSON R W. Two centuries of Australian accountants[J]. The Accounting Historians Notebook,1998,11(1):17-26.

［121］PARKER R H. Bookkeeping barter and current cash equivalents in early New South Wales[J]. ABACUS,1982,18(2):139-151.

［122］舍人亲王.日本书纪[M].成都:四川人民出版社,2019.

［123］程大位.算法统宗校释[M].合肥:安徽教育出版社,1990.

［124］山西省晋商文化基金会.交易须知[M].北京、太原:中华书局、三晋出版社,2013.

［125］亚里士多德.政治学[M].陈虹秀,译.北京:台海出版社,2016.

［126］陈安仁.中国文化演进史观[M].上海:上海辞书出版社,2010.

［127］辞海[M].上海:上海辞书出版社,2010.

［128］解光云,陈恩虎.西方文化概论[M].合肥:合肥工业大学出版社,2016.

［129］罗兹·墨菲.亚洲史[M].黄磷译,北京:商务印书馆,2005.

［130］罗素.罗素论中西文化 M.北京:北京出版社,2010.

［131］GARRY D CARNEGIE, CHRISTOPHER J NAPIER. Exploring comparative international accounting history[J]. Accounting, Auditing & Accountability Journal,2002,15(2):689-718.

［132］陈立齐.希腊古典时代的雅典石雕财会报告:考古学发现、博物馆展示与会计史论述[J].会计史学刊,2017,1(1):23-64.

［133］GEORGE J COSTOUROS. Accounting in the Golden Age of Greece:a response to socioeconomic changes[R]. The Board of Trustees of the University of Illinois,1979.

［134］克劳德·小乔治.管理思想史[M].孙耀君,译.北京:商务印书馆,1985.

［135］催连仲.古印度帝国时代史料选辑[M].北京:商务印书馆,1989.

［136］SHYAM SUNDER, MANJULA SHYAM. Appraising accounting and business concepts in Kautilya's Arthaśāstra[R]. 12th World Congress of Accounting Historians, Congress Proceedings, Vol. I:69-81.

［137］余秋雨.文化苦旅[M].上海:东方出版中心,2002.

［138］李正宇.莫高窟王道士《催募经款草丹》小考[J].档案,2010(2):36-37.

［139］王慧慧,梁旭澍,萧巍等.《敦煌千佛洞千相塔记》《敦煌千佛山皇庆寺缘簿》录文及相关问题[J].敦煌研究,2014(10):64-70.

［140］杨葆光.订顽日程[M].严文儒等,校点.上海:上海古籍出版社,2010.

［141］侯永禄.农民账本[M].北京:人民文学出版社,2012.

[142] 侯永禄.农民家史[M].北京:人民文学出版社,2012.

[143] 中共中央马克思 恩格斯 列宁 斯大林著作编译局.马克思恩格斯选(第三卷)[M].北京:人民出版社,1972.

[144] 蓝勇.中国历史地理学[M].北京:高等教育出版社,2002.

[145] 安格斯·麦迪森.世界经济千年史[M].伍晓鹰等,译.北京:北京大学出版社,2003.

[146] 刘疆.古人处理垃圾有何妙招[J].中学生阅读(初中版),2020(3):34-35.

[147] 董守贤.汉代铁质农具研究[D].郑州大学,2010.

[148] 班固.汉书[M].杭州:浙江古籍出版社,2000.

[149] 论语[M].杨柏峻,杨逢彬,注译.长沙:岳麓书社,2000.

[150] 汪萍.中国人的土地情结[J].六盘水师范高等专科学校学报,2007(10):5-7.

[151] 张艳伟.试述英国工业革命时期的运河业[J].首都师范大学学报(社会科学版),2007(S1):206-210.

[152] 郭道扬.论两大法系的会计法律制度体系[J].会计研究,2002(8):3-9.

[153] CHANDLER A D. The visible hand[M]. MA:Harvard University Press,1977.

[154] 王宇信.西周甲骨的发现、研究及其学术价值[J].文史知识,1986(5):96-100.

[155] 吕树芝.西周甲骨[J].历史教学,1986(12):34.

[156] 李学勤.续论西周甲骨[J].人文杂志,1986(1):68-72.

[157] 蔡全法.新郑郑韩故城出土战国牛肋骨墨书账簿考[J].华夏考古,2014(4):72-84.

[158] 陈敏,程水金,周斌.郑韩故城战国牛肋骨会计账考论[J].会计研究,2015(10):15-22.

[159] 彭子菊.汉代简牍档案的种类和形制概述[J].兰台世界,2009(11):73-74.

[160] 胡平生,张德芳.敦煌悬泉汉简释粹[M].上海:上海古籍出版社,2001.

[161] 高恒.汉代上计制度论考:兼评尹湾汉墓木牍《集簿》[J].东南文化,1999(1):76-83.

[162] 天长市文物管理所,天长市博物馆.安徽天长西汉墓发掘简报[J].文物,2006(11):4-21.

[163] 杨振红,杨以平.纪庄汉墓再现秦汉社会风貌[N].中国社会科学报,2012-

1-9.

[164] 陈敏.湖南出土简牍中的会计史料发现与整理[J].会计史学刊,2017(1):105-121.

[165] 范晔.后汉书[M].北京:中华书局,2007.

[166] 张春海.西汉古纸研究揭示造纸术起源[N].中国社会科学报,2018-1-22.

[167] 万安伦,王剑飞,度建君.中国造纸术在"一带一路"上的传播节点、路径及逻辑探源[J].现代出版,2018(6):72-77.

[168] 李昉等.太平御览[M].北京:中华书局,1960.

[169] 唐长孺.吐鲁番出土文书(壹)[M].北京:文物出版社,1992.

[170] 赵青山.敦煌写经道场的纸张管理[J].敦煌学辑刊,2013(4):36-47.

[171] 李文才.晚唐五代时期沙州净土寺的收入与支出研究——《后唐同光三年正月沙州净土寺直岁保护手下诸色入破历算会牒》试释[J].唐史论丛,2013(1):84-110.

[172] 陈敏.唐五代宋初敦煌寺院会计制度研究[D].湖南大学博士学位论文,2012.

[173] BASIL S YAMEY. Art & accounting[M]. New Haven: Yale University Press,1989.

[174] 小仓荣一郎.江州中井家帳合の法[M].东京:ミネルヴァ書房,1962.

[175] 西川孝治郎.日本簿記史談[M].东京:同文馆,1974.

[176] 左传[M].长沙:岳麓书社,1988.

[177] 罗莉.我国古代印章名称小考[J].湖南档案,1999(5):3-5.

[178] 黄剑华.我国古代的印章[J].四川文物,1997(2):17-21.

[179] 刘永华,温海波.签押为证:明清时期画押的源流、类型、文书形态与法律效率[J].文史,2017(1):101-120.

[180] 韩非子[M].北京:中华书局,2015.

[181] 郝懿行.郝懿行集[M].济南:齐鲁书社,2010.

[182] 顾炎武.日知录集释[M].黄汝成集释.上海:上海古籍出版社,2006.

[183] 萧高洪.花押简论.碑林集刊[J].1994(12):212-222.

[184] 罗振玉,王国维.流沙坠简[M].北京:中华书局,1993.

[185] 李均明.简牍所见签名、画押及其书写特征[J].书修研究,2016(4):2-21.

[186] 唐长孺.吐鲁番出土文书(第一册)[M].北京:文物出版社,1981.

[187] 吕德廷.唐至宋初敦煌地区的签名和画押[J].寻根,2010(2):48-51.

[188] 唐耕耦.敦煌寺院会计文书[J].北京图书馆馆刊,1996(1):49-57.

[189] 唐耕耦,陆宏基.敦煌社会经济文献真迹释录[M].北京:书目文献出版社,1986.

[190] 沈国文,陶建伟.论中华指纹文化的起源、影响及其非物质文化遗产特质[J].江苏警官学院学报,2020(1):116-122.

[191] 孟宪实.国法与乡法:以吐鲁番、敦煌文书为中心[J].新疆师范大学学报(哲学社会科学版),2006(1):99-105.

[192] 唐长孺.吐鲁番出土文书(第四册)[M].北京:文物出版社,1983.

[193] 马德.敦煌本《天复八年吴安君分家遗书》有关问题[J].中国古代法律文献研究,2018(12):349-367.

[194] 杨森.敦煌社司文书画押符号及其相关问题[J].敦煌学辑刊,1999(1):85-89.

[195] 季羡林.敦煌学大辞典[M].上海:上海辞书出版社,1998.

[196] 郎瑛.七修类稿[M].上海:上海书店,2001.

[197] 中国社会科学院历史研究所.徽州千年契约文书(宋·元·明编)[M].石家庄:花山文艺出版社,1993.

[198] 李锦彰.晋商老账[M].北京:中华书局,2012.

[199] 黄山学院.中国徽州文书(民国编)[M].北京:清华大学出版社,2010.

[200] 南京国民政府司法行政部.民事习惯调查报告录[M].北京:中国政法大学出版社,2000.

[201] 郭若虚.图画见闻志[M].北京:中华书局,1985.

[202] 王旭.中国会计博物馆藏品集萃(契约卷)[M].上海:立信会计出版社,2016.

[203] 张传玺.秦汉问题研究[M].北京:北京大学出版社,1995.

[204] 汪桂海.汉印制度杂考[J].历史研究,1997(3):82-91.

[205] 陈梧桐.明初空印案发生年代考[J].历史研究,1982(3):66.

[206] 张纪伟.明代的关防[J].历史档案[J].2016(1):55-62.

[207] 岳爱华,王莉瑛.我国古代公文用印制度生成与流变[J].浙江档案,2011(11):63-65.

[208] 张春龙,大川俊隆,籾山明.里耶秦简刻齿简研究——兼论岳麓秦简"数"中的未解读简[J].文物,2015(3):53-69.

[209] 赵晗.论山西票号汇票的密押制度及对中国金融业的启示[J].中国集体经

济,2008(1):80-81.

[210] 何义成.古代的印章与印章印文检验[J].警学研究,1987(2):20-23.

[211] 顾忠德.火漆封印[J].上海集邮,2002(1):21.

[212] 王钦若等.册府元龟[M].北京:中华书局,1960.

[213] 李俨.中国古代数学史料[M].北京:科学技术出版社,1956.

[214] 陈玲.中国古代与东亚世界的珠算文化研究[J].厦门大学学报(哲学社会科学版),2013(5):46-53.

[215] 张德和.从西周陶丸是算珠谈起[J].珠算与珠心算,2014(6):47-51.

[216] 朱建亮.《尚书》成书年代考析[J].国学,2017(2):95-104.

[217] MICHAEL GAFFIKIN. What is(accounting) history?[J]. Accounting History,2011(16):235-251.

[218] 李长傅.禹贡释地[M].郑州:中州书画社,1983.

[219] 胡渭.禹贡锥指[M].上海:上海古籍出版社,2013.

[220] 礼记[M].北京:中华书局,2017.

[221] 墨子[M].北京:中华书局,2015.

[222] 赵晔.吴越春秋[M].北京:中华书局,2019.

[223] 马克·布洛赫.封建社会[M].张绪山,译.商务印书馆,2004.

[224] 耿淡如,黄瑞章.世界中世纪原始资料选辑[M].天津:天津人民出版社,1959.

[225] 卡洛·M.奇波拉.欧洲经济史 第一卷 中世纪时期[M].北京:商务印书馆,1988.

[226] 伊·拉蒙德,W.坎宁安.亨莱的田庄管理[M].北京:商务印书馆,1995.

[227] 詹姆斯·W.汤普逊.中世纪晚期欧洲经济社会史[M].北京:商务印书馆,1992.

[228] 费尔南·布罗代尔.15至18世纪的物质文明、经济和资本主义[M].顾良,译.上海:三联书店,2002.

[229] 浅见实.东印度公司[M].顾珊珊,译.北京:社会科学文献出版社,2016.

[230] 腾藤.海上霸主的今昔——西班牙、葡萄牙、荷兰百年强国历程[M].哈尔滨:黑龙江人民出版社,1998.

[231] 周连斌.英国公司法的历史演进[D].西南政法大学,2009.

[232] 黄仁宇.资本主义与二十一世纪[M].北京:生活·读书·新知三联书店,1997.

[233] 蔡传里,许家林.索科洛夫的《会计发展史》[J].财会月刊,2005(5):56-57.

[234] 郭道扬.郭道扬文集[M].北京:经济科学出版社,2009.

[235] 托马斯·约翰逊,罗伯特·卡普兰.相关性的遗失:管理会计兴衰史[M].金马工作室,译.北京:清华大学出版社,2004.

[236] 克里斯托弗·诺比斯,罗伯特·帕克.国际会计:一种比较视野[M].薛清梅等,译注.东北财经大学出版社,2016.

[237] 赵向东.欧盟会计协调及其本质[J].财会通讯(综合版),2004(7):74-75.

[238] 李昭祥撰.龙江船厂志[M].南京:江苏古籍出版社,1999.

[239] 史蒂夫·奥尔森.人类基因的历史地图[M].霍达文,译.北京:生活·读书·新知三联书店,2016.

[240] 戈登·柴尔德.历史发生了什么[M].李宁利,译.上海:上海三联书店,2012.

[241] 熊克江,黄承宗.四川凉山彝族甲骨简牍皮书古籍考略[J].四川图书馆学报,2004(2):69-70.

[242] C.W.诺比斯,R.H.帕克.比较国际会计[M].黄世忠,陈箭深,译.中国商业出版社,1991.

[243] 任明川.会计国际协调的含义和实质[J].中国注册会计师,2001(12):48-49.

[244] 汪祥耀.论国际会计准则委员会改组后的八大变化[J].会计论坛,2004(1):68-75.

[245] 刘金星.国际会计准则趋同:进程与现状[J].财会学习,2009(6):70-73.

[246] 本刊记者.中国会计准则委员会——国际会计准则理事会 会计准则趋同会议圆满结束并签署联合声明[J].财务与会计,2005(12):25.

[247] 郭道扬.会计史研究(第一卷)[M].北京:中国财政经济出版社,2004.

[248] E.H.卡尔.历史是什么[M].北京:商务印书馆,2007.

[249] GARY JOHN PREVITS, LEE D PARKER, EDWARD N COFFMAN. Accounting history: definition and relevance[J]. ABACUS, 1990, 26(1): 1-16.

[250] GARRY D CARNEGIE. Methodological insights: historiography for accounting methodological on contributions, contributors and thought patterns from 1983 to 2012[J]. Accounting, Auditing & Accountability Journal, 2014, 27(4):715-755.

[251] ANTHONY G HOPWOOD. Accounting and everyday life: an introduction

[J].Accounting,Organizations and Society,1994,9(3):299-301.

[252] 约翰·希克斯.经济史理论[M].北京:商务印书馆,1987.

[253] 徐治道.今天我们为什么还需要哲学——第二十四届世界哲学大会之省思[N].中华读书报,2018-9-5.

[254] 傅斯年.史学方法导论[M].北京:中华书局,2015.

[255] 吴承明.研究经济史的一些体会[J].近代史研究,2005(3):247-251.

[256] 丁耘.什么是思想史(思想史研究第一辑)[M].上海:世纪出版集团,上海人民出版社,2006.

[257] 中国会计学会.会计史专题研究[M].北京:经济科学出版社,2009.

[258] 章学诚.文史通义[M].北京:中华书局,1956.

[259] 徐国利,徐焜尧.柳诒徵论中国传统史学的治史原则与方法[J].安徽史学,2015(5):101-107.

[260] 郭道扬.会计史教程(第一卷)[M].北京:中国财政经济出版社,1999.

[261] 宋小明.中国会计文化自信的历史遗产[J].新会计,2017(9):6-15.

[262] RICHARD K. FLEISCHMAN, VAUGHAN S RADCLIFFE. Divergent streams of accounting history: a review and call for confluence [R]. Academy of Accounting Historians 1999 Research Conference. Toronto.

[263] 杨凯.马克·布洛赫比较史学方法论的学术渊源[D].东北师范大学,2010.

[264] 梁启超.中国历史研究法[M].北京:中华书局,2009.

[265] 蔡尚思.中国思想研究法[M].上海:上海书店民国三十七年版.

[266] 耶日·托波尔斯基.历史学方法论[M].张家哲,王寅,尤天然,译.华夏出版社,1990.

[267] 阮兴.史学方法与史学发展:《食货》与20世纪上半期的中国经济社会史学[J].社会科学动态,2017(6):16-24.

[268] 司马光.资治通鉴[M].长沙:岳麓书社,2009.

[269] 印群.论"二重证据法"的新发展与齐文化研究的深入[J].管子学刊,2018(1):89-92.

[270] 梁启超.中国历史研究法补编[M].北京:中华书局,2010.

[271] 北京大学哲学系.十六—十八世纪西欧各国哲学[M].北京:生活·读书·新知三联书店,1958.

[272] MARILYNN COLLINS, ROBERT BLOOM. The role of oral history in

accounting[J]. Accounting, Auditing & Accountability Journal, 1991, 4(Dec):23-32.

[273] 傅衣凌.我是怎样研究中国社会经济史的?[J].文史哲,1983(2):39-43.

[274] 陈春声.走向历史现场[J].读书,2006(9):19-28.

[275] 勿语.彼得·伯克的《图像证史》出版[J].史学理论研究,2009(1):41.

[276] 宋小明,陈立齐.敦煌"历"文书的会计账实质[J].郑州航空工业管理学院学报,2017(4):84-97.

[277] 郭道扬.人类会计思想演进的历史起点[J].会计研究,2009(8):3-13.

[278] 平势隆郎.从城市国家到中华:殷周、春秋战国[M].周浩,译.广西师范大学出版社,2014.

[279] GARRY D CARNEGIE, LUCIA LIMA RODRIGUES. Exploring the dimensions of the international accounting history community[J]. Accounting History, 2007,12(4):441-464.

[280] 许纪霖."设置问题"与"无法之法"的史学大家[J].华东师范大学学报(哲学社会科学版),2018(6):8-10.